UNIMOG

ALLE TYPEN, ALLE MODELLE, ALLE DATEN SEIT 1946

Peter Schneider

IMPRESSUM

Einbandgestaltung: Frank Zähringer.

Bildnachweis: Die zur Illustration dieses Buches verwendeten Aufnahmen stammen – wenn nicht anderes vermerkt ist – aus dem Konzernarchiv der Daimler AG Stuttgart, Produktkommunikation Lkw/Unimog der Daimler AG Stuttgart/Wörth.

Eine Haftung des Autors oder des Verlages und seiner Beauftragten für Personen-, Sach- und Vermögensschäden ist ausgeschlossen.

ISBN: 978-3-613-04373-2

Copyright © by Motorbuch Verlag, Postfach 103743, 70032 Stuttgart
Ein Unternehmen der Paul Pietsch Verlage GmbH & Co. KG

1. Auflage 2021

Sie finden uns im Internet unter www.motorbuch-verlag.de

Nachdruck, auch einzelner Teile, ist verboten. Das Urheberrecht und sämtliche weiteren Rechte sind dem Verlag vorbehalten. Übersetzung, Speicherung, Vervielfältigung und Verbreitung einschließlich Übernahme auf elektronische Datenträger wie DVD, CD-ROM usw. sowie Einspeicherung in elektronische Medien wie Internet usw. ist ohne vorherige schriftliche Genehmigung des Verlages unzulässig und strafbar.

Lektorat: Joachim Kuch
Innengestaltung: ERWE-Werbung Ralf Weinreich
Druck und Bindung: DZS Grafik, d.o.o. 1210 Ljubljana-Sentvid
Printed in Slovenia

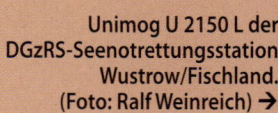

Unimog U 2150 L der DGzRS-Seenotrettungsstation Wustrow/Fischland.
(Foto: Ralf Weinreich) →

INHALT

Vorwort	7
Die Geschichte	**8**
Der Morgenthau-Plan stand Pate	8
Neubeginn in Schwäbisch Gmünd	10
Erstes Versuchsfahrzeug 1946	12
Umzug nach Göppingen	13
Umzug nach Gaggenau	17
Zusätzliche Baureihen	19
Der Unimog beim Militär	21
Der Weg zum Komplettprogramm	25
Der MB-trac als Unimog-Ergänzung für die Landwirtschaft	26
Eine neue Dimension	28
Bessere Übersicht mit neuen Typenbezeichnungen	29
Generationswechsel	29
Zwei Produktlinien mit innovativer Technik	31
Der Unimog wird 50	31
Unimog-Abenteuer: Rallye Paris–Dakar	32
Der Unimog kommt künftig aus Wörth	33
Produktions-Jubiläum: 60 Jahre Unimog	36
Mit neuer Unimog-Generation BlueTec 6 in die Zukunft	37
Der Unimog wird 75	40
Tabelle: Unimog und MB-trac Produktion 1951–2015	43
Die Fahrzeuge	**44**
Unimog Prototyp Erhard & Söhne (1946–1948)	45
Boehringer Unimog 25 PS Baumuster 70200 (1949–1951)	45
Tabelle: Baureihe 70200	51
Unimog U 25 Baureihe 2010 (1951–1953)	52
Unimog Baureihe 401 Typ U 25 (1953–1956)	56
Unimog Baureihe 402 Typ U 25 (1953–1956)	59
Tabellen: Typ U 25	61
Unimog Baureihe 404.1 (Unimog S) Typ U 82 (1955–1977)	64
Unimog Baureihe 404.0 (Unimog S) Typ U 82 (1971–1979)	70
Unimog Baureihe 404.0 (Unimog S) Typ U 110 (1971–1980)	70
Tabellen: Unimog S	71
Unimog U 411 (30/32 PS) (1956–1961)	77
Unimog U 411 (25 PS) (1957–1959)	77
Unimog U 411a / U 411b (32 PS) (1961–1964)	82
Unimog U 34 Baureihe 411c (1964–1974)	86
Unimog U 36 Baureihe 411c (1968–1971)	86
Tabellen: Baumuster 411	91
Unimog U 65 Baureihe 406 (1963–1966)	101
Unimog U 65 T Baureihe 406 (1965–1967)	101
Unimog U 70 Baureihe 406 (1966–1968)	101
Unimog U 70 T Baureihe 406 (1965–1967)	101
Unimog U 80 Baureihe 406 (1969–1971)	106
Unimog U 80 T Baureihe 406 (1965–1968)	106
Unimog U 84 Baureihe 406 (1971–1989)	106
Unimog U 900 Baureihe 406 (1973–1986)	106
Tabellen: Baureihe 406	111
Unimog U 80 Baureihe 416 (1965–1969)	121
Unimog U 90 Baureihe 416 (1969–1976)	121
Unimog U 90 T Baureihe 416 (1968–1975)	121
Unimog U 100 / U 1100 L Baureihe 416 (1969–1990)	125
Unimog U 100 T Baureihe 416 (1968–1988)	125
Unimog U 110 / U 1100 Baureihe 416 (1969–1989)	125
Unimog U 110 T / U 1100 T Baureihe 416 (1968–1988)	125
Unimog Baureihe 416 Typ U 125 / U 1100 L (1970–1989)	130
Tabellen: Baureihe 416	132
Unimog U 40 Baureihe 421 (1966–1968)	141
Unimog U 45 Baureihe 421 (1968–1971)	141
Unimog U 40 T / U 45 T Baureihe 421 (1968–1971)	141
Unimog U 52 / U 600 Baureihe 421 (1970–1989)	147
Unimog U 60 / U 600 L Baureihe 421 (1971–1988)	147
Unimog U 60 T / U 600 T Baureihe 421 (1971–1988)	147
Tabellen: Baureihe 421	151
Unimog U 54 Baureihe 403 (1966–1972)	160
Unimog U 66 / U 800 Baureihe 403 (1969–1988)	160
Unimog U 72 / U 800 Baureihe 403 (1969–1988)	160
Unimog U 80 / U 800 L Baureihe 413 (1969–1988)	160
Tabellen: Baureihen 403 und 413	167
Unimog U 1300 Baureihe 425 (1975–1982)	174
Unimog U 1500 Baureihe 425 (1975–1988)	174
Unimog U 1500 T Baureihe 425 (1976–1988)	174
Unimog U 1300 L Baureihe 435 (1975–1990)	180
Unimog U 1700 L Baureihe 435 (1975–1990)	180
Unimog U 1700 Baureihe 435 (1979–1988)	180
Tabellen: Baureihen 425 und 435	188
Unimog U 1000 Baureihe 424 (1976–1989)	198
Unimog U 1000 T Baureihe 424 (1979–1983)	198
Unimog U 1200 Baureihe 424 (1982–1988)	198
Unimog U 1200 T Baureihe 424 (1983–1988)	198

ALLE MODELLE SEIT 1946

INHALT

Unimog U 1250 Baureihe 424 (1984–1989)	203
Unimog U 1250 L Baureihe 424 (1985–1988)	203
Unimog U 1550 Baureihe 424 (1986–1989)	203
Tabellen: Baureihe 424	206
Unimog U 600 Baureihe 407 (1988–1993)	211
Unimog U 650 Baureihe 407 (1988–1993)	211
Unimog U 650 L Baureihe 407 (1988–1993)	211
Unimog U 800 Baureihe 417 (1988–1990)	215
Unimog U 900 Baureihe 417 (1988–1993)	215
Unimog U 1100 T Baureihe 417 (1988–1993)	215
Unimog U 1150 Baureihe 417 (1988–1993)	215
Unimog U 1150 L Baureihe 417 (1988–1993)	215
Tabellen: Baureihen 407 und 417	220
Unimog U 1000 Baureihe 427 (1988–1993)	231
Unimog U 1200 Baureihe 427 (1988–1994)	231
Unimog U 1200 T / U 1400 T Baureihe 427 (1988–2001)	231
Unimog U 1250 Baureihe 427 (1988–1994)	231
Unimog U 1250 L / U 1450 L Baureihe 427 (1988–2001)	231
Unimog U 1400 Baureihe 427 (1988–2002)	231
Unimog U 1450 Baureihe 427 (1988–2002)	231
Unimog U 1600 Baureihe 427 (1988–2002)	231
Unimog U 1650 Baureihe 427 (1988–2002)	231
Unimog U 1650 L Baureihe 427 (1988–2002)	231
Tabellen: Baureihe 427	245
Unimog U 1350 L Baureihe 437 (1988–1994)	265
Unimog U 1550 L Baureihe 437 (1988–2002)	265
Unimog U 1700 / U 1800 Baureihe 437 (1988–1994)	268
Unimog U 1700 T / U 1800 T Baureihe 437 (1988–1994)	268
Unimog U 1750 / U 1850 Baureihe 437 (1988–1994)	268
Unimog U 1750 L / U 1850 L Baureihe 437 (1988–1994)	268
Unimog U 2100 / U 2400 Baureihe 437 (1989–2002)	272
Unimog U 2150 / U 2450 Baureihe 437 (1989–2002)	272
Unimog U 2150 L / U 2450 L Baureihe 437 (1989–2002)	272
Unimog U 2100 T Baureihe 437 (1992–2001)	272
Unimog U 2400 TG Baureihe 437 (1993–2001)	272
Unimog U 2450 L 6x6 Baureihe 437 (1995–2002)	272
Tabellen: Baureihe 437	281
Unimog U 90 Baureihe 408 (1992–1997)	301
Unimog U 100 L Baureihe 408 (1994–1997)	301
Unimog U 90 turbo Baureihe 408 (1996–2001)	301
Unimog U 100 L turbo Baureihe 408 (1996–2001)	301
Unimog U 110 Baureihe 418 (1992–1995)	306
Unimog U 140 Baureihe 418 (1992–1998)	306
Unimog U 140 T Baureihe 418 (1993–1995)	306
Unimog U 140 L Baureihe 418 (1993–1998)	306
Tabellen: Baureihen 408 und 418	313
Unimog UX 100 H Baureihe 409 (1996–1998)	323
Unimog UX 100 M Baureihe 409 (1996–1998)	323
Tabellen: Baureihe 409	326
Unimog U 300 Baureihe 405 (2000-2013)	329
Unimog U 400 Baureihe 405 (2000-2013)	329
Unimog U 500 Baureihe 405 (2000-2013)	329
Tabellen: Baureihe 405	344
Unimog U20 Baureihe 405 (2007-2013)	354
Tabellen: Baureihe 405	360
Unimog U 3000 Baureihe 437.4 (2002–2009)	364
Unimog U 4000 Baureihe 437.4 (2002-2014)	364
Unimog U 5000 Baureihe 437.4 (2002-2014)	364
Tabellen: Baureihe 437.4	376
Unimog U 216 Baureihe 405 (2013-2020)	381
Unimog U 218 Baureihe 405 (2013-2020)	381
Unimog U 318 Baureihe 405(2013-2020)	381
Unimog U 423 Baureihe 405 (ab 2013)	381
Unimog U 427 Baureihe 405 (ab 2013)	381
Unimog U 430 Baureihe 405 (ab 2013)	381
Unimog U 527 Baureihe 405 (ab 2013)	381
Unimog U 530 Baureihe 405 (ab 2013)	381
Unimog U 323 Baureihe 405 (ab 2016)	381
Unimog U 429 Baureihe 405 (ab 2016)	381
Unimog U 529 Baureihe 405 (ab 2016)	381
Unimog U 219 Baureihe 405 (ab 2020)	381
Unimog U 319 Baureihe 405 (ab 2020)	381
Tabellen: Baureihe 405	412
Unimog U 4023 Baureihe 437.427 (ab 2014)	419
Unimog U 5023 Baureihe 437.437 (ab 2014)	419
Tabellen: Baureihe 437.427 / 437.437	434
Die Produktion im Werk Wörth im Jahr 2010	**436**

Foto: Ralf Weinreich

ALLE MODELLE SEIT 1946

VORWORT

Liebe Leser,

aus dem »Allzweck-Traktor« ist bekannterweise das »Universal-Motor-Gerät« Unimog entstanden und eine großartige Fahrzeuggeschichte. Im Lauf seiner beachtlichen Geschichte sind der Wandel und die stete technische Weiterentwicklung des Unimog ein ständiger Begleiter gewesen. 30 Baureihen und nahezu 450.000 abgesetzte Einheiten in 75 Jahren, das sind Zahlen, die für ein Spezialfahrzeug einmalig sein dürften. Der Unimog ist seit Jahrzehnten weltweit unter dem Mercedes-Stern der Inbegriff von Zuverlässigkeit sowie einer nicht zu überbietenden Einsatzvielfalt.

1946, vor nun bald 75 Jahren, war der Prototyp des »U 1« in Schwäbisch Gmünd realisiert. Das, was nun bis heute aus dem »Motorgetriebenen Universalgerät für die Landwirtschaft« geworden ist, war damals nicht vorstellbar. Ursprünglich als Allround-Fahrzeug für landwirtschaftliche Einsätze entworfen und konzipiert, entwickelte er sich bald zu einem unentbehrlichen Helfer in der Forstwirtschaft und im Weinbau. Auch im kommunalen Winterdienst, als Feuerwehrfahrzeug, im Katastropheneinsatz und im Baugewerbe bewährte sich der Unimog in aller Welt rasch als Transportgerät und Arbeitsmaschine. Im Laufe der Jahre entwickelte sich aus dem Ur-Unimog mit einer Leistung von 25 PS (18 kW) entsprechend dem Trend zu immer mehr Leistung eine stattliche Unimog-Familie.

Die weittragendste Entscheidung in den letzten 20 Jahren war der Konzern-Beschluss zum Paradigmenwechsel im Jahr 1998. Das hieß, das gewohnte Denkmuster von nur einer Unimog-Baureihe wurde umgestellt. Statt einer Baureihe sollten fortan zwei Baureihen mit dem hochgeländegängigen Unimog (klassischer Typ) und einem zusätzlichen Unimog-Typ, dem Geräteträger, Grundlage des Geschäfts sein.

Der neue Unimog Geräteträger (BR 405) hatte im Jahr 2000 in Mainz Weltpremiere und der neue hochgeländegängige Unimog (BR 437.4) wurde im Jahr 2002 vorgestellt. Ein weiterer Höhepunkt der strategischen Neuausrichtung des Unimog Bereichs war die im Jahr 2002 erfolgte Verlagerung der Produktion und produktionsnahen Bereiche von Gaggenau in das Lkw-Montagewerk des Konzerns nach Wörth am Rhein. 2013 erfolgte im Rahmen der Einführung der Abgasnorm Euro VI die Vorstellung der neuen Unimog Generation, des Geräteträgers BlueTec 6 und des hochgeländegängigen Unimog BlueTec 6.

Dieses Buch ist darauf ausgelegt, die Typengeschichte und Typenkunde, die Fahrzeugtechnik im Detail und das einmalige Geräteprogramm des Unimog aufzuzeigen. Es versteht sich aber auch als ein nützlicher Wegweiser für die vielen Unimog-Liebhaber, Freunde und Fahrzeugsammler als kompakte und übersichtliche Zusammenstellung. Es soll dem Leser und Benutzer eine Hilfe sein bei der Schnell-Identifikation, sei es für eine historische Zuordnung, Erweiterung des Fachwissens oder bei einer Kaufentscheidung. Das technische Zahlenwerk soll detailgenaue Informationen über das gesamte Modellprogramm seit 1946 vermitteln. Fehler sind angesichts der Fülle der Zahlenangaben nicht auszuschließen, sachliche Korrekturen darum erwünscht.

Ohne die Unterstützung hilfsbereiter Freunde und versierter Experten hätte das vorliegende Druckwerk nicht realisiert werden können: Uwe Heintzer vom Daimler Classic-Archiv, der dieses Buchprojekt von Anfang an unterstützte und den Zugang zu vielen wohlgehüteten Schätzen ermöglichte. Ganz besonders bedanken möchte sich der Autor bei Jürgen Barth von der Daimler Presse Kommunikation Unimog, bei Sonja Schwöbel von Mercedes-Benz Special Trucks Wörth und bei Martin Flammer, für ihre tatkräftige Unterstützung. Wichtige technische Unterlagen mit seltenem Bildmaterial, vor allem aber ihr Fachwissen haben zur Realisierung dieses Unimog-Buches beigetragen. Ihnen allen an dieser Stelle ein sehr herzliches Danke.

Der Unimog zählt längst zu den gesuchten Liebhaberfahrzeugen in aller Welt. Möge deshalb auch dieses mit viel Sorgfalt und Fleiß zusammengestellte und auf seine Authentizität gründlich geprüfte Material allen Freunden des Unimog mehr als nur eine spannende Lektüre zum Thema Typengeschichte und Typenkunde sein.

DIE GESCHICHTE

Der Morgenthau-Plan stand Pate

Diplom-Ingenieur Albert Friedrich (1902-1961)

Mit dem 9. Mai 1945, dem Tag der bedingungslosen Kapitulation Deutschlands, gab es auf den Straßen keine deutschen Autos mehr, die von Deutschen gesteuert wurden. Der Eisenbahnverkehr ruhte. Das Wirtschaftsleben war erstarrt. Die Zukunft Deutschlands war in das tiefste Dunkel seiner Geschichte gehüllt. Auch die deutsche Automobilindustrie musste ihren Preis bezahlen. Das Kommando führten nun die vier Siegermächte England, Frankreich, Russland und die USA in ihren Besatzungszonen. Die Zeit der »Fragebogen« begann und die der Kalorien. 1200 Kalorien pro Tag und Person, die zumeist nur auf dem Papier standen, schützten kaum vor dem Verhungern. Dennoch erwachte der Wille zum Wiederaufbau, zum Neubeginn. Jeder packte zu, auch wenn man sich vor Hunger kaum gerade halten konnte.

Über allem stand der »Morgenthau-Plan«, jene Absicht eines Amerikaners, Deutschland in ein Agrarland zurückzuverwandeln, das es in seiner Frühgeschichte einmal gewesen war. Dieser Plan wurde erst zu den Akten gelegt, als die Ost-West-Spannungen zunahmen und die Westmächte erkannten, dass diese Lösung doch nicht in die sich abzeichnende neue politische Landschaft passte. Jetzt begann die Stunde der Konstrukteure und Ingenieure. Es galt, nicht nur die verloren gegangenen Jahre des Krieges aufzuholen und den Anschluss an die internationale Entwicklung zu schaffen, sondern auch in der Automobiltechnik neue Maßstäbe zu setzen. Noch nie zuvor wurden so viele Patente angemeldet und so viele alte und neue Ideen im Automobilbau entwickelt wie in diesen Jahren. Im Höchsttempo fanden die deutschen Konstrukteure Anschluss an den Weltstandard und bestimmten ihn bald mit.

Auch der Daimler-Benz-Ingenieur aus der ehemaligen Flugmotorenentwicklung, Albert Friedrich (1902–1961), stellte im Jahr 1945 mit seiner Unimog-Idee diese schöpferische Wachsamkeit der Wirtschaftsgeschichte nach dem Krieg unter Beweis, die letztlich ein wichtiges Element des später einsetzenden Wirtschaftswunders war. Dipl.-Ing. Albert Friedrich, der zu dieser Zeit in Faurndau (bei Göppingen) in der ausgelagerten Flugmotorenentwicklung der Daimler-Benz AG arbeitete, hörte vom so genannten »Morgenthau-Plan«, als an einen Weiterbau von Flugzeugen, Flugmotoren und der damit verbundenen Industrie nicht zu denken war.

Seine Gedanken gingen sofort in die richtige Richtung: Man konnte den Deutschen doch nicht verbieten, die für den Agrarstaat benötigten landwirtschaftlichen Maschinen selbst zu bauen. Seine Idee bestand darin, ein Fahrzeug für die Landwirtschaft zu entwickeln, das sich von den herkömmlichen Schleppern unterscheidet. Da mit mehr kleinen als großen landwirtschaftlichen Betrieben zu rechnen war, wäre der Einsatz von Spezialmaschinen unrentabel und zu teuer. Das neue Fahrzeug müsste also alle im Betrieb anfallenden Arbeiten erledigen können. Es sollte daher nicht nur auf dem Acker, sondern auch im Wald einsetzbar, also allradgetrieben sein, sollte sich nicht beim schweren Zug aufbäumen, womit der Schwerpunkt vorne liegen müsste. Der Fahrer und ein Beifahrer müssten geschützt gegen Witterungseinflüsse bei guten Sichtverhältnissen Platz finden, und weil die Landwirtschaft auch ein Transportgewerbe wider Willen ist, sollte das Fahrzeug eine Ladefläche und eine Vorrichtung für Anhängerbetrieb besitzen und bis zu 50 km/h schnell sein.

Mit dieser Idee überzeugte Albert Friedrich nicht nur in der Daimler-Benz-Unternehmensdirektion, er widerlegte auch bei der »Food and agriculture group« für die britische und ameri-

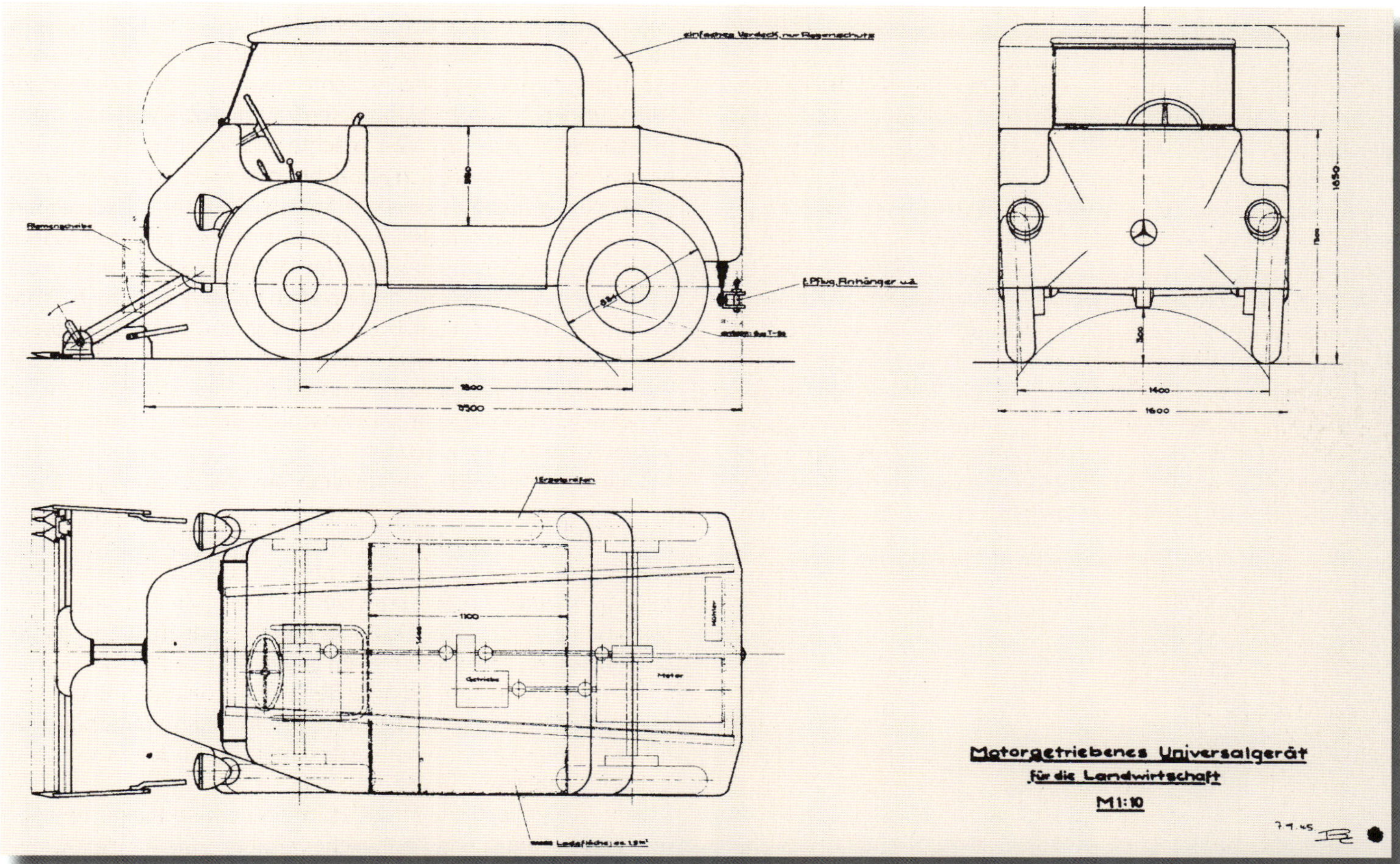

ALLE MODELLE SEIT 1946

kanische Besatzungszone jenen Verdacht, dass es sich bei der allradgetriebenen Konstruktion um eine neue militärische Entwicklung handle. Und als Albert Friedrich am 21. November 1945 von der amerikanischen Besatzungsmacht für zehn Versuchsfahrzeuge die rare »Production Order«, also eine Erlaubnis zur Fertigung, erhielt, konnte mit der Arbeit endlich begonnen werden. Aber wo? Die Daimler-Benz AG jedenfalls, bei der zwischenzeitlich die Pkw-Produktion wieder angelaufen war, war an der Entwicklung eines landwirtschaftlichen Fahrzeugs nicht interessiert. Möglicherweise wegen der schlechten Erfahrung mit dem von 1928 bis 1935 gefertigten Straßen- und Ackerschlepper Typ OE, der kein großer Erfolg war.

Mercedes-Benz Ackerschlepper Typ OE.

Neubeginn in Schwäbisch Gmünd

So führte sein Weg zu der bekannten Gold- und Silberwarenfabrik Erhard & Söhne nach Schwäbisch Gmünd, mit der er schon in der Zeit des Flugmotorenbaus gute Kontakte gepflegt hatte. Mit der Zustimmung, zumindest für den Entwicklungszeitraum, war die unternehmerische Basis für sein Projekt Unimog gesichert. Ab 1. Dezember 1945 erweiterte die eigens hierfür eingerichtete Abteilung »L« wie Landwirtschaft den Geschäftsbereich von Erhard & Söhne: Mit zwei Reißbrettern und der einzigen Zeichnung, nämlich einer Darstellung der landwirtschaftlichen Maschine, die dem Antrag für die Entwicklungserlaubnis beigelegt gewesen war, mit ein paar Tischen und Stühlen und mit zwei Ingenieuren aus der ehemaligen Flugmotorenentwicklung begann Albert Friedrich mit der Arbeit an der Konstruktion des Unimog. Und als er ab 2. Januar 1946 mit seinem ehemaligen Kollegen Heinrich Rößler (1911–1991), früher auch in der Pkw- und Motorenentwicklung von Daimler-Benz beschäftigt, den dringend gesuchten Konstruktionsfachmann aus dem Fahrzeugbau gefunden hatte, nahm das Projekt Unimog erste Konturen an: Im März war der überarbeitete zweite Gesamtentwurf fertig.

Was dann geschah, wird nur der kopfschüttelnd ermessen können, der sich noch an die ersten Nachkriegsjahre mit ihrer Bewirtschaftung und ihren lähmenden Beschaffungsproblemen erinnert. Zwar war die Beschaffung wichtiger Komponenten wie Getriebe, Motor, Achsen, Zahnräder, Wellen und Gussteile problematisch, aber schließlich war alles beisammen, auch wenn es Spitzenleistungen an Organisationskunst gekostet hatte. So stand dem Bau von sechs der zehn genehmigten Prototypen bei Erhard & Söhne nichts mehr im Wege.

Doch bevor es soweit war, geriet ein Antrag für die Materialbeschaffung beim Stuttgarter Wirtschaftsministerium zum »Schlüsselerlebnis« für das künftige Fahrzeug. Der für den Mate-

Erste Annäherungen an ein Markenzeichen.

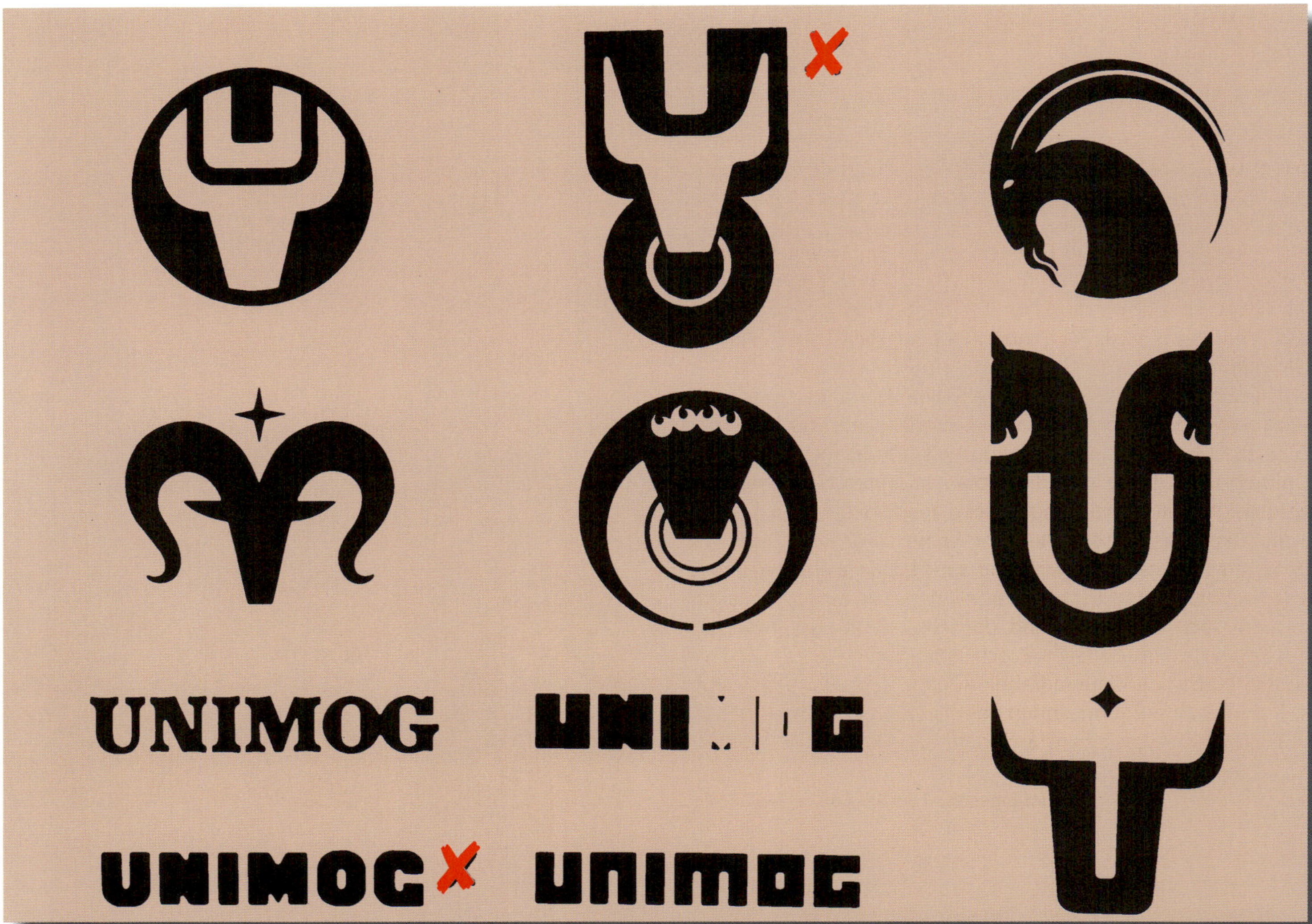

ALLE MODELLE SEIT 1946

In der Metallwarenfabrik Erhard & Söhne in Schwäbisch Gmünd entstanden die ersten Unimogs.

rialeinkauf zuständige und aus Gaggenau stammende Hans Zabel betitelte die für die Akten erforderliche Zeichnung des neuen Konstruktionskonzepts mit »Universal-Motor-Gerät«. Und weil das bislang namenlose Fahrzeug noch keine Bezeichnung hatte, kam ihm bei dieser Gelegenheit der Gedanke, Unimog als Abkürzung für Universal-Motor-Gerät vorzuschlagen. Der Begriff »Unimog« kam so gut an, dass die Tochter von Albert Friedrich das Fahrzeug am 20. November 1946 offiziell auf den Namen UNIMOG taufte.

In der Zwischenzeit, seit Sommer 1946, wurde die kleine Unimog-Belegschaft um weitere Mitarbeiter erweitert. So übernahm Dipl.-Ing. Christian Dietrich als künftiger Abteilungsdirektor den Unimog-Versuch wie auch die geplante Kundendienstabteilung. Bald zeigten die Zeichnungen eine geänderte, sehr rationale Konstruktion: Identische Blechkörper für die Gehäuse der Vorder- und Hinterachse, identische Laufradvorgelege mit Bremsen für Vorder- und Hinterräder, nur vier Antriebsgelenke. Mit großem Arbeitseifer entstand das erste Fahrgestell, gefertigt aus Teilen der Firmen Teves, Bosch, Behr, ZF, Boehringer und mit Getriebeteilen der Zahnradfabrik Augsburg. Teile aus der spanabhebenden Fertigung kamen ebenfalls von Boehringer, Blech- und Stanzteile von Erhard & Söhne, und die meisten Schmie-

Diplom-Ingenieur Heinrich Rößler (1911-1991).

UNIMOG

deteile lieferte die Firma Schmidt in Aalen. Die Konstrukteure dachten praktisch: Eine Spurweite von 1270 mm entsprach zwei Kartoffelreihen. Zahlreiche Merkmale sollten das neue Fahrzeug einzigartig machen, unter anderem die vergleichsweise hohe Geschwindigkeit, schraubengefederte und gedämpfte Achsen, Allradantrieb mit Differenzialsperren vorne und hinten, Rahmenbauweise vergleichbar mit Lastwagen oder Pkw, Anbaumöglichkeiten für Geräte vorn, in der Mitte, seitlich und hinten, Betrieb einer Zapfwelle vorne, in der Mitte und hinten.

Erstes Versuchsfahrzeug 1946

Am 9. Oktober 1946 war es soweit: Nur sieben Monate nach dem ersten Gesamtentwurf wurde das Fahrgestell auf die eigenen Räder gestellt, der Motor angelassen und das Fahrzeug von Heinrich Rößler aus der Montagehalle gefahren. Allerdings mit dem gleichen Tempo, das an den letzten Arbeitstagen an den Tag gelegt worden war: Zu schnell für die Lenkung. Fazit der ersten »Testfahrt«: Zwar musste eine leichtere Lenkung her, ansonsten aber zeigte sich, dass die Konzeption des Fahrzeugs so zufriedenstellend war, dass sofort mit dem Bau der nächsten Prototypen begonnen werden konnte. Das erste Versuchsfahrzeug entsprach mit seiner schrägen Frontpartie, dem Fahrerhaus mit Verdeck und der Ladefläche dahinter Ende 1946 schon weitgehend dem späteren Serienmodell. Noch fehlte jedoch ein geeigneter Dieselmotor. Den steuerte ab 1947 Daimler-Benz mit dem soeben neu entwickelten OM 636 zu. Dessen Produktion war zunächst noch gar nicht beschlossen, doch die Mannschaft um Albert Friedrich setzte auf die Marke mit dem Stern, man kannte sich schließlich bestens. Bereits im Frühjahr 1947 wagten die Ingenieure eine erste Vorführung, dann begann eine pausenlose Erprobung. Um noch mehr Fahrversuche durchführen zu können, erteilten die Behörden sogar eine Fahrgenehmigung, die eine Ausnahme vom damals noch bestehenden Sonntagsfahrverbot einschloss. Vor allem bei unzähligen Vorführungen und Demonstrationsfahrten überzeugte der Unimog nicht nur Fachleute, Landwirte, Behörden-Vertreter und Angehörige der amerikanischen Militärregierung, er überzeugte auch Kommerzienrat Dr. Rolf Boehringer in einem solchen Maße, dass die Firma Boehringer in Göppingen die Unimog-Produktion übernahm. Auch in eigener Sache wurde viel gefahren, denn jeder Unimog-Mitarbeiter sollte das Fahrzeug perfekt beherrschen.

Heinrich Rößler fährt das erste Unimog-Fahrgestell aus der Montagehalle, daneben H. Rank und Hans Zabel.

ALLE MODELLE SEIT 1946

Erste Großvorführung am 18. 10. 1948: Oberingenieur Christian Dietrich zeigt den Unimog mit Mähbinder.

Umzug nach Göppingen

Ein wichtiger Schritt für das noch junge Produkt »Unimog« war der Umzug im Januar 1948 von Schwäbisch Gmünd nach Göppingen, denn mit dem Bau des landwirtschaftlichen Geräts Unimog wollte sich das Göppinger Maschinenunternehmen Gebr. Boehringer GmbH von der Demontageliste der Alliierten retten und gleichzeitig die frei verfügbaren Produktionskapazitäten ausfüllen. Für den künftigen Serienbau stellte Boehringer eine Halle zur Verfügung, in der alle aus Schwäbisch Gmünd per Unimog-Transport mitgebrachten Montageeinrichtungen Platz fanden. Doch der Beginn der Vorserienproduktion verzögerte sich immer wieder. Erst mit der Währungsreform am 20. Juni 1948 ging es nicht nur mit der geplanten Serienfertigung des Unimog, sondern vor allem auch mit der gesamten deutschen Wirtschaft rasch aufwärts. Die harte und zähe Aufbauarbeit nach 1945 begann erste Früchte zu tragen, und die Menschen, die Deutschland aus Schutt und Asche aufgebaut hatten, schickten sich an, dem Leben auch wieder freundlichere Seiten abzugewinnen. Dazu gehörte die persönliche Bewegungsfreiheit, unabhängig von Fahrplänen und Eisenbahnstationen, dazu gehörte »ein fahrbarer Untersatz«. Jetzt waren nicht nur alle Geschäfte »über Nacht« gefüllt, sondern auch die Industriebetriebe hatten wieder Rohstoffe zum Fertigen und Ausliefern der bestellten Teile. Nachdem die ersten beiden Fahrzeuge in aller Eile für die Frankfurter DLG-Ausstellung im August 1948 gebaut worden waren, startete erst im Februar 1949 die eigentliche Serienproduktion. Da Boehringer kein Automobilhersteller war, die Entwicklermannschaft um Albert Friedrich wiederum aus Ingenieuren bestand, musste in Windeseile, parallel zur Produktion, ein neuer Vertrieb aus dem Boden gestampft werden.

Seit Ende 1948, genau seit dem 21. November 1948 ist der Unimog in seiner Grundkonzeption als mehrachsiges Motorfahrzeug für die Landwirtschaft patentiert. In der Patentschrift Nummer 950 430 des Deutschen Patentamtes München sind außer den Erfindern Albert Friedrich und Heinrich Rößler alle Details zur Technik und zum Einsatz beschrieben und mit Skizzen hinterlegt. So auch über die ausführlich beschriebene Portalachse, ein Detail, das sich in den Grundzügen bis heute bewährt hat und noch ständig weiterentwickelt wird. Die Unimog-Portalachse ist heute ein charakteristisches Merkmal und Verkaufsargument.

Das »Neue« am Transport- und Arbeitsgerät Unimog war die

UNIMOG

Der erste Unimog mit Frontmähwerk am 18. 10. 1948.

komplette Abkehr vom klassischen »Nur-Schlepper«. Mit einem breiten Spektrum verschiedener An- und Aufbaugeräte sollte es vornehmlich bei der Rationalisierung der Landwirtschaft helfen. Voraussetzung dafür war eine bequeme und einfache Handhabung und Bedienung, eine hohe Geländegängigkeit und Zugkraft – und außerdem sollte das neue Fahrzeug zur Erfüllung landwirtschaftlicher Transportaufgaben für höhere Geschwindigkeiten ausgelegt sein als herkömmliche Traktoren. Und kein anderer herkömmlicher Traktor hatte das zu bieten, was das Unimog-Konzept charakterisierte und bis heute auszeichnet: Ein Fahrerhaus mit Verdeck und gepolsterten Sitzen, extreme Geländegängigkeit durch Portalachsen, vier gleich große Räder, Allradantrieb mit 100-prozentig wirkenden Differenzialsperren vorne und hinten, Bremsen auch an den Vorderrädern, Zapfwellen vorne und hinten, ein seitlicher Abtrieb für eine Riemenscheibe sowie eine Hydraulikanlage und pneumatische Heck- und Frontkraftheber. Eine Vielzahl von An- und Aufbaugeräten konnte angetrieben werden, außerdem gab es eine Hilfsladefläche über der Hinterachse mit einer Tragfähigkeit von einer Tonne. Angetrieben wurde der Unimog von dem 25-PS-Dieselmotor aus dem 170er-Pkw von Daimler-Benz. Auf der Fronthaube trug der Unimog einen Ochsenkopf.

ALLE MODELLE SEIT 1946

Intensiv wurde die Zeit genutzt, den Unimog als Geräteträger weiter zu entwickeln. Das erste Frontanbaugerät war ein Mähbalken, der direkt vor dem Fahrzeug geführt und während der Fahrt auf die Motorhaube geklappt wurde. Schnell erkannte man, dass sich der Unimog mit Mähbalken, Pflug und Pflanzenschutzspritze wesentlich besser vermarkten ließ, und die Entwicklung einer hinteren Seilwinde öffnete dem Unimog die Tür in den Forstsektor. Und nicht nur die Landwirtschaft interessierte sich für das neuartige Fahrzeug, auch Behörden zeigten Interesse, sie forderten genormte Anbaugeräte. Es entwickelte sich die bis heute sehr fruchtbare und enge Zusammenarbeit mit den Geräteherstellern. Den Schritt zum Feuerwehrfahrzeug schaffte der Unimog mit einer Feuerlöschkreiselpumpe der Firma Metz aus Karlsruhe, und schon im zweiten Boehringer-Prospekt konnte auf eine Feuerlöschpumpe hingewiesen werden, die 800 Liter pro Minute förderte. »Die Pritsche des Unimog fasst wichtiges Löschgerät sowie sechs Feuerwehrmänner und transportiert alles mit Schnelligkeit«, hieß es da weiter. Von nun an war der Feuerwehr-Unimog unter der Bezeichnung »Gemeindefahrzeug« fester Bestandteil jeder Boehringer-Unimog-Ausstellung.

Nachdem Mitte 1949 nicht nur die monatlichen Auslieferungen gesteigert und die Auftragseingänge größer wurden, begann man nach der Vorserie von 100 Fahrzeugen mit der Hauptserie von 500 Unimog. Inzwischen konnte auch endlich die für die Serienfertigung vorbereitete »Unimog-Halle« bezogen werden. Jetzt waren Produktion, Versuch, Geräteerprobung, Teilelager und der Kundendienst unter einem Dach vereint. Zusammen mit der Konstruktion und dem Verkauf, die in einem separaten Bürogebäude untergebracht waren, waren nun etwa 90 Mitarbeiter in der Unimog-Abteilung der Gebr. Boehringer beschäftigt.

Unimog-Auslieferung vor der »Unimog-Halle« der Firma Boehringer in Göppingen 1949.

 UNIMOG

Die erste, schnell aufbaubare Feuerwehr-Ausrüstung für Landgemeinden.

ALLE MODELLE SEIT 1946

Umzug nach Gaggenau

Doch der Erfolg des Unimog seit seiner Premiere 1948 auf der DLG in Frankfurt hatte auch eine Kehrseite: Trotz der Produktionssteigerung auf 50 Fahrzeuge pro Monat konnte man der steigenden Nachfrage nicht mehr im gewünschten Maße gerecht werden. Eine weitere Anhebung der Produktionszahlen war damals nicht einfach, zumal auch die Zulieferer für Motor, Getriebe und Reifen keine uneingeschränkten Möglichkeiten zur Produktionsausweitung hatten. Und so kam es, wie es beim beruflichen Hintergrund der Entwicklungsmannschaft wohl kommen musste: Boehringer entschloss sich, die Unimog-Produktion zu verkaufen und traf – nach Gesprächen mit verschiedenen Firmen der deutschen Automobilindustrie – mit der Daimler-Benz AG im Herbst 1950 ein gegenseitiges Übereinkommen zum Kauf der kompletten Unimog-Produktion durch das Stuttgarter Unternehmen. Die entsprechenden Verträge wurden im Oktober 1950 abgeschlossen. Dies betraf zum einen die Unimog-Entwicklungsgesellschaft, die für die technische Seite verantwortlich zeichnete, und zum anderen die Gebr. Boehringer GmbH, die über alle Herstellungs- und Vertriebsrechte verfügte.

Der Umzug nach Gaggenau, wo man nach elanvollem Wiederaufbau des Lkw-Werkes nach 1945 die Zeit gekommen sah, im Jahr 1951 ein neues Produkt aufzunehmen, vollzog sich für den erfolgreichen Unimog nicht so zügig wie geplant. Erst am 3. Juni 1951 konnte die Produktion starten, nachdem bis Ende März die letzten Einheiten der im Vertrag vereinbarten 600 Fahrzeuge bei Boehringer in Göppingen gefertigt worden waren. Den Unimog erwarteten in Gaggenau betriebswirtschaftliche und produktionstechnische Bedingungen, die um ein Vielfaches besser waren als die in Göppingen, denn nun wurde er in Fließbandproduktion und nicht mehr wie bei Boehringer durch den Einsatz herkömmlicher Fertigungsböcke gefertigt. Unverändert blieben jedoch seine charakteristischen Merkmale wie das schlichte und funktionelle Fahrerhaus mit Klappverdeck, der Allradantrieb und das Fahrgestell mit seinen vier gleich großen Rädern. Die ebenso einfache wie geniale Konstruktion hatte inzwischen längst ihre erstaunlich hohe Leistungsfähigkeit bewiesen.

Nicht nur nahezu alle Lieferanten des Boehringer-Unimog waren von Daimler-Benz übernommen worden, auch ein Großteil der etwa 90 Mitarbeiter der Göppinger Unimog-Abteilung gingen mit nach Gaggenau. Allen voran Konstruktionschef Heinrich Rößler sowie Versuchs- und Kundendienstchef Christian Dietrich mit ihren engsten Mitarbeitern. Einen markanten Wechsel gab es allerdings doch: Die Baumusterbezeichnung für den Unimog wechselte von U 70200 (Boehringer) auf U 2010 (Mercedes-

Verschiedene Anbaugeräte für den Unimog.

UNIMOG

Benz). Voraussetzungen für einen Traumstart des Unimog an seiner neuen Produktionsstätte: Baute Boehringer in dreieinhalb Jahren insgesamt 600 Einheiten, so schafften die Gaggenauer in nur sechs Wochen 100 Stück, und bis zum Jahresende, nach nur sieben Produktionsmonaten, hatten sie gar 1005 Einheiten produziert.

In Gaggenau wurde der Unimog von Anfang an in moderner Fließbandproduktion hergestellt.

10. Juli 1951: Der 100. Unimog aus Gaggenau vor der Jungfernfahrt.

1951 präsentierte die Daimler-Benz AG den Unimog auf der DLG-Ausstellung in Hamburg.

Zusätzliche Baureihen

In Produktion und Vertrieb legte der Unimog jetzt den Vorwärtsgang ein: Der von Boehringer übernommene Verkauf wurde Schritt für Schritt in die eingeführte Organisation von Daimler-Benz integriert, für den jedoch Traktoren zunächst ein neues Feld bedeuteten. Die rationelle Fertigung im Automobilwerk senkte die Kosten und heizte wiederum den Vertrieb an. Aber nach wie vor, und dies seit seiner Premiere 1948 auf der DLG-Ausstellung in Frankfurt, zierte der Ochsenkopf als Markenzeichen die Motorhaube des Unimog, der Mercedes-Stern hatte damals (1951) noch keinen Platz im Kühlergrill. Den erhielt er erst 1953 anlässlich der DLG-Schau in Köln als sichtbare Einbindung des Unimog in die legendäre Reihe der »Fahrzeuge mit dem Stern«, und die Mercedes-Plakette ersetzte erst 1956 den bisher verwendeten Ochsenkopf. Auszeichnungen, Preise (zum Beispiel von der DLG) und Eignungszeichen halfen, den Unimog zu etablieren.

Mit dem anfänglichen Einheitsmodell aber war es auf Dauer längst nicht getan. Durch Weiterentwicklungen wuchs der Unimog 1953 zur Baureihe 401/402. Es gab ihn alternativ zum weiterhin gefertigten eckigen Fahrerhaus mit Verdeck auch in einer Variante mit geschlossener Kabine. Die Fertigung übernahm Westfalia, später vor allem als Hersteller von Reisemobilen bekannt und heute eine Beteiligungsgesellschaft von Daimler-Chrysler.

Nun ging es mit den Innovationen und Erweiterungen in raschen Schritten vorwärts. 1955 fertigte Daimler-Benz den ersten Unimog S (Baureihe 404). Er verfügte über einen langen Radstand und war für den militärischen Einsatz bestimmt. Im Hintergrund stand unter anderem die Bundeswehr, die 1956 gegründet wurde. Sie wird im Laufe der langen Karriere des Unimog S – er sollte ein Vierteljahrhundert lang bis 1980 gebaut werden – zum Großabnehmer dieser Variante, die sich folgerichtig zum Unimog-Bestseller entwickelte. Aufgrund seiner überragenden Geländeeigenschaften wurde der Unimog S jedoch auch von anderen Armeen in aller Welt hoch geschätzt.

Auch der Basis-Unimog 401/402 kannte keinen Stillstand:

Unimog der Baureihe 401 mit 25 PS.

Über Stock und Stein: Der Unimog U 2010 in praktischer Erprobung.

1956 stieg seine Motorleistung von 25 auf 30 PS; die Bezeichnung änderte sich in Unimog 411. Überdies war ein zweiter, längerer Radstand zu bekommen. Ein Jahr später gab es den Unimog wahlweise mit einem synchronisierten Getriebe anstelle des bisher verwendeten Klauenaggregats. 1959 schließlich gehörte die Synchronisierung zur Serienausstattung, wieder eine Premiere für den Ackerschlepper. Auch äußerlich änderte sich einiges: 1957 erhielten die geschlossenen Varianten mit langem Radstand ein neues Fahrerhaus.

Bei diesen Innovationen und Programmerweiterungen kam der Erfolg fast von allein: Im Mai 1961 rollte der 50.000ste Unimog in Gaggenau vom Band. Der Ur-Unimog war als Modell so unaufhaltsam wie seine Fahreigenschaften im Gelände: Die Motorleistung stieg schrittweise auf 32, 34 und 36 PS. Er blieb bis in die 1970er-Jahre die Plattform des Unimog-Programms. Oberhalb von ihm fächerte sich die Palette in den 1960er-Jahren weit auf.

»Bundesbahn-Parade«: Unimog-Auslieferung im Werk Gaggenau, hier mit geschlossenem Ganzstahl-Fahrerhaus und Zwillingsbereifung.

ALLE MODELLE SEIT 1946

Unimog mit Anhänger auf der Autobahn.

Der Unimog beim Militär

Nicht für die Bundeswehr, sondern für die Schweizer Armee wurde die erste Militärversion des Unimog gebaut. Dort entdeckten die Schweizer Militärs die Vorzüge des Unimog, als 1950 die ersten Boehringer-Unimog auf der Baustelle zu einem Staudammprojekt bei Arolla zum Einsatz kamen. Das kleine, wendige und überaus robuste Fahrzeug beeindruckte im Einsatz auf schmalen Wegen und in schwierigstem Gelände so sehr, dass noch im Frühjahr 1950 die Militärs 250 Boehringer-Unimog in »landwirtschaftlicher Ausführung« bestellten, denn zur damaligen Zeit ließ die »Production Order« eine militärische Verwendung des Unimog nicht zu. Allerdings kamen nicht alle Boehringer zur Auslieferung, denn die Verlagerung der Unimog-Produktion nach Gaggenau kam dazwischen, und dann nannte er sich U 2010. Die Umstrukturierung und die damit verbundene Zunahme der Motorisierung verschaffte dem Unimog einen weiteren Zugang in den Fuhrpark der Schweizer Armee, wo sich der U 2010 als Leitungsbaufahrzeug (in der Bundeswehr sind dies die Fernmeldefahrzeuge) gegenüber der Konkurrenz klar durchsetzen konnte. Der Bestand in der Schweizer Armee lag nun bei insgesamt zirka 600 Boehringer und U 2010, die wegen der vorgesehenen Nutzlast von 1 T (Tonne) »UniT« oder liebevoll »Dieseli« genannt wurden.

Kurz danach erhielt Frankreich, aber auch Großbritannien im Rahmen von Reparationsleistungen umfangreiche Fahrzeugkontingente von der damals noch jungen Bundesrepublik Deutschland. Zwischen 1950 und 1951, nachdem die »Production Order« inzwischen aufgehoben war, wurden von der französischen Armee 400 Unimog U 2010 (der Franzose nannte sie CV 25) bestellt und hauptsächlich zur Sicherung strategisch wichtiger Straßen im Schwarzwald und am Hochrhein eingesetzt. Die nach dem Kriege in Rastatt stationierte französische Besatzungsarmee war es, die die Grundidee zum Unimog S lieferte, denn sie war schnell der Überzeugung, dass ein dem U 2010 ähnliches Fahrzeug mit längerem Radstand und einer Pritsche für 10 bis 12 Soldaten sowie 1,5 bis 2 Tonnen Nutzlast die bislang in Armee-Diensten verwendeten und veralteten Fahrzeuge amerikanischen Ursprungs ersetzen könnte.

Nach intensiven Entwicklungsarbeiten und Dauertestfahrten im Gelände begann ab Mai 1955 die Serienfertigung des Unimog S der Baureihe 404, der Radstand war auf 2670 mm angewachsen. Von Anfang an verfügte die neue Baureihe über das, was bislang für Gelände-Lkws unüberwindbar schien: Eine hervorragende Geländegängigkeit, die durch eine hohe Wattiefe und Steigvermögen ergänzt wurde. Bevor der Unimog S zur Bundeswehr kam, erhielten schon 1955 die FFA (Forces Françaises en Allemagne) die ersten 500 Einheiten des neuen Unimog S, und die ausgezeichneten Referenzen dieser beiden Armeen waren gut für zukünftige, weitere Militärgeschäfte. Der Unimog S der Baureihe 404 war ein moderner, leichter, geländegängiger Lkw mit einer Nutzlast von 1,5 Tonnen und entsprach allen Forderungen der NATO (STANAG) für die NATO-Klasse 1 t. Zu den besonderen charakteristischen Merkmalen des Unimog S gehörten die günstigen Fahreigenschaften auf der Straße und im Gelände. Im Sand, im Schlamm und im Schnee sorgten große

Übernahme der ersten 13 Unimog durch das finnische Militär in Helsinki.

Niederdruckreifen für sehr geringen Bodendruck, während auf felsigem Grund die richtig abgestimmten Schraubenfedern und Stoßdämpfer eine gute Bodenhaftung ergaben.

Vor allem bei der neuen, 1956 gegründeten Bundeswehr, wo man die Radfahrzeuge überwiegend aus eigener (deutscher) Fertigung beschaffen wollte. Da man in relativ kurzer Zeit große Stückzahlen an Fahrzeugen in den verschiedenen Nutzlastklassen benötigte, kamen fast alle damaligen deutschen Automobilhersteller zum Zuge. In der Klasse des Lkw 1,5 t setzte der Unimog 404 die Meßlatte sehr hoch und behauptete sich gegenüber den Wettbewerbern von Borgward und Hanomag. Hauptsächlich in den drei Grundvarianten Pritsche mit oder ohne Plane, Krankenwagen oder mit Fernmeldekoffer eingesetzt, zeigte der Unimog S auch als Radschlepper mit Doppelkabine, Zugfahrzeug für leichte Geschütze, beim Transport von Material und Personen, als Schneepflug, Kehrmaschine, Fahrschulwagen oder als Pioniergerät seine universelle Verwendbarkeit. Da der Unimog S auch als Fahrgestell geliefert wurde, nutzte die Bundeswehr sogar die Fahrgestelle als kostengünstige Variante für den Aufbau von Übungskampf-Attrappen. Die vielseitige Verwendung in zahlreichen Ländern spiegelte sich in den hohen Lieferzahlen: Von den insgesamt 64.242 gebauten Unimog S erwarb die Deutsche Bundeswehr allein rund 36.000 Einheiten bis 1972. Auch andere Armeen erwarben ihn. Die Produktion des Unimog S, der Baureihe 404, lief 1980 zu Gunsten der Diesel-Versionen 416 und 435 aus.

Zusammen mit der 130 PS starken Saugversion (U 1300 L) bildete die Unimog-Baureihe 435 die moderne Nachfolge-Generation der seit 1955 gebauten Baureihe 404 (Unimog S). Vor allem für den Militär-, Rettungs- und Brandschutz-Einsatz entstanden von dem als geländegängigen Allrad-Fahrzeug oder als Fahrgestell ausgelegten U 1700 L zahlreiche Fahrzeug-Varianten: Pritschenfahrzeug mit Mittelsitzbank, Pionierfahrzeug, Sanitäts- und Funkfahrzeug, mit Kofferaufbau, Werkstatt- und Geräte-Wagen, Trockenlösch- und Tanklösch-Fahrzeug und Notfall-Arztwagen. Gegenüber ihren Vorgängern aus der Baureihe 404 besaßen sie eine hydraulische Servolenkung, Zweikreis-Scheibenbremsen, ein Achtganggetriebe, einen Radstand von 3250 mm, ab 1982 auch von 3850 mm, und ein modernes Kurzhauben-Fahrerhaus in Ganzstahlausführung mit viel Komfort.

Der Unimog 1550 L erwies sich im weltweiten Militäreinsatz als ein extrem geländegängiges und wirtschaftliches Fahrzeug für den Transport von Mannschaft und Material. Für die nötige

ALLE MODELLE SEIT 1946

Motorleistung sorgte der robuste, umweltfreundliche Sechszylinder-Dieselmotor OM 366 A (EURO II) von Mercedes-Benz, der im 1550 L ab 1990 als weitere Leistungsvariante mit Ladeluftkühler (OM 366 LA) und mit 214 PS (157 kW) angeboten wurde. Auf Wunsch auch mit 240 PS (177 kW). Auch gab es den 1550 L mit langem Radstand von 3700 mm als U 1550 L/37 (4x4). Mit entsprechenden Aufbauten ausgerüstet, konnte der Unimog als Funk-, Sanitäts-, Feuerwehr- und Werkstattfahrzeug eingesetzt werden. Als Pionierfahrzeug mit Anbaugeräten wie Bagger, Lader, Erdschieber, Seilwinden, Kompressoren, Stromerzeugern, Pumpen und hydraulischen Werkzeugen sowie Geräten für den Winterdienst. Das technische Konzept des Unimog mit seinen kurzen Überbauten ergab günstige Böschungswinkel vorn und hinten, die zusammen mit einem niedrigen Fahrzeugschwerpunkt und einem günstigen Rampenwinkel den Unimog zu einem überzeugenden, universell einsetzbaren Fahrzeug machten, das in jedem Gelände seine Aufgaben erfüllte.

Viele Wehrdienstleistende haben in der Bundesrepublik Deutschland den Unimog kennen, schätzen und fahren gelernt und prägten somit nachhaltig in praktischen Einsätzen das Image des universellsten Lastwagens der Welt. Er fand Anerkennung vor den Beschaffungskommissionen zahlreicher Armeen dieser Welt und erlangte einen einmaligen Weltruf. Heute ist der Unimog bei Friedensmissionen in aller Welt zu sehen, wo er als Transport- und Sanitätsfahrzeug oft im Brennpunkt des Geschehens steht. So auch bei den Hochwasser-Katastrophen an Oder und Elbe in den Jahren 1997 und 2002, wo der Unimog im Bundeswehreinsatz beispielhafte Hilfs- und Rettungseinsätze leistete. Angepasst an das erweiterte Aufgabenspektrum der Bundeswehr in vielen Krisengebieten der Welt entstand Ende 2000 bei der Münchner Firma Krauss-Maffei Wegmann (KMW) auf der Basis des Unimog-Fahrgestells U 1550 L die »Dingo«-Allschutz-Fahrzeug-Familie, benannt nach dem australischen Windhund. Das hochgeländegängige Unimog-Fahrgestell U 1550 L aus der Schweren Baureihe Unimog (SBU) verlieh dem modularen Fahrzeugkonzept Dingo ein hohes Maß an Wendigkeit und Mobilität bei schwierigsten Straßen- und Geländeverhältnissen.

Für Luftlande- und Gebirgstruppen entstand dieser Unimog auf Basis des U 401, der bereits einen 1,9-Liter-Benzinmotor besaß.

Moderne Fließbandproduktion mit Qualitätskontrolle und Bremsprüfstand prägte in den 1950-Jahren die Unimog-Fertigung im Werk Gaggenau.

Zaungäste bei einer Militärvorführung mit Unimog-S.

ALLE MODELLE SEIT 1946

Der Weg zum Komplettprogramm

Lag der Haupteinsatz des Unimog in den Jahren 1948 bis Anfang der 1960er Jahre in der Landwirtschaft und in erster Linie von den Merkmalen Allradantrieb und Transportfähigkeit bestimmt, so war die Zeit von Anfang der 1960er Jahre bis in die 1970er Jahre hinein geprägt von der Mechanisierung bei Aufgaben der Straßenunterhaltung, zahlreichen Problemlösungen im industriellen Umfeld sowie von Transport- und Arbeitsabwicklungen im gewerblichen Bereich. Sie war auch gekennzeichnet von der Nachfrage nach stärkerer Motorisierung, höheren Achslasten und höheren Zulademöglichkeiten. Hier traten die UNIMOG-Merkmale Tragen und Antreiben – also Geräteträgereigenschaften – in den Mittelpunkt der Wertschätzung.

Es waren vor allem veränderte Marktansprüche, die Anfang der 1960er Jahre den Ausschlag dafür gegeben haben, dass Daimler-Benz für den Unimog eine neue Baureihe entwickelte. Der kleine Unimog U 411 aus der Anfangszeit mit 25 bis max. 36 PS und einem Radstand von 1.720 mm bzw. 2.120 mm genügte als Basis-Fahrzeug für die immer vielfältigeren Einsätze und Anwendungen nicht mehr. Auch der Unimog S als überwiegend militärisches Fahrzeug war nicht immer die richtige Alternative für den zivilen Bedarf, auch wenn es ihn nicht nur in oliv gab. So kam ab 1962 unter dem Zahlencode 406 erstmals eine mittlere Baureihe hinzu, die den Aufstieg in eine neue Größe markierte. Gleichzeitig hielten erstmals größere Dieselmotoren unter der kurzen Haube des Unimog Einzug. Der neue Unimog U 65, mit 65 PS aus 4,6 Litern Hubraum und einer komfortablen Fahrerkabine, feierte auf der Wanderausstellung der deutschen Landwirtschafts-Gesellschaft (DLG) in München Premiere. Mit der zusätzlichen Baureihe 406 ergänzte Daimler-Benz das Programm um einen echten Alleskönner für Gelände und Straße, der dem Mercedes-Benz Unimog ganz neue Möglichkeiten eröffnete, zum Beispiel als vielseitige Zugmaschine. Die heute noch in manchem Kommunalbetrieb anzutreffende Baureihe 406 bot Fahrzeuge mit 65 bis 100 PS Leistung und einem Radstand von 2.380 mm.

1966 stellte das Unternehmen das Unimog-Programm neu zusammen. Zum kleinen Mercedes-Benz Unimog U 34 der Baureihe 411 aus der Gründerzeit kam nun die mittlere Baureihe 406 mit dem Modell U 70, später mit steigender Motorleistung zum U 80 und U 84 weiter entwickelt, hinzu. Die Zahlen der Verkaufsbezeichnungen standen jeweils für die Motorleistung in PS.

Ein Unimog bei der Sahara-Durchquerung.

Den 150.000. Unimog stiftete die Daimler-Benz AG einem Kinder- und Jugenddorf.

Parallel dazu baute Daimler-Benz die Baureihe 416 mit 2.900 mm Radstand auf, entsprechend dem Unimog S. Sie bestand zunächst aus dem U 80, der in den nächsten Jahren über U 90 und U 100 bis zum starken U 110 wuchs.

Zwischen den Ur-Unimog (U 34, Baureihe 411) und der mittleren Baureihe 406 platzierte Daimler-Benz die leichte Baureihe 421 / 403, später ergänzt durch die Baureihe 413. Sie unterschieden sich durch den Radstand und die Motoren, die einmal vom Pkw abgeleitet waren (Baureihe 421 / U 40 mit 2,2 Liter Hubraum), und zum anderen vom Nutzfahrzeug stammten (403 / U 54 mit 3,8 Liter Hubraum). Auch diese Modelle wuchsen bis zu ihrer Ablösung 1977 kontinuierlich in ihrer Leistung. Bis 1971 hatten bereits mehr als 150.000 Unimog das Werk in Gaggenau verlassen. Doch kurze Zeit später stand eine neue, stärkere Unimog-Generation vor der Tür, die völlig andere Dimensionen erschließen sollte, ohne dabei den Grundgedanken des Unimog mit all seinen Merkmalen aufzugeben.

Der MB-trac als Unimog-Ergänzung für die Landwirtschaft

Zu diesen raschen und auf Anhieb nicht immer übersichtlichen Fortschritten in der Modellpolitik des Unimog passte ein weiteres Jubiläum: Im Mai 1966 fertigte Daimler-Benz den 100.000sten Unimog. In seiner fast 20-jährigen Karriere seit dem ersten Fahrgestell-Prototyp hatte sich der Unimog prächtig entwickelt. Längst hatte er weltweit einen legendären Ruf als Geländefahrzeug. So erfolgreich der Unimog auch war, als landwirtschaftliches Fahrzeug wurde er nur noch am Rande eingesetzt.

Um diesen Bereich aber nicht brach liegen zu lassen, betrat Daimler-Benz 1972 mit dem MB-trac Konzept jenen Bereich, der in den Anfangsjahren des Unimog dessen eigentliche Stärke war: Der Agrarsektor. Denn der Unimog hatte in der Landwirtschaft mit ihren geänderten Ansprüchen eine starke Konkurrenz durch die renommierten Traktorenhersteller Deutz und Fendt erhalten,

ALLE MODELLE SEIT 1946

zumal der Alleskönner aus Gaggenau zunehmend seine Stärken bei Kommunen, Behörden, Baugewerbe und Militär sah. So entstand mit dem MB-trac, als Ergänzung zum Unimog, ein eigener Ackerschlepper für den landwirtschaftlichen Bereich, der die Anforderungen im Ackerbau besser bewältigen konnte.

Auf der DLG-Ausstellung in Hannover 1972 präsentierte Daimler-Benz den MB-trac 65/70 als Acker- und Systemschlepper, wie er in dieser Form damals noch nicht auf dem Markt angeboten wurde. Er kreuzte die Unimog-Technik mit Allradantrieb und einer Kraftübertragung auf vier gleich große Räder mit der Optik eines Traktors: lange und sehr schlanke Motorhaube, dahinter eine eckige, hoch aufragende Fahrerkanzel. Im Unterschied zu herkömmlichen Traktoren war sie allerdings zwischen den Achsen angesiedelt und rundum geschlossen – der MB-trac war das Automobil unter den Traktoren. Weitere Merkmale waren die Portalachsen, hohe Zugkraft, festes Komfortfahrerhaus mit ergonomisch gestaltetem Arbeitsplatz, Servolenkung, gefederte Vorderachse, genormte Dreipunkt-Krafthydraulik. Es waren die drei Anbauräume, die den MB-trac Systemschlepper auszeichneten: vorne der Frontkraftheber mit Zapfwelle und Hydraulikanschlüssen, in der Mitte mit Möglichkeit zum Aufbau verschiedener Gerätetypen sowie dem hinteren Anbauraum mit genormtem Dreipunktgestänge, zuschaltbarer Zapfwelle und weiteren Hydraulikanschlüssen. Die Vielzahl von Geräten, die sogar in Kombination gefahren werden konnten, sollten die wirtschaftlichen Einsätze zusätzlich steigern.

Die Konkurrenz horchte auf und das Fachpublikum war begeistert. Nach dem Vorserienbau begann im Juli 1973 der Serienanlauf für den MB-trac 65/70 der Baureihe 440 in den Farben kieselgrau mit rot. Wollte der »Neuling« auf dem breiten Agrarmarkt mitmischen, so musste eine komplette MB-trac Schlepperreihe entwickelt werden, die nur eine Chance hatte, wenn sie vielseitiger und besser sein würde, als die Konkurrenz. Sie wurde es, wenn auch etwas mühsam. In der Folgezeit wurde die Anzahl der Baumuster ständig erweitert. Ein wichtiger Schritt gelang mit dem MB-trac 800 aus der leichten Baureihe 440, der mit größerer Achsübersetzung und verbesserter Gangabstufung 1975 auf den Markt kam. 1976 folgten die schweren MB-trac mit den Baumustern MB-trac 1100 (Baureihe 442) und MB-trac 1300 (Baureihe 443). Die Weiterentwicklungen wurden optisch

MB-trac 700 mit schwerer Last im innerbetrieblichen Einsatz.

sichtbar, wobei das Grundkonzept vorgegeben war. Neue verbesserte Fahrerhäuser in grün wurden zum Markenzeichen des MB-trac. Die Leistung wurde mit neuen Motoren angehoben. Weniger Schalthebel und eine Geschwindigkeitsabstufung bis max. 40 km/h waren weitere, notwendig gewordene Verbesserungen. Ein völlig neu entwickelter Drehsitz machte den MB-trac mit dem vollsynchronisierten Wendegetriebe zum Zweirichtungsschlepper mit zusätzlichen Einsatzmöglichkeiten, auch in der Forstwirtschaft wo er bald zum meistgekauften Forstschlepper avancierte.

In der Agrarwirtschaft vollzog sich in den 1980er Jahren ein stetiger und rapider Strukturwandel. Während die kleinen und mittleren landwirtschaftlichen Familienbetriebe stark zurück gingen oder gar aufgeben mussten, wurden die großen Agrarbetriebe immer größer. Die Motorleistung der Schlepper wuchs weiter und Allradantrieb wurde mittlerweile Serienstandard. Mit der schweren MB-trac Baureihe rückte die Entwicklung in ganz neue Dimensionen vor, mit stärkeren Motoren, Getriebe und Achsen. Mit neuen MB-trac Varianten galt es, die Marktlücken zu schließen. Der MB-trac reagierte mit einem Niedrigschlepper speziell für Grünlandbetriebe, einem Flugplatz- und Industrieschlepper mit Wandlergetriebe für schwere Zugarbeiten. Die gute und enge Zusammenarbeit mit den Gerätefirmen machte den MB-trac zu dem, was er für den Kunden war. So wurde mit der Firma Werner & Co. ein Forstpaket entwickelt, das für die vielen am Markt befindlichen, speziellen Forstschlepper meist mehr als nur Konkurrenz war. Zu einem weiteren wichtigen Geräte-Partner gehörte die Firma Schmidt aus St. Blasien, mit deren Schmidt-Anbauplatte viele neue Geräte zum Einsatz kamen.

Mit den 1987 neu vorgestellten Typen MB-trac 1300 turbo, 1400 turbo und 1600 turbo erfuhr der MB-trac eine, und wie sich herausstellen sollte, letzte Weiterentwicklung. Die schwere Baureihe bestach durch Perfektion und Eleganz und hatte mit dem MB-trac 1600 turbo, von dem 1.262 Stück gebaut wurden, seinen »Klassenbesten«. Mit neuentwickelten Turboladermotoren der Baureihe OM 366, mit neu gestalteter Motorhaube ohne Knick, mit modernerem Schaltgetriebe und elektronisch gesteuerter Regelhydraulik war der Traktor mittlerweile zum Hightech-Fahrzeug weiter entwickelt worden. Während die leichte Baureihe mit dem 900er Turbo schloss, konnte man am MB-trac 1000 aus der mittleren Baureihe den Erfolg förmlich ablesen, denn mit insgesamt 6.959 Einheiten wurde er der große Renner. Er besaß ein verbessertes Schaltgetriebe, der Schalthebelwald war verschwunden, das Fahrerhaus erfolgreich überarbeitet und als Antrieb erhielt er den modernen 6-Zylinder-Direkteinspritz-Dieselmotor OM 366. Dennoch konnte der Ackerschlepper dem Verdrängungsprozess in der Landwirtschaft nicht entkommen. Der ruinöse Preiskampf in der gesamten Schlepperbranche führte zu Kooperationen vieler Firmen. Zwar führte Daimler-Benz den MB-trac mit den Landmaschinenaktivitäten von Deutz zusammen, um damit dem Preiskampf und den sinkenden Absatzzahlen entgegen zu wirken, doch als im Juni 1990 der 180 PS starke MB-trac 1800 intercooler auf der Nordagrar in Hannover präsentiert wurde, kam das, was befürchtet wurde: Deutz sah sich aus wirtschaftlichen Gründen nicht in der Lage, den MB-trac-Nachfolger am Markt zu positionieren. Am 17. Dezember 1991 lief mit dem bärenstarken 1800 intercooler der letzte MB-trac nach 41.356 Fahrzeugen in Gaggenau vom Band.

Eine neue Dimension

Die 1970er Jahre schließlich bis in die Mitte der 1980er Jahre standen im Zeichen der Forderung nach leistungsstärkeren Maschinen. Dies gilt sowohl für den landwirtschaftlichen Einsatz – was letztlich auch zur Schaffung der MB-trac-Reihe führte – als auch für den gewerblich/kommunalen Raum. Im selben Jahr, als der letzte U 411 c in Gaggenau vom Band lief und zwei Jahre

Die neue Generation: Unimog U 120 aus der Baureihe 425.

ALLE MODELLE SEIT 1946

nach der MB-trac-Premiere, wurde 1974 auf der DLG in Frankfurt die »neue Generation Unimog« mit dem U 120 der Baureihe 425 vorgestellt, für dessen Entwicklung größtenteils noch Heinrich Rößler verantwortlich zeichnete. Design und Teile des Fahrerhauses bekamen in Stuttgart bei Daimler-Benz den Feinschliff und wurden »stern«-optisch in die Nutzfahrzeugfamilie des Konzerns eingepasst. »Dieser Unimog erfüllt mit seinen 120 PS alle Wünsche und Forderungen der Praktiker nach mehr Zugkraft und Nutzleistung«, so die Unimog-Kunden-Zeitschrift vom Herbst 1974.

Die »neue Generation« erschloss gegenüber den damals gebauten Unimog-Baureihen U 411c, U 421, U 406, U 416 und Unimog S als schwere Baureihe eine völlig andere Dimension. Auffällig war die neue, eckige Kabine mit einer großen, nach vorne zum Bug kaum abfallenden Motorhaube, die in eine großflächige, schwarze Front mündet. Die Optik dieses Fahrerhauses ist im Prinzip bis heute in ihren Grundzügen mehr als ein Vierteljahrhundert unverändert geblieben.

Die Baureihe 425 begann mit 120 PS, 2.810 mm Radstand und einem zulässigen Gesamtgewicht von 9,0 t bzw. 10,6 t. Kurz nach der DLG-Ausstellung änderte sich die Verkaufsbezeichnung von U 120 in U 1300 und U 1500 der Baureihe 425. Die Serieneinführung des U 1300 begann bereits Anfang 1976. Etwas unten angesiedelt waren ab 1976 die zur Baureihe 424 gehörenden Baumuster U 1000, U 1200, U 1250 und U 1550, während der U 1000 im Spätherbst 1974 vorgestellt und ab Herbst 1976 produziert wurde.

Bessere Übersicht mit neuen Typenbezeichnungen

Im gleichen Zeitraum sortierte Daimler-Benz die Typenbezeichnungen neu. In der inzwischen klassischen runden Form liefen die Modelle Unimog U 600/L, U 800/L und U 1100/L der Baureihe 407 / 417. Die neue eckige Form kennzeichnete die Baureihe 435 mit den Modellen U 1300 L, der als Bundeswehr-Unimog bekannt wurde, und das Flaggschiff U 1700 und U 1700 L mit 168 PS (124 kW) Motorleistung. Der Buchstabe L steht für eine Ausgabe mit langem Radstand, denn die meisten Modelle waren inzwischen in zwei Radstandvarianten zu bekommen.

Liefen die Unimog mit rundem Fahrerhaus als leichte Baureihe, so teilten sich die neuen Baureihen mit eckiger Kabine nach ihrem zulässigen Gesamtgewicht in eine mittlere und schwere Baureihe und manche Motoren überschnitten sich – die Unimog-Nomenklatur war nicht einfach zu verstehen. Und schließlich ergänzte immer noch der altbewährte Unimog S, wenn auch mit deutlich abnehmender Stückzahl, unverändert als einziger Benziner das Programm.

Für jeden nachvollziehbar sind technische Highlights: Mit Ausnahme des Einstiegsmodells verfügten zum Zeitpunkt der neuen Typenbezeichnung bereits alle Mercedes-Benz Unimog über Scheibenbremsen rundum – lange Jahre, bevor die Sicherheitsausstattung bei Lastwagen üblich wurde. Die Bemühungen der Unimog-Verantwortlichen, jeder Kundenanforderung mit einem passenden Modell entgegen zu kommen, mündete überdies in eine neue Rekordzahl: 1977 verließ der Unimog Nummer 200.000 das Werk.

Generationswechsel

In den Jahren darauf blieb das Unimog-Programm weitgehend konstant. Doch von 1985 bis 1988 ging es wieder Schlag auf Schlag mit neuen Modellen los: Mit den Baureihen 407, 417, 427 und 437 erneuerte Daimler-Benz die gesamte Baureihe komplett. Basis war das bekannte Fahrerhaus aus der mittleren und schweren Baureihe, das nun auch für die leichten Modelle eingeführt wurde. Neue Radstände, Maße, Gewichte, Fahrwerke und Motoren ergaben unter dem Blech des Fahrerhauses komplett neue Fahrzeuge. Die Baureihe 437 wurde mit immer leistungsfähigeren Motoren und höheren Nutzlasten versehen. Doch das war im Grunde mit der allgemeinen fahrzeugtechnischen Weiterentwicklung im Nutzfahrzeugbau gegeben. Für den Unimog standen jetzt ebenfalls verbrauchsgünstig aufgeladene 6-Zylindermotoren mit einem Leistungsspektrum von 125 PS bis 170 PS und stärkere ladeluftgekühlte 6-Zylindermotoren mit 180 bis 240 PS aus dem Lkw-Programm zur Verfügung.

Das Programm wurde nach der Rundumerneuerung größer denn je, reichte vom kleinen und besonders handlichen Unimog U 600 mit einer Leistung von 60 PS (44 kW) und 4,5 Tonnen Gesamtgewicht über unzählige Varianten nach neuerlichen Erweiterungen Anfang der 1990er Jahre bis hinauf zum Dreiachser U 2400. Seine Maschine holte aus sechs Liter Hubraum die neue Rekordleistung von 240 PS (177 kW). Der Zweiachser durfte bis zu 14 Tonnen wiegen. Die Krönung des Programms war ab 1993 gar der Unimog U 2450 L 6x6, ein allradgetriebener Dreiachser. Von solchen Modellen hatten die Entwickler des Ur-Unimog mehr als 40 Jahre zuvor mit Sicherheit nicht einmal zu träumen gewagt – allein ein Vergleich der Motorleistung lohnt: Sie hatte sich beim neuen Topmodell gegenüber dem ersten Unimog fast verzehnfacht.

Kaum hatte Daimler-Benz den Unimog zwischen 1985 und 1988 rundumerneuert, ging es 1992 bereits wieder weiter: Die

 UNIMOG

Innovativer Fortschritt: Die neu entwickelten Unimog-Baureihen 408 und 418 von 1992.

neuen leichten und mittleren Baureihen 408 (U 90) und 418 (U 110, U 140) lösten die noch jugendlichen Vorgängermodelle ab. Im Mittelpunkt der Innovationen stand ein rundum neu gestaltetes Fahrerhaus. Ins Auge fiel vor allem die sehr schräge Frontpartie, die eine gute Übersicht nach vorne vermittelt. Bei Bedarf erhielt die Motorhaube sogar einen asymmetrisch auf der Fahrerseite angeordneten Sichtkanal, er erlaubt beste Übersicht auf Anschlüsse und Anbaugeräte. Ein neuer Rahmen und progressiv wirkende Schraubenfedern verbesserten das Fahrverhalten des Unimog. Die komplett neu gestaltete Kabine mit einem angedeuteten Hochdach bot deutlich mehr Platz als bisher, sehr übersichtliche Bedienungselemente und nicht zuletzt ein freundliches Arbeitsumfeld. Zu den technischen Besonderheiten des neuen Unimog zählen die während der Fahrt bedienbare Reifendruck-Regelanlage, Antiblockiersystem, neue Motoren aus dem Pkw-Bereich für den U 90 der leichten Baureihe sowie Servolock, eine Einrichtung zum hydraulischen Andocken von Arbeitsgeräten. Die neue Unimog-Generation sah nicht nur eigenwillig und überaus funktionell aus, sie näherte sich mit ihren vielfältigen Einsatzmöglichkeiten auch mehr denn je einem immer wichtigeren Bereich von Abnehmern, den Kommunalbetrieben.

Doch es gab zeitweilig auch einen anderen Kundenkreis: Japaner hatten den Unimog als Disco-Mobil entdeckt – der alte, wenn auch hoch moderne Kämpe, ein Nutzfahrzeug durch und durch, galt auf einmal als schick bei jungem Publikum. Daimler-Benz reagierte mit dem Funmog, präsentiert einen wuchtigen, rabenschwarzen Unimog der großen Serie und einen metallic-roten aus der neuen, mittleren Baureihe. Beide zeichneten sich durch reichlich Chromschmuck aus. Prompt gewann der appetitlich gestaltete Funmog im Frühjahr 1994 die Wahl zum Geländewagen des Jahres. Wie unverwüstlich der Evergreen aus Gaggenau ist, zeigten auch die Stückzahlen: Im gleichen Jahr durchbrach der Unimog die Schallmauer von 300.000 Exemplaren – für ein Spezialfahrzeug eine hohe Zahl.

Zwei Jahre später erweiterte Daimler-Benz 1996 das Angebot um einen Geräteträger für Kommunalbetriebe, den UX 100. Der Mini-Unimog ist schlank gewachsen, schlüpft flink über Gehwege und durch Parkanlagen. Doch ein großes Geschäft wurde der kleine Bruder des Unimog nicht: Im Zuge der Konzentration auf Kernkompetenzen gab Daimler-Benz den schmucken UX 100 schon bald an die Spezialisten von Hako ab, die auf Fahrzeuge dieser Art und Größe spezialisiert sind. Doch aus dem Projekt des UX 100 nahmen die Unimog-Konstrukteure einige Ideen für künftige Fahrzeuge mit.

ALLE MODELLE SEIT 1946

Zwei Produktlinien mit innovativer Technik

Denn der Unimog bereitete sich mittlerweile auf einen neuerlichen Modellwechsel vor. Passend zum spektakulären Jahr 2000 präsentierte der Konzern im Frühjahr einen nicht minder spektakulären Unimog. Die Modelle U 300, U 400 und kurz darauf der U 500 der Baureihe 405 lösten die bisherigen mittelschweren und schweren Baureihen ab. Mit diesem Modellwechsel erhält der Unimog einen Technologieschub wie selten in seiner langen Karriere. Besonders augenfällig ist die sehr modern, funktionell und gleichzeitig sehr emotional gestaltete Fahrerkabine aus Faserverbund-Werkstoffen. Die riesige, tief herunter gezogene Frontscheibe erlaubt einen perfekten Blick auf alle Anschlüsse und Anbaugeräte, die im Zweifelsfall jetzt mühelos im Einmannbetrieb aufgenommen werden können.

Die Haube fällt deshalb extrem kurz aus, weil der Motor weit nach hinten zwischen die Achsen gerückt ist. Wenn man so will, nimmt der Unimog damit wieder eine Idee seines Erfinders Alfred Friedrich auf, der den Motor in einer ersten Zeichnung 1946 an ähnlicher Stelle vorgesehen hatte. Im Innern besticht das rundum neue Fahrerhaus nicht nur durch viel Platz und Komfort, sondern auch mit einer Idee, die die Konstrukteure aus dem Projekt UX 100 mitgenommen und inzwischen verfeinert haben: In Windeseile lässt sich der Fahrerplatz mit Lenkrad, Instrumenten und Pedalerie im neuen Unimog vom angestammten Ort auf der linken auf die rechte Seite und wieder retour wechseln.

Was hier VarioPilot heißt, erweist sich vor allem für den wechselnden Einsatz in Kommunalbetrieben als überaus praktisch. Ein breit aufgefächertes Programm mit Radständen von 3.080 bis 3.900 mm und zulässigen Gesamtgewichten von 7,5 bis 15,5 Tonnen unterstreichen Flexibilität und Leistungsbereitschaft des Unimog mehr denn je. Und für spezielle Einsätze, zum Beispiel im Zugbetrieb, gibt es den Unimog mit besonderem Zubehör wie einer Wandlerschaltkupplung oder einer Fernbedienung mit Kabel. Sowohl das Design der neuen Baureihe 405 als auch diese Features unterstreichen, dass der Unimog verstärkt in Richtung der Baureihen 408 / 418 einschlägt: Noch immer ist er ein annähernd perfekter Geländewagen, doch der Schwerpunkt liegt nun beim Einsatz als Geräteträger.

Der Unimog wird 50

Als am 9. und 10. Juni 2001 das DaimlerChrysler Werk in Gaggenau und die Stadt an der Murg, dort, wo am 3. Juni 1951 der erste Mercedes-Benz Unimog vom Band lief, das Jubiläum »50 Jahre Mercedes-Benz Unimog« feiern konnten, war der Unimog rüstiger denn je und bestens auf die Zukunft vorbereitet. Die Zukunft lag in Wörth, wo die Unimog-Produktion im Zuge der strategischen Neuausrichtung des Werkes Gaggenau im Jahr 2002 ins Mercedes-Benz Lkw-Werk nach Wörth (Rheinland-Pfalz) umziehen sollte. Doch keine andere Stadt und kein anderes DaimlerChrysler Werk hatte sich bis zu diesem Zeitpunkt um den Unimog so verdient gemacht, wie die Gaggenauer. Höhepunkt des eindrucksvollen Jubiläums, verbunden mit einem Tag der offenen Tür, war ohne Frage die Sternfahrt nach Gaggenau und der Unimog-Korso, an dem 530 historische Unimog beim weltgrößten Unimog-Treffen teilnahmen.

»Wie kaum ein zweites Nutzfahrzeug unseres Hauses«, so Dr. Klaus Maier, Leiter des Geschäftsbereichs Mercedes-Benz Lkw der DaimlerChrysler AG in seiner Festansprache, »verkörpert der Unimog die Tugenden der Marke Mercedes-Benz: Zuverlässigkeit, Robustheit, Langlebigkeit und Vielseitigkeit.« Der Lkw-Chef unterstrich: »Damals, als die Unimog-Idee Gestalt angenommen hat, hatte keiner glauben können, dass dieses merkwürdige Fahrzeugkonzept – weder richtiger Traktor noch richtiger Lkw – wie kein zweites Fahrzeug einmal den Mythos der Marke Mercedes-Benz verkörpern sollte.«

Hans-Jürgen Wischof, damaliger Leiter des Produktionsbereichs Unimog, bei seiner Festansprache im Juni 2001.

Schon zu Bauzeiten ist der Unimog eine automobile Legende, ein Vorbild für viele Fahrzeuge und gilt unverändert als ein Maßstab für Geländewagen jeglicher Nationalität. Vor allem der Unimog aus alten Tagen wird heiß begehrt, liebevoll gepflegt und restauriert. Dass er nicht in Vergessenheit gerät, dafür sorgen Sammler und Enthusiasten aus ganz Deutschland und aus allen Teilen der Welt, die sich zu Interessengemeinschaften, zu Marken- und zu Unimog-Clubs (Unimog-Club Gaggenau e.V. und Unimog Veteranen-Club Deutschland) zusammengefunden haben. Die Begeisterung für den Unimog hat sie zusammen geführt. Was sie seit vielen Jahren verbindet ist die Liebe und die Faszination zu diesem Alleskönner, die Bewunderung und Hochachtung für diese brillante Ingenieurleistung und vor allem die Freude, dies alles im Kreise Gleichgesinnter zu erleben.

Unimog-Abenteuer: Rallye Paris - Dakar

Der Unimog ist als universell einsetzbare Hochleistungs-Zug- und Arbeitsmaschine für unterschiedlichste Einsatzzwecke mit den verschiedensten Geräten nicht mehr wegzudenken. 24 Vorwärts- und Rückwärtsgänge machten ihn zur straßenschnellen Zugmaschine, der echte Allradantrieb garantiert höchste Zug- und Transportleistung bei maximaler Traktion in schwierigem Gelände. In 165 Ländern der Erde werden heute Unimog-Fahrzeuge eingesetzt. In 5.000 m Höhe haben sie sich ebenso bewährt wie 1.200 m unter Tage. In der Kälte der Antarktis ebenso wie in der extremen Hitze und Feuchtigkeit tropischer Länder am Äquator. Sahara-Durchquerungen, Expeditionen in tropischen und subtropischen Gebieten, der Einsatz im Tagebau bis hin zur Erdölexploration in der chinesischen Taklamakan-Wüste oder zur Pipelineverlegung in Mexiko haben seinen Ruf als zuverlässigen Helfer in schwierigen Situationen und unter den anspruchsvollsten Einsatzbedingungen gefestigt.

In Sachen Rallyesport ist der Mercedes-Benz Unimog ein absoluter Experte. Denn er wurde eigens für den Einsatz unter extremen Bedingungen konstruiert. Zahlreiche Privatteams vertrauten Jahr für Jahr auf die überragende Geländegängigkeit und Zuverlässigkeit des Unimog. Darum überrascht es nicht sonderlich, dass der Unimog immer wieder in den Siegerlisten der Rallye Dakar geführt wird. So errang 1982 ein französisches Privatteam auf einem Unimog U 1700 L nach 10.200 km den Sieg in der Kategorie Lkw. Auf dem 2. Platz folgte ein U 1300 L. Zwei Jahre später, 1985, wiederholte das deutsche Team Capito-Capito auf einem U 1550 L dieses Top-Ergebnis mit einem weiteren Sieg in der Lkw-Klasse. Auch 2005 stand mit dem U 400 des italienischen Vismara-Teams (3. Platz Lkw-Klasse) ein Universal-Motor-Gerät auf dem Siegerpodest. Auch bei der Rallye Dakar 2006 ist ein Unimog U 400 im Team von Ellen Lohr mit dabei, wo er, gemeldet in der Klasse T 4, als Servicefahrzeug für den Transport von Ersatzteilen eine wichtige Rolle zu spielen hat.

U 400 als Service-Fahrzeug bei der Rallye Dakar 2006.

ALLE MODELLE SEIT 1946

Der Unimog kommt künftig aus Wörth

Mit dem Start der Unimog-Produktion am 26. August 2002 am neuen Standort Wörth begann ein neues Kapitel in der Geschichte des Universal-Motor-Geräts – kurz: Unimog. Und damit endete gleichzeitig 51 Jahre Unimog-Bau am Standort Gaggenau. In dieser Zeit haben insgesamt 320.748 Unimog die Produktionsstätte am Fuße des Schwarzwaldes verlassen. »Der Mercedes-Benz Unimog«, so Dr. Klaus Maier, Leiter des Geschäftsbereiches Mercedes-Benz Trucks, »fährt hiermit weiter in eine sichere Zukunft. Denn mit der Verlagerung schaffen wir die Grundlagen für fortlaufende Wirtschaftlichkeit und weitere Prozessoptimierung.«

Die Verlagerung des Produktbereiches Unimog von Gaggenau nach Wörth (Rheinland-Pfalz) als damals größtes Strukturprojekt des Geschäftsbereiches Mercedes-Benz Lkw, war zentraler Punkt der strategischen Neuausrichtung des Werkes Gaggenau, das nun zu einem weltweiten Kompetenzzentrum für mechanische und automatisierte Schaltgetriebe ausgebaut werden soll. Der Standort Gaggenau hat sich von der Manufaktur der kompletten Fahrzeugbandbreite zu Beginn der automobilen Industrialisierung über die spätere Ausrichtung auf Nutzfahrzeuge und – nach dem zweiten Weltkrieg auf den Unimog und schwere Lkw – kontinuierlich zum Spezialisten für Aggregate und Komponenten entwickelt. Durch die Spezialisierung auf dem Getriebesektor erhielt das Werk Gaggenau zusätzliche Wachstumschancen.

Mit der Verlagerung des Produktbereiches Unimog in das Lkw-Werk nach Wörth als konzerninterne Ideallösung, erfolgte auch die räumliche Integration, denn seit 1999 gehören Mercedes-Benz Lkw und Unimog zum gleichen Geschäftsbereich und sollen nun am Standort Wörth gemeinsame Fertigungseinrichtungen, Versandabwicklungen, Service-Einrichtungen und Strukturen nutzen. Die neue Unimog-Fabrik wurde auf die Anforderungen des künftigen Produktangebots zugeschnitten. Gab es bisher ein spezifisches Fahrzeug für alle Anwendungen, so liefen ab September 2002 im Werk Wörth zwei Produktlinien für unterschiedliche Anwenderkreise vom Band. Neben dem Bau der geländegängigen Geräteträger U 300, U 400 und U 500 startete zum erstenmal in der Geschichte des Unimog mit den hochgeländegängigen Transportfahrzeugen U 3000, U 4000 und U 5000 eine zweite Baureihe. »Das bewährte Geschäftsmodell Unimog indes wird sich nicht ändern«, so Hans-Jürgen Wischhof, Leiter des Produktbereichs Unimog. »Wir bewahren uns das Reaktionsvermögen eines Produktbereiches mit mittelständischen Strukturen, das geprägt ist durch Flexibilität, schlanken Strukturen und kurzen Entscheidungswegen.«

Auf der außerordentlichen Hauptversammlung des Konzerns am 4. Oktober 2007 in Berlin erfolgte der Beschluss zur Namensänderung in Daimler AG. Im Zuge der Namensänderung hat der Vorstand beschlossen, dass alle Produktionsstandorte, in

denen Komponenten oder Fahrzeuge der Marke Mercedes-Benz gefertigt werden, künftig unter dem Namen Mercedes-Benz firmieren. Diese Logik gilt auch für den Standort Wörth. Mit der Entscheidung für diese Namensgebung legte der Konzern ein eindeutiges Bekenntnis zu der traditionsreichsten Marke im Automobilbau ab. Damit erfolgte auch eine klare Unterscheidung zwischen der Unternehmensmarke Daimler und der Produktmarke Mercedes-Benz. Der Austausch der Werksbeschilderung fand unmittelbar nach dem Beschluss der außerordentlichen Hauptversammlung einheitlich an allen deutschen Produktionsstandorten in der Nacht vom 4. auf den 5. Oktober 2007 statt. Vor den Werkstoren am Standort Wörth weisen nun Pylone mit dem Schriftzug »Mercedes-Benz Wörth – Ein Werk der Daimler AG« den Weg.

Nur wenige Tage später, am 23. Oktober 2007, lief im Mercedes-Benz Werk Wörth das erste Fahrzeug der neuen kompakten Unimog-Baureihe U 20 vom Band. Mit der neuen Baureihe, welche das bestehende Unimog-Produktangebot nach unten hin ergänzt, verfügt Mercedes-Benz nunmehr über das ideale Trägerfahrzeug für kleine, mittlere Kommunen sowie Garten- und Landschaftsbaubetriebe, so unter anderem als effiziente Arbeitseinheit für den bevorstehenden Winterdienst. Als universeller Geräteträger im unteren Leistungsbereich lässt sich der Unimog U 20 mit seinem Wendekreis von 12,6 m auf engstem Raum problemlos manövrieren. Die Gesamthöhe von 2,7 m erleichtert Durchfahrten unter Vordächern oder Unterführungen. Trotz der kompakten Abmessungen steht eine Ladebrücke von 2,2 m Länge und zusätzlich eine Gerätebox zum Verstauen von Material wie Besen, Schaufeln, Pickel usw. zur Verfügung. Die Frontlenker-Kabine bietet Platz für drei Personen und ist dank eines Tür-Öffnungswinkels von fast 90 Grad bequem erreichbar. An- und Aufbaugeräte werden von der direkt vom Motor angetriebenen Frontzapfwelle oder vom Getriebe-Nebenantrieb angetrieben. Diverse Aufbauten können entweder auf die vorhandene Pritsche, auf die Kugelpunkte des Pritschenzwischenrahmens oder direkt auf den geraden Rahmen montiert werden.

Zum 1. Oktober 2009 wurde in Europa der gesetzliche Grenzwert zu Abgasemission verschärft. Doch auch in Zeiten strenger wirtschaftlicher Vorgaben, teurer Rohstoffe und der Forderung nach umweltfreundlichen Fahrzeugen zeigte sich der Unimog hinsichtlich seiner führenden Motorentechnologie und den universellen Anwendungsmöglichkeiten geradezu topp im Vergleich zu Schleppern und Lkw mit Motoren, die auf Abgasrückführung und Dieselpartikel ausgelegt sind. Die Reduzierung der Abgasemissionen wurde bei Daimler mit der sogenannten BlueTec-Dieseltechnologie, beginnend mit Euro 4, erreicht. Mit Hilfe des Abgasnachbehandlungssystems SDR, unter Verwendung des zusätzlichen Betriebsstoffes AdBlue, werden die Sickoxide (NOx) zu den unschädlichen Bestandteilen Stickstoff und Wasser umgewandelt. Mit Euro 5 wurde die Weiterentwicklung auf Basis dieser Technologie fortgesetzt; Ziel war es, noch emissionsärmer zu werden. Für den Unimog hatte dies zum Vorteil, dass mit dieser technischen Kontinuität keine Bauräume mehr verändert werden müssen. Zwischen Euro 4 und Euro 5 Fahrzeugen blieb das äußere Erscheinungsbild nahezu gleich (optisch und geometrisch identisch). Für alle Typen U 20, U 300, U 400,

ALLE MODELLE SEIT 1946

U 500, U 4000, U 5000 begann die Euro 5-Produktion ab 1. Juli 2009. Damit endete auch die Lieferung der Euro 4 Fahrzeuge.

Pünktlich zum Jahresende 2010 gab es für den Unimog noch zwei weitere »Schlüsselerlebnisse«. Zum einen feierte die Unimog Baureihe U 300 – U 500 Geburtstag, denn vor zehn Jahren hat Mercedes-Benz die neuen Unimog Geräteträger U 300/U 400/U 500 präsentiert. Bis heute sind über rund 10.000 Einheiten in über 20 Ländern verkauft worden. Das einstige „Universale Motorgerät (Unimog) für die Landwirtschaft" hat sich zum geländegängigen Alleskönner in der Kommune und in vielen weiteren Segmenten entwickelt.

Zu anderen erhielt am 20. Dezember 2010 der Bundeswehr Fuhrpark Service (BwFPS) den 650sten Unimog U 5000. Der Bereichsleiter Einkauf bei der BwFuhrparkService GmbH, Uwe Günther, übernahm für die Bundeswehr den symbolischen Unimog-U 5000-Schlüssel von Michael Diez, Leiter Vertrieb Behördengeschäft Mercedes-Benz Vertriebsorganisation Deutschland. Die Unimog werden über die jeweiligen Mobilitätscenter des BwFPS an die entsprechenden Bundeswehr-Standorte in Deutschland und an das Logistik-Amt weiterverteilt. Der Unimog hat eine lange Tradition in der Bundeswehr, die 1956 mit dem Unimog S begann und sich bis zum heutigen Tage mit mehreren 10.000 ausgelieferten Fahrzeugen erfolgreich fortsetzt. Legendär und in seinen Einsatzmöglichkeiten unerreicht ist der Unimog U 5000 als Vertreter der hochgeländegängigen Unimog-Baureihe für schwierige Einsätze abseits aller Straßen und Wege. Der Unimog ist das geländegängigste Fahrzeug in der Gewichtsklasse zwischen 7,5 t und 12,5 t zulässigem Gesamtgewicht. Dank seinen überragenden Fahrwerkseigenschaften ist der Unimog für Einsätze schwerster Geländeanforderungen und verschiedene Militäreinsätze prädestiniert.

Am 17. November 2010 feierte das Mercedes-Benz Werk in Wörth Geburtstag. Vor genau einem halben Jahrhundert unterzeichneten Daimler-Benz und die pfälzische Gemeinde Wörth den Kaufvertrag über ein rund 2,5 Millionen Quadratmeter großes Gelände, auf dem über 100.000 Lastkraftwagen im Jahr gebaut werden können. Nach 50 Jahren ist das Mercedes-Benz Werk Wörth das größte Lkw-Montagewerk der Welt. Im Werk Wörth herrscht inzwischen ein hoher Taktschlag. Über drei Millionen Nutzfahrzeuge tragen seit 1963 das Signet „Made in Wörth". Die Produktionsfläche hat sich auf 480.000 Quadratmeter vergrößert. Bis zu 470 Lkw verlassen jeden Tag die Montage des Werkes – alle drei Minuten rollt bei voller Auslastung ein Fahrzeug vom Band, in bis zu 70.000 verschiedenen Variationen. Im Bereich „Special Trucks" entstehen dort neben Econic und Zetros auch die drei Unimog Baureihen. Der Unimog, traditionell in Gaggenau gefertigt, erlebte 2002 eine Zäsur. Nach einem halben Jahrhundert zog die Fertigungsstraße des „Universal-Motorgerätes" nach Wörth um. Im Nachhinein hat sich dieser Schritt als einzig richtiger erwiesen. In Wörth fanden die drei Unimog Baureihen ideale Bedingungen. Produziert werden heute der Kommunalspezialist U 20, der professionelle Geräteträger U 300 / U 400 / U 500 sowie die hochgeländegängigen U 4000 und U 5000 in so genannter Mischbauweise in Gruppenarbeit. Zweigleisig startet die Produktion sowohl mit Rahmen und Chassis in einer Halle sowie parallel auf einer zweiten Produktionslinie mit dem zugehörigen Fahrerhaus. Erst mit der „Hochzeit" vereinigen sich beide Komponenten – der fahrfertige Unimog nähert sich auf einem Band seiner Vollendung. Zahlreiche Komponenten wie Motoren, Getriebe, Teile der Elektrik und Elektronik sowie wesentliche Bedienelemente teilt sich der Unimog mit seinen Lkw-Brüdern. Deshalb erweist es sich durchaus als sinnvoll, ihn auf gleichen Bändern wie Zetros und Econic zu bauen. Durch die extrem große Variantenvielfalt, die die Unimog Baureihen auszeichnet, bedarf es einer extrem flexiblen Fertigung. Wohl noch nie haben zwei identische Fahrzeuge für unterschiedliche Kunden das Montagewerk verlassen!

MERCEDES-BENZ UNIMOG

Bei der Leserwahl 2011 der Fachzeitschrift »Off Road« ist der Mercedes-Benz Unimog zum Besten Geländewagen des Jahres in der Kategorie »Sonderfahrzeuge« gekürt worden. Das machte ihn zum Wiederholungstäter, denn zum siebten Mal in Folge rangierte er bei dieser Wahl ganz oben. Damit etablierte sich der Allrounder als konstanter Siegertyp, denn bereits bei den vergangenen sechs Leserwahlen konnte der Unimog den Off Road Award abräumen. Vor allem mit seiner überragenden Geländegängigkeit, kombiniert mit höchster Robustheit, konnte der Unimog in der Kategorie der geländegängigen Fahrzeuge, die zum Transport in entlegene Gebiete bzw. als Basis für Sonderaufgaben dienen, glänzen. Bereits im Jahr 1994 wurde der Unimog zum Geländewagen des Jahres gewählt – damals in Gestalt des U 90 »Funmog«, einer Kombination aus Stadt-, Freizeit-, Gelände- und Nutzfahrzeug.

Produktions-Jubiläum: 60 Jahre Unimog

Einen weiteren Meilenstein setzte der Unimog am 4. Juni 2011. Genau an diesem Tag feierte der Mercedes-Benz Unimog sein 60stes Produktions-Jubiläum, denn vor 60 Jahren begann im damaligen Daimler-Benz Schwerlastwagen-Werk in Gaggenau die Unimog-Serienproduktion. Seit dem 4. Juni 1951 sind nahezu 380.000 Unimog-Fahrzeuge gebaut worden. Zuvor, seit 1948, hatte man bis zum März 1951 die letzten der 600 Boehringer-Fahrzeuge gebaut und ausgeliefert. Zwar blieb dem neuen Produkt aus Gaggenau weiterhin die Verkaufsbezeichnung Unimog 25 PS, doch wechselte die Baumusterbezeichnung: Aus dem 70200 wurde jetzt der 2010, mit neuem, modifizierten Vierzylinder-Dieselmotor OM 636/VI-U unter der Haube.

Das 60jährige Produktions-Jubiläum des Unimog war auch Anlass für ein großes Jubiläumsfest am Samstag, 4. Juni 2011 im Mercedes-Benz Werk Wörth, zu dem Fans, Club-Mitglieder, Besitzer von Oldtimern, Fahrer und Besitzer aktueller Modelle auf einen unvergesslichen Tag eingeladen waren. Genau 60 von ihnen nahmen am 4. Juni an der Unimog-Sternfahrt teil, die von dem früheren Produktionsstandort Gaggenau über das Unimog-Museum bis ins Werk Wörth führte, wo der Unimog heute gebaut wird.

Zum 60. Produktions-Jubiläum am 4. Juni 2011 gab es eine Unimog-Sternfahrt zum ehemaligen Produktionsstandort Gaggenau.

ALLE MODELLE SEIT 1946

Generationswechsel: Der Unimog Geräteträger BlueTec 6 und der hochgeländegängige Unimog BlueTec 6.

Mit neuer Unimog-Generation BlueTec 6 in die Zukunft

Am 25. April 2013 präsentierte sich die im Jahr 2000 eingeführte Baureihe der Unimog-Geräteträger nun in der zweiten Generation. Neu geordnet und unter geänderten Bezeichnungen wurden in Zusammenhang mit den gesetzlichen Bestimmungen der Abgasnorm Euro VI die neue Unimog-Generation Blue Tec 6 vorgestellt. Die Geräteträger-Unimog der Baureihe 405 haben die Typenbezeichnungen U 216, U 218, U318, U 423, U 427, U 430, U 527 und U 530. Die hochgeländegängigen Unimog tragen die Typenbezeichnung U 4023 und U 5023 innerhalb der Baureihen 437.427 und 437.437.

U 216 und U 218 als Einstiegsmodelle sowie der U 318 und U 423 haben dabei Vierzylindermotoren, U 427, U 430 und U 527 und U 530 die Sechszylinderaggregate. Als Ergebnis aufwendiger Entwicklungsarbeiten stehen Unimog Geräteträger am Start, die effizienter, umweltfreundlicher und wirtschaftlicher sind als ihre Vorgänger und zudem in ihren typischen Eigenschaften deutlich

Serienanlauf des neuen Euro VI Unimog im Werk Wörth am 22. August 2013.

37

Die neuen Vier- und Sechs-Zylinder- Motoren der Euro VI-Generation.

gestärkt werden konnten. Mit dem Produktionsstart des neuen Mercedes-Benz Unimog im Werk Wörth am 22. August 2013 zieht die Euro VI Technologie jetzt bei den Special Trucks ein. Mercedes-Benz hat die Umstellung auf die Abgasnorm Euro VI zum Anlass für die größte Produktoffensive in seiner Geschichte genommen und das Lkw-Portfolio komplett erneuert. Der erste Unimog Euro VI, ein U 423 in kommunalorange mit 231 PS (170 kW), wurde am 21.10.2013 im Produktionswerk in Wörth am Rhein an seinen neuen Besitzer übergeben.

Am 15.7.2014 ist der Generationswechsel in der Unimog-Familie von Mercedes-Benz komplett vollzogen worden. Nachdem die Profi-Geräteträger der Typen U 216 bis U 530 seit dem Frühjahr 2014 auf breiter Front ihren Dienst angetreten haben, sind nun die hochgeländegängigen Unimog Blue Tec 6 an der Reihe: die Typen U 4023 und U 5023 sind die Vertreter der neuen Generation. Die neuen BlueEfficiency Motoren der Baureihe OM 934, OM 934 LA und OM 936 LA mit vier Zylindern und Leistungen zwischen 115 kW (156 PS) und 220 kW (299 PS) kombinieren niedrigen Kraftstoffverbrauch mit wirkungsvoller Abgasreinigung nach Euro VI.

Wie bereits in den vergangenen drei Jahren zuvor, wurde auch 2015, und dies bereits zum elften Mal in Folge, der Mercedes-Benz Unimog von den Lesern der Fachzeitschrift »Off Road« zum besten Geländewagen des Jahres in der Kategorie »Sonderfahrzeuge« gekürt.

Neben dem hochgeländegängigen Unimog mit Doppelkabine gibt es ab dem Frühjahr 2016 auch ein neues Mitglied in der Unimog Geräteträger-Familie, den Unimog U 323 mit einer Motorleistung von 170 kW (321 PS). Das neue Top-Modell der Mittelklasse überzeugt durch seine Leistungsfähigkeit: Es ist mit den Radständen 3000 mm und 3600 mm sowie mit einem zulässigen Gesamtgewicht von bis zu 14,0 t erhältlich. Dank der hohen zulässigen Achslasten entpuppt sich der U 323 als effiziente Fahrzeuglösung für Winterdienst- und Transportaufgaben. Er verfügt auf Wunsch über viele Sonderausstattungen. Zum Beispiel das vollautomatische Getriebe AutomaticShift, den Getriebe-Nebenabtrieb für Anbaugeräte oder mehrere Hydraulikoptionen.

2016 erweiterte der Unimog U 323 das Programm der 300er Baureihe.

So schnell nicht aufzuhalten: Der Unimog U 5023 hat eine Wattiefe von bis zu 1,2 m zu bieten.

Der Unimog wird 75

Seinen 75sten Geburtstag kann der Unimog am 9. Oktober 2021 feiern, denn nun bald vor 75 Jahren, am 9. Oktober 1946, absolvierte der Unimog Prototyp 1 seine erste Testfahrt, damals »Prüffahrt« genannt. Chefkonstrukteur Heinrich Rößler saß persönlich am Steuer und prüfte den Prototypen, noch ohne Fahrerhaus, aber voll beladen mit Holz, auf unwegsamen Waldwegen bei Schwäbisch-Gmünd.

Bis dahin wurde der Unimog von der Maschinenfabrik Boehringer in Göppingen produziert. Am 27. Oktober 2020 jährte sich der Jahrestag der Übernahme des Unimog durch die Daimler-Benz AG zum 70sten Mal. Dieses Datum ist somit die Geburtsstunde des heute legendären und hunderttausendfach bewährten Mercedes-Benz Unimog. Nach dem damals großen Messeerfolg des für seine Zeit revolutionären Geräts „Unimog", auf der Ausstellung der Deutschen Landwirtschaftsgesellschaft (DLG) im Sommer 1950 in Frankfurt, wurde den verantwortlichen der Maschinenfabrik Gebr. Boehringer in Göppingen, die damals den Unimog gebaut hat, klar, dass die übervollen Auftragsbücher nicht ohne große Investition zu bewältigen waren. Hinzu kam, dass die Motorlieferungen von Daimler-Benz, wegen des erhöhten Eigenbedarfs in der beginnenden Wirtschaftswunderzeit, nicht vollumfänglich garantiert waren. Die gefragten Motoren wollte Daimler wenn schon in seinen eigenen Fahrzeugen verbauen.

Bei dem Motor handelt es sich um den für den Mercedes-Benz Pkw 170 D entwickelten Dieselmotor OM 636, der zuvor schon an Boehringer für den dort gebauten Unimog 70200 geliefert wurde. Die Leistung wurde für den Unimog von 38 PS auf 25 PS gedrosselt. Dieser erfolgreiche Motor, der erste Diesel-Pkw-Motor nach dem Krieg, wurde von 1949 bis zum Jahr 1963 serienmäßig in Pkw verbaut und auch im Unimog.

An den Verhandlungen nahmen zwei Vertreter der Daimler-Benz AG und die sechs Anteileigner der Unimog-Entwicklungsgesellschaft von Boehringer teil. Unter ihnen der Vater des Unimog Albert Friedrich und Werner Boehringer als Vertreter der Herstellerfirma Gebr. Boehringer, Göppingen. Die Gespräche um die Übernahme des Unimog hatten bereits am 5. September 1950 begonnen. In diesem Gespräch erklärte Daimler-Benz schriftlich seine Absicht, den Unimog mit allen Rechten und Pflichten übernehmen zu wollen. Die Verhandlungen waren am 27. Oktober 1950 abgeschlossen.

Heute, nahezu 75 Jahre später, ist der Unimog kein bisschen müde, denn er hat sich von seinen Wurzeln als Agrargerät und Militärlaster längst etabliert. Aus dem ersten »Universal Motorgerät« (Unimog) ist eine ganze Produktfamilie allradgetriebener Nutzfahrzeuge entstanden. Einst nur für die Landwirtschaft gedacht, hat er sich zum geländegängigen Alleskönner in der Kommune und in vielen weiteren Segmenten entwickelt. Ob als Geräteträger und Triebkopf von geländegängigen Spezialfahrzeugen,

Erste »Prüffahrt« noch ohne Fahrerhaus mit Unimog Prototyp 1, am 9. Oktober 1946. Chefkonstrukteur Heinrich Rößler am Steuer, rechts Hans Zabel, der Namensgeber des Unimog.

ALLE MODELLE SEIT 1946

als Feuerwehrauto und Rallye-Wagen, als Zweiwege-Fahrzeug von Bahnbetrieben und im Dienst der Straßensicherheit. Mit der Motorentechnologie Bluetec von Daimler und einem seit Jahrzehnten hunderttausendfach bewährten Antriebskonzept stellt sich der Unimog heute mehr denn je zukunftssicher und wegweisend dar. In den 1990er Jahren kam der ganz entscheidende Wechsel zu fortan zwei Baureihen. Mit den beiden neuen Baureihen »geländegängiger Geräteträger« und »hochgeländegängiges Transportfahrzeug« ist der Mercedes-Benz Unimog heute der wirtschaftlichste und umweltfreundlichste Geräteträger seiner Klasse. Von Anfang an zeichnet sich der Alleskönner unter den Automobilen dadurch aus, dass er sich perfekt an die Bedürfnisse seiner Käufer anpasst. Und so schreibt der bullige Allradler 70 Jahre nach seiner Premiere die Erfolgsgeschichte mit Namen Unimog fort.

Dieser Unimog wurde als Neufahrzeug von der Landwirtschaftsfakultät der Martin-Luther-Universiät Halle-Witteberg beschafft und war bis 1989 auf den Versuchsfeldern im Einsatz. Erst in den Wendejahren verliert sich seine Spur. (Foto: Ralf Weinreich)

Vor 70 Jahren, am 27. Oktober 1950, kaufte Daimler-Benz den Unimog.

Der Mercedes-Benz Pkw-Dieselmotor vom 170 D fand auch im Unimog Verwendung.

U 318

U 323

U 423

42

ALLE MODELLE SEIT 1946

Unimog und MB-trac Produktion 1951 - 2015

	1951	1952	1953	1954	1955	1956	1957	1958	1959	1960	1961	1962	Gesamt
2010	1.005	3.799	1042										**5.846**
401			1.748	2.466	3.891	2.823							**10.928**
402			5	78	258	177							**518**
404					578	1.334	2.337	2.651	3.649	5.516	4.986	6.593	
405									5	10			**15**
411						665	3.603	2.735	3.117	3.924	4.840	3.921	
	1.005	**3.799**	**2.795**	**2.544**	**4.727**	**4.999**	**5.940**	**5.386**	**6.771**	**9.450**	**9.826**	**10.514**	

	1963	1964	1965	1966	1967	1968	1969	1970	1971	1972	1973	1974	Gesamt
404	5.810	4.710	4.865	4.479	2.438	3.261	3.337	2.645	802	684	1.090	932	
411	3.747	2.842	2.119	1.190	1.575	1.382	1.216	1.156	509	485	504	158	**39.851**
406	801	2.044	1.977	2.022	1.078	1.825	2.321	3.044	2.737	1.923	2.587	2.419	
416			21		125	159	516	2.576	2.653	1.846	2.027	1.473	3.564
421				1.294	881	953	1.215	1.550	1.180	1.144	1.061	883	
403				229	285	351	593	1.005	741	258	303	232	
426						80	420	66	281	649	99	600	
413							13	2	18	23	177	64	
431							601	64	88				**753**
MB-trac											520	1.100	
	10.358	**9.596**	**8.982**	**9.339**	**6.416**	**8.368**	**12.292**	**12.185**	**8.202**	**7.193**	**7.814**	**9.952**	

	1975	1976	1977	1978	1979	1980	1981	1982	1983	1984	1985	1986	Gesamt
404	347	334	142	53	758	11							**64.242**
406	2.394	1.690	1.240	1.413	1.334	941	608	505	471	331	326	298	
416	2.023	4.277	4.067	3.008	1.864	3.187	2.681	2.035	1.670	812	316	819	
421	677	520	724	668	626	601	1.162	776	574	519	1.238	210	
403	189	116	128	118	113	100	67	45	54	32	34	24	
426	248	200		19	62	19	63	7	3				**2.816**
413	23	25	43	1.998	2.001	1.719	2.113	2.703	3.700	18	39	9	
MB-trac	1.468	2.093	2.150	398	539	259	217	191	143	3.082	3.611	2.956	
425	6	490	355	753	1.609	2.020	2.088	6.093	3.303	156	111	138	
435	7	3	8	864	1.244	1.063	931	845	882	3.218	3.413	3.424	
424		16	624							1.022	1.162	1.200	
419												132	
	7.382	**9.764**	**9.481**	**9.292**	**10.150**	**9.920**	**9.930**	**13.200**	**10.800**	**9.190**	**10.250**	**9.210**	

	1987	1988	1989	1990	1991	1992	1993	1994	1995	1996	1997	1998	Gesamt
406	233	1	2										**37.069**
416	1.009	2.081	143	384	0	0	177	31					**45.336**
421	181	49	5										**18.990**
403	43	3											**5.063**
413	4	2											**633**
MB-trac	2.205	2.211	1.850	1.950	1.935								**41.365**
425	95	37											**4.203**
435	3.249	850	261	384	15	13	15						**30.726**
424	1.170	206	4										**11.232**
419	997	400	538	249	108								**2.424**
436	264	264	505	820	532	648	672	528	520	314	353	24	
407		203	152	146	152	129	7						**789**
417		317	496	401	580	436	45						**2.275**
427		1.037	1.180	1.461	1.917	1.682	1.293	1.082	1.373	827	889	1.078	
437		220	414	475	799	1.254	1.101	515	588	1.181	1.004	1.095	
408						59	252	259	230	225	217	260	
418						229	238	135	219	181	118	103	**1.223**
409										87	391	312	**790**
	9.450	**7.881**	**5.550**	**6.270**	**6.038**	**4.450**	**3.800**	**2.550**	**2.930**	**2.815**	**2.972**		

	1999	2000	2001	2002	2003	2004	2005	2006	2007	2008	2009	2010	Gesamt
436	132	576	486	499	175	157							**7.469**
427	1.150	712	363	257	100								**16.401**
437	631	443	511	466	21								**10.718**
408	259	184	105										**2.050**
405		589	795	877	936	991	970	1.248	913	1.070	1.022	998	
437.4				60	229	623	643	569	663	746	925	1.018	
	2.172	**2.504**	**2.260**	**2.159**	**1.461**	**1.771**	**1.613**	**1.817**	**1.576**	**1.816**	**1.947**	**2.016**	

	2011	2012	2013	2014	2015								Gesamt
405	1.508	1.177	1.390	535	715								**15.734**
437.4	580	441	573	373	619								**8.062**
437.427/437				22	75								**97**
	2.088	**1.618**	**1.963**	**930**	**1.409**	**0**	**0**	**0**	**0**	**0**	**0**	**0**	**387.618**

DIE FAHRZEUGE

ALLE MODELLE SEIT 1946

Unimog Prototyp Erhard & Söhne (1946–1948)
Boehringer Unimog 25 PS
Baumuster 70200 (1949–1951)

Die Geschichte des Unimog begann ausgerechnet bei einer Firma, die weder mit Traktoren noch mit sonstigen Kraftfahrzeugen etwas zu tun hatte: Bei der Metallwarenfabrik Erhard & Söhne in Schwäbisch Gmünd. Dort entstand unter Dipl.-Ing. Albert Friedrich und seinem kleinen Team nur sieben Monate nach dem ersten Gesamtentwurf das erste Unimog-Fahrgestell, das am 9. Oktober 1946 auf die eigenen vier Räder gestellt werden konnte. Allerdings dieselte das Herz des ersten Unimog noch nicht, da der in der Entwicklung befindliche 1,7-Liter-Dieselmotor noch nicht zur Verfügung stand. Als Kraftquelle diente der zunächst als Provisorium eingeplante Vergasermotor M 136 mit ebenfalls 1,7 Litern Hubraum der Firma Daimler-Benz, der bereits im Pkw Typ 170 V lief und seine Kraft über ein angeflanschtes kleines Viergang-Serien-Getriebe der Zahnradfabrik Friedrichshafen auf die vier Räder übertrug.

Form und Gestalt erhielt der erste Unimog im November 1946, denn nun komplettierten Fahrerhaus, Pritsche, Sitze und Verdeck das erste Versuchsfahrzeug. Am 20. November 1946 auf den Namen UNIMOG getauft, bestätigte sich von Anfang an das Konzept des neuen Fahrzeugtyps, das gegenüber herkömmlichen Traktoren entscheidende Vorteile aufwies: Höhere Geschwindigkeit, bessere gefederte Achsen, Allradantrieb, bessere Gewichtsverteilung, Zapfwellen für Anbaugeräte, Geräteanbaumöglichkeiten, Bremsen vorne und hinten, geschlossenes Fahrerhaus, zwei gepolsterte Sitze und Ladefläche für Transporte.

Um den Unimog im harten Praxistest bei Fahrversuchen und Leistungsmessungen auf seine Eignung als landwirtschaftliches Zuggerät zu erproben, folgten weitere Prototypen. (Es waren zehn Versuchsfahrzeuge von den amerikanischen Behörden genehmigt. Von den sechs gefertigten Versuchsfahrzeugen existieren – soweit bekannt – heute noch zwei Exemplare.) Aber auch die Entwicklung und Erprobung von Anbaugeräten wurde vorangetrieben, denn nur mit den in die Ackerschiene eingehängten und gezogenen Geräten konnte man die Vorzüge für die Landwirtschaft nicht überzeugend darstellen. So verwirklichte man im Sommer 1947 ein Front-Mähwerk, das durch die vordere Zapfwelle angetrieben wurde.

Im Vorfeld einer künftigen Serienproduktion bei der Firma Gebr. Boehringer in Göppingen entstand eine völlig neue Stück-

Der Prototyp »U1« vom Dezember 1946 besaß noch einen sehr hoch liegenden Rahmen.

Der erste Boehringer-Unimog von 1948 mit dem neuen Schriftzug auf der Motorhaube.

liste, die alle notwendigen Änderungen bereits beinhalten musste. Die größte Änderung betraf das ZF-Viergang-Getriebe mit dem selbstkonstruierten Verteilergetriebe, das durch ein »Spezial-Unimog-Getriebe« ersetzt werden sollte. Es sollte eine feinere Gangabstufung besitzen und Schalt- und Verteilergetriebe künftig in einem Gehäuse vereinen. Die sechs Vorwärts- und zwei Rückwärtsgänge des neuen Getriebes wurden mit nur einem Schalthebel betätigt, ein anderer Hebel war für das Einlegen des Allradantriebes und der Differenzialsperren vorgesehen. Auch sollte es mit dem Unimog-Getriebe möglich sein, drei Nebenabtriebe (Zapfwelle hinten und vorne sowie Seitenabtrieb) anzuschließen und über einen dritten Hebel zu betätigen. Das Besondere an der Getriebe-Konstruktion von Heinrich Rößler war die Möglichkeit einer späteren Synchronisation der Klauenschaltung und des Anflanschens eines Kriechganggetriebes.

1947 war ein wichtiges Jahr für den Unimog: Endlich verfügte man über einen Dieselmotor. Zwar handelte es sich bei der von Daimler-Benz gemachten Zusage nur um Versuchmotoren eines in der Entwicklung befindlichen 1,7-Liter-Vierzylinder-Diesels Typ OM 636 für den künftigen Einbau im Personenwagen 170 D, doch der Platz im Unimog war bereits fest für ihn reserviert. Das für den Unimog vorgesehene Baumuster wies eine Leistung von 25 PS auf.

Es gab keinen Zweifel mehr, der Unimog musste in Serie gehen. Doch bei Erhard & Söhne in Schwäbisch Gmünd bestand keine Möglichkeit zur Serienfertigung, und so musste man sich nach einer neuen Produktionsstätte umsehen. Für sie wurde 1947 ein – freilich ebenfalls branchenfremder – Hersteller gewonnen, die Werkzeugmaschinenfabrik Gebrüder Boehringer in Göppingen. Boehringer suchte zu dieser Zeit nach einem »zivilen« Produkt, da die Firma ja auf der Reparationsliste der Alliierten stand. Bereits im Januar 1948 zog die ganze Unimog-Mannschaft nach Göppingen um, und mit der Währungsreform am 20. Juni 1948 ging es auch mit der Entwicklung und dem erstrebten Serienanlauf des Unimog rasch vorwärts.

Bis es soweit war, wurde der Unimog als Geräteträger weiterentwickelt. So nahm ein pneumatischer Kraftheber Gestalt an mit Hubzylindern vorne und hinten mit dem hierzu passenden Pflug, ebenso ein Spritzgerät zur Schädlingsbekämpfung. Parallel dazu versicherte man sich der Bereitschaft der Firma Schmot-

Boehringer-Unimog 25 PS im Einsatz als Zugmaschine für schwere Lasten.

Boehringer-Unimog 25 PS bei der Arbeit mit dem Pflanzen-Legegerät.

Der Daimler-Benz-Dieselmotor OM 636 I-U war seitlich der Fahrzeugmitte angeordnet.

zer, den Bau des von Boehringer entwickelten Fronthackgerätes zu übernehmen.

Von einer Umwälzung in der Mechanisierung der Landwirtschaft war schon die Rede, als der Unimog – als »Universal-Motorgerät« – im August 1948 auf der ersten DLG-Ausstellung in Frankfurt im lädierten Nachkriegs-Deutschland präsentiert wurde. Nicht von der Firma Daimler-Benz, wohlgemerkt, sondern von der in Göppingen beheimateten Gebr. Boehringer GmbH. Was da in Frankfurt am Main gezeigt wurde, waren die ersten beiden – in aller Eile fertiggestellten – Serienfahrzeuge, erstmals mit geradem Rahmen, mit dem Spezial-Unimog-Getriebe und mit dem neuen, 25 PS starken Dieselmotor mit Bosch-Einspritzung, eine Entwicklung des Hauses Daimler-Benz. Gezeigt wurden sie mit Zweiachsanhänger sowie mit Fronthackgerät und Rabe-Wechselpflug.

Die Premiere gelang. Trotz seines stolzen Preises von DM 13.800,– war die Resonanz der Messebesucher überwältigend, was 150 potentielle Kunden bewiesen, die sich spontan registrieren ließen. Als Markenzeichen diente ein Ochsenkopf mit Nasenring im »U« des Unimog-Schriftzuges. Das »U« stand für die Bezeichnung, das Rad für die Beweglichkeit und der Ochsenkopf als Symbol für die Zugkraft des Fahrzeugs.

Sein ganzes Können zeigte der Unimog am 18. Oktober 1948 bei einer Großvorführung auf Burg Staufeneck vor den Vertretern der Landwirtschafts-, Finanz- und Verkehrsbehörden. Heraus kam seine Einstufung als Sonderfahrzeug, mit welcher der Unimog beim Einsatz in der Land- und Forstwirtschaft steuerfrei betrieben werden konnte. Seit dem 21. November 1948 ist es amtlich: der Unimog in seiner Grundkonzeption als mehrachsiges Motorfahrzeug für die Landwirtschaft wurde unter der Nummer 950 430 beim Deutschen Patentamt patentiert. In der Patentschrift als Erfinder genannt: Dipl.-Ing. Albert Friedrich und Dipl.-Ing. Heinrich Rößler, beide Göppingen.

Die eigentliche Serienproduktion startete im Februar 1949 mit der so genannten »Vorserie« aus 100 Fahrzeugen. Und als im März 1949 die Auslieferung an den ersten Kunden erfolgte,

ALLE MODELLE SEIT 1946

Kompakt: Das Innenleben des Boehringer-Unimog. Signifikantes Merkmal: Die seitliche Riemenscheibe.

nahm eine Erfolgsgeschichte ihren Anfang, die bis heute angehalten hat. Die Übernahme des Produkts durch die Göppinger Maschinenfabrik Gebr. Boehringer und die breite Zustimmung zum Unimog bei den ersten Kunden waren zwei entscheidende Entwicklungen, die den Unimog auf seine bekannte Erfolgsschiene gebracht haben.

Das Neuartige am Unimog war die komplette Abkehr vom klassischen Nur-Schlepper. Es sollte in den allerersten Nachkriegsjahren mit einer breiten Skala verschiedener Anbaugeräte vor allem den vielen kleinen und mittleren bäuerlichen Betrieben bei der Rationalisierung der Landwirtschaft helfen. Mit seiner Druckluft-Krafteberanlage und den vorn wie hinten vorhandenen Zapfwellen sowie dem Mitte rechts liegenden Riemenscheibenantrieb für den Betrieb von Geräten aller Art hatte man ein Vielzweckgerät zur Hand, das schnell Eingang in die Land- und Forstwirtschaft finden sollte. Durch die Verwendung von Portalachsen vorn und hinten rückte der Aufbau des Fahrzeuges relativ weit nach oben, auch das gesamte Antriebsaggregat lag hoch im Bug. Daraus resultierte eine außerordentliche Bodenfreiheit von mehr als 40 Zentimetern. Diese Tatsache sowie die beiden Differenzialsperren machten das Fahrzeug zu einem extrem geländegängigen Vehikel.

Das neue Gerät war bequem und einfach zu bedienen, hatte eine hohe Zugkraft und war geländegängig. Und man konnte im Kriechgang mit etwa 1 km/h dahinbrummen, aber auf der Landstraße 50 km/h vorlegen: Damit war der Unimog mit seinen sechs Vorwärts- und zwei Rückwärtsgängen damals der langsamste und schnellste deutsche Schlepper zugleich. Außerdem war er sogar autobahntauglich, denn die damals noch geltende Mindestgeschwindigkeit auf Autobahnen betrug 50 km/h. Unter der Motorhaube arbeitete der 1,7-Liter-Mercedes-Benz Vierzylinder-Diesel mit dem geteilten Ventildeckel, der im Unimog jedoch nicht mit seiner vollen Leistung, sondern auf 25 PS gedrosselt zum Einbau kam.

Besondere Merkmale des Boehringer-Unimog mit der Baumusterbezeichnung 70200 waren neben dem zweisitzigen Fahrerhaus mit Verdeck und gepolsterten Sitzen vor allem die Motorhaube mit schmalen Sicken und darauf der Schriftzug UNIMOG mit Ochsenkopf-Symbol. Auffallend waren auch der über die Scheinwerfer hinaus laufende rote Kühlergrill sowie die vorderen, spitz zulaufenden Kotflügel ohne Sicken. Während die Vorserien-Unimog mit Einlochfelgen mit zylindrischer, sichtbarer Achse und mit SW-55-Zentralschraube ausgerüstet waren, besaß die Hauptserie von 500 Unimog ab Mitte 1949 Sechskant-

Boehringer-Unimog: Gut erkennbar die eckigen Kotflügel, vorne ohne Sicken.

Flachbettfelgen mit Sprengring für die 6,50-20-Bereifung. Ebenfalls typisch für den Boehringer-Unimog der Winkerschacht für die mechanische Winkereinrichtung auf beiden Fahrerhausseiten und die beidseitigen Aufstieghilfen aus gebogenem Rundstahl. Auch musste der Boehringer-Unimog noch ohne Scheibenwischer auf der Beifahrerseite auskommen.

Die Zielgruppe, die man für den Unimog begeistern wollte, sollte aber nicht allein in der Landwirtschaft zu suchen sein – Boehringer sprach Bauunternehmer und Gewerbetreibende aller Branchen gleichermaßen an, denn der Unimog mit seiner Größe und seinem geringen Wendekreis war für Firmen mit kleinen Betriebshöfen wie geschaffen. Durch die Anhängerbremsanlage war es dem Unimog möglich, schwere Anhänger zu ziehen. Zudem bot die Pritsche über der Hinterachse mit einer Tonne Tragfähigkeit, die beim Boehringer bis direkt an die Fahrerhausrückwand reichte, bereits Platz für Güter aller Art. Der Unimog hatte als Zugmaschine in der Wirtschaft ein weiteres Betätigungsfeld gefunden. Ob Holzstämme für das Sägewerk oder Bier aus der Brauerei – in allen Branchen konnte der Unimog beim Transport eingesetzt werden.

Der Unimog fand großen Anklang. Die Aufträge übertrafen alle Erwartungen und konnten ab Mitte des Jahres 1950 abermals gesteigert werden. Im Vorfeld der DLG-Ausstellung senkten die Göppinger den Preis für den Unimog in Grundausstattung von ursprünglich DM 13.800,– auf DM 9.975,–. Wie damals allgemein üblich, konnte man den Unimog auch auf Raten zu verschiedenen Teilzahlungsmöglichkeiten kaufen. Die höheren Stückzahlen, mittlerweile wurde die Produktion auf zirka 50 Fahrzeuge pro Monat gesteigert, machten eine Werkserweiterung erforderlich. Hierfür aber reichte die Kapazität bei Boehringer nicht aus. Es mussten neue Wege gefunden werden.

Im Gegensatz zu den Jahren 1947/1948 zeigte auch Daimler-

ALLE MODELLE SEIT 1946

Benz reges Interesse an der Produktion des inzwischen bekannten Fahrzeugs. Was am 27. Oktober 1950 zwischen der Unimog-Entwicklungsgesellschaft und der Daimler-Benz AG vertraglich festgeschrieben wurde, war Ende Mai 1951 auf der richtungsweisenden, großen Wanderausstellung der DLG in Hamburg zu sehen: Der erste von Daimler-Benz im Werk Gaggenau gefertigte Unimog. Als dann am 3. Juni 1951 die immer wieder herausgeschobene Serienfertigung bei Daimler-Benz in Gaggenau begann, war die Ära der Entwicklung und des Verkaufs des Unimog bei Boehringer beendet. Zuvor hatte man bis zum März 1951 die letzten der 600 Boehringer-Fahrzeuge gebaut und ausgeliefert. Zwar blieb dem neuen Produkt aus Gaggenau weiterhin die Verkaufsbezeichnung Unimog 25 PS, doch wechselte die Baumusterbezeichnung: Aus dem 70200 wurde jetzt der 2010.

	Boehringer Unimog Baureihe 70200 1949-1951	
Motor		
Baumuster BM	OM 636 I-U / 636.912	
Bauart	MB 4-Zylinder-Reihen-Viertakt-Dieselmotor, Vorkammer-Gleichstrom-Verfahren	
Bohrung x Hub	73,5 x 100 mm	
Hubraum	1697 ccm	
Leistung	25 PS (18 kW) b.2.350/min	
Verdichtung	1 : 19	
Gemischbereitung	Bosch-Kraftstoffeinspritzanlage	
Einspritzfolge	1 - 3 - 4 - 2	
Kühlung	Wasserkühlung mit Pumpe und Thermostat	
Elektr. Anlage	Lichtmaschine 12 Volt, 130 Watt, selbsttätige Spannungsregelung, 105 Ah-Batterie	
Kraftübertragung		
Kupplung	Fichtel & Sachs Einscheiben-Trockenkupplung K 16 Z	
Antrieb	Vierradantrieb, Kegelraddifferenziale und Laufradvorgelege, Vorderachse zu- und abschaltbar	
Sonderantriebe	Zapfwellen vorn und hinten, Riemenscheibenabtrieb rechts seitlich	
Getriebe	Wechselgetriebe mit 6 Vorwärts- und 2 Rückwärtsgängen, Differenzialsperren v/h	
Geschwindigkeiten	1.Gang	3,4 km/h
	2.Gang	6,4 km/h
	3.Gang	11,8 km/h
	4.Gang	21,5 km/h
	5.Gang	35 km/h
	6.Gang	53 km/h
	1.R-Gang	2,6 km/h
	2.R-Gang	4,8 km/h
Fahrwerk		
	Selbsttragende Ganzstahlkarosserie, U-Profil-Rechteckrahmen mit Querträgern, Ladepritsche, zusammenklappbares Fahrerhausverdeck Druckluft-Krafthebeanlage v/h für Anbaugeräte, Anhängerbremsanlage	
Vorder-Hinterachse	Portalachsen, Schraubenfedern, hinten doppelt, hydr. Teleskopstoßdämpfer v/h	
Bremsen	Fußbremse: Öldruck-Vierrad-Bremse; Handbremse: mech. auf Hinterräder	
Lenkung	Spindellenkung Typ 25	
Bereifung	6,50-20 AS Spezial	
Allgemeine Daten		
Radstand	1.720 mm	
Gesamtmaße	3.520 x 1.630 x 1.600 mm	
Bodenfreiheit/Diff.	370 mm	
Pritschenfläche	1.475 x 1.500 x 360 mm	
Höhe Boden-Anhängerkupplung	720 mm	
Wendekreis	7,6 m	
Leergewicht	1.655 kg	
Nutzlast/Ladefläche	1.000 kg	
zul. Gesamtgewicht	3.150 kg	
zul. Achslast v/h	1.350 / 1.800 kg	
Kraftstoffverbrauch	10 L / 100 km (Straße), 2-6 L / Std. (Acker)	
Tankinhalt	40 Liter	

Unimog U 25 Baureihe 2010 (1951–1953)

Erst Anfang der 1950er-Jahre wurde aus dem Unimog ein Daimler-Benz-Erzeugnis, denn die Kapazität bei Boehringer in Göppingen reichte nicht mehr aus, um der gestiegenen Nachfrage nachzukommen. Für Boehringer wären zum einen die Investitionen für eine größere Serie des neuen Fahrzeuges zu hoch gewesen, zum anderen durfte die Firma jetzt wieder zu ihrem angestammten Metier, dem Werkzeugmaschinenbau, zurückkehren. So trat Daimler-Benz auf den Plan.

Im Januar 1951 übernahm das Stuttgarter Haus den ganzen Unimog-Komplex von Boehringer und machte die seitherige Baureihe 70200 nun weitgehend unverändert als Baureihe 2010 in seinem damaligen Schwerlastwagen-Werk in Gaggenau ansässig. Die Verkaufsbezeichnung lautete weiterhin Unimog 25 PS. Da auch der Ochsenkopf nach wie vor auf der Motorhaube des Unimog platziert war, gab es auf den ersten Blick keinen Unterschied zwischen dem Baumuster 2010 und dem »Boehringer«. Neu war jedoch der modifizierte Vierzylinder-Dieselmotor OM 636/VI-U unter der Haube des Unimog, der sich rein äußerlich vor allem durch den durchgehenden Ventildeckel und den waagrecht stehenden Ölfilter vom Vorgänger OM 636/I-U unterschied. Nahezu baugleich kam er bereits im Pkw oder als Stationärmotor zum Einsatz.

Pünktlich zur wichtigen DLG-Ausstellung in Hamburg konnte dann im Mai 1951 der erste vorab bei Daimler-Benz hergestellte Unimog die Werkshallen in Gaggenau verlassen. Nachdem am 3. Juni 1951 die immer wieder herausgeschobene Serienproduktion begann, war bereits am 10. Juli der 100. Unimog aus Gaggenau fertig gestellt. Jetzt konnte der Unimog unter wesentlich besseren ökonomischen und politischen Bedingungen gebaut werden. Bis Ende 1951 entstanden noch 1005 Unimogs nach dem bei Boehringer bewährten Konstruktionsprinzip. Dazu trug als eine wesentliche Erleichterung das neu eingerichtete Fließband für die Herstellung des Unimog bei, das nun die bei Boehringer eingesetzten mobilen Fertigungsböcke ablöste.

Bis Mitte 1952 wurden fünf, danach drei Ausführungen angeboten. Der Unimog war so hervorragend durchkonstruiert, dass

Vierzylinder-Dieselmotor OM 636/VI-U im Schnitt.

ALLE MODELLE SEIT 1946

er kaum die üblichen Anfangsschwierigkeiten bereitete und jahrelang keiner grundlegenden Änderung bedurfte. Zahlreiche Zulieferfirmen beschäftigten sich mit der Entwicklung von Anbaugeräten, die bald in einer fast unüberschaubaren Vielfalt zur Verfügung standen und dem Unimog hunderterlei Einsatzmöglichkeiten eröffneten. Der Unimog machte schließlich die Rübenernte zum Einmann-Job: Durch ein spezielles Anbaugerät, die Rüben-Vollerntemaschine. Die DLG honorierte das Talent des Unimog bereits 1951 mit ihrer höchsten Auszeichnung, der silbernen Preismünze.

Brachte das Anbaukonzept mit Geräteschienen bereits enorm viele Verwendungsmöglichkeiten in der Landwirtschaft, so erweiterte der Riemenscheibenantrieb die Einsatzgebiete nochmals. Vor allem beim Dreschmaschinenantrieb und in der

Erste hintere Forst-Seilwinde am Unimog.

Viele Kommunen setzten den Unimog mit entsprechenden Aufbauten als Feuerwehr-Fahrzeug ein.

Auch auf Flughäfen leistete der U 25 treue Dienste als Zugmaschine.

Kompressor zum Betrieb von Presslufthämmern als Front-Anbaugerät.

54

Kreissäge, angetrieben vom 25 PS leistenden, seitlich angebrachten Sonderantrieb auf eine Riemenscheibe.

Mit der Rüben-Vollerntemaschine als Anbaugerät für den Unimog wurde die Rübenernte zum Zweimann-Job.

Forstwirtschaft, wo der rechts seitlich angebrachte Sonderabtrieb, der ganze 22 PS bei 1000 U/min auf die Riemenscheibe mit einem Durchmesser von 315 mm abgab, den Einsatz einer Anbau-Kreissäge ermöglichte.

Zunächst für die Landwirtschaft entworfen, wurde der Unimog bald auch unentbehrlich im Weinbau und in der Forstwirtschaft. Nicht zuletzt konnte der Unimog auf normaler Straße zur Personenbeförderung eingesetzt werden, wobei bei guter Straßenlage eine Höchstgeschwindigkeit von zirka 50 km/h gefahren werden konnte.

Die ersten Unimog waren wie Zwillinge, die wegen ihrer großen Ähnlichkeit nur sehr schwer auseinander zu halten waren, vor allem mit dem Boehringer-Unimog. Ein besonderes Merkmal des U 2010 war seine grüne Lackierung, die es unter dem Namen Unimog-Grün bereits seit Einführung des Unimog 70200 bei Boehringer im Jahre 1948 gab und die als Standard-Grün unter der Farbbezeichnung DB 6286 Unimog-Grün (kein RAL-Ton) bei allen 70200, 2010 und 401/402 verwendet wurde; beim 411 bis April 1966, dann unter der Bezeichnung DB 6277 Meergrün.

Weitere Merkmale waren der rot lackierte Kühlergrill, die schmalen 6,50-20er-Reifen meist mit Conti SR auf roten Sechs-Loch-Felgen – später auch mit Zwölf-Loch – und die spitz zulaufenden vorderen Kotflügel mit drei Sicken, anfangs noch ohne Scheibenwischer auf der Beifahrerseite.

Im Gegensatz zum »Boehringer« sind die Radnaben konisch zulaufend (Boehringer: zylindrisch). Viele trugen bereits die 1951 verliehene DLG-Plakette auf beiden Seiten der Motorhaube. Das Sechsgang-Wechselgetriebe war nicht synchronisiert, dafür besaß der U 2010 eine Druckluft- Krafteberanlage für Anbaugeräte und Kipp-Pritsche.

Bis zur Ablösung durch die Typen 401/402 im August 1953 entstanden 5846 Unimog der Baureihe 2010 im Gaggenauer Werk, das neben dem Unimog auch schwere Lkw- und Omnibusfahrgestelle lieferte.

Unimog Baureihe 401 Typ U 25 (1953–1956)

In den folgenden Jahren wurde der Unimog Schritt für Schritt weiterentwickelt. Auf der DLG in Köln im Mai 1953 präsentierte sich der Unimog erstmals mit Mercedes-Stern auf dem rot lackierten Kühlergrill und löste im August als 401 (kurzer Rad-

Der Unimog trug ab 1953 den Mercedes-Stern.

ALLE MODELLE SEIT 1946

stand) beziehungsweise 402 (langer Radstand) mit neuer Typen-Bezeichnung (400er-Nummern) den U 2010 ab. Neben der »Cabrio«-Ausführung mit dem serienmäßigen Klappverdeck erhielt der Unimog ab September 1953 als zweite Variante auch ein geschlossenes Fahrerhaus mit rundlicheren Konturen. Das geschlossene Ganzstahl-Fahrerhaus wurde im Lohnauftrag von der Firma Westfalia in Wiedenbrück gefertigt. So ausgestattet, sollte das Fahrzeug den gewerblichen, industriellen und kommunalen Bereich besser erschließen.

Auf den ersten Blick war der U 401 ein U 2010 mit einem großen Mercedes-Stern im Kühlergrill. Waren die vorderen Kotflügel anfangs noch gleich (eckig) wie beim U 2010, so wurden die vorderen und hinteren Kotflügel ab 1954 abgerundet. Auch waren die Winkerschächte auf beiden Seiten des Fahrerhauses noch sichtbar, ebenso die Naben der alten Achse. Der Radkasten war rund.

Von Anfang an machte der Unimog, vor allem wegen seiner überragenden Fahreigenschaften im Gelände, auch bei Feuerwehren und Hilfsdiensten Furore, wo der Unimog der Baureihe 401 mit Doppelbereifung und mit geschlossenem Ganzstahl-Fahrerhaus viele Jahre lang im Einsatz war. Eine Aufsteckpum-

Im Einsatz mit seitlich angebautem Mähwerk.

Ab September 1953 gab es wahlweise auch ein geschlossenes Ganzstahl-Fahrerhaus mit rundlichen Konturen.

pe für die vordere Zapfwelle, die je nach Ausführung zwischen 600 und 800 Liter Wasser pro Minute bei 8 bar förderte, und ein Geräteaufsatz für die Pritsche machten den Unimog zum idealen Löschfahrzeug. Nicht wenige Feuerwehren rüsteten ihn allerdings noch mit ganz individuellen, oft auch in Eigenarbeit erstellten Zusatzeinrichtungen aus.

Als 1955 der 10.000ste Unimog, ein U 401 mit offenem Fahrerhaus, in Gaggenau vom Band lief, wurde er als erster Schlepper mit der Forstplakette ausgezeichnet. Im gleichen Jahr verschwand der markante Ochsenkopf auf den U 401 / U 402, der sich seit 1953 den Platz auf der Motorhaube mit dem Mercedes-Stern geteilt hatte, nun ganz. An seine Stelle trat jetzt eine blaue Mercedes-Plakette. Der Unimog wurde in der Standard-Lackierung Grün DB 6286 beim offenen Fahrerhaus, Zementgrau DB 7193 und Signalorange DB 2550 zusätzlich beim geschlossenen Fahrerhaus angeboten. Ebenso Standard war die Bereifung 6.50-20, anfangs auch mit Sechs-Loch-Felge, ansonsten Tiefbettfelgen mit Zwölf-Loch-Scheibe in flacher und später in gewölbter Ausführung. In diese Zeit fiel auch die Umstellung des Getriebes von Rollen- auf Gleitlagerung.

Zum Unimog gab es keine Konkurrenz. Keiner der zahlreichen Traktoren ließ sich so universell einsetzen wie dieser Allrad-Schlepper mit seinen vier gleich großen Rädern. Das vorn liegende Fahrerhaus mit geteilter Windschutzscheibe und Verdeck, die Portalachsen für eine große Bodenfreiheit und eine kleine Ladepritsche für den Geräte- und Lasttransport waren die besonderen Merkmale des Unimog. Zu seinen Vorteilen gehörte auch die auf der Straße erzielbare Höchstgeschwindigkeit von gut 50 km/h; und das war in Zeiten, als ein VW-Käfer mit 70 km/h durchs Land brummte, ein echtes Argument. Mit seiner Druckluft-Krafthebeanlage und den vorn wie hinten vorhandenen Zapfwellen für den Betrieb von Geräten aller Art wurde der 401 zu einem Alleskönner in den ersten Nachkriegsjahren.

Im Vorgriff auf den späteren U 411 wurde in der Übergangsphase dem U 401 (BM 411.111 und BM 411.113) bereits ab Juni 1955 dessen Fahrerhaus mit Kühlerfront aufgesetzt, aber noch mit runden Kotflügeln und schmalen Sicken auf der Motorhaube. Der U 401 wurde 1956 vom U 411 (30 PS) abgelöst und brachte es bis dahin auf insgesamt 10.928 Einheiten.

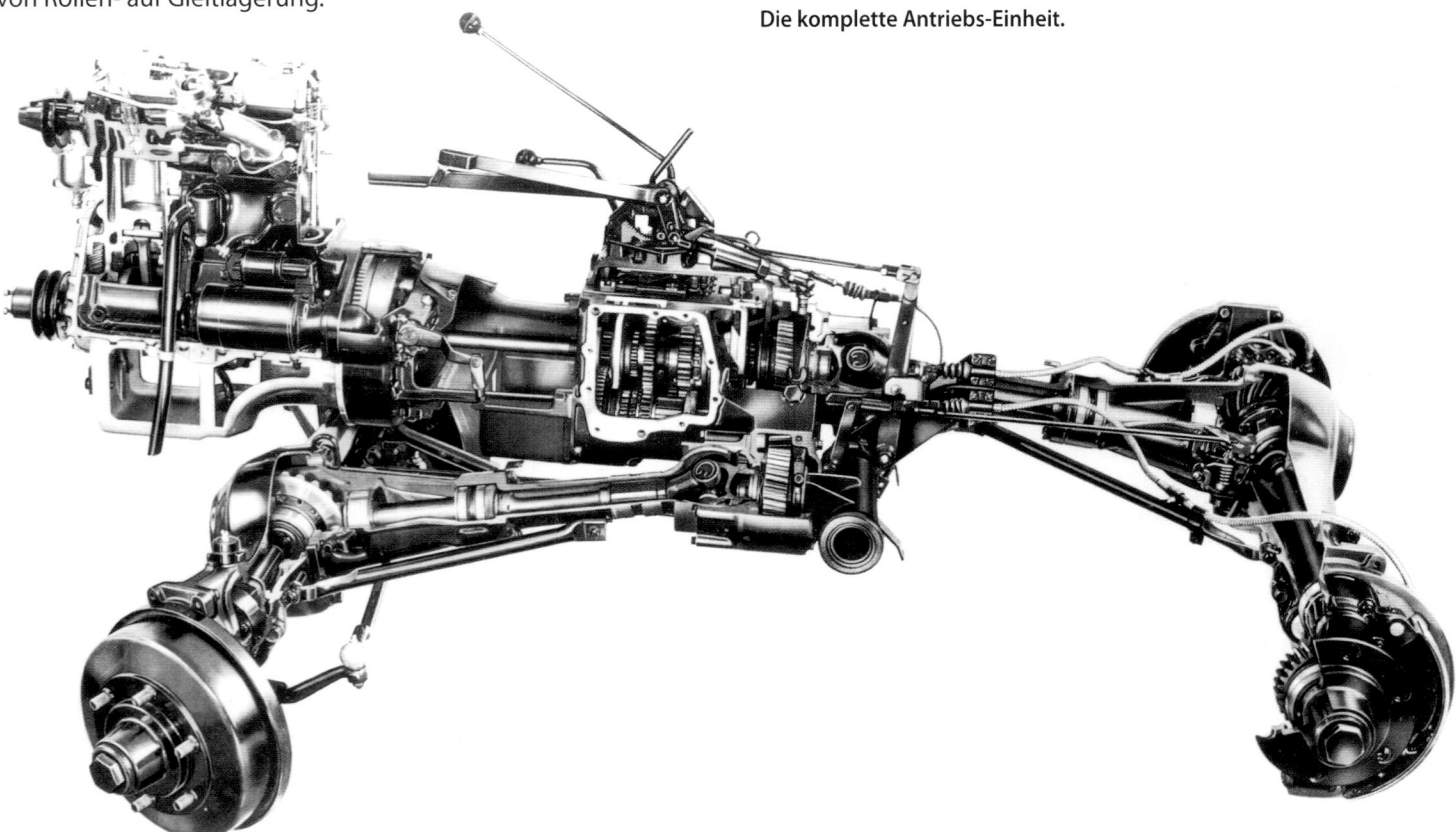

Die komplette Antriebs-Einheit.

ALLE MODELLE SEIT 1946

Unimog Sattelschlepper.

Unimog Baureihe 402 Typ U 25 (1953–1956)

Nur durch den längeren Radstand von 2120 mm unterschied sich der U 402 vom U 401. Ausgestattet mit dem als Sonderausrüstung und gegen Mehrpreis angebotenen Ganzstahl-Fahrerhaus, konnte der U 402 speziell für den Einsatz im kommunalen, gewerblichen und industriellen Bereich zum Sattelschlepper als Spezial- oder Einzweckfahrzeug umgerüstet werden. Verkaufsbezeichnung: BS 25 für BM 402.101 mit offenem Fahrerhaus, Stückzahl 14 Einheiten, BM 402.102 mit geschlossenem Fahrerhaus, Stückzahl 90. An Stelle der Zweiseiten-Kipp-Pritsche trat eine Sattelschlepperkupplung, die mit und ohne ein- und ausschaltbarem Leistungsdurchtrieb lieferbar war. Mit einer Aufsattellast von 1400 kg, das Gesamtgewicht betrug 3300 kg, konnte der Unimog-Sattelschlepper mit Tieflade-, Langmaterial- und Spezial-Auflieger sowie mit aufgesattelter Zwei-Seiten-Kipp-Pritsche und einem Drei-Seiten-Muldenkipper ausgerüstet werden und eignete sich besonders für den Einsatz auf engen Straßen, Höfen und Plätzen.

Als Besonderheit hatten die Ausführungen mit geschlossenem Westfalia-Fahrerhaus, die von den vielen Sammlern und Unimog-Freunden heute als »Froschaugen« bezeichnet werden, alle Aufstiegsringe an den Vorderrädern. Von diesem Typ B (BM 402.102 und 402.104) mit seiner geteilten Windschutzscheibe wurden 254 Stück produziert. Die Stückzahl aller fünf Baumuster des 402 (402.101, 102, 103, 104, 105) betrug insgesamt 518 Einheiten.

KUKA-Müllauflieger für Unimog-Sattelschlepper.

Unimog-Sattelschlepper mit mechanischem Müllwagenauflieger, System Haller.

ALLE MODELLE SEIT 1946

Typ/Modell	Baumuster	Fahrerhaus	Motor Typ	Motor BM	Motor PS	Radstand	Ausführung	Bauzeit
2010 I	2010/1	offen	OM636/VI-U	636.912	25	kurz	Grundausführung	06/1951 - 08/1953
2010 II	2010/2	offen	OM636/VI-U	636.912	25	kurz	Anhängerbremsanlage	06/1951 - 08/1953
2010 III	2010/3	offen	OM636/VI-U	636.912	25	kurz	Sonderabtrieb + Zapfwelle	06/1951 - 08/1953
2010 IV	2010/4	offen	OM636/VI-U	636.912	25	kurz	Sonderabtrieb + Anhängerbremsanlage	06/1951 - 08/1953
2010 V	2010/5	offen	OM636/VI-U	636.912	25	kurz	Sonderabtrieb + Anhängerbremsanlage + Kraftheber	06/1951 - 08/1953
2010 VI	2010/6	offen	OM636/VI-U	636.914	25	kurz	Motorwechsel	ab 1952 - 08/1953
2010 VII	2010/7	offen	OM636/VI-U	636.914	25	kurz	Druckluft-Anhängerbrems.	ab 1952 - 08/1953
2010 VIII	2010/8	offen	OM636/VI-U	636.914	25	kurz	Druckluft-Anhängerbrems. und Kraftheber v/h	ab 1952 - 08/1953
A 25	401.101	offen	OM636/VI-U	636.914	25	kurz	Grundausführung	08/1953 - 08/1956
B 25	401.102	offen	OM636/VI-U	636.914	25	kurz	Druckluft-Anhängerbrems. und Reifenfüll-Schlauch	08/1953 - 12/1954
C 25	401.103	offen	OM636/VI-U	636.914	25	kurz	Druckluft-Anhängerbrems. Reifenfüll-Schlauch und Kraftheber hinten	08/1953 - 12/1954
AF 25	401.104	geschl.	OM636/VI-U	636.914	25	kurz	wie A 25 jedoch mit festem Fahrerhaus, ohne Ackerschiene	10/1953 - 08/1956
BF 25	401.105	geschl.	OM636/VI-U	636.914	25	kurz	wie AF 25	09/1953 - 12/1954
CF 25	401.106	geschl.	OM636/VI-U	636.914	25	kurz	wie AF 25	09/1953 - 12/1954
	411.111	geschl.	OM636/VI-U	636.914	30	kurz	Mit kleinem Westfalia-Fahrerhaus	06/1955 - 08/1957
	411.113	geschl.	OM636/VI-U	636.914	32	lang	Mit kleinem Westfalia-Fahrerhaus	06/1955 - 08/1957
BS 25	402.101	offen	OM636/VI-U	636.914	25	lang	Sattelschlepper	11/1953 - 03/1956
BFS 25	402.102	geschl.	OM636/VI-U	636.914	25	lang	Sattelschlepper	11/1953 - 07/1956
AL 25	402.103	offen	OM636/VI-U	636.914	25	lang	verlängertes Fahrgestell	02/1954 - 08/1956
AFL 25	402.104	geschl.	OM636/VI-U	636.914	25	lang	Feuerwehr-Unimog	02/1954 - 08/1956
L 25	402.105	ohne	OM636/VI-U	636.914	25	lang	ohne Fahrerhaus für Sonderfahrzeuge	02/1955 - 10/1955

Unimog mit Dreiseiten-Kipper als Auflieger.

	Unimog U 25 Typ 2010 1951-1953 2010/1-8	Unimog U 25 Typ 401 1953-1956 401.101-/.113	Unimog U 25 Typ 402 1953-1956 402.101-/.105
Motor			
Baumuster (BM)	636.912 / 636.914	636.914	636.914
Bauart	MB OM 636/ VI-U, 4-Zylinder-Reihen-Viertakt-Diesel, Vorkammer-Gleichstrom-Verfahren Betriebsstundenzähler, mechanischer Drehzahlregler, elektrischer Anlasser		
Bohrung x Hub	75 x 100 mm	75 x 100 mm	75 x 100 mm
Hubraum	1.767 ccm	1.767 ccm	1.767 ccm
Leistung	25 PS (18 kW) b. 2.300/min	25 PS (18 kW) b. 2.350/min	25 PS (18 kW) b. 2.350/min
Verdichtung	1 : 19	1 : 19	1 : 19
Gemischbereitung	Bosch-Kraftstoffeinspritzanlage		
Einspritzfolge	1 - 3 - 4 - 2	1 - 3 - 4 - 2	1 - 3 - 4 - 2
Kühlung	Wasserkühlung mit Zwangsumlauf-Thermostat, 13 Liter		
Elektr. Anlage	Bosch-Lichtmaschine 12 Volt, 130 Watt, selbsttätige Spannungsregelung, Batterie 12V/105 Ah, 2 Scheinwerfer, Scheibenwischer, Signalhorn, Winker,		
Kraftübertragung			
Antrieb	Vierradantrieb, zu- und abschaltbarer Vorderachsantrieb, Differenzialsperren v/h		
Kupplung	Fichtel & Sachs Einscheiben-Trockenkupplung K 16 Z		
Sonderantriebe	Zapfwellen vorn und hinten, Riemenscheibenantrieb rechts seitlich		
Getriebe	Wechselgetriebe mit 6 Vorwärts- und 2 Rückwärtsgängen, Differenzialsperren v/h		
Geschwindigkeiten	1.Gang 3,4 km/h 2.Gang 6,5 km/h 3.Gang 11,5 km/h 4.Gang 21 km/h 5.Gang 33 km/h 6.Gang 50 km/h 1.R-Gang 2,4 km/h 2.R-Gang 4,3 km/h	1.Gang 3,5 km/h 2.Gang 6,5 km/h 3.Gang 11,5 km/h 4.Gang 21 km/h 5.Gang 34 km/h 6.Gang 52 km/h 1.R-Gang 2,5 km/h 2.R-Gang 4 km/h	1.Gang 3,5 km/h 2.Gang 6,5 km/h 3.Gang 11,5 km/h 4.Gang 21 km/h 5.Gang 34 km/h 6.Gang 52 km/h 1.R-Gang 2,5 km/h 2.R-Gang 4 km/h
Kriechgang max.		1. G. 1,14 / 2. G. 2,07 km/h	1. G. 1,14 / 2. G. 2,07 km/h
Kriechgang min.	0,8 - 1 km/h	1. G. 0,3 / 2. G. 0,6 km/h	1. G. 0,3 / 2. G. 0,6 km/h
Fahrwerk			
	Selbsttragende Ganzstahlkarosserie, U-Profil-Rechteckrahmen mit Querträgern, Ladepritsche, zusammenklappbares Fahrerhausverdeck, auf Wunsch Druckluft-Kraftheberanlage v/h für Anbaugeräte und Kipppritsche		
Vorder-Hinterachse	Starre Portalachse, Laufrad-Vorgelege, Doppel-Schraubenfedern, hydr. Stoßdämpfer		
Bremsen	Fußbremse: Öldruck-Vierrad-Bremse; Handbremse: mech. auf Hinterräder		
Lenkung	Spindellenkung Typ 25	Spindellenkung Typ 25	Spindellenkung Typ 30
Räder	5,00 x 20	5,00 x 20	5,00 x 20
Bereifung	6,50-20	6,50-20	6,50-20 (SA 10,5-18)
Allgemeine Daten			
Radstand	1.720 mm	1.720 mm	2.120 mm
Spurweite v/h	1.272 mm (1.464 mm)	1.284/1.292 mm (1.476/1.484 mm)	
Gesamtmaße	3.500 x 1.630 x 2.020 mm	3.500 x 1.630 x 2.050 mm	3.800 x 1.630 x 2.050 mm
Bodenfreiheit/Diff.	370 mm		
Bodenfreiheit/Achse	450 mm		
Pritschenfläche	1.475 x 1.500 x 360 mm		
Ladehöhe	1.000 mm		
Höhe Anhängerkupplung	720 mm		
Zapfwellen	22 PS / 548 U/min		
Riemenscheibe	22 PS / 1.000 U/min, Breite 165 oder 115 mm, Durchmesser 315 mm		
kl. Wendekreis	7,6 Meter		8,0 Meter
Leergewicht	1.825 kg		1.570 kg (Fhgst.)
Nutzlast/Ladefläche	1.000 kg		1.400 kg
zul. Gesamtgewicht	3.150 kg		3.350 kg
zul. Achslast v/h	1.350 / 1.800 kg		1.550 / 1.800 kg
Kraftstoffverbrauch	9-10 Liter / 100 km (Straße), 1-4 Liter / Std. (Acker)		
Ölinhalt Motor	7 Liter (SAE 30/Sommer, SAE 20/Winter)		
Kraftstofftank	40 Liter		

ALLE MODELLE SEIT 1946

Produktion Unimog 2010 / 401 / 402 (1951-1956)							
	1951	1952	1953	1954	1955	1956	Gesamt
2010							
2010 I-VIII	1.005	3.799	1.042				5.846
401							
401.101			256	594	2.741	1.871	5.462
401.102			952	704			1.656
401.103			433	461			894
401.104			9	47	1.150	952	2.158
401.105			98	660			758
Gesamt			1.748	2.466	3.891	2.823	10.928
402							
402.101			2	5	4	3	14
402.102			3	44	33	10	90
402.103				10	68	87	165
402.104				19	68	77	164
402.105					85		85
Gesamt			5	78	258	177	518

Unimog-S Prototyp für die englische Besatzungsmacht mit Radstand 2350 mm.

Unimog Baureihe 404.1 (Unimog S) Typ U 82 (1955–1977)

Die Erlaubnis für den Bau des Universalmotorgeräts wurde 1945 nur erteilt, weil das Fahrzeug keinen militärischen Zwecken diente. Das änderte sich, als Daimler-Benz 1950 den Unimog übernahm. Eine eindrucksvolle militärische Laufbahn nahm ihren Anfang, als die französische Armee 400 Unimog der damals einzigen Ausführung bestellte, der Typen Boehringer und U 2010 mit 25 PS. Und schon 1952, zwei Jahre nachdem die Unimog'ler aus Göppingen nach Gaggenau umgezogen waren, begannen die Entwicklungsarbeiten an einem militärischen Sonderfahrzeug (»S« steht für Sonderfahrzeug).

1955 wurde dann ein »völlig anderer« Unimog vorgestellt: Der 404.1, auch als Unimog S bekannt. An diesem Unimog war zwar grundsätzlich nicht das Konzept verändert, aber die Einsatzmöglichkeiten für das Gaggenauer Multitalent weiteten sich um ein Vielfaches aus. Waren bisher die Unimog-Versionen vorwiegend Zugmaschinen und zum Teil selbstfahrende Arbeitsmaschinen, so kreierte Daimler-Benz mit dem Unimog S einen Allrad-Lastkraftwagen besonderer Art dessen kraftvoller M 180-Benzinmotor trotz eines Gesamt-Fahrzeuggewichts von bis zu 5 ½ Tonnen zuverlässig für Vortrieb am Berg sorgte. Der ursprünglich für den Pkw-Typ 220 (Baureihe W 187) konstruierte, 2,2 Liter große Reihensechszylinder war für den Dienst im Nutzfahrzeug auf 82 PS gedrosselt worden und bewährte sich dort ganz hervorragend. Ein vollsynchronisiertes Sechsgang-Schaltgetriebe mit zwei Rückwärtsgängen sorgte für eine optimale Anpassung der Motorleistung an die jeweilige Fahrsituation und ermöglichte eine Höchstgeschwindigkeit von 95 km/h. Auf schwierigem Untergrund konnte der Unimog-Lenker während der Fahrt den Vorderradantrieb zuschalten und, falls auch diese Maßnahme nicht zum gewünschtem Vortrieb führte, mittels zweier Differenzialsperren für ungehemmten Kraftfluss an allen vier grobstollig bereiften (10,5-20) Rädern sorgen. Weitere Varianten gab es anfangs (1956 bzw. 1957) mit 80 PS und 92 PS.

Gegenüber den bisherigen kurzen Typen mit Hilfspritsche der Baureihen 401/402 hatte der Unimog S eine richtige Ladefläche und verfügte neben den Unimog-typischen Merkmalen über alle Eigenschaften eines Leichtlastwagens der 1,5-Tonnen-Klasse. Neben den schon bekannten Zug- und Arbeitsmaschinen gab es somit ein Lastwagenkonzept, das in seiner Sparte neue Nebenaufgaben übernehmen konnte.

Nach intensiven Entwicklungsarbeiten und Dauertestfahrten

ALLE MODELLE SEIT 1946

Unimog S in NATO-Ausführung.

Unimog S mit 2900 mm Radstand.

mit Prototypen im Gelände begann im Mai 1955 – parallel zum kleinen U 401 – die Produktion des 404.1 mit der Baumuster-Bezeichnung 404.111 in Gaggenau. Bereits im ersten Produktionsjahr 1955 wurden 578 Einheiten von dem im Aussehen noch stark an der Vorserie angelehnten Unimog S gebaut. Er wurde anfangs nur mit offenem Fahrerhaus geliefert, und auch sein Radstand von 2670 mm stammte – wie auch viele andere Details – aus der Vorserie. Die ersten Lieferungen gingen an die französische Armee, die maßgeblichen Anteil an der Grundidee zum Unimog S gehabt hatte.

Von Anfang an zeigte sich der Unimog S als ein ernst zu nehmender leichter Lastwagen mit überragenden Qualitäten abseits befestigter Straßen. Bis heute sind nur wenige Radfahrzeuge in der Lage, Steigungen bis zu 45 Grad ohne fremde Hilfe hinaufzuklettern oder reißende Wasserläufe zuverlässig und sicher zu durchqueren. Das überzeugte auch die Beschaffungsämter zahlreicher Staaten, die somit maßgeblich dazu beigetragen haben, dass die Produktion des 4x4-Mercedes im Mai 1955 anlaufen konnte. Frankreich, Belgien, die Schweiz, England, Kanada und die Türkei orderten für ihre Truppen größere Kontingente des genialen Gaggenauers.

Unimog S mit TLF-8-Aufbau.

UNIMOG

Unimog S der kanadischen Luftwaffe in NATO-Ausführung, aber mit ziviler Pritsche.

Fahrgestell des Unimog SH mit Motor im Heck.

In der Privatwirtschaft wurde der Unimog S – wie jeder andere Unimog – als Geräteträger angeboten. Er fand als geländegängiger Lkw mit den Merkmalen eines Leichtlastwagens der 1,5-Tonnen-Klasse zunehmend auch Eingang in die Industrie, bei Kommunalbehörden, Bahn und Post. Die Angebotspalette ging vom Pritschenwagen bis zum Fahrgestell für Sonderaufgaben mit offenem Fahrerhaus mit Klappverdeck, das im Gaggenauer Fahrerhaus-Rohbau (Bau 44 OG) zusammengepunktet wurde, oder mit geschlossenem Ganzstahl-Fahrerhaus, das ab 1956 bei der Westfalia gebaut wurde. Zwei Jahre später, ab 1958, kam die Doppelkabine für Fahrschulzwecke hinzu, die man von Glas in Dingolfing (heute BMW) bezog.

In Grundausführung mit Allwetterverdeck, Heizungs- und Belüftungsanlage und mit Warndreieck stand 1968 der U 82 (BM 404.113) mit einem zulässigen Gesamtgewicht von 4750 kg und einer Nutzlast von 1650 kg mit 17.730,– DM in den Preislisten. 1971 kostete er bereits DM 21.400,–.

Zur gleichen Zeit, als der 30 PS starke U 411 die Unimog-Vorfahren U 401/402 ablöste, begann im Januar 1956 die Produktion des Unimog-S-Erfolgsbaumusters 404.114, das nun, wie künftig auch alle anderen 404.1-Modelle, den größeren Radstand von 2900 mm aufwies und sich äußerlich durch veränderte Windschutzscheibe, Blinker, Felgen, Motorhaubenverschlüsse, Tarnlichtaussparungen, Einfüllstutzen für den Tank und andere Kleinigkeiten von den 55er-Modellen unterschied. Die Radstandverlängerung wurde auch wegen der geplanten Aufbauten für Krankenwagen, Funkstationen und Kommandowagen notwendig. Bis Juni 1977 wurden allein von diesem Baumuster, der Version »B«, insgesamt 50.321 Einheiten im Werk Gaggenau hergestellt.

1957 ging der U 404.113 in Produktion, der mit insgesamt 8106 gebauten Einheiten zweitbestes Unimog-S-Baumuster

ALLE MODELLE SEIT 1946

Unimog-S in klassischer Nato-Version als schnelles, wendiges Mannschaftsfahrzeug für 10-12 Mann.

Unimog-S als Mannschaftswagen mit Omnibus-Aufbau und vorderer Seilwinde.

Unimog-S mit guter Bodenhaftung aller vier Räder durch die extreme Verwindbarkeit der Achsen.

wurde. Dafür war im August 1957 für den 404.112 nach nur 185 Stück bereits Produktionsende. Ein Jahr später, im September 1958, lief auch für das Premiere-Baumuster 404.111 nach 1210 Stück die Bauzeit aus.

Im Dezember 1961 wurde dem damaligen Verteidigungsminister Franz Josef Strauss ein Unimog S mit Heckmotor vorgestellt. Von diesem Unimog SH, der die Baumusterbezeichnung 405.110 erhielt, wurden allerdings nur 15 Stück in verschiedenen Varianten hergestellt.

Unimog S als Sanitätsfahrzeug.

ALLE MODELLE SEIT 1946

Mit 6593 gebauten Einheiten, das waren täglich 30 Unimog S, geriet das Jahr 1962 zur großen Erfolgs-Story für den Unimog S mit seinem 82 PS starken M-180-Benziner. Damit wurde der »S« mit einem Jahres-Umsatz von 106 Millionen zum Spitzenreiter innerhalb der erfolgreichen Unimog-Familie. Das Folgejahr war mit der Produktionszahl von 5810 annähernd ebenso erfolgreich.

Der Unimog gehörte zu den wenigen radgetriebenen Fahrzeugen, die eine 100%ige Steigung (45°) ohne Winde oder fremde Hilfe meistern konnten. Als echtes Geländefahrzeug musste der Unimog auch in Gewässern eine gute Figur machen. Seine enorme Watfähigkeit von nahezu 800 mm prädestinierte den Unimog unter anderem für den Einsatz als Jagd- und Expeditionsfahrzeug, das auch unvorhergesehene Wasserhindernisse locker nehmen konnte. So steht zum Beispiel die erste Sahara-Durchquerung 1965 in der besonders vertrackten West-Ost-Richtung auf seinem Erfolgskonto. Kühlung und Kraftstoffversorgung waren für tropisches Klima beim Unimog S ausreichend bemessen. Für arktisches Klima konnte das Fahrzeug mit einer Motor- und Batterie-Vorwärmung ausgerüstet werden.

Obwohl die erfolgreiche Laufbahn des Unimog S im olivfarbenen Tarnanzug ihren Anfang genommen hatte, blieb sein Einsatzgebiet nicht auf den Militärdienst beschränkt. Auch der Zivilschutz und viele Hilfsorganisationen entdeckten den vielseitig einsetzbaren 404 S für ihre Zwecke, zumal das Angebot an leichten Allradfahrzeugen in jener Zeit noch durchaus überschaubar war. In vielen hundert Exemplaren kam das »Universal-Motorgerät« zu den damaligen Zivilschutz-Organisationen und auch zu den kommunalen Feuerwehren. Eigentlich schloss das bescheidene Platzangebot des Unimog S eine Verwendung als Löschgruppenfahrzeug aus. Doch vor allem in den bergigen Regionen der Bundesrepublik gab es Ortsfeuerwehren, die aufgrund der Topgrafie ihres Einsatzgebietes zwingend auf ein geländegängiges Löschfahrzeug angewiesen waren. Aus diesem Grund präsentierte der traditionsreiche Karlsruher Feuerlöschgeräte-Spezialist Carl Metz schon zu Beginn der 1960er-Jahre den LF 8-TS (das TS steht für Tragkraftspritze), ein leichtes Löschgruppenfahrzeug auf Basis des Unimog S. Der geräumige Ganzstahlaufbau mit Heck- und Seitenbeladung bot ausreichend Platz für eine neunköpfige Löschmannschaft, eine Tragkraftspritze und die übrigen gemäß Feuerwehrnorm erforderlichen Gerätschaften. Blickfang des LF 8-TS war die wuchtige, vor der schrägen Motorhaube thronende Vorbaupumpe. Im Jahr 1963 lief in Karlsruhe die Produktion an. Doch lediglich etwa 40 Feuerwehren entschieden sich in den folgenden fünf Jahren für die Beschaffung eines von Metz auf dem 404 S-Chassis aufgebauten LF 8-TS-Einsatzwagens.

Bis zum Ende der Produktion des Baumusters 404.1 im Jahre 1977 entstanden im Daimler-Benz-Werk Gaggenau insgesamt 62.550 Unimog, von denen allein die Bundeswehr im Laufe von zwei Jahrzehnten die beinahe unglaubliche Zahl von 36.000 Exemplaren übernahm. Hohe Stückzahlen gingen auch an die Militärs von Frankreich (5.000), Schweiz (2.500), Belgien (2.500). Türkei (2.400).

Unimog S als Trockenlöschfahrzeug mit TOTAL-Aufbau.

Unimog S als geländegängiges Feuerlöschfahrzeug LF (-TS.

Unimog Baureihe 404.0 (Unimog S) Typ U 82 (1971–1979)
Unimog Baureihe 404.0 (Unimog S) Typ U 110 (1971–1980)

Eigentlich begann die Ära des U 404.0 schon zwei Jahre vor der offiziellen Vorstellung mit dem Baumuster 404.117. Diese in nur geringer Stückzahl (81) gebaute Ausführung für das Militär in Portugal hatte bereits das Fahrerhaus vom U 406/416 und wurde, dies eine Besonderheit, von einer 60-PS-Dieselvariante (OM 615) angetrieben. Ab 1971 wurde dann offiziell die erfolgreiche Baureihe 404.1 um eine zweite Variante erweitert: Der U 404.0 mit dem kippbaren Fahrerhaus des U 406/416, mit durchgehender Windschutzscheibe und neben dem bewährten 82-PS-M-180-Benziner erstmals auch mit 2,7-Liter-Vergasermotor M 130, der 110 PS bei 4800 U/min leistete.

Den Unimog 404.0 gab es in vier Baumuster-Varianten als Militärfahrzeug und als leichten geländegängigen Lkw 1,5 t. Zur Standardausrüstung bei der Verwendung als Militärfahrzeug gehörten u. a. eine Anhängerkupplung, hochgezogener Luftansaugstutzen für Wasserdurchfahrten, höhergelegte Auspuffanlage und Scheinwerferschutzgitter. Auf Wunsch gab es das hochstellbare Ganzstahlfahrerhaus mit oder ohne Dachluke, hydraulische Servolenkung und die Frontseilwinde.

Für die Privatwirtschaft wurde der U 404.0 als U 82 und U 110 in jeweils vier verschiedenen Gewichtsklassen mit einem zulässigen Gesamtgewicht von 4750 kg, 5000 kg, 5250 kg und 5500 kg angeboten. Der Kaufpreis lag 1974 für den U 82 zwischen DM 30.258,– und 31.168,–, für den U 110 zwischen DM 31.318,– und 32.228,–. Wer seinen Unimog S mit dem Ganzstahl-Fahrerhaus des U 406/ 416 bestellte, musste einen Mehrpreis von DM 1.043,– (Stand 9/1974) akzeptieren. Das verlängerte Ganzstahlfahrerhaus (Doppelkabine) kostete sogar DM 8.402,–. Immerhin waren es 1780 Kunden, (U 82 = 1264

Ab 1971 gab es den Unimog-S mit kippbarem Fahrerhaus und durchgehender Windschutzscheibe.

ALLE MODELLE SEIT 1946

Stück, U 110 = 516 Stück), die ihren 404.0 damit ausrüsteten.

Mitte der 1970er-Jahre erhielt der Bestseller unter den Unimogs Konkurrenz aus eigenem Hause, denn die 1975 neu auf den Markt gebrachte Baureihe 435 brachte mit dem hochgeländegängigen U 1300 L mit seinem 130 PS starken, spritsparenden Sechszylinder-Diesel-Direkteinspritzer und 3250 mm Radstand die Karriere des Unimog S in große Schwierigkeiten.

Der »S« verlor immer mehr seine Stammkundschaft, die sich nun den U 1300 L, aber auch den U 416 zulegte. Im Dezember 1980 war dann Produktionsschluss für den U 404, der mit insgesamt 64.341 Fahrzeugen zum meistgebauten Modell innerhalb der Unimog-Familie avancierte.

Programmübersicht Unimog Baureihe 404 (Unimog S)

Typ Verkaufsbez.	Baumuster	Fahrerhaus	Motor Typ	Motor BM	Motor PS	Stückzahl	Radstand	Bauzeit
404.1/ U 82/80	404.111	geschl.	M 180	180.926	80		2.670 (2.900)	05/1955 - 09/1958
404.1/ U 82	404.111	offen	M 180	180.922	82	alle.111	2.670 (2.900)	05/1955 - 09/1958
404.1/ U 82	404.111	offen	M 180	180.925	82	1.210	2.670 (2.900)	05/1955 - 09/1958
404.1/ U 82	404.111	geschl.	M 180	180.925	82		2.670 (2.900)	05/1955 - 09/1958
404.1/ U 82/80	404.112	offen	M 180	180.922	82	alle.112	2.900	01/1956 - 08/1957
404.1/ U 82/80	404.112	geschl.	M 180	180.925	82	185	2.900	01/1956 - 08/1957
404.1/ U 82/80	404.112	geschl.	M 180	180.926	82		2.900	01/1956 - 08/1957
404.1/ U 82/80	404.113	offen	M 180	180.926/7	82		2.900	02/1957 - 06/1976
404.1/ U 82/80	404.113	offen	M 180	180.928/9	82	alle.113	2.900	02/1957 - 06/1976
404.1/ U 92/80	404.113	geschl.	M 180	180.952	92	8.106	2.900	02/1957 - 06/1976
404.1/ U 110 S	404.113	geschl.	M 130	130.922	110		2.900	03/1968 - 06/1976
404.1/ U 82	404.114	offen	M 180	180.926/7	82	alle.114	2.900	01/1956 - 06/1977
404.1/ U 82	404.114	geschl.	M 180	180.928/9	82	50.321	2.900	02/1957 - 06/1977
404.1/ U 92	404.114	offen	M 180	180.952	92		2.900	02/1957 - 06/1977
404.1/ U 82	404.115	offen	M 180	180.927	82	alle.115	2.900	08/1957 - 05/1968
404.1/ U 82	404.115	offen	M 180	180.928	82	2.559	2.900	08/1957 - 05/1968
404.1/ U 92	404.115	offen	M 180	180.952	92		2.900	08/1957 - 05/1968
404.1/ U 60	404.117	offen	OM 615	615.932	60	81	2.900	05/1969 - 06/1970
404.0/ U 82	404.010	offen	M 180	180.958	82	113	2.900	02/1972 - 12/1979
404.0/ U 82	404.011	geschl.	M 180	180.958	82	1.151	2.900	08/1971 - 12/1979
404.0/ U 110	404.012	offen	M 130	130.925	110	7	2.900	04/1971 - 12/1979
404.0/ U 110	404.013	geschl.	M 130	130.925	110	520	2.900	05/1971 - 12/1980

Produktion U 404 »Unimog S« (1955-1980)

	1955	1956	1957	1958	1959	1960	1961	1962	1963	1964	1965	1966	1967	Gesamt
404.1														
404.111	578	516	116											1.210
404.112		154	31											185
404.113			348	125	143	195	204	248	192	330	353	1.250	537	
404.114		664	1.678	2.512	3.504	5.092	4.657	6.178	5.040	4.318	3.335	3.229	1.811	
404.115			164	14	2	229	125	167	578	62	1.177	0	90	
Gesamt	578	1.334	2.337	2.651	3.649	5.516	4.986	6.593	5.810	4.710	4.865	4.479	2.438	

	1968	1969	1970	1971	1972	1973	1974	1975	1976	1977	1978	1979	1980	Gesamt
404.1														
404.113	641	1.303	539	360	389	370	490	73	16					8.105
404.114	2.580	2.033	2.026	378	195	477	236	174	91	113				50.321
404.115	40													2.648
404.117		1	80											81
404.0														
404.010					6	9	31	12	42	11	0	2		113
404.011				6	40	128	38	59	114	9	26	731		1.151
404.012				2	0	1	1	0	0	1	0	2		7
404.013				56	54	105	136	29	71	8	27	23	11	520
Gesamt	3.261	3.337	2.645	802	684	1.090	932	347	334	142	53	758	11	64.341

	U 82 Typ 404.1 / 404.0 1955-1977 404.111-.115/.010/.011	**U 91** Typ 404.1 1957-1977 404.113/.114/.115	**U 110** Typ 404.1 / 404.0 1968-1980 404.113/.012/.013
Motor			
Baumuster (BM)	180.922/.925-.929/.958	180.952	130.922/.925
Bauart	MB 6-Zylinder-4-Takt-Vergaser-Reihenmotor, hängende Ventile, Typ M 180 / M 130		
Bohrung x Hub	80 x 72,8 mm	80 x 72,8 mm	86,5 x 78,8 mm
Hubraum	2.195 ccm	2.195 ccm	2.748 ccm
Leistung	82 PS (60 kW) 4.800/min	91 PS (67 kW) 4.800/min	110 PS (81 kW) 4.800/min
Drehmoment	143 Nm bei 3.200/min	164 Nm bei 3.200/min	186 Nm bei 3.200/min
Verdichtung	7 : 1	8,7 : 1	7,8 : 1
Gemischbereitung	1 Zenith Gelände-Doppelfallstromvergaser, 32 NDIX-DB 2		2 Doppelfallstrom, 32NDIX-DB2
Drehzahlregler	Mechanischer Fliehkraftregler (Fa. Heinzmann), Regeldrehzahl 2.850/min		
Kühlung	Wasserkühlung über Pumpe, Thermostat (18 Liter)		16,5 Liter
Luftfilter	Ölbadluftfilter (1,0 Liter)		1,8 Liter
Elektr. Anlage	404.1: Lichtmaschine 24 Volt, 300 Watt, Batterie 2x12 V / 56 Ah 404.0: Drehstromlichtmaschine 24 V, 750 Watt, Batterie 2x12 V / 56 Ah		
Kraftübertragung			
Antrieb	Allradantrieb mit abschaltbaren Differenzialsperren v/h, Portalachsen mit Radvorgelegen		
Kupplung	Fichtel & Sachs Einscheiben-Trockenkupplung, Typ KS 225 Sph		
Getriebe	6-Gang-Synchron-Wechselgetriebe mit Hinterachsantrieb, während der Fahrt ein- und ausschaltb. Vorderachsantrieb und Getriebezapfwellen-Antrieb, Typ UG 1/11-2+4/14,93		
Übersetzung (km/h)	1.G.= 14,93 (7,21), 2.G.= 8,23 (13,08), 3.G.= 4,47 (24,07), 4.G= 2,47 (43,66), 5.G.= 1,53 (70,59), 6.G.= 1,00 (107,66), 1.R.G.= 20,12 (5,35), 2.R.G.= 11,10 (9,70)		
Kriechgang	Typ VOG 1/11-1/3,08, 1.Gang = 46,01 (2,34 km/h), 2.Gang = 25,35 (4,25 km/h)		
Zapfwellen	vorn und hinten, 540/min, 1 3/8", 50 PS (37 kW)		
Ges.-Achsübersetzg.	i = 7,56		
Fahrwerk			
Rahmen	Leiterrahmen aus 2 U-Profil-Längsträgern mit Rohrquerträger, Motor/Getriebe 3-punktgelagert		
Fahrerhaus	404.1: offen mit Allwetterverdeck oder Ganzstahlfahrerhaus mit oder ohne Dachluke 404.0: hochstellbar, offen mit Allwetterverdeck oder Ganzstahlfahrerhaus (U 406/416)		
Achsen v/h	Portalachsen mit Schubrohr, Ausgleichsperre und Laufradvorgelegen		
Federung v/h	Schraubenfedern und Teleskopstoßdämpfer, hinten mit Zusatzfedern		
Bremsen v/h	404.1: Hydr. Einkreis-Trommel mit Druckluftunterstützung, mech.Handbremse/Hinterräder 404.0: Hydr. Zweikreis-Trommel mit Druckluftunterstützung, mech.Handbremse/Hinterräder		
Druckluft	Zweileitungsbremsanlage, Betriebsdruck 7,35 bar, Förderleistung 150/106 Liter/min		
Lenkung	DB-Kugelumlauf-Lenkung oder ZF-Kugelmutter-Hydrolenkung		
Räder	9 x 20		
Bereifung	10,5 - 20 /6 PR /8 PR /10 PR		
Allgemeine Daten			
Radstand	2.900 mm (404.111: bis 1956 = 2.670 mm)		
Spurweite v/h	1.630 mm		
Gesamtmaße	5.030 x 2.150 x 2.290/2.630 mm		
Bodenfreiheit/Diff.	400 mm		
Watttiefe	800 mm		
Pritsche	3.000 x 2.000 x 500 mm		
Überhang v/h	930 / 1.200 mm		
Überhangwinkel v/h	45° / 46°		
Ladehöhe ü. Boden	1.190 mm		
Höchstgeschw.	95 km/h; U 110: 100 km/h		
kl. Wendekreis	12,9 Meter		
Leergewicht	2.850 kg		
zul. Gesamtgewicht	4.750 - 5.500 kg		
zul. Achslast v/h	2.500 / 2.600-3.300 kg		
Nutzlast	1.900 - 2.400 kg		
zul. Anhängelast gebr.	5.000 - 5.250 kg		
Ölinhalt Motor	6,0 Liter		
Kraftstoffverbrauch	ca. 18,5-19,5 Liter/100 km		
Kraftstofftank	2 x 60 Liter		

ALLE MODELLE SEIT 1946

Preise / Lieferführungen U 82 (Unimog S) Baureihe 404.1 Stand 8/1968	
Fahrzeuge mit zul. Gesamtgewicht 4.750 kg, Nutzlast 1.650 kg	
Grundausführung mit Allwetterverdeck, Heizungs- und Belüftungsanlage, Warndreiecke	17.730,--
Fahrzeuge mit zul. Gesamtgewicht 5.000 kg, Nutzlast 2.000 kg	
Grundausführung mit Allwetterverdeck, Heizungs- und Belüftungsanlage, Warndreiecke	17.730,--
Zusätzlich mit Druckluftbremsanlage	935,--
oder Saugluftbremshelfanlage	230,--
Fahrzeuge mit zul. Gesamtgewicht 5.000 kg, Nutzlast 2.300 kg	
Grundausführung mit Allwetterverdeck, Heizungs- und Belüftungsanlage, Warndreiecke	17.730,--
Zusätzlich mit Druckluftbremsanlage	935,--
oder Saugluftbremshelfanlage	230,--
verstärkte Bereifung 10,5 - 20 /8 PR	100,--
Fahrzeuge mit zul. Gesamtgewicht 5.000 kg, Nutzlast 2.300 kg	
Grundausführung mit Allwetterverdeck, Heizungs- und Belüftungsanlage, Warndreiecke	17.730,--
Zusätzlich mit Druckluftbremsanlage	935,--
oder Saugluftbremshelfanlage	230,--
verstärkte Bereifung 10,5 - 20 /8 PR	100,--
verstärkte Federn	75,--
Mehrpreis	
geschlossenes Fahrerhaus ohne Dachluke	950,--
geschlossenes Fahrerhaus mit Dachluke	1.050,--
Minderpreis	
Wegfall der Pritsche	600,--
Wegfall der Fertiglackierung bei Fahrzeugen mit Pritsche	85,--
Wegfall der Fertiglackierung bei Fahrzeugen ohne Pritsche	40,--

Achse / Räder			Instrumente	
350 Zentrale Achsentlüftung	22,--		862 Deckenleuchte mit Schalter	16,--
Pneumatik / Hydraulik			858 Anschluß f. Rückfahrscheinwerfer	22,--
720, 740 Anhängerbremsanlage (Einleiter)	994,--		887 Summer für Reifenwächter	43,--
730, 740 Anhängerbremsanlage (Zweileiter)	1.246,--		845 Batterietrennschalter	46,--
713, 740 Druckluftbremsanlage mit Anschluß f. Einleiter-Anhängerbetr.	1.273,--		027 600-W-Lichtmaschine schwall-wassergeschützt, fernentstört	350,--
Getriebe / Zapfwellen			027, 801 dto. und nahentstört	491,--
116 Kriechgang-Zusatzgetriebe	591,--		+ 838 dto. mit Trennrelais f. Funkbetrieb	529,--
110 Sonderabtrieb	285,--		268 Elektr. Zusatzkraftstoffpumpe	259,--
110, 825 Sonderabtrieb mit Anzeigeleuchte	305,--		965 Handleuchte mit 10-m-Kabel	17,--
126 Zapfwelle vorn	248,--		850 2 Nebelscheinwerfer mit Schutzgitter	162,--
130 Zapfwelle mitten mit Zwischenlager f. Geräteantr. auf Pritsche	269,--		828 Radstellungsanzeiger	27,--
Rahmen			857 Rückfahrscheinwerfer	38,--
210 Gleitblech vorn	33,--		880 Umschaltkasten für 12-Volt-Anhängerbetrieb	301,--
256 Stoßbügel hinten, 2 Stück	43,--		885 Signalanlage	301,--
273 Tankverschluß abschließbar	12,--		**Aufbau**	
325 Seilwindenhalter f. Fremdseilw.	113,--		483 Fahrerhaus-Einstiege re/li zusätzl.	108,--
563 Halterung f. 2 Reservekanister	60,--		445 Fahrersitz höhenverstellbar	113,--
564 2 Reserve-Kanister (á 20 L)	49,--		499, 402 Fahrerhaus-Torso (geschl. Fahrerhaus ohne Dach, Rückwand und Windschutzscheibe, grundiert)	601,--
068 Ansaugkamin mit Regenkappe	43,--		945 2 Kettenkästen	113,--
069 Ansaugkamin mit Zyklonfilter	65,--		530 Pritschenverdeck: Spriegel	269,--
037 Drehzahlregler, mech. für Zapfwellenantrieb	430,--		538 Pritschenverdeck: Plane dunkel eingefärbt	575,--
			536 Pritschenverdeck: Plane naturhell	575,--
471 Schall- u. Wärmeisolation Motorhaube	92,--		436 Schiebefenster Fahrerh.-Rückw.	86,--
472 Wärmeisolation für Kühlwasserausgleichsbehälter	22,--		Sonderlackierung einfarbig	124,--
952 Kühlerfrostschutzmittel bis -25°	27,--		481 Kotflügelschürzen vorn	36,--

Preise / Lieferausführungen U 82 (Unimog S) Baureihe 404.1 Stand 2/1971			
Preis:		Grundausstattung mit Allwetterverdeck	20.780,--
Mehrpreis:	402	Geschlossenes Fahrerhaus ohne Dachluke	1.262,--
	403	Geschlossenes Fahrerhaus mit Dachluke	1.477,--
Minderpreis:	942	Wegfall der Pritsche	913,--
	0000	Wegfall der Fertiglackierung bei Fahrzeugen mit Pritsche	82,--
	0000	Wegfall der Fertiglackierung bei Fahrzeugen ohne Pritsche	55,--
Fahrzeuge mit zul. Gesamtgewicht 4750 kg für Nutzlast 1650 kg			
	404.113	Grundausführung mit Allwetterverdeck, Heizungs- und Belüftungsanlage, Scheibenwaschanlage, elektr. Warnblinkanlage, Warneinrichtungen, Verbandskasten mit Halter	21.400,--
Fahrzeuge mit zul. Gesamtgewicht 5000 kg für Nutzlast 2000 kg			
	404.113	Grundausführung mit Allwetterverdeck, Heizungs- und Belüftungsanlage, Scheibenwaschanlage, elektr. Warnblinkanlage, Warneinrichtungen, Verbandskasten mit Halter, Saugluftbremsanlage	21.658,--
Mehrpreis:		Druckluftbremsanlage mit Anschluß für Einleiter-Anhängerbetrieb	1.015,--
Fahrzeuge mit zul. Gesamtgewicht 5000 kg für Nutzlast 2300 kg			
	404.113	Grundausführung mit Allwetterverdeck, Heizungs- und Belüftungsanlage, Scheibenwaschanlage, elektr. Warnblinkanlage, Warneinrichtungen, Verbandskasten mit Halter, Saugluftbremsanlage, Bereifung 10,5-20/8PR	21.768,--
Mehrpreis:		Druckluftbremsanlage mit Anschluß für Einleiter-Anhängerbetrieb	1.015,--
Fahrzeuge für Sonderaufbauten mit zul. Gesamtgewicht 5250 kg			
	404.113	Grundausführung mit Allwetterverdeck ohne Pritsche, Heizungs- und Belüftungsanlage, Scheibenwaschanlage, elektr. Warnblinkanlage, Warneinrichtungen, Verbandskasten mit Halter, Saugluftbremsanlage, verstärkte Bereifung 10,5-20 8 PR, verstärkte Federn	20.931,--
Mehrpreis:		Druckluftbremsanlage mit Anschluß für Einleiter-Anhängerbetrieb	1.015,--

Motor / Elektrik:	MB 6-Zylinder-Otto-Motor, Typ M 180/II, 82 PS bei 4800/min, wassergekühlt, Zündanlage schwallwassergeschützt und fernentstört, Anlasser, Lichtmaschine 24 V7 300 W, Batterie 2 x 12 V/56 Ah, Scheinwerfer, Signalhorn, Blinker, Positionslampen, Schlußleuchte
Armaturen:	Tachometer, Öldruckanzeige, Fernthermometer, Kraftstoffanzeige
Antrieb:	Allradantrieb mit schaltbaren Differenzialsprerren v/h, Portalachsen mit Radvorgelegen
Getriebe:	Vollsynchronisiert mit 6 Vorwärts- und 2 Rückwärtsgängen, Geschwindigkeitsbereich: 1,5 - 95 km/h; Anbau eines Sonderabtriebes und eines Kriechganggetriebes möglich
Bremsen:	Hydraulische Vierradfußbremse, Feststellbremse mechanisch auf die Hinterräder
Lenkung:	Daimler-Benz Kugelumlauf-Lenkung
Federung:	Schraubenfedern mit Zusatzfedern hinten, Teleskopstoßdämpfer vorn und hinten
Fahrerhaus:	Allwetterverdeck aus wetterfestem Segeltuch und zusammenklappbarem Rohrgestell, Rückwand mit Fenster, Seitensteckfenster, klappbare und abnehmbare Windschutzscheibe, Sonnenschutzblende für Fahrer
Kraftstoffanlage:	2 Kraftstoffbehälter je 60 Liter
Ladefläche:	Lichte Maße 3000 x 2000 x 500 mm, Bordwände aus Stahlblech
Anhängekupplung:	Anhängemaul mit Steckbolzen vorn
Bereifung:	10,5 - 20 6 PR Allzweckprofil 5-fach
Zubehör:	Werkzeugsatz, Wagenheber
Lackierung:	grün DB 6277, grau DB 7187, blau DB 5328, goldgelb RAL 1004

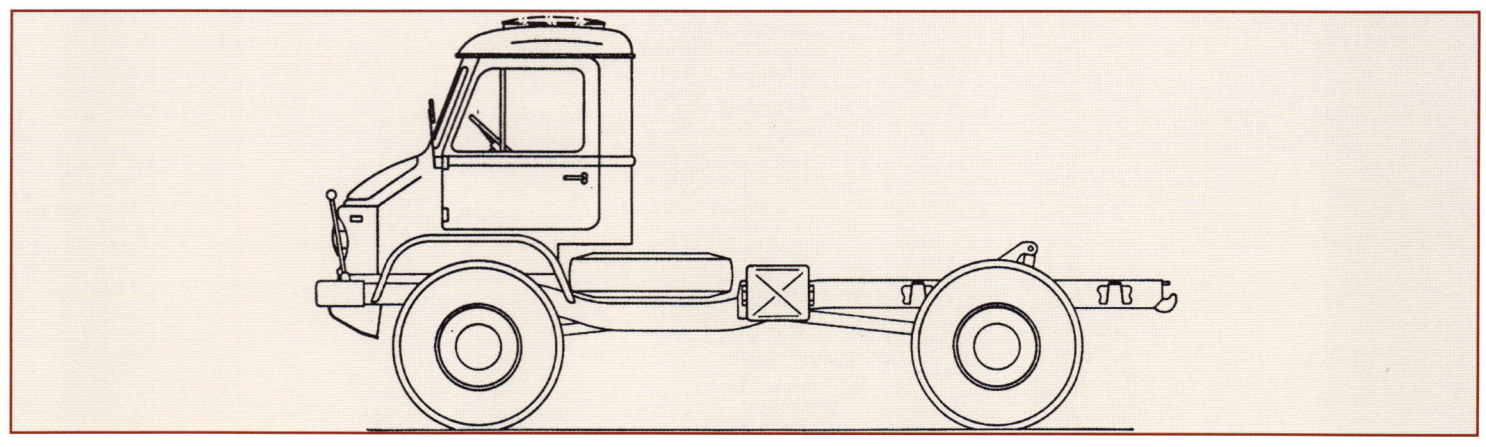

ALLE MODELLE SEIT 1946

Preise / Lieferausrüstungen U 82 / U 110 Baureihe 404.0 Stand 9/1974							
Preise U 82 (BM 404.010/.011) in DM ohne Mwst.				**Preise U 110** (BM 404.012/.013) in DM ohne Mwst.			
Grundpreis 30.142,--				**Grundpreis 31.202,--**			
zul.Ges.	4.750 kg	5.000 kg	5.250 kg	5.500 kg			
zul.Ges.	4.750 kg	5.000 kg	5.250 kg	5.500 kg			

zul.Ges.	4.750 kg	5.000 kg	5.250 kg	5.500 kg	4.750 kg	5.000 kg	5.250 kg	5.500 kg
Nutzlast	1.900 kg	2.150 kg	2.400 kg	Aufbau	1.900 kg	2.150 kg	2.400 kg	Aufbau
Bereifung	10,5-20/6	10,5-20/6	10,5-20/8	10,5-20/10	10,5-20/6	10,5-20/6	10,5-20/8	10,5-20/10
Preise	30.258,--	30.583,--	32.758,--	31.168,--	31.318,--	31.643,--	33.818,--	32.228,--
Mehrpreis	Ganzstahlfahrerhaus			1.043,--	Ganzstahlfahrerhaus			1.043,--
	verlängertes Ganzstahlfahrerhaus			8.402,--	verlängertes Ganzstahlfahrerhaus			8.402,--

Lieferausführung	
Motor / Elektrik	
U 82:	MB 6-Zylinder-Otto-Motor, wassergekühlt, Typ M 180/II, 82 PS bei 4.800/min, 1 Geländevergaser
U 110:	MB 6-Zylinder-Otto-Motor, wassergekühlt, Typ M 130, 110 PS bei 4.800/min, 2 Geländevergaser
	Zündanlage, schwallwassergeschützt und fernentstört, Anlasser, Drehstromlichtmaschine 24 V / 750 W, Batterie 2 x 12 V / 56 Ah, Scheinwerfer, Signalhorn, Blinker, Positionslampen, Schluß- und Bremsleuchten, elektronische Warnblinkanlage, Kühlerfrostschutzmittel bis -25 C°
Armaturen	Tachometer, Kombi-Instrument mit Öldruckanzeiger, Fernthermometer, Kraftstoffanzeige, Doppeldruckmesser
Antrieb	Allradantrieb mit schaltbaren Differenzialsperren für beide Achsen, Portalachsen mit Radvorgelegen
Getriebe	Vollsynchronisiert mit 6 Vor- und 2 Rückwärtsgängen, Geschwindigkeitsbereich: 1,5 - 95 km/h,
	U 110: 1,5 - 100 km/h, Anbau eines Sonderabtriebes und eines Kriechganggetriebes möglich
Bremse	Hydr. Vierradfußbremse, Feststellbremse mech. auf Hinterräder wirkend
Lenkung	Daimler-Benz Kugelumlauf-Lenkung
Federung	Schraubenfedern mit Zusatzfedern hinten, Teleskopstoßdämpfer vorn und hinten
Fahrerhaus	hochstellbar, Allwetterverdeck aus wetterfestem Segeltuch und zusammenklappbarem Rohrgestell, Rückwand mit Fenster, Seitensteckfenster, klappbare und abnehmbare Windschutzscheibe, Sonnenschutzblende für Fahrer, Heizungs- und Belüftungsanlage, Scheibenwaschanlage, Überschlagschutzbügel, Ansaugkamin mit Regenkappe
Pritsche	Lichte Maße 3.000 x 2.000 x 500 mm, Bordwände aus Stahlblech
Zubehör	Werkzeugsatz, Wagenheber, Unterlegkeil, Unterbodenschutz
Lackierung	grün/DB 6277, grau/DB 7187, blau/DB 5328, goldgelb/RAL 1004, gelborange/RAL 2000

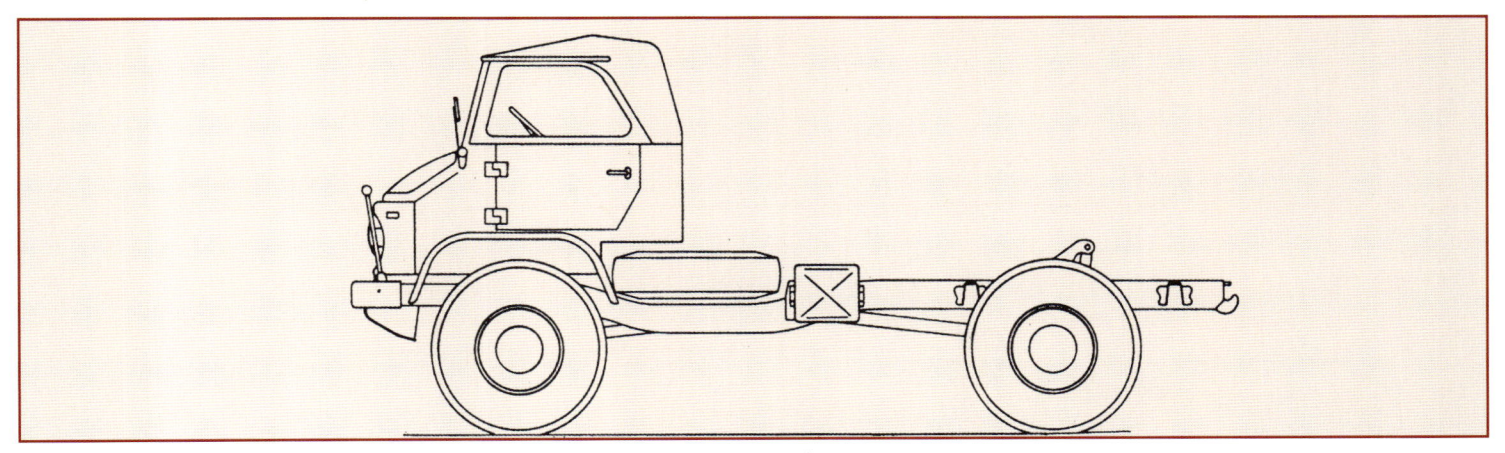

UNIMOG S — Maßskizzen

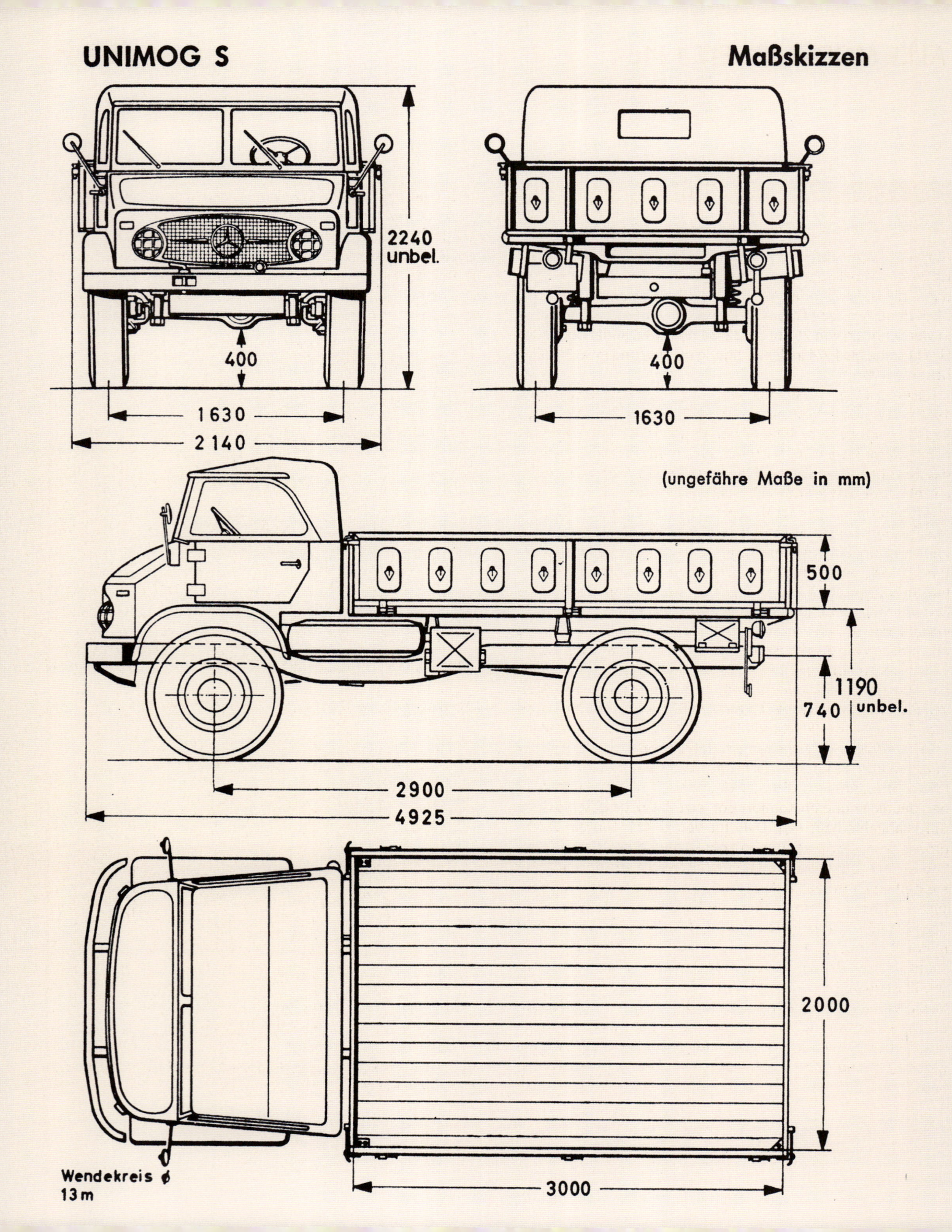

(ungefähre Maße in mm)

- 2240 unbel.
- 400
- 1630
- 2140
- 1630
- 400
- 500
- 1190 unbel.
- 740
- 2900
- 4925
- 2000
- 3000
- Wendekreis ⌀ 13 m

ALLE MODELLE SEIT 1946

Unimog U 411 (30/32 PS) (1956–1961)
Unimog U 411 (25 PS) (1957–1959)

Auf der DLG-Ausstellung 1956 in Hannover präsentierte Daimler-Benz erstmals die neue Unimog-Baureihe U 411 und löste damit die bisherigen Baureihen 401/402 ab. Seine äußere Form blieb dabei fast unverändert, lediglich die Motorleistung wurde in vier Schritten von 25 auf 30, 32, 34 bis 36 PS angehoben. Der U 411 sollte bis 1974 in der Fertigung bleiben und in 38.346 Einheiten entstehen.

Die Produktion begann mit dem U 411 von 30 PS im August 1956 und wurde mit kurzem (1720 mm) und langem (2120 mm) Radstand angeboten. Anfangs gab es den U 411 mit dem kleinen geschlossenen 401er-Ganzstahlfahrerhaus (Froschauge), das im Lohnauftrag von der Firma Westfalia in Wiedenbrück gefertigt wurde (BM 411.111 und 411.113).

Um den Unimog in der Landwirtschaft zweckmäßig im wirtschaftlichen Ein-Mann-Betrieb einsetzen zu können, bot das Werk den Unimog von Anfang an zusätzlich zur Grundausstattung (11.980 Mark) auch mit einer »Unimog-System« genannten und 2390 Mark teuren Zusatzausstattung an, zu der eine Druckluftanlage gehörte, eine vordere und eine hintere Zapfwelle, vorderer und hinterer Kraftheber, Dreipunktaufhängung und Kriechgang-Zusatzgetriebe. Umsatzsteigerung und Rationalisierungsmaßnahmen in der Unimog-Fertigung, aber auch die Konkurrenzfähigkeit gegenüber ausländischen Produkten veranlassten Daimler-Benz im März 1956 den Preis für das »Unimog-System« um 600 Mark auf nunmehr 1790 Mark zu senken.

1957 erfolgte eine Leistungssteigerung auf 32 PS. Auf der Internationalen Automobilausstellung im September 1957 in Frankfurt präsentierte sich der Unimog mit neuem Gesicht: Einen deutlich höheren Komfort bot jetzt das neue geschlossene Ganzstahlfahrerhaus (Typ DvF) für den U 411. Um ein Drittel größer, wurde es wiederum in Lohnfertigung bei Westfalia gebaut. Durch die gewölbte Panoramascheibe erhielt der 411er ein bedeutend besseres Aussehen, das jetzt der vom Omnibus Typ O 319 bekannten Ausführung ähnelte. In Verbindung mit dem um 400 mm längeren Radstand (2120 mm) war er nicht nur breiter, sondern auch länger geworden. Neue bequeme Aufstiegsringe an den Vorderrädern rechts und links erleichterten das Einsteigen. Über der gewölbten Panoramascheibe sorgten Schlitze für regulierbare Frischluftzufuhr. Verbessert wurde auch die Innenausstattung, die jetzt um Kleiderhaken, Einstieggriffe und Seitentaschen für Fahrerpapiere erweitert wurde. Den längeren Radstand gab es wahlweise auch beim offenen Fahrerhaus.

Der immer schwieriger werdende Markt in der Land- und Forstwirtschaft verlangte Ende der 50er-Jahre nach preiswerten, aber technisch fortschrittlichen Schleppern. Daimler-Benz reagierte darauf und entschloss sich – obwohl im September 1956 die letzten 25-PS-Unimog U 401/402 im Werk Gaggenau vom Band gelaufen waren – ein Jahr später, 1957, diese Unimog-Ur-Version als Sondermodell (BM 411.116) in einfacher und preiswerter

Der Unimog 411 mit 30 PS und mit kurzem Radstand von 1720 mm wurde als A 30 bezeichnet.

Fahrgestell für den U 411 30 PS mit vorderem und hinterem Kraftheber, Dreipunkt-Gestänge, vorderer und hinterer Zapfwelle und Synchrongetriebe.

Verwandlungskünstler: Allwetterverdeck und Windschutzscheibe waren abklapp- und abnehmbar. →

Form auf der Basis der neuen Baureihe 411 wieder auf den Markt zu bringen. In seiner Grundausführung Typ A 25 kostete er DM 11.465,– und war damit mehr als 1000 Mark preiswerter. Die abklappbare Windschutzscheibe mit Scheibenwischern und das bewährte zusammenklappbare Fahrerhausverdeck aus wetterfestem Segeltuch mit Rückwand und zwei Seitensteckfenstern gab es bei diesem 25-PS-Unimog der Baureihe 411 aber nur als Sonderausrüstung und gegen Mehrpreis.

Der U 32 erhielt ab März 1957 auf Wunsch erstmals ein vollsynchronisiertes Getriebe, ein Sechsganggetriebe, mit dem bald 70 % aller Unimog ausgerüstet wurden. Diese wesentliche Bedienungserleichterung gab es bis dahin noch bei keinem anderen Ackerschlepper. Im gleichen Jahr verließ bereits der 20.000ste Unimog mit Dieselmotor das Fließband im Werk Gaggenau.

Der U 411 wies aber gegenüber seinen Vorgängern andere Reifendimensionen auf und rollte jetzt auf einer Bereifung 7.50-18 (Standard) oder 10.50-18. Zu den Verbesserungen zählten auch die bequemeren Sitze, die Pritsche reichte jetzt bis zur Rückwand des Fahrerhauses, das jetzt vierpunktgelagert war. Markante Unterscheidungsmerkmale waren auch die nach wie vor sichtbaren Naben an den Rädern und zwei Feststellriegel auf der Motorhaube, die jedoch Ende der 1950er-Jahre weg fielen. Die vorderen Kotflügel waren länglich und mit gebogener Sicke versehen, die hinteren Kotflügel waren direkt an der Pritsche angeschraubt. Bereits beim letzten Baujahr des U 401 kam eine Verbesserung in Serie, die dann der U 411 von Anfang aufwies: Die Sicken auf der Motorhaube wurden breiter und bis auf den Riegelbereich durchgehend ausgeführt. Die Kraftheberleistung erhöhte sich etwas gegenüber dem Vorgänger U 401, und zur Schonung des Motors bei starker Staubentwicklung war jetzt auch ein verlängerter Luftansaugstutzen mit Regenkappe oder mit Vorzyklon lieferbar.

Anfangs wurde der U 411 mit einer mechanischen Fulmina-Lenkung Typ 25 geliefert, die später durch den Typ 30 abgelöst wurde. Ein Zwischenabtrieb unter der Pritsche, die drei

ALLE MODELLE SEIT 1946

U 411 mit verlängerter Radstand von 2120.

U411 mit kippbarer Hilfsladefläche und Klappseitenwand.

Unimog 411 30 PS mit festem Fahrerhaus und Kipp-Pritsche.

Unimog 411 Ausführung BFL 30 mit festem Fahrerhaus und langem Radstand von 2120 mm.

ALLE MODELLE SEIT 1946

Unimog 411 30 PS mit festem Fahrerhaus und kippbarer Hilfsladefläche. Der Anhänger ist ein Müller-Dreiseiten-Kipper mit Druckluftzylinder.

Bretter an den Bordwänden aufwies, wurde auf Wunsch angeboten. Bereits zum Serienstandard gehörte die Fahrzeuglackierung Unimog-Grün DB 6286, in der jetzt auch der Kühlergrill mit seinen nach innen gezogenen Scheinwerferringen lackiert war, der übrigens nicht mehr in Rot und zudem etwas schmaler als beim U 401 ausgeführt wurde. 1958 erhielt der U 411 mit dem 60-Liter-Tank einen größeren Aktionskreis. 1959 wurde das Synchrongetriebe serienmäßig; auf Wunsch gab es jetzt hydraulische Bremsverstärkung für den Anhängerbetrieb und ein Zwei-Stufen-Kriechganggetriebe. An allen Unimog wurden stetig Verbesserungen vorgenommen, um dem immer breiteren Leistungsspektrum Rechnung zu tragen. Als ab Oktober 1961 die verbesserte Version U 411a den bisherigen U 411 ersetzte, war kurze Zeit zuvor, im Mai 1961, der 50.000ste Unimog vom Band gelaufen, der bereits den hohen Rahmen des U 411a besaß. Überhaupt avancierte das Jahr 1961 zum Erfolgsjahr für den U 411, von dem allein in diesem Zeitraum 4840 Einheiten gebaut werden konnten. Vom U 411 wurden insgesamt 17.844 Stück gebaut, 11.611 offen und 6233 geschlossen.

Unimog 411 mit 30 PS und Böschungs-Mähwerk.

Unimog U 411a / U 411b (32 PS) (1961–1964)

Modifiziert und weiterentwickelt setzte ab Oktober 1961 der Unimog mit der Baureihe U 411a seine Erfolgs-Story fort. Gleichzeitig wurde die Baumustervielfalt stark reduziert. Nach wie vor, und dies seit 1957, besaß er den 32 PS starken Vierzylinder-Viertakt-Vorkammer-Dieselmotor OM 636/VI-U mit 1,8 Litern Hubraum und wurde mit offenem oder geschlossenen Fahrerhaus (Typ DvF).geliefert. Zwar erhielt der U 411a ein dreipunktgelagertes Fahrerhaus mit sichtbarem vorderen Lagerpunkt, doch musste er sich noch bis 1963 gedulden, bis er die neue Achse erhielt. Aber dann hieß er auch schon U 411b. So wurde die sichtbare Nabe an den Rädern für den U 411a zu einem wichtigen Erkennungsmerkmal.

Obwohl der U 411a (ab 10/1961) in den Details viel Ähnlichkeit mit dem Vorgänger U 411 hatte (ab 1960 erhielt der U 411 bereits die Verbesserungen des künftigen U 411a), gab es vor allem bei der offenen Version doch erkennbare Unterschiede: Die Motorhaube, die nun keine Feststellriegel mehr besaß, konnte durch einen Schnappverschluss komplett abgenommen werden. Aus Stahl und auf einer »Spinne« aufgebaut, reichte die Pritsche nicht bis zum Fahrerhaus, sondern wies nach wie vor einen Spalt von 30 mm auf. Die Pritschenbordwände erhielten vier Bretter, beim U 411 waren es drei Bretter. Die Rahmenhöhe des U 411a vergrößerte sich gegenüber dem U 411 auf 120 mm. Neu war auch die Hydraulikanlage (Verkaufsbezeichnung »H«), die ab dem U 411a den seither verwendeten pneumatischen Kraftheber ersetzte. Baugleich mit dem Unimog S erhielt der U 411a dessen Schaltgetriebe mit verstärktem Gehäuse, das jetzt serienmäßig synchronisiert war. Weitere Unterscheidungsmerkmale die bereits die letzten U 411 ab 1960 aufwiesen, waren die länglichen vorderen Kotflügel mit gebogener Sicke und die hinteren als eine Einheit, die je nach Bereifung, z. B. 10,5-18, mit einer Gummileiste verbreitert waren. Zur besseren Anbringung von Anbaugeräten wie z. B. dem Busatis-Mähwerk erhielt die Stoßstange des U 411a links an der Ecke einen Ausschnitt.

Unimog 411 (BM 411.110) und kurzem Radstand von 1720 mm.

ALLE MODELLE SEIT 1946

Nur knapp zwei Jahre lang, seit Oktober 1961, lief der U 411a über die Produktionsbänder in Gaggenau, denn im März 1963 stand die Ablösung durch die Baureihe U 411b bereits in den Startlöchern. Immerhin brachte es der U 411a auf eine Stückzahl von 5555 Einheiten, hiervon waren 1780 mit geschlossener und 3775 mit offener Kabine.

Auf lediglich 4053 Fahrzeuge, 2382 mit geschlossener und 1671 mit offener Kabine, brachte es in 13 Monaten der Typ U 411b, der am 19.03.1963 dem U 411a folgte und mit 32 PS die gleiche Motorisierung aufwies wie sein Vorgänger. Wichtigstes Merkmal des U 411b war die neue, aus zwei Hälften zusammengeschraubte Achse, bei der nun die Nabe nicht mehr sichtbar war. Und dies war auch der einzige äußerliche Unterschied. Technisch unterschied sich die U-411b-Version durch den Einbau einer Anhängerbremsanlage und eines Stufenhauptbremszylinders, und sie war mit einer ZF-Hydrauliklenkhilfe als Sonderausrüstung lieferbar. Mit der Einführung des U 411b wurde nun auch das Fahrerhaus in dreipunktgelagerter Ausführung angeboten.

Unimog 411 mit 32 PS (BM 411.112) und langem Radstand von 2120 mm, Ausführung DL 32.

Unimog 411 mit 32 PS (BM 411.117), Ganzstahl-Fahrerhaus und Radstand 2120 mm, Ausführung DFL 32.

UNIMOG

Unimog 411 mit 32 PS im landwirtschaftlichen Arbeitseinsatz.

Unimog 411 mit 32 PS auf dem Weg zur Arbeit.

Unimog 411 im Wintereinsatz mit zapfwellengetriebener Seitenschneeschleuder.

ALLE MODELLE SEIT 1946

U 32 mit Erdbohrer und Ladekran.

Bevor im April 1964 die Ablösung durch den U 411c erfolgte, änderten sich für die letzten produzierten U 411b nicht nur die 9x18er-»Herzchenfelgen« in geschlossene Felgen von Südrad und Lemmerz (für die Bereifung 10.50-18), auch hatten sie bereits die um 40 mm höhere Frontscheibe vom künftigen U 411c.

Unimog 411 mit 32 PS und Ganzstahl-Fahrerhaus im Kommunaleinsatz.

Unimog 411 mit 32 PS und Ganzstahl-Fahrerhaus im Transporteinsatz.

Unimog U 34 (BM 411.118) mit kurzem Radstand von 1720 mm, hydr. kippbare Pritsche, Klapprückwand.

Unimog U 34 Baureihe 411c (1964–1974)
Unimog U 36 Baureihe 411c (1968–1971)

Ab 09.04.1964 wurde die Leistung des Unimog auf 34 PS angehoben. Mit dem U 34 löste die neue Baureihe 411c den Vorgänger 411b mit 32 PS Leistung ab. Der U 34 blieb bis zum Produktionsende das Basis- und Topmodell des gesamten Programms. Er wurde zehn Jahre lang bis zum Oktober 1974 in 12.130 Einheiten produziert, davon 2316 Stück mit geschlossenem Ganzstahlfahrerhaus und 9814 Stück mit offener Kabine. Wie bei keiner anderen Baureihe zuvor kamen beim U 411c eine ganze Reihe von Änderungen und Verbesserungen zum Zuge, die aber äußerlich nicht alle zu erkennen waren.

Seine Leistungserhöhung auf 34 PS verdankt der U 34 neuen Zylinderköpfen, einer neuen Auspuffanlage und der Anhebung der Motorendrehzahl auf 2750/min. Abgestimmt auf diese Leistungserhöhung erhielt der U 411c eine geänderte Achsübersetzung.

Mit dem des U 411b identisch war das Fahrerhaus des U 411c, dreipunktgelagert mit sichtbarem vorderen Lagerpunkt unterm Mercedes-Stern, aber mit einer um 40 mm höheren Frontscheibe. Ebenso die Motorhaube und die neue, aus zwei Hälften zusammengeschraubte Achse.

Unimog U 34 (BM 411.119) mit hinterem Kraftheber.

U 34 Standard: gepolsterter Fahrer- und Beifahrersitz.

ALLE MODELLE SEIT 1946

Unimog U 34 mit Gitterrädern und angebautem Dreipunkt-Kombikrümler bei der Feldbestellung.

Vom U 406, der 1963 das Unimog-Programm nach oben erweiterte, erhielt der Rahmen des U 34 den Halter für die neue Anbauplatte und für die Achsen dämpfende Anschlaggummis. Waren die Schlussquerträger vorher vernietet, so wurden sie beim 411c verschweißt. Auch ein neuer Kühlwasserthermostat, der direkt am Zylinderkopf saß, zählte zu den Neuerungen.

Teilegleichheit wurde auch bei den nun aus Blech gefertigten Bordwandscharnieren praktiziert, die 1966 von der neuen Unimog-Baureihe 421 auf den U 411c übertragen wurden. So auch ab 1967 die Stoßstange im Profil der Variante U 421.

Nahezu zwanzig Jahre lang, vom »Boehringer« bis zum U 411c, war die Farbe Unimog-Grün mit der Bezeichnung DB 6286 die Standard-Lackierung des Unimog. Ab April 1966 wurde diese dunkle, etwas unfreundliche und eher einer Tarnfarbe gleichenden Farbe durch das Lkw-Grün DB 6277 abgelöst.

Ab April 1968, zwölf Jahre nach seiner Premiere, erhöhte sich die Motorleistung des Unimog der Baureihe 411c auf 36 PS. Eine Leistungssteigerung, die wie schon die bei der 34-PS-Version durch neue Zylinderköpfe, eine neue Auspuffanlage und durch die Anhebung der Motordrehzahl auf 3.000/min erreicht wurde. Die 36-PS-Variante der Baureihe 411c war als U-36-Militär-Version für den Export nach Portugal bestimmt und erhielt die Baumusterbezeichnung BM 411.114. Neu war auch

Unimog U 34 mit geschlossenem Fahrerhaus.

Unimog U 34 mit Dreiseiten-Kippeinrichtung.

Unimog U 34 im Agrareinsatz mit dem Rüben-Vollernter und aufgesetztem Kippbunker.

Kommunal-Unimog U 34 beim Pflanzenschutz-Sprüheinsatz.

ALLE MODELLE SEIT 1946

der Radstand des U 36, der sich um 450 mm auf insgesamt 2570 mm erhöhte. Den U 36 gab es auch in einer zivilen Variante (BM 411.115) und auch in einer Triebkopf-Ausführung (BM 411.120). In Verbindung mit einem Niederflur-Hubwagen mit Wechselkasten lag der Preis bei einem Ruthmann-Unimog mit 2,5 Tonnen Tragkraft bei DM 26.355,–.

Durch seinen echten Allradantrieb, durch seinen weiten Geschwindigkeitsbereich und durch seine Hilfsladefläche unterschied sich damals der Unimog von der Vielzahl anderer Schlepper. Diese Details machten ihn zunehmend auch für Kommunal-, Industrie- und Gewerbebetriebe zur idealen Zug- und Arbeitsmaschine. Ausgerüstet mit einer über die vordere Zapfwelle betriebenen, schwenkbaren Vorbaukehrmaschine war der U 36 der Baureihe 411c ein ideales Fahrzeug für den privatwirtschaftlichen Bausektor. Seine Sprengeinrichtung für die Baustellen- und Straßenreinigung wurde aus dem Fass auf der Hilfsladefläche gespeist.

Der Unimog wäre freilich nicht in großen Stückzahlen gebaut worden, wenn er nur ein Angebot an die Landwirtschaft geblieben wäre. Schon früh begann seine Karriere in anderen Bereichen. Seine Vielseitigkeit verdankte der Unimog nicht zuletzt einer rührigen Geräteindustrie. Sie hat ihre Chance schon früh erkannt und – in enger Zusammenarbeit mit Daimler-Benz – hunderterlei Anbauten für diesen ersten »Geräteträger« der Fahrzeuggeschichte entwickelt. Vor allem die Firma Schmidt in St. Blasien war es, die mit dem Unimog zum größten Hersteller von Schneefräsen wurde. Jede zweite Schneefräse auf der Welt war ein Unimog. Über die vordere Zapfwelle direkt vom Unimog-Motor angetrieben, war die Vorbauschneefräse das erste Schnellwechselgerät dieser Leistungsklasse.

Zu einem Standard-Anbaugerät bereits seit den 1950er Jahren zählte auch das Pressluft-Anbaugerät Typ 2200 7D-299 Un, das von der Firma Elektron GmbH hergestellt wurde und sowohl beim U 411 als auch später beim U 406 und U 421 zum Einsatz kam. Als ideale Energiequelle für Pressluftgeräte wie Pressluftämmer, Sandstrahlanlagen, Geräte zur Tiefenlockerung, Sonden oder Erdraketen für den Leitungsbau ließ sich der 160 kg schwere Kompressor problemlos an den mit einer vorderen Zapfwelle ausgerüsteten Unimog anbauen. Zugeschaltet wird der Anbaukompressor bei laufendem Motor durch Einkuppeln der Zapfwelle. Zur Schonung von Motor und Gerät konnte durch Anpassung der Motordrehzahl sowie durch eine manuelle Reguliervorrichtung die Pressluftmenge dosiert werden. Die Ansaugregelung war automatisch gesteuert und ließ sich manuell bis 6,8 bar Höchstdruck einstellen. 1957 kostete ein Pressluftanbaugerät für den U 411 DM 3.500,–, 1962 stand es für den U 411a mit DM 4.150,– in den Preislisten, und wer 1969 seinen U 411c, U 406 oder U 421 damit ausrüsten wollte, musste 5.100,– Mark bezahlen.

Unimog U 34 mit Kanalhochdruck-Spüleinrichtung.

Unimog U 34 mit geschlossenem Fahrerhaus und mit Schörling-Kehrmaschine Typ TTM.

Unimog U 34 mit Schörling-Kehrmaschine.

1971 erhielt das Fahrerhaus die großen eckigen Blinker. Geändert wurde auch die Zahnraduntersetzung im Achsantrieb der Vorder- und Hinterachse, die am Antriebs- bzw. Tellerrad statt 7:25 Zähnen nun 9:35 Zähne aufwies.

Fast hätte der U 411 sein 20-jähriges Produktionsjubiläum feiern können. Doch Ende 1974 kam für den U 411c das Produktionsende. Immerhin brachte er es während seiner Bauzeit von August 1956 bis Oktober 1974 auf insgesamt 38.346 Einheiten. Mit dieser Produktionszahl sollte er sich auf die dritte Stelle aller Unimog-Baureihen bringen.

Unimog U 36 mit Vorbau-Kehrbesen.

ALLE MODELLE SEIT 1946

Programmübersicht Unimog Baureihe 411

Typ/ Verkaufsbezeichnung	Baumuster	Baureihe	Fahrerhaus	Typ	Motor BM	PS	Radstand	Stückzahl	Bauzeit
A 30	411.110	U 411	offen	OM 636	636.914	30	1.720	*alle .110	08/1956 - 10/1961
A 32, B 32, C 32	411.110		offen	OM 636	636.914	32	1.720	8.977*	08/1956 - 10/1961
AF 30, BF 30, CF 30	411.111		geschl.	OM 636	636.914	30	1.720	819	09/1956 - 10/1961
AL 32, BL 32, CL 32	411.112		offen	OM 636	636.914	32	2.120	6.155*	09/1956 - 10/1961
AFL 30, BFL 30, CFL 30	411.113		geschl.	OM 636	636.914	30	2.120	288	09/1956 - 10/1961
A 25, B 25, C 25	411.116		offen	OM 636	636.914	25	1.720	54	05/1957 - 10/1961
AFL 32, BFL 32, CFL 32	411.117		geschl.	OM 636	636.914	32	2.120	6.906*	09/1957 - 10/1961
D 32, H 32	411.110	U 411a	offen	OM 636	636.914	32	1.720	*alle .110	10/1961 - 01/1963
DL 32, HL 32	411.112		offen	OM 636	636.914	32	2.120	*alle .112	10/1961 - 01/1963
DFL 32, HFL 32	411.117		geschl.	OM 636	636.914	32	2.120	*alle .117	10/1961 - 03/1963
D 32	411.118	U 411b	offen	OM 636	636.914	32	1.720	*alle .118	03/1963 - 04/1964
DL 32	411.119		offen	OM 636	636.914	32	2.120	*alle .119	01/1963 - 04/1964
DFL 32	411.120		geschl.	OM 636	636.914	32	2.120	*alle .120	01/1963 - 04/1964
D 34, H 34	411.118	U 411c	offen	OM 636	636.914	34	1.720	2.072	04/1964 - 04/1966
DL 34, HL 34	411.119		offen	OM 636	636.914	34	2.120	8.467	04/1964 - 04/1966
DFL 34, HFL 34	411.120		geschl.	OM 636	636.914	34	2.120	4.698*	04/1964 - 04/1966
U 34, U 34A, U 34 L	411.118		offen	OM 636	636.914	34	1.720	*alle .118	04/1966 - 01/1971
U 34, U 34 A, U 34 L	411.119		offen	OM 636	636.914	34	2.120	*alle .119	04/1966 - 01/1971
U 34, U 34 A, U 34 L	411.120		geschl.	OM 636	636.914	34	2.120	*alle .120	04/1966 - 10/1974
U 36	411.114		offen	OM 636	636.914	36	2.570	1.198	10/1968 - 01/1971
U 36	411.115		geschl.	OM 636	636.914	36	2.570	54	10/1968 - 01/1971

Verkaufs-Bezeichnungen Unimog 411

A	Fahrzeug in Grundausführung ohne Druckluftanlage mit Druckluftmessung für Anhängerbremsanlage
B	Fahrzeug mit Druckluftanlage mit Druckluftmessung für Anhängerbremsanlage (bis Einsatz 411a)
C	Fahrzeug mit Druckluftanlage mit Druckluftmessung für Anhängerbremsanlage und für Front- und Heckkraftheber, Reifenfüll-Schlauch (Einsatz 411a)
D	Fahrzeug mit Druckluftanlage mit Druckluftmessung für Anhängerbremsanlage (bis Einsatz 411a)
H	Fahrzeug mit Hydraulikanlage für Front- und Heckkraftheber (Einsatz 411a)
S	Schlepperfahrzeug
F	Fahrzeug wie »A«, jedoch statt Klappverdeck mit Ganzstahl-Fahrerhaus, ohne Ackerschiene
L	Langer Radstand (2.120 mm)
30	Motor-Dauerleistung in DIN/PS

Produktion Unimog 411 (1956-1974)

	1956	1957	1958	1959	1960	1961	1962	1963	1964	1965	Gesamt
411 (kurzer Radstand)											
411.110	426	2.559	1.190	1.314	1.421	1.267	734	66			8.977
411.111	140	581	45	29	15	9					819
411.116		29	16	9							54
411.118								550	313	238	
411 (langer Radstand)											
411.112	41	288	358	659	1.140	1.934	1.614	121			6.155
411.113	58	144	33	15	23	15					288
411.117		2	1.093	1.091	1.325	1.615	1.573	207			6.906
411.119								1.384	1.379	1.020	
411.120								1.419	1.150	861	
Gesamt	665	3.603	2.735	3.117	3.924	4.840	3.921	3.747	2.842	2.119	

	1966	1967	1968	1969	1970	1971	1972	1973	1974	Gesamt
411 (kurzer Radstand)										
411.118	213	124	143	188	109	109	20	44	21	2.072
411 (langer Radstand)										
411.119	554	1.336	1.114	678	475	178	114	167	68	8.467
411.120	423	115	125	166	125	87	107	63	57	4.698
411.114			184	447	135	216	216			1.198
411.115						28	14	12		54
Gesamt	1.190	1.575	1.382	1.216	1.156	509	485	504	158	39.688

	Unimog U 30 Baumuster 411 1956-1961 411.110/.111/.113	Unimog U 25 Baumuster 411 1957-1961 411.116
Motor		
Baumuster (BM)	636.914 / Typ OM 636 / VI-U	
Bauart	Daimler-Benz 4-Zylinder-Viertakt-Dieselmotor, Vorkammer-Gleichstrom-Brennverfahren	
Bohrung x Hub	75 x 100 mm	75 x 100 mm
Hubraum	1.767 ccm	1.767 ccm
Leistung	30 PS (22 kW) b. 2.550/min	25 PS (18 kW) b. 2.350/min
Verdichtung	1 : 19	
Gemischbereitung	Bosch-Kraftstoffeinspritzanlage	
Einspritzfolge	colspan: 1 - 3 - 4 - 2	
Kühlung	Wasserkühlung mit Thermostat, 13 Liter Kühlwasser	
Luftfilter	Ölbadluftfilter	
Elektr. Anlage	Drehstrom-Lichtmaschine 12 Volt, 160 Watt, Batterie 12 V/88 Ah, Anlasser 1,8 PS	
Kraftübertragung		
Antrieb	Vierradantrieb mit abschaltbarem Vorderachsantrieb, Differenzialsperren hinten und vorn	
Kupplung	Fichtel & Sachs Einscheiben-Trockenkupplung, Typ K 16 Z, (Wunsch: Doppelkupplung)	
Getriebe	DB-Wechselgetriebe, vollsynchronisiert, 6 Vorwärts- und 2 Rückwärtsgänge auf Wunsch zusätzlich Kriech- bzw. Zwischenganggetriebe mit 2 bzw. 4 Gängen	
Fahrgeschwindigkeit	bei 2.550/min in km/h	bei 2.350/min in km/h
Normalgetriebe	1.G.=3,5 / 2.G.= 6,5 / 3.G.= 12 km/h 4.G.= 21 / 5.G.= 35 / 6.G.= 53 km/h	1.G.=3,4 / 2.G.= 6,4 / 3.G.= 11,5 km/h 4.G.= 21 / 5.G.= 34 / 6.G.= 52 km/h
Rückwärtsgang	1.R.G.= 2,5 km/h, 2.R.G.= 5,0 km/h	1.R.G.= 2,5 km/h, 2.R.G.= 4,5 km/h
Fahrwerk		
Rahmen	Leiterrahmen aus 2 U-Profil-Längsträgern mit Rohrquerträger. Motor/Getriebe 3-punktgel.	
Fahrerhaus	Klappverdeck oder Ganzstahlfahrerhaus	Klappverdeck-Fahrerhaus, 2sitzig
Achsen v/h	Portalachsen, Differenzialsperre, Laufradvorgelegen, Querlenker, Schubrohr, v. Doppelgel.	
Federung v/h	Schraubenfedern und Teleskopstoßdämpfer, hinten mit Zusatzfedern	
Bremsen v/h	Hydraulische Einkreis-Trommelbremsanlage, mech. Stockhandbremse auf Hinterräder	
Leistungsabtriebe	Zapfwelle vorn und hinten (543/min), Sonderabtrieb (Riemenscheibe), Zwischenabtrieb	
Hydr. Kraftheberanlage	Pumpenleistung 16 Liter bei 2.550/min, Betriebsdruck 150 atü, Hubkraft 1.190/1.350 kg	
Anhängerbremsanlage	Öldruckbremse und Einleitungs-Anhängerbremsanlage, Betriebsdruck 5,3 atü	
Lenkung	Spindellenkung Typ 25	
Räder	5,00F x 18 oder W 9 x 18	5,00F x 20 oder 5,00F x 18
Bereifung	7.50 - 18 oder 10,5 - 18	6.50 - 20 oder 10 - 18
Allgemeine Daten		
Radstand	1.720 mm / 2.120 mm	1.720 mm
Spurweite v/h	1.295 / 1.361 mm (1.563 mm umgesetzt)	1.290 mm (1.480 mm umgesetzt)
Gesamtmaße	3.400 / 3.800 x 1.670 x 2.035 / 2.140 mm	3.520 x 1.600 x 1.600 mm
Bodenfreiheit/Diff.	380 mm	370 mm
Watttiefe	460 mm	450 mm
Pritsche	1.475 / 1.753 x 1.500 x 360 mm	1.475 x 1.500 x 360 mm
Ladehöhe	1.025 mm	1.000 mm
Höhe Anhängerkup.	735 mm	720 mm
Höchstgeschw.	53 km/h	52 km/h
kl. Wendekreis	8,4 / 9,4 m	8,4 m
Leergewicht	1.795 kg / 1.895 kg	1.655 kg
Nutzlast/Ladefläche	1.000 kg	1.000 kg
zul. Gesamtgewicht	3.200 / 3.550 kg	3.150 kg
zul. Achslast v/h	1.475 (1.550) / 2.000 kg	1.350 / 1.800 kg
Kraftstoffverbrauch	9-10 Liter / 100 km (Straße), 2-6 Liter / Std. (Acker)	
Kraftstofftank	40 Liter (ab 1958: 60 Liter)	

ALLE MODELLE SEIT 1946

Unimog U 32 Baumuster 411/a/b 1956-1964 411.110 bis 411.120	Unimog U 34 Baumuster 411 c 1964-1974 411.118/.119/.120	Unimog U 36 Baumuster 411 c 1966-1970 411.114
636.914 / Typ OM 636 / VI-U Daimler-Benz 4-Zylinder-Viertakt-Dieselmotor, Vorkammer-Gleichstrom-Brennverfahren		
75 x 100 mm	75 x 100 mm	75 x 100 mm
1.767 ccm	1.767 ccm	1.767 ccm
32 PS (23,5 kW) / 2.550/min	34 PS (25 kW) b. 2.750/min	36 PS (27 kW) b. 3.000/min
1 : 19		
Bosch-Kraftstoffeinspritzanlage		
1 - 3 - 4 - 2		
Wasserkühlung mit Thermostat, 13 Liter Kühlwasser		
Ölbadluftfilter		
Drehstrom-Lichtmaschine 12 Volt, 160 Watt, Hochleistungsbatterie 12 V/88 Ah, Anlasserleistung 1,8 PS		
Vierradantrieb mit abschaltbarem Vorderachsantrieb, Differenzialsperren hinten und vorn		
Fichtel & Sachs Einscheiben-Trockenkupplung, Typ K 16 Z, (Wunsch: Doppelkupplung)		
DB-Wechselgetriebe, vollsynchronisiert, 6 Vorwärts- und 2 Rückwärtsgänge		
auf Wunsch zusätzlich Kriech- bzw. Zwischenganggetriebe mit 2 bzw. 4 Gängen		
bei 2.550/min in km/h	bei 2.750/min in km/h	bei 3.000/min in km/h
1.G.=3,5 / 2.G.= 6,5 / 3.G.= 12	1.G.=3,6 / 2.G.= 6,4 / 3.G.= 11,8	1.G.=3,6 / 2.G.= 6,4 / 3.G.= 11,8
4.G.= 21 / 5.G.= 35 / 6.G.= 53	4.G.= 21,9 / 5.G.= 34,7 / 6.G.= 53	4.G.= 21,9 / 5.G.= 34,7 / 6.G.= 53
1.R.G.= 2,5 / 2.R.G.= 5,0	1.R.G.= 2,6 / 2.R.G.= 4,8	1.R.G.= 2,6 / 2.R.G.= 4,8
Leiterrahmen aus 2 U-Profil-Längsträgern mit Rohrquerträger. Motor und Getriebe 3-Punkt gelagert		
Klappverdeck oder Ganzstahlfahrerhaus, hochstellbar, dreipunktgelagert, 2sitzig		
Portalachsen mit Differenzialsperre und Laufradvorgelegen, Querlenker und Schubrohr, vorn Doppelgelenke		
Schraubenfedern und Teleskopstoßdämpfer, hinten zusätzlich mit Zusatzfedern		
Hydraulische Einkreis-Trommelbremsanlage, mech. Stockhandbremse auf Hinterräder		
Zapfwelle vorn und hinten (543/min), Sonderabtrieb (Riemenscheibe), Zwischenabtrieb unter Pritsche		
Pumpenleistung 16 Liter bei 2.550/min, Betriebsdruck 150 atü, Hubkraft 1.190/1.350 kg, Dreipunktgestänge		
Öldruckbremse und Einleitungs-Anhängerbremsanlage, Betriebsdruck 5,3 atü		
Spindellenkung Typ 30	mech. ZF-Gemmerlenkung (Wunsch: Hydro-Lenkhilfe)	
5,00F x 18 oder W 9 x 18		
7.50 - 18 oder 10,5 - 18		
1.720 mm / 2.120 mm		2.570 mm
1.295 / 1.361 mm (1.563 mm Räder umgesetzt, nur bei 7,50-18)		
3.400 / 3.800 x 1.670 x 2.035 / 2.140 mm		
385 / 400 mm	385 / 400 mm	385 / 400 mm
460 mm	460 mm	460 mm
1.475/1.753 x 1.500 x 360 mm		1.753 x 1.500 x 360 mm
1.065 mm	1.065 mm	1.065 mm
780 mm	780 mm	780 mm
53 km/h	53 km/h	53 km/h
8,4 / 9,4 m		
1.795 - 1.940 kg	2.100 / 2.300 kg	2.100 / 2.300 kg
1.000 / 1.200 kg	1.000 / 1.200 kg	1.000 / 1.200 kg
3.200 / 3.550 kg	3.200-5.100 / 3.500-5.100 kg	3.200-5.100 / 3.500-5.100 kg
1.900-3.000 kg	2.000-3.100 kg	2.000-3.100 kg
9-10 Liter / 100 km (Straße), 2-6 Liter / Std. (Acker)		
60 Liter		

Preise / Grundausführung Unimog U 411 (30 PS) Stand 1/1957		
Unimog 30 PS (BM 411.110, Radstand 1.720 mm)		**Preis:**
Ausführung A 30:	Grundausführung	12.530,--
Ausführung B 30:	Grundausführung mit Anhängerbremsanlage und Reifenfüllschlauch	13.380,--
Ausführung C 30:	Grundausführung mit Anhängerbremsanlage und Reifenfüllschlauch mit hinterer Kraftheberanlage	13.560,--
Unimog 30 PS (BM 411.111, Radstand 1.720 mm)		
Ausführung AF 30:	Grundausführung wie A 30, jedoch ohne Ackerschiene und Klappverdeck, mit festem Fahrerhaus	13.300,--
Ausführung BF 30:	Grundausführung wie B 30, jedoch ohne Ackerschiene und Klappverdeck, mit festem Fahrerhaus	14.150,--
Ausführung CF 30:	Grundausführung wie C 30, jedoch ohne Ackerschiene und Klappverdeck, mit festem Fahrerhaus	14.330,--
Unimog 30 PS (BM 411.113, Radstand 2.120 mm)		
Ausführung AFL 30:	Grundausführung wie AF 30 mit festem Fahrerhaus	13.715,--
Ausführung BFL 30:	Grundausführung wie AFL 30, jedoch mit Anhängerbremsanlage und Reifenfüllschlauch	14.665,--
Ausführung BFLS30:	Sattelschlepper, ohne Pritsche, Ackerschiene und Klappverdeck; mit Anhängerbremsanlage und Reifenfüllschlauch, mit festem Fahrerhaus und schlepperfestem Kupplungsunterteil (ohne Leistungsdurchtrieb)	15.150,--
		(Preise in DM ohne Umsatzsteuer)
Motor:	MB-4-Zylinder-Vorkammer-Diesel, 30 PS bei 2.550/min, Typ OM 636, wassergekühlt, Bosch-Einspritzausrüstung, autom. Drehzahlregler, elektr. Anlasser und Lichtmaschine, eingebauter Betriebsstundenzähler	
Elektr. Ausrüstung	Batterie 12 Volt / 105 Ah, zwei geschützt eingebaute Scheinwerfer, Signalhorn, Winker, 2 Scheibenwischer, Stoplicht, Schlussleuchten, Anschluss für Anhänger	
Armaturen:	Tachometer, Öldruckkontrolllampe, Fernthermometer	
Antrieb:	Vierradantrieb und Differenzialsperren in beiden Achsen, Portalachsen mit Radvorgelegen	
Getriebe:	6 Vorwärts- und 2 Rückwärtsgängen für 1 bis 50 km/h	
Bremsen:	Öldruck-Vierrad-Trommel-Fußbremse, mech. Hinterrad-Handbremse	
Federung:	Schraubenfedern und Teleskopstoßdämpfer für beide Achsen	
Karosserie:	Stahlkarosserie mit Kotflügeln sowie zwei gepolsterte und verstellbare Sitze	
Klappverdeck:	Allwetterverdeck aus wetterfestem Segeltuch mit zusammenklappbarem Rohrgestell, Rückwand mit Fenster, Seitensteckfenster, abklapp- und abnehmbare Windschutzscheibe mit Rückspiegeln	
Hilfsladefläche	Pritsche mit abklapp- und abnehmbaren Seitenwänden und Rückwand; Ladefläche 1.475 x 1.500 mm für 1 Tonne Nutzlast	
Anhängekupplung	gefedert, automatisch, hinten, Anhängemaul mit Steckbolzen vorn	
Bereifung:	4-fach bereift, 7,50 - 18 mit Acker- oder Allzweckprofil	
Ackerschiene:	Für Anbau von Geräten mittels 3- und 4-Punktaufhängung geeignet	
Zubehör:	Kompletter Werkzeugsatz, Wagenheber, Sitzerhöhung und Aufstiegringe vorn	
Lackierung:	Unimog-grün/DB 6277, festes Fahrerhaus auch hellgrau/DB 7187, blau/DB 5328	

ALLE MODELLE SEIT 1946

Preise / Grundausführung Unimog U 411 (25 PS) Stand 6/1957		
Unimog 25 PS (BM 411.116, Radstand 1.720 mm)		**Preis:**
Ausführung A 25:	Grundausführung	11.465,--
Ausführung B 25:	Grundausführung mit Anhängerbremsanlage und Reifenfüllschlauch	12.315,--
Ausführung C 25:	Grundausführung mit Anhängerbremsanlage und Reifenfüllschlauch mit hinterer Kraftheberanlage	12.665,--
Mehrpreise für größere Bereifungen		
	4 Scheibenräder 550 F x 18 mit Bereifung 7,50-18	60,--
	4 Scheibenräder 9 x 18 mit Bereifung 10 - 18, M+S	280,--
	zuzüglich Kotflügelverbreiterung	15,--
Zusatzausrüstung	Klappverdeck: klappbares Rohrgestell, wetterfestes Segeltuch, Rückwand, 2 Seitensteckteilen	350,--
	Windschutzscheibe, abklapp- u. abnehmbar mit Rückspiegeln und Scheibenwischern	180,--
	Türen, links und rechts	66,--
	Sitzerhöhung für zwei Sitze	6,--
	Ackerschiene	150,--
	Wagenheber	39,--
	Aufstiegringe	20,--
	Reserverad bereift, 6,50 - 20	280,--
	Zwillingsbereifung 6,50 - 20 mit Flanschen	650,--
		(Preise in DM ohne Umsatzsteuer)
Motor:	MB-4-Zylinder-Vorkammer-Diesel, 25 PS bei 2.350/min, Typ OM 636, wassergekühlt, Bosch-Einspritzausrüstung, autom. Drehzahlregler, elektr. Anlasser und Lichtmaschine, eingebauter Betriebsstundenzähler	
Elektr. Ausrüstung	Batterie 12 Volt / 105 Ah, zwei geschützt eingebaute Scheinwerfer, Signalhorn, Blinker, 2 Scheibenwischer, Stoplicht, Schlussleuchten, Anschluss für Anhänger	
Armaturen:	Tachometer, Öldruckkontrolllampe, Fernthermometer	
Antrieb:	Vierradantrieb und Differenzialsperren in beiden Achsen, Portalachsen mit Radvorgelegen	
Getriebe:	6 Vorwärts- und 2 Rückwärtsgängen für 1 bis 50 km/h	
Bremsen:	Öldruck-Vierrad-Trommel-Fußbremse, mech. Hinterrad-Handbremse	
Federung:	Schraubenfedern und Teleskopstoßdämpfer für beide Achsen	
Karosserie:	Stahlkarosserie mit Kotflügeln sowie zwei gepolsterte und verstellbare Sitze	
Hilfsladefläche	Pritsche mit abklapp- und abnehmbaren Seitenwänden und Rückwand; Ladefläche 1.475 x 1.500 mm für 1 Tonne Nutzlast	
Anhängekupplung	gefedert, automatisch hinten, Anhängemaul mit Steckbolzen vorn	
Bereifung:	4-fach bereift, 6,50 - 20 mit Acker- oder Universalprofil	
Zubehör:	Kompletter Werkzeugsatz	
Lackierung:	Unimog-grün/DB 6277	

Preise / Grundausführung Unimog U 32 Baureihe 411a Stand 3/1962

		Preis:
Unimog 411a (BM 411.110 Radstand 1.720 mm)		
Hydraulik H 32	Grundausführung mit offenem Fahrerhaus, mit Hydraulikanlage, Ölpumpe und 2 Steuerventilen, hinterem Kraftheber, Dreipunktgestänge mit Geräteschiene	15.950,--
Druckluft D 32	Grundausführung mit offenem Fahrerhaus, mit Anhängerbremsanlage einschl. Luftpresser, mit Doppeldruckmesser und Reifenfüllschlauch, Geräteschiene	15.300,--
Unimog 411c (BM 411.112 Radstand 2.120 mm)		
Hydraulik HL 32	Grundausführung mit offenem Fahrerhaus, mit Hydraulikanlage, Ölpumpe und 2 Steuerventilen, hinterem Kraftheber, Dreipunktgestänge mit Geräteschiene	16.320,--
Druckluft DL 32	Grundausführung mit offenem Fahrerhaus, mit Anhängerbremsanlage einschl. Luftpresser, mit Doppeldruckmesser und Reifenfüllschlauch, Geräteschiene	15.670,--
Unimog 411c (BM 411.117 Radstand 2.120 mm)		
Hydraulik HFL 32	Grundausführung mit geschlossenem Fahrerhaus, mit Hydraulikanlage, Ölpumpe und 2 Steuerventilen, hinterem Kraftheber, Dreipunktgestänge mit Geräteschiene, Heizungs- und Belüftungsanlage	18.200,--
Druckluft DFL 32	Grundausführung mit geschlossenem Fahrerhaus, mit Anhängerbremsanlage einschl. Luftpresser, mit Doppeldruckmesser, Heizungs- und Belüftungsanlage	17.550,--
Mehrpreise für größere Bereifungen		
	4 Scheibenräder 9 x 18 mit Bereifung 10 - 18 Allzweckprofil, einschl. Kotflügelverbreiterung vorn und hinten, für offenes Fahrerhaus	280,--
	4 Scheibenräder 9 x 18 mit Bereifung 10 - 18 TG 32 Ackerprofil, einschl. Kotflügelverbreiterung, vorn und hinten, für offenes Fahrerhaus	340,--
	für geschlossenes Fahrerhaus	60,--
Minderpreise (bei Unimog-Zugmaschinen ohne Hilfsladefläche zum Aufsetzen von Spezialaufbauten)		
	Wegfall der Pritsche samt hinteren Kotflügeln bei offenem Fahrerhaus	300,--
	Wegfall der Pritsche samt hinteren Kotflügeln bei geschlossenem Fahrerhaus	345,--
	für grundierte Ausführung	55,--
	für grundierte Ausführung, nur für Fahrgestelle	30,--
Motor	MB-4-Zylinder-Vorkammer-Diesel, 32 PS bei 2.550/min, Typ OM 636, wassergekühlt, Bosch-Einspritzausrüstung, autom. Drehzahlregler, elektr. Anlasser und Lichtmaschine, eingebauter Betriebsstundenzähler	
Elektr. Ausrüstung	Batterie 12 Volt / 105 AH, zwei geschützt eingebaute Scheinwerfer, Signalhorn, Blinker, 2 Scheibenwischer, Stopplicht, Schlussleuchten, Anschluss für Anhänger	
Armaturen	Tachometer, Öldruckkontrolllampe, Fernthermometer	
Antrieb	Vierradantrieb und Differenzialsperren in beiden Achsen, Portalachsen mit Radvorgelegen	
Getriebe	Vollsynchrongetriebe mit 6 Vor- und 2 Rückwärtsgängen für 1 bis 53 km/h	
Bremsen	Öldruck-Vierrad-Trommel-Fußbremse, mech. Hinterrad-Handbremse	
Federung	Schraubenfedern und Teleskopstoßdämpfer für beide Achsen	
Karosserie	offenes Fahrerhaus mit Kotflügeln sowie zwei gepolsterte und verstellbare Sitze	
Klappverdeck	Allwetterverdeck aus wetterfestem Segeltuch mit zusammenklappbarem Rohrgestell, Rückwand mit Fenster, Seitensteckfenster, abklapp- und abnehmbare Windschutzscheibe mit Rückspiegeln	
Fahrerhaus	Stahlblechausführung, innen verkleidet, ungeteilte gebogene Windschutzscheibe, Türen mit ausstellbaren Scheiben und Kurbelfenstern, gefederter Fahrer- und Beifahrersitz	
Hilfsladefläche	mit abklapp- und abnehmbaren Seitenwänden und Rückwand; Ladefläche 1.475 x 1.500 mm für 1.000 bzw. 1.200 kg Nutzlast	
Anhängerkupplung	gefedert, automatisch hinten, Anhängemaul mit Steckbolzen vorn	
Bereifung	4fach bereift, 7,50 - 18 Acker- oder Allzweckprofil bei offenem Fahrerhaus	
	4fach bereift, 10 - 18 Acker- oder Allzweckprofil bei geschlossenem Fahrerhaus	
Zubehör	kompl. Werkzeugsatz, Wagenheber, Aufstiegringe vorn bei offenem Fahrerhaus	
Lackierung	bei offenem Fahrerhaus: Unimog-grün/DB 6277	
	bei geschlossenem Fahrerhaus: grün/DB 6277, grau/DB 7187, blau/DB 5328	

Preise / Anbaugeräte Unimog U 411

Anbaugeräte		U 30 1.1.1957	U 32 15.3.1962	U 34 1.2.1969
Vordere Seilwinde	Ausführung A: ohne Bremseinrichtung	1.225,--	1.770,--	2.300,--
	Ausführung C: mit Bremseinrichtung	1.850,--	2.400,--	3.150,--
Hintere Seilwinde	mit Einlaufbogen und Standketten 4000 H	2.100,--	2.700,--	3.650,--
	mit Spulvorrichtung und Standketten 4000 H	2.600,--	3.200,--	4.300,--
Rücklaufbremse	für hintere Seilwinde	850,--	1.090,--	
Pressluftanbaugerät	2.200 Liter	3.550,--	4.150,--	5.100,--

Preise in DM ohne Umsatzsteuer

UNIMOG U 34/411 mit Allwetterverdeck — Maßskizzen

(411.118 Radstand 1720 mm)
(411.119 Radstand 2120 mm)

(ungefähre Maße in mm)

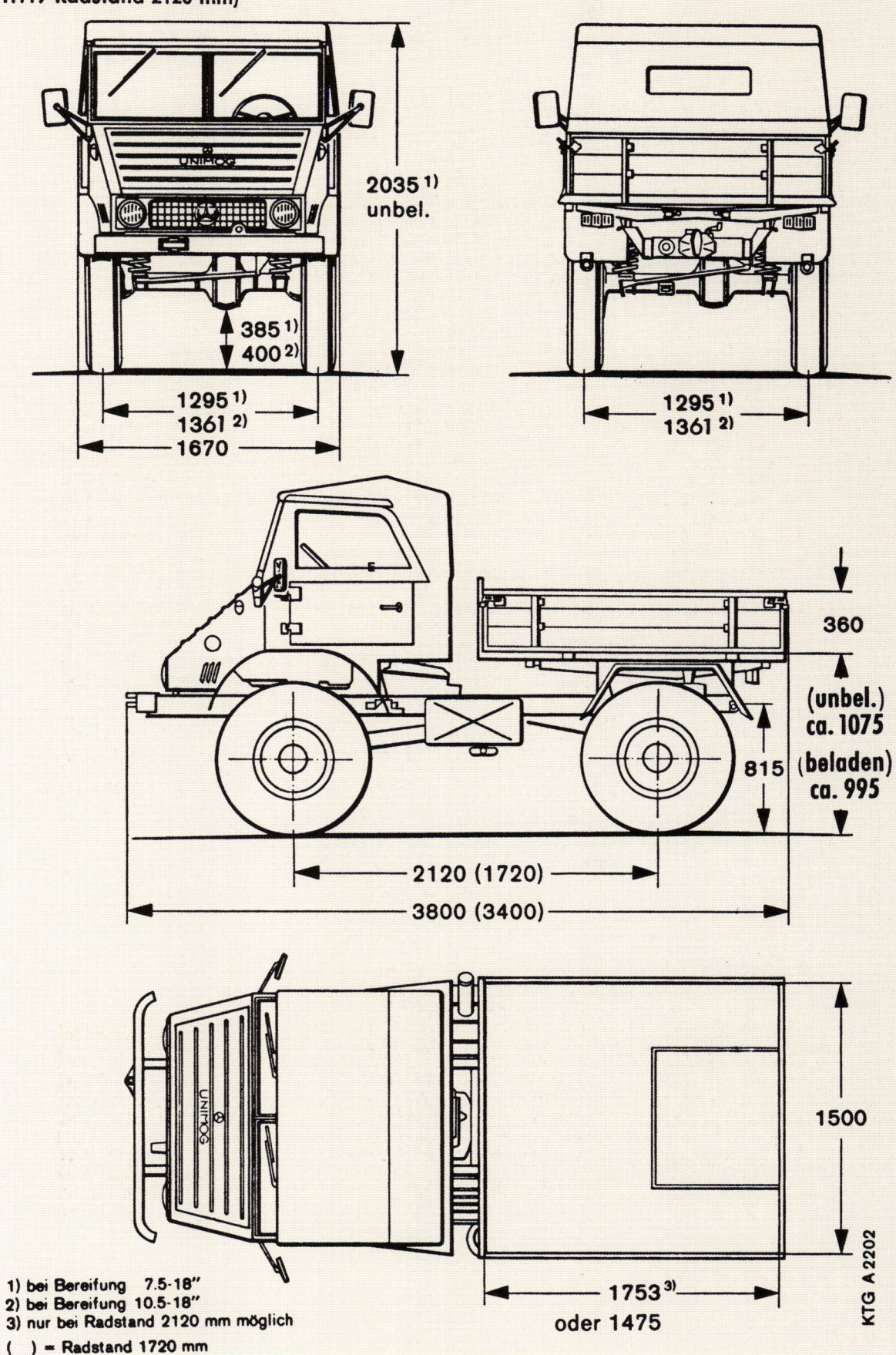

- 2035 [1] unbel.
- 385 [1]
- 400 [2]
- 1295 [1]
- 1361 [2]
- 1670
- 1295 [1]
- 1361 [2]
- 360
- (unbel.) ca. 1075
- (beladen) ca. 995
- 815
- 2120 (1720)
- 3800 (3400)
- 1500
- 1753 [3]
- oder 1475

[1] bei Bereifung 7.5-18"
[2] bei Bereifung 10.5-18"
[3] nur bei Radstand 2120 mm möglich
( ) = Radstand 1720 mm

KTG A 2202

Preise / Lieferausführung Unimog U 34 BR 411   Stand 11/1969

Preise U 34 BM 411.119	7,5-18/6 Allzweck	10,5-18/6 Allzweck	10,5-18/6 Hochstollen
Getriebe Ausf. 1	16.565,--	16.870,--	16.935,--
Getriebe Ausf. 2	16.830,--	17.135,--	17.200,--
Getriebe Ausf. 3	17.860,--	18.165,--	18.230,--
Getriebe Ausf. 4	17.325,--	17.630,--	17.695,--
Getriebe Ausf. 5	17.570,--	17.875,--	17.940,--
Getriebe Ausf. 6	18.600,--	18.905,--	18.970,--

(Preise in DM ohne Umsatzsteuer)

Lieferausführung

Motor / Elektrik	Mercedes-Benz 4-Zylinder-Diesel-Vorkammermotor, 34 PS (25 kW) bei 2.750/min, Typ OM 636, wassergekühlt, Bosch-Einspritzausrüstung, pneumatischer Drehzahlregler, Betriebsstundenzähler, Anlasser, Lichtmaschine 12 V / 160 Watt, Batterie 12 V / 88 Ah
Armaturen	Tachometer, Öldruckkontrolle, Fernthermometer
Antrieb	Allradantrieb mit Differenzialsperren in beiden Achsen, Portalachsen mit Radvorgelegen
Bremsen	Öldruck Vierrad-Fußbremse, mechanische Hinterradhandbremse, Druckluft-Anhängerbremse (Einleitungssystem)
Lenkung	mechanische ZF-Gemmer-Lenkung
Federung	Schraubenfedern und Teleskopstoßdämpfer vorn und hinten
Anhängerkupplung	selbsttätige gefederte Anhängekupplung hinten, Anhängemaul mit Steckbolzen vorn
Fahrerhaus	Allwetterverdeck aus wetterfestem Segeltuch mit zusammenklappbarem Rohrgestell, Rückwand mit Fenster, Seitensteckfenster, abnehmbare Windschutzscheibe
Ladefläche	Seitenwände und Rückwand abklappbar, einschließlich Einlegeboden abnehmbar, 1.475 x 1.500 mm, Nutzlast 1.200 kg
Zubehör	kompletter Werkzeugsatz, Wagenheber, Warneinrichtungen
Lackierung	grün/DB 6277, grau/DB 7187, blau/DB 5328, goldgelb/RAL 1004

Getriebeausführungen

Ausführung 1	**Einfachkupplung**, vollsynchronisiertes **Hauptgetriebe** mit 6 Vorwärts- und 2 Rückwärtsgängen
Ausführung 2	Ausführung wie 1, jedoch mit **Sonderabtrieb** zum gleichzeitigen und wahlweisen Antrieb der vorderen und hinteren Zapfwelle mit 540/min
Ausführung 3	Ausführung wie 2, jedoch mit **Doppelkupplung für Motorzapfwelle**
Ausführung 4	**Kriechgang-Zusatzgetriebe** – sonst wie Ausf. 2, gesamt 8 Vor- und 2 Rückwärtsgänge
Ausführung 5	**Kriechgang-Zusatzgetriebe mit Zwischenganggetriebe** – sonst wie Ausführung 2, gesamt 10 Vorwärts- und 2 Rückwärtsgänge
Ausführung 6	Ausführung wie 5, jedoch mit **Doppelkupplung für Motorzapfwelle**

Preise / Sonderausrüstungen Unimog U 32 Baureihe 411   Stand 2/1971

Sonderausrüstungen

Warneinrichtung, obligatorisch	20,--	Motorzapfwelle, Sonderabtr./Getr.zapfwelle	1.150,--
Reserverad bereift 7,50 - 18 ohne Halterung	295,--	Zapfwelle hinten mit Zwischenabtrieb	380,--
Reserverad bereift 7,50 - 18 mit Halterung	325,--	Seitenabtrieb mit Riemenscheibe	200,--
Reserverad bereift 10 - 18 ohne Halterung	350,--	Abstützung f. Riemenscheibe (bei 10-18)	15,--
Reserverad bereift 10 - 18 mit Halterung	380,--	Kriechgangzusatzgetr. (Fahrz. o. Motorzapfw.)	250,--
Reserverad ber. 10 - 18 TG 32 o. Halterg.	365,--	Zwischenganggetriebe mit Kriechgängen	400,--
Reserverad ber. 10 - 18 TG 32 m. Halterg.	395,--	Zusatzscheinwerfer für Frontanbaugeräte	85,--
Anhängerbremsanl. mit Luftpresser und Doppeldruckmesser, Reifenfüllschlauch	520,--	Rückbeleuchtung für Arbeitsgeräte	20,--
		Begrenzungsleuchten f. Anhängerbetrieb	10,--
Geräteschiene für 32 DFL	150,--	Schalter für 3. Bremse (Anhänger ü. 9 t)	15,--
Druckluftanschl. vorn b. vorh. Anh.bremse	60,--	Sitz- und Aufsteckteile f. Hilfsladefläche	310,--
Hydr.anlage m. Ölpumpe, 2 Steuerventile	600,--	Verdeck für Hilfsladefläche	310,--
Kraftheber hinten b. vorh. Hydr.anlage	450,--	Schiebefenster in Fahrerhausrückwand	65,--
Dreipunktgestänge b. vorh. Hydr.anlage	220,--	Teleskopstoßdämpfer verstärkt	85,--
Teleskopzyl. f. hydr. bet. Kipp-Pritsche	650,--	Schutzplatte vorn	40,--
Steckeranschl. vorn f. hydr. bet.Geräte	70,--	Kraftstoffmessanlage	45,--
Steckeranschl. hinten f. hydr. bet.Geräte	140,--	Abschließbarer Tankverschluss	10,--
Steckeranschl. hinten b. vorh. Telesk.zyl.	75,--	Fahrtschreiber	300,--
bei vorh. hinteren Kraftheber	25,--	Anhängekuppl. m. gr. Maul (Mehrpreis)	22,--
Keilbeschläge für Frontanbau	50,--	Komfortsitz (Mehrpreis)	70,--
Keilbeschläge f. Frontanbau m. Hubzylinder	280,--	Sitzerhöhung für offenes Fahrerhaus	12,--
Klappseitenw. f. kippb. Pritsche+Aufsteckbretter	550,--	Zentralachsentlüftung	25,--
ohne Aufsteckbretter	280,--	Verl. Luftansaugstutzen mit Regenkappe	40,--
Sonderabtrieb	265,--	für geschlossenes Fahrerhaus	35,--
Zapfwelle, wahlweise vorn oder hinten	170,--	Zyklonvorabscheider in Verbindung mit verlängerten Luftansaugst.	18,--

Preise in DM ohne Umsatzsteuer

ALLE MODELLE SEIT 1946

Preise / Sonderausrüstungen Unimog U 34 BR 411 — Stand 2/1971

Preise U 34 BM 411.119	7,5-18/6 Allzw./Hoch.	10,5-18/6 Allzweck	10,5-18/6 Hochstollen
Getr.Ausf. 1	18.976,--	19.337,--	19.401,--
Getr.Ausf. 2	19.261,--	19.622,--	19.686,--
Getr.Ausf. 3	20.658,--	21.019,--	21.083,--
Getr.Ausf. 4	19.852,--	20.213,--	20.277,--
Getr.Ausf. 5	20.174,--	20.535,--	20.599,--
Getr.Ausf. 6	21.571,--	21.932,--	21.996,--

Mehrpreis

	Mit Radstand 1.720 mm, nur Allwetterverdeck	230,--
	Mit geschl. Fahrerhaus (Heizung- u. Belüftg.)	1.515,--

Sonderausrüstungen U 34:

Getriebe / Zapfwellen
Nr.	Bezeichnung	Preis
126	Zapfwelle vorn 1 3/8"	248,--
136	hinten 1 3/8"	248,--
140	mit Zwischenabtrieb 1 3/8"	548,--
160	Riemenscheibenabtrieb mit Riemenscheibe	387,--
145	Zapfwellenverlagerungsgetriebe	441,--

Pneumatik / Hydraulik
Nr.	Bezeichnung	Preis
701	Hydraulikanlage	838,--
760	Steckeranschluß vorn, 2-fach	76,--
	Steckeranschluß hinten	
751	mit Druckleitungen	129,--
751	bei vorh. Teleskopzylinder	76,--
751	bei vorh. Kraftheber	22,--
	Hydr. Servolenkung b. Fahrzeugen	
251	mit Hydraulik	849,--
251	ohne Hydraulik	989,--
762	Hubzylinder vorn (lose)	215,--
762	mit Keilbeschlägen	291,--
770	Kraftheber hinten	618,--
771	Dreipunktgestänge/Anhängesch.	548,--
772	Raddruckverstärker »Servotrak«	97,--
575	Teleskopzylinder für Pritsche	634,--
575	bei vorh. Kraftheber	580,--
730	Anhängerbremsanlage 2-Leitg.	151,--
737	Schalter für 3. Bremse (über 9 to.)	27,--
723	Druckluftanschluß vorn (Einleitg.)	70,--

Rahmen / Fahrwerk
Nr.	Bezeichnung	Preis
214	Keilbeschläge vorn	76,--
215	Anbaubeschläge hinten	92,--
210	Gleitblech vorn	52,--
230	Vorderfeder verstärkt	31,--
239	für schwere Geräte (lose)	70,--
231	Hinterfedern verstärkt	25,--
244	Teleskopstoßdämpfer verstärkt	92,--
212	Bodenkonst. Anhängeschiene	226,--
212	bei vorh. Dreipunktgest.	172,--
325	Seilwindenhalter vorn f. Fremds.	113,--
227	Anhängekupplung mit gr. Maul	41,--
273	Tankverschluß abschließbar	12,--
963	Hydraulischer Wagenheber	60,--
342	Front-Zusatzgewicht (á 45 kg)	81,--
255	Stoßstange m.Halter f. Schnellbef.	60,--

Motor
Nr.	Bezeichnung	Preis
801	Nahentstörung (12 V)	33,--
068	Ansaugkamin m. Regenklappe	49,--
069	Ansaugkamin m. Zyklonfilter	70,--
070	2. Kraftstofffilter	47,--
471, 472	Isolation für Motorhaube	98,--
952	Kühlerfrostschutzmittel (bis -25°)	22,--

Instrumente
Nr.	Bezeichnung	Preis
814	mit 7-Tage-Registrierung	328,--
861	Zusatzscheinwerfer	108,--
860	Rückbeleuchtung für Arbeitsgeräte	33,--
884	Rundumkennleuchte	194,--
857	Rückfahrscheinwerfer	38,--
467	Scheibenwischanlage verstärkt	31,--

Räder
Nr.	Bezeichnung	Preis
632	Reserverad bereift 7,7-18/6 Allzw.	264,--
634	10,5-18/6 Allzweckprofil	334,--
634	10,5-18/6 Hochstollenprofil	350,--
	Halterung für Reserverad	
674	7,5-18 lange Pritsche	19,--
673	7,5-18 kurze Pritsche	41,--
673	10,5-18 kurze Pritsche	41,--

Aufbau
Nr.	Bezeichnung	Preis
436	Schiebefenster Fhs-Rückwand	86,--
444	Derby-Hydrauliksitz	237,--
442	Sondersitz	65,--
446	Sitzerhöhung (nur Allwetterverd.)	25,--
	Sitz- und Aufsteckteile	
520	für Pritsche 1.475x1.500 mm	505,--
520	für Pritsche 1.753x1.500 mm	537,--
538	Pritschenverdeck f. 1.475x1.500	468,--
538	für Pritsche 1.753x1.500 mm	495,--
973	Rot-weiße Warnstreifen	81,--
	Sonderlackierung einfarbig	124,--
079	Heizungs- u. Belüftungsanlage	387,--
078	Zusatzheizung	752,--
460	Windschutzscheibe Sigla (geschl.)	151,--
461	bei Allwetterverdeck	31,--

Minderpreise
Nr.	Bezeichnung	Preis
551	Pritschenlänge 1.475 anst. 1.753	135,--
510	Wegfall der Pritsche 1.475x1.500	322,--
511	Wegfall der Pritsche 1.753x1.500	419,--
	Wegfall des Hilfsrahmens (1.720)	333,--
	Wegfall des Hilfsrahmens (2.120)	371,--
	Wegfall der Fertiglackierung	82,--

(Preise in DM ohne Umsatzsteuer)

Preise / Lieferumfang U 36 T Triebkopf BR 411 — Stand 8/1968

Unimog-Triebkopf für Hubwagenaufbau

Mindestlieferumfang

Rahmen, geschlossenes Fahrerhaus, grundiert, Vorderachse mit Bereifung 10,5 - 18 /6 PR, Vierzylinder-Vorkammer-Diesel 36 PS, Typ OM 636, Hydraulikanlage, Sondersitz, Warndreieck

Preis (in DM ohne Umsatzsteuer) 12.880,--

Maßskizzen mit Ganzstahl-Fahrerhaus **UNIMOG U 34/411**

(411.120 Radstand 2120 mm) (ungefähre Maße in mm)

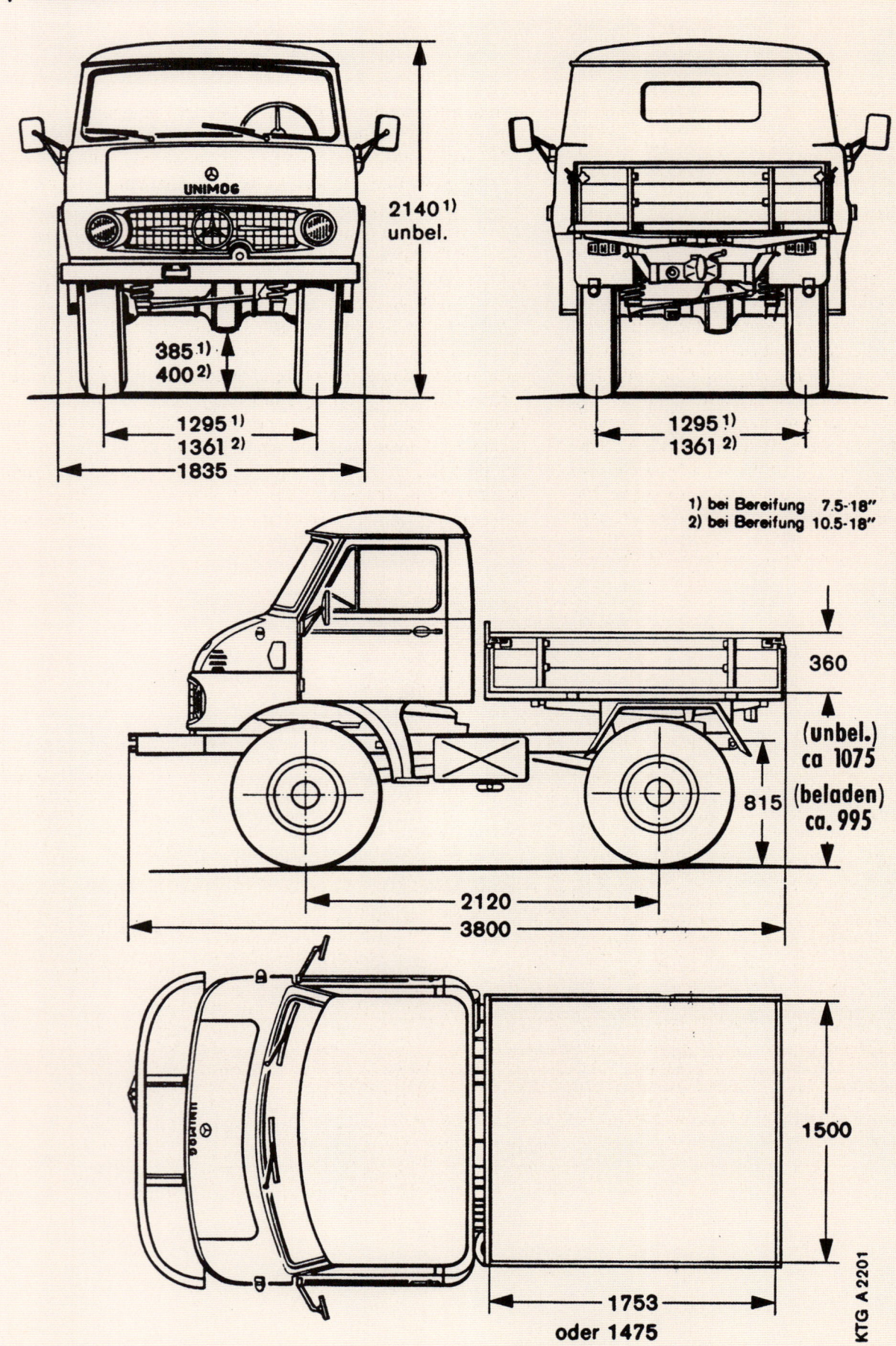

2140 ¹⁾ unbel.
385 ¹⁾
400 ²⁾
1295 ¹⁾
1361 ²⁾
1835

1295 ¹⁾
1361 ²⁾

1) bei Bereifung 7.5-18"
2) bei Bereifung 10.5-18"

360
(unbel.) ca 1075
815
(beladen) ca. 995

2120
3800

1500

1753
oder 1475

KTG A 2201

ALLE MODELLE SEIT 1946

Unimog U 65 Baureihe 406 (1963–1966)
Unimog U 65 T Baureihe 406 (1965–1967)
Unimog U 70 Baureihe 406 (1966–1968)
Unimog U 70 T Baureihe 406 (1965–1967)

Die zunehmende Nutzung des Unimog als Straßenzugmaschine in allen Bereichen der Wirtschaft und in vielen Ländern der Welt führte zwangsläufig zur Entwicklung stärkerer Typen. Daimler-Benz reagierte auf den steigenden Bedarf und begann bereits Ende der 1950er-Jahre mit der Entwicklung eines großen Bruders für den U 411. Vorgestellt wurde die neue Baureihe 406 erstmals auf der DLG 1962 in München. Ein knappes Jahr später, im April 1963, begann mit dem U 65 in Klappverdeck-Ausführung mit seitlichen Steckscheiben (BM 406.120) die Serienfertigung, ab Mai kam die Ganzstahl-Fahrerhaus-Variante (BM 406.121) hinzu. Die Fußpedale übrigens waren beim 406 hängend angeordnet, wodurch sich, ganz abgesehen von guten Reinigungsbedingungen, Vorteile bei der Bedienung ergaben. Verkaufsbezeichnung damals: P 65, G 65, T 65.

Als erster größerer Unimog (vom Sonderfall Unimog S abgesehen) verfügte die neue U-406-Baureihe anfangs über den 4,6-Liter-Sechszylinder-Motor OM 312 und 65 PS (BM 312.954), die dem Unimog neue Leistungsperspektiven ermöglichte. Ab Juni 1964 wurde der OM-312-Vorkammer-Diesel durch den 5,7-Liter-OM-352-Diesel-Direkteinspritzer von ebenfalls 65 PS (BM 352.919) ersetzt. Verkaufsbezeichnung U 065/406.

Mit einer Motorleistung von 65 PS war Anfang der 1960er-Jahre der U 406 der stärkste Schlepper aus dem Hause Daimler-Benz. Er entsprach dem Trend dieser Zeit und setzte Zeichen für den Übergang hin zu Straßenzugmaschinen mit höherer Leistung. Der neue Unimog, der praktisch alle guten technischen Merkmale der kleineren Baureihe 411 übernahm, erhielt durch längeren Radstand (2380 mm) und größere Spur (1536 mm) bessere Fahreigenschaften und mit 65 km/h eine höhere Endgeschwindigkeit. Zur Selbstverständlichkeit geworden war

Unimog U 65 (BM 406.121) mit geschlossenem Ganzstahl-Fahrerhaus.

Unimog U 65 (BM 406.120) mit festem, offenem Fahrerhaus und Allwetterverdeck.

Unimog U 70 (BM 406.120) mit Frontlader Typ FL 3.

mittlerweile das geschlossene Ganzstahlfahrerhaus, das als Kurzhauben-Fahrerhaus für optimale Sicht auf Straße und Frontanbaugeräte sorgte. Es wies mit verbreiterten Türen nun durch eine Trittstufe hinter dem Vorderrad wesentlich günstigere und bequemere Aufstiege rechts und links auf. Man musste nicht mehr besondere Einstiegringe an den Vorderrädern benutzen. Zwei gut gepolsterte und verstellbare Sitze erhöhten den Fahrkomfort.

Auch beim Unimog 406 mit seinem 65 PS starken Sechszylinder-Dieselmotor bewährte sich der Allradantrieb mit Differenzialsperren in beiden Achsen besonders beim Einsatz in der Landwirtschaft, aber vor allem auch im Straßenbau. Er war während der Fahrt ohne Zugkraftunterbrechung zu- und abschaltbar und ermöglichte eine verlustfreie Kraftübertragung auf alle vier Räder bei 100%iger Sperrung in beiden Achsen. Die Geschwindigkeit konnte durch ein Vorschaltgetriebe mit Zwischen-, Kriech- und Schneckengängen bis auf 0,03 km/h herabgesetzt werden, also 30 Meter pro Stunde. Ob als Zugmittel für den

ALLE MODELLE SEIT 1946

Unimog U 70 im Agrareinsatz.

Baumaschinentransport oder als selbstfahrende Arbeitsmaschine beim Straßenbau, die Konzeption des Unimog ermöglichte eine perfekte Anpassung an den Einsatzzweck. Dies ermöglichte sowohl zeitaufwändige Arbeiten wie z. B. den Einsatz mit einem Vorbauplattenverdichter als auch schnelle Verlegungsfahrten zu wechselnden Baustellen.

Die 1963 neu in das Unimog-Programm gekommene Baureihe 406 mit dem 65 PS starken Sechszylinder-Dieselmotor OM 352 aus der Gaggenauer Lkw-Produktion erhielt 1966 durch Änderung der Einspritzmenge mehr Leistung. Der U 70, er löste den U 65 ab, leistete jetzt 70 PS. Seine besonders günstige Drehmomentkurve (max. Drehmoment 24 mkg bei 1600 U/min) erklärte das gute Fahrverhalten des Unimog U 70 bei schwerem Zug und die ausgezeichneten Beschleunigungswerte. Da der Unimog über drei Antriebsvariationen verfügte, den Hinterradantrieb, den Allradantrieb und den Allradantrieb mit Differenzialsperren an beiden Achsen, konnte man ihn, vor allem bei der Straßenfahrt, mit normalem Heckantrieb fahren. Ein Vorteil, der nicht nur den Vorderachsantrieb entlastete, sondern auch die Reifen schonte und den Kraftstoffverbrauch senkte.

In den Anfangsbaujahren besaßen die U-406-Varianten kleine Lüftungsgitter neben den Scheinwerfern und waren alle mit Trommelbremsen, die an den Felgen ersichtlich waren, ausgerüstet. 1966 wurde auch bei der 406-Baureihe das hochstellbare Fahrerhaus eingeführt, das den Zugang zu Motor und Getriebe bei Wartungs- und Reparaturarbeiten enorm erleichterte.

Bei vierschariger Pflugarbeit kann die Zugkraft des U 70 durch Beladen der Hilfsladefläche erhöht werden.

UNIMOG

»Röntgenaufnahme« des U 70. Die Einbaulage von Motor und Getriebeblock ergibt eine günstige Gewichtsverteilung auf Vorder- und Hinterachse. Interessant auch die rot abgebildeten Leitungen der hydraulisch betätigten Krafthebeanlage mit dem Dreipunkt-Gestänge.

Ende der 1960er Jahre begann sich die Verwendung des Unimog als Zweiwege-Fahrzeug auf Straße und Schiene durchzusetzen. Seine universelle Verwendung auch auf Schienen bewies die Baureihe 406 als Rangierfahrzeug mit einer amtlich genehmigten Anhängelast von 300 Tonnen, als Arbeitsmaschine oder Hilfsfahrzeug. Vorreiter dieser Technologie waren die Firmen Adolf Ries, Bruchsal, und die Zweiwegefahrzeug GmbH aus Rosenheim. Sie boten 1968 den U 70 (BM 406.120) als Zweiwegefahrzeug mit Wechselrädern (Hersteller Ries, Bruchsal) zum Preis von DM 24.650,–, als Zweiwegefahrzeug mit Spurhaltern (Hersteller Zweiwegefahrzeug GmbH, Rosenheim) zum Preis von DM 26.640,– und als Zweiwegefahrzeug mit Schienenleiträdern (Hersteller Ries, Bruchsal) zum Preis von 27.350,– an. Für die U-70-Ausführung mit geschlossenem Fahrerhaus (BM 406.121) wurde jeweils ein Mehrpreis von DM 700,– erhoben.

Da die Unimog-Spur genau der Schienen-Spurbreite entsprach, war eine weitere Einsatzmöglichkeit für den Unimog gegeben: Die Arbeit als Rangier-Lokomotive. Möglich wurde dies durch Spezial-Gummi-Eisenbahnräder, die leicht gegen normale Straßenbereifung ausgetauscht werden konnten. Die Spezialrei-

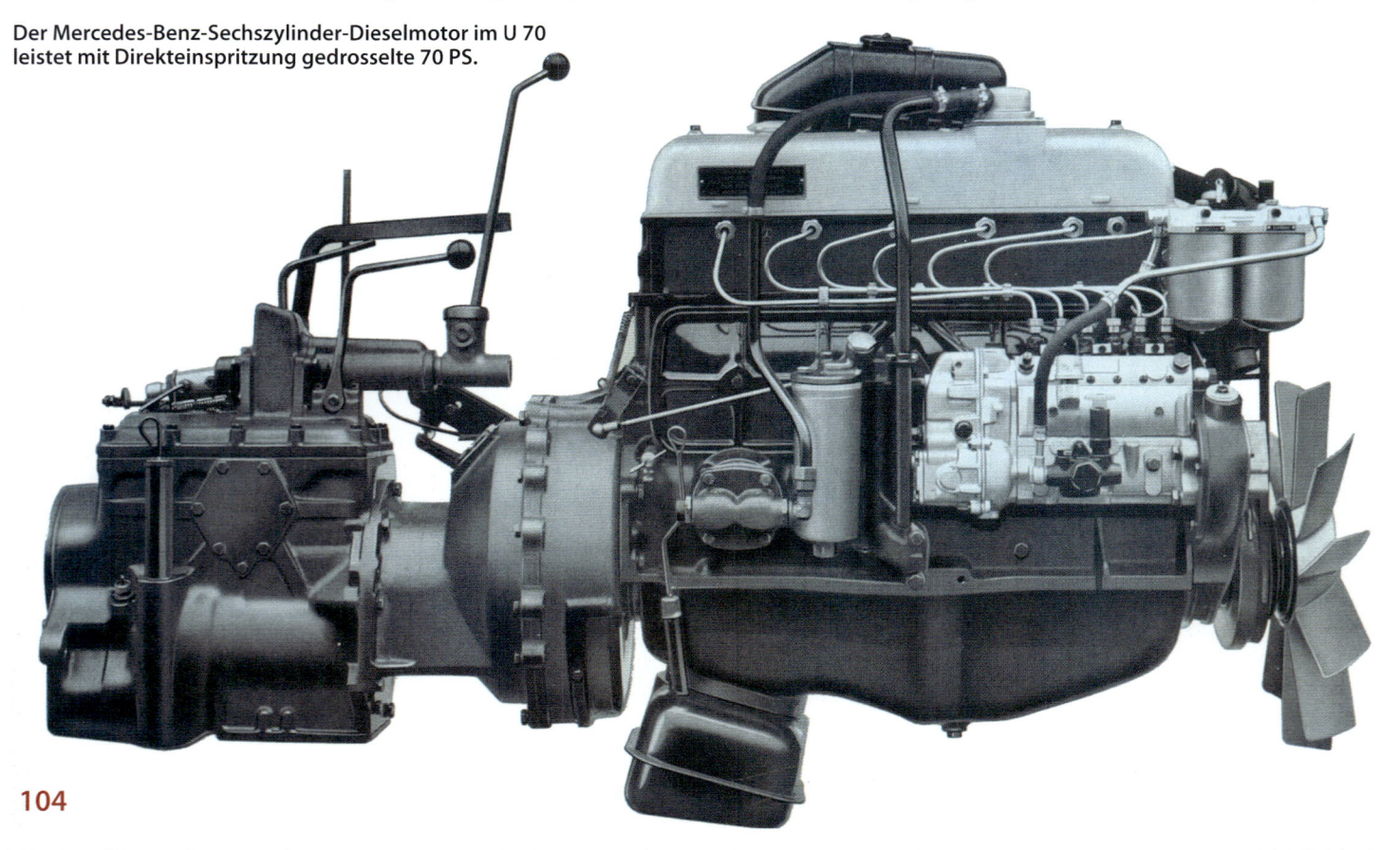

Der Mercedes-Benz-Sechszylinder-Dieselmotor im U 70 leistet mit Direkteinspritzung gedrosselte 70 PS.

ALLE MODELLE SEIT 1946

fen (Michelin) für die Schiene wurden mit 8,5 atü Druck gefahren und waren an ihrer Oberfläche fein gerippt. So zur Rangierlok umgebaut, konnte der Unimog bis zu 300 Tonnen ziehen, ebenso viel wie eine viermal so schwere und doppelt so teure Lokomotive. Lediglich die Lenkung musste in Geradeausstellung fixiert werden. Auch war die Wagon-Bremsanlage zwischen Fahrerhaus und Pritsche untergebracht und wurde über den Zapfwellen-Sonderabtrieb angetrieben. Der »Schienen-Unimog« war mit einem Drucklufthorn, einer Warnglocke, Spezial-Eisenbahnleuchten, einer Zugstange und Trittbrettern ausgestattet.

Rationalisierungen und veränderte Strategien im Transportwesen sowie in der betrieblichen Logistik machten neue Transportsysteme notwendig. Die Basis für ein universelles Transportgerät bot seit Anfang der 1960er-Jahre der Unimog-Triebkopf, der mehr war als nur ein Fahrzeug-Torso. Die Unimog-Triebkopf-Version hörte praktisch hinter dem Fahrerhaus auf und bestand aus einem kompletten Antriebsteil mit angetriebener Vorderachse, Differenzialsperre und dem Verteilergetriebe mit Antriebsstrang nach vorne. Die Stärke und Vielseitigkeit der Triebkopflösung lag zweifellos im Niederflur-Hubwagen mit Wechselkasten. Großen Anklang fanden Hubwagenaufbauten von den Firmen Eylert, Wumag und Ruthmann, die das Be- und Entladen von Bodenniveau bis auf die Höhe von 1,6 Metern ermöglichten. Aber auch für selbstaufnehmende Kehrmaschinen, Betonpumpen und dergleichen diente der Unimog-Triebkopf als Antrieb. Vom Sitz aus oder von außen zu bedienen war das Steuerventil für die Bedienung der Hub- und Senkbewegungen. Der Rahmen des U-406-T-Triebkopfes besaß vier einheitliche Anbaupunkte.

Vom U 406 wurden anfangs vier verschiedene Triebkopf-Baumuster angeboten: der U 65 T bzw. U 70 T mit offenem Fahrerhaus (BM 406.130) und mit geschlossenem Ganzstahlfahrerhaus mit der Baumusterbezeichnung 406.131, die es von 10/1965 bis 10/1968 auf lediglich 39 Einheiten brachten.

Unimog U 70 T Triebkopf (BM 406.131) mit Lese-Abo-Kipper.

Unimog U 70 (BM 406.120): Dank hoher Zugkraft durch Allradantrieb drückte sich der Unimog als Ackerschlepper vor keiner Arbeit.

Unimog U 80 Baureihe 406 (1969–1971)
Unimog U 80 T Baureihe 406 (1965–1968)
Unimog U 84 Baureihe 406 (1971–1989)
Unimog U 900 Baureihe 406 (1973–1986)

Abgeleitet vom U 70 und modifiziert, setzte der U 80 der Baureihe 406 im Jahre 1969 das Sechszylinder-Unimog-Programm fort. Gleichzeitig löste er den U 70 ab. Die Motorleistung des OM 352 (BM 353.902) im U 80 wurde auf nunmehr 80 PS gesteigert. Wie alle Unimog-Typen, so war auch der U 80 aus der 406er-Baureihe mit Mercedes-Benz-Großserien-Motoren aus dem Werk Mannheim ausgerüstet. Ein Vorteil, den der Unimog-Kunde beim Kundendienst und im weitesten Sinne auch bei der Ersatzteilbeschaffung zu schätzen wusste.

Als U 80 T mit hochstellbarem Ganzstahlfahrerhaus (BM 406.133) zum Antrieb von Spezialfahrzeugen wie zum Beispiel als Hubwagen der Firma Ruthmann und der Firma Eylert, brachte es die von 1965–1968 gefertigte 406-Triebkopfvariante auf 523 Einheiten. Mit nur 29 Stück war die offene Version des U 80 T (BM 406.131) offenbar weniger gefragt, die lediglich im Anfangsjahr 1965 angeboten wurde.

In der seit Mitte der 1960er-Jahre neu differenzierten Unimog-Familie avancierte die Baureihe 406 zum Einstiegsmodell für die Oberklasse. Besaß der 406 bei seiner Premiere 1963 noch 65 PS, so setzte er ab 1971 als U 84 mit einer Leistung von 84 PS zu einer langjährigen Karriere an. Die im Bauzeitraum des 406 in mehreren Schritten gesteigerte Motorleistung überschritt 1973 mit dem U 900 (BM 406.143 / BM 406.145), der es auf 110 PS brachte, die 100-PS-Marke.

Insgesamt wurde vom Unimog 406 in der Zeit von 1963 bis 1989 die stolze Zahl von 37.069 Einheiten erreicht. Hierin waren 12.753 Stück der offenen Version (BM 406.120) und gar 22.940 Fahrzeuge des mit Ganzstahlfahrerhaus hergestellten Baumusters 406.121 enthalten. Die beiden 110-PS-Versionen brachten es auf die Produktionszahl von 369 Fahrzeugen. Die Unimog-Baureihe 406 verkörpert für viele bis heute den typischen Unimog.

Durch die wechselnden Leistungen änderten sich ab Mitte der 1970er-Jahre auch die Verkaufsbezeichnungen. Drückte bislang die Motorleistung die gebräuchliche Bezeichnung aus, so galt nun der aufgerundete verzehnfachte PS-Wert des Motors. Aus dem U 84 wurde jetzt der U 900, der sowohl mit 84 PS als auch mit 110 PS angeboten wurde. Scheibenbremsen an allen vier Rädern sorgten ab 1973 für gute Verzögerungswerte beim Transport und Rangieren von schweren Lasten. Eine automa-

U 65 mit Schmidt-Vorbau-Schneefräse, Typ VF 3 Z.

U 80-T-Triebkopf mit Torkret-Betonpumpe.

Unimog U 80-T-Triebkopf als Ruthmann Niederflurhubwagen.

U 80 mit Omnibus-Aufbau.

107

U 84 mit HOES-Grabenfräse und Verfüllschnecke.

U 84 mit HOES-Multimix-Rotationsfräse beim Einfräsen einer Zementstabilisierung.

U84 mit TRENKLE-Sechsplatten-Verdichter beim Verdichten einer Frostschutzschicht.

tisch lastabhängige Bremskraftsteuerung wirkte dem Blockieren der Räder am Zugfahrzeug entgegen.

Als Allradschlepper für die Landwirtschaft konzipiert, hatte sich der Unimog in zwei Jahrzehnten nahezu alle Bereiche der Wirtschaft erobert. Vor allem der Kommunalbereich wurde zum Einsatzbereich für den 84 PS starken Unimog 406. Der Kommunal-Unimog war wie ein ganzer Fuhrpark einsetzbar, der im Ganzjahreseinsatz sämtliche anfallenden Arbeiten erledigen konnte, ohne dass hierzu weitere Spezialfahrzeuge nötig wurden. So auch beim Einsatz in sehr schwierigem Gelände, auf wenig tragfähigen Böden und moorigen Wiesen. Der Unimog mit seinem Allradantrieb mit Differenzialsperren, ausgestattet mit Luftansaugstutzen und speziellen Gitterrädern mit Schnellverschluss, machte als echtes Geländefahrzeug auch auf diesem schwierigen Terrain eine gute Figur. Gleiches galt auch für den Bausektor, in dem die Einsatzmöglichkeiten des Unimog seit dem Talsperrenbau in der Schweiz Anfang der 1950er-Jahre mannigfaltig gewachsen waren. Mit Ladekran zum Transport von Baumaterial ausgerüstet, konnte der U 80 serienmäßig in grüner (DB 6277), grauer (DB 7187), blauer (DB 5228) oder goldgelber (RAL 1004) Lackierung geliefert werden.

Das Angebot der Daimler-Benz AG an Unimog-Fahrzeugen für militärische Verwendung wurde durch den Unimog 406 ergänzt, der sich als schnelllaufende Arbeitsmaschine hervorragend für den technischen Einsatz eignete. Aufgrund seines kurzen Radstandes und der damit verbundenen großen Wendigkeit wurde der 84 PS starke Unimog vor allem für den Antrieb, den An- und Aufbau und das Ziehen von Arbeitsgeräten verwendet. So auch

ALLE MODELLE SEIT 1946

Mit hydraulisch betätigten Spurkranz-Laufrollen kann der Unimog mit fixierter Lenkung auch auf Schienen fahren. Seine Zugkraft reicht hier für bis zu zwölf Waggons mit einer Gesamtlast von 300 Tonnen.

U 900 als Allradmaschine für Gewerbe, Industrie und öffentlichen Dienst.

U 900 als Allradschlepper für die Landwirtschaft.

U 65 in der Bauwirtschaft mit Spezialzange bei Umsetzen von Ziegeln.

als Flugzeugschlepper mit Doppelkabine und mit Drehmoment-Wandler, der ein ruckfreies Anfahren bei großen Lasten oder an Steigungen ermöglichte, aber auch den Kupplungsverschleiß reduzierte, da die mechanische Trennkupplung nur zum Schalten gebraucht wurde.

40 Jahre später, 2010, bewies ein Unimog U 84, Baujahr 1971, einmal mehr seine Langlebigkeit, Zuverlässigkeit und Leistungsfähigkeit. Gut »verpackt« schob der Unimog Oldtimer aus dem früheren Bestand der Schweizer Armee, der mit einer Zwei-Wege-Einrichtung (Straße/Schiene) des Zwei-Wege-Spezialisten Zwiehoff aus Rosenheim (Oberbayern) ausgerüstet wurde, eine außergewöhnliche Konfiguration von Baumaschinen auf Eisenbahnwaggons, 40 m lang und rund 60 t schwer, durch den 1,2 Kilometer langen Cassanawald-Tunnel an der San Bernardino-Passstraße. Der Unimog schob den Arbeitszug an jede gewünschte Arbeitsstelle. Dabei musste er ein Streckenprofil innerhalb des Tunnels mit bis zu drei Prozent Gefälle oder Steigung bewältigen. Nachträglich installierte Partikelfilter und diverse Motormaßnahmen garantierten die Euro 4-Abgasnorm, eine unabdingbare Voraussetzung für die Arbeiten bei laufendem Motor im Tunnel.

ALLE MODELLE SEIT 1946

Programmübersicht Unimog Baureihe 406

Typ / Verkaufsbez.	Baumuster	Fahrerhaus	Motor			Radstand	Stückzahl	Bauzeit
			Typ	BM	PS			
P 65 / G 65 / T 65	406.120	offen	OM 312/352	312.954/352.919	65	2.380	*alle .120	04/1963 - 05/1966
P 65 / G 65 / T 65	406.121	geschl.	OM 312/352	312.954/352.919	65	2.380	*alle .121	04/1963 - 05/1966
U 70 / A / F	406.120	offen	OM 352	352.919	70	2.380	*alle .120	05/1966 - 12/1968
U 70 / A / F	406.121	geschl.	OM 352	352.919	70	2.380	*alle .121	05/1966 - 12/1968
U 80 / A / L / F	406.120	offen	OM 352	353.902	80	2.380	*alle .120	01/1969 - 03/1971
U 80 / A / L / F	406.121	geschl.	OM 352	353.902	80	2.380	*alle .121	01/1969 - 03/1971
U 84 / L / F / U 900	406.120	offen	OM 352	353.902	84	2.380	12.753*	03/1971 - 12/1989
U 84 / L / F / U 900	406.121	geschl.	OM 352	353.902	84	2.380	22.940*	03/1971 - 12/1989
U 70 T	406.130	offen	OM 352	352.919/352.902	70	Triebk.	*alle .130	10/1965 - 10/1967
U 65 T	406.130	offen	OM 352	352.919	65	Triebk.	10*	10/1965 - 10/1967
U 70 T	406.131	geschl.	OM 352	352.919/352.902	70	Triebk.	*alle .131	01/1965 - 08/1965
U 65 T	406.131	geschl.	OM 352	352.919	65	Triebk.	29*	01/1965 - 08/1965
U 80 T	406.133	offen	OM 352	352.919	80	Triebk.	523	08/1965 - 07/1968
Prototyp	406.141		OM 352		80	2.900	2	08/1969 - 10/1969
U 900	406.142	offen	OM 352	353.940	110	2.380	19	01/1973 - 12/1975
U 900	406.143	geschl.	OM 352	353.940	110	2.380	16	01/1973 - 06/1976
U 900, U 84	406.145	geschl.	OM 352	353.902	84	2.380	353	01/1974 - 1986
U406	406.320		OM 352	353.902	84	2.380	424	05/1972 - 1978

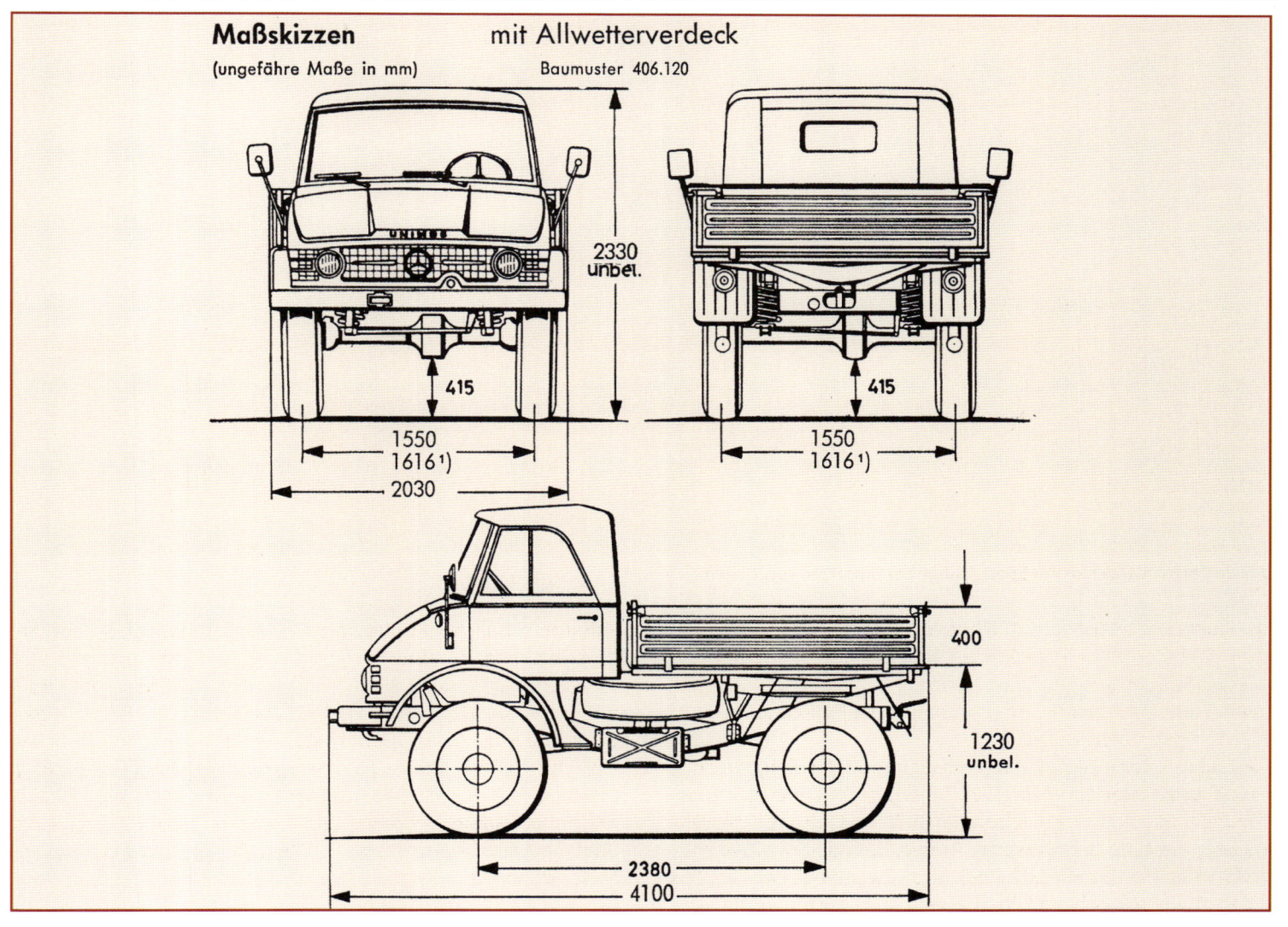

Maßskizzen mit Allwetterverdeck
(ungefähre Maße in mm) Baumuster 406.120

	Unimog U 65 Baureihe 406 1963-1966 406.120 / 406.121		Unimog U 70 Baureihe 406 1966-1968 406.120 / 406.121	
Motor				
Baumuster (BM)	OM 312: 312.954 ab 4/64; OM 352: 352.919		352.919	
Bauart	OM 312: 6-Zyl. Vorkammer-Diesel OM 352: 6-Zyl.-Diesel-Direkteinspritzer		6-Zyl.-Diesel-Viertakt-Direkteinspritzer Typ OM 352	
Bohrung x Hub	90 x 120 / 97 x 128 mm		97 x 128 mm	
Hubraum	4.580 / 5.675 ccm		5.675 ccm	
Leistung	65 PS (48 kW) bei 2.550/min		70 PS (52 kW) bei 2.550/min	
Drehmoment	21 mkg bei 1.600/min		24 mkg bei 1.600/min	
Verdichtung	19,5 : 1 / 17 : 1		17 : 1	
Gemischbereitung	Bosch-Einspritzpumpe		Bosch-Einspritzpumpe	
Einspritzfolge	1 - 5 - 3 - 6 - 2 - 4		1 - 5 - 3 - 6 - 2 - 4	
Kühlung	Wasserkühlung mit Pumpe und Thermostat (16 Liter)			
Elektr. Anlage	Lichtmaschine 12 Volt, 240 Watt, selbsttätiger Spannungsregelung, 110 Ah-Batterie			
Kraftübertragung				
Antrieb	Vorderachsantrieb, Differenzialsperren in beiden Achsen, während der Fahrt ohne Zugkraftunterbrechung pneumatisch zu- und abschaltbar (Allrad)			
Kupplung	Fichtel & Sachs Einscheiben-Trockenkupplung Typ G 280 K			
Nebenabtriebe	Getriebe- oder Motorzapfwelle vorn und hinten 543/min			
Getriebe	Vollsynchronisiertes Hauptgetriebe mit 6 Vorwärts- und 2 Rückwärtsgänge			
	10,5 - 20		12,5 - 20	
Fahrwerte (vorwärts)	4 / 8 / 15 / 26 / 43 / 65 km/h		4,6 / 9 / 16 / 28 / 45 / 68 km/h	
(rückwärts)	3 / 6 km/h		3,4 / 6,2 km/h	
Zwischengänge	3,3 / 6 / 11 / 20 / 32 / 49 km/h		3,7 / 6,3 / 11,5 / 21 / 34 / 52 km/h	
rückwärts	2,4 / 4,4 km/h		2,6 / 4,7 km/h	
Kriechgänge	0,7 / 1,3 / 2,5 / 4,5 km/h		0,8 / 1,4 / 2,6 / 4,7 km/h	
rückwärts	0,6 / 1,0 km/h		0,8 / 1,1 km/h	
Schneckengänge	0,08 / 0,15 / 0,27 / 0,49 km/h		0,09 / 0,16 / 0,29 / 0,52 km/h	
rückwärts	0,06 / 0,11 km/h		0,07 / 0,12 km/h	
Achsübersetzung	6,527		6,527	
Fahrwerk				
	Selbsttragende Ganzstahlkarosserie, U-Profil-Rechteckrahmen mit Querträgern			
	Hochstellbares Klappverdeck-Fahrerhaus oder hochstellbares Ganzstahl-Fahrerhaus			
Achsen v/h	Portalachsen mit Kegeldifferenzialen und Radvorgelegen			
Federung v/h	Schraubenfedern, hinten mit Zusatzfeder, Teleskopstoßdämpfer v/h			
Bremsen	Hydr. Innenbackenbremsen mit pneumatischem Bremsverstärkter			
Lenkung	DB-Kugelumlauf-Lenkung Typ L 2			
Räder	9 x 20	11 x 20	9 x 20	11 x 20
Bereifung	10,5 - 20	12,5 - 20	10,5 - 20	12,5 - 20
Allgemeine Daten				
Radstand	2.380 mm		2.380 mm	
Spurweite v/h	1.536 mm	1.602 mm	1.536 mm	1.602 mm
Gesamtmaße	4.000 x 2.000 x 2.250 mm		4.100 x 2.030 x 2.300 mm	
Bodenfreiheit/Diff.	420 mm		415 mm	440 mm
Überhangwinkel v/h	45° / 70°		45° / 70°	
Wattiefe	800 mm		800 mm	
Pritschenfläche	1.475 / 1.950 x 1.890 x 400 mm		1.950 x 1.890 x 400 mm	
Ladehöhe	1.140 mm		1.140 mm	
Höchstgeschw.	65 - 70 km/h		65 - 70 km/h	
kl. Wendekreis	10,9 Meter		10,8 Meter	
Leergewicht	2.700 kg		3.100 kg	3.100 kg
Nutzlast	1.750 kg		2.000 kg	2.000 kg
zul. Gesamtgewicht	5.000 kg		5.500 kg	5.500 kg
zul. Achslast v/h	2.800 kg	3.300 kg	3.100 kg	3.300 kg
Kraftstoffverbrauch	16 Liter / 100 km		16 Liter / 100 km	
Ölinhalt Motor	9 Liter		9 Liter	
Kraftstofftank	90 Liter		90 Liter	

ALLE MODELLE SEIT 1946

	Unimog U 65 T / U 70 T Baureihe 406 1965-1967 406.130 / 406.131		Unimog U 80 T Baureihe 406 1965-1968 406.133	
Motor				
Baumuster (BM)	352.919		352.919	
Bauart	Mercedes-Benz 6-Zyl.-Reihen-Viertakt-Direkteinspritz-Dieselmotor, Typ 352			
Bohrung x Hub	97 x 128 mm		97 x 128 mm	
Hubraum	5.675 ccm		5.675 ccm	
Leistung	65/70 PS (48/52 kW) bei 2.550/min		80 PS (58 kW) bei 2.550/min	
Drehmoment	21/24 mkg bei 1.600/min		26 mkg bei 1.600/min	
Verdichtung	17 : 1		17 : 1	
Gemischbereitung	Bosch -Einspritzpumpe		Bosch -Einspritzpumpe	
Einspritzfolge	1 - 5 - 3 - 6 - 2 - 4		1 - 5 - 3 - 6 - 2 - 4	
Kühlung	Wasserkühlung mit Pumpe und Thermostat (16 Liter)			
Elektr. Anlage	Lichtmaschine 12 Volt, 240 Watt, selbsttätiger Spannungsregelung, 110 Ah-Batterie			
Kraftübertragung				
Antrieb	Vorderachsantrieb, Differenzialsperre während der Fahrt ohne Zugkraftunterbrechung pneumatisch zu- und abschaltbar			
Kupplung	Fichtel & Sachs Einscheiben-Trockenkupplung Typ G 280 K			
Nebenabtriebe	Motorzapfwelle vorn bei 540/min			
Getriebe	Vollsynchronisiertes Hauptgetriebe mit 6 Vorwärts- und 2 Rückwärtsgänge			
	10,5 - 20		12,5 - 20	
Fahrwerte (vorwärts)	4 / 8 / 15 / 26 / 43 / 65 km/h		4,6 / 9 / 16 / 28 / 45 / 68 km/h	
(rückwärts)	3 / 6 km/h		3,4 / 6,2 km/h	
Zwischengänge	3,3 / 6 / 11 / 20 / 32 / 49 km/h		3,7 / 6,3 / 11,5 / 21 / 34 / 52 km/h	
rückwärts	2,4 / 4,4 km/h		2,6 / 4,7 km/h	
Kriechgänge	0,7 / 1,3 / 2,5 / 4,5 km/h		0,8 / 1,4 / 2,6 / 4,7 km/h	
rückwärts	0,6 / 1,0 km/h		0,8 / 1,1 km/h	
Schneckengänge	0,08 / 0,15 / 0,27 / 0,49 km/h		0,09 / 0,16 / 0,29 / 0,52 km/h	
rückwärts	0,06 / 0,11 km/h		0,07 / 0,12 km/h	
Achsübersetzung	6,527		6,527	
Fahrwerk				
	Selbsttragende Ganzstahlkarosserie, U-Profil-Rechteckrahmen mit Querträgern			
	Hochstellbares Klappverdeck-Fahrerhaus oder hochstellbares Ganzstahl-Fahrerhaus			
Achsen vorn	Portalachsen mit Kegeldifferenzialen und Radvorgelegen			
Federung vorn	Schraubenfedern und Teleskopstoßdämpfer			
Bremsen	Hydr. Innenbackenbremsen mit pneumatischem Bremsverstärker			
Lenkung	DB-Kugelumlauf-Lenkung Typ L 2			
Räder	9 x 20	11 x 20	9 x 20	11 x 20
Bereifung	10,5 - 20	12,5 - 20	10,5 - 20	12,5 - 20
Allgemeine Daten				
Spurweite v/h	1.536 mm	1.602 mm	1.555 mm	1.630 mm
Gesamtmaße	2.262 x 2.000 x 2.250 mm		2.262 x 2.000 x 2.360 mm	
Bodenfreiheit/Diff.	420 mm		415 mm	440 mm
Überhangwinkel v	45°		45°	
Wattiefe	800 mm		800 mm	
Höchstgeschw.	65 - 70 km/h		80 km/h	
Leergewicht	3.600 kg		3.600 kg	
Nutzlast	2.300 kg		2.300 kg	
zul. Gesamtgewicht	6.000 kg		6.000 kg	
zul. Achslast v	3.500 kg	3.700 kg	3.500 kg	3.700 kg
Kraftheber	Hubkraft vorn: 2.800 kg		Hubkraft vorn: 2.800 kg	
Kraftstoffverbrauch	16 Liter / 100 km		19,5 Liter / 100 km	
Ölinhalt Motor	9 Liter		10 Liter	
Kraftstofftank	90 Liter		90 Liter	

	Unimog U 80 Baureihe 406 1969-1971 406.120 / 406.121		Unimog U 84 (U 900) Baureihe 406 1971-1989 406.120 / .121 / .142 / .143 / .145	
Motor				
Baumuster (BM)	353.902		353.902 bzw. 353.940 (406.142/.143)	
Bauart	Mercedes-Benz 6-Zyl.-Reihen-Viertakt-Direkteinspritz-Dieselmotor, Typ 352			
Bohrung x Hub	97 x 128 mm		97 x 128 mm	
Hubraum	5.675 ccm		5.675 ccm	
Leistung	80 PS (58kW) bei 2.550/min		84/110 PS (62/81 kW) bei 2.550/2.800/min	
Drehmoment	26 mkg bei 1.600/min		260 / 314 Nm bei 1.600/min	
Verdichtung	17 : 1		17 : 1	
Gemischbereitung	Bosch -Einspritzpumpe		Bosch -Einspritzpumpe	
Einspritzfolge	1 - 5 - 3 - 6 - 2 - 4		1 - 5 - 3 - 6 - 2 - 4	
Kühlung	Wasserkühlung mit Pumpe und Thermostat (16 Liter)			
Elektr. Anlage	Drehstromlichtmasch. 14 Volt 35 A, 490 Watt, selbstt. Spannungsregelung, Batterie110 Ah			
Kraftübertragung				
Antrieb	Vorderachsantrieb, Differenzialsperren in beiden Achsen, während der Fahrt ohne Zugkraftunterbrechung pneumatisch zu- und abschaltbar (Allrad)			
Kupplung	Fichtel & Sachs Einscheiben- bzw. Zweischeiben-Trockenkupplung			
Nebenabtriebe	Zapfwelle vorn und hinten bei 540/min und 1.000/min, Zapfwellenmittelabtrieb			
Getriebe	Vollsynchronisiertes Hauptgetriebe mit 6 Vorwärts- und 2 Rückwärtsgänge			
Übersetzungen	I. 14,531, II. 8,027, III. 4,504, IV. 2,488, V. 1,647, V. 1,0, IR. 11,625, IIR. 6,421		I. 14,531, II. 8,027, III. 4,504, IV. 2,488, V. 1,647, V. 1,0, IR. 11,625, IIR. 6,421	
Vorschaltgetriebe	Vorschaltgetriebe 2 x 4-Gang-Schaltung mit 8 Vorwärts- und 4 Rückwärtsgänge			
Übersetzungen	I. 14,531, II. 8,027, III. 5,314, IV. 3,227 I. 4,504, II. 2,448, III. 1,647, IV. 1,000 I. 11,625, II. 6,421, III. 4,251, IV. 2,589 Übersetzung Achsantrieb 22:7, 23:9 Übersetzung Radvorgelege 27:13, 27:14 Gesamt-Achse 6,527, 6,06, 5,308		I. 14,531, II. 8,027, III. 5,314, IV. 3,227 I. 4,504, II. 2,448, III. 1,647, IV. 1,000 I. 11,625, II. 6,421, III. 4,251, IV. 2,589 Übersetzung Achsantrieb 22:7, 23:9 Übersetzung Radvorgelege 27:13, 27:14 Gesamt-Achse 6,527, 6,06, 5,308	
Fahrwerk				
	Selbsttragende Ganzstahlkarosserie, U-Profil-Rechteckrahmen mit Querträgern Hochstellbares Klappverdeck-Fahrerhaus oder hochstellbares Ganzstahl-Fahrerhaus			
Achsen v/h	Portalachsen mit Kegeldifferenzialen, Schubrohr und Radvorgelegen			
Federung v/h	Schraubenfedern, hinten mit Zusatzfeder, Teleskopstoßdämpfer v/h			
Bremsen	Zweikreis-Scheibenbremsen mit hydr. Bremskraftverstärker mech. Stock-Handbremse, Druckluft-Anhängerbremse			
Lenkung	Hydraulische Servo-Kugelmutter-Lenkung			
Räder	9 x 20	11 x 20	9 x 20	11 x 20
Bereifung	10,5-20/10 PR, 12,5-20/10 PR		10,5-20, 12,5-20, 14,5-20, 22-20	
Allgemeine Daten				
Radstand	2.380 mm		2.380 mm	
Spurweite v/h	1.555 mm	1.630 mm	1.555 / 1.630 / 1.850 mm	
Gesamtmaße	4.100 x 2.000 x 2.360 mm		4.100 x 2.160 x 2.350 mm	
Bodenfreiheit/Diff.	415 mm	440 mm	415 mm	
Überhangwinkel v/h	45° / 70°		45° / 70°	
Wattiefe	800 mm		850 mm	
Pritschenfläche	1.475 / 1.950 x 1.890 x 400		1.475/1.950 x 1.890 x 400	
Ladehöhe	1.230 mm	1.255 mm	1.230 / 1.255 / 1.280 / 1.265 mm	
Höchstgeschw.	80 km/h		80 km/h	
kl. Wendekreis	10,9 Meter		10,9 / 11,4 Meter	
Leergewicht	3.600 kg		3.600 kg	
Nutzlast	2.300 kg		2.300 kg	
zul. Gesamtgewicht	6.000 kg		6.000 kg	
zul. Achslast v/h	3.500 kg		3.500 kg	
Kraftheber	Hubkraft v/h: 2.800 / 1.750 kg		Hubkraft v/h: 3.000 / 1.200 kg	
Kraftstoffverbrauch	19,5 Liter / 100 km		19,5 Liter / 100 km	
Ölinhalt Motor	10 Liter		10 Liter	
Kraftstofftank	90 Liter		90 Liter (Wunsch 120 Liter)	

ALLE MODELLE SEIT 1946

Preise / Lieferausführungen Unimog U 70 Baureihe 406 Stand 8/1968	
Motor:	Mercedes-Benz 6-Zylinder-Diesel-Direkteinspritzmotor, 70 PS (52 kW) bei 2.550/min, Typ OM 352, wassergekühlt, Bosch-Einspritzausrüstung, mech. Drehzahlregler, Betriebsstundenzähler, Anlasser, Drehstromlichtmaschine 14 V 35 A (240 W), Luftpresser
Elektr. Ausrüstung:	Batterie 12V / 110 Ah, 2 Scheinwerfer, Signalhorn, Blinker, 2 Scheibenwischer, Stopplicht, Schlußleuchten
Armaturen:	Kombi-Instrument mit Öldruckanzeige, Fernthermometer, Kraftstoffanzeige, Doppeldruckmesser; Geschwindigkeitsanzeiger, Instrumentenschaltung, Steckdose
Antrieb:	Allradantrieb mit pneumatisch schaltbaren Differenzialsperren für beide Achsen, Portalachsen mit Radvorgelegen
Getriebe:	Vollsynchrongetriebe mit 6 Vor- und 2 Rückwärtsgängen für 4,4 bis 65 km/h
Bremsen:	Hydraulische Vierrad-Fußbremse mit Druckluftunterstützung, mechanische Hinterrad-Stock-Handbremse, Druckluft-Anhängerbremse (Einteilungssystem)
Lenkung:	Hydraulische Servo-Lenkung
Federung:	Schraubenfedern und Teleskopstoßdämpfer für beide Achsen, hinten mit Zusatzfeder
Anhängekupplung:	Selbsttätige gefederte Anhängekupplung hinten, Anhängemaul mit Steckbolzen vorn
Fahrerhaus:	Offen: hochstellbar, Allwetterverdeck aus wetterfestem Segeltuch mit zusammenklappbarem Rohrgestell, Rückwand mit Fenster, ausstellb. Seitensteckfenster, abnehmbarer Windschutzscheibe, Heizungs- und Belüftungsanlage Geschlossen: hochstellbar, aus Stahlblech mit Innenverkleidung, Türen mit ausstellbaren Scheiben und Kurbelfenstern, gebogene Windschutzscheibe, Heizungs-u. Belüftungsanlage
Ladefläche:	Seitenwände und Rückwand abklappbar, einschl. Einlegeboden abnehmbar, 1.950 mm Länge x 1.890 mm Breite, Nutzlast 2.000 kg
Bereifung:	4fach, Niederdruckreifen 10,5 - 20 /8 PR Allzweckprofil
Zubehör:	Kompletter Werkzeugsatz, Wagenheber, Unterlegkeil
Lackierung:	grün/DB 6277, grau/DB 7187, blau/DB 5328
Zweiwege-Einrichtungen für U 70	
1. Unimog-Zweiwegefahrzeug mit Wechselrädern (Hersteller: Adolf Ries, Bruchsal)	
	Mindestlieferumfang (Grundausführung mit Allwetterverdeck) Anhängerbremsanlage (Einleitungs-Druckbremse), Zusatzluftpresser 150 ccm, Sonderabtrieb, kurze Pritsche 1.475 x 1.890 x 400 mm, Getriebeschaltplatte 2 x 4 (4 V / 4 R), Vorgelege-Verschleißringe ohne Drallschliff, Schutzplatte vorn mit Anbaupunkten, Anbaubeschläge vorn und hinten, Warndreiecke.
Preis (in DM ohne Mehrwertsteuer)	24.650,--
Mehrpreis (auch für Pos. 2./3.) Ausführung wie vor mit geschlossenem Fahrerhaus.	700,--
2. Unimog-Zweiwegefahrzeug mit Spurhaltern (Hersteller: Zweiwegefahrzeug GmbH & Co. Rosenheim)	
	Mindestlieferumfang (Grundausführung mit Allwetterverdeck) wie Pos. 1. jedoch zusätzlich mit Hydraulikanlage mit Steckeranschlüsse vorn und hinten mit separater Rücklaufleitung, Servolenkung, Bereifung 10,5 - 20 Conti Titan 8 PR auf Felgen 421 401 0001
Preis (in DM ohne Mehrwertsteuer)	26.640,--
3. Unimog-Zweiwegefahrzeug mit Schienenleiträdern (Hersteller: Adolf Ries, Bruchsal)	
	Mindestlieferumfang (Grundausführung mit Allwetterverdeck) wie Pos. 2. jedoch zusätzlich mit Kraftheber hinten, jedoch ohne Schutzplatte
Preis (in DM ohne Mehrwertsteuer)	27.350,--

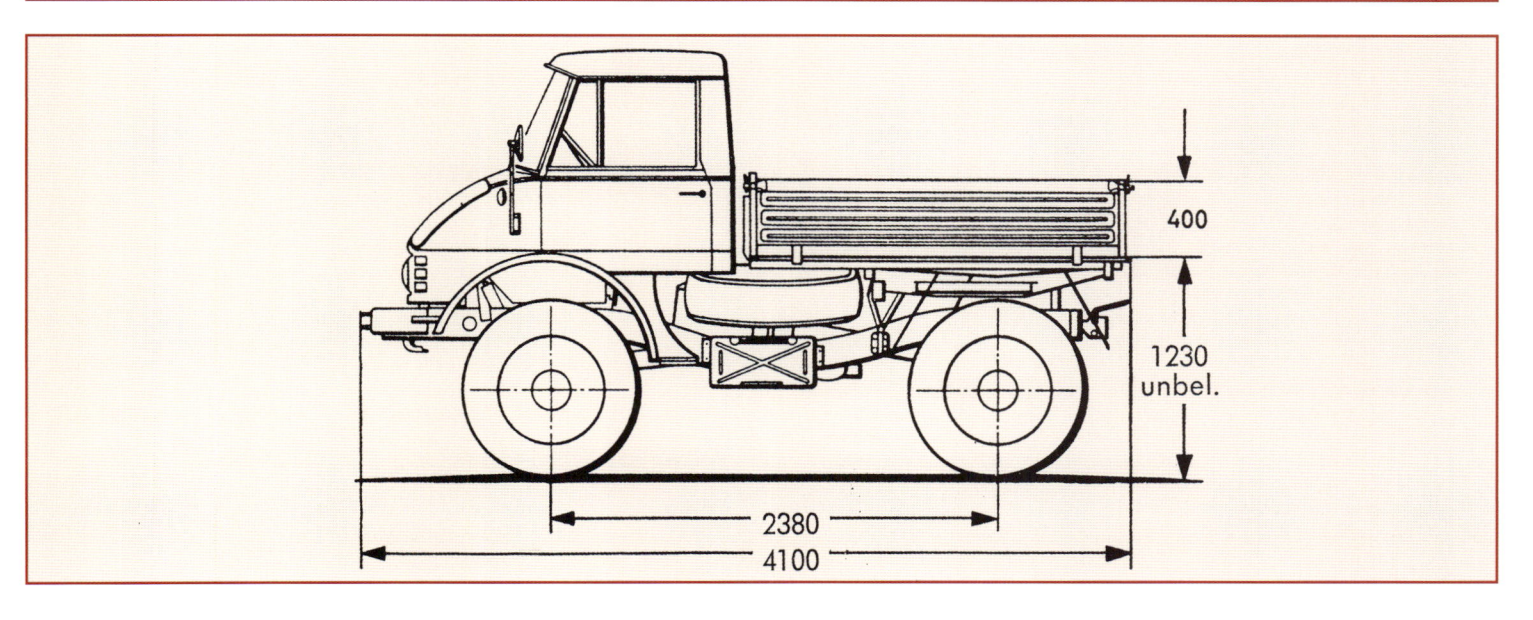

Liefer- und Getriebeausführungen Unimog U 84 Baureihe 406 — Stand 2/1971

Lieferausführung

Motor / Elektrik:	Mercedes-Benz 6-Zylinder-Diesel-Direkteinspritzmotor, 84 PS (62 kW) bei 2.550/min, Typ OM 352, wassergekühlt, Bosch-Einspritzausrüstung, mech. Drehzahlregler, Betriebsstundenzähler, Anlasser, Drehstromlichtmaschine 14 V 35 A (490 W), Batterie 12 Volt / 110 Ah, elektronische Warnblinkanlage, Luftpresser
Armaturen:	Kombi-Instrument mit Öldruckanzeige, Fernthermometer, Kraftstoffanzeige, Doppeldruckmesser; Fahrtschreiber (Tagesregistrierung) mit Geschwindigkeitsanzeige
Antrieb:	Allradantrieb mit pneumatisch schaltbaren Differenzialsperren für beide Achsen, Portalachsen mit Radvorgelegen
Bremsen:	Hydraulische Allradfußbremse mit Druckluftunterstützung, mechanische Hinterrad-Stock-Handbremse, Druckluft-Anhängerbremse (Einteilungssystem)
Lenkung:	Hydraulische Servo-Lenkung
Federung:	Schraubenfedern mit Zusatzfeder hinten, Teleskopstoßdämpfer vorn und hinten
Anhängekupplung:	Selbsttätige gefederte Anhängekupplung hinten, Anhängemaul mit Steckbolzen vorn
Fahrerhaus:	Hochstellbar, Allwetterverdeck aus wetterfestem Segeltuch mit zusammenklappbarem Rohrgestell, Rückwand mit Fenster, ausstellb. Seitensteckfenster, abnehmb. Windschutzscheibe, Heizungs- und Belüftungsanlage, Überschlagschutzbügel, Scheibenwaschanlage
Ladefläche:	Seitenwände und Rückwand abklappbar, einschl. Einlegeboden abnehmbar, 1.950 mm Länge x 1.890 mm Breite, Nutzlast 2.000 kg
Zubehör:	Werkzeugsatz, Wagenheber, Warneinrichtungen, Verbandskasten mit Halter, Unterlegkeil
Lackierung:	grün/DB 6277, grau/DB 7187, blau/DB 5328, goldgelb/RAL 1004
Forstausrüstung:	Anbaubeschläge vorn, Schutzplatte vorn mit Anbaupunkten, Schutzgitter für Scheinwerfer, 3 Unterschutzplatten, Ventilschutz, verstärkter Kraftstoffbehälter, Auspuffanlage und Batteriekasten hochgesetzt, verstärkte Auftritte

Getriebeausführungen

Ausführung 1	**Einfachkupplung**, vollsynchronisiertes **Hauptgetriebe** mit 6 Vorwärts- und 2 Rückwärtsgängen
Ausführung 2	Ausführung wie 1, jedoch mit **Sonderabtrieb** zum gleichzeitigen und wahlweisen Antrieb der vorderen und hinteren Zapfwelle mit 540/min
Ausführung 3	Ausführung wie 2, mit **Sonderabtrieb, schaltbar** für Zapfwellendrehzahl 540/min und 1.000/min
Ausführung 4	Ausführung wie 3, jedoch mit **Doppelkupplung für Motorzapfwelle**
Ausführung 5	Einfachkupplung, vollsynchronisiertes **Hauptgetriebe** und **Vorschaltgetriebe** mit 20 Vor- und 8 Rückwärtsgängen, **Sonderabtrieb** zum gleichzeitigen und wahlweisen Antrieb der vorderen und hinteren Zapfwelle, **schaltbar** für Drehzahl 540/min und 1.000/min
Ausführung 6	Ausführung wie 5, jedoch mit **Doppelkupplung für Motorzapfwelle**

Preise / Sonderausrüstungen Unimog U 84 F Baureihe 406 — Stand 2/1971

Preise U 84 F (BM 406.120) Forstausführung

	10,5-20/10PR Allzweck	12,5-20/10PR Allzweck	12,5-20/10PR Hochstoll.
Getr. 2	**31.476,--**	**32.112,--**	**32.240,--**
Getr. 3	**32.137,--**	**32.773,--**	**32.901,--**
Getr. 5	**33.044,--**	**33.680,--**	**33.808,--**
	(in DM ohne Mehrwertsteuer)		

Mehrpreis

mit geschlossenem Fahrerhaus	**850,--**

Sonderausrüstungen U 84 F Forst:

Rücke-Aggregat-Ausrüstung

701	Hydraulikanlage, Steckeranschlüsse	
753	hinten 2fach mit sep. Rücklaufleitg.	
215	Anbaubeschläge h., Zusatzluftpr.	**1.827,--**

Geräte-Anbau- und Anhängepunkte

575	Teleskopzylinder für kippb. Pritsche	**806,--**
575	dto. bei vorh. Steckeranschlüss. hi.	**699,--**
216	Hubzylinderbock vorn	**248,--**
217	dto. bei angeb. Frontlagerbeschl.	**124,--**
760	Steckeranschluß vorn, 2fach	**76,--**
761	Steckeranschluß vorn, 4fach	**151,--**

Getriebe / Zapfwellen

128/126	Zapfwelle vorn 1 3/4" o. 1 3/8"	**323,--**
142/140	dto. hinten 1 3/4" o. 1 3/8" mit Zwischenabtrieb	**677,--**

Rahmen / Fahrwerk

230	Vorderfeder verstärkt	**27,--**
325	Seilwindenhalter vorn f. Fremdseilwinde	**54,--**

Motor / Elektrik / Aufbau / Zubehör

068	Ansaugkamin mit Regenklappe	**43,--**
069	Ansaugkamin mit Zyklonfilter	**65,--**
069	Zyklonfilter (Allwetterverdeck)	**22,--**
861	Zusatzscheinwerfer	**108,--**
048	Drehzahlmesser	**52,--**
814	Fahrtenschreiber 7-Tage-Regelung	**22,--**
273	Tankverschluß abschließbar	**12,--**
436	Schiebefenster in Fhs-Rückwand	**81,--**
963	Hydraulischer Wagenheber 4 t	**38,--**
447	Sicherheitsgurte (2-Pkt-Beckengurt)	**49,--**

Reserveräder

642	Reserverad bereift 10,5-20/10 Allzw.	**414,--**
644	Reserverad bereift 12,5-20/10 Allzw.	**570,--**
644	Reserverad bereift 12,5-20/10 Hochst.	**602,--**

ALLE MODELLE SEIT 1946

Preise / Sonderausrüstungen Unimog U 84 Baureihe 406   Stand 2/1971

Preise U 84 BM 406.120

	10,5-20/8 Allzweck	10,5-20/10 Allzweck	12,5-20/10 Allzweck	12,5-20/10 Hochstoll.
Getr. 1	29.852,--	29.956,--	30.592,--	30.720,--
Getr. 2	30.358,--	30.462,--	31.098,--	31.226,--
Getr. 3	31.019,--	31.123,--	31.759,--	31.887,--
Getr. 4	31.271,--	31.375,--	32.011,--	32.139,--
Getr. 5	31.926,--	32.030,--	32.666,--	32.794,--
Getr. 6	32.120,--	32.224,--	32.860,--	32.988,--

(in DM ohne Mehrwertsteuer)

Mehrpreis
Mit geschlossenem Fahrerhaus einschl. Heizungs- und Belüftungsanlage — 850,--

Sonderausrüstungen U 84:

Getriebe / Zapfwellen

Nr.	Bezeichnung	Preis
128 o.126	Zapfwelle vorn 1 3/4" o. 1 3/8"	323,--
142 o.140	dto. hinten 1 3/4" o. 1 3/8" mit Zwischenabtrieb	677,--
130	Zapfwellenmittelabtrieb	376,--
181	2 x 4 Schaltplatte (nicht bei Getr.-Ausf. 5 und 6)	55,--
146 o.145	Zapfwellenverlagerungsgetriebe 1 3/4" oder 1 3/8"	441,--
148	Reduziersteckwelle 1 3/4" oder 1 3/8" f. Zapfw.verlag.getriebe	57,--

Pneumatik / Hydraulik

Nr.	Bezeichnung	Preis
701	Hydraulikanlage	999,--
760	Steckeranschluß vorn, 2fach	76,--
761	dto. 4fach	151,--
753	Steckeranschluß hinten mit sep. Rücklaufleitung	290,--
755	3. Druckleitung hinten bei vorh. Steckeranschluß hinten	140,--
755	dto. jedoch Steckeranschluß vorn	108,--
770	Kraftheber hinten	1.128,--
771	Dreipunktgestänge/Anhängesch.	645,--
774	Raddruckverstärker »Servotrak«	97,--
575	Teleskopzylinder für Pritsche	806,--
575	dto. bei vorh. Steckeranschluß hinten	699,--
730	Anhängerbremsanlage 2-Leitg.	129,--
725	dto. Komb. Ein- und Zweileitung	268,--
737	Schalter für 3. Bremse (ü. 9 to.)	11,--
718	Zweikreisbremsanlage	92,--
723	Druckluftanschluß vorn (1- o. 2-)	70,--
726	dto.bei Komb. 1- und 2-Leitung	140,--
783	Zusatzluftpresser	452,--
762	Hubzylinder vorn (lose)	215,--

Rahmen / Fahrwerk

Nr.	Bezeichnung	Preis
214	Anbaubeschläge vorn	113,--
215	Anbaubeschläge hinten	86,--
210	Schutzpl. vorn m. Anbaupunkten	194,--
216	Hubzylinderbock vorn	248,--
217	dto. bei angeb. Frontlagerbeschl.	124,--
230	Vorderfeder verstärkt	27,--
212	Bodenkonst. Anhängeschiene	269,--
212	dto. bei vorh. Dreipunktgestänge	194,--
325	Seilwindenhalter vorn f. Fremdseilw.	54,--
227	Anhängekupplung mit großem Maul	25,--
273	Tankverschluß abschließbar	12,--
963	Hydraulischer Wagenheber (4 to.)	38,--
342	Front-Zusatzgewicht (á 45 kg)	81,--
211	Staubschutzblech vorn	20,--
261	120-Liter-Tank	151,--

Motor

Nr.	Bezeichnung	Preis
801	Nahentstörung (12 V)	33,--
028	Erhöhte Batterieleistung	194,--
804	24-Volt-Anlage (nahentstört)	172,--
026	Lichtmaschine 14V/55A(770W)	14,--
068	Ansaugkamin mit Regenklappe	43,--
069	Ansaugkamin mit Zyklonfilter	65,--
069	Zyklonfilter (Allwetterverdeck)	22,--
048	Drehzahlmesser	52,--
040	Motorbremse+Schalter f. 3. Bremse	162,--
952	Kühlerfrostschutzmittel (bis -25°)	33,--

Instrumente

Nr.	Bezeichnung	Preis
814	Fahrtenschreiber 7-Tage-Regelung	22,--
861	Zusatzscheinwerfer	108,--
860	Rückbeleuchtung f. Arbeitsgeräte	27,--
884	Rundumkennleuchte	194,--
857	Rückfahrscheinwerfer	70,--
464	2-Stufen Scheibenwischanlage	27,--

Räder

Nr.	Bezeichnung	Preis
642	Reserverad bereift 10,5-20/8 Allzweck	377,--
642	Reserverad bereift 10,5-20/10 Allzw.	403,--
644	Reserverad bereift 12,5-20/10 Allzw.	559,--
644	Reserverad bereift 12,5-20/10 Hochst.	591,--
674	Halterung für Reserverad	63,--

Aufbau

Nr.	Bezeichnung	Preis
436	Schiebefenster in Fhs-Rückwand	81,--
431	Dachlüftungsklappe 520x450 mm	237,--
447	Sicherheitsgurte (2-Pkt-Beckengurt)	49,--
444	Derby-Hydrauliksitz	172,--
446	Sitzerhöhung (nur Allwetterverdeck)	36,--
520	Sitz- u. Aufsteckteile f. Pr. 1950x1890	591,--
538	Pritschenverdeck f. Pri. 1.475x1.890	591,--
538	Pritschenverdeck f. Pri. 1.950x1.890	634,--
973	Rot-weiße Warnstreifen	81,--
	Sonderlackierung einfarbig	124,--
854	Schutzgitter für Scheinwerfer	41,--
374	Schutzausrüstung für Forsteinsatz	752,--
078	Zusatzheizung	752,--
460	Windschutzscheibe Sigla (geschl Fhs)	119,--
461	Windschutzsch. Sigla, heizbar, dto.	269,--

Minderpreise

Nr.	Bezeichnung	Preis
551	Pritschenlänge 1.475 anst. 1.950 mm	86,--
510	Wegfall der Pritsche	397,--
	Wegfall des Hilfsrahmens m. hi. Kotfl.	495,--
	Wegfall der Fertiglackierung	82,--

UNIMOG U 84/406 mit Klappverdeck-Fahrerhaus Maßskizzen

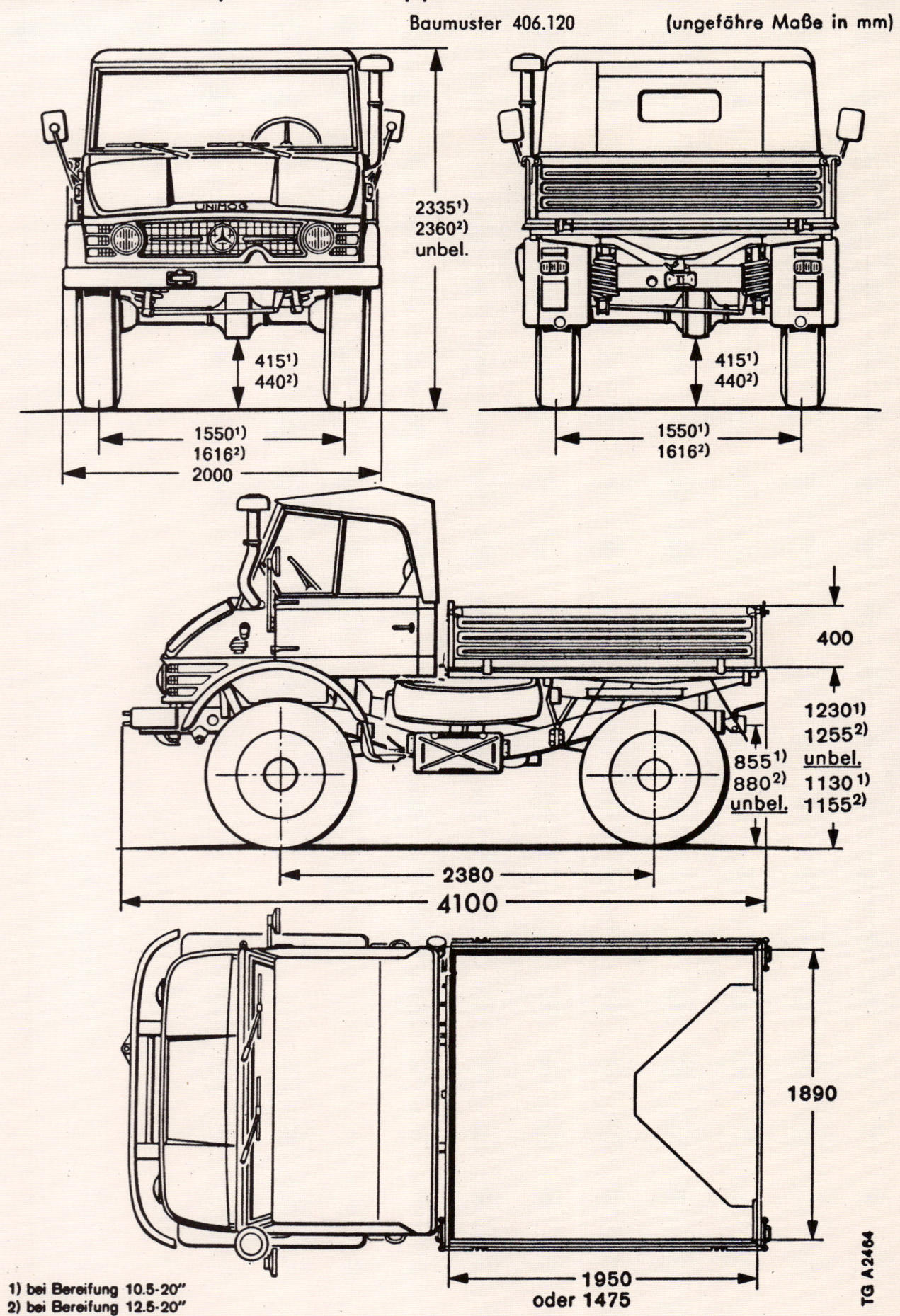

Baumuster 406.120   (ungefähre Maße in mm)

- 2335[1] / 2360[2] unbel.
- 415[1] / 440[2]
- 1550[1] / 1616[2]
- 2000
- 415[1] / 440[2]
- 1550[1] / 1616[2]
- 400
- 1230[1] / 1255[2] unbel.
- 855[1] / 880[2] unbel.
- 1130[1] / 1155[2]
- 2380
- 4100
- 1890
- 1950 oder 1475

1) bei Bereifung 10.5-20"
2) bei Bereifung 12.5-20"

TG A2464

ALLE MODELLE SEIT 1946

Geräte-Gruppe	Geräte-Hersteller	Geräte-Typ	Fahrzeug-Typ	Preis
	**Geräte-Programm für Unimog-Baureihe 411/406/421/403** Stand 2/1969			
Forstgeräte	Adolf Glogger, Augsburg	Rückewinde Typ DLW-RUV	U54 / U66 / U80	11.640,--
		Rückegerät Typ R G 421	U45	9.800,--
	Werner & Co. KG, Trier	Rückewinde 610/5	U54 / U66 / U80	11.850,--
		Rückewinde 610/3,0	U34 / U45	10.100,--
Seilwinden	DB AG, Werk Gaggenau	Frontseilwinde Typ 3500 V	U34/45/54/66/80	
	Werner & Co. KG, Trier	Frontseilwinde Typ 530	U34/45/54/66/80	1.670,--
		Hydrostat. Seilwinde Typ Hy 6	U54 / U66 / U80	15.600,--
		Rahmenseilwinde Typ 630	U54 / U66 / U80	10.000,--
	Gottfr. Schober, Augsburg	HPC Universal-Frontseilw. U63	U34/45/54/66/80	3.800,--
	Adolf Glogger, Augsburg	Heckseilwinde Typ D 5 S	U54 / U66 / U80	6.500,--
	Herz-Pfaff & Co. Augsburg	Heckseilwinde Typ Hydro U 6	U54 / U66 / U80	8.600,--
Generatoren	Adolf Messer GmbH, Frankfurt	Schweiß-u. Drehstromgenerator Typ Kopol 304	U34/45/54/66/80	6.000,--
Kompressoren	DB AG, Werk Gaggenau	Pressluftanbaugerät 7D-299Un2	U34/45/54/66/80	5.100,--
Straßenunterhaltungs-Geräte	Alfred Schmidt, St.Blasien	Gerader Erdschieber P 3 G	U54 / U66 / U80	1.500,--
		Erdschieber P1-G	U 34	900,--
		Erdschieber P1-E	U 34	1.200,--
		Erdschieber P1-EV	U 34	1.300,--
		Randstreifenmähgerät RM 1	U34 / U45	4.911,--
	Lothar Trenkle KG	Vibrationswalze AVW 61	U34/45/54/66/80	6.300,--
	Pfaffenweiler b. Villingen	Vibrationswalze AVW 63	U34/45/54/66/80	9.800,--
		Anhänge-Grader Typ AG 65	U54 / U66 / U80	25.000,--
		Anhänge-Grader Typ AG 66	U34/45/54/66/80	7.200,--
		6-Plattenverdichter P3/6V-/6H	U54 / U66 / U80	22.000,--
	Klaus-Gerd Hoes, Oldenburg	Bodenverörtelungsfräse UNIMIX	U54 / U66 / U80	20.970,--
		Einseitige Grabverfüllschnecke	U54 / U66 / U80	
		Doppelseit. Grabverfüllschnecke	U54 / U66 / U80	
	Adolf Ries, Bruchsal	Vollautom. Streugerät 401/406	U54 / U66 / U80	11.000,--
		Aufsatz-Streugerät Typ 4421	U 45	6.500,--
	K. Klaus GmbH, Memmingen	Böschungs-Mähwerk Typ 219	U 34 / U 45	10.000,--
	Anton Ruthmann, Gescher	Gelenksteiger Typ U K S 80	U 45	16.550,--
Lade- und Grabgeräte	Hiab GmbH, Hannover	Hydraulik-Kran Typ 293 U Bimbo	U34/45/54/66/80	9.000,--
		Ladekran 173/177 »Elefant«	U54 / U66 / U80	14.000,--
	Weyhausen KG, Delmenhorst	Atlas-Ladekran Typ AK 3001	U54 / U66 / U80	11.500,--
		Atlas-Ladekran Typ AK 1400	U54 / 66 / 80 / 90	11.000,--
	Demag-Zug GmbH, Duisburg	Grabeinrichtung Typ A 551	U34/45/54/66/80	13.200,--
	K. Klaus GmbH, Memmingen	Lade- und Irabgerät Typ 203	U54 / U66 / U80	17.000,--
		Lader Typ 201	U 34 / U 45	11.500,--
		Baggergerät Typ 205	U54 / U66 / U80	28.000,--
	Alfred Schmidt, St.Blasien	Frontlader FL 3	U54 / U66 / U80	7.550,--
		Frontlader FL 2 L	U 34 / U 45	3.250,--
Mastenstell-Bohrgeräte / Grabenfräse	Gebr. Eberhardt, Ulm	Dreipunkt-Anbau-Erdbohrer	U54 / U66 / U80	1.750,--
	Gebr. Böhler&Co, Düsseldorf	Sprengloch-Bohrgerät TK11/35	U54 / U66 / U80	17.000,--
	Klaus-Gerd Hoes, Oldenburg	Grabenfräse	U54 / U66 / U80	23.200,--
	Felix Kloz, Waiblingen	Bonnier-Maststellgerät	U54/66/80/90	9.200,--
	BOMAG GmbH, Celle	Bohrgerät Typ 61 H	U 45	44.450,--
Schneeräumgeräte	Alfred Schmidt, St.Blasien	Schneepflug	U54 / U66 / U80	1.800,--
		Einseitg. Schneepflug Typ E1U	U 34 / U 45	1.370,--
		Federklappenschneepflug F1U	U 34 / U 45	1.490,--
		Keil-Schneepflug Typ K 1 U	U 34 / U 45	1.040,--
Kehrgeräte	Alfred Schmidt, St.Blasien	Vorbau-Kehrbesen	U54 / U66 / U80	5.310,--
Kanalspülgeräte	Adolf Ries, Bruchsal	Hochdr.-Kanalspüleinrichtg.363	U 34 / U 45	15.500,--
		Kanalhochdruckspüleinrichtg. 363/II	U54 / U66 / U80	16.500,--

Produktion Unimog 406 (1963-1989)

	1963	1964	1965	1966	1967	1968	1969	1970	1971	Gesamt
406.120	419	948	896	878	363	800	1.001	1.092	999	
406.121	382	1.096	1.019	1.013	499	872	1.318	1.952	1.738	
406.130			3	5	2					10
406.131			29							29
406.133			30	126	214	153				523
406.141								2		2
Gesamt	**801**	**2.044**	**1.977**	**2.022**	**1.078**	**1.825**	**2.321**	**3.044**	**2.737**	
	1972	1973	1974	1975	1976	1977	1978	1979	1980	Gesamt
406.120	621	839	800	782	435	314	366	331	164	
406.121	1.302	1.733	1.455	1.512	1.201	922	1.047	1.003	763	
406.142			11	3	5					19
406.143		4	7	3	2					16
406.145			154	92	52	4	0	0	14	
406.320	40	56	184	72	0	64	8			424
Gesamt	**1.963**	**2.643**	**2.603**	**2.466**	**1.690**	**1.304**	**1.421**	**1.334**	**941**	
	1981	1982	1983	1984	1985	1986	1987	1988	1989	Gesamt
406.120	126	133	104	111	64	86	75	5	1	12.753
406.121	479	370	360	206	256	207	158	76	1	22.940
406.145	3	2	7	14	6	5				353
Gesamt	**608**	**505**	**471**	**331**	**326**	**298**	**233**	**81**	**2**	**37.069**

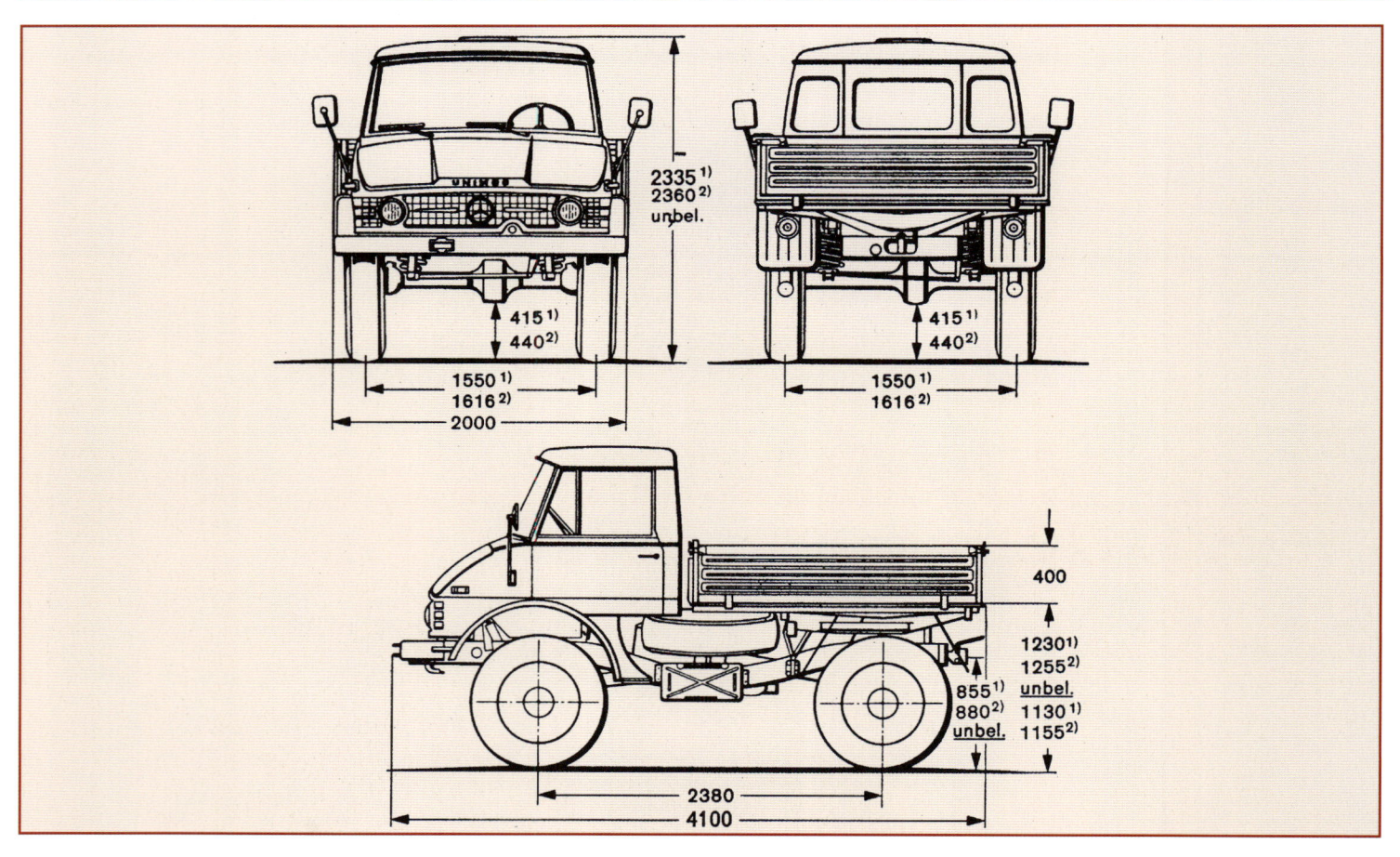

ALLE MODELLE SEIT 1946

Unimog U 80 Baureihe 416 (1965–1969)
Unimog U 90 Baureihe 416 (1969–1976)
Unimog U 90 T Baureihe 416 (1968–1975)

Abgeleitet von der Baureihe 406 entstand 1965 mit dem U 80 die Baureihe 416, die nun als künftiges Flaggschiff die neu differenzierte Unimog-Familie anführen sollte. Neu war, und dies entsprach dem Unimog S, die Verlängerung des Radstandes um 520 mm auf 2900 mm. Die ersten Baumuster mit offenem oder geschlossenem Fahrerhaus waren mit dem 80-PS-Sechszylinder-Direkteinspritz-Dieselmotor Typ OM 352 (BM 353.902) ausgestattet.

Die neue Unimog-Baureihe 416 gab es mit zwei verschiedenen Rahmenlängen, mit kurzem (4207 mm) und mit langem Rahmen (4687 mm). Durch den Aufbau einer Sattelkupplung konnte der Unimog 416 mit kurzem Rahmen jetzt als Sattelzugmaschine verwendet werden, wofür der Unimog 406 wegen seines kürzeren Radstandes aus Gründen der Fahrsicherheit nicht in Frage kam. Der lange Rahmen blieb vor allem der Verwendung als Arbeitsmaschine mit Spezialaufgaben, als Geräteträger für voluminöse Aufbaugeräte oder auch als Gelände-Lastwagen vorbehalten.

Mit der Einführung des geschlossenen Ganzstahlfahrerhauses, das von 1953 bis Ende der 1960er-Jahre bei Westfalia und danach in Gaggenau gebaut wurde, gab es für den Unimog neben dem modifizierten Fahrerhaus mit optimaler Sicht auf Frontanbaugeräte und Straße, hochstellbar und schwingungsisoliert in Gummi gelagert, auch eine Doppelkabine mit bis zu sieben Sitzen. Außerdem war dieses Fahrerhaus mit Zusatzstandheizung und zwei Dachentlüftungsklappen ausgestattet.

Mit 12.292 Fahrzeugen im Jahre 1969 erreichte die Unimog-Produktion im Werk Gaggenau der Daimler-Benz AG ein neues Rekordergebnis. Nahezu 70 % hiervon wurden auf 88 Exportmärkten abgesetzt. Großen Anteil hatte hieran auch die Baureihe 416 mit insgesamt 2576 Fahrzeugen.

Ab Januar 1969 wurde die Baureihe 416 mit der Straßenzugmaschine U 90 noch attraktiver und leistungsstärker. Angetrieben wurde der U 90 von dem bewährten und vom Großserien-Lkw-Motor abgeleiteten Sechszylinder-Dieselmotor OM 352

Ein Unimog U 80 (BM416.125) mit Ganzstahl-Doppelkabine demonstriert seine Stärke im Gelände.

Unimog U 80-Fahrgestell (BM416.127) mit Ganzstahl-Fahrerhaus als Sattelzugmaschine.

Unimog U 80 Sattelzugmaschine (BM416.127).

mit Direkteinspritzung (dort leistete er max. 126 PS), der nun im U 90 auf 90 PS bei 2800 U/min gedrosselt wurde. Der U 90 löste den U 80 ab und wurde als Bindeglied zur künftigen leistungsstarken und wendigen Zugmaschine für den Güternahverkehr gesehen.

Den U 90 gab es anfangs in seiner Lieferausführung zu DM 23.565,–. Für einen Mehrpreis von DM 6.725,– gab es die Zugmaschine mit verlängertem geschlossenen Fahrerhaus und zusätzlicher Sitzbank, Anhängerkupplung, Pritsche 1475 x 1890

ALLE MODELLE SEIT 1946

Unimog U 90 mit Doppelkabine und Kanalspüleinrichtung.

x 400 mm für 1850–2200 kg Nutzlast und Zusatzheizung.

Die Triebkopfversion U 90 T (BM 416.130 und BM 416.133) erweiterte ab 1968 das Unimog-Angebot auf dem deutschen Markt. Hiervon wurden 970 Einheiten bis Ende 1975 gebaut.

Auf der Basis der Baureihe 416 entstand 1968 in Argentinien für den südamerikanischen Markt die Baureihe 426. Besonders auf den größtenteils unbefestigten Wegen in den Anden bewährte sich der Unimog. Bis zur Einstellung der Produktion entstanden 2643 Fahrzeuge.

Als Anfang 1976 für den U 90 das Produktionsende kam, waren von den 80-PS- bzw. 90-PS-Varianten seit 1965 insgesamt 4297 Einheiten hergestellt worden.

Unimog U 90 als Zugmaschine in der Bauwirtschaft.

UNIMOG

U 90 T mit FIDA-Absetzkipper.

U 90 T mit Ruthmann-Niederflurhubwagen.

ALLE MODELLE SEIT 1946

Unimog U 100 / U 1100 L Baureihe 416 (1969–1990)
Unimog U 100 T Baureihe 416 (1968–1988)
Unimog U 110 / U 1100 Baureihe 416 (1969–1989)
Unimog U 110 T / U 1100 T Baureihe 416 (1968–1988)

Auf der IAA 1969 in Frankfurt präsentierte Daimler-Benz den Unimog U 100 der Baureihe 416 als neue Straßenzugmaschine. Das neue Flaggschiff rundete das seitherige Unimog-Programm nach oben hin ab. Mit seiner Leistung von 100 PS entsprach die Zugmaschine den Forderungen des Güternahverkehrs und war für den Kurzstrecken- und innerbetrieblichen Verkehr zum Ziehen von schweren Anhängern und Tiefladern bestimmt. Das zulässige Gesamtgewicht lag bei 6000 kg. Auch der U 100 besaß die besonderen Merkmale der Baureihe 416: Sein Radstand wurde auf 2900 mm vergrößert, um eine Sattelschlepper-Aufliegerkupplung, eine Doppelkabine oder Spezialarbeitsgeräte aufnehmen zu können. Die 100-PS-Version der Unimog-Baureihe 416 blieb nur bis zum Jahresende 1970 im Programm und wurde durch den U 110 abgelöst, dessen Leistung auf 110 PS angehoben wurde. Zu dieser Zeit gab es den Unimog erstmals als Fahrgestell-Variante in einer so genannten Lkw-Ausführung.

Der Unimog 416 mit einer Motorleistung von 100 PS wurde nicht nur als Straßenzugmaschine, Arbeitsmaschine oder Geräteträger eingesetzt, er fand auch zunehmend Verwendung im internationalen Militäreinsatz als leichter geländegängiger Lkw der NATO-Klasse 2 t, sofern er wegen seines Dieselmotors dem Unimog S vorgezogen wurde. Die Pritsche des wendigen Mannschaftsfahrzeuges war in Stahlausführung mit Holzboden gehalten und konnte mit ihrer Ladefläche von 3 x 2 Metern Sitzbänke für 8 bis 10 Mann aufnehmen. Der 416 war als mittleres Transport-

U 100 als Straßenzugmaschine.

Unimog U 100 T mit vollhydraulischem Ruthmann-Hubwagen mit schräg absenkbarer Ldefläche.

Der Unimog U 100 als mobile Servicestation konnte mit seinem Tecalemit-Aufbau der Firma Ries zwei Fahrzeuge gleichzeitig betanken, arbeitete als Abschmierstation und sorgte für den richtigen Reifendruck.

U 1100 als Allradzugmaschine für Gewerbe, Industrie und öffentlichen Dienst.

fahrzeug und Zugmaschine für den Materialtransport bis 2,5 t (bei Radstand 3400 mm bis 3,0 t) zugelassen. Sein 90-Liter-Kraftstofftank war gut für einen Fahrbereich von bis zu 600 Straßen-Kilometern, bei einem Verbrauch von zirka 19 Litern / 100 km.

Auch die Baureihe 416 bekam ab Mitte der 1970er-Jahre andere Verkaufsbezeichnungen, die sich nun am aufgerundeten verzehnfachten PS-Wert des Motors orientierten. Der U 100 bzw. U 110 mit einem Radstand von 2900 mm nannte sich nun U 1100 und erhielt die BM-Bezeichnung 416.140 (Klappverdeck) und 416.141 (Ganzstahlfahrerhaus), die es auf 3496 Einheiten brachten. Die Fahrgestell-Variante U 100 wurde zum U 1100 L, wobei es die offene U-1100-L-Version (BM 416.114), bis 1990 gebaut, auf stolze 19.199 Einheiten brachte.

Entsprechend den sich weiter ausdehnenden Anwendungsbereichen für den Unimog wurden speziell die Bremsanlagen der großen Typen ab 66 PS überarbeitet. Scheibenbremsen an allen vier Rädern sorgten nun ab 1973 für gute Verzögerungswerte beim Transport und beim Rangieren von schweren Lasten. Eine automatisch lastabhängige Bremskraftsteuerung wirkte dem Blockieren der Räder am Zugfahrzeug entgegen.

Ab Januar 1974 neu: Den 110 PS starken U 1100 L gab es jetzt auch mit verlängertem Radstand von 3400 mm als U 1100 L/34 (BM 616.116 bzw. 416.117) und optional auch mit einer Wandlerschaltkupplung. Diese war eine Kombination aus mechanischer Einscheiben-Trockenkupplung und Drehmomentwandler und spielte vor allem beim Ziehen von schweren Lasten eine Rolle. Sie garantierte ein ruckfreies Anfahren, reduzierte den Kupplungsverschleiß, minderte die Schaltvorgänge und ermöglichte so das Anfahren in einem um ein bis zwei Stufen höheren Gang. Durch diese Einrichtung wurde der Unimog im Rangierbetrieb bei der Bahn oder als Rangierfahrzeug wie z. B. als Flugplatzschlepper immer beliebter.

Selbstverständlich gab es den Unimog der Baureihe 416 auch als Triebkopf zum Antrieb von Spezialfahrzeugen. Auch der U 1100 T (BM 416.134 bzw. 416.135) war vor allem für Niederflur- und Schräghubwagen, als Absetzkipper, als Kehrmaschine und dergleichen vorgesehen. Zur Lieferausführung des

ALLE MODELLE SEIT 1946

Unimog U 100 T Triebköpfe vor der Auslieferung.

Unimog-Triebkopf im Einsatz als Absetzkipper mit Wechselladefläche.

Unimog-Fahrgestell mit Pritsche für Transporte auf Straßen und im Gelände.

Als echtes Zweiwegefahrzeug kann der Unimog sowohl auf der Straße als auch auf der Schiene rangieren. Hier ist er mit einer Schienenführungseinrichtung der Firma Ries ausgestattet.

Unimog U 100 als Zweiwegefahrzeug (Ries-System).

ALLE MODELLE SEIT 1946

U 1100 T, der nur in grundierter Lackierung angeboten wurde, gehörten der verkürzte Rahmen, Ganzstahl-Fahrerhaus mit Heizungs- und Belüftungsanlage, Vorderachse mit Bereifung 10,5-20/10 PR, Sechszylinder-Diesel-Direkteinspritzer OM 352 mit einer Leistung von 110 PS bei 2800 U/min, Hydraulikanlage und Servolenkung, Motorbremse, Derby-Hydrauliksitz, Warneinrichtungen und Kühlerfrostschutzmittel bis -25°. So ausgerüstet, stand der U 1100 T mit DM 39.860,– in den Preislisten von 1977. Auf Wunsch wurde ein verlängertes Ganzstahl-Fahrerhaus (Doppelkabine) für DM 245,– angeboten. Der Unimog-Triebkopf zeichnete sich durch ein niedriges Eigengewicht, Wendigkeit und durch einen günstigen Preis aus.

Der Zweiwege-Unimog U 1100 L der Baureihe 416 überzeugte durch seine Leistungen sowohl im Straßenverkehr als auch auf der Schiene und ersetzte z. B. Rangierloks mit einem Gesamtgewicht bis 18 Tonnen. Dabei lief der U 1100 L auf der Schiene mit normaler Bereifung. Vier Schienenführungsräder (Hersteller: Ries, Bruchsal) wurden konstant mit 1200 kg über den Kraftheber auf die Gleise gedrückt und führten so den Zweiwege-Unimog. Die Führungseinrichtung vorn und hinten konnte hydraulisch gehoben und gesenkt werden. Dadurch war ein schnelles Wechseln von der Straße auf die Schiene und umgekehrt möglich. Für den Einsatz auf der Schiene konnte durch einen Schalter im Fahrerhaus die Automatik eingeschaltet und gleichzeitig die elektrische Anlage auf Schienenbetrieb umgestellt werden.

Unimog U 1100/34 (BM 416.117) mit langem Radstand von 3400 mm als Rüstwagen im Feuerwehreinsatz.

Der Unimog U 1100 L als leistungsfähige Variante des Fahrgestellprogramms in der 3-t-Nutzlastklasse.

Unimog U 1100 L in der Militär-Version, ein leichter, geländegängiger Lkw der NATO-Klasse 2 t.

Unimog Baureihe 416 Typ U 125 / U 1100 L (1970–1989)

Das neue Flaggschiff im Unimog-Programm des Jahres 1970 kam aus der Baureihe 416 und hieß anfangs U 125, dann U 1100 L/29 (BM 416.162 bzw. 416.163). Der Sechszylinder-Direkteinspritzer OM 352 (BM 353.907) brachte es nunmehr auf stolze 125 PS (92 kW) bei 2.800 U/min und machte den Unimog als Straßenzugmaschine noch leistungsstärker. Im Vergleich zum Lastwagen stellte der U 125 (U 1100 L/29) eine gute Alternative in der Gesamtwirtschaftlichkeit dar, da die Unimog-Straßenzugmaschine durch den günstigen Kraftstoffverbrauch die Transportkosten im Nahverkehr niedrig hielt. Serienmäßig mit einer hydraulischen Servolenkung ausgestattet, war die Unimog-Straßenzugmaschine nicht nur leichter zu fahren und zu rangieren als ein vergleichbarer Lkw-Sattelzug, sie bot auch viel Fahrkomfort. Sollte die hydraulische Lenkhilfe jemals ausfallen, dann blieb sie als mechanische Lenkung voll einsatzbereit.

Weltweit eingesetzt, wurden von der bis 1990 gebauten Baureihe 416 insgesamt 45.336 Fahrzeuge gefertigt, was den zweiten Platz in der Unimog-Stückzahlstatistik bedeutet.

Unimog U 416 als Zweiwege-Fahrzeug im Rangierbetrieb.

extreme Geländegängigkeit	niedrige Schwerpunktlage	Aufbauraum mit Anbaupunkten
geringer Wendekreis	leistungsfähige Dieselmotoren	geräumige, wetterunabhängige Kab
starke Verwindungsfähigkeit des Rahmens	Differentialsperren in beiden Achsen	Große Böschungswinkel durch geringe Aufbauüberhänge

So stellte Mercedes-Benz werbend die Vorzüge seiner Unimog-Fahrgestelle heraus – Auszug aus einem Verkaufsprospekt.

Programmübersicht Unimog Baureihe 416								
Typ / Verkaufsbezeichnung	Baumuster	Fahrerhaus	Motor			Radstand	Stückzahl	Bauzeit
			Typ	BM	PS			
U 80	416.123	Ganzstahl	OM 352	953.902	80	2.900	161	12/1965 - 01/1969
U 80	416.124	Klappverd.	OM 352	953.902	80	2.900	108	11/1965 - 01/1969
U 80	416.125	Ganzstahl	OM 352	953.902	80	2.900	342	09/1965 -01/1969
U 80	416.127	Ganzstahl	OM 352	953.902	80	2.900	26	09/1965 - 01/1969
U 80	416.126	Klappverd.	OM 352	953.902	80	2.900	4	03/1966 - 01/1969
U 80	416.122	Klappverd.	OM 352	953.902	80	2.900	34	03/1966 - 01/1969
U 90	416.122	Klappverd.	OM 352	352.903	90	2.900	103	01/1969 - 01/1976
U 90	416.123	Ganzstahl	OM 352	352.903	90	2.900	857	01/1969 - 01/1976
U 90	416.124	Klappverd.	OM 352	352.903	90	2.900	454	01/1969 - 10/1975
U 90	416.125	Ganzstahl	OM 352	352.903	90	2.900	1.222	01/1969 - 01/1976
U 90	416.126	Klappverd.	OM 352	352.903	90	2.900	5	01/1969 - 10/1969
U 90	416.127	Ganzstahl	OM 352	352.903	90	2.900	11	01/1969 - 05/1970
U 100/416	416.126	Klappverd.	OM 352	352.903	100	2.900		06/1969 - 11/1970
U 100/416	416.127	Ganzstahl	OM 352	352.903	100	2.900		06/1969 - 11/1970
U 90	416.310	Ganzstahl	OM 352	352.903	90	2.900	1.632	04/1975 - 1982
U 90T	416.130	Klappverd.	OM 352	352.903	80/90	Triebk.	49	11/1968 - 11/1975
U 90T	416.133	Ganzstahl	OM 352	352.903	80/90	Triebk.	921	07/1968 - 12/1975
U100T/U110/U1100T	416.134	Klappverd.	OM 352	353.940	100/110	Triebk.	175	04/1972 - 12/1988
U100T/U110/U1100T	416.135	Ganzstahl	OM 352	353.940	100/110	Triebk.	1.082	10/1968 - 12/1988
U 100 / U 1100L	416.114	Klappverd.	OM 352	353.901	100/110	2.900	19.199	06/1969 - 1990
U 100 / U 1100L	416.115	Ganzstahl	OM 352	353.901	100/110	2.900	5.429	04/1970 - 12/1989
U 100 / U 1100L/34	416.116	Klappverd.	OM 352	353.901	100/110	3.400	1.618	01/1974 - 12/1988
U 100 / U 1100L/34	416.117	Ganzstahl	OM 352	353.901	100/110	3.400	1.483	10/1974 - 1989
U 100 / U 110 / U 1100	416.140	Klappverd.	OM 352	353.940	100/110	2.900	187	12/1969 - 03/1989
U 100 / U 110 / U 1100	416.141	Ganzstahl	OM 352	353.940	100/110	2.900	3.496	11/1969 - 12/1988
Fgst. UR 416	416.160	Torso	OM 352	353.905	110	2.900	816	12/1969 - 03/1989
U 125 / U 1100L	416.162	Klappverd.	OM 352	353.907	125	2.900	4.941	12/1973 - 12/1988
U 125 / U 1100L	416.163	Ganzstahl	OM 352	353.907	125	2.900	1.189	11/1970 - 03/1989

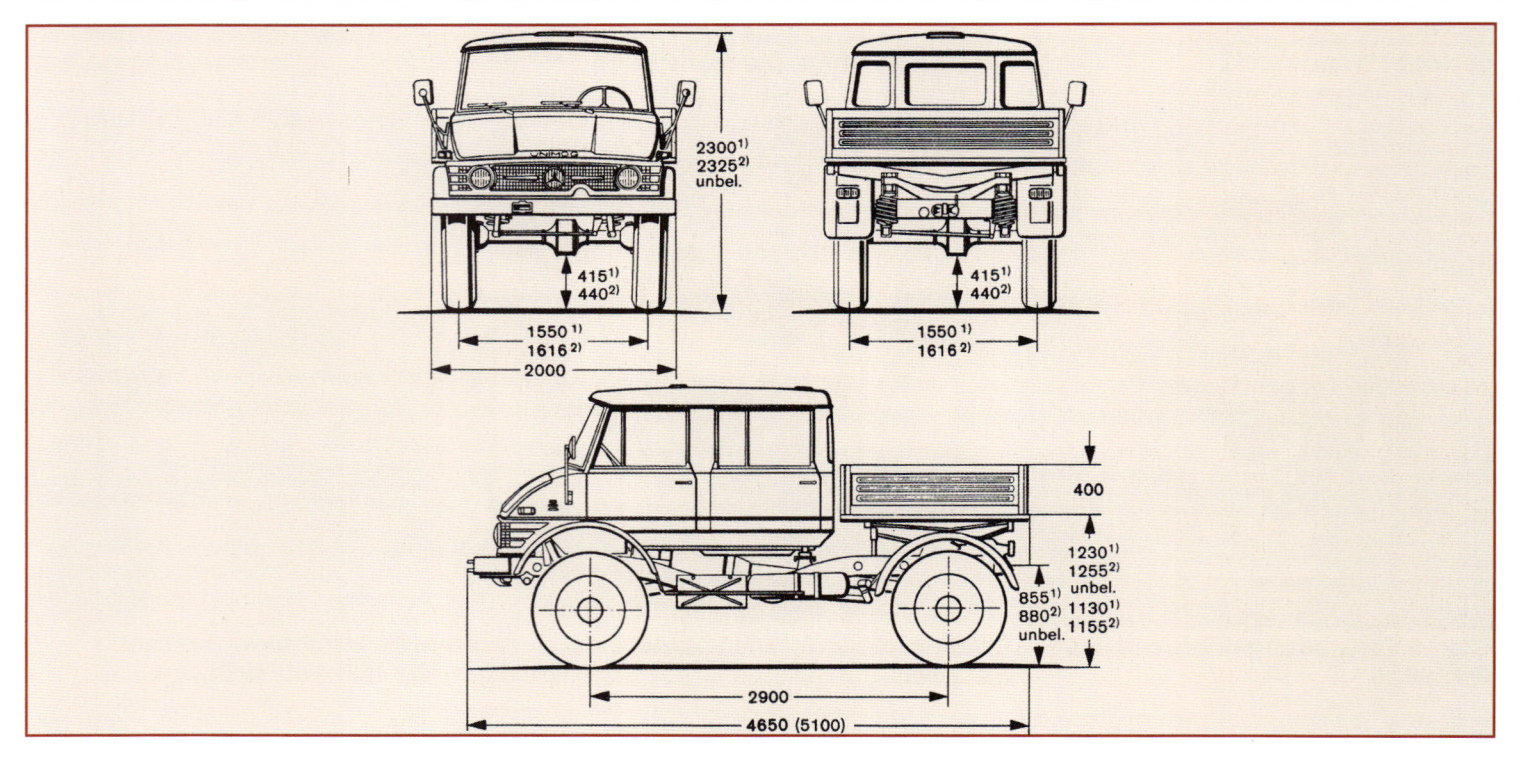

ALLE MODELLE SEIT 1946

	Unimog U 80 Baureihe 416 1965-1969 416.122 / .123 / .124 / .125 / .126 / .127	Unimog U 90 Baureihe 416 1969-1976 416.130 / .133	Unimog U 90 T Baureihe 416 1968-1975
Motor			
Baumuster (BM)	353.902 Typ OM 352	352.903 Typ OM 352	352.903 Typ OM 352
Bauart	Daimler-Benz 6-Zyl.-Reihen-Viertakt-Direkteinspritz-Dieselmotor		
Bohrung x Hub	97 x 128 mm		
Hubraum	5.675 ccm		
Leistung	80 PS (58 kW) b. 2.800/min	90 PS (66 kW) b. 2.800/min	90 PS (66 kW) b. 2.800/min
Drehmoment	26 mkg bei 1.600/min	260 Nm (27 mkg) 1.600/min	260 Nm (27 mkg) 1.600/min
Verdichtung	17 : 1		
Gemischbereitung	Bosch -Einspritzpumpe		
Einspritzfolge	1 - 5 - 3 - 6 - 2 - 4		
Kühlung	Wasserkühlung mit Pumpe und Thermostat (24 Liter)		
Luftfilter	Ölbadluftfilter (1,8 Liter Ölinhalt)		
Elektr. Anlage	Drehstromlichtmaschine 14 Volt 35 A, 490 Watt, Batterie 12 V / 110 Ah, Anlasser 4 PS		
Kraftübertragung			
Antrieb	Allradantrieb mit abschaltbarem Vorderachsantrieb, Differenzialsperren hinten und vorn		
Kupplung	Fichtel & Sachs/L u.K Einscheiben-Trockenkupplung, (Wunsch: Doppelkupplung)		
Getriebe	DB-Zwangs-Sperrsynchrongetriebe, 6 Vorwärts- und 2 Rückwärtsgänge auf Wunsch Vorschaltgetriebe (20 Vorwärts- und 8 Rückwärtsgänge)		
Fahrgeschwindigkeit	bei Drehzahl 2.800/min		
Normalgänge vorwärts	5,3 / 9,7 / 17,2 / 31,1 / 47 / 77,5 km/h		
rückwärts	6,7 / 12,1 km/h		
Kriechgänge vorwärts	1,1 / 2,1 / 3,7 / 6,7 km/h		
rückwärts	1,4 / 2,6 km/h		
2 x 4-Schaltung Gelände	5,3 / 9,7 / 14,6 / 24 km/h		
Straße	17,2 / 31,1 / 47 / 77,5 km/h		
rückwärts	6,7 / 12,1 / 18,2 / 30 km/h		
Fahrwerk			
Rahmen	Leiterrahmen aus 2 U-Profil-Längsträgern mit Rohrquerträgern. Motor/Getriebe 3-punktgel.		
Fahrerhaus	Klappverdeck oder Ganzstahlfahrerhaus, dreipunktgelagert, hochstellbar		
Achsen v/h	Portalachsen mit Laufradvorgelegen und Differenzialsperren, vorn Doppelgelenke		
Federung v/h	Schraubenfedern und Teleskopstoßdämpfer, hinten mit Zusatzfedern		
Bremsen v/h	Hydr. Einkreis-Trommelbremsanlage, Druckluftunterstützung mit Zweistufenverstärkung, mech. Stockhandbremse auf Hinterräder wirkend		
Leistungsabtriebe	Zapfwelle vorn, hinten, Zwischenabtrieb, Mittelabtrieb		Zapfwelle vorn
Krafheber	Fördermenge 39,9 Liter/min, Hubkraft 2.796 / 2.551 daN		
Anhängerbremsanlage	komb. Ein- und Zweileitungs-Anhängerbremsanlage		
Lenkung	hydraulische Servolenkung		
Räder	9 x 20 oder 11 x 20	9 x 20 oder 11 x 20	9 x 20 oder 11 x 20
Bereifung	10,5 - 20 o. 12,5 -20	10,5 - 20 o. 12,5 -20	10,5 - 20 o. 12,5 -20
Allgemeine Daten			
Radstand	2.900 mm		Triebkopf
Rahmenlänge	4.207 / 4.687 mm	4.207 / 4.687 mm	2.162 mm
Spurweiten	1.555 / 1.630 mm	1.555 / 1.630 mm	1.555 / 1.630 mm
Gesamtmaße	4.650 / 5.100 x 2.000 x 2.360 mm		2.262 x 2.000 x 2.360 mm
Bodenfreiheit/Diff.	415 / 440 mm	415 / 440 mm	415 / 440 mm
Überhangwinkel v/h	45° / 45°	45° / 70°	45°
Wattiefe	800 mm	800 mm	800 mm
Pritschenfläche	1.475/1.950/3.000 x 1.890/2.000 x 400/500 mm		
Höhe Anhängerkupplung	855 / 880 mm		855 / 880 mm
Höchstgeschwindigkeit	80 km/h		
kl. Wendekreis	12,5 Meter		12,5 Meter
Leergewicht	3.200 - 3.520 kg	3.200 - 3.520 kg	2.100 / 2.180 kg
Nutzlast	2.200 kg		2.200 kg
zul. Gesamtgewicht	6.000 kg		6.000 kg
zul. Achslast v/h	3.600 - 3.700 kg	3.600 - 3.700 kg	3.600 - 3.700 kg
Kraftstofftank	90 Liter (Wunsch 120 Liter)		

	Unimog U 100/110 (U 1100) Baureihe 416 1969-1989 416.140 / 416.141	Unimog U 100 T/110 T (U 1100 T) Baureihe 416 1968-1988 416.134 / 416.135
Motor		
Baumuster (BM)	353.940	353.940
Bauart	Daimler-Benz 6-Zyl.-Viertakt-Diesel-Direkteinspritzerr, Typ OM 352	
Bohrung x Hub	97 x 128 mm	
Hubraum	5.675 ccm	
Leistung	100/110 PS (73/81 kW) bei 2.800/min	
Drehmoment	318 Nm (28 mkg) bei 1.700/min	
Verdichtung	7 : 1	
Gemischbereitung	Bosch -Einspritzpumpe	
Einspritzfolge	1 - 5 - 3 - 6 - 2 - 4	
Kühlung	Wasserkühlung mit Pumpe und Thermostat (24/23 Liter)	
Luftfilter	Ölbadluftfilter (1,8 Liter Ölinhalt)	
Elektr. Anlage	Drehstromlichtmaschine 14 Volt 35/55 A, 490/770 Watt, Batterie 12 V / 110/120 Ah	
Kraftübertragung		
Antrieb	Vorderachsantrieb und Differenzialsperren in beiden Achsen, während der Fahrt ohne Zugkraftunterbrechung pneumatisch zu- und abschaltbar (Allrad)	
Kupplung	hydr. Einscheiben-Trockenkupplung (Durchm. 310 mm) (Wunsch Doppelkupplung)	
Getriebe	Vollsynchr. MB 6-Gang-Schaltgetriebe mit integriertem Vorderradantrieb (Allrad) Vorschaltgetriebe mit 3 Gruppen, Typ UG 2/27 - 6/14,53 GA	
Fahrgeschwindigkeit	Normalgänge Serie (km/h)	
Gelände vorwärts	5,4 / 9,8 km/h	
Straße vorwärts	17,5 / 31,6 / 47,7 / 79,0 km/h	
rückwärts	6,8 / 12,2 km/h	
2 x 4 vorwärts	5,5 / 9,8 / 14,8 / 24,4 / 17,5 / 31,6 / 47,7 / 79 km/h	
2 x 4 rückwärts	6,8 / 12,2 / 18,5 / 30,5 km/h	
Achsübersetzung	i = 6,527	
Fahrwerk		
Rahmen	Leiterrahmen aus 2 U-Profil-Längsträgern mit Rohrquerträgern. Motor/Getriebe 3-punktgelagert	
Fahrerhaus	Klappverdeck oder Ganzstahlfahrerhaus, dreipunktgelagert, hochstellb., (SA Doppelkabine)	
Achsen v/h	Portalachsen mit Differenzialsperre, Radvorgelege, Querlenker und Schubrohr	
Federung v/h	Schraubenfedern und Teleskopstoßdämpfer, hinten mit Zusatzfedern	
Bremsen v/h	Hydr. Einkreis-Trommel-/Scheibenbremse mit Druckluftunterstützung, komb. Ein- und Zweileitungs-Anhängerbremsanlage, mech. Stockhandbremse auf Hinterräder wirkend	
Krafheber	39,9 Liter/min, Hubkraft 2.796 / 2.551 daN	
Lenkung	hydraulische Servolenkung	
Räder	9 x 20 oder 11 x 20	9 x 20 oder 11 x 20
Bereifung	10,5 - 20 /10 PR oder 12,5 - 20 /10 PR	10,5 - 20 /10 PR oder 12,5 - 20 /10 PR
Allgemeine Daten		
Radstand	2.900 mm	Triebkopf
Rahmenlänge	4.207 mm	2.162 mm
Spurweite v/h	1.555 / 1.630 mm	1.555 / 1.630 mm
Gesamtmaße	4.650 x 2.000 x 2.360 mm	2.260 x 2.000 x 2.360 mm
Vorbaumaß	990 mm	990 mm
Bodenfreiheit/Diff.	415 / 440 mm	415 / 440 mm
Böschungswinkel v/h	45° / 70°	45°
Pritschenfläche	1.475 / 1.950 x 1.890 x 400 mm	
Höchstgeschwindigkeit	80 km/h	80 km/h
kl. Wendekreis	12,5 Meter	
Leergewicht	Fhgst. 2.830 / 2.950 kg	2.240 kg
Nutzlast		
zul. Gesamtgewicht	6.000 - 7.000 kg	9.000 - 13.750 kg
zul. Achslast v/h	3.600 / 3.700 kg	3.600-3.800 / 6.760-14.460 kg
zul. Anh.Last gebr.	6.000 - 6.500 kg	
Füllmenge Motor	11 Liter	11 Liter
Kraftstoffverbrauch	20 Liter / 100 km	20 Liter / 100 km
Kraftstofftank	90 Liter (Wunsch 120 Liter)	90 Liter (Wunsch 120 Liter)

ALLE MODELLE SEIT 1946

Unimog U 100 (U 1100 L) Baureihe 416 1969-1990 416.114 / 416.115	Unimog U 1100 L/34 Baureihe 416 1970-1989 416.116 / 416.117	Unimog U 125 (1100 L/29) Baureihe 416 1970-1989 416.162 / 416.163
353.901	353.901	353.907
	Daimler-Benz 6-Zyl.-Viertakt-Diesel-Direkteinspritzerr, Typ OM 352	
	97 x 128 mm	
	5.675 ccm	
100/110 PS (73/81 kW) 2.800/min	110 PS (81 kW) bei 2.800/min	125 PS (92 kW) bei 2.800/min
	318 Nm (28 mkg) bei 1.700/min	348 Nm (36 mkg) bei 2.000/min
	17 : 1	
	Bosch -Einspritzpumpe	
	1 - 5 - 3 - 6 - 2 - 4	
	Wasserkühlung mit Pumpe und Thermostat (24/23 Liter)	
	Ölbadluftfilter (1,8 Liter Ölinhalt)	
	Drehstromlichtmaschine 14 Volt 35/55 A, 490/770 Watt, Batterie 12 V / 110/120 Ah	
	Vorderachsantrieb und Differenzialsperren in beiden Achsen, während der Fahrt ohne Zugkraftunterbrechung pneumatisch zu- und abschaltbar (Allrad)	
	hydr. Einscheiben-Trockenkupplung (Durchm. 310 mm) (Wunsch Doppelkupplung)	
	Vollsynchr. MB 6-Gang-Schaltgetriebe mit integriertem Vorderradantrieb (Allrad)	
	Vorschaltgetriebe mit 3 Gruppen, Typ UG 2/27 - 6/14,53 GA	
Normalgänge Serie (km/h)		Normalgänge Serie (km/h)
5,4 / 9,8 km/h		6,7 / 12,0 km/h
17,5 / 31,6 / 47,7 / 79,0 km/h		21,5 / 39,9 / 58,7 / 97 km/h
6,8 / 12,2 km/h		8,3 / 15,1 km/h
5,5 / 9,8 / 14,8 / 24,4 / 17,5 / 31,6 / 47,7 / 79 km/h		6,7/12/18,2/30/21,5/38,9/58,7/97
6,8 / 12,2 / 18,5 / 30,5 km/h		8,3 / 15,1 / 22,7 / 37,5 km/h
i = 6,527		i = 5,308
	Leiterrahmen aus 2 U-Profil-Längsträgern mit Rohrquerträgern. Motor/Getriebe 3-punktgelagert	
	Klappverdeck oder Ganzstahlfahrerhaus, dreipunktgelagert, hochstellbar, (SA Doppelkabine)	
	Portalachsen mit Differenzialsperre, Radvorgelege, Querlenker und Schubrohr	
	Schraubenfedern und Teleskopstoßdämpfer, hinten mit Zusatzfedern	
	Hydr. Einkreis-Trommel-/Scheibenbremse mit Druckluftunterstützung, komb. Ein- und Zweileitungs-Anhängerbremsanlage, mech. Stockhandbremse auf Hinterräder wirkend	
	39,9 Liter/min, Hubkraft 2.796 / 2.551 daN	
	hydraulische Servolenkung	
9 x 20 oder 11 x 20	9 x 20 oder 11 x 20	11 x 20
10,5 - 20 /10 PR oder 12,5 - 20 /10 PR oder 22 - 20 /10 PR	12,5 R - 20 Radial	
2.900 mm	3.400 mm	2.900 mm
4.687 mm	5.287 mm	4.687 mm
1.555 / 1.630 mm	1.555 / 1.630 mm	1.630 mm
5.100 x 2.000 x 2.360 mm	5.550 x 2.000 x 2.360 mm	4.765 x 2.040 x 2.375 mm
	990 mm	
	440 mm	
	45° / 70°	
max. Aufbaulänge 3.080 mm	max. Aufbaulänge 3.650 mm	max. Aufbaulänge 3.080 mm
80 km/h	80 km/h	100 km/h
12,5 Meter	14,0 Meter	12,5 Meter
3.300 - 3.510 kg	2.950 - 3.610 kg	3.300 - 3.510 kg
2.200 kg	2.200 kg	3.150 kg
	6.500 - 7.000 kg	
	3.700 kg	
	9.100 kg	
	11 Liter	
	20 Liter / 100 km	
	90 Liter (Wunsch 120 Liter)	

Preise / Lieferausführungen Unimog U 80 Baureihe 416 Stand 8/1968

Preis der Grundausführung	mit Allwetterverdeck	23.200,--
	Sattelzugmaschine	24.080,--

Motor	Mercedes-Benz 6-Zylinder-Diesel-Direkteinspritzmotor, 80 PS (58 kW) bei 2.800/min, Typ OM 352, wassergekühlt, Bosch-Einspritzausrüstung, mech. Drehzahlregler, Betriebsstundenzähler, Anlasser, Drehstromlichtmaschine 14 V 35 A (240 W), Luftpresser
Elektr. Ausrüstung	Batterie 12V / 110 Ah, 2 Scheinwerfer, Signalhorn, Blinker, 2 Scheibenwischer, Stopplicht, Schlussleuchten
Armaturen	Kombi-Instrument mit Öldruckanzeige, Fernthermometer, Kraftstoffanzeige, Doppeldruckmesser; Geschwindigkeitsanzeiger, Steckdose
Antrieb	Allradantrieb mit pneumatisch schaltbaren Differenzialsperren für beide Achsen, Portalachsen mit Radvorgelegen
Getriebe	Vollsynchrongetriebe mit 6 Vor- und 2 Rückwärtsgängen für 4,7 bis 71 km/h
Bremsen	hydraulische Vierrad-Fußbremse mit Druckluftunterstützung, mechanische Hinterrad-Stock-Handbremse, Druckluft-Anhängerbremse (Einleitungssystem)
Lenkung	hydraulische Servo-Lenkung
Federung	Schraubenfedern und Teleskopstoßdämpfer für beide Achsen, hinten mit Zusatzfeder
Fahrerhaus	**Offen:** hochstellbar, Allwetterverdeck aus wetterfestem Segeltuch mit zusammenklappbarem Rohrgestell, Rückwand mit Fenster, ausstellb. Seitensteckfenster, abnehmbarer Windschutzscheibe, Heizungs- und Belüftungsanlage
	Geschlossen: hochstellbar, aus Stahlblech mit Innenverkleidung, Türen mit ausstellbaren Scheiben und Kurbelfenstern, gebogene Windschutzscheibe, Heizungs-u. Belüftungsanlage
Bereifung	4-fach, Niederdruckreifen 10,5 - 20 /8 PR Allzweckprofil
Zubehör	kompletter Werkzeugsatz, Wagenheber, Unterlegkeil
Lackierung	grün/DB 6277, grau/DB 7187, blau/DB 5328

U 80 T Triebkopf für Hubwagenaufbau

Mindestlieferumfang	Rahmen, geschlossenes Fahrerhaus, grundiert, Vorderachse mit Bereifung 10,5 - 20 /8 PR	
	Sechszylinder-Diesel-Direkteinspritzer, 80 PS, Typ OM 352, Hydraulikanlage und Servolenkung, Warndreiecke	
	Preis	19.480,--
	Mehrpreis für Bereifung 12,5-20 /8PR mit Kotflügelverbreiterung vorn	295,--
	Mehrpreis für Sonderabtrieb (bei auswechelb. Geräten der Fa. Ries/Bruchsal)	380,--
	Mehrpreis für verlängertes, geschlossenes Fahrerhaus mit zusätzl. Sitzbank	3.200,--
	Mehrpreis für hydr. Wagenheber 4 t.	21,--

U 80 T Triebkopf für Schörling-Kehrmaschinen

1.) Mindestlieferumfang für Typ TTV mit Einbaumotor

	Rahmen, geschlossenes Fahrerhaus, grundiert, Vorderachse mit Bereifung 10,5 - 20 /8 PR, Sechszylinder-Diesel-Direkteinspritzer, 80 PS, Typ OM 352, Motorbremse, Drehzahlmesser, Servolenkung, hydr. Wagenheber, Ansaugkamin mit Zyklonfilter, Warndreiecke	
	Preis	18.890,--

2.) Mindestlieferumfang für Typ TTV ohne Einbaumotor

	wie oben 1.), jedoch zusätzlich mit Sonderabtrieb Doppelkupplung für Motorzapfwelle 1.100/min	
	Preis	20.250,--

3.) Mindestlieferumfang für Typ TTM-S

	wie oben 1.), jedoch zusätzlich mit Bereifung 12,5 - 20 anstelle 10,5 - 20 mit Kotflügelverbreiterung vorn, Kriechgangzusatzgetriebe, Sonderabtrieb	
	Preis	20.160,--
		Preis in DM ohne Mehrwertsteuer

Preise / Lieferausführung U 1100 T Triebkopf BR 416 Stand 8/1977

U 1100 T (BM 416.135)

Rahmen, Ganzstahl-Fahrerhaus, grundiert, Vorderachse mit Bereifung 10,5 - 20 /10 PR,
MB-6-Zylinder-Diesel-Direkteinspritzmotor Typ OM 352, 110 PS (81 kW) bei 2.800/min,
Hydraulikanlage und Servolenkung, Motorbremse, Derby-Hydrauliksitz, Warneinrichtungen,
Kühlerfrostschutzmittel bis -25° C.

	Preis (in DM ohne Mehrwertsteuer)	39.860,--
	Mehrpreis für Bereifung 12,5 - 20 /12 PR mit Kotflügelverbreiterung vorne	530,--
	Mehrpreis für Sonderabtrieb mit 600/min	840,--
	Mehrpreis für Lackierung	150,--
	Mehrpreis für Sonderlackierung einfarbig	340,--
	Mehrpreis für verlängertes Ganzstahl-Fahrerhaus mit Zusatzheizung (Standheizung)	8.245,--
	Mehrpreis für Sonderlackierung einfarbig	395,--
		Preis in DM ohne Mehrwertsteuer

ALLE MODELLE SEIT 1946

Liefer- und Getriebeausführungen U 90 / U 100 BR 416 Stand 2/1971	
Lieferausführung	
Motor	Mercedes-Benz 6-Zylinder-Diesel-Direkteinspritzmotor, 90 / 100 PS bei 2.800/min, Typ OM 352, wassergekühlt, Bosch-Einspritzausrüstung, mech. Drehzahlregler, Betriebsstundenzähler, Anlasser, Drehstromlichtmaschine 14 V 35 A (490 W), Batterie 12 Volt / 110 Ah, elektronische Warnblinkanlage, Luftpresser; U 100: Zusatzluftpresser
Armaturen	Kombi-Instrument mit Öldruckanzeige, Fernthermometer, Kraftstoffanzeige, Doppeldruckmesser; Fahrtschreiber (Tagesregistrierung) mit Geschwindigkeitsanzeige
Antrieb	Allradantrieb mit pneumatisch schaltbaren Differenzialsperren für beide Achsen, Portalachsen mit Radvorgelegen
Bremsen	hydr. Allradfußbremse mit Druckluftunterstützung, mech. Hinterrad-Stock-Handbremse, Druckluft-Anhängerbremse (Einteitungssystem); U 100: zus. mit Schalter f. 3. Bremse
Lenkung	hydraulische Servo-Lenkung
Federung	Schraubenfedern mit Zusatzfeder hinten, Teleskopstoßdämpfer vorn und hinten
Anhängerkupplung	U 90: nur Anhängemaul mit Steckbolzen vorn; U 100: Selbsttätige gefederte Anhängerkupplung hinten (großes Maul), Anhängemaul mit Steckbolzen vorn
Fahrerhaus	hochstellbar, Allwetterverdeck aus wetterfestem Segeltuch mit zusammenklappbarem Rohrgestell, Rückwand mit Fenster, ausstellb. Seitensteckfenster, abnehmb. Windschutzscheibe, Heizungs- und Belüftungsanlage, Überschlagschutzbügel, Scheibenwaschanlage
Ladefläche	U 100: Seitenwände und Rückwand abklappbar, einschl. Einlegeboden abnehmbar, 1.950 mm Länge x 1.890 mm Breite, Nutzlast 2.400 kg
Zubehör	Werkzeugsatz, Wagenheber, Warneinrichtungen, Verbandskasten mit Halter, Unterlegkeil; U 100: zusätzlich mit Zubehörkasten mit 2 Reservekanistern á 20 Liter
Lackierung	grün/DB 6277, grau/DB 7187, blau/DB 5328, goldgelb/RAL 1004
Getriebeausführungen	
Ausführung 1	Einfachkupplung, vollsynchronisiertes Hauptgetriebe mit 6 Vorwärts- und 2 Rückwärtsgängen
Ausführung 2	Ausführung wie 1, jedoch mit Sonderabtrieb zum gleichzeitigen und wahlweisen Antrieb der vorderen und hinteren Zapfwelle mit 600/min
Ausführung 3	U 90: Ausführung wie 2, jedoch mit Sonderabtrieb, schaltbar für Zapfwellendrehzahl 600/min und 1.100/min

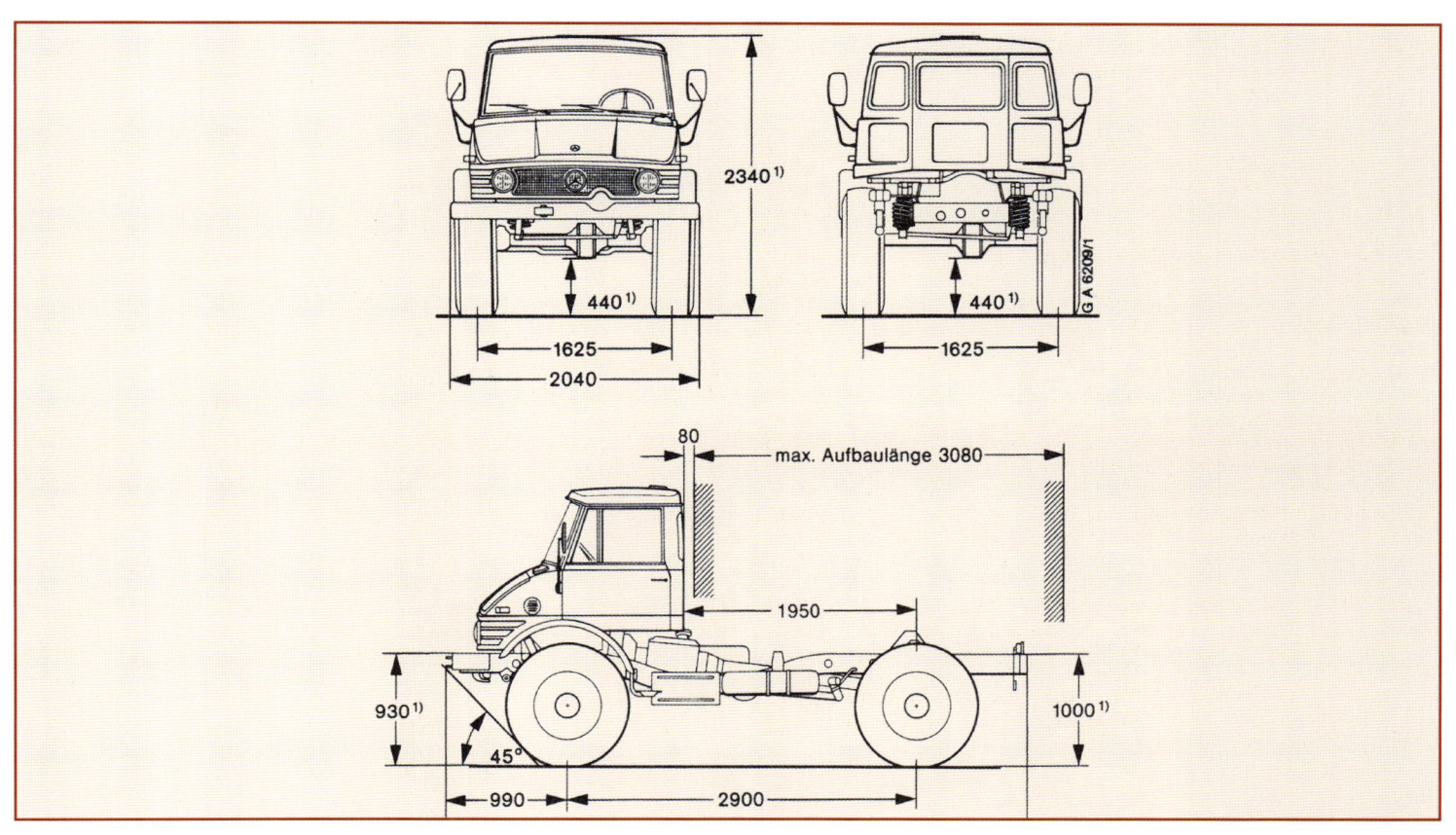

Preise / Sonderausrüstungen Unimog U 90 / U 100   BR 416   Stand 2/1971

Preise U 90 BM 416.122

	10,5-20/8 Allzweck	10,5-20/10 Allzweck	12,5-20/10 Allzweck	12,5-20/10 Hochstoll.
Getr. 1	30.067,--	30.171,--	30.807,--	30.935,--
Getr. 2	30.573,--	30.677,--	31.313,--	31.441,--
Getr. 3	31.234,--	31.338,--	31.974,--	32.102,--

Mehrpreis
Mit geschlossenem Fahrerhaus	850,--
Rahmenlänge 4.587 mm (anst. 4.107 mm)	393,--

Mehrpreis Zugmaschine
Rahmenlänge 4107 mm mit verlängertem geschl. Fahrerhs. u. zus. Sitzbank, Anhängerkupplg. Pritsche 1.475x1.890x400 für 1.850-2.200 kg Nutzlast, Zusatzheizung — **8.762,--**

Preise U 100 BM 416.140

	10,5-20/10 Allzw./Straße	12,5-20/10 Allzw./Str.
Getr. 1	33.010,--	33.646,--
Getr. 2	33.516,--	34.152,--

Mehrpreis
Mit geschlossenem Fahrerhaus	850,--
Mit verl. geschl. Fahrerhaus und zusätzl. Sitzbank, Pritsche 1.475x1.890x400 mm Zusatzheizung, Rahmenlänge 4.107 mm	6.650,--

Minderpreis Sonderteile Sattelzugmaschine
Aufsattelkupplung-Unterteil, Kotflügel hi. jedoch ohne Pritsche, Hilfsrahmen, Zubehörkasten, Reservekanister, Anhängekup. — **838,--**

Sonderausrüstungen U 90 / U 100:

Getriebe / Zapfwellen

128 o.126	Zapfwelle vorn 1 3/4" o. 1 3/8"	323,--
142 o.140	dto. hinten 1 3/4" o. 1 3/8" mit Zwischenabtrieb	677,--
130	Zapfwellenmittelabtrieb	376,--
181	2 x 4 Schaltplatte (nicht bei Getr.-Ausf. 5 und 6)	55,--

Pneumatik / Hydraulik

701	Hydraulikanlage	999,--
760	Steckeranschluß vorn, 2fach	76,--
761	dto. 4fach	151,--
753	Steckeranschluß hinten mit sep. Rücklaufleitung	290,--
575	Teleskopzylinder für Pritsche	806,--
575	dto. bei vorh. Ste.-anschl. hinten	699,--
730	Anhängerbremsanlage 2-Leitg.	129,--
725	dto. Komb. Ein- und Zweileitg.	268,--
737	U 90: Schalter für 3. Bremse	11,--
718	Zweikreisbremsanlage	92,--
723	Druckluftanschluß v (1- o. 2-Ltg.)	70,--
726	dto. Komb. 1- und 2-Leitungs.	140,--
783	U 90: Zusatzluftpresser	452,--

Rahmen / Fahrwerk

214	Anbaubeschläge vorn	113,--
215	Anbaubeschläge hinten	86,--
210	Schutzpl. v. m. Anbaupunkten	194,--
216	Hubzylinderbock vorn	248,--
217	dto. bei Frontlagerbeschlag	124,--
230	Vorderfeder verstärkt	9,--
325	Seilwindenhalter vorn f. Fremds.	54,--
224	U 90: Anhängekupplung	194,--
227	dto. mit großem Maul	215,--
273	Tankverschluß abschließbar	12,--
963	Hydraulischer Wagenheber	38,--
211	Staubschutzblech vorn	20,--
261	U 90: 120-Liter-Tank	151,--

(Preis in DM ohne Mehrwertsteuer)

Motor

801	Nahentstörung (12 V)	33,--
028	Erhöhte Batterieleistung	194,--
804	24-V-Anlage (nahentstört)	172,--
026	Lichtmaschine 14V/55A(770W)	14,--
068	Ansaugkamin m. Regenklappe	43,--
069	Ansaugkamin m. Zyklonfilter	65,--
069	Zyklonfilter (Allwetterverdeck)	22,--
048	Drehzahlmesser	52,--
040	Motorbremse/Schal. 3. Bremse	162,--
952	Kühlerfrostschutzmittel (-25°)	33,--

Instrumente

814	Fahrtenschreiber 7-Tage-Reg.	22,--
861	Zusatzscheinwerfer	108,--
860	U 90: Rückbeleuchtg. Arbeitsger.	27,--
884	Rundumkennleuchte	194,--
857	Rückfahrscheinwerfer	70,--
464	2-Stufen Scheibenwischanlage	27,--

Aufbau

570	U 90: Kotflügel hinten (Fgst)	205,--
436	Schiebefenster Fhs-Rückwand	81,--
431	Dachlüftungsklappe 520x450	237,--
447	2-Pkt-Sicherheitsgurte	49,--
444	Derby-Hydrauliksitz	172,--
520	U 100: Sitze u. Aufsteckteile für Pritsche 1.950x1.890 mm	591,--
538	Pritschenverdeck f. 1.475x1.890	591,--
538	U 100: dto. für 1.950x1.890	634,--
973	Rot-weiße Warnstreifen	81,--
	Sonderlackierung einfarbig	124,--
854	Schutzgitter für Scheinwerfer	41,--
078	U 90: Zusatzheizung	752,--
460	Windschutzscheibe Sigla	119,--
461	Windschutzsch. Sigla, heizbar	269,--

Geräte

341	Preßluftanbaugerät 2.200 Liter	6.020,--
218	Halteboch dazu	17,--

ALLE MODELLE SEIT 1946

Empfohlene Lieferausführungen U 1100 / 1100 L/29 / 1100 T Stand 1982

Ausführung Zugmaschine mit Doppelkabine U 1100

Leergewicht		3.510 kg
tatsächliche Vorderachslast		2.250 kg
tatsächliche Hinterachslast		1.260 kg
B05	Scheibenbremse zweikreisig	
B45	Anhängerbremsanlage Ein- u. Zweileitung	
B71	Frostschützer für Druckluftanlage	
C15	Vorderfedern verstärkt	
D10	Anbaubeschläge vorn	
D17	Schutzplatte vorn	
F07	Doppelkabine	
F50	Schall- und Wärmeisolierung	
H06	Hydroanlage, 2-zellig	
H71	Hydr. Steckeranschluß vorn, 4fach	
J20	Tachograf, EC, 1 Fahrer	
J79	Warnblinkanlage	
L47	Zusatzscheinwerfer für Frontanbaugeräte	
L50	Rundumkennleuchte, links, gelb	
M22	Motorbremse mit Schalter für 3. Bremse	
P11	Pritsche 1.475 x 1.890 x 400 mm	
Q15	Anhängerkupplung mit großem Maul	
R24	4 Scheibenräder 11 x 20 für 12,5 - 20	
S35	Scheibenwaschanlage	
S50	Verbandskasten mit Halter	
Y46	Warndreieck mit Warnleuchte	

Ausführung Fahrgestell U 1100 L/29

Leergewicht		2.950 kg
tatsächliche Vorderachslast		2.100 kg
tatsächliche Hinterachslast		850 kg
A25	Abdeckbleche gegen Bremsverschmutzung	
B05	Scheibenbremse zweikreisig	
B25	ALB (Automatische Lastabhängige Bremse)	
C15	Vorderfedern verstärkt	
D10	Anbaubeschläge vorn	
H06	Hydraulikanlage 200	
J20	EG-Kontrollgerät (Tachograf, EC, 1 Fahrer)	
J32	Motor-Drehzahlmesser	
J79	Warnblinkanlage	
L30	Schutzgitter für Scheinwerfer	
M66	Ansaugkamin mit Zyklonfilter	
R24	4 Scheibenräder 11 x 20 für 12,5 - 20	
S35	Scheibenwaschanlage	
S48	Schiebefenster Rückwand	

Ausführung Zugmaschine mit Doppelkabine U 1100 L/29

Leergewicht		3.610 kg
tatsächliche Vorderachslast		2.240 kg
tatsächliche Hinterachslast		1.370 kg
B05	Scheibenbremse zweikreisig	
B45	Anhängerbremsanlage Ein- u. Zweileitung	
B71	Frostschützer für Druckluftanlage	
D10	Anbaubeschläge vorn	
D50	Anbaubeschläge hinten	
E31	Aqua-Gen-Stopfen für Batterie	
F07	Doppelkabine	
F50	Schall- und Wärmeisolierung	
H06	Hydraulikanlage, 2-zellig	
H62	Hydr. Steckeranschluß hi., 2fach, sep. Rücklaufltg.	
H71	Hydr. Steckeranschluß vorn, 4fach,	
J20	EG-Kontrollgerät (Tachograf, EC, 1 Fahrer)	
J79	Warnblinkanlage	
L47	Zusatzscheinwerfer für Frontanbaugeräte	
L50	Rundumkennleuchte, links, gelb, mit Stativ	
M22	Motorbremse	
M52	Alulüfter anstelle Kunststofflüfter	
M60	Trockenluftfilter	
M66	Ansaugkamin mit Zyklonfilter	
P17	Pritsche 1.950 x 1.890 x 400 mm	
Q1	Anhängerkupplung automatisch	
R24	4 Scheibenräder 11 x 20 für 12,5 - 20	
S09	Fahrersitz hydr. mit Kopfstütze	
S10	Beifahrersitz hydr. mit Kopfstütze	
S21	Dreipunkt-Automatik-Sicherheitsgurt	
S35	Scheibenwaschanlage	
S50	Verbandskasten mit Halter	
U42	Kotflügel hinten rund mit Gummirand	
Y46	Warndreieck mit Warnleuchte	

Ausführung Lkw U 1100 L/29

Leergewicht		3.340 kg
tatsächliche Vorderachslast		2.150 kg
tatsächliche Hinterachslast		1.190 kg
B05	Scheibenbremse zweikreisig	
C28	Stabilisator Hinterachse	
C70	Siebkorb für Tank	
F50	Schall- und Wärmeisolierung für Fahrerhaus	
	Hydraulikanlage 240	
J20	EG-Kontrollgerät (Tachograf, EC, 1 Fahrer)	
J79	Warnblinkanlage	
M22	Motorbremse mit Schalter für 3. Bremse	
M36	Lichtmaschine 14 V/55 A	
M65	Ansaugkamin ohne Zyklonfilter	
N03	Sonderabtr. f. Getriebezapfwelle 540/1.000/min	
P30	Pritsche 3.000 x 2.000 x 500 mm mit Holzboden	
R24	4 Scheibenräder 11 x 20 für 12,5 - 20	
S35	Scheibenwaschanlage	
Y64	Unterbodenschutz	

Ausführung Lkw U 1100 T

Leergewicht		2.240 kg
H06	Hydraulikanlage, 2-zellig	
J20	EG-Kontrollgerät (Tachograf, EC, 1 Fahrer)	
J79	Warnblinkanlage	
M22	Motorbremse	
R24	4 Scheibenräder 11 x 20 für 12,5 - 20	
S05	Fahrersitz hydraulisch	
S35	Scheibenwaschanlage	
S50	Verbandskasten mit Halter	

Produktion Unimog 416 (1965-1990)														
BM	1965	1966	1967	1968	1969	1970	1971	1972	1973	1974	1975	1976	1977	Gesamt
416.122		12	14	8	11	22	10	15	23	9	12	1		**137**
416.123	1	41	51	68	115	110	113	122	122	155	116	4		**1.018**
416.124	2	9	30	67	99	140	46	53	29	67	20			**562**
416.125	16	51	55	220	180	201	192	146	119	145	236	3		**1.564**
416.126		2	0	2	5									**9**
416.127	2	10	9	5	7	4								**37**
416.130				1	10	6	7	3	6	8	8			**49**
416.133				144	343	207	78	41	47	36	25			**921**
416.135				1			59	83	105	84	57	63	82	
416.114					1.783	1.593	987	1.065	464	856	142	1.427	2.250	
416.115						16	64	118	154	314	589	480	348	
416.140					1	17	4	13	26	14	18	22	18	
416.141					21	217	277	220	237	292	260	235	295	
416.160					1	117	1	106	25	83	74	123	112	
416.163						3	8	36	45	98	98	215	132	
416.134								6	21	23	14	12	20	
416.162									50	1.350	48	520	367	
416.116										25	138	43	157	
416.117										5	120	137	134	
416.310										48	992	152		
Gesamt	**21**	**125**	**159**	**516**	**2.576**	**2.653**	**1.846**	**2.027**	**1.473**	**3.564**	**2.023**	**4.277**	**4.067**	
BM	1978	1979	1980	1981	1982	1983	1984	1985	1986	1987	1988	1989	1990	Gesamt
416.135	64	78	86	60	71	71	31	17	5	20	45			**1.082**
416.114	1.217	124	1.122	1.170	559	1.165	469	21	82	144	1.866	101	384	**18.991**
416.115	509	640	759	459	417	230	110	73	44	40	42	23		**5.429**
416.140	11	26	4	3	1	0	2	1	3	0	2	1		**187**
416.141	195	244	220	186	191	143	72	70	49	37	35			**3.496**
416.160	7	108	24	15	0	4	0	2	8	4	0	2		**816**
416.163	68	75	94	77	74	34	14	25	13	47	21	12		**1.189**
416.134	19	16	12	9	4	3	6	2	5	2	1			**175**
416.162	711	273	479	348	620	0	71	16	66	2	20			**4.941**
416.116	14	88	19	0	0	0	0	10	454	632	38			**1.618**
416.117	73	104	192	338	58	20	37	79	90	81	11	4		**1.483**
416.310	120	88	176	16	40									**1.632**
Gesamt	**3.008**	**1.864**	**3.187**	**2.681**	**2.035**	**1.670**	**812**	**316**	**819**	**1.009**	**2.081**	**143**	**384**	**45.336**

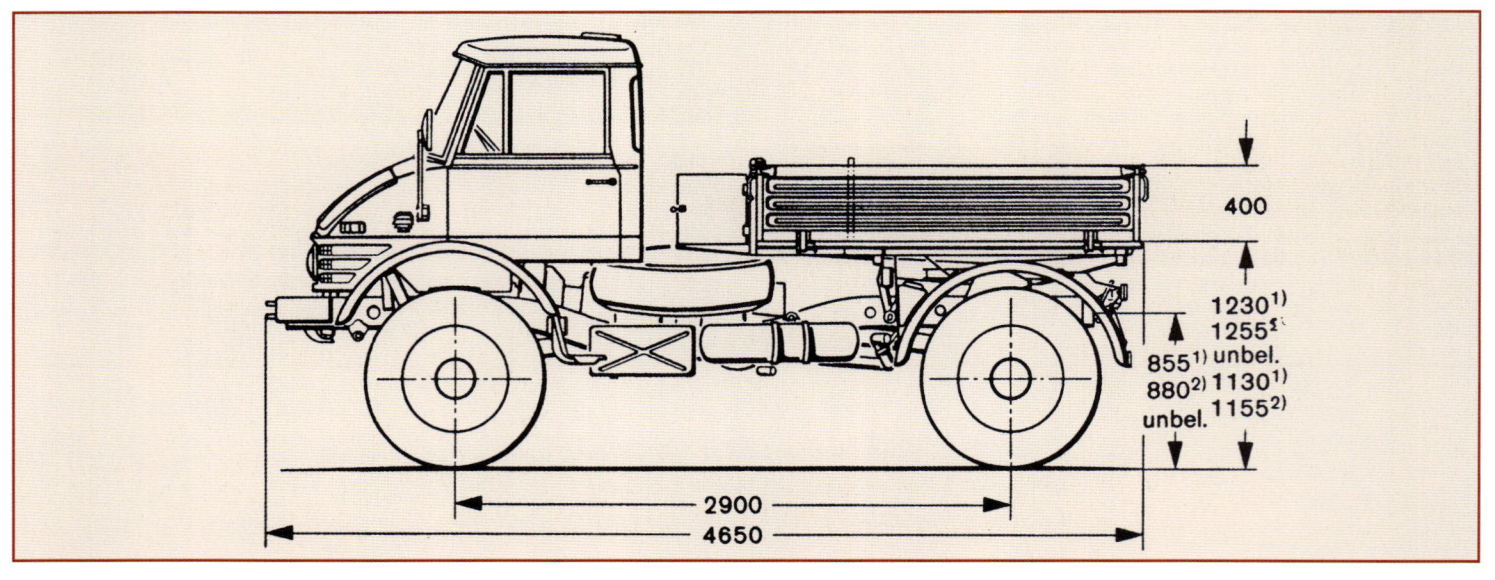

ALLE MODELLE SEIT 1946

Unimog U 40 Baureihe 421 (1966–1968)
Unimog U 45 Baureihe 421 (1968–1971)
Unimog U 40 T / U 45 T Baureihe 421 (1968–1971)

Als kleinere Zwischengröße und nach zweijähriger Entwicklungszeit kam im Januar 1966 die Unimog-Baureihe U 421 neu auf den Markt. Die erste Motorisierung des unter der Verkaufsbezeichnung U 40 und dem Baumuster 421.122 für die offene und Baumuster 421.123 für die geschlossene Fahrerhausvariante bezeichneten 421er war ein Vierzylinder-Vorkammer-Dieselmotor Typ OM 621 (BM 621.931) mit einer Leistung von 40 PS. Eigentlich sollte der U 421 einmal die Nachfolge des U 411c antreten und, wie geplant, von einem Motor mit 34 PS (OM 621.916) angetrieben werden. Doch es sollten über acht Jahre vergehen, bis der U 411c im Herbst 1974 endgültig abgelöst wurde. Immerhin brachte es der U 40, der von 02/1966 bis 02/1968 gebaut wurde, auf insgesamt 3275 Einheiten.

Abgeleitet vom U 411c, z. B. Rahmen und Antriebsstrang (Achsen und Getriebe), wurden bei der Entwicklung des U 421 neueste Erkenntnisse und Erfahrungen des Ackerschlepper- und Fahrzeugbaus berücksichtigt und in die Praxis umgesetzt. Hauptgewicht wurde auf noch größeren Fahrkomfort gelegt. Mit neu gestaltetem Frontgrill besaß das offene Fahrerhaus mit Klappverdeck (BM 421.122) jetzt eine durchgehende Windschutzscheibe ohne Unterteilung und eine weiter verbesserte Sicht: 30 % mehr Sichtfläche. Das Fahrerhaus wurde um 130 mm verlängert, insgesamt der Innenraum um 15 % vergrößert. Bessere Geräuschdämpfung und eine serienmäßige Heizungs- und Belüftungsanlage waren weitere Verbesserungen des Fahrerhauses. Der Fahrersitz konnte jetzt durch eine Momentverstellung vor- oder zurückgenommen werden und die Lehnen- und

Auch beim Unimog 40 der Baureihe 421 war die hydraulisch kippbare Pritsche auf Wunsch lieferbar.

U 40 mit Werner-Frontseilwinde.

Fräs-Arbeit mit dem Unimog-Ackerschlepper.

ALLE MODELLE SEIT 1946

die Sitzneigung waren stufenlos zu verstellen. Alle Fahrerhäuser waren zudem vorklapp- bzw. hochstellbar, um Wartungs- und Reparaturarbeiten am Motor und am Getriebe zu erleichtern. Vom U 406 stammte das geschlossene Ganzstahl-Fahrerhaus (BM 421.123), das jetzt nicht mehr bei Westfalia in Wiedenbrück, sondern – wie das offene Fahrerhaus bereits von Anfang an – nun auch in Gaggenau hergestellt wurde. Es machte die Baureihe 421 optisch mit dem größeren U 406 vergleichbar. Nur die Bodengruppen waren unterschiedlich.

Das mit neu gestaltetem Frontgrill größer gewordene geschlossene Ganzstahl-Fahrerhaus war serienmäßig mit einer Heizungs- und Belüftungsanlage ausgestattet. Öldruck- und Kraftstoffanzeige, Fernthermometer, Doppeldruckmesser und vier Kontroll-Leuchten wurden in einem Kombi-Instrument zusammengefasst. Der Tachometer konnte gegen einen Fahrtschreiber ausgewechselt werden. Ein Bremskraftverstärker für den Hängerbetrieb reduzierte bei der Anhänger-Bremsanlage die aufzuwendende Fußkraft. Die Pritsche hatte dieselben Maße wie beim U 411c (1.475/1.753 x 1.500 x 360 mm).

Kurz nach Erscheinen der neuen Baureihe 421 wurde zur DLG-Ausstellung im Mai 1966 die Unimog-Produktion mit der Auslieferung des 100.000sten Unimog sechsstellig. Fast 70 % ging in den Export. In der Anfangszeit belief sich der Preis des U 40 auf zirka DM 18.000,–. Serienmäßig wurde der U 421 in vier verschiedenen Lackierungen angeboten: in Grün (DB 6277), Grau (DB 7187), Blau (DB 5328) und in Gelb (RAL 1004).

Die Entwicklung der Baureihe 421 erfolgte schrittweise. Besaß sie bei Produktionsbeginn den OM 621 mit einer Motorleistung von 40 PS, so löste der U 45 als weitere Variante den doch recht untermotorisiert wirkenden U 40 zwei Jahre später, im Februar 1968, ab. Er verfügte nun über 45 PS aus dem Vierzylinder-Vorkammer-Dieselmotor Typ OM 615. Der Kraftstofftank fasste 75 Liter. Die Ölgebrauchsmenge wurde von 8 auf 13 Liter angehoben, die Nutzlast auf nunmehr 1? Tonnen erhöht. Der Bremskraftverstärker für den Hängerbetrieb war selbstverständlich geblieben.

Im Mindestlieferumfang mit Allwetterverdeck und 10,5-20-Hochstollenbereifung stand der U 45 A (Ackerschlepper) mit DM 22.605,– in der Unimog-Preisliste vom 1.2.1969. Allerdings war er als Ackerschlepper gute 10 % teurer als der Allrad-Schlepper Farmer S 3 von Fendt, der als Marktführer auf diesem Gebiet in seiner Grundausführung lediglich DM 19.960.– kostete.

Beim U 40 der Baureihe 421 war das vorklapp- bzw. hochstellbare Fahrerhaus serienmäßiger Standard.

U 45 (BM 421.123) mit geschlossenem Ganzstahl-Fahrerhaus und hydr. kippbarer Pritsche.

U 40 mit Schmidt-Silostreuer mit automatischer Zufuhr von Salz, Sand oder Splitt.

ALLE MODELLE SEIT 1946

Auf der Basis der Baureihe 421 wurde 1969 die argentinische Lizenzfertigung mit der neuen Baureihe 431 mit einem OM 615 (BM 421.210, 211 und 310) mit vermutlich 65 PS erweitert und in 753 Einheiten gebaut.

Von den Baureihen 411, 413, 416 und 421 waren nun auch Ausführungen lieferbar, die als Lkw zugelassen werden konnten. Allein von der Baureihe 421 sollten bis Ende 1988 insgesamt 4651 Exemplare in dieser Lkw-Version hergestellt werden.

Ab 1970 wurde der Überrollbügel bei offenen Fahrerhäusern serienmäßig. Bevor die Produktion des U 45 im April 1971 auslief, stellte er sich 1970 mit einer Stückzahl von 1550 Einheiten an die Spitze der 421er-Produktion. Insgesamt sind von ihm 1123 Stück von der offenen und 1680 Stück von der Variante mit geschlossener Ganzstahl-Kabine hergestellt worden.

U 40 mit landwirtschaftlichem Frontlader und Mähwerk.

Spezialanfertigung Unitrac U 45 mit Raupenantrieb.

U 45 der Baureihe 421 mit offenem Fahrerhaus beim Pflanzenschutz-Sprüheinsatz im Weinbau.

Unimog U 45 der Baureihe 421 mit Rüben-Vollernter und aufgebautem Kippbunker.

ALLE MODELLE SEIT 1946

Unimog U 52 / U 600 Baureihe 421 (1970–1989)
Unimog U 60 / U 600 L Baureihe 421 (1971–1988)
Unimog U 60 T / U 600 T Baureihe 421 (1971–1988)

Mit dem 52 PS starken U 52 der Unimog-Baureihe 421, der Ende 1970 auf den Markt kam und den U 45 ablöste, setzte sich auch hier der Trend zum stärkeren Schlepper fort. Der 2,4-Liter-Dieselmotor des U 52 war serienmäßig mit einer Druckluftbeschaffungsanlage, einem Betriebsstundenzähler und mechanischem Drehzahlregler ausgestattet. Portalachsen vorn und hinten, Allrad-Antrieb mit Differenzialsperren an beiden Achsen, während der Fahrt ohne Zugkraftunterbrechung zu- und abschaltbar, sowie Schraubenfedern mit Zusatzfedern hinten und Teleskop-Stoßdämpfer vorn und hinten vervollständigten das Unimog-Fahrwerk.

Im März 1971, wenige Monate später, wurde mit dem U 60 mit einem OM-616-Motor von 60 PS und einem Radstand von 2605 mm die Abschlussausführung der Baureihe 421 aufgelegt. Als Mitte der 1970er-Jahre neue Verkaufsbezeichnungen das Unimog-Programm übersichtlicher machten, wurde aus dem U 52 jetzt der U 600 und aus dem U 60 mit seinem längeren Radstand von 2605 mm der U 600 L.

Der Verkaufserfolg des Unimog hielt an. Im August 1971 lief der 150.000ste Unimog vom Band, ein U 52 der Baureihe 421, der als Spende am 25. September dem Pestalozzi-Kinder- und Jugenddorf in Wahlwies übergeben wurde.

Viele Unimog-Gerätepartner und Aufbaufirmen nutzten die Universalität des U 421. Immer weitere An- und Aufbaugeräte sowie die Wahlmöglichkeit unter verschiedenen Fahrerhaus-Varianten beschleunigten den Markterfolg in diesem Segment.

Allradmaschine U 600 für Gewerbe, Industrie und öffentlichen Dienst.

Den U 600 L als der Kleinste in der Unimog-Fahrgestell-Familie gab es auch in einer Militärversion.

Allradschlepper U 600 für Landwirtschaft und Forst.

ALLE MODELLE SEIT 1946

Allradmaschine U 600 (BM 421.141) für Gewerbe, Industrie und öffentlichen Dienst.

U 60 T mit Kehrmaschinenaufbau im Kommunaleinsatz.

Unimog U 600 im Expeditions-Einsatz.

Vor allem der Kommunalbereich wurde zum bevorzugten Einsatzgebiet des Unimog. Kommunale Kunden, allein 12.500 Gemeinden in Europa, kauften den in der Regel gelborange (RAL 2000) lackierten Kommunal-Unimog außer für den Winterdienst auch für den Wegebau, für Müllabfuhr und Kanalreinigung, zum Straßenfegen und zum Ausheben von Grabstellen. In spezieller Kommunal-Lieferausführung stand der U 600 (BM 421.141) mit

DM 50.126,– in den Preislisten des Jahres 1979. Das Geräteprogramm für den U 600 ließ keine Wünsche offen und war so breit angelegt, dass die Kosten oft auch den Anschaffungspreis des U 421 übertrafen. So kostete 1979 eine Schneefräse der Firma Schmidt, St. Blasien, DM 73.130,–, gar DM 77.850,– die Schneeschleuder VS 2.

Internationale Anerkennung fand die Unimog-Baureihe 421 Anfang der 1970er-Jahre als leichter, geländegängiger 1,25-t-Lkw der NATO-Klasse 0,75 t zunehmend im Militär-Einsatz, sofern sie wegen ihres wirtschaftlichen 2,2-Liter-Vierzylinder-Dieselmotors dem Unimog S vorzogen wurde. Dort eignete sich der U 600 L wegen seines geringen Eigengewichtes von nur 2250 kg vor allem auch für Jäger- und Luftlandeeinheiten zum Lufttransport.

Selbstverständlich gab es die Vierzylinder-Unimog-Baureihe 421 auch als Triebkopfversion zum Antrieb von Spezial-Fahrzeugen und -Aufbauten, so z. B. mit Kehrmaschinenaufbau im Kommunaleinsatz. Abgeleitet vom Standard-Modell U 60 erhielt auch der

U-60-Triebkopf, der ab Mitte 1970 die Verkaufsbezeichnung U 600 T erhielt, den Mercedes-Benz Großserien-Dieselmotor OM 616 mit 60 PS. Serienmäßig war der Unimog-Triebkopf U 60 T / U 600 T (BM 421.133) mit einem Fahrerhaus in Ganzstahl-Konstruktion mit Heizungs- und Belüftungsanlage, mehrfach verstellbarem Fahrersitz, Beifahrersitz, Türen mit ausstellbaren Scheiben und Kurbelfenstern ausgestattet. Auf Wunsch wurde das Fahrerhaus auch mit einem Klappverdeck (BM 421.132) geliefert. Bei dieser Ausführung bestand die Möglichkeit, das Klappverdeck ohne große Montagearbeiten gegen eine »Mulag-Panoramakabine« der Firma Wössner auszutauschen.

Keine Baureihe im Unimog-Programm war so unterschiedlich wie die 421er-Baureihe, für die es insgesamt 13 Motor- und 27 Fahrzeug-Baumuster gab.

Als im Zuge eines grundlegenden Generationswechsels im gesamten Unimog-Programm auch die Baureihe 421 im April 1989 auslief und durch die Baureihe 407 abgelöst wurde, waren seit 1966 insgesamt 18.990 Fahrzeuge hergestellt worden.

ALLE MODELLE SEIT 1946

Typ / Verkaufsbezeichnung	Baumuster	Fahrerhaus	Motor Typ	Motor BM	Motor PS	Radstand	Stückzahl	Bauzeit
U 40 / U 40A	421.122/120	offen	OM 621	621.931	40	2.250	1.524	02/1966 - 02/1968
U 45, U 45A	421.122	offen	OM 615	615.911	45	2.250	1.123	02/1968 - 04/1971
U 40, A, L, F	421.123	geschl.	OM 621	621.931	40	2.250	1.535	02/1966 - 02/1968
U 45, A, L, F	421.123	geschl.	OM 615	615.911	45	2.250	1.680	02/1968 - 04/1971
U 52 L, F	421.124	offen	OM 616	616.915/.911	52	2.250	1.145	12/1970 - 1981
U 52	421.125	geschl.	OM 616	616.915/.911	52	2.250	1.995	2/1970 - 12/1988
U 60 (U 600 L)	421.128/126	offen	OM 616	616.933	60	2.605	3.252	3/1971 - 12/1988
U 60 (U 600 L)	421.129	geschl.	OM 616	616.933	60	2.605	599	01/1972 - 12/1988
U 40 T	421.130	offen	OM 621	621.931	40	Triebk.	6	07/1966 - 2/1968
U 40 T	421.131	offen	OM 621	621.931	40	Triebk.	210	07/1966 - 2/1968
U 45 T	421.130	offen	OM 621/615	621.931/615.911	45	Triebk.		02/1968 - 10/1971
U 45 T	421.131	geschl.	OM 621/615	621.931/615.911	45	Triebk.		02/1968 - 1971
U 55 T	421.130	offen	OM 615	615.914	55	Triebk.		03/1968 - 1971
U 55 T	421.131	geschl.	OM 615	615.914	55	Triebk.		03/1968 - 1971
U 60 T (U 600 T)	421.132	offen	OM 616	616.930	60	Triebk.	34	07/1971 - 1981
U 60 T (U 600 T)	421.133	geschl.	OM 616	616.930	60	Triebk.	372	03/1971 - 12/1988
U 52 (U 600)	421.140	offen	OM 616	616.911	52	2.250	1.805	04/1971 - 04/1989
U 52 (U 600)	421.141	geschl.	OM 616	616.911	52	2.250	3.368	04/1971 - 12/1988
Feuerwehr-U 60	421.162	offen	OM 616	616.930	60	2.605	13	09/1971 - 05/1974
Feuerwehr-U 60	421.163	geschl.	OM 616	616.930	60	2.605	25	01/1971 - 07/1974
Knick-Werner	421.164	offen	OM 616	616.915/.911	52			02/1971 - 1985
Doka-U 600	421.128	offen	OM 616	616.933	60	2.605		ab 1971
Doka-U 600	421.129	geschl.	OM 616	616.933	60	2.605		ab 1971
Unitrac	421.170	offen	OM 616	616.915/.911	52		50	ab 1971
Tremo/Trenkle	421.172		OM 616	616.911	52		250	ab 1971
Argentinien	421.310	offen	OM 615	615.935	55	2.250	304	08/1971 - 01/1974

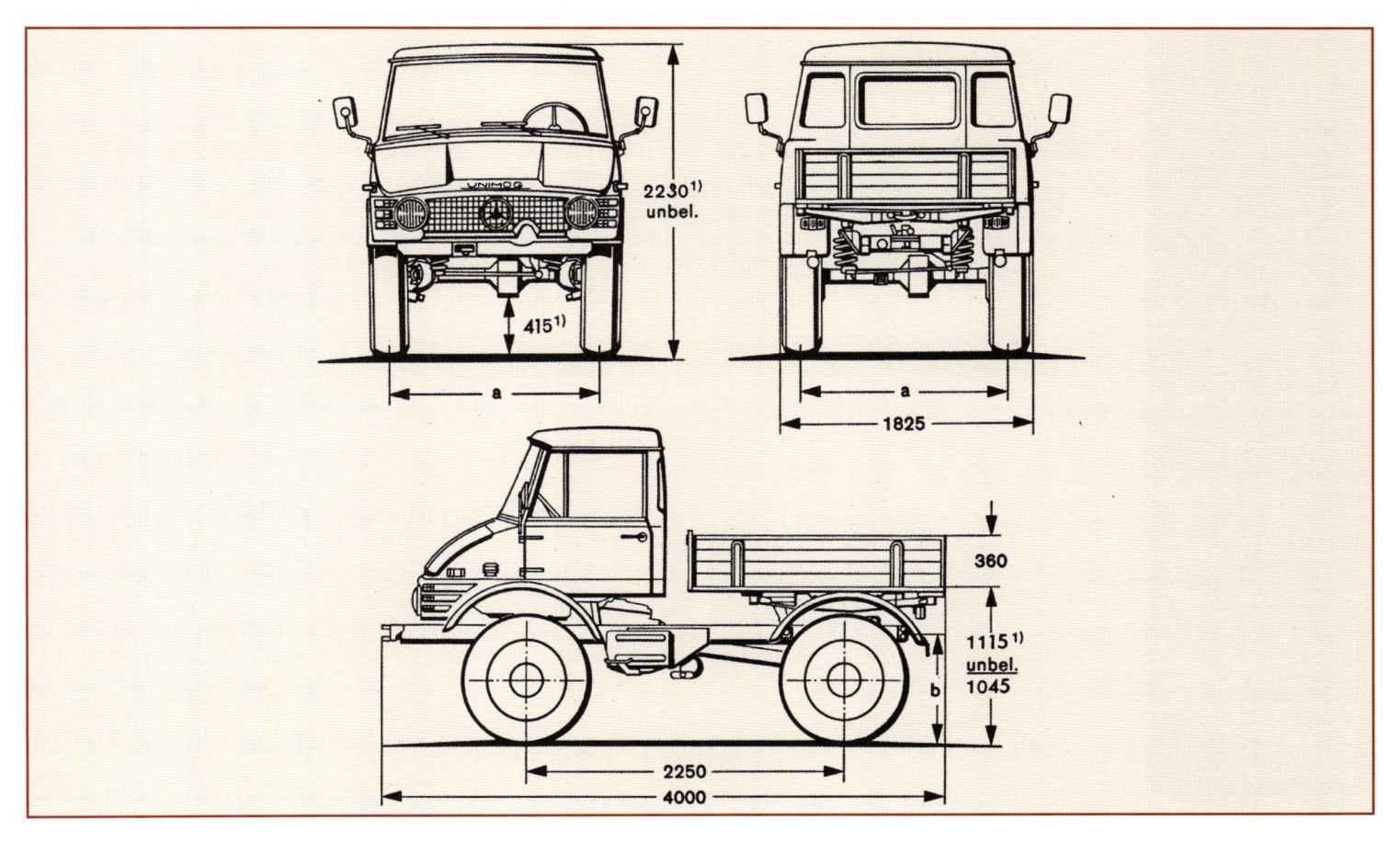

151

	Unimog U 40 Baureihe 421 1966-1968 421.120/.122/.123	Unimog U 45 Baureihe 421 1968-1971 421.122 / 421.123	Unimog U 45 T Baureihe 421 1968-1971 421.130 / .131
	Zug- und Arbeitsmaschine		**Triebkopf**
Motor			
Baumuster (BM)	OM 621; BM 621.931	OM 615; BM 615.911	BM 615.911
Bauart	DB 4-Zylinder-Viertakt-Dieselmotor, Vorkammer-Gleichstrom-Brennverfahren		
Bohrung x Hub	87 x 83,6 mm	87 x 92,4 mm	87 x 92,4 mm
Hubraum	1.988 ccm	2.197 ccm	2.197 ccm
Leistung	40 PS (29 kW) b. 3.000/min	45 PS (33 kW) b. 3.000/min	45 PS (33 kW) b. 3.000/min
Drehmoment		12,3 mkg bei 2.000/min	12,3 mkg bei 2.000/min
Verdichtung		21,3 : 1	21,3 : 1
Gemischbereitung	Bosch-Kraftstoffeinspritzanlage		
Kühlung	Wasserkühlung mit Thermostat, 17 Liter Kühlwasser		
Luftfilter	Ölbadluftfilter		
Elektr. Anlage	12 Volt / 490 Watt		
Kraftübertragung			
Antrieb	Vorderachsantrieb und Differenzialsperren in beiden Achsen, während der Fahrt ohne Zugkraftunterbrechung pneumatisch zu- und abschaltbar (Allrad)		
Kupplung	Fichtel & Sachs Einscheibentrockenkupplung		
Getriebe	Daimler-Benz Zwangs-Sperr-Synchrongetriebe 6 Vorwärts- und 2 Rückwärtsgänge		
Typ	Wunsch. Kriechganggetriebe oder Vorschaltgetriebe		
Fahrgeschwindigkeit	bei 3.000/min		
Gelände vorwärts	1. G. = 3,6 km/h, 2. G. = 6,5 km/h		
Straße vorwärts	3. G. = 11,9 km/h, 4. G. = 21,6 km/h, 5. G. = 35 km/h, 6. G. = 53,3 km/h		
rückwärts	1.RG. = 2,7 km/h, 2.RG. = 4,8 km/h		
Kriechgang vorwärts	0,796 / 1,441 / 2,568 / 4,65 km/h		
rückwärts	0,995 / 1,801 km/h		
Achsübersetzung	i = 8,33		
Fahrwerk			
Rahmen	Leiterrahmen aus 2 U-Profil-Längsträgern+Rohrquerträger. Motor/Getriebe 3-Punkt gel.		
Fahrerhaus	Klappverdeck oder Ganzstahlfahrerhaus, hochstellbar, dreipunktgelagert, 2sitzig		
Achsen v/h	Portalachsen mit Radvorgelegen, Differenzialsperre		vorn
Federung v/h	Schraubenfedern, h. Zusatzfedern, Teleskopstoßdämpfer		Schraubenf./Stoßdämpfer
Bremsen v/h	Hydr. Einkreis-Trommelbremsanlage (a.W.Druckluftunterstützung), mech.auf Hinterräder		
Druckluft	Förderleistung 16 l/min bei 150 atü / 2.400/min, Behälterinhalt 13 Liter		
Lenkung	mech. ZF-Gemmerlenkung Typ 38a (Wunsch: Hydro-Lenkhilfe)		
Räder	9 x 18 (Wunsch 9 x 20)		
Bereifung	10,5 - 18/6 PR (Wunsch: 7,5-18 o. 12,5-18/8 o. 10,5-20/6)		
Allgemeine Daten			
Radstand	2.250 mm	2.250 mm	Triebkopf
Spurweite v/h	1.356 mm (1.543 mm Räder umgesetzt nur 7,5-18)		1.356 mm
Gesamtmaße	4.000 x 1.750/1.865 x 2.100/2.180 mm		2.230 x1.865 x 2.180 mm
Bodenfreiheit/Diff.	400 mm	395 mm	395 mm
Watttiefe	755 mm	755 mm	
Pritschenfläche	1.475/1.753 x 1.500 x 360 mm		
Ladehöhe	1.100 mm	1.100 mm	
Höhe Anhängerkup.	800 mm	800 mm	800 mm
Höchstgeschw.	53 km/h	53 km/h	53 km/h
kl. Wendekreis	10,1 Meter	10,1 Meter	
Leergewicht	2.450 kg	2.700 kg	
Nutzlast/Ladefläche	1.250 kg	1.250 kg	
zul. Gesamtgewicht	3.700 kg	4.000 kg	
zul. Achslast v/h	2.200/2.300 kg	2.500 kg	
zul. Anh.last ungebr.			
zul. Anh.last gebr.			
Kraftstoffverbrauch	ca. 16 Liter / 100 km (Straße), 5,5-11,5 Liter / Std. (je nach Arbeitsleistung)		
Ölinhalt Motor	5,0 Liter		
Kraftstofftank	75 Liter		

ALLE MODELLE SEIT 1946

Unimog U 52 (U 600) Baureihe 421 1970-1989 421.124/.125/.140/.141	Unimog U 60 (U 600 L) Baureihe 421 1971-1988 421.128 / .129	Unimog U 60 T (U 600 T) Baureihe 421 1971-1988 421.132 / .133
Zug- und Arbeitsmaschine		Triebkopf
616.915 / 616.911/ Typ OM 616		616.933 / Typ OM 616
Daimler-Benz 4-Zylinder-Viertakt-Dieselmotor, Vorkammer-Gleichstrom-Brennverfahren mit Mehrlochbrenner		
92 x 92,4 mm / 91 x 92,4 mm		91 x 92,4 mm
2.456 / 2.404 ccm		2.404 ccm
52 PS (38 kW) bei 3.000/min	60 PS (44 kW) b. 3.500/min	60 PS (44 kW) b. 3.500/min
135 Nm (13,8 kpm) bei 1.900/min	137 Nm (14,2 kpm) bei 2.000/min	137 Nm (14,2 kpm) bei 2.000/min
20,7 : 1 / 1 : 21,1		1 : 21,1
Bosch-Kraftstoffeinspritzanlage		
Wasserkühlung mit Thermostat, 17 Liter Kühlwasser		
Ölbadluftfilter		
Drehstrom-Lichtmaschine 12 Volt, 490 / 770 Watt, Kaltstart-Hochleistungsbatterie 12 V/88 Ah		
Vorderachsantrieb und Differenzialsperren in beiden Achsen, während der Fahrt ohne Zugkraftunterbrechung pneumatisch zu- und abschaltbar (Allrad)		
Einscheiben-Trockenkupplung, Druckplattendurchmesser 250 mm, Anpreßfläche 248 cm²		
Vollsynchronisiertes 6-Gang Schaltgetriebe mit integriertem Vorderradantrieb (Allrad)		
UG 2/27 - 6/14,53 GA	UG 2/27 - 6/14,53 GA	UG 2/27 - 6/14,53 GA
bei 3.000/min	bei 3.500/min	bei 3.500/min
4,2 / 7,6 km/h	5,4 / 9,7 km/h	4,9 / 8,9 km/h
13,6 / 24,7 / 37,3 / 62,0 km/h	17,3 / 31,4 / 47,4 / 77,0 km/h	15,9 / 28,8 / 43,6 / 72,0 km/h
5,3 / 9,6 km/h	6,7 / 12,2 km/h	6,2 / 11,2 km/h
(G11): 0,9 / 1,6 / 2,9 / 5,3 km/h	(G11): 1,2 / 2,1 / 3,7 / 6,7 km/h	(G11): 1,1 / 1,9 / 3,4 / 6,2 km/h
1,1 / 2,1 km/h	1,4 / 2,6 km/h	1,3 / 2,4 km/h
i = 8,296	i = 7,619	i = 8,296
Leiterrahmen aus 2 U-Profil-Längsträgern mit Rohrquerträger. Motor und Getriebe 3-Punkt gelagert		
Klappverdeck oder Ganzstahlfahrerhaus, hochstellbar, dreipunktgelagert, 2sitzig		
Portalachsen mit Differenzialsperre, Radvorgelegen, Querlenker und Schubrohr, baugleich vorn und hinten		
Schraubenfedern und Teleskopstoßdämpfer, hinten zusätzlich mit Zusatzfedern		
Hydraulische Einkreis-Trommelbremsanlage, Druckluftunterstützung, mech. Stockhandbremseauf Hinterräder		
luftgekühlter Kompressor, Förderleistung 190 l/min bei 7 bar/3.500/min, Behälterinhalt 10 Liter		
mech. ZF-Gemmerlenkung (Wunsch: hydr. Servolenkung (C50)		hydraulische Servolenkung
	9 x 20	
	10,5 - 20	
2.250 mm	2.605 mm	Triebkopf
1.490 mm	1.490 mm	1.490 mm
4.020 x 1.825 x 2.275	4.740 x 1.825 x 2.275	2.230 x 1.825 x 2.275
415 mm	415 mm	415 mm
755 mm	755 mm	755 mm
1.475 / 1.753 x 1.500 x 360 mm	max. Aufbaulänge 2.600 mm	
1.180 mm		
830 mm	830 mm	830 mm
63 km/h	77 km/h	72 km/h
10,3 m	11,2 m	
2.850 kg	2.220 - 2.500 kg	1.810 kg
1.610 kg		5.690 kg
4.200 kg	4.200 kg	7.500 - 9.000 kg
2.600 kg	2.600 kg	2.600 kg
1.425 kg	1.425 kg	
13.100 kg	13.100 kg	
ca. 16 Liter / 100 km (Straße), 5,5-11,5 Liter / Std. (je nach Arbeitsleistung)		
7 Liter		
90 Liter		

153

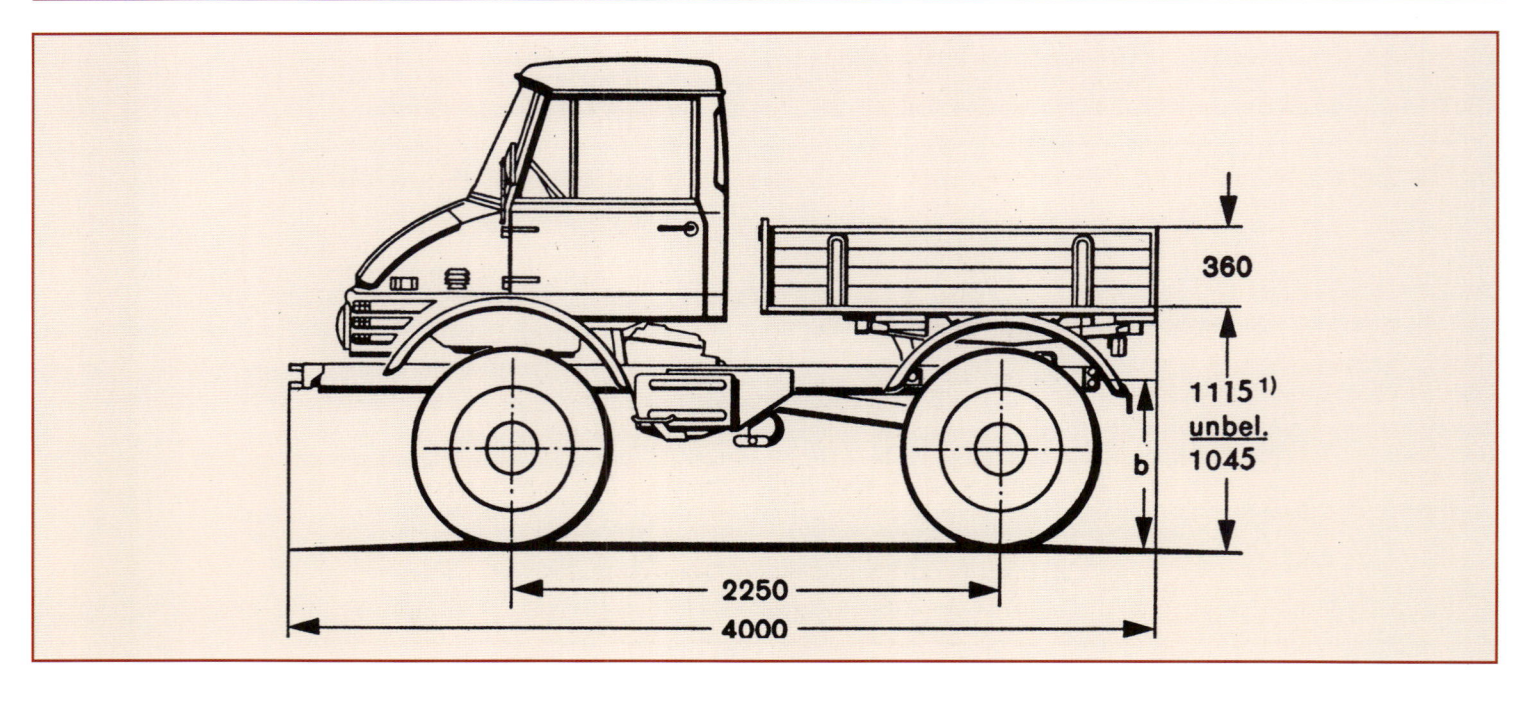

Preise / Lieferausführung Unimog U 45 Baureihe 421 Stand 11/1969

Preise U 45 (BM 421.122)

	7,5-18/6 Allzweck	10,5-18/6 Allzweck	10,5-18/6 Hochstollen	10,5-20/6 Allzweck	10,5-20/6 Hochstollen	12,5-18/8 Allzweck	12,5-18/8 Hochstollen
Getriebe Ausf. 1	**19.430,--**	**19.660,--**	**19.725,--**	**19.765,--**	**19.830,--**	**20.035,--**	**20.100,--**
Getriebe Ausf. 2	**19.885,--**	**20.115,--**	**20.180,--**	**20.220,--**	**20.285,--**	**20.490,--**	**20.555,--**
Getriebe Ausf. 3	**20.475,--**	**20.705,--**	**20.770,--**	**20.810,--**	**20.875,--**	**21.080,--**	**21.145,--**
Getriebe Ausf. 4	**20.570,--**	**20.800,--**	**20.865,--**	**20.905,--**	**20.970,--**	**21.175,--**	**21.240,--**
Getriebe Ausf. 5	**21.255,--**	**21.485,--**	**21.550,--**	**21.590,--**	**21.655,--**	**21.860,--**	**21.925,--**
Getriebe Ausf. 6	**21.330,--**	**21.560,--**	**21.625,--**	**21.665,--**	**21.730,--**	**21.935,--**	**22.000,--**

(Preise in DM ohne Mwst.)

Lieferausführung

Motor	MB 4-Zylinder-Vorkammer-Dieselmotor, 45 PS (33 kW) bei 3.000/min, Typ OM 615/II, wassergekühlt, 5-fach gelagerte Kurbelwelle, Bosch-Einspritzausrüstung, mech. Drehzahlregler, Betriebsstundenzähler, Anlasser, Drehstromlichtmaschine 14 V 35 A (490 W), Batterie 12 V/88 Ah
Armaturen	Kombi-Instrument mit Tachometer, Öldruckanzeige, Fernthermometer, Kraftstoffmeßanzeige, Doppeldruckmesser.
Antrieb	Allradantrieb, Differenzialsperren in beiden Achsen, Portalachsen mit Radvorgelegen
Bremsen	Hydr. Vierradfußbremse mit Druckluftunterstützung, mechanische Hinterrad-Stock-Handbremse, Druckluft-Anhängerbremsanlage (Einteitungssystem)
Lenkung	Mechanische ZF-Gemmer-Lenkung
Federung	Schraubenfedern mit Teleskopstoßdämpfer vorn und hinten
Anhängekuppl.	Selbsttätige gefederte Anhängekupplung hinten, Anhängemaul mit Steckbolzen vorn
Fahrerhaus	Hochstellbar, Allwetterverdeck aus wetterfestem Segeltuch mit zusammenklappbarem, Rohrgestell, Rückwand mit Fenster, Seitensteckfenster, abnehmbare Windschutzscheibe, Heizungsund Belüftungsanlage, Scheibenwaschanlage
Ladefläche	Seitenwände und Rückwand abklappbar, einschließlich Einlegeboden abnehmbar, 1.475 mm Länge x 1.500 mm Breite, Nutzlast 1.250 kg, Gummikotflügelverbreiterung hinten
Zubehör	Kompletter Werkzeugsatz, Wagenheber, Warneinrichtungen, Unterlegkeil
Lackierung:	grün/DB 6277, grau/DB 7187, blau/DB 5328, gelb/RAL 1004

Getriebeausführungen

Ausführung 1	**Einfachkupplung**, vollsynchronisiertes **Hauptgetriebe** mit 6 Vorwärts- und 2 Rückwärtsgängen
Ausführung 2	Ausführung wie 1, jedoch mit **Sonderabtrieb** zum gleichzeitigen und wahlweisen Antrieb der vorderen und hinteren Zapfwelle mit 540/min
Ausführung 3	Ausführung wie 2, jedoch mit **Sonderabtrieb, schaltbar** für Zapfwellendrehzahl 540 und 1.000/min
Ausführung 4	Ausführung wie 3, jedoch mit **Doppelkupplung für Motorzapfwelle**
Ausführung 6	**Einfachkupplung**, vollsynchronisiertes **Hauptgetriebe** und **Vorschaltgetriebe** mit 20 Vor- und 8 Rückwärtsgängen, **Sonderabtrieb** zum gleichzeitigen und wahlweisen Antrieb der vorderen und hinteren Zapfwelle, **schaltbar** für Drehzahl 540/min und 1.000/min
Ausführung 6	Ausführung wie 5, jedoch mit **Doppelkupplung für Motorzapfwelle**

ALLE MODELLE SEIT 1946

Liefer- und Getriebeausführungen Unimog U 52 (U 600) BR 421 Stand 2/1971	
Lieferausführung	
Motor / Elektrik:	Mercedes-Benz 4-Zylinder-Diesel-Vorkammermotor, 52 PS (38 kW) bei 3.000/min, Typ OM 616, wassergekühlt, Bosch-Einspritzausrüstung, mech. Drehzahlregler, Betriebsstundenzähler, Anlasser, Drehstromlichtmaschine 14 V 35 A (490 W), Batterie 12 Volt / 88 Ah, elektronische Warnblinkanlage
Armaturen:	Tachometer, Kombi-Instrument mit Öldruckanzeige, Fernthermometer, Kraftstoffanzeige, Doppeldruckmesser.
Antrieb:	Allradantrieb mit Differenzialsperren für beide Achsen, Portalachsen mit Radvorgelegen
Bremsen:	Hydraulische Allradfußbremse mit Druckluftunterstützung, mechanische Hinterrad-Handbremse, Druckluft-Anhängerbremse (Einteitungssystem)
Lenkung:	Mechanische ZF-Gemmer-Lenkung
Federung:	Schraubenfedern mit Zusatzfeder hinten, Teleskopstoßdämpfer vorn und hinten
Anhängekupplung:	Selbsttätige gefederte Anhängekupplung hinten, Anhängemaul mit Steckbolzen vorn
Fahrerhaus:	Hochstellbar, Allwetterverdeck aus wetterfestem Segeltuch mit zusammenklappbarem Rohrgestell, Rückwand mit Fenster, ausstellb. Seitensteckfenster, abnehmb. Windschutzscheibe, Heizungs- und Belüftungsanlage, Überschlagschutzbügel, Scheibenwaschanlage
Ladefläche:	Seitenwände und Rückwand abklappbar, einschl. Einlegeboden abnehmbar, 1.753 x 1.500 mm, Nutzlast 1.250 kg
Zubehör:	Werkzeugsatz, Wagenheber, Warneinrichtungen, Verbandskasten mit Halter, Unterlegkeil
Lackierung:	grün/DB 6277, grau/DB 7187, blau/DB 5328, goldgelb/RAL 1004
Getriebeausführungen	
Ausführung 1	**Einfachkupplung,** vollsynchronisiertes **Hauptgetriebe** mit 6 Vorwärts- und 2 Rückwärtsgängen
Ausführung 2	Ausführung wie 1, jedoch mit **Sonderabtrieb** zum gleichzeitigen und wahlweisen Antrieb der vorderen und hinteren Zapfwelle mit 540/min
Ausführung 3	Ausführung wie 2, jedoch mit **Sonderabtrieb,** schaltbar für Zapfwellendrehzahl 540/min und 1.000/min
Ausführung 4	Ausführung wie 3, jedoch mit **Doppelkupplung für Motorzapfwelle**
Ausführung 5	**Einfachkupplung,** vollsynchronisiertes **Hauptgetriebe** und **Vorschaltgetriebe** mit 20 Vor- und 8 Rückwärtsgängen, **Sonderabtrieb** zum gleichzeitigen und wahlweisen Antrieb der vorderen und hinteren Zapfwelle, schaltbar für Drehzahl 540/min und 1.000/min
Ausführung 6	Ausführung wie 5, jedoch mit **Doppelkupplung für Motorzapfwelle**

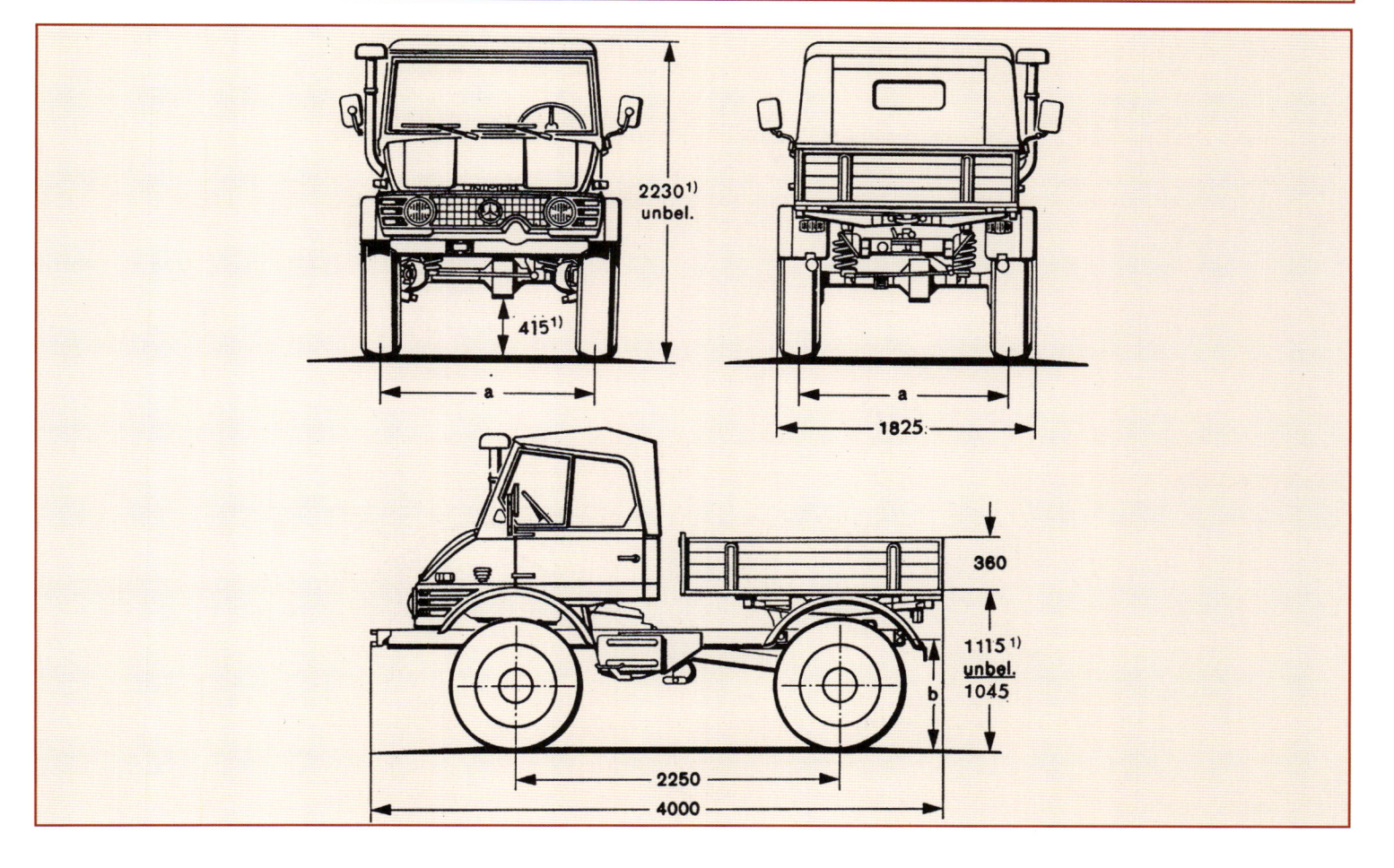

Preise / Sonderausrüstungen Unimog U 52 (U 600) BR 421   Stand 2/1971

Preise U 52 BM 421.124

	7,5-18/6 Allzweck	10,5-18/6 Allzweck	10,5-18/6 Hochstollen	10,5-20/6 Allzweck	10,5-20/6 Hochstollen	12,5-18/8 Allzweck	12,5-18/8 Hochstollen
Getr.Ausf. 1	22.296,--	22.575,--	22.639,--	22.682,--	22.770,--	22.983,--	23.071,--
Getr.Ausf. 2	22.802,--	23.081,--	23.145,--	23.188,--	23.276,--	23.489,--	23.577,--
Getr.Ausf. 3	23.463,--	23.742,--	23.806,--	23.849,--	23.937,--	24.150,--	24.238,--
Getr.Ausf. 4	23.629,--	23.908,--	23.972,--	24.015,--	24.103,--	24.316,--	24.404,--
Getr.Ausf. 5	24.370,--	24.649,--	24.713,--	24.756,--	24.844,--	25.057,--	25.145,--
Getr.Ausf. 6	24.478,--	24.757,--	24.821,--	24.864,--	24.952,--	25.165,--	25.253,--

Mehrpreis

	Mit geschlossenem Fahrerhaus einschl. Heizungs- und Belüftungsanlage	850,--

Sonderausrüstungen U 52:

Getriebe / Zapfwellen

Nr.	Bezeichnung	Preis
116	Kriechgang-Zusatzgetriebe	570,--
126	Zapfwelle vorn 1 3/8"	280,--
136	Zapfwelle hinten 1 3/8"	323,--
140	mit Zwischenabtrieb 1 3/8"	591,--
181	2 x 4 Schaltplatte (nicht bei Getr.-Ausf. 5 und 6)	55,--
145	Zapfwellenverlagerungsgetriebe	441,--

Pneumatik / Hydraulik

Nr.	Bezeichnung	Preis
701	Hydraulikanlage	860,--
760	Steckeranschluß vorn, 2fach	76,--
761	dto. 4fach Steckeranschluß hinten	151,--
753	mit Druckleitungen	269,--
753	bei vorh. Teleskopzylinder	188,--
753	bei vorh. Kraftheber	108,--
755	3. Druckleitung hinten	103,--
755	bei vorh. Steckeranschl. hinten	81,--
250	Hydr. Servolenkung (mit Hydr.)	887,--
250	ohne Hydraulik	972,--
770	Kraftheber hinten	903,--
771	Dreipunktgestänge/Anhängesch.	677,--
774	Raddruckverstärker »Servotrak«	97,--
575	Teleskopzylinder für Pritsche	661,--
575	bei vorh. Kraftheber	580,--
730	Anhängerbremsanlage 2-Leitg.	129,--
725	Komb. Ein- und Zweileitg.	268,--
737	Schalter für 3. Bremse	27,--
723	Druckluftanschluß vorn (1- o. 2-)	70,--
726	Komb. Ein- und Zweileitg.	140,--
762	Hubzylinder vorn (lose)	215,--

Rahmen / Fahrwerk

Nr.	Bezeichnung	Preis
214	Keilbeschläge vorn	76,--
210	Gleitblech vorn	52,--
230	Vorderfeder verstärkt für ständig angeb. Geräte	14,--
	für schwere Geräte, lose	70,--
231	Hinterfedern verstärkt	25,--
244	Teleskopstoßdämpfer verstärkt	92,--
212	Bodenkonst. Anhängeschiene	226,--
212	bei vorh. Dreipunktgest.	172,--
325	Seilwindenhalter vorn f. Fremds.	113,--

Nr.	Bezeichnung	Preis
227	Anhängekupplung mit gr. Maul	41,--
273	Tankverschluß abschließbar	12,--
963	Hydraulischer Wagenheber	60,--
342	Front-Zusatzgewicht (á 45 kg)	81,--
254	Lenkungsdämpfer	103,--

Motor

Nr.	Bezeichnung	Preis
801	Nahentstörung (12 V)	33,--
026	Lichtmaschine 14V/55A(770W)	14,--
068	Ansaugkamin m. Regenklappe	49,--
069	Ansaugkamin m. Zyklonfilter	70,--
069	Zyklonfilter (Allwetterverdeck)	21,--
952	Kühlerfrostschutzmittel (bis -25°)	22,--
048	Drehzahlmesser	52,--

Instrumente

Nr.	Bezeichnung	Preis
812	Fahrtenschreiber 1-Tage-Regist.	221,--
814	mit 7-Tage-Registrierung	242,--
861	Zusatzscheinwerfer	108,--
860	Rückbeleuchtung f. Arbeitsger.	27,--
884	Rundumkennleuchte	194,--
857	Rückfahrscheinwerfer	70,--
464	2-Stufen Scheibenwischanlage	27,--

Aufbau

Nr.	Bezeichnung	Preis
436	Schiebefenster Fhs-Rückwand	81,--
431	Dachlüftungsklappe 520x450	237,--
447	Sicherheitsgurte (2-Pkt.-Becken)	49,--
444	Derby-Hydrauliksitz	172,--
446	Sitzerhöhung (nur Allwetterverd.)	36,--
	Sitz- und Aufsteckteile	
520	für Pritsche 1.475x1.500 mm	505,--
520	für Pritsche 1.753x1.500 mm	537,--
538	Pritschenverdeck f. 1.475x1.500	468,--
538	für Pritsche 1.753x1.500 mm	495,--
973	Rot-weiße Warnstreifen	81,--
	Sonderlackierung einfarbig	124,--
854	Schutzgitter für Scheinwerfer	41,--
374	Forst-Schutzausrüstung	753,--
078	Zusatzheizung	752,--
460	Windschutzscheibe Sigla	119,--
461	Windschutzsch. Sigla, heizbar	269,--

Minderpreise

Nr.	Bezeichnung	Preis
551	Pritschenlänge 1.475 anst. 1.753	54,--
511	Wegfall der Pritsche	419,--
	Wegfall des Hilfsrahmens	419,--
	Wegfall der Fertiglackierung	82,--

(Preis in DM ohne Mehrwertsteuer)

ALLE MODELLE SEIT 1946

Preise / Lieferausführung Unimog U 600 BR 421 Stand 6/1979	
Preise U 600 »Lieferausführung Kommunal« (421.141)	50.126,--
Lieferausführung Kommunal	
Motor	MB 4-Zylinder-Diesel-Vorkammer-Motor, Typ OM 616, 52 PS (38 kW) bei 3.000/min, 5fach gelagerte Kurbelwelle, wassergekühlt, Bosch-Einspritzpumpe, mech. Drehzahlregler, Betriebsstundenzähler, Anlasser, Drucklufterzeugungsanlage, Kühlerfrostschutzmittel bis -25° C. **Ansaugkamin mit Zyklonfilter**
Elektrik	Drehstromlichtmaschine 14 V / 34 A (490 Watt), Batterie 12 V / 88 Ah, **Zusatzscheinwerfer für Frontgeräte, Rundumkennleuchte links**
Armaturen	Kombiinstrument mit Öldruckanzeige, Fernthermometer, Doppeldruckmesser, Kraftstoffanzeige, **Tachograf EC (1 Fahrer), Drehzahlmesser**
Getriebe	Synchronisiertes Hauptgetriebe mit 6 Vorwärts- und 2 Rückwärtsgängen, **Vorschaltgetriebe mit 6 Zwischen- und 4 Kriechgängen, weitere 4 Rückwärtsgänge.** Insges. 16 V / 6 R
Antrieb	Allradantrieb mit Differenzialsperren in beiden Achsen, Portalachsen mit Radvorgelegen
Bremse	Hydraulische Zweikreis-Betriebsbremse mit Druckluftunterstützung, mech. Hinterrad-Handbremse, Druckluft-Anhängerbremse (Ein- und Zweileitungsanlage), Aotomatisch lastabhängige Bremse (ALB), **Schalter für 3. Bremse**
Lenkung	Hydraulische Lenkung
Federung	Schraubenfedern mit Zusatzfedern hinten, Teleskopstoßdämpfer vorn und hinten
Zapfwellen	Motorzapfwelle (Doppelkupplung) vorn und hinten (1 3/8") umschaltbar 540/1.000/min
Hydraulik	2 Steuergeräte, Steckeranschluß vorn 4fach, Steckeranschluß hinten 2fach mit separater Rücklaufleitung, Kippzylinder für Pritsche
Anhängekupplung	Selbsttätige gefederte Anhängekupplung hinten, Anhängemaul mit Steckbolzen vorn
Fahrerhaus	Ganzstahlfahrerhaus, hochstellbar, 2 Ausstellfenster, durch Kurbeln betätigte Türfenster, Heizungs- und Belüftungsanlage, **Scheibenwaschanlage, Scheibenwischer 2stufig, Dachentlüftungsklappe groß, Derby-Hydrauliksitz**
Ladefläche	Seitenwände und Rückwand abklappbar und einschl. Einlegeboden abnehmbar, 1.753 x 1.500 mm, runde Kotflügel hinten mit Gummiverbreiterungen, **rot-weiße Warnstreifen**
Bereifung	10,5-18 /8 PR, für Gelände und Straße, Spurweite 1.400 mm, Reserverad
Zubehör	Werkzeugsatz, Warneinrichtungen, Verbandskasten, Unterlegkeil, **Tank abschließbar**
Lackierung	gelborange/RAL 2000, Tectyl-Unterbodenschutz

Sonderausrüstungen			
Mehrpreis zur »Lieferausführung Kommunal«			
Nebenabtrieb wegeabhängig	565,--	Vorderfedern verstärkt	25,--
Reifen 10,5-20 /8 PR, 5fach (Spur 1.490 mm)	300,--	Hinterfedern verstärkt	40,--
Steinschlagschutzgitter für Scheinwerfer	70,--	Teleskopstoßdämpfer verstärkt	130,--
2 Rundumkennleuchten links und rechts	355,--	Heckkraftheber Kat. II mit Dreiwegehahn-242 HT- (einschl. Hinterfedern verstärkt)	1.680,--
Rückfahrscheinwerfer	110,--	Dreipunktgestänge Kat. II	1.230,--
Anhängekupplung mit größerem Maul	85,--	3. Hydr. Steckeranschluß hinten	125,--
Dreipunkt-Automatik-Sicherheitsgurte	270,--	Seilwindenhalter für Frontseilwinde	190,--
Windschutzscheibe Verbundglas heizbar	400,--		
			(Preise in DM ohne Mehrwertsteuer)

Preis U 600 T Triebkopf (BM 421.133) Stand 8/1977		30.600,--
Lieferausführung	Rahmen, Ganzstahl-Fahrerhaus, grundiert, Vorderachse mit Bereifung 10,5 - 20 /6 PR, MB-4-Zylinder-Vorkammer-Dieselmotor Typ OM 616, 60 PS (44 kW) bei 3.500/min, Hydraulikanlage und Servolenkung, Warneinrichtungen, Druckluft-Einkammer-Bremsverstärker, Kühlerfrostschutzmittel bis -25° C.	

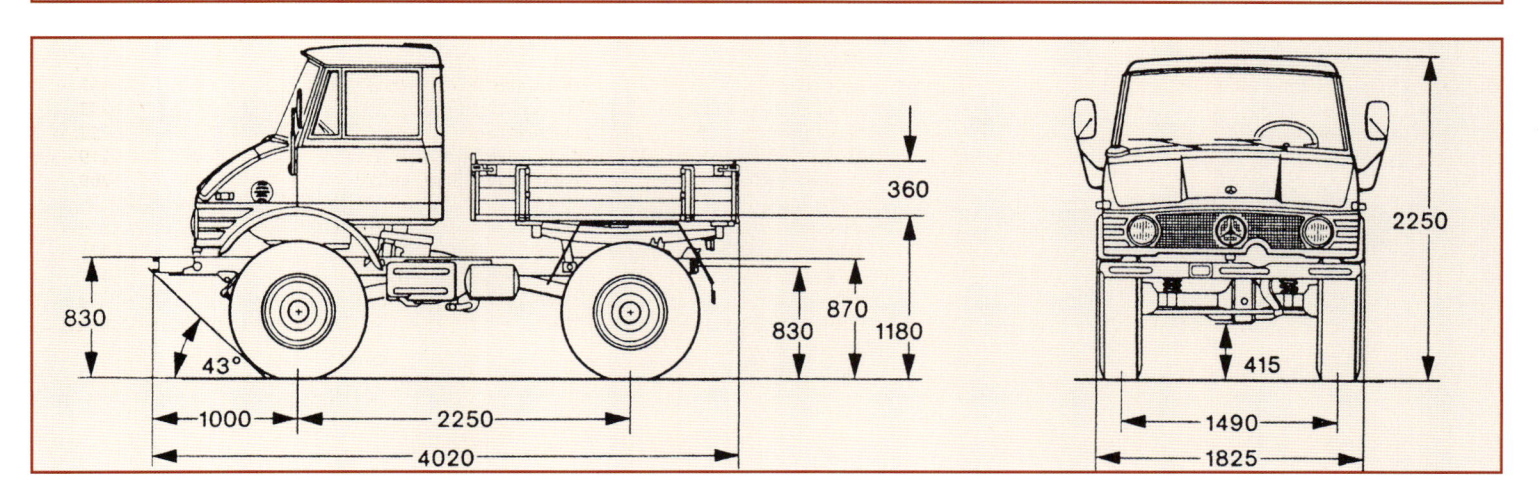

Geräte-Programm für Kommunal-Unimog U 600 BR 421 — Stand 6/1979

Geräte-Gruppe	Geräte-Hersteller	Geräte-Typ	Preis
Erdarbeiten/ Wegebau	Trenkle GmbH	Trenkle-Anhänger-Grader AG 66	17.167,--
		Heck-Planierschild HP 2	3.985,--
		Anhänge-Vibrationswalze AVW 63	22.281,--
	Schaeff GmbH & Co.	Hydraulik-Anbaubagger HAT 6	22.995,--
	Schmidt GmbH	Bankettfräse BFU	20.480,--
		Erdbohrgerät BE 1 / BF 1	6.090,--
		Erdschieber P 1 EV	2.850,--
		Frontlader FL 3 A	5.080,--
		Wegepflegegerät R 2	4.590,--
Transportieren Laden	Hiab-Foco GmbH	Ladekran 125	11.450,--
		Ladekran 250	15.440,--
	Atlas-Weyhausen	Ladekran AL 405 Heckaufbau	17.665,--
		Ladekran AL 405 Mittelaufbau	15.303,--
	Müller, Mitteltal	Zweiachs-Dreiseiten-Hydraulikkipper KDU 2000	13.000,--
		Tandem-Dreiseiten-Hydraulikkipper EDU-TA	13.300,--
		Tausch-Container-Anhänger CHK 2	23.600,--
Reinigen	Trenkle GmbH	Trenkle-Hochdruckschwemmanlage THS/U	20.759,--
	Ries GmbH Maschinenbau	Hochdruck-Kanalspülgerät 363.01	28.210,--
		Anhängekehrmaschine selbstaufnehmend 426	26.175,--
	Schmidt GmbH	Vorbau-Kehrmaschine VKS	6.680,--
		Heck-Kehrmaschine HKS	7.385,--
		Kehrmaschine mit hydr. Antrieb VKS-H 16	5.580,--
		Rotationsbürste für Leitplanken RL	6.995,--
		Rotationsbürste für Leitplanken RP	7.290,--
		Wasser- und Schlammpumpe WS	4.121,--
		Wasserfass-Füllpumpe WF 100.1	851,--
	Dautel KG	Schachtkuli	7.380,--
Mähen	Schmidt GmbH	Böschungsmäher TM 400 ohne Mähwerk	29.600,--
		Randstreifenmähgerät mit Tauschautomatik RMB	12.490,--
	Krinke & Krüger GmbH	Böschungsmäher Standard ohne Mähwerk	27.729,--
		Anhängeböschungsmäher Unimog	25.509,--
	Ransomes Deutschland GmbH	Böschungsmähgerät Turner HM 15	21.950,--
		Böschungsmähgerät Turner HM 23	23.950,--
		Anbau-Gruppenmäher (Spindelmäher)	11.800,--
		Vollhydr. Gruppenmäher mit 5 Mäheinheiten	26.200,--
		Vollhydr. Gruppenmäher mit 7 Mäheinheiten	35.600,--
	Masch.Fabr. Bermatingen	Kreiselmulchgerät HG oder HGF 2000	5.920,--
		Schlegelmulchgerät KM oder KMF 180	5.230,--
		Schlegelmulchgerät KM oder KMF 200	5.450,--
	Willibald	Schlegelmulchgerät SHF 150	5.251,--
		Schlegelmulchgerät SHF 200	5.711,--
Winterdienst	Schmidt GmbH	Keilschneepflug K 0	2.495,--
		Keilschneepflug K 1	2.660,--
		Schneematschräumgerät SM	6.995,--
		Einseitiger Schneepflug E 0 / E 1	2.645,--
		Federklappenschneepflug F 0 / F 1	2.795,--
		Mehrscharfederpflug MF 0 / MF 1	4.265,--
		Seitenschneeschleuder S 1	7.390,--
		Schneefräse VF 1 b	73.130,--
		Schneeschleuder VS 2	77.850,--
		Einhängesteugerät m. elekt. Antrieb SHU	1.975,--
		Behälterstreugerät BST-H	7.170,--
		Silostreugerät SST 1-H	10.220,--
	Gmeiner GmbH & Co.	Gmeiner-Steuautomat (Behälterstreugerät)	7.850,--
	Ries GmbH Maschinenbau	Silostreugerät 500.02	10.475,--
	Weisser KG	Silostreugerät STA/U-	8.415,--

ALLE MODELLE SEIT 1946

Produktion Unimog 421 (1966-1989)													
	1966	1967	1968	1969	1970	1971	1972	1973	1974	1975	1976	1977	Gesamt
421.122	695	443	386	485	541	97							**2.647**
421.123	586	418	531	668	926	86							**3.215**
421.131	13	20	35	57	79	6							**210**
421.130				1	5								**6**
421.124						3	361	352	282	49	23	14	3
421.125						1	578	509	476	146	55	47	63
421.126						4							**4**
421.128						2	231	93	147	117	27	94	
421.129							2	2	0	4	9	14	
421.132						1	1	2	5	3	1	3	
421.133						34	40	48	26	22	22	22	
421.140									43	191	197	172	187
421.141									100	316	256	228	338
421.162						1	7	3	2				**13**
421.163						10	2	12	1				**25**
421.310						88	160	48	8				**304**
Gesamt	**1.294**	**881**	**953**	**1.215**	**1.550**	**1.268**	**1.304**	**1.109**	**891**	**677**	**520**	**724**	

	1978	1979	1980	1981	1982	1983	1984	1985	1986	1987	1988	1989	Gesamt
421.124	22	10	19	2									**1.140**
421.125	18	26	18	15	7	6	10	4	6	7	2	1	**1.995**
421.128	30	24	53	760	454	313	227	637	39	1	3		**3.252**
421.129	1	12	11	7	17	6	20	423	5	64	2		**599**
421.132	9	4	1	4	0	0	0	1					**35**
421.133	25	14	28	21	19	6	2	7	6	15	15		**372**
421.140	188	179	146	127	91	77	109	28	32	25	9	4	**1.805**
421.141	375	357	325	226	188	166	149	137	120	69	18		**3.368**
Gesamt	**668**	**626**	**601**	**1.162**	**776**	**574**	**517**	**1.237**	**208**	**181**	**49**	**5**	**18.990**

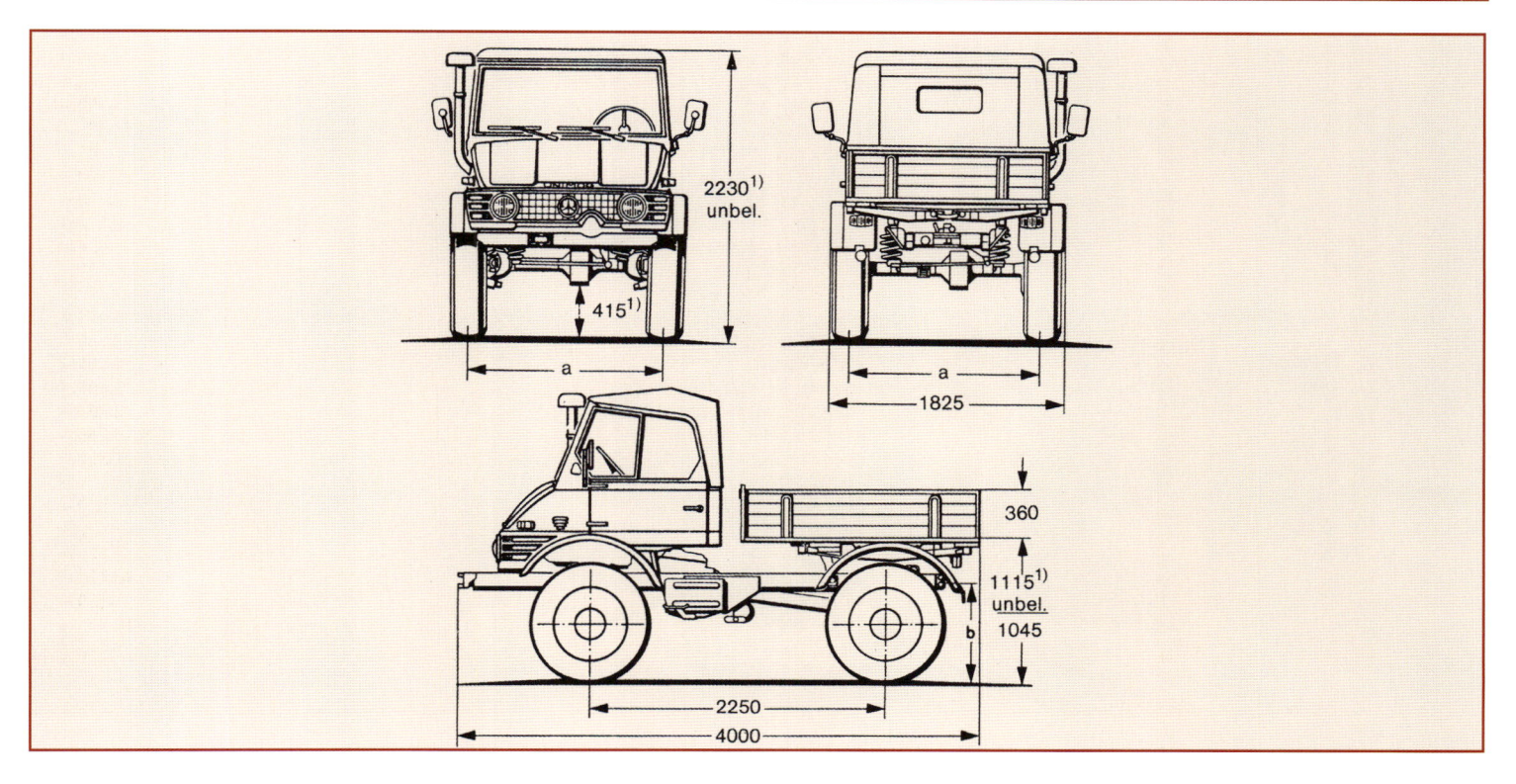

Unimog U 54 Baureihe 403 (1966–1972)
Unimog U 66 / U 800 Baureihe 403 (1969–1988)
Unimog U 72 / U 800 Baureihe 403 (1969–1988)
Unimog U 80 / U 800 L Baureihe 413 (1969–1988)

Nur wenige Monate nach der Vorstellung der Baureihe 421 präsentierte Daimler-Benz im April 1966 mit dem U 54 die Baureihe 403. Aus der Baureihe 406 weiterentwickelt, erhielt die Baureihe 403 statt des Mercedes-Benz-Sechszylinder-Dieseldirekteinspritzmotors OM 352 dessen baugleichen Vierzylindertyp OM 314 (Motor des LP 608). Mit seiner Leistung von 54 PS sollte der U 54 als erstes Baumuster (BM 403.120 mit offenem Fahrerhaus und BM 403.121 mit geschlossener Ganzstahlkabine) den mittleren Leistungsbereich des neuen Unimog-Programms abdecken.

Baugleich mit dem U 406 war auch der Radstand von 2380 mm und das Kurzhauben-Fahrerhaus mit modifiziertem Grill, das für optimale Sicht auf Straße und Frontanbaugeräte sorgte. Es wies, wie beim 406, mit verbreiterten Türen nun durch eine Trittstufe hinter dem Vorderrad wesentlich günstigere und bequeme Aufstiege rechts und links auf. Man musste nicht mehr besondere Einstiegsringe an den Vorderrädern benutzen. Zwei gut gepolsterte und verstellbare Sitze erhöhten den Fahrkomfort. Auch die neue Baureihe 403 erhielt das hochstellbare Fahrerhaus, das den Zugang zu Motor und Getriebe bei Wartungs- und Reparaturarbeiten enorm erleichterte.

Neben dem serienmäßigen, offenen Fahrerhaus mit faltbarem Allwetterverdeck gab es den U 54 als Sonderausführung auch mit der beliebten Ganzstahlkabine mit großen Fenstern und einer zweckmäßigen, arbeitsgerechten Grundausstattung zu einem Mehrpreis von DM 850.–. Dazu gehörten auch Warm-

Unimog U 54 der Baureihe 403, ausgestattet mit vorderer Seilwinde und Ladekran bei der Rohrverlegung im Kanalbau.

ALLE MODELLE SEIT 1946

Unimog U 54 (BM 403.120) mit offenem Fahrerhaus und Allwetter-Klappverdeck.

U 54 mit Hiab-Ladekran 293.

Unimog der Baureihe 403 mit Klappverdeck und mit festen Fahrerhaus.

wasser-Frischluftheizung, Belüftungs- und Scheibenfrosteranlage und komfortable Sitze. Hinter dem Fahrerhaus war auf vier Kugelgelenken eine leicht abnehmbare Hilfsladepritsche angeordnet, darunter befand sich das Reserverad.

Durch die Portalachse, eines der ältesten Konstruktionsmerkmale des Alleskönners aus Gaggenau, war auch der U 54 extrem geländegängig und konnte gefahrlos Hindernisse, aber auch Pflanzenbestände überfahren. Achsrohr und Differenzial lagen über der Radmitte und ermöglichten eine extrem hohe Bodenfreiheit bei relativ niedrigem Schwerpunkt. Vorder- und Hinterachse waren überdies baugleich.

Wie für alle Unimog-Baureihen aus dieser Zeit standen auch für den U 54 der Baureihe 403 bis zu sechs verschiedene Getriebeausführungen und vier unterschiedliche Bereifungen zur Wahl. Die Preisspanne reichte von DM 22.850,– für die Ausrüstung mit Getriebe-Ausführung 1 und einer Allzweck-Bereifung 10,5-20/8 bis zu DM 25.365,– für die Lieferausführung mit Getriebe-Ausführung 6 und einer 12,5-20/10-Hochstollen-Bereifung.

Zwischen 04/1966 und 04/1972, also nach genau sechs Jahren Bauzeit, entstanden vom U 54 im DB-Werk Gaggenau 1210 Exemplare mit offenem Fahrerhaus (BM 403.120) und 1832 Fahrzeuge mit der mittlerweile auch in Gaggenau gefertigten geschlossenen Ganzstahlkabine (BM 403.121).

1969 wurde der U 54 durch die leistungsstärkere Variante U 66 ergänzt. Als 1972 für den U 54 das Produktionsende kam, rüstete man dessen Nachfolger, den U 66, bereits serienmäßig mit Scheibenbremsen an allen vier Rädern aus. Im U 66 (BM 403.122 offen und 403.123 geschlossen) leistete der Vierzylinder-Dieselmotor OM 314 (BM 314.956) jetzt 66 PS bei 2550 U/min und steigerte die Höchstgeschwindigkeit der Baureihe 403 auf nunmehr 80 km/h.

Um dem ständig erweiterten Anwendungsbereich des Allradschleppers gerecht zu werden, gab es auch für den U 66 von Anfang an zusätzlich zum ohnehin reichhaltigen Mindestlieferumfang eine große Anzahl von Ausrüstungsvarianten, Zusatz- und Sonderausrüstungen, angefangen vom Getriebe über Zapfwellen-Sonderabtrieb, Pneumatik- und Hydraulik-Ausrüstung, Rahmen und Fahrwerk, Motor und Instrumente bis hin zum Fahrzeugaufbau oder zum geschlossenen Ganzstahl-Fahrerhaus mit ausstellbaren Scheiben und Kurbelfenstern.

Zehn Jahre nach der 403-Premiere wurde im Jahre 1976 die Leistung des Vierzylinder-Direkteinspritz-Dieselmotors Typ OM 314 (BM 314.917) zum letzten Mal auf nunmehr 72 PS angehoben. Die leistungsstärkste Abschlussausführung erhielt die Bezeichnung U 800, da man ja seit Mitte der 70er-Jahre für den Unimog innerhalb der jeweiligen Baureihen neue Verkaufs-

ALLE MODELLE SEIT 1946

U 54 mit Stubbenfräse.

U 54 mit Wasserfass und Plattenverdichter.

U 800 als Allradmaschine für Gewerbe, Industrie und öffentlichen Dienst.

U 800 als Allradschlepper für Landwirtschaft und Forst.

bezeichnungen eingeführt hatte, die sich am aufgerundeten verzehnfachten PS-Wert des Motors orientierten. Der U 800 löste den U 66 ab. Wie seinen Vorgänger gab es auch den U 800 gegen Mehrpreis mit einer reichhaltigen Auswahl an Zusatz- und Sonderausrüstungen, u. a. Hydraulikanlage mit Zweifach-Steuerventil, Steckeranschluss vorn und hinten, Kraftheber hinten mit 3-Punkt-Gestänge, Anhängeschiene und Servotrak (mechanischer Raddruckverstärker), sowie die für land- und forstwirtschaftliche Einsätze empfohlene Bereifung 14,5-20/10 PR.

Mit dem U 800, bis 1988 produziert, wurde die Baureihe 403 nach insgesamt 5063 Exemplaren vom Gaggenauer Band genommen.

Die Angebotspalette an Unimog-Allradfahrzeugen wurde bei Daimler-Benz ständig erweitert. Neu im Programm war 1969 die Baureihe 413 mit dem U 80, der ab Mitte der 1970er-Jahre als U 800 L bezeichnet wurde und die Baumusterbezeichnung BM 413.110 für die Standard-Ausführung mit zweisitzigem Klappverdeck-Fahrerhaus, dreipunktgelagert und hochstellbar, und BM 413.111 für die Ganzstahl-Fahrerhaus-Variante erhielt. Ausgestattet mit dem äußeren Erscheinungsbild und den technischen Daten der Unimog-Baureihe 416, jedoch mit dem 72-PS-Vierzylinder-Direkteinspritz-Dieselmotor Typ OM 314 (BM 314.917), war der U 80 (U 800 L) wegen seines langen

ALLE MODELLE SEIT 1946

Die Militärversion des Unimog U 800 L (BM 413.110) in der 3-t-Nutzlastklasse.

Radstandes von 2900 mm hauptsächlich als geländegängiger, allradgetriebener Lastwagen vorgesehen.

Wie die Fahrzeuge der Baureihen 411, 416 und 421 konnte auch der U 80 (U 800 L) der Baureihe 413 auch in Lkw-Ausführung geliefert werden. Die Einstufung als Lkw brachte im Einzelfall zwar Einbußen bei der Anhängelast, denn ein Lkw musste 6 PS pro Tonne Gesamtgewicht aufweisen, eine Zugmaschine nur 3 PS, doch hing die gewählte Deklaration vom Einsatzzweck ab. Beim Lkw konnte die zulässige Straßengeschwindigkeit unter Umständen höher sein, hingegen konnte eine Zugmaschine, zum Beispiel bei Landwirten oder auch bei Schaustellern, zwei Anhänger ziehen, was wiederum dem Lkw verwehrt war.

Da es für den U 80 (U 800 L) neben der Serienbereifung 10,5-20/10 PR auf Wunsch auch die Bereifung 12,5-20/10 PR gab, unterschieden sich die Fahrzeuge der Unimog-Baureihe 413 rein äußerlich nicht von denen der Baureihe 416. Einziges Unterscheidungsmerkmal war der Vierzylinder-Motor, für den das Werk 72 PS (53 kW) als Leistung angab. Der Verkauf der Baureihe 413 hielt sich allerdings in Grenzen, denn lediglich 627 Exemplare wurden zwischen 1969 und 1988 hergestellt.

Aber zu dieser Zeit war längst, und dies seit Mitte der 1970er-Jahre, eine neue Generation von Unimogs auf die Bühne getreten, die völlig andere Dimensionen erschloss: Die Baureihen 424, 425 und 435. Dabei sollte auch in diesen Fahrzeugen der Grundgedanke des Unimog mit all seinen Merkmalen bewahrt bleiben.

UNIMOG

Unimog U 800 (BM 403.123) als preiswerte, zuverlässige und robuste Arbeitsmaschine im Kommunaleinsatz.

ALLE MODELLE SEIT 1946

| Programmübersicht Unimog Baureihe 403 / 413 ||||||||
| Typ / Verkaufsbezeichnung | Baumuster | Fahrerhaus | Motor ||| Radstand | Stückzahl | Bauzeit |
			Typ	BM	PS			
U 54	403.120	offen	OM 314	314.916	54	2.380	1.210	04/1966 - 03/1972
U 54	403.121	geschl.	OM 314	314.916	54	2.380	1.832	04/1966 - 04/1972
U 66 / U 72 / U 800	403.122	offen	OM 314	314.917	66/72	2.380	535	03/1969 - 12/1987
U 66 / U 72 / U 800	403.123	geschl.	OM 314	314.917	66/72	2.380	1.486	03/1969 - 04/1988
U 80 / U 800L	413.110	offen	OM 314	314.917	72/80	2.900	191	02/1969 -1983
U 80 / U 800L	413.111	geschl.	OM 314	314.917	72/80	2.900	442	09/1969 - 04/1988

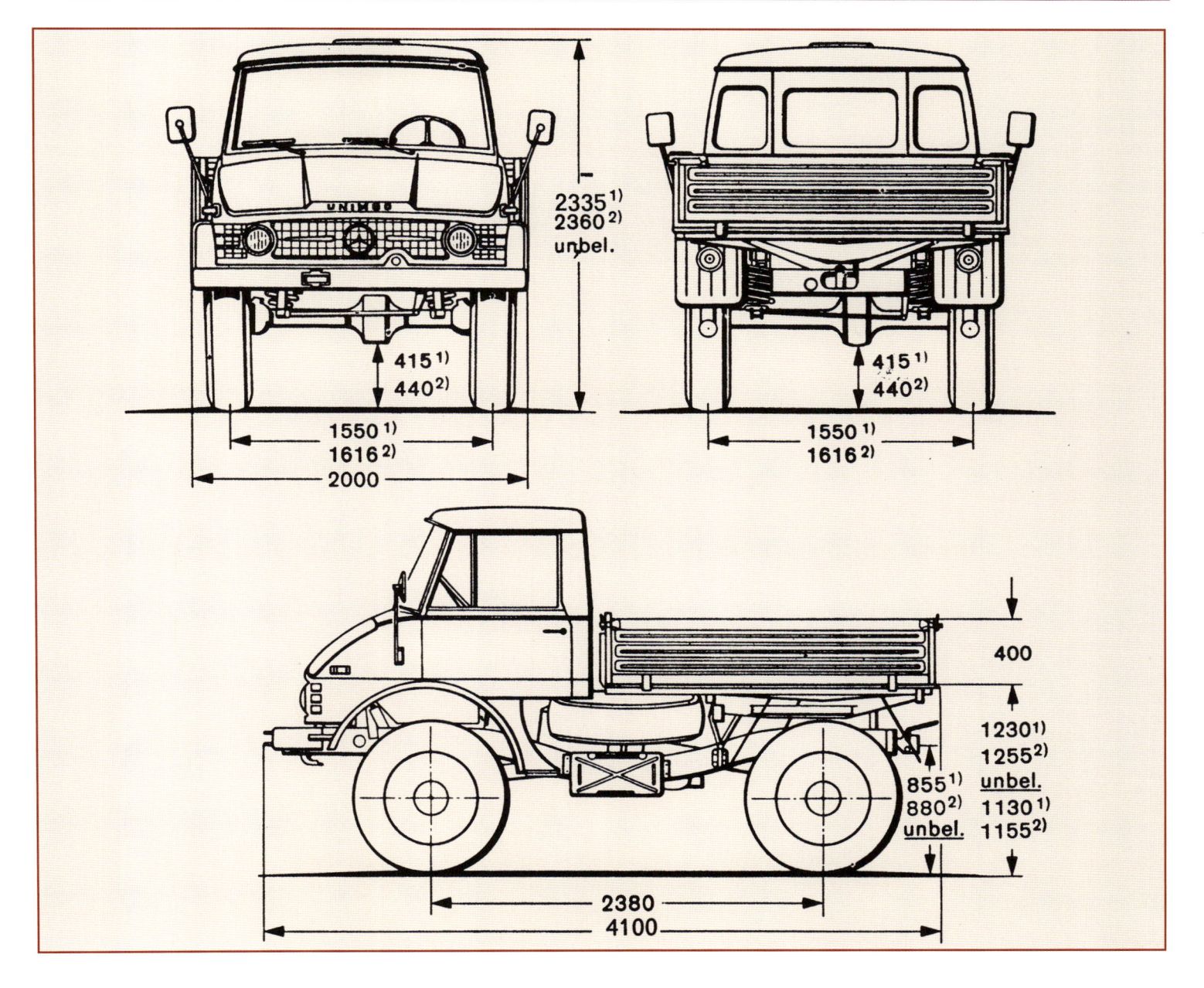

UNIMOG

	Unimog U 54 Baureihe 403 1966-1972	Unimog U 66 Baureihe 403 1969-1988	Unimog U 72 (U 800) Baureihe 403 1969-1988
	403.120 / 403.121	403.122 / 403.123	
Motor			
Baumuster (BM)	314.916	314.917	314.917
Bauart	Mercedes-Benz 4-Zyl.-Reihen-Viertakt-Direkteinspritz-Dieselmotor, Typ OM 314 Betriebsstundenzähler, mech. Drehzahlregler, elektr. Anlasser,		
Bohrung x Hub	97 x 128 mm	97 x 128 mm	97 x 128 mm
Hubraum	3.780 ccm	3.780 ccm	3.780 ccm
Leistung	54 PS (39 kW) b.2.550/min	66 PS (48 kW) b.2.550/min	72 PS (53 kW) b.2.550/min
Drehmoment	18,5 mkg bei 1.600/min	216 Nm bei 1.600/min	221 Nm bei 2.000/min
Verdichtung	17 : 1		
Gemischbereitung	Bosch -Einspritzpumpe		
Einspritzfolge	1 - 3 - 4 - 2		
Kühlung	Wasserkühlung mit Pumpe und Thermostat (16 Liter)		
Elektr. Anlage	Drehstromlichtmaschine 14 Volt 35 A, 490 Watt, selbstt.Spannungsregelung, 110 Ah		
Kraftübertragung			
Antrieb	Allradantrieb, pneum. schaltbaren Differenzialsperren, Vorderachse zu- und abschaltbar		
Kupplung	Fichtel & Sachs Einscheiben- bzw. Zweischeiben-Trockenkupplung		
Nebenabtriebe	Zapfwelle vorn und hinten bei 540 und 1.000/min, Zapfwellenmittelabtrieb		
Getriebe	Vollsynchronisiertes Hauptgetriebe mit 6 Vorwärts- und 2 Rückwärtsgänge		
Übersetzungen	I. 14,531 / II. 8,027 / III. 4,504 / IV. 2,488, V. 1,647 / VI. 1,0 / I.R. 11,625 / II.R. 6,421		
Vorschaltgetriebe	2 x 4-Gang-Schaltung mit 8 Vorwärts- und 4 Rückwärtsgänge		
Gelände-vorwärts	I. 14,531 / II. 8,027 / III. 5,314 / IV. 3,227		
Straße-vorwärts	I. 4,504 / II. 2,448 / III. 1,647 / IV. 1,000		
Rückwärts	I. 11,625 / II. 6,421 / III. 4,251 / IV. 2,589		
	Übersetzung Achsantrieb 22 : 7 (SA: 23 : 9)		
	Übersetzung Radvorgelege 27 : 13 (SA: 27 : 14)		
	Übersetzung Gesamt-Achse 6,527 (SA: 6,06 / 5,308)		
Fahrwerk			
	Selbsttragende Ganzstahlkarosserie, U-Profil-Rechteckrahmen mit Querträgern		
	Hochstellbares Klappverdeck-Fahrerhaus oder hochstellbares Ganzstahl-Fahrerhaus		
Vorder-Hinterachse	Portalachsen mit Schubrohr und Radvorgelegen,		
	Schraubenfedern mit Zusatzfeder hinten, Teleskopstoßdämpfer v/h		
Bremsen	Zweikreis-Trommel-/Scheibenbremsen mit Bremskraftverstärker, mechanische Stock-Handbremse, Druckluft-Anhängerbremse		
Lenkung	Hydraulische Servo-Kugelmutter-Lenkung		
Räder	9 x 20 / 11 x 20		
Bereifung	10,5 - 20/10 PR, 12,5 - 20/10 PR, 14,5 - 20/10 PR, 22 - 20/10 PR		
Allgemeine Daten			
Radstand	2.380 mm		
Rahmenlänge	3.687 mm		
Spurweite v/h	1.555 / 1.630 / 1.850 mm		
Gesamtmaße	4.100 x 2.160 x 2.350 mm		
Bodenfreiheit/Diff.	415 mm		
Überhangwinkel v/h	45° / 70°		
Wattiefe	850 mm		
Pritschenfläche	1.475/1.950 x 1.890 x 400		
Ladehöhe	1.230 - 1.280 mm		
Höhe Anhängerkup.	855 - 905 mm		
Höchstgeschw.	80 km/h		
kl. Wendekreis	10,9 - 14,75 Meter		
Leergewicht	3.600 kg		
Nutzlast	2.300 kg		
zul. Gesamtgewicht	6.000 kg		
zul. Achslast v/h	3.500 kg		
zul. Anh.Last gebr.	16.000 kg		
Kraftheber v/h	max. Hubkraft 1.200 / 3.000 kg		
Kraftstofftank	90 Liter (Wunsch 120 Liter)		

ALLE MODELLE SEIT 1946

	Unimog U 80 (U 800 L) Baureihe 413 1969-1988 413.110 / 413.111
Motor	
Baumuster (BM)	314.917
Bauart	Mercedes-Benz 4-Zyl.-Reihen-Viertakt-Direkteinspritz-Dieselmotor, Typ 314
	Betriebsstundenzähler, mech. Drehzahlregler, elektr. Anlasser,
Bohrung x Hub	97 x 128 mm
Hubraum	3.780 ccm
Leistung	72 PS (53 kW) b.2.550/min
Drehmoment	221 Nm bei 1600/min
Verdichtung	17 : 1
Gemischbereitung	Bosch -Einspritzpumpe
Einspritzfolge	1 - 3 - 4 - 2
Kühlung	Wasserkühlung mit Pumpe und Thermostat (16 Liter)
Elektr. Anlage	Drehstromlichtmaschine 14 Volt 35 A, 490 Watt, selbstt.Spannungsregelung, 110 Ah
Kraftübertragung	
Antrieb	Allradantrieb, pneum. schaltbaren Differenzialsperren, Vorderachse zu- und abschaltbar
Kupplung	Fichtel & Sachs Einscheiben- bzw. Zweischeiben-Trockenkupplung
Nebenabtriebe	Zapfwelle vorn und hinten bei 540 und 1.000/min, Zapfwellenmittelabtrieb
Getriebe	Vollsynchronisiertes Hauptgetriebe mit 6 Vorwärts- und 2 Rückwärtsgänge
Übersetzungen	I. 14,531 / II. 8,027 / III. 4,504 / IV. 2,488, V. 1,647 / VI. 1,0 / I.R. 11,625 / II.R. 6,421
Vorschaltgetriebe	2 x 4-Gang-Schaltung mit 8 Vorwärts- und 4 Rückwärtsgänge
Gelände-vorwärts	I. 14,531 / II. 8,027 / III. 5,314 / IV. 3,227
Straße-vorwärts	I. 4,504 / II. 2,448 / III. 1,647 / IV. 1,000
Rückwärts	I. 11,625 / II. 6,421 / III. 4,251 / IV. 2,589
	Übersetzung Achsantrieb 22 : 7 (SA: 23 : 9)
	Übersetzung Radvorgelege 27 : 13 (SA: 27 : 14)
	Übersetzung Gesamt-Achse 6,527 (SA: 6,06 / 5,308)
Fahrwerk	
	Selbsttragende Ganzstahlkarosserie, U-Profil-Rechteckrahmen mit Querträgern
	Hochstellbares Klappverdeck-Fahrerhaus oder hochstellbares Ganzstahl-Fahrerhaus
Vorder-Hinterachse	Portalachsen mit Schubrohr und Radvorgelegen, Schraubenfedern mit Zusatzfeder hinten, Teleskopstoßdämpfer v/h
Bremsen	Zweikreis-Trommel-/Scheibenbremsen mit Bremskraftverstärker, mechanische Stock-Handbremse, Druckluft-Anhängerbremse
Lenkung	Hydraulische Servo-Kugelmutter-Lenkung
Räder	9 x 20 / 11 x 20
Bereifung	10,5 - 20/10 PR, 12,5 - 20/10 PR
Allgemeine Daten	
Radstand	2.900 mm
Rahmenlänge	4.687 mm
Spurweite v/h	1.555 / 1.630 mm
Gesamtmaße	5.100 x 2.160 x 2.325 mm
Bodenfreiheit/Diff.	415 mm
Überhangwinkel v/h	45° / 70°
Wattiefe	800 mm
Pritschenfläche	3.000 x 2.000 x 500
Ladehöhe	1.230 mm
Höhe Anhängerkupplung	855 - 905 mm
Höchstgeschw.	80 km/h
kl. Wendekreis	12,5 Meter
Leergewicht	3.600 kg
Nutzlast	2.300 kg
zul. Gesamtgewicht	6.000 kg
zul. Achslast v/h	3.500 kg
zul. Anh.Last gebr.	16.000 kg
Kraftheber v/h	max. Hubkraft 1.200 / 3.000 kg
Kraftstofftank	90 Liter (Wunsch 120 Liter)

Preise / Lieferausführung Unimog U 54 / U 66 BR 403 Stand 11/1969

	Preise U 54 BM 403.120				Preise U 66 BM 403.122			
	10,5-20/8	10,5-20/10	12,5-20/10	12,5-20/10	10,5-20/8	10,5-20/10	12,5-20/10	12,5-20/10
	Allzweck	Allzweck	Allzweck	Hochstollen	Allzweck	Allzweck	Allzweck	Hochstollen
Getr.Ausf. 1	22.850,--	22.685,--	23.265,--	23.390,--	23.780,--	23.885,--	24.465,--	24.590,--
Getr.Ausf. 2	23.035,--	23.140,--	23.720,--	23.845,--	24.235,--	24.340,--	24.920,--	25.045,--
Getr.Ausf. 3	23.625,--	23.730,--	24.310,--	24.435,--	24.825,--	24.930,--	25.510,--	25.635,--
Getr.Ausf. 4	23.785,--	23.890,--	24.470,--	24.595,--	24.985,--	25.090,--	25.670,--	25.795,--
Getr.Ausf. 5	24.405,--	24.510,--	25.090,--	25.215,--	25.605,--	25.710,--	26.290,--	26.415,--
Getr.Ausf. 6	24.555,--	24.660,--	25.240,--	25.365,--	25.755,--	25.860,--	26.440,--	26.565,--

(Preise in DM ohne Mwst.)

Lieferausführung

Motor	U 54: MB 4-Zylinder-Diesel-Direkteinspritzmotor, 54 PS (39 kW) bei 2.550/min, Typ OM 314
	U 66: MB 4-Zylinder-Diesel-Direkteinspritzmotor, 66 PS (48 kW) bei 2.550/min, Typ OM 314
	wassergekühlt, Bosch-Einspritzausrüstung, mech. Drehzahlregler, Betriebsstundenzähler, Anlasser, Drehstromlichtmaschine 14 V 35 A (490 W), Batterie 12 Volt / 110 Ah, elektronische Warnblinkanlage, Luftpresser
Armaturen	Kombi-Instrument mit Tachometer, Öldruckanzeige, Fernthermometer, Kraftstoffmeßanzeige, Doppeldruckmesser.
	U 66: zusätzlich mit Fahrtschreiber (Tagesregistrierung) mit Geschwindigkeitsanzeige
Antrieb	Allradantrieb, pneum. schaltbaren Differenzialsperren beide Achsen, Portalachsen m. Radvorgelegen
Bremsen	Hydr. druckluftunterstützte Vierradfußbremse, mechanische Hinterrad-Stock-Handbremse, Druckluft-Anhängerbremsanlage (Einteitungssystem)
Lenkung	Hydraulische Servo-Lenkung
Federung	Schraubenfedern mit Zusatzfeder hinten, Teleskopstoßdämpfer vorn und hinten
Anh.kupplung	Selbsttätige gefederte Anhängekupplung hinten, Anhängemaul mit Steckbolzen vorn
Fahrerhaus	Hochstellbar, Allwetterverdeck aus wetterfestem Segeltuch mit zusammenklappbarem, Rohrgestell, Rückwand mit Fenster, ausstellb. Seitensteckfenster, abnehmb. Windschutzscheibe, Heizungsund Belüftungsanlage, Überschlagschutzbügel, Scheibenwaschanlage
Ladefläche	Seitenwände und Rückwand abklappbar, einschließlich Einlegeboden abnehmbar, 1.950 mm Länge x 1.890 mm Breite, Nutzlast 2.000 kg
Zubehör	Kompletter Werkzeugsatz, Wagenheber, Warneinrichtungen, Unterlegkeil
Lackierung:	grün/DB 6277, grau/DB 7187, blau/DB 5328, goldgelb/RAL 1004

Getriebeausführungen

Ausf. 1	**Einfachkupplung, vollsynchronisiertes Hauptgetriebe** mit 6 Vorwärts- und 2 Rückwärtsgängen
Ausf. 2	Ausführung wie 1, jedoch mit **Sonderabtrieb** zum gleichzeitigen und wahlweisen Antrieb der vorderen und hinteren Zapfwelle mit 540/min
Ausf. 3	Ausführung wie 2, jedoch mit **Sonderabtrieb, schaltbar** für Zapfwellendrehzahl 540 und 1.000/min
Ausf. 4	Ausführung wie 3, jedoch mit **Doppelkupplung für Motorzapfwelle**
Ausf. 5	**Einfachkupplung, vollsynchronisiertes Hauptgetriebe** und **Vorschaltgetriebe** mit 20 Vor- und 8 Rückwärtsgängen, **Sonderabtrieb** zum gleichzeitigen und wahlweisen Antrieb der vorderen und hinteren Zapfwelle, **schaltbar** für Drehzahl 540/min und 1.000/min
Ausf. 6	Ausführung wie 5, jedoch mit **Doppelkupplung für Motorzapfwelle**

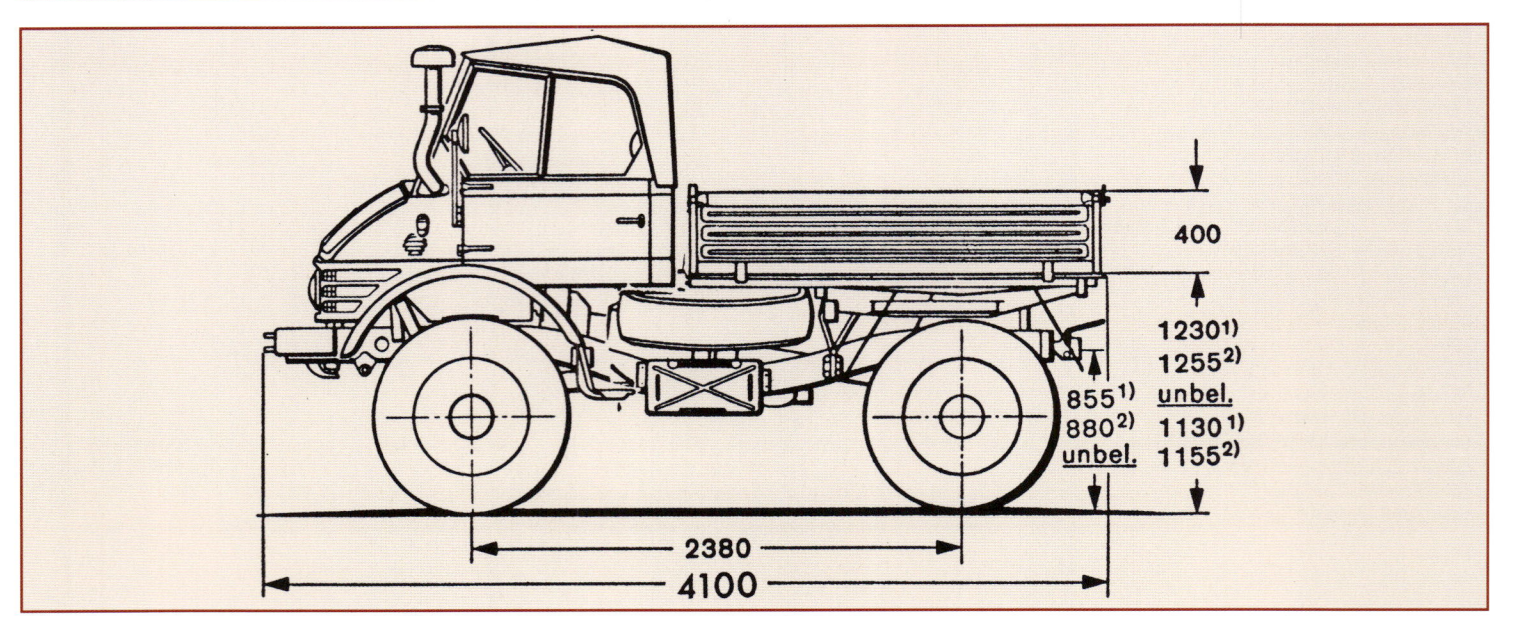

ALLE MODELLE SEIT 1946

Preise / Sonderausrüstungen Unimog U 54 / U 66 BR 403   Stand 2/1971

Preise U 54 BM 403.120

	10,5-20/8 Allzweck	10,5-20/10 Allzweck	12,5-20/10 Allzweck	12,5-20/10 Hochstoll.
Getr. 1	**25.288,--**	**25.392,--**	**26.028,--**	**26.156,--**
Getr. 2	**25.794,--**	**25.898,--**	**26.534,--**	**26.662,--**
Getr. 3	**26.455,--**	**26.559,--**	**27.195,--**	**27.323,--**
Getr. 4	**26.707,--**	**26.811,--**	**27.447,--**	**27.575,--**
Getr. 5	**27.362,--**	**27.466,--**	**28.102,--**	**28.230,--**
Getr. 6	**27.556,--**	**27.660,--**	**28.296,--**	**28.424,--**

Mehrpreis
Mit geschlossenem Fahrerhaus einschl. Heizungs- und Belüftungsanlage	**850,--**

Sonderausrüstungen U 54 / U 66:

Getriebe / Zapfwellen

Nr.	Bezeichnung	Preis
128 o.126	Zapfwelle vorn 1 3/4" o. 1 3/8"	**323,--**
142 o.140	dto. hinten 1 3/4" o. 1 3/8" mit Zwischenabtrieb	**677,--**
130	Zapfwellenmittelabtrieb	**376,--**
181	2 x 4 Schaltplatte (nicht bei Getr.-Ausf. 5 und 6)	**55,--**
146 o.145	Zapfwellenverlagerungsgetriebe 1 3/4" oder 1 3/8"	**441,--**
148	Reduziersteckwelle f. Zapfw.-verlag.getr. 1 3/4" o. 1 3/8"	**57,--**

Pneumatik / Hydraulik

Nr.	Bezeichnung	Preis
701	Hydraulikanlage	**999,--**
760	Steckeranschluß vorn, 2fach	**76,--**
761	dto. 4fach	**151,--**
753	Steckeranschluß hinten mit sep. Rücklaufleitung	**290,--**
755	3. Druckleitung hinten bei vorh. Steckeranschl. hinten	**140,--**
755	dto. jedoch Ste.-anschl. vorn	**108,--**
770	Kraftheber hinten	**1.128,--**
771	Dreipunktgestänge/Anhängesch.	**645,--**
774	Raddruckverstärker »Servotrak«	**97,--**
575	Teleskopzylinder für Pritsche	**806,--**
575	dto. bei vorh. Ste.-anschl. hi	**699,--**
730	Anhängerbremsanlage 2-Leitg.	**129,--**
725	dto. Komb. Ein- und Zweileitg.	**268,--**
737	Schalter für 3. Bremse	**11,--**
718	Zweikreisbremsanlage	**92,--**
723	Druckluftanschluß vorn	**70,--**
726	dto. Komb. Ein- und Zweileitg.	**140,--**
783	Zusatzluftpresser	**452,--**
762	Hubzylinder vorn (lose)	**215,--**

Rahmen / Fahrwerk

Nr.	Bezeichnung	Preis
214	Anbaubeschläge vorn	**113,--**
215	Anbaubeschläge hinten	**86,--**
210	Schutzpl. v. m. Anbaupunkten	**194,--**
216	Hubzylinderbock vorn	**248,--**
217	dto. bei Frontlagerbeschlag	**124,--**
230	Vorderfeder verstärkt	**27,--**
212	Bodenkonst. Anhängeschiene	**269,--**
212	dto. bei vorh. Dreipunktgest.	**194,--**

Preise U 66 BM 403.122

	10,5-20/8 Allzweck	10,5-20/10 Allzweck	12,5-20/10 Allzweck	12,5-20/10 Hochstoll.
Getr. 1	**27.112,--**	**27.216,--**	**27.852,--**	**27.980,--**
Getr. 2	**27.618,--**	**27.722,--**	**28.358,--**	**28.486,--**
Getr. 3	**28.279,--**	**28.383,--**	**29.019,--**	**29.147,--**
Getr. 4	**28.531,--**	**28.635,--**	**29.271,--**	**29.399,--**
Getr. 5	**29.186,--**	**29.290,--**	**29.926,--**	**30.054,--**
Getr. 6	**29.380,--**	**29.484,--**	**30.120,--**	**30.248,--**

Mehrpreis

Nr.	Bezeichnung	Preis
	Mit geschlossenem Fahrerhaus einschl. Heizungs- und Belüftungsanlage	**850,--**
325	Seilwindenhalter vorn f. Fremds.	**54,--**
227	Anhängekuppl. mit gr. Maul	**25,--**
273	Tankverschluß abschließbar	**12,--**
963	Hydraulischer Wagenheber	**38,--**
342	Front-Zusatzgewicht (á 45 kg)	**81,--**
211	Staubschutzblech vorn	**20,--**
261	120-Liter-Tank	**151,--**

Motor

Nr.	Bezeichnung	Preis
801	Nahentstörung (12 V)	**33,--**
028	Erhöhte Batterieleistung	**194,--**
804	24-V-Anlage (nahentstört)	**172,--**
026	Lichtmaschine 14V/55A(770W)	**14,--**
068	Ansaugkamin m. Regenklappe	**43,--**
069	Ansaugkamin m. Zyklonfilter	**65,--**
069	Zyklonfilter (Allwetterverdeck)	**22,--**
048	Drehzahlmesser	**52,--**
085	Startpilot	**60,--**
952	Kühlerfrostschutzmittel (-25°)	**27,--**

Instrumente

Nr.	Bezeichnung		Preis
812	Fahrtenschreiber 1-Tage-Reg.	U54: 221,--	**199,--**
814	dto. 7-Tage-Registrierung		**22,--**
861	Zusatzscheinwerfer		**108,--**
860	Rückbeleuchtung f. Arbeitsger.		**27,--**
884	Rundumkennleuchte		**194,--**
857	Rückfahrscheinwerfer		**70,--**
464	2-Stufen Scheibenwischanlage		**27,--**

Aufbau

Nr.	Bezeichnung	Preis
436	Schiebefenster Fhs-Rückwand	**81,--**
431	Dachlüftungsklappe 520x450	**237,--**
447	2-Pkt-Sicherheitsgurte	**49,--**
444	Derby-Hydrauliksitz	**172,--**
446	Sitzerhöhung (nur Allwetterverd.)	**36,--**
520	Sitze u. Aufsteckteile f. Pritsche	**591,--**
538	Pritschenverdeck f. 1.475x1.890	**591,--**
538	Pritschenverdeck f. 1.950x1.890	**634,--**
973	Rot-weiße Warnstreifen	**81,--**
	Sonderlackierung einfarbig	**124,--**
854	Schutzgitter für Scheinwerfer	**41,--**
374	Forst-Schutzausrüstung	**752,--**
078	Zusatzheizung	**752,--**
460	Windschutzscheibe Sigla	**119,--**
461	Windschutzsch. Sigla, heizbar	**269,--**

Empfohlene Lieferausführungen U 800 L Baureihe 413   12/1983

Ausführung Fahrgestell (BM 413.111)		U 800 L	Ausführung Lkw (BM 413.111)		U 800 L
Leergewicht		ca. 2.850 kg	Leergewicht		ca. 3.240 kg
tatsächliche Vorderachslast		ca. 2.000 kg	tatsächliche Vorderachslast		ca. 2.050 kg
tatsächliche Hinterachslast		ca. 850 kg	tatsächliche Hinterachslast		ca. 1.190 kg
A25	Abdeckbleche gegen Bremsverschmutzung		B05	Scheibenbremse zweikreisig	
B05	Scheibenbremse zweikreisig		C28	Stabilisator Hinterachse	
B25	ALB (Automatische Lastabhängige Bremse)		C70	Siebkorb für Tank	
C15	Vorderfedern verstärkt		F50	Schall- und Wärmeisolation für Fahrerhaus	
D10	Anbaubeschläge vorn			Hydraulikanlage 240	
H06	Hydraulikanlage 200		J20	EG-Kontrollgerät (Tachograf)	
J20	EG-Kontrollgerät (Tachograf)		J32	Motor-Drehzahlmesser	
J32	Motor-Drehzahlmesser		J79	Warnblinkanlage	
J79	Warnblinkanlage		M22	Motorbremse mit Schalter für 3. Bremse	
L30	Schutzgitter für Scheinwerfer		M36	Lichtmaschine 14 V/55 A	
M66	Ansaugkamin mit Zyklonfilter		M65	Ansaugkamin ohne Zyklonfilter	
R24	4 Scheibenräder 11x20 für 12,5-20		N03	Sonderabtrieb für Getriebezapfw. 540/1.000/min	
S35	Scheibenwaschanlage		P30	Pritsche 3.000x2.000x500 mm mit Holzboden	
S48	Schiebefenster Rückwand		R24	4 Scheibenräder 11x20 für 12,5-20	
			S35	Scheibenwaschanlage	
			Y64	Unterbodenschutz	

Lieferausführung U 800 L (BM 413.110/111)

Fahrerhaus

Ausführung	Klappverdeck (BM 413.110) oder Ganzstahlfahrerhaus (BM 413.111) hochstellbar, dreipunktgelagert, 2sitzig
Türen	herausnehmbar mit Sicherheitsschlössern
Fenster	Klappverdeck: herausnehmb. Seitenscheiben, nach vorne abklappbare Windschutzscheibe
	Ganzstahl: 2 seitliche Ausstellfenster, 2 Kurbelfenster
Verglasung	Einscheibensicherheitsglas, (bei Klappverdeck Verbundglas)
Fahrersitz	gepolsterter Sitz, höhen- und längsverstellbar, neigungseinstellbare Rückenlehne
Beifahrersitz	gepolsterter Sitz, herausnehmbar
Ausstattung	Sonnenblende für Fahrer, 2 klappbare Außenspiegel, Scheibenwischer
Heizung- u. Belüftung	Warmwasserheizung mit Gebläsemotor und Entfrosterdüsen für Windschutzscheibe
Motorhaube	hochstell- und wegnehmbar

Armaturen

Instrumente	Kombiinstrument mit Öldruckanzeiger, Fernthermometer, Kraftstoffanzeiger, Doppeldruckmesser (Brems- und Luftdruck), Kontrollleuchten, Lenksäulenschalter mit Hupenkontakt, Blinker, Fern- und Abblendlicht, Instrumentenbeleuchtung
Beleuchtung	2 Scheinwerfer 45/40 Watt mit asymmetrischem Abblendlicht, Standlicht, 2 Fahrtrichtungsanzeiger mit Positionsleuchten kombiniert, 2 Rückleuchten mit Schlußleuchte, Bremsleuchte, Blinkleuchten, Kennzeichenbeleuchtung

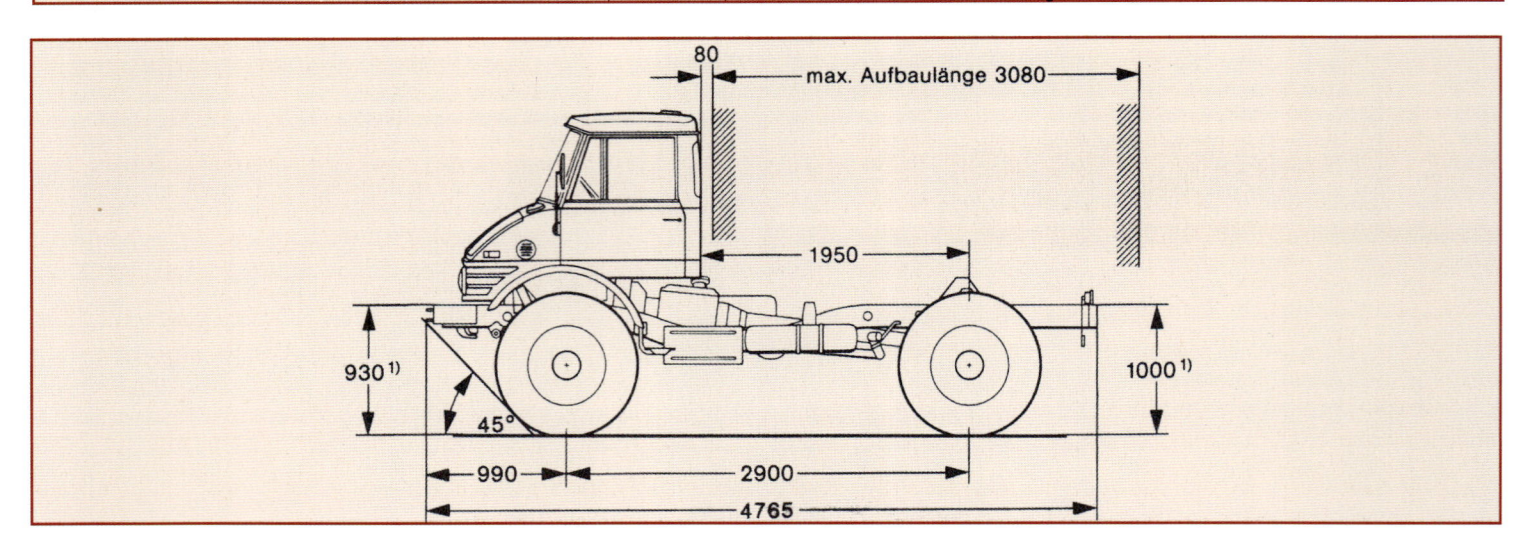

ALLE MODELLE SEIT 1946

Produktion Unimog 403 / 413 (1966-1988)													
	1966	1967	1968	1969	1970	1971	1972	1973	1974	1975	1976	1977	Gesamt
403													
403.120	145	138	132	203	337	241	14						**1.210**
403.121	84	147	219	305	586	441	50						**1.832**
403.122				41	22	22	37	119	78	49	18	22	
403.123				44	60	37	157	184	154	140	98	106	
Gesamt	**229**	**285**	**351**	**593**	**1.005**	**741**	**258**	**303**	**232**	**189**	**116**	**128**	
413													
413.110				10	2	4	5	130	9	1	0	1	
413.111				3		14	18	47	55	22	25	42	
Gesamt				**13**	**2**	**18**	**23**	**177**	**64**	**23**	**25**	**43**	
	1978	1979	1980	1981	1982	1983	1984	1985	1986	1987	1988		Gesamt
403													
403.122	36	18	32	6	5	10	3	7	3	7			**535**
403.123	82	95	68	61	40	44	29	27	21	36	3		**1.486**
Gesamt	**118**	**113**	**100**	**67**	**45**	**54**	**32**	**34**	**24**	**43**	**3**		**5.063**
413													
413.110	0	27	0	1	0	1							**191**
413.111	19	35	19	62	7	2	18	39	9	4	2		**442**
Gesamt	**19**	**62**	**19**	**63**	**7**	**3**	**18**	**39**	**9**	**4**	**2**		**633**

Unimog U 800 (BM 403.122), ein Allradschlepper der mittleren Leistungsklasse in Landwirtschaft und Forst.

Unimog U 1300 Baureihe 425 (1975–1982)
Unimog U 1500 Baureihe 425 (1975–1988)
Unimog U 1500 T Baureihe 425 (1976–1988)

Zu Beginn der 1970er-Jahre stießen der Unimog und der MB-trac in neue Leistungsklassen vor. Neben der kontinuierlichen Weiterentwicklung des laufenden Unimog-Programms stellte Daimler-Benz auf der DLG in Frankfurt 1974 mit dem U 120 das erste Fahrzeug der Schweren Baureihe 425 vor. Die neu entwickelte Unimog-Generation erschloss völlig neue Dimensionen, war durch Verwendung modernster Baugruppen an die vom Markt gestellten Forderungen angepasst und auf die Entwicklungstendenzen des nächsten Jahrzehnts zugeschnitten. Mit ihren Nachfolgebaureihen sollte sie bis heute in der Produktion bleiben und mit unzähligen Versionen das heutige Bild vom Unimog prägen.

Im August 1975 begann die Produktion der Baureihe 425. War der bewährte Sechszylinder-Basismotor OM 352 anfangs noch als Saugmotor ausgelegt, so hielt kurze Zeit nach dem Serienstart des U 120 der Schweren Baureihe 425 im Januar 1976 erstmals der Abgasturbolader Einzug in den Serienbau (OM 352 A). Mit der neuen Motorentechnologie wurde die in den Abgasen steckende Energie genutzt, um die Verbrennungsluft mit einem Überdruck von zirka 0,7–0,8 bar in den Verbrennungsraum zu drücken. Die Vorteile dieser Aufladung lagen vor allem in höherer spezifischer Leistung, besserer Verbrennung und günstigerer Kraftstoffausnutzung. Anfangs als Sonderausrüstung neben dem 120-PS-Saugmotor angeboten, hob der 5,7-Liter-Sechszylinder OM 352 A (BM 353.973) die Leistung jetzt auf 125 PS mit einem Drehmomentanstieg von

Unimog U 1300 (BM 425.121) für Gewerbe, Industrie und öffentlichen Dienst.

ALLE MODELLE SEIT 1946

16 % an. Der Turbolader machte auch eine Umbenennung in der Verkaufsbezeichnung notwendig. Aus dem U 120 wurde der U 1300 (BM 425.121).

Besonders markant war das völlig neue, großräumige und hochstellbare Kurzhaubenfahrerhaus mit seinem kantigen Design, das einen modernen, funktionsgerechten Arbeitsplatz mit hohem Fahrkomfort bot und die Scheinwerfer nun nicht mehr im Kühlergesicht, sondern in den Stoßstangen trug. 1977 brachte das neue Fahrerhaus mit seiner guten Ergonomie dem U 1300 den Sieg beim Designwettbewerb des Bundes »Gute Form«. Auf Wunsch auch dreisitzig. Die Fahrzeuge der ersten Serie ließen sich leicht an den nur an den A-Säulen des Sicherheitsfahrerhauses befestigten Rückspiegeln erkennen.

Neu war auch das Achtgang-Grundgetriebe, das auf Wunsch durch eine zusätzliche Planetengruppe mit weiteren acht Kriechgängen ausgerüstet werden konnte. Weiterentwickelte Portalachsen mit Scheibenbremsen, Daimler-Benz-Servolenkung und eine druckluftgesteuerte hydraulische Zweikreis-Bremsanlage waren wesentliche technische Merkmale der neuen Unimog-Baureihe 425.

Bereits wenige Monate nach dem Serienstart des U 1300 (U 120) der neuen Unimog-Baureihe 425 ging im September 1975 der U 150, kurze Zeit später auch als U 1500 (BM 425.141) bezeichnet, als Flaggschiff der neu formierten Unimog-Familie im Daimler-Benz-Werk Gaggenau in Serie. Der U 1500 unterschied sich vom U 1300 nur durch seine Leistung von 150 PS und war vor allem für den universellen Einsatz im Gewerbe, in der Industrie und im öffentlichen Dienst bestimmt.

Der U 1500 hatte hohe Nutzlastwerte, die besonders im Agrar-Einsatz wirtschaftliches Arbeiten auch mit schwersten Anbaugeräten ermöglichten. Dank des Allradantriebes konnte der U 1500 seine Motorleistung von 150 PS optimal in Zugkraft umsetzen. Die Vorderachse konnte während der Fahrt zugeschaltet werden – pneumatisch, spielend leicht mit einem Dreh-

Unimog U 1300 (BM 425.121) mit hohen Nutzlasten und hohen Antriebskräften für schwerste Anbaugeräte.

Unimog U 1300 (BM 425.121) für Landwirtschaft und Forst.

Mit dem U 1300 Allradschlepper begann die neue Unimog-Generation.

UNIMOG

Unimog U 1300-Fahrerhaus: Große Türen mit weitem Öffnungswinkel und komfortablem Fahrersitz.

Unimog U 1500 (BM 425.141) für Gewerbe und Industrie.

Unimog U 1500 mit großen Kraftreserven dank Turbodiesel OM 352 A.

knopf zu aktivieren. Mit dem gleichen Knopf – ebenfalls während der Fahrt und pneumatisch – sperrte man das Differenzial in Vorder- und Hinterachse. Reichte bislang ein Führerschein der Klasse 3 zum Fahren eines Unimog (solo), so wurde bei dem als Zugmaschine ausgelegten U 1500 mit 150 PS und einem zulässigen Gesamtgewicht von 9 Tonnen jetzt der Führerschein Klasse 2 vorgeschrieben.

Zwar betrug der Listenpreis (1/1987) für den U 1500 (BM 425.141) in Grundausführung DM 102.530,–, doch kamen für den gesetzlich vorgeschriebenen Lieferumfang mit Tachograf, Umrissleuchten, Rückfahrscheinwerfern, Einspritzpumpe mit ladedruckabhängigem Regler, Anlasssperre, Scheibenwaschanlage, Verbandskasten und Warndreieck mit Warnleuchte noch zusätzliche Kosten in Höhe DM 1.735,– hinzu. Um nochmals weitere DM 38.201,– erhöhte sich der Kaufpreis des U 1500, wenn er in der speziell für den Agrar-Einsatz empfohlenen Lieferausführung gebaut wurde.

Der U 1500, zur vielseitigen und leistungsstarken Straßenzugmaschine für den wirtschaftlichen Industrie-Einsatz avanciert, durfte eine Anhängelast von 40 Tonnen ziehen. Doppelt soviel wie ein Lkw, weil Zugmaschinen nach dem Gesetz nur 3 PS/t benötigten, Lkws jedoch 6 PS/t. Bei dem neu entwickelten U 1500 wurde besonderer Wert auf die Schaffung eines arbeitsgerechten Platzes für den Fahrer gelegt. Der Geräuschpegel in der mit höhenverstellbarem Hydraulik-Sitz ausgestatteten Sicherheitskabine war in dem neuen Unimog ungewöhnlich niedrig. Das Fahrerhaus bot Platz für Fahrer und Beifahrer und hohen Komfort. Für eine staub- und geräuscharme Belüftung sorgte eine Klimaanlage, die auf Sonderwunsch eingebaut werden konnte. Die Frontsitz-Position des Fahrers in Verbindung mit der speziell abgesenkten Motorhaube gewährleistete eine gute Sicht auf die Straße. Die Servolenkung und der geringe Wendekreis ermöglichten schwierige Rangiermanöver.

Seit 1963 gab es im Unimog-Fahrzeugprogramm auch Triebkopfversionen, für die sich das Unimog-Konzept aufgrund seiner kompakten Bauweise und des serienmäßigen Vorderradantriebs geradezu anbot. Der Unimog-Triebkopf hörte praktisch hinter dem Fahrerhaus auf und war mit genormten Anbaupunkten versehen, um als Antriebseinheit von Spezialfahrzeugen verwendet zu werden, die durch ihre arbeitstechnischen Merkmale wesentliche Vorteile gegenüber herkömmlichen Fahrzeugen boten. Der U 1500 T als die zug- und leistungsstärkste Version der damaligen Unimog-Triebkopf-Familie konnte mit Schräghubwagen bis zu 8 t Nutzlast transportieren. Mit dieser Transportvariante, einer Art »Huckepack-System«, ließen sich viele Transportprobleme individuell und wirtschaftlich lösen.

ALLE MODELLE SEIT 1946

Unimog U 1500 mit bodenschonender Zwillingsbereifung bei der Saatbettbereitung.

Kommunal-Unimog U 1500 als leistungsstarke Zugmaschine mit hoher Straßengeschwindigkeit.↑

Allradmaschine U 1500 (BM 425.141) für Gewerbe, Industrie und öffentlichen Dienst.→

Unimog U 1500 beim schnellen Transport großer Lasten.

Unimog U 1500 T Triebkopf als Hubwagen.

ALLE MODELLE SEIT 1946

Versandbereiter Unimog U 1500 T Triebkopf (BM425.131) mit Holzstützrad.

Die Lieferausführung des U 1500 T (BM 425.131) bestand aus Rahmen, Ganzstahl-Fahrerhaus grundiert, Vorderachse mit Bereifung 12 R 22,5, MB-Sechszylinder-Diesel-Direkteinspritzmotor mit Abgasturbolader Typ OM 352 A, 150 PS bei 2600 U/min, Hydraulikanlage einzellig und Servolenkung, Motorbremse, Warneinrichtungen, Kühlerfrostschutzmittel bis -25° C und Beifahrersitz für zwei Personen und kostete 1977 DM 57.435,–.

Vom U 1300 (BM 425.121), der nur bis 1982 im Programm war, wurden 1063 Fahrzeuge hergestellt. Die beiden 425er-Versionen U 1500 und U 1500 T brachten es auf 1790 (BM 425.141) bzw. auf 287 (BM 425.131) Einheiten und wurden bis Dezember 1988 gefertigt.

Unimog U 1300 L Baureihe 435 (1975–1990)
Unimog U 1700 L Baureihe 435 (1975–1990)
Unimog U 1700 Baureihe 435 (1979–1988)

Die neue Unimog-Generation, auf der DLG in Frankfurt 1974 präsentiert, wurde mit zwei Modellen der Schweren Baureihe 435 nach oben ergänzt. Der Unimog U 1300 L und U 1700 L sollte auf dem Nutzfahrzeugmarkt der 1980er Jahre eine Lücke schließen. Wie bei der Baureihe 425 erhielt auch der 435 durch eine neue Anordnung der Antriebsaggregate ein modernes und sehr geräumiges Ganzstahlfahrerhaus in neuem, kantigen Design mit Platz für drei Personen. Besonderes Merkmal war auch der lange Radstand von 3250 mm. Ausgelegt als hochgeländegängiges Allrad-Fahrzeug oder als Fahrgestell für Sonderaufbauten, bot sich der 130 PS starke U 1300 L (BM 435.115) als erstes Baumuster der Baureihe 435 beim Gewerbe, in der Industrie und vor allem im öffentlichen Dienst als die modernste 3-t-Nutzlast-Fahrgestell-Variante innerhalb der Unimog-Familie an. Daneben war er auch als Trägerfahrzeug für Feuerwehraufbauten sehr gefragt. Erstmals durchbrach ein Unimog die 100-km/h-Grenze. Mit einer Spitze von 105 km/h war der U 1300 L bei Transportaufgaben auf der Straße noch schneller geworden.

Mit der Baureihe 435 entwickelte Daimler-Benz einen modernen und leistungsstarken Nachfolger des in die Jahre gekommenen Unimog 404 (Unimog S), der gleichzeitig die neue Unimog-Familie nach oben abrundete. Als geländegängige Fahrzeuge waren vor allem der U 1300 L und auch der U 1700 L für den Transportbedarf der Bundeswehr in der 2-Tonnen-Klasse vorgesehen. Mit dem Anlauf des Bundeswehrauftrages Anfang 1976 lief der U 1300 L der Truppe zu, von dem allein nahezu 22.000 Fahrzeuge (die meisten stehen heute noch im Dienst) in unzähligen Versionen für die Bundeswehr gefertigt wurden. Im Gegensatz zur Standard-Version war der U 1300 L für die besonderen

Der Unimog U 1300 L war das Einstiegsmodell der Baureihe 435, hier mit Doppelkabine für 5-7 Personen.

ALLE MODELLE SEIT 1946

Futuristisch anmutender Bus von 1991 mit der Bezeichnung „Anteos" auf dem Fahrgestell des U 1300 L/37 mit langem Radstand von 3700 mm.

Unimog 1300 L (BM 435.115) als geländegängiges Allrad-Fahrzeug im Bundeswehr-Einsatz. (Foto: Ralf Weinreich)

Geländefahrzeug Unimog U 1300 L als modernste 3-t-Nutzlast-Fahrgestell-Variante für den zivilen und militärischen Einsatz.

Unimog U 1300 L mit Doppelkabine und Expeditions-Aufbau bei einer Wasserdurchfahrt.

Gewann die Lkw-Wertung bei der Rallye Paris-Dakar 1985: Unimog U 1300 L als hochgeländegängiger Allrad Lkw.

Hochgeländegängiger U 1300 L als Kerosin-Tankfahrzeug für die Feuerwehr.

Aufgaben im Militäreinsatz neben kleineren Veränderungen z. B. an der Fahrzeug-Elektrik auch zusätzlich mit einer verwindungsfreien Pritsche mit Staukästen und Aufnahmepunkten für Mittelsitzbank und Verdeckgestell, mit Fixier- und Verzurrpunkten für Kabinentransport, mit Halterungen für militärische Ausrüstung und Montagemöglichkeit einer speziellen Beobachtungsluke im Fahrerhaus ausgerüstet.

Neben den seit September 1975 gebauten Unimog-Baumustern U 1300 L (BM 435.115) und U 1700 L (BM 435.113) als hochgeländegängigen Fahrzeugen und angepasst an die Anforderungen des Marktes wurde 1979 die Baureihe 435 mit dem U 1700 (BM 435.110) als leistungsstärkste Zug- und Arbeitsmaschine mit langem Radstand um eine weitere Modellvariante ergänzt. Der neue Geräteträger mit einer Nutzlast von 5 Tonnen und mit beachtlichen Anhängelasten verfügte – wie bereits der U 1700 L – über einen 168 PS starken Sechszylinder-Dieselmotor mit Turboaufladung (BM 353.959), während der U 1300 L von der 130 PS starken Saugversion (BM 353.961) angetrieben wurde. Besonders im kommunalen Einsatz war der Unimog gerade in den 80er-Jahren zu einer wirtschaftlichen Arbeitsmaschine gereift, die das ganze Jahr über bei Straßenbauverwaltungen in Bund, Ländern und Kreisen sowie bei städtischen und ländlichen Gemeinden eingesetzt werden konnte. Vor allem im Winterdienst. Mit welchem Pflug auch immer, der U 1700 mit seiner überlegenen Leistung spielte bei der Schneeräumung seine große Stärke aus. Auf Wunsch konnte der U 1700 mit einer Zweikreis-Hydraulikanlage ausgestattet werden, damit Schneepflüge und Antrieb der

Hochgeländegängiger U 1300 L im Feuerwehreinsatz auf schwierigem Terrain.

U 1300 L Feuerwehr mit Ladekran beim Bergen.

UNIMOG

U 1700 L als leistungsstärkste Fahrgestell-Variante, hier mit Lkw-Aufbau.

Hochgeländegängiges Allrad-Fahrgestell U 1700 L als Lkw für Gewerbe, Industrie und öffentlichen Dienst.

Hochgeländegängiger Unimog U 1700 L als Mobilkran in der Bauwirtschaft.

ALLE MODELLE SEIT 1946

Streueinrichtungen (auch für das umweltfreundliche Feuchtsalzverfahren) unabhängig gesteuert werden konnten. Als Extra gab es den U 1700 auch mit hydrostatischem Antrieb, der vor allem im Winterdienst mit Schneefräsen oder Schneeschleudern große Vorteile brachte.

Ab 1980 sorgten die 435er Varianten U 1300 L/37 (BM 435.117) mit einem Radstand von 3700 mm und U 1700 L/38 (BM 435.113) mit einem Radstand von 3850 mm für viel Raum für den Einsatz von großen Ladepritschen (3.150 x 2.200 x 500 mm) oder für zusätzliche Aufbauten.

Als Trägerfahrzeug für Feuerwehraufbauten schaffte der U 1300 L ab 1982 den Sprung auf die Start- und Landebahnen der deutschen Regionalflughäfen, wo er als RIV (Rapid Intervention Vehicle, Schnelles Vorauslöschfahrzeug) nach eingehender Erprobung ein weiteres Einsatzgebiet für sich erschloss.

Dass sich die Möglichkeiten des Unimog als geländegängigem Nutzfahrzeug nicht allein auf land- und forstwirtschaftliche, kommunale oder militärische Einsätze oder solche als Expeditionsfahrzeug beschränkten, zeigte sich – sogar erfolgreich – im Rallye-Sport. 1982 ging die vierte Rallye Paris–Dakar über 10.000 km in 20 Tagen mit einem spektakulären Unimog-Erfolg zu Ende. In der Lkw-Wertung siegte ein Team auf U 1700 L, mit wenig Abstand folgte auf Platz zwei ein U 1300 L. Bei der Rallye Paris–Dakar 1985 stellte der Unimog einmal mehr seine Überlegenheit als Allradfahrzeug unter Beweis. Mit einem 180 PS starken und bis zu 125 km/h schnellen U 1300 L gewann das Siegerländer Privatteam Capito souverän dieses damals populäre Langstreckenrennen.

Auf Wunsch gab es für die Modelle U 1300 L und U 1700 L Doppelkabinen von der Firma Wackenhut, Nagold, die Platz für sieben Personen boten. Eine Ausstattungsvariante, die auf die besonderen Einsatzbedingungen in Gewerbe, Industrie und im öffentlichen Dienst zugeschnitten war, wo sie sich als Bautruppfahrzeug großer Beliebtheit erfreute. So gab es auch als Extra einen Ansaugkamin mit Zyklonfilter, eine Anhängerkupplung und eine große Anzahl weiterer Sonderausstattungen.

Eine Weiterentwicklung des U 1300 L der Baureihe 435 bildete 1986 die Basis zur Lizenzfertigung in der Türkei, wo mit ihm im Werk Aksaray im September, dort als Baureihe 436 bezeichnet, die Serienfertigung begann. Bis 2002 entstanden insgesamt nahezu 7000 Fahrzeuge.

Erst 1988 erfolgte die Ablösung durch die weiter verbesserte Baureihe 437. Bis dahin hatte sich die neue Unimog-Generation mit ihrem markanten, neuen Kurzhaubenfahrerhaus am Markt durchgesetzt. Allein von der leistungsstärksten Baureihe 435 wurden bis 1993 insgesamt 30.726 Exemplare gebaut.

Unimog U 1700 L mit Ladekran und Pritsche in der Bauwirtschaft.

U 1700 L als hochgeländegängiges Allrad-Fahrgestell mit Doppelkabine.

Unimog U 1700 L als Zugmaschine mit Ladekran.

Unimog U 1700 als Zug- und Arbeitsmaschine mit langem Radstand (3250 mm) beim Pflügen.

Den Unimog U 1700 L (BM 435.111) gab es auch als Langversion U 1700 L/38 mit einem Radstand von 3850 mm.

Unimog U 1700 als Zugmaschine auf dem Weg zum Einsatzort. (Foto: Ralf Weinreich)

ALLE MODELLE SEIT 1946

Unimog U 1700 mit Rechtslenkung als Kehrmaschine im öffentlichen Dienst.

Unimog U 1700 im Feuerwehr-Einsatz.

Programmübersicht Unimog Baureihe 425 / 435

Typ / Verkaufsbezeichnung	Baumuster	Fahrerhaus	Motor			Radstand	Stückzahl	Bauzeit
			Typ	BM	PS (kW)			
U 1300	425.121	Ganzstahl	OM 352 A	353.973	125 (92)	2.810	1.063	08/1975 - 1982
U 1500T	425.131	Ganzstahl	OM 352 A	353.958	150 (110)	Triebk.	287	11/1976 - 12/1988
U 1500	425.141	Ganzstahl	OM 352 A	353.958	150 (110)	2.810	1.790	10/1975 - 12/1988
U 1700	435.110	Ganzstahl	OM 352 A	353.959	168 (124)	3.250	1.161	09/1979 - 12/1988
U 1700 L	435.111	Ganzstahl	OM 352 A	353.959	168 (124)	3.250	808	10/1975 - 12/1988
U 1700 L/38	435.113	Ganzstahl	OM 352 A	353.959	168 (124)	3.850	5.898	03/1980 - 12/1989
U 1300 L	435.115	Ganzstahl	OM 352	353.961	130 (96)	3.250	21.775	10/1975 - 1990
U 1300 L/37	435.117	Ganzstahl	OM 352	353.961	130 (96)	3.700	779	06/1980 - 04/1990
Teilesatz TM 170	435.160	Ganzstahl	OM 352 A	353.859	168 (124)	3.250	290	01/1983 - 1992

U 1700 mit Komplettausstattung zur Bankettpflege bei Straßen- und Autobahnverwaltungen.

ALLE MODELLE SEIT 1946

	Unimog U 1300 **Baureihe 425** **1975-1982** **425.121** **Arbeitsmaschine**	**Unimog U 1500** **Baureihe 425** **1975-1988** **425.141** **Zugmaschine**	**Unimog U 1500 T** **Baureihe 425** **1976-1988** **425.131** **Triebkopf**
Motor			
Baumuster (BM)	353.973	353.958	353.958
Bauart	Mercedes-Benz 6-Zyl.-Viertakt-Direkteinspritzer mit Turbolader, Typ 352 A		
Bohrung x Hub	97 x 128 mm	97 x 128 mm	97 x 128 mm
Hubraum	5.675 ccm	5.675 ccm	5.675 ccm
Leistung	125 PS (92 kW) b.2.600/min	150 PS (110 kW) 2.550/min	150 PS (110 kW) 2.550/min
Drehmoment	392 Nm bei 1.600/min	461 Nm bei 1.600/min	461 Nm bei 1.600/min
Verdichtung	17 : 1	16 : 1	16 : 1
Gemischbereitung	Bosch -Einspritzpumpe		
Einspritzfolge	1 - 5 - 3 - 6 - 2 - 4		
Kühlung	Wasserkühlung mit Pumpe und Thermostat (21 Liter)		
Elektr. Anlage	Drehstromlichtmaschine 14 Volt 35 A, 490 Watt, selbstt.Spannungsregelung, 110 Ah		
Kraftübertragung			
Antrieb	Allradantrieb, pneum. schaltbaren Differenzialsperren, Vorderachse zu- und abschaltbar		
Kupplung	hydr. Einscheiben-Trockenkupplung (bei Motorzapfwelle: pneum. Doppelkupplung) Hydrodynamischer Drehmomentwandler mit Schubfreilauf		
Getriebe	Synchron-Stirnradschaltgetriebe mit Nachschalt-Planetengruppe und Verteilergetriebe, Nebenabtrieb für Zapfwelle, 8 Vorwärts- und 8 Rückwärtsgänge		
Übersetzungen vorwärts	9,4 / 6,7 / 4,9 / 3,6 2,6 / 1,9 / 1,4 / 1,0	I. 13,9 / II. 9,6 / III. 6,3 / IV. 4,4 V. 3,2 / VI. 2,2 / VII. 1,5 / VIII. 1,0	
rückwärts	9,1 / 6,5 / 4,8 / 3,5 2,5 / 1,8 / 1,3 / 1,0	I. 12,6 / II. 8,7 / III. 5,8 / IV. 4,0 V. 2,9 / VI. 2,0 / VII. 1,3 / VIII. 0,3	
Gesamt	6,38	6,38 (SA 100 km/h: 5,40)	6,38
Achsantrieb	24 : 11	24 : 11 (SA 100 km/h: 24:13)	24 : 11
Radvorgelege	38 : 13	38 : 13	38 : 13
Fahrwerk			
	Selbsttragende Ganzstahlkarosserie, U-Profil-Rechteckrahmen mit Querträgern, hochstellbares Ganzstahl-Fahrerhaus		
Vorder-Hinterachse	Portalachsen mit Schubrohr und Radvorgelegen, Schraubenfedern mit Zusatzfeder hinten, Teleskopstoßdämpfer v/h		
Bremsen	Hydraulische Zweikreisbremsanlage, Scheibenbremsen, druckluftbetätigt mit ALB-Regelung, gestängelose Federspeicher-Feststellbremse auf Hinterräder, Zweileitungs-Anhängerbremsanlage, Motorbremse (druckluftbet. Drosselklappe)		
Lenkung	Hydraulische Servo-Kugelmutter-Lenkung, Übersetzung 19,33 : 1		
Räder	11 x 20	11 x 20	11 x 20
Bereifung	14,5-20/18 PR	13 R 22,5	14,5-20/18 PR
Allgemeine Daten			
Radstand	2.810 mm	2.810 mm	Triebkopf
Spurweite v/h	1.840 mm	1.840 mm	1.870 mm
Gesamtmaße	4.870 x 2.300 x 2.685 mm	4.870 x 2.300 x 2.685 mm	2.730 x 2.340 x 2.730
Bodenfreiheit/Diff.	415 mm	415 mm	500
Böschungswinkel v/h	55° / 70°	48° / 60°	48°
Wattiefe	800-1.000 mm	1.000-1.200 mm	1.000-1.200 mm
Pritschenfläche	1.680/2.320 x 2.140 x 450	1.680/2.320 x 2.140 x 450	
Höchstgeschw.	85 km/h	85 km/h (SA: 100 km/h)	85 km/h
kl. Wendekreis	13,0 Meter		
Leergewicht	5.400 kg	5.400 kg	3.480 kg
Nutzlast	3.450 kg	3.600 kg	
zul. Gesamtgewicht	9.000 kg	9.000 kg	
zul. Achslast v/h	5.300 kg	5.300 kg	5.300 kg
zul. Anh.Last gebr.	20.000 - 24.000 kg	20.000 - 24.000 kg	
Krafheber v/h	Dreipunktgestänge mit Raddruckverstärker (Servotrak) max. Hubkraft 4.000 / 5.500 kg		
Füllmenge Motor	14,5 Liter	15,0 Liter	15,0 Liter
Kraftstoffverbrauch	19,0 Liter / 100 km		
Kraftstofftank	160 Liter		

UNIMOG

	Unimog U 1300 L (U 1350L) Baureihe 435 1975-1990 435.115 (437.110)	Unimog 1300 L/37 (U 1550L/37) Baureihe 435 1980-1990 435.117 (437.120)
		Hochgeländegängige Fahrzeuge
Motor		
Baumuster (BM)	353.961 (SA 353.959)	
Bauart	Mercedes-Benz 6-Zyl.-Viertakt-Diesel-Direkteinspritzerr, Typ OM 352 (SA: mit Turbolader)	
Bohrung x Hub	97 x 128 mm	
Hubraum	5.675 ccm	
Leistung	130 PS (96 kW) bei 2.800/min (SA: 168 PS (124 kW) bei 2.800/min)	
Drehmoment	363 Nm bei 1.700/min (SA: 530 Nm bei 1.600/min)	
Verdichtung	17 : 1 (SA: 16 : 1)	
Gemischbereitung	Bosch -Einspritzpumpe	
Einspritzfolge	colspan 1 - 5 - 3 - 6 - 2 - 4	
Kühlung	Wasserkühlung mit Pumpe und Thermostat (20 Liter)	
Elektr. Anlage	Drehstromlichtmaschine 14 Volt 55 A, 770 Watt, mit integr. Spannungsregelung, 110 Ah	
Kraftübertragung		
Antrieb	Allradantrieb, pneum. schaltbaren Differenzialsperren, Vorderachse zu- und abschaltbar	
Kupplung	hydr. Einscheiben-Trockenkupplung (Doppelkupplung: Zweischeiben-Trockenkupplung) Hydrodynamischer Drehmomentwandler mit Schubfreilauf	
Getriebe	Synchron-Stirnradschaltgetriebe mit Nachschalt-Planetengruppe und Verteilergetriebe, Nebenabtrieb für Zapfwelle, 8 Vorwärts- und 8 Rückwärtsgänge	
Übersetzungen	Übersetzung UG3/40-8/13,01 GPA	Übersetzung UG3/40-8/9,35 GPA
vorwärts	13,01/9,02/5,96/4,38/2,97/2,06/1,36/1,00	9,35/6,73/4,93/3,62/2,58/1,86/1,36/1,00
rückwärts	12,60/8,74/5,78/4,24/2,88/2,00/1,32/0,97	9,1 / 6,5 / 4,8 / 3,5 / 2,5 / 1,8 / 1,3 / 1,0
Gesamt	6,52 (SA: 5,31)	
Achsantrieb	22 : 7 (SA: 23 : 9)	
Radvorgelege	27 : 13	
Fahrwerk		
	Selbsttragende Ganzstahlkarosserie, U-Profil-Rechteckrahmen mit Querträgern hochstellbares Ganzstahl-Fahrerhaus (SA: Doppelkabine)	
Vorder-Hinterachse	Portalachsen mit Schubrohr und Radvorgelegen, Schraubenfedern mit Zusatzfeder hinten, Teleskopstoßdämpfer v/h	
Bremsen	Hydraulische Zweikreisbremsanlage, Scheibenbremsen, druckluftbetätigt mit ALB-Regelung, gestängelose Federspeicher-Feststellbremse auf Hinterräder, Zweileitungs-Anhängerbremsanlage, Motorbremse (druckluftbet. Drosselklappe/ Auspuffkr.)	
Lenkung	Hydraulische Servo-Kugelmutter-Lenkung, Übersetzung 19,33 : 1	
Räder	11 x 20	11 x 20
Bereifung	12,5 - 20 /12 PR	12,5 - 20 /12 PR
Allgemeine Daten		
Radstand	3.250 mm	3700 mm
Spurweite v/h	1.860 mm	1860 mm
Gesamtmaße	5.590 x 2.300 x 2.625 mm	6050 x 2300 x 2625 mm
Bodenfreiheit/Diff.	435 mm	435 mm
Böschungswinkel v/h	46° / 51°	46° / 51°
Wattiefe	800-1.000 mm	800-1000 mm
Pritschenfläche	2.320 x 2.140 x 450 mm oder 1.680 x 2.140 x 450 mm, oder 3.150/2.600 x 2.200 x 500 mm	
Ladehöhe	1.410 mm	1.460 mm
Höchstgeschw.	80 km/h (SA: 100 km/h)	
kl. Wendekreis	14,1 Meter	15,6 Meter
Leergewicht	4.430 kg	4.430 kg
zul. Gesamtgewicht	7.490 kg	7.490 kg
zul. Achslast v/h	4.000 kg	4.000 kg
zul. Anh.Last gebr.	7.490 / 10.480 kg	7.490 / 10.480 kg
Füllmenge Motor	14,5 Liter	14,5 Liter
Kraftstoffverbrauch	17,5 Liter / 100 km	17,5 Liter / 100 km
Kraftstofftank	160 Liter	160 Liter

ALLE MODELLE SEIT 1946

Unimog U 1700 (U 1750) Baureihe 435 1979-1988 435.110 (437.112)	Unimog 1700 L (U 1750L) Baureihe 435 1975-1988 435.111 (437.113)	U 1700 L/38 (U 1750L/38) Baureihe 435 1980-1989 435.113 (437.131)
Zugmaschine lang. Rdst.	Hochgeländegängige Fahrzeuge	
353.959	353.959	353.959
Mercedes-Benz 6-Zyl.-Viertakt-Diesel-Direkteinspritzerr mit Abgasturbolader, Typ OM 352 A		
97 x 128 mm		
5.675 ccm		
168 PS (124 kW) bei 2.800/min		
530 Nm bei 1.600/min		
16 : 1		
Bosch -Einspritzpumpe		
1 - 5 - 3 - 6 - 2 - 4		
Wasserkühlung mit Pumpe und Thermostat (20 Liter)		
Drehstromlichtmaschine 14 Volt 55 A, 770 Watt, mit integr. Spannungsregelung, 110 Ah		
Allradantrieb, pneum. schaltbaren Differenzialsperren, Vorderachse zu- und abschaltbar		
hydr. Einscheiben-Trockenkupplung (Doppelkupplung: Zweischeiben-Trockenkupplung)		
Hydrodynamischer Drehmomentwandler mit Schubfreilauf		
Synchron-Stirnradschaltgetriebe mit Nachschalt-Planetengruppe und Verteilergetriebe,		
Nebenabtrieb für Zapfwelle, 8 Vorwärts- und 8 Rückwärtsgänge		
Übersetzung UG3/40-8/13,01 GPA 13,01 / 9,02 / 5,96 / 4,38 / 2,97 / 2,06 / 1,36 / 1,00 12,60 / 8,74 / 5,78 / 4,24 / 2,88 / 2,00 / 1,32 / 0,97		Übersetzung UG3/40-8/9,35 GPA 9,35 / 6,73 / 4,93 / 3,62 / 2,58 / 1,86 / 1,36 / 1,00 9,1 / 6,5 / 4,8 / 3,5 / 2,5 / 1,8 / 1,3 / 1,0
8,12	6,38 (SA 5,40)	6,38
25 : 9	24 : 11 (SA 24 : 13)	24 : 11
	38 : 13	
Selbsttragende Ganzstahlkarosserie, U-Profil-Rechteckrahmen mit Querträgern		
hochstellbares Ganzstahl-Fahrerhaus, (SA: Doppelkabine)		
Portalachsen mit Schubrohr und Radvorgelegen,		
Schraubenfedern mit Zusatzfeder hinten, Teleskopstoßdämpfer v/h		
Hydraulische Zweikreisbremsanlage, Scheibenbremsen, druckluftbetätigt mit (ALB) Achs-Lastabhängige-Bremsregelung, gestängelose Federspeicher-Feststellbremse auf Hinterräder, Zweileitungs-Anhängerbremsanlage, Motorbremse (druckluftbetätigte Drosselklappe im Auspuffkrümmer)		
Hydraulische Servo-Kugelmutter-Lenkung, Übersetzung 19,33 : 1 / 21,78 : 1		
9 x 22,5	9 x 22,5	9 x 22,5
13 R 22,5	13 R 22,5	12 R 22,5
3.250 mm	3.250 mm	3.850 mm
	1.840 mm	
5.210 x 2.350 x 2.780 mm	5.600 x 2.350 x 2.780 mm	6.750 x 2.350 x 2.780 mm
	480 mm	
50° / 60°	50° / 51°	50° / 39°
	1.000 - 1.200 mm	
2.320 x 2.140 x 450 mm	3.150 x 2.200 x 500 mm	4.250 x 2.375 x 500
1.440 mm	1.440 mm	1.490 mm
	100 km/h	
14,2 Meter	14,2 Meter	15,8 Meter
	5.280 - 5.650 kg	
	9.000 kg	
	5.300 kg	
	8.000 / 12.600-14.840 kg	
	15 Liter	
	20 Liter / 100 km	
	160 Liter	

Empfohlene Lieferausführungen Unimog U 1500 Baureihe 425 10/1984

Ausführung Fahrgestell		U 1500
Leergewicht		ca. 4.870 kg
tatsächliche Vorderachslast		ca. 3.290 kg
tatsächliche Hinterachslast		ca. 1.580 kg
D10	Anbaubeschläge vorn	
D60	Anbaubeschläge mitten	
D65	Befestigungsteile für Fremdaufbauten	
G21	Nachschaltgetriebe mit Arbeits- u. Kriechgang	
	Hydraulikanlage 480	

Ausführung Zugmaschine		U 1500
Leergewicht		ca. 5.400 kg
tatsächliche Vorderachslast		ca. 3.320 kg
tatsächliche Hinterachslast		ca. 2.080 kg
B45	Anhängerbremsanlage Ein- u. Zweileitung	
C27	Stabilisator Vorderachse	
C51	Hydrolenkung verstärkt	
	Hydraulikanlage 222 T	
L47	Zusatzscheinwerfer für Frontanbaugeräte	
N11	Sonderabtrieb f. Getriebezapfwelle 540/1.000	
N20	Zapfwelle vorn 1 3/8"	
P23	Pritsche 2.320 x 2.140 x 450 mm	
Q15	Anhängekupplung mit großem Maul	
S12	Beifahrersitz Zweisitzer	

Ausführung Agrar		U 1500
Leergewicht		ca. 5.940 kg
tatsächliche Vorderachslast		ca. 3.280 kg
tatsächliche Hinterachslast		ca. 2.660 kg
A25	Radabdeckbleche verstärkt	
B45	Anhängerbremsanlage Ein- u. Zweileitung	
C51	Hydrolenkung verstärkt	
D10	Anbaubeschläge vorn	
D50	Anbaubeschläge hinten	
F12	Fahrerhaus mit aufrollbarer PVC-Rückwand	
F46	Belüftung staubfrei	
G04	Getriebeübersetzung 9,35 statt 13,01	
G20	Nachschaltgetriebe mit Arbeitsgruppe	
G45	Doppelkupplung	
J32	Motor-Drehzahlmesser	
	Hydraulikanlage 344 HT	
M19	Anlaßsperre	
M31	Luftpresser mit höherer Leistung	
M65	Ansaugkamin	
N07	Sonderabtrieb f. Motorzapfwelle 540/1.000	
N20	Zapfwelle vorn 1 3/8"	
N37	Zapfwelle hinten 1 3/4"	
N65	Bock für Verlagerung der Zapfwelle hinten	
P21	Pritsche 2.320 x 2.140 x 450 mm	
Q51	Dreipunktgestänge Kat. III mit Servotrak	
Q63	Reduzierteile Kat. III auf Kat. II	
R59	4 Scheibenräder 13x24 für 16/70-24	
S05	Fahrersitz hydraulisch	
S12	Beifahrersitz Zweisitzer	
S21	Dreipunkt-Sicherheitsgurte	
S25	Windschutzscheibe Verbundglas	
S35	Scheibenwaschanlage	
S45	Sonnenblende Beifahrer	
S50	Verbandskasten mit Halter	
Y46	Warndreieck und Warnleuchte	
Y64	Unterbodenschutz	

Fahrzeug-Gattungen Unimog Baureihen 425 / 435

Gattung	Zug- und Arbeitsmaschine kurzer Radstand	Zug- und Arbeitsmaschine langer Radstand	Hochgeländegängiges Fahrgestell	Triebkopf
Baumuster	U 1300 U 1500	U 1700	U 1300L / U 1700L U 1300L/37 U 1700L/38	U 1500 T
Radstand	kurz	lang	lang bis sehr lang	abhäng. vom Anbau
Rahmenüberhang v/h	kurz / kurz		kurz / lang	kurz / ----
An- und Aufbauräume	vorn / hinten / mitte zwischen d.Achsen		vorn / mitte	vorn / Anbaupunkte für Hinterwagen
Getriebe/Motorzapfwelle	vorn / mitte / hinten		vorn	vorn
Schnelle Nebenabtriebe	mitte	mitte	mitte	mitte
Kraftheber	vorn / hinten			
Aufbau: Pritsche	kurz / kippbar	lang / kippbar	lang / fest	absenk- wechselb.
Fahrerhaus	Sicherheitskabine 2-3 Personen			
	Doppelkabine 5-7 Personen			
Einsatzgebiet	Zugmaschine Arbeitsmaschine Geräteträger	Zugmaschine Arbeitsmaschine Geräteträger	Fahrgestell für: Werkstattkoffer Expedition/Feuerwehr Sonderaufbau / Lkw	Niederflur- Schräghubwagen Absetzkipper Spezialfahrzeug

ALLE MODELLE SEIT 1946

Preise / Grundausführung Unimog U 1500 / U 1500 T BR 425 Stand 1/1987

Listenpreis U 1500 (BM 425.141)		102.530,--	Listenpreis U 1500 T (BM 425.131)		82.060,--
Gesetzlich vorgeschriebener Lieferumfang			**Gesetzlich vorgeschriebener Lieferumfang**		
J20	Tachograf EC, 1 Fahrer	420,--	J20	Tachograf EC, 1 Fahrer	420,--
L03	Umrißleuchten	320,--	L03	Umrißleuchten	320,--
L20	Rückfahrscheinwerfer	150,--	M13	Einspritzpumpe m. ladedr.abh. Regler	470,--
M13	Einspritzpumpe m. ladedr.abh. Regler	470,--	S35	Scheibenwaschanlage	115,--
M19	Anlaßsperre	80,--	S50	Verbandskasten mit Halter	90,--
S35	Scheibenwaschanlage	115,--	Y46	Warndreieck und Warnleuchte	90,--
S50	Verbandskasten mit Halter	90,--			
Y46	Warndreieck und Warnleuchte	90,--			(in DM ohne MWST)
Empfohlene Lieferausführung U 1500 Agrar			M65	Ansaugkamin	115,--
A26	Radabdeckbleche verstärkt	105,--	N07	Motorzapfwellenantrieb umschaltbar	5.948,--
B45	Anhängerbremsanlage Ein+Zweiltg.	1.650,--	N37	Zapfwelle hi. 1 3/4" geteilt, Keilwellen	2.700,--
B71	Frostschützer für Druckluftanlage	210,--	N65	Bock f. Verlagerung Zapfwelle hinten	95,--
D50	Anbaubeschläge hinten	300,--	P21	Pritsche 2.320x2.140x450, Spinne	4.800,--
F12	Fahrerhaus halboffen	280,--	Q31	Schlußquerträger, tieferges. Anh.kuppl.	625,--
G04	Getriebeübersetzung 9,35 statt 13,01	410,--	Q51	Dreipunktgestänge Kat.II, Servotrak	3.900,--
G20	Nachschaltgetriebe m. Arbeitsgruppe	2.525,--	Q63	Reduzierteile Dreip.gest. Kat. III -II	63,--
G47	Doppelkupplung verstärkt	390,--	Y64	Unterbodenschutz	75,--
J32	Motordrehzahlmesser	150,--		16/70 - 24, 14 PR Gelände/Acker	4.920,--
K31	Hydraulikanlage 222 H	8.940,--			

Motor	MB-6-Zylinder-Diesel-Direkteinspritzmotor, Typ OM 352 A, 150 PS (110 kW) bei 2.600/min, Abgasturbolader, wassergekühlt, Bosch-Einspritzausrüstung, mech. Drehzahlregler, Bosch RSV, Startpilot, Trockenluftfilter, Betriebsstundenzähler, Anlasser, Druckluferzeugungsanlage mit Reifenfüllventil und Reifenfüllschlauch, Kühlerfrostschutzmittel bis -25° C, Siebkorb, Tank 90 Liter, **U 1500 T:** 160 Liter
Elektrik	Drehstromlichtmaschine 14 V/55 A (770 Watt), Batterie 12 V/120 Ah, Warnblinkanlage, Anhängersteckdose 7polig
Getriebe	DB-Vollsynchron-Wendegetriebe, 8 Vor- und 8 Rückwärtsgänge, Einscheiben-Trockenkupplung
Antrieb	Allradantrieb mit Differenzialsperren in beiden Achsen, während der Fahrt pneumatisch zu- und abschaltbar, Portalachsen mit Radvorgelegen, **U 1500 T:** Vorderradantrieb
Federung	4 Schraubenfedern, hinten mit Zusatzfedern, Teleskopstoßdämpfer vorn und hinten
Lenkung	Hydraulische Servolenkung
Bremse	Druckluft-Fremdkraftbremse mit pneumatisch-hydraulischer Übertragung, Feststellbremse als Federspeicher auf Hinterräder wirkend
Anhängekupplung	Automatische Anhängekupplung hinten, Stützlast 1.500 kg, Anhängemaul mit Steckbolzen vorn
Fahrerhaus	Ganzstahlfahrerhaus, hochstellbar, Dachentlüftungsklappe, durch Kurbeln betätigte Türfenster, Heizungs- und Belüftungsanlage, 2 Sitze, Fahrersitz verstellbar, Windschutzscheibe, Scheibenwischer, Scheinwerfer, Fahrtrichtungsanzeiger, Brems- und Schlußleuchten
Armaturen	Schaltgassenanzeige, Kontrolleuchtenband, Tachometer, Kombi-Instrument mit Öldruckanzeiger, Fernthermometer, Kraftstoffanzeige, Doppeldruckmesser
Zubehör	Werkzeug, Wagenheber, Unterlegkeil
Lackierung	Currygelb/RAL 1027, ambragelb/DB 1624, grün/DB 6277, saftgrün/DB 6821, grau/DB 7187, tieforange/RAL 2011
Bereifung	13 R 22,5 TL Gelände/Straße, 4fach

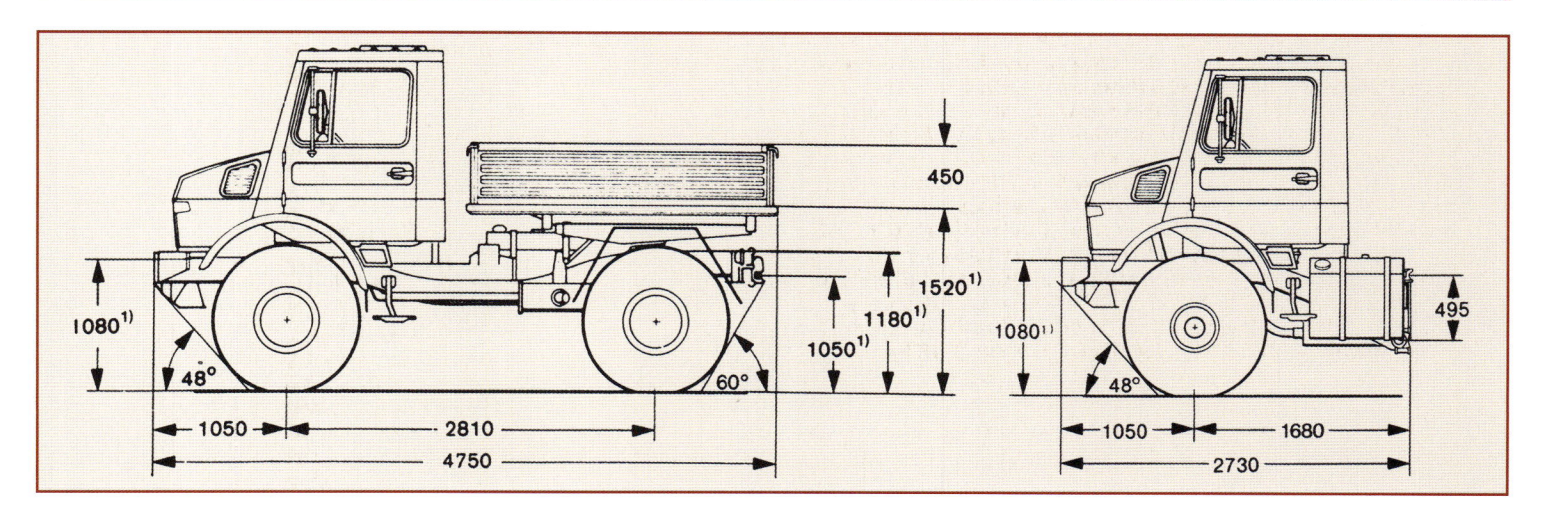

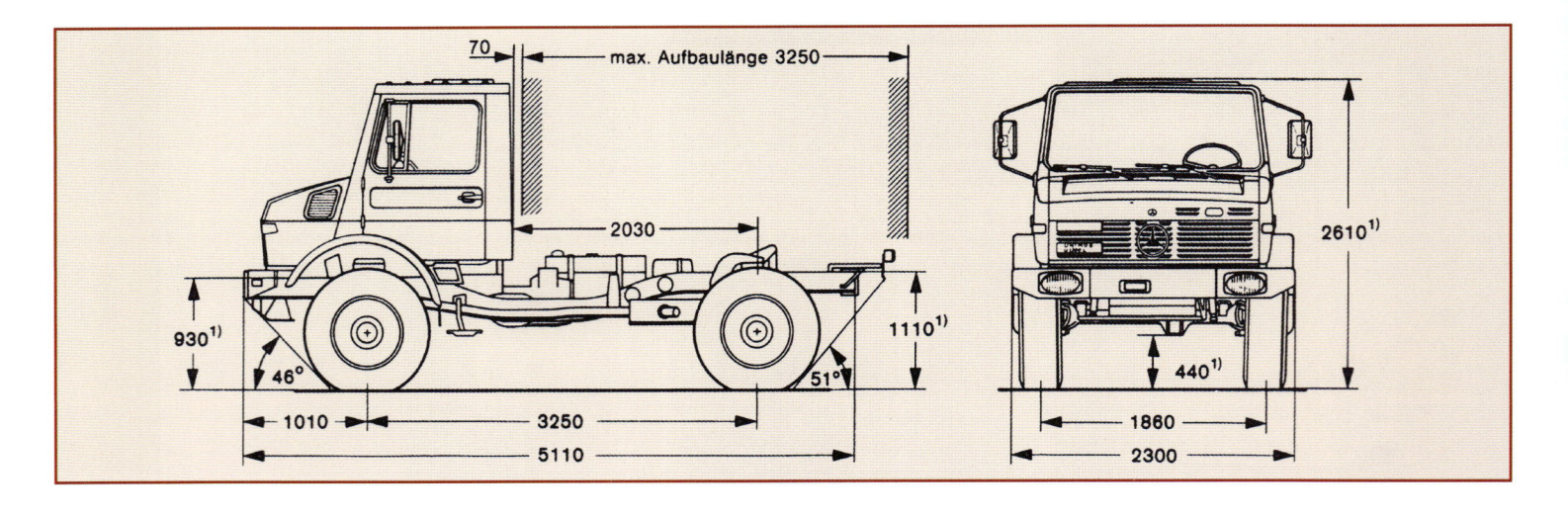

Empfohlene Lieferausführungen U 1300L/32 / U 1300L/37 BR 435 10/1984

Ausführung Fahrgestell	U 1300L/32	1300L/37
Leergewicht	ca. 3.830 kg	3.990 kg
tatsächliche Vorderachslast	ca. 2.660 kg	2.820 kg
tatsächliche Hinterachslast	ca. 1.170 kg	1.170 kg

L/32	L/37	
C27	C27	Stabilisator Vorderachse
D65	D65	Befestigungsteile für Fremdaufbauten
L20	L20	Rückfahrscheinwerfer
	N10	sehr schneller Getriebezapfwellenabtrieb
N17		sehr schneller Nebenabtrieb
Q14		Anhängekupplung selbsttätig
S11		Beifahrersitz Zweisitzer

Ausführung Fahrgestell mit Doppelkabine	U 1300L/32	1300L/37
Leergewicht	ca. 4.110 kg	4.790 kg
tatsächliche Vorderachslast	ca. 2.800 kg	3.030 kg
tatsächliche Hinterachslast	ca. 1.310 kg	1.760 kg

L/32	L/37	
	B28	Mech. Notlöseeinrichtg. f. Federsp.bremse
B45		Anhängerbremsanlage Ein- u. Zweileitung
C25	C25	Teleskopstoßdämpfer verstärkt
C27	C27	Stabilisator Vorderachse
	C28	Stabilisator Hinterachse
	D10	Anbaubeschläge vorn
	D35	Seilwindenhalter für Frontseilwinden
	E23	Tropenbatterie mit Säure
	E31	Aqua-Gen-Stopfen für Batterie
F07	F07	Doppelkabine
	F46	Belüftung staubfrei
J20	J20	EG-Kontrollgerät (Tachograf)
	J32	Motor-Drehzahlmesser
	L11	Scheinwerfer wasserdicht, Rechtverkehr
	L20	Rückfahrscheinwerfer
	M19	Anlaßsperre
	M22	Motorbremse
	M56	Tropenthermostat
	M65	Ansaugkamin
	N03	Sonderabtrieb für Getriebezapfwelle
	N20	Zapfwelle vorn 1 3/8"
	P27	Pritsche 2.600 x 2.200 x 500, Holzboden
Q13	Q13	Anhängekupplung selbsttätig
	S05	Fahrersitz hydraulisch
S12	S12	Beifahrersitz Zweisitzer
S21	S21	Dreipunkt-Sicherheitsgurte
	S25	Windschutzscheibe Verbundglas
S35	S35	Scheibenwaschanlage
	S45	Sonnenblende für Beifahrer
S50	S50	Verbandskasten mit Halter
Y27	Y27	Unterlegkeil zusätzlich
Y46	Y46	Warndreieck und Warnleuchte
	Y64	Unterbodenschutz

Ausführung Lkw	U 1300L/32
Leergewicht	ca. 4.430 kg
tatsächliche Vorderachslast	ca. 2.780 kg
tatsächliche Hinterachslast	ca. 1.650 kg

B42		Anhängerbremsanlage Zweileitung
C01		Fahrzeugrahmen für Gerätean- und -aufbau
D35		Seilwindenhalter für Frontseilwinden
G45		Doppelkupplung
J20		EG-Kontrollgerät (Tachograf)
L30		Steinschlagschutzgitter
L47		Zusatzscheinwerfer für Frontanbaugeräte
N07		Sonderabtrieb für Motorzapfwelle 540/1.000/min
N18		Getriebe m. Nachrüstmögl. f. schnellen Nebenabtr.
N20		Zapfwelle vorn 1 3/8"
P35		Pritsche 3.150 x 2.200 x 500 mm
Q14		Anhängekupplung selbsttätig
S05		Fahrersitz hydraulisch
S12		Beifahrersitz Zweisitzer
S35		Scheibenwaschanlage
S50		Verbandskasten mit Halter
Y27		Unterlegkeil zusätzlich
Y46		Warndreieck und Warnleuchte
Y64		Unterbodenschutz

ALLE MODELLE SEIT 1946

Empfohlene Lieferausführungen U 1700 / U 1700 L Baureihe 435 10/1984

Ausführung Fahrgestell			U 1700	1700 L
Leergewicht			ca. 4.780 kg	4.780 kg
tatsächliche Vorderachslast			ca. 3.160 kg	3.160 kg
tatsächliche Hinterachslast			ca. 1.620 kg	1.620 kg
1700	**1700L**			
B42	B42	Anhängerbremsanlage Zweileitung		
C27	C27	Stabilisator Vorderachse		
C28	C28	Stabilisator Hinterachse		
D10	D10	Anbaubeschläge vorn		
	D35	Seilwindenhalter		
D60	D60	Anbaubeschläge mitten		
N16	N16	Schneller Nebenabtrieb		
S12	S12	Beifahrersitz Zweisitzer		

Ausführung Fahrgestell mit Doppelkabine			U 1700	1700 L
Leergewicht			ca. 5.300 kg	5.310 kg
tatsächliche Vorderachslast			ca. 3.410 kg	3.410 kg
tatsächliche Hinterachslast			ca. 1.890 kg	1.900 kg
1700	**1700L**			
A26	A26	Radabdeckbleche verstärkt		
B28	B28	Mech. Notlöseeinrichtg. f. Federsp.bremse		
B45	B45	Anhängerbremsanlage Ein- u. Zweileitung		
B71	B71	Frostschützer für Druckluftanlage		
C27	C27	Stabilisator Vorderachse		
C28	C28	Stabilisator Hinterachse		
D60	D60	Anbaubeschläge mitten		
E15	E15	Nahentstörung bei 12 V-Anlage		
	E31	Aqua-Gen-Stopfen für Batterie		
F07	F07	Doppelkabine		
F60	F60	Hydr. Hochstellvorrichtung für Fahrerhaus		
J20		EG-Kontrollgerät (Tachograf)		
J32	J32	Motor-Drehzahlmesser		
L12	L12	Halogen-Scheinwerfer		
M22	M22	Motorbremse mit Schalter für 3. Bremse		
M31	M31	Luftpresser mit höherer Leistung		
M65	M65	Ansaugkamin		
N11	N11	Sonderabtrieb für Getriebezapfwelle		
N16	N16	Schneller Nebenabtrieb		
Q14	Q14	Anhängekupplung selbsttätig		
R32	R32	4 Scheibenräder 10,00Vx20 für 13,00R20		
S21	S21	Dreipunkt-Sicherheitsgurte		
S25	S25	Windschutzscheibe Verbundglas		
S35	S35	Scheibenwaschanlage		
S45	S45	Sonnenblende für Beifahrer		
S50	S50	Verbandskasten mit Halter		
U41	U41	Kotflügel hinten		
Y27	Y27	Unterlegkeil zusätzlich		
Y46	Y46	Warndreieck und Warnleuchte		

Ausführung Zugmaschine		U 1700
Leergewicht		ca. 5.650 kg
tatsächliche Vorderachslast		ca. 3.320 kg
tatsächliche Hinterachslast		ca. 2.330 kg
B45	Anhängerbremsanlage Ein- u. Zweileitung	
	Hydraulikanlage 122 T	
P26	Pritsche 2.550 x 2.200 x 500 mm	
Q15	Anhängekupplung mit großem Maul	
Q30	Anhängekupplung tiefergesetzt	
S12	Beifahrersitz Zweisitzer	

Ausführung Lkw		U 1700
Leergewicht		ca. 5.740 kg
tatsächliche Vorderachslast		ca. 3.400 kg
tatsächliche Hinterachslast		ca. 2.340 kg
A50	Verstärkte Vorderachse	
A80	Verstärkte Hinterachse	
B42	Anhängerbremsanlage Zweileitung	
C15	Vorderfedern verstärkt	
C51	Hydrolenkung verstärkt	
F46	Belüftung staubfrei	
G04	Getriebeübersetzung 9,35 statt 13,01	
G20	Nachschaltgetriebe mit Arbeitsgruppe	
	Hydraulikanlage 222	
M19	Anlaßsperre	
M22	Motorbremse mit Schalter für 3. Bremse	
M31	Luftpresser mit höherer Leistung	
M65	Ansaugkamin	
P39	Pritsche 3.000 x 2.200 x 500 mm	
Q15	Anhängekupplung mit großem Maul	
Q30	Anhängekupplung tiefergesetzt	
S12	Beifahrersitz Zweisitzer	
S25	Windschutzscheibe Verbundglas	
S35	Scheibenwaschanlage	
S50	Verbandskasten mit Halter	
Y20	Kundendienst-Sortiment	
Y27	Unterlegkeil zusätzlich	
Y46	Warndreieck und Warnleuchte	

Ausführung Lkw		U 1700 L
Leergewicht		ca. 5.280 kg
tatsächliche Vorderachslast		ca. 3.120 kg
tatsächliche Hinterachslast		ca. 2.160 kg
B28	Mech. Notlöseeinrichtung f. Federsp.bremse	
C76	Füllrohr mit Siebkorb für Tank	
M65	Ansaugkamin	
P37	Pritsche 3.150 x 2.200 x 500 mm, Stahlboden	
Q14	Anhängekupplung selbsttätig	
S25	Windschutzscheibe Verbundglas	

Preise / Grundausführung Unimog U 1700, U 1300 L / U 1700 L Baureihe 435 Stand 1/1987

Listenpreis U 1300 L (BM 435.115)	84.300,--	**Listenpreis U 1700 (BM 435.110)** 106.870,--
Listenpreis U 1300 L (BM 435.117)	89.070,--	**Listenpreis U 1700 L (BM 435.111)** 106.870,--
	(in DM ohne MWST)	**Listenpreis U 1700 (BM 435.113)** 115.670,--

Gesetzlich vorgeschriebener Lieferumfang

J20	Tachograf EC, 1 Fahrer	450,--	J20	Tachograf EC, 1 Fahrer	450,--
L04	Umrißleuchten	320,--	L04	Umrißleuchten	320,--
L20	Rückfahrscheinwerfer	150,--	L20	Rückfahrscheinwerfer	150,--
S35	Scheibenwaschanlage	115,--	S35	Scheibenwaschanlage	115,--
S50	Verbandskasten mit Halter	90,--	S50	Verbandskasten mit Halter	90,--
Y27	Unterlegkeil zusätzl. ohne Halter	30,--	Y27	Unterlegkeil zusätzl. ohne Halter	30,--
Y46	Warndreieck und Warnleuchte	90,--	Y46	Warndreieck und Warnleuchte	90,--

Motor	U 1300L	MB-6-Zylinder-Diesel-Direkteinspritzmotor, Typ OM 352, 130 PS (96 kW) bei 2.800/min,
	U 1700/L	MB-6-Zylinder-Diesel-Direkteinspritzer-Turbo, Typ OM 352 A, 168 PS (124 kW) bei 2.800/min,
		wassergekühlt, Bosch-Einspritzausrüstung, mech. Drehzahlregler Bosch RSV, Startpilot Trockenluftfilter, Betriebsstundenzähler, Anlasser, Drucklufterzeugungsanlage mit Reifenfüllventil und Reifenfüllschlauch, Kühlerfrostschutzmittel bis -25° C, Siebkorb, Tank 160 Liter
Elektrik		Drehstromlichtmaschine 14 V/55 A (770 Watt), Batterie 12 V/120 Ah, Warnblinkanlage
		Anhängersteckdose 7polig
Getriebe		DB-Vollsynchron-Wendegetriebe, 8 Vor- und 8 Rückwärtsgänge, Einscheiben-Trockenkupplung
Antrieb		Allradantrieb mit Differenzialsperren in beiden Achsen, während der Fahrt pneumatisch zu- und abschaltbar, Portalachsen mit Radvorgelegen
Federung		4 Schraubenfedern, U 1700/L: hinten mit Zusatzfedern, Teleskopstoßdämpfer vorn und hinten
Lenkung		Hydraulische Servolenkung
Bremse		Druckluft-Fremdkraftbremse mit pneumatisch-hydraulischer Übertragung, Feststellbremse als Federspeicher auf Hinterräder wirkend
Anhängekupplung		Anhängemaul vorn mit Steckbolzen
Fahrerhaus		Ganzstahlfahrerhaus, hochstellbar, Dachentlüftungsklappe, durch Kurbeln betätigte Türfenster, Heizungs- und Belüftungsanlage, 2 Sitze, Fahrersitz verstellbar, Windschutzscheibe, Scheibenwischer, Scheinwerfer, Fahrtrichtungsanzeiger, Brems- und Schlußleuchten
Armaturen		Schaltgassenanzeige, Kontrollleuchtenband, Tachometer, Kombi-Instrument mit Öldruckanzeiger, Fernthermometer, Kraftstoffanzeige, Doppeldruckmesser
Zubehör		Werkzeug, Wagenheber, Unterlegkeil
Lackierung		Currygelb/RAL 1027, ambragelb/DB 1624, grün/DB 6277, saftgrün/DB 6821, grau/DB 7187, tieforange/RAL 2011
Bereifung		12,5 - 20 /12 PR TL Gelände/Straße, 4fach, U 1700/L: 13 R 22,5 TL Gelände/Straße, 4fach

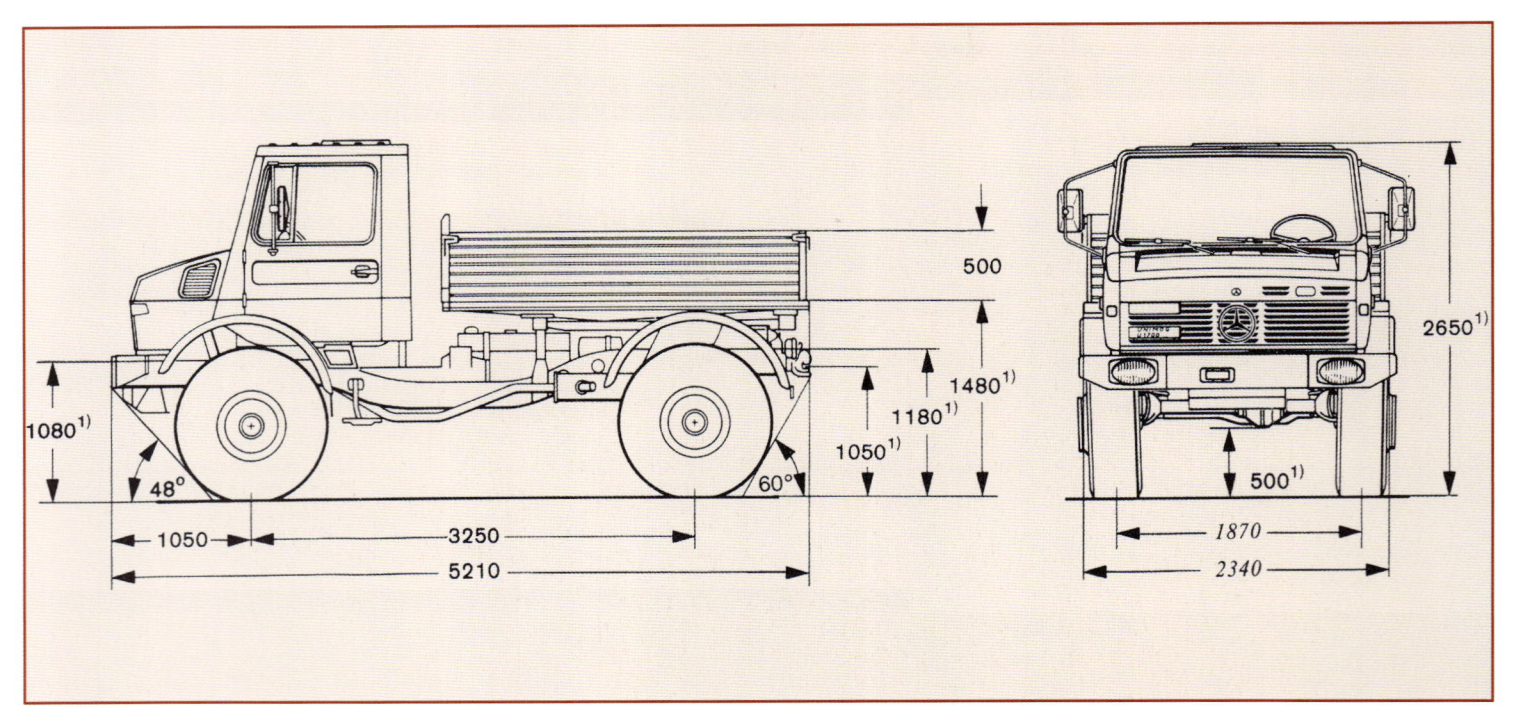

ALLE MODELLE SEIT 1946

Produktion Unimog 425 / 435 (1975-1993)											
	1975	1976	1977	1978	1979	1980	1981	1982	1983	1984	Gesamt
425											
425.121	5	301	201	223	170	115	41	7			1.063
425.131		4	25	29	33	29	37	36	23	18	
425.141	1	185	129	146	336	115	144	148	120	138	
Gesamt		490	355	398	539	259	222	191	143	156	
435											
435.110					40	131	130	112	95	73	
435.111	1	2	5	53	106	133	126	102	90	45	
435.113						1	1	3.301	379	472	
435.115	6	1	3	700	1.463	1.721	1.767	2.531	2.679	2.467	
435.117						34	64	47	60	113	
435.160										48	
Gesamt	7	3	8	753	1.609	2.020	2.088	6.093	3.303	3.218	
	1985	1986	1987	1988	1989	1990	1991	1992	1993		Gesamt
425											
425.131	16	15	17	5							287
425.141	95	123	78	32							1.790
Gesamt	111	138	95	37							3.140
435											
435.110	113	109	87	271							1.161
435.111	59	42	39	5							808
435.113	585	361	423	296	79						5.898
435.115	2.403	2.797	2.556	178	140	363					21.775
435.117	203	77	91	62	24	4					779
435.160	50	38	53	38	18	17	15	13			290
435.161									15		15
Gesamt	3.413	3.424	3.249	850	261	384	15	13	15		30.726

Unimog U 1000 Baureihe 424 (1976–1989)
Unimog U 1000 T Baureihe 424 (1979–1983)
Unimog U 1200 Baureihe 424 (1982–1988)
Unimog U 1200 T Baureihe 424 (1983–1988)

Das 25jährige Jubiläum der Gaggenauer Unimog-Produktion war im Oktober 1976 der Anlass zur Präsentation einer weiteren Baureihe der neuen Unimog-Generation. Folgerichtig und angepasst an die Forderungen des Marktes ergänzte Daimler-Benz seine gerade in Serie gegangene Schwere Baureihe 425 mit einem neuen Baumuster, dem U 1000 (BM 424.121) der Baureihe 424.

Mit einer Leistung von 95 PS aus dem bewährten, von Mercedes-Benz stammenden Sechszylinder-Viertakt-Diesel-Direkteinspritzmotor Typ OM 352 (BM 353.962) mit 5,7 Litern Hubraum ging der U 1000 hauptsächlich als universelle Arbeitsmaschine an Kommunen. Als klassischer Geräteträger wurde er zu einem festen Bestandteil des kommunalen Fuhrparks, wo der rationelle Ganzjahreseinsatz mit den verschiedensten Arbeitsgeräten durch kurze Rüstzeiten zur mittlerweile wichtigsten Voraussetzung geworden war. Die Straßenreinigung war hier nach dem Schneeräumen einer der Schwerpunkte der Arbeitsbereiche in kommunalen Fuhrparks, besonders in der Großstadt.

Der U 1000 der neuen Baureihe 424 war auch für die Landwirtschaft bestimmt, wo er als robuster Allrad-Ackerschlepper nun ebenfalls das moderne und sehr geräumige Fahrerhaus erhielt und unterhalb der Baureihe 425 angesiedelt war.

Grund zur Freude gab es am 11. Juli 1977, denn mit einem U 1000 der Baureihe 424 verließ der 200.000ste Unimog das Montageband. Ein Erfolg, den die Gründerväter 1945 bestimmt nicht für möglich gehalten hätten.

Neben dem seit 1969 gebauten, 110 PS starken U 1100 T der Baureihe 416 gab es ab Januar 1979 mit dem U 1000 T (BM 424.131) der neuen Baureihe 424 ebenfalls eine Triebkopf-Version mit der gleichen Leistung. Dafür besaß der U 1000 T

U 1000 der Baureihe 424.

ALLE MODELLE SEIT 1946

Unerlässlich im Straßenbau: Spezialanbauten zur Bodenverdichtung. U 1000 mit Trenkle-Plattenverdichter und mit 2000-Liter Wasserfass auf der Pritsche.

die Merkmale der neuen Baureihe 424: das völlig neu entwickelte Ganzstahlfahrerhaus im modernen Design und das Achtgang-Grundgetriebe mit großer Variationsbreite. Zulieferfirmen ergänzten den Unimog-Triebkopf durch vielfältige Anbauten und machten den U 1000 T z. B. in Kombination mit einem Niederflurhubwagen zu einem erfolgreichen Transportkonzept für Spezialaufgaben. Der U 1000 T als Niederflurhubwagen zeichnete sich vor allem im Nah- und Mittelfahrbereich durch geringe Transportkosten aus. Er bot Lademöglichkeit zu ebener Erde bzw. stufenlos verstellbar in jeder Rampenhöhe in Kombination mit Wechselladeflächen, die je nach Verwendungszweck mit Plane oder als Koffer geliefert werden konnten. Bis Juni 1983 in Produktion, kam die Triebkopf-Version U 1000 T auf eine Stückzahl von 70 Fahrzeugen.

Nachdem die beiden Baureihen 425 und 435 bereits seit 1975 zur Leistungssteigerung, zur besseren Verbrennung und zur Reduzierung des Kraftstoffverbrauchs, aber auch zur Senkung des Geräuschpegels mit Abgasturbolader ausgerüstet worden waren, erhielten ab 1982 auch die Sechszylindermotoren der Baureihe 424 diese moderne Motorentechnologie. Mit einer Leistung von 125 PS erweiterte der U 1200 (BM 424.122) die Baureihe 424 nach oben.

Unimog U 1000 (BM 424.121), die robuste Allradmaschine der neuen Unimog-Generation.

Unimog U 1000 der Allradschlepper für die Landwirtschaft.

UNIMOG

Unimog U 1200 der Allradschlepper für Gewerbe, Industrie und öffentlichen Dienst.

Unimog U 1200 als kräftige Zugmaschine mit hoher Zapfwellenleistung für Arbeitsgeräte.
Der Listenpreis für einen solchen U 1200 (BM 424.122) betrug 85.700,- DM.

ALLE MODELLE SEIT 1946

Kommunal-Unimog U 1000 (MB 424.121) mit Kehrmaschinen-Aufbau als selbstaufnehmendes Wechselgerät.

Ein halbes Jahr später, ab Januar 1983, gab es ihn auch als Triebkopf-Variante U 1200 T (BM 424.132). Der U 1200 T löste den U 1000 T ab und brachte es auf immerhin 103 produzierte Triebkopf-Einheiten. Für Spezialaufgaben von Zulieferfirmen aufgebaut zum Schräghubwagen, zum Niederflurwagen mit Wechselladeflächen oder zum Container-Absetzkipper, bot sich der vielseitige U 1200 T der Baureihe 424 überall dort an, wo Kommunalverwaltungen in Wasser- und Klärwerken die Entsorgung selbst übernahmen. Als Zugmaschine konnte er bis zu 6,1 t Nutzlast transportieren.

Vor allem im Agrareinsatz, bei der schweren Bodenarbeit und Saatbettvorbereitung in großen Arbeitsbereichen sah man die besondere Stärke des U 1200. Entscheidend dafür waren die großen Kraftreserven dieses modernen Allradschleppers. Mit der serienmäßigen Druckluftanlage wurden ebenso der Allradantrieb, die Differenzialsperren und die lastschaltbare Motorzapfwelle mit 540 und 1000 U/min (vorn auf Wunsch) geschaltet. Das geräumige Ganzstahlfahrerhaus und die gute Sicht auf die Geräteanbauräume erleichterten nicht nur die Arbeit sondern erhöhten auch die Sicherheit. Sicher waren auch die hydraulischen Zweikreisscheibenbremsen mit Druckluftunterstützung und ALB (automatische lastabhängige Bremse).

U 1200 für die Landwirtschaft: Pflanzenschutz, Einzelkornsaat und Unterfußdüngung in einem Arbeitsgang.

Anfang 1987 wurde der U 1000 (BM 424.121) in Grundausführung zu einem Listenpreis von DM 80.640,– angeboten, der U 1200 (BM 424.122) kostete damals DM 85.700,–. Für beide 424-Varianten kamen weitere Kosten für den gesetzlich vorgeschriebenen Lieferumfang in Höhe von DM 1.295,– hinzu. In der vom Werk empfohlenen Agrar-Lieferausführung stieg der Gesamtpreis des U 1000 auf DM 111.273,– und für den U 1200 auf DM 116.333,–

UNIMOG

U 1000 T mit Niederflurhubwagen.

U 1000 T.

Mitte der 80er-Jahre wurden mehr als die Hälfte aller vom Band laufenden Unimog-Fahrzeuge als universelle Arbeitsmaschinen in den nationalen und internationalen Fuhrparks des öffentlichen Dienstes eingesetzt. Diesen Trend bestätigte die Baureihe 424 mit beachtlichen Produktionszahlen: vom U 1000 (BM 424.121), bis 1989 gefertigt, wurden 6717 Einheiten produziert, und der U 1200 (BM 424.122) brachte es auf 3401 Fahrzeuge.

Triebkopf U 1200.

ALLE MODELLE SEIT 1946

Unimog U 1250 Baureihe 424 (1984–1989)
Unimog U 1250 L Baureihe 424 (1985–1988)
Unimog U 1550 Baureihe 424 (1986–1989)

Im Mai 1984 kam der Unimog U 1250 (BM 424.126) der Schweren Baureihe 424 neu auf den Markt und unterschied sich vom U 1200 durch einen um 600 mm größeren Radstand, der somit jetzt 3250 mm betrug. So war der U 1250 (die »Fünfziger«-Nummerierung in der Modellbezeichnung blieb Arbeitsmaschinen mit langen Radständen vorbehalten) neben dem Einsatz als Geräteträger und Zugmaschine auch als Transportfahrzeug prädestiniert. Er verband die typischen Merkmale des bewährten Geräteträgers mit der Transportkapazität eines 7,5-Tonnen-Allradlastwagens, der noch mit dem Führerschein der Klasse 3 zu fahren war.

Der lange Radstand von 3250 mm ergab viel Raum für die Ladepritsche oder größere Aufbauten. Im Gegensatz zu Geräteträgern, die von Lastwagen abgeleitet wurden, war der U 1250 eine vollwertige Arbeitsmaschine geblieben. Sein Turbomotor (BM 353.995) aus der Groß-Serienproduktion leistete 125 PS bei 2600 U/min. Die hohen Achslasten vorn und hinten machten den An- und Aufbau von schweren und leistungsfähigen Arbeitsgeräten – z. B. für die Bauwirtschaft oder den kommunalen Betrieb im Ganzjahreseinsatz – jederzeit möglich. Über Zapfwellen vorn, in der Mitte und hinten sowie eine starke Hydraulikanlage konnten mehrere Geräte gleichzeitig angetrieben werden. Mit bis zu 9 t zulässigem Gesamtgewicht durfte er in der Bundesrepublik nach der 3-PS-pro-t-Formel eine Anhängelast bis zu 40 Tonnen ziehen. Dies war für den Transport von Baumaschinen interessant. Zudem entsprach der Wendekreis des Unimog dem eines Pkw. Auch war er vom Sonntags-Fahrverbot ausgenommen.

U 1250 Kommunal.

Unimog U 1250 mit kurzer Pritsche und Zwischenbrücke mit Platz für Kran- und Baggeranbau.

Der U 1550 bot mit seinem hohen zulässigen Gesamtgewicht von 10.500 kg und Achslasten von 6.000 kg vorn und 6.500 kg hinten beste Voraussetzungen für schwersten Gerätebetrieb in der Geräteklasse 3.

Am 12. September 1984 verließ das 250.000ste Fahrzeug (ein U 1250) das Werk in Gaggenau und machte damit die erste Viertelmillion voll.

Im Jahre 1986 rundete der U 1550 (BM 424.126) mit 150 PS (110 kW) die Baureihe 424 nach oben ab. Er vereinte die typischen Merkmale des Geräteträgers mit einer besonders hohen Transportkapazität und stellte mit seinem Radstand von 3250 mm die Verbindung zwischen dem U 1700 (Baureihe 435) mit 168 PS und dem U 1250 (Baureihe 424) mit 125 PS her. Sein zulässiges Gesamtgewicht betrug 10.500 kg und war damit für den Einsatz mit besonders schweren Arbeitsgeräten, zur Schneeräumung oder als Fahrgestell für Schnellwechsel-Kehrmaschinen geeignet. Der lange Radstand ergab viel Raum für große Ladepritschen und zusätzliche Aufbaugeräte. Auch mit Doppelkabine verblieb genügend Platz für Aufbaugeräte bzw. Ladefläche.

Eine Ergänzung zum U 1550 als Zug- und Arbeitsmaschine mit langem Radstand war 1986 die hochgeländegängige Fahrgestell-Variante U 1550 L. Ein Jahr zuvor wurde bereits der U 1250 L (BM 424.127) zu einem Listenpreis von DM 83.020,– angeboten, von dem bis 1988 lediglich 129 Fahrzeuge entstanden.

ALLE MODELLE SEIT 1946

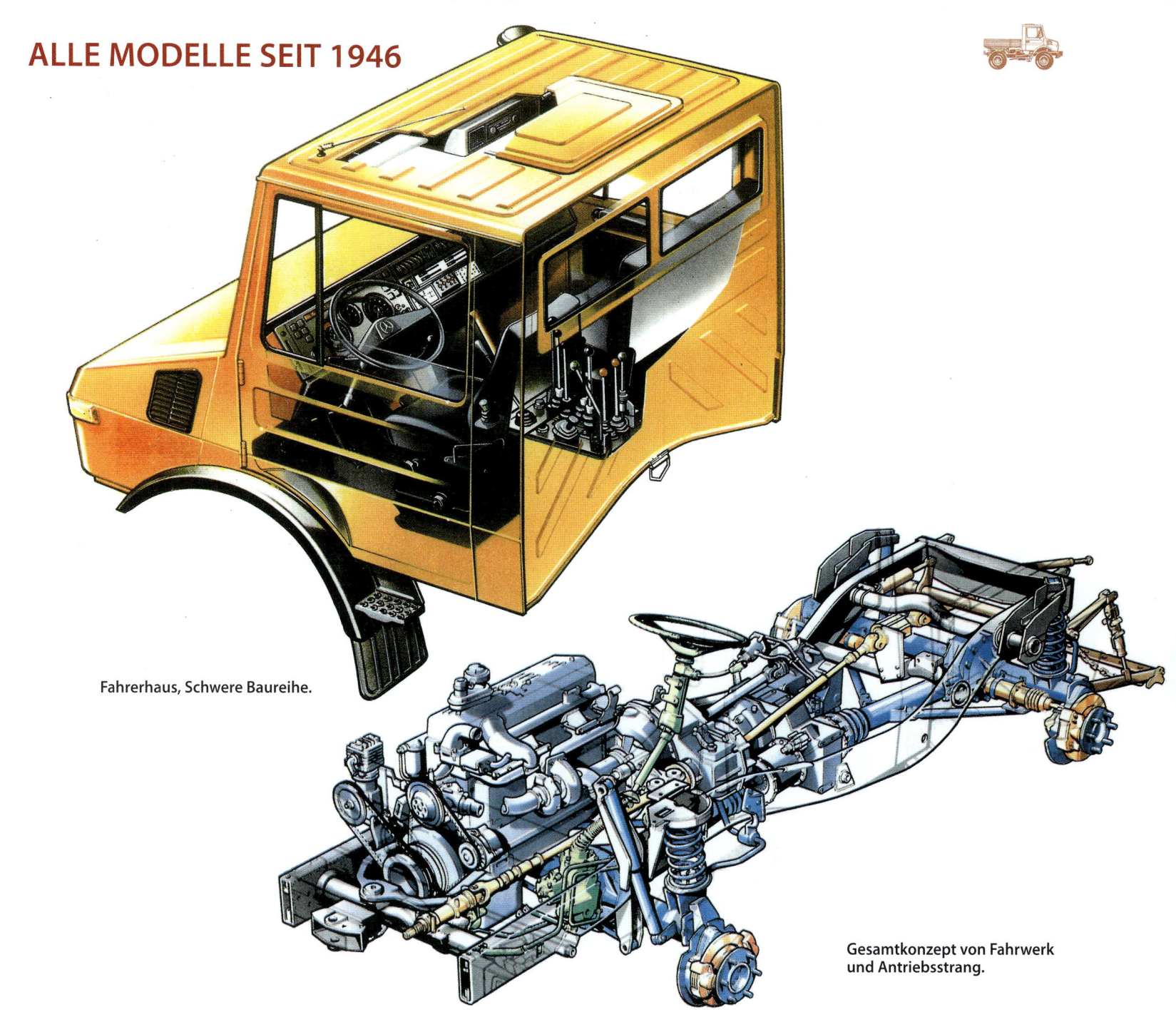

Fahrerhaus, Schwere Baureihe.

Gesamtkonzept von Fahrwerk und Antriebsstrang.

Auf der Hannover Messe 1987 präsentierte Daimler-Benz für den Unimog ein neu entwickeltes Paket geräuschdämmender Maßnahmen. Die Geräuschkapselung an Motor und Getriebe, ein neuer Lüfter und eine zusätzlich schallgedämmte Auspuffanlage sowie weitere gezielte Maßnahmen reduzierten das Geräuschniveau auf 78 dB(A). Als »lärmarmes Fahrzeug« eingestuft, war es nun möglich, mit dem Unimog auch in den für »normale« Kraftfahrzeuge gesperrten Bezirken einer Kurstadt notwendige Aufgaben wie z. B. das Schneeräumen oder Streuen durchzuführen. Mit dem U 1550 zeigte Daimler-Benz auch erstmals ein Winterdienst-Fahrzeug, das sich durch eine besonders umweltschonende Arbeitsweise auszeichnete. Durch ein spezielles Verfahren konnte nämlich die Salzmenge beim Streuen um mehr als die Hälfte reduziert werden. Diese umweltfreundliche Gerätekombination zum Unimog wurde von der Firma Alfred Schmidt, St. Blasien, entwickelt.

Aufgrund der ausgereiften Konstruktion der Baureihe 424 erfolgte die Ablösung durch die Nachfolgebaureihe 427 erst zwölf Jahre später im Jahre 1988. Mit insgesamt 11.233 produzierten Unimog war die Baureihe 424 recht erfolgreich.

	Unimog U 1000 **Baureihe 424** **1976-1989** **424.121** **Arbeitsmaschine**	**Unimog U 1000 T** **Baureihe 424** **1979-1983** **424.131** **Triebkopf**	**Unimog U 1200** **Baureihe 424** **1982-1988** **424.122** **Arbeitsmaschine**	**Unimog U 1200 T** **Baureihe 424** **1983-1988** **424.132** **Triebkopf**
Motor				
Baumuster (BM)	353.962	353.980	353.995	353.995
Bauart	Mercedes-Benz 6-Zyl.-Viertakt-Diesel-Direkteinspritzer Typ 352		Mercedes-Benz 6-Zyl.-Viertakt-Diesel-Direkteinspritzer mit Abgasturbolader, Typ 352 A	
Bohrung x Hub	97 x 128 mm	97 x 128 mm	97 x 128 mm	97 x 128 mm
Hubraum	5.675 ccm	5.675 ccm	5.675 ccm	5.675 ccm
Leistung	95 PS (70 kW) b.2.600/min	110 PS (81 kW) 2.800/min	125 PS (92 kW) 2.600/min	
Drehmoment	298 Nm bei 1.800/min	314 Nm bei 1.600/min	397 Nm bei 1.700/min	
Verdichtung	17 : 1		17 : 1	
Gemischbereitung	Bosch -Einspritzpumpe		Bosch -Einspritzpumpe	
Einspritzfolge	1 - 5 - 3 - 6 - 2 - 4		1 - 5 - 3 - 6 - 2 - 4	
Kühlung	Wasserkühlung mit Pumpe und Thermostat (20 Liter)			
Elektr. Anlage	Drehstromlichtmaschine 14 Volt 55 A, 770 Watt, mit integriertem Spannungsregelung, 110 Ah			
Kraftübertragung				
Antrieb	Allradantrieb, pneum. schaltbaren Differenzialsperren, Vorderachse zu- und abschaltbar			
Kupplung	hydr. Einscheiben-Trockenkupplung (bei Motorzapfwelle: pneum. Doppelkupplung), Hydrodynamischer Drehmomentwandler mit Schubfreilauf			
Getriebe	Synchron-Stirnradschaltgetriebe mit Nachschalt-Planetengruppe und Verteilergetriebe, Nebenabtrieb für Zapfwelle, 8 Vorwärts- und 8 Rückwärtsgänge			
Übersetzungen	Übersetzung UG3/40-8/13,01 GPA		Übersetzung UG3/40-8/9,35 GPA	
vorwärts	13,01 / 9,02 / 5,96 / 4,38 / 2,97 / 2,06 / 1,36 / 1,00		9,35 / 6,73 / 4,93 / 3,62 / 2,58 / 1,86 / 1,36 / 1,00	
rückwärts	12,60 / 8,74 / 5,78 / 4,24 / 2,88 / 2,00 / 1,32 / 0,97		9,1 / 6,5 / 4,8 / 3,5 / 2,5 / 1,8 / 1,3 / 1,0	
Gesamt	6,53	6,53	6,53	6,53
Achsantrieb	22 : 7	22 : 7	22 : 7	22 : 7
Radvorgelege	27 : 13	27 : 13	27 : 13	27 : 13
Fahrwerk				
Vorder-Hinterachse	Selbsttragende Ganzstahlkarosserie, U-Profil-Rechteckrahmen mit Querträgern, hochstellbares Ganzstahl-Fahrerhaus Portalachsen mit Schubrohr und Radvorgelegen, Schraubenfedern mit Zusatzfeder hinten, Teleskopstoßdämpfer v/h			
Bremsen	Hydraulische Zweikreisbremsanlage, Scheibenbremsen, druckluftbetätigt mit ALB-Regelung, gestängelose Federspeicher-Feststellbremse auf Hinterräder, Zweileitungs-Anhängerbremsanlage, Motorbremse (druckluftbetätigte Drosselklappe im Auspuffkrümmer)			
Lenkung	Hydraulische Servo-Kugelmutter-Lenkung, Übersetzung 19,33 : 1			
Räder	11 x 20	11 x 20	11 x 20	11 x 20
Bereifung	12,5 - 20 /12 PR	12,5 - 20 /12 PR	12,5 - 20 /12 PR	12,5 - 20 /12 PR
Allgemeine Daten				
Radstand	2.650 mm	Triebkopf	2.650 mm	Triebkopf
Spurweite v/h	1.660 mm	1.660 mm	1.660 mm	1.660 mm
Gesamtmaße	4.470 x 2.110 x 2.645 mm	2.750 x 2.110 x 2.645	4.870 x 2.300 x 2.685 mm	2.750 x 2.110 x 2.610
Bodenfreiheit/Diff.	435 mm	400 mm	415 mm	400 mm
Böschungswinkel v/h	46° / 57°	48°	48° / 60°	48°
Wattiefe	850 mm	850 mm	850 mm	850 mm
Pritschenfläche	1.475/1.950 x 1.890 x 400		1.680/2.320 x 2.140 x 450	
Ladehöhe	1.350 mm		1.350 mm	
Höchstgeschw.	80 km/h	80 km/h	80 km/h	80 km/h
kl. Wendekreis	12,0 Meter			
Leergewicht	4.500 kg	2.870 kg	5.400 kg	2.950 kg
Nutzlast	2.350 kg		3.600 kg	
zul. Gesamtgewicht	7.500 kg		9.000 kg	
zul. Achslast v/h	4.000 kg	4.000 kg	5.300 kg	4.000 kg
zul. Anh.Last gebr.	20.000 - 24.000 kg		20.000 - 24.000 kg	
Kraftheber v/h	Dreipunktgestänge mit Raddruckverstärker (Servotrak) max. Hubkraft 4.000 / 5.500 kg			
Füllmenge Motor	14,5 Liter	14,5 Liter	14,5 Liter	14,5 Liter
Kraftstoffverbrauch	18,0 Liter / 100 km			
Kraftstofftank	90 Liter (SA 130 Liter)			

ALLE MODELLE SEIT 1946

	Unimog U 1250	Unimog U 1550	Unimog U 1250 L	Unimog U 1550 L
	Baureihe 424		**Baureihe 424**	
	1984-1989	1986-1989	1985-1988	1986-1988
	424.126		**424.127**	
	Arbeitsmaschine langer Radstand		**hochgeländegängige Fahrgestelle**	
Motor				
Baumuster (BM)	353.995	353.976	353.995	353.976
Bauart	Mercedes-Benz 6-Zyl.-Viertakt-Diesel-Direkteinspritzer mit Abgasturbolader, Typ 352 A			
Bohrung x Hub	97 x 128 mm			
Hubraum	5.675 ccm			
Leistung	125 PS (92 kW) 2.600/min	150 PS (110 kW) 2.400/min	125 PS (92 kW) 2.600/min	150 PS (110 kW) 2.400/min
Drehmoment	397 Nm bei 1.700/min	510 Nm bei 1.500/min	397 Nm bei 1.700/min	510 Nm bei 1.500/min
Verdichtung	17 : 1	16 : 1	17 : 1	16 : 1
Gemischbereitung	Bosch -Einspritzpumpe			
Einspritzfolge	1 - 5 - 3 - 6 - 2 - 4			
Kühlung	Wasserkühlung mit Pumpe und Thermostat (20 Liter)			
Elektr. Anlage	Drehstromlichtmaschine 14 Volt 55 A, 770 Watt, mit integr. Spannungsregelung, 110 Ah			
Kraftübertragung				
Antrieb	Allradantrieb, pneum. schaltbare Differenzialsperren, Vorderachse zu- und abschaltbar			
Kupplung	hydr. Einscheiben-Trockenkupplung (bei Motorzapfwelle: pneum. Doppelkupplung), Hydrodynamischer Drehmomentwandler mit Schubfreilauf			
Getriebe	Synchron-Stirnradschaltgetriebe mit Nachschalt-Planetengruppe und Verteilergetriebe, Nebenabtrieb für Zapfwelle, 8 Vorwärts- und 8 Rückwärtsgänge			
Übersetzungen	Übersetzung UG3/40-8/13,01 GPA		Übersetzung UG3/40-8/9,35 GPA	
vorwärts	13,01 / 9,02 / 5,96 / 4,38 / 2,9 / 2,06 / 1,36 / 1,00		9,35 / 6,73 / 4,93 / 3,62 / 2,58 / 1,86 / 1,36 / 1,00	
rückwärts	12,60 / 8,74 / 5,78 / 4,24 / 2,88 / 2,00 / 1,32 / 0,97		9,1 / 6,5 / 4,8 / 3,5 / 2,5 / 1,8 / 1,3 / 1,0	
Gesamt	6,53		5,31	
Achsantrieb	22 : 7		23 : 9	
Radvorgelege	27 : 13		27 : 13	
Fahrwerk				
	Selbsttragende Ganzstahlkarosserie, U-Profil-Rechteckrahmen mit Querträgern, hochstellbares Ganzstahl-Fahrerhaus			
Vorder-Hinterachse	Portalachsen mit Schubrohr und Radvorgelegen, Schraubenfedern mit Zusatzfedern hinten, Teleskopstoßdämpfer v/h			
Bremsen	Hydraulische Zweikreisbremsanlage, Scheibenbremsen, druckluftbetätigt mit ALB-Regelung, gestängelose Federspeicher-Feststellbremse auf Hinterräder Zweileitungs-Anhängerbremsanlage, Motorbremse (druckluftbetätigte Drosselklappe im Auspuffkrümmer)			
Lenkung	Hydraulische Servo-Kugelmutter-Lenkung, Übersetzung 19,33 : 1			
Räder	11 x 20	11 x 20	11 x 20	11 x 20
Bereifung	12,5 - 20 /12 PR	12,5 - 20 /12 PR	12,5 - 20 /12 PR	12,5 - 20 /12 PR
Allgemeine Daten				
Radstand	3.250 mm	3.250 mm	3.250 mm	3.250 mm
Spurweite v/h	1.660 mm	1.660 mm	1.660 mm	1.660 mm
Gesamtmaße	5.070 x 2.100 x 2.620 mm	5.070 x 2.100 x 2.620 mm	5.280 x 2.100 x 2.620 mm	5.280 x 2.100 x 2.620 mm
Bodenfreiheit/Diff.	440 mm	440 mm	440 mm	440 mm
Böschungswinkel v/h	46° / 57°	46° / 57°	46° / 57°	46° / 57°
Wattiefe	800 mm	800 mm	800 mm	800 mm
Pritschenfläche	2.320 x 1.950 x 380 mm	2.320 x 1.950 x 380 mm	2.800 x 1.950 x 380 mm	2.800 x 1.950 x 380 mm
Ladehöhe	1.320 mm	1.320 mm	1.320 mm	1.320 mm
Höchstgeschwindigkeit	80 km/h	80 km/h	80 km/h	80 km/h
kl. Wendekreis	14,1 Meter	14,1 Meter	14,1 Meter	14,1 Meter
Leergewicht	4.800 kg	4.800 kg	4.800 kg	4.800 kg
Nutzlast	2.900 kg	2.900 kg	2.900 kg	2.900 kg
zul. Gesamtgewicht	7.500 kg	10.500 kg	7.500 kg	10.500 kg
zul. Achslast v/h	4.000 kg	6.000 / 6.500 kg	4.000 kg	6.000 / 6.500 kg
zul. Anh.Last gebr.	22.000 kg	22.000 kg	22.000 kg	22000 kg
Krafheber v/h	Dreipunktgestänge mit Raddruckverstärker (Servotrak) max. Hubkraft 4.000 / 5.500 kg			
Füllmenge Motor	14,5 Liter	14,5 Liter	14,5 Liter	14,5 Liter
Kraftstoffverbrauch	18,0 Liter / 100 km	19,0 Liter / 100 km	18,0 Liter / 100 km	19,0 Liter / 100 km
Kraftstofftank	90 Liter (SA 130 Liter)	90 Liter (SA 130 Liter)	90 Liter (SA 130 Liter)	90 Liter (SA 130 Liter)

Programmübersicht Unimog Baureihe 424							
Typ / Verkaufsbezeichnung	Baumuster	Fahrerhaus	Motor			Radstand	Stückzahl	Bauzeit
			Typ	BM	PS (kW)			
U 1000	424.121	Ganzstahl	OM 352	353.962	95 (70)	2.650	6.717	09/1976 - 01/1989
U 1200	424.122	Ganzstahl	OM 352 A	353.995	125 (92)	2.650	3.401	06/1982 - 12/1988
U 1250	424.126	Ganzstahl	OM 352 A	353.995	125 (92)	3.250	alle .126	05/1984 - 01/1989
U 1550	424.126	Ganzstahl	OM 352 A	353.976	150 (110)	3.250	813	1986 - 1989
U 1250 L	424.127	Ganzstahl	OM 352 A	353.995	125 (92)	3.250	129	01/1985 - 12/1988
U 1000 T	424.131	Ganzstahl	OM 352	353.980	110 (81)	Triebk.	70	01/1979 - 06/1983
U 1200 T	424.132	Ganzstahl	OM 352 A	353.995	125 (92)	Triebk.	103	01/1983 - 12/1988

Preise / Grundausführung Unimog U 1000 / U 1200 / U 1250 / U 1250 L / U 1550 Baureihe 424 Stand 1/1987

Listenpreis U 1000 (BM 424.121)		80.640,--	Listenpreis U 1250 (BM 424.126)	87.260,--
Listenpreis U 1200 (BM 424.122)		85.700,--	Listenpreis U 1250 L (BM 424.127)	83.020,--
		(in DM ohne MWST)	Listenpreis U 1550 (BM 424.126)	105.785,--

Gesetzlich vorgeschriebener Lieferumfang (links) / **Gesetzlich vorgeschriebener Lieferumfang** (rechts)

Code	Bezeichnung	Preis	Code	Bezeichnung	Preis
J20	Tachograf EC, 1 Fahrer	450,--	J20	Tachograf EC, 1 Fahrer	450,--
L03	Umrißleuchten	320,--	L03	Umrißleuchten	320,--
L20	Rückfahrscheinwerfer	150,--	L20	Rückfahrscheinwerfer	150,--
M19	Anlaßsperre	80,--	S35	Scheibenwaschanlage	115,--
S35	Scheibenwaschanlage	115,--	S50	Verbandskasten mit Halter	90,--
S50	Verbandskasten mit Halter	90,--	Y46	Warndreieck und Warnleuchte	90,--
Y46	Warndreieck und Warnleuchte	90,--			

Empfohlene Lieferausführung U 1000 / U 1200 Agrar

Code	Bezeichnung	Preis	Code	Bezeichnung	Preis
B45	Anhängerbremsanlage Ein+Zweiltg.	1.650,--	M65	Ansaugkamin	115,--
B71	Frostschützer für Druckluftanlage	210,--	N07	Motorzapfwellenantrieb umschaltbar	5.888,--
D50	Anbaubeschläge hinten	195,--	N37	Zapfwelle hi. 1 3/4" geteilt, Keilwellen	2.425,--
F12	Fahrerhaus halboffen	280,--	P17	Pritsche 1.950x1.890x400, Spinne	4.695,--
G20	Nachschaltgetriebe m. Arbeitsgruppe	2.525,--	Q42	Dreipunktgestänge Kat.II, Servotrak	
G45	Doppelkupplung	135,--		und Verlagerung d.ob. Anlenkpunktes	2.525,--
J32	Motordrehzahlmesser	150,--	Y64	Unterbodenschutz	75,--
K12	Hydraulikanlage 202 H	7.090,--		14,5-20/10 PR Acker-Bereifung	1.380,--

Motor	U 1000: MB-6-Zylinder-Diesel-Direkteinspritzmotor, Typ OM 352, 95 PS (70 kW) bei 2.600/min,
	U 1200 : MB-6-Zylinder-Diesel-Direkteinspritzer-Turbo, Typ OM 352 A, 125 PS (92 kW) bei 2.600/min,
	U 1550: MB-6-Zylinder-Diesel-Direkteinspritzer-Turbo, Typ OM 352 A, 150 PS (110 kW) bei 2.600/min,
	wassergekühlt, Bosch-Einspritzausrüstung, mech. Drehzahlregler Bosch RSV, Startpilot, Trockenluftfilter, Betriebsstundenzähler, Anlasser,
	Drucklufterzeugungsanlage mit Reifenfüllventil und Reifenfüllschlauch, Kühlerfrostschutzmittel bis -25° C, Siebkorb, Tank 90 Liter
Elektrik	Drehstromlichtmaschine 14 V/55 A (770 Watt), Batterie 12 V/120 Ah, Warnblinkanlage, Anhängersteckdose 7polig
Getriebe	DB-Vollsynchron-Wendegetriebe, 8 Vor- und 4 Rückwärtsgänge, Einscheiben-Trockenkupplung
	U 1550: 8 Vor- und 8 Rückwärtsgänge, Getriebeübersetzung 13,01
Achsen VA/HA	U 1550: zul. Achslasten 5.300 - 6.000 kg / 6.000 - 6.500 kg, zul.ges.Gew. 10.000-10.500 kg
Antrieb	Allradantrieb mit Differenzialsperren in beiden Achsen, während der Fahrt pneumatisch zu- und abschaltbar, Portalachsen mit Radvorgelegen
Federung	4 Schraubenfedern, hinten mit Zusatzfedern, Teleskopstoßdämpfer vorn und hinten
Lenkung	Hydraulische Servolenkung
Bremse	Druckluft-Fremdkraftbremse mit pneum.-hydr. Übertragung, Feststellbremse als Federspeicher auf Hinterräder wirkend
Anhängekupplung	Selbsttätige, höhenverstellbare Anhängekupplung hinten, Stützlast 1.250 kg, Anhängemaul mit Steckbolzen vorn
Fahrerhaus	Ganzstahlfahrerhaus, hochstellbar, Dachentlüftungsklappe, durch Kurbeln betätigte Türfenster, Heizungs- und Belüftungsanlage, 2 Sitze,
	Fahrersitz verstellbar, Windschutzscheibe, Scheibenwischer, Scheinwerfer, Fahrtrichtungsanzeiger, Brems- und Schlußleuchten
Armaturen	Schaltgassenanzeige, Kontrolleuchtenband, Tachometer, Kombi-Instrument mit Öldruckanzeiger, Fernthermometer, Kraftstoffanzeige, Doppeldruckmesser
Zubehör	Werkzeug, Wagenheber, Unterlegkeil
Lackierung	Currygelb/RAL 1027, ambragelb/DB 1624, grün/DB 6277, saftgrün/DB 6821, grau/DB 7187, tieforange/RAL 2011
Bereifung	12,5 - 20 /12 PR Gelände/Straße, 4fach, **U 1550:** 12R 22,5 Li 149 K, Scheibenräder 9,00-22,5

ALLE MODELLE SEIT 1946

Empfohlene Lieferausführungen U 1000/1200/1250/1200T BR 424 10/1984

Ausführung Fahrgestell			U 1000	U 1200
Leergewicht			ca. 3.680 kg	3.730 kg
tatsächliche Vorderachslast			ca. 2.590 kg	2.640 kg
tatsächliche Hinterachslast			ca. 1.090 kg	1.090 kg

1000	1200	
B80	B80	Anhängerbremsanlage
C27	C27	Stabilisator Vorderachse
C28	C28	Stabilisator Hinterachse Hydr.-Anlage 242
Q34	Q34	Anhängebock für fest angeb. Anh.kupplung
Q80	Q80	Anhängerkupplung
S12	S12	Beifahrersitz Zweisitzer

Ausführung Fahrgestell			U 1000	U 1200
Leergewicht			ca. 3.680 kg	3.730 kg
tatsächliche Vorderachslast			ca. 2.590 kg	2.640 kg
tatsächliche Hinterachslast			ca. 1.090 kg	1.090 kg

1000	1200	
B45	B45	Anhängerbremsanlage Ein- u. Zweileitung
F71	F71	Frostschützer für Druckluftanlage
G20	G20	Nachschaltgetr. m. Arbeitsgr. Hydr.Anl. 242
L12	L12	Halogen-Scheinwerfer
L20	L20	Rückfahrscheinwerfer
N11	N11	Sonderabtrieb f. Getriebezapfw. 540/1.000
N18	N18	Nachrüstmöglichkeit für N16 / N17
P17	P17	Pritsche 1.950 x 1.890 x 400
Q14	Q14	Anhängekupplung selbsttätig
Q34	Q34	Anhängebock für fest angeb. Anh.kupplung
S05	S05	Fahrersitz hydraulisch
S12	S12	Beifahrersitz Zweisitzer
S35	S35	Scheibenwaschanlage
S45	S45	Sonnenblende für Beifahrer
S50	S50	Verbandskasten mit Halter
Y46	Y46	Warndreieck und Warnleuchte

Ausführung Agrar		U 1000
Leergewicht		ca. 4.510 kg
tatsächliche Vorderachslast		ca. 2.770 kg
tatsächliche Hinterachslast		ca. 1.740 kg

A25	Abdeckbleche gegen Bremsverschmutzung
B45	Anhängerbremsanlage Ein- u. Zweileitung
D11	Frontanbauplatte Größe 3
D50	Anbaubeschläge hinten
E61	Radio Becker »Europa«
G20	Nachschaltgetriebe mit Arbeitsgruppe
G45	Doppelkupplung
J32	Motor-Drehzahlmesser
	Hydraulikanlage 222 HAT
M19	Anlaßsperre
M65	Ansaugkamin
N07	Sonderabtrieb f. Motorzapfwelle 540/1.000/min
N20	Zapfwelle vorn 1 3/8"
N32	Zapfwelle hinten 1 3/8"
N65	Bock für Verlagerung der Zapfwelle hinten
P17	Pritsche 1.950 x 1.890 x 400
Q40	Dreipunktgestänge Kat. II
Q47	Schnellkuppler Walterscheid
S05	Fahrersitz hydraulisch
S12	Beifahrersitz Zweisitzer
S35	Scheibenwaschanlage
S48	Rückwandfenster schiebbar
S50	Verbandskasten mit Halter
Y46	Warndreieck und Warnleuchte
Y64	Unterbodenschutz

Ausführung Triebkopf	U 1200 T
Leergewicht	ca. 2.950 kg

J20	Tachograf EC, 1 Fahrer
K11	Krafthydraulik, 1-zellig
M22	Motorbremse mit Schalter für 3. Bremse
M32	Luftpresser zusätzlich
N18	Getriebe m. Nachrüstmöglichkeit für N16 / N17
S35	Scheibenwaschanlage
S50	Verbandskasten mit Halter
Y46	Warndreieck und Warnleuchte
Y64	Unterbodenschutz

Ausführung Kommunal	U 1250
Leergewicht	ca. 4.620 kg
tatsächliche Vorderachslast	ca. 2.940 kg
tatsächliche Hinterachslast	ca. 1.680 kg

B28	Mech. Notlöseeinrichtg. f. Federsp.-Handbremse
B45	Anhängerbremsanlage Ein- u. Zweileitung
F71	Frostschützer für Druckluftanlage
C27	Stabilisator Vorderachse
C28	Stabilisator Hinterachse Hydr.-Anlage 242
D11	Frontanbauplatte Größe 3
D50	Anbaubeschläge hinten
J20	Tachograf EC, 1 Fahrer
K24	Zweikreis-Krafthydraulik 4-zellig
K43	Kippzylinder für Pritsche
K53	Hydr. Steckeranschluß hinten 2-fach, Zelle 3
K55	Hydr. Steckeranschluß hinten 4-fach, Zelle 1+2
K71	Hydr. Steckeranschluß vorn 2-fach, Zelle 1
K72	Hydr. Steckeranschluß vorn 2-fach, Zelle 3
K79	Separate Rücklaufleitung vorn
L30	Steinschlagschutzgitter
L47	Zusatzscheinwerfer für Frontanbaugeräte
L50	Rundumkennleuchte links, gelb, mit Stativ
M19	Anlaßsperre
M22	Motorbremse
P23	Pritsche 2.320 x 1.950 x 380, kippb., Einlegebod.
R30	4 Scheibenräder 11 - 20 SDC
S05	Fahrersitz hydraulisch
S12	Beifahrersitz Zweisitzer
S26	Windschutzscheibe Verbundglas
S35	Scheibenwaschanlage
X18	Erhöhung des zul. Ges.-Gewichts auf 8.500 kg
X70	Warnstreifen rot/weiß floureszierend, reflektierend
Y46	Warndreieck und Warnleuchte

Fahrzeug-Gattungen Unimog Baureihe 424			
Gattung	Zug- und Arbeitsmaschine kurzer Radstand	Zug- und Arbeitsmaschine langer Radstand	Hochgeländegängiges Fahrgestell	Triebkopf
Baumuster	U 1000 / U 1200	U 1250 / U 1550	U 1250 L	U 1000T / U 1200T
Radstand	kurz	lang	lang bis sehr lang	abhäng. vom Anbau
Rahmenüberhang v/h	kurz / kurz	kurz / kurz	kurz / lang	kurz / ----
An- und Aufbauräume	vorn / hinten / mitte zwischen d.Achsen	vorn / hinten / mitte zwischen d.Achsen	vorn / mitte	vorn / Anbaupunkte für Hinterwagen
Getriebe/Motorzapfwelle	vorn / mitte / hinten	vorn / mitte / hinten	vorn	vorn
Schnelle Nebenabtriebe	mitte	mitte	mitte	mitte
Kraftheber	vorn / hinten	vorn / hinten		
Aufbau: Pritsche	kurz / kippbar	lang / kippbar	lang / fest	absenk- wechselbar
Fahrerhaus	Sicherheitskabine 2-3 Personen / Sicherheitsdoppelkabine 5-7 Personen			
Einsatzgebiet	Zugmaschine Arbeitsmaschine Geräteträger	Zugmaschine Arbeitsmaschine Lkw / Geräteträger	Fahrgestell für: Werkstattkoffer Expedition/Feuerw. Sonderaufb. / Lkw	Niederflur-Schräghubwagen Absetzkipper Spezialfahrzeug

Produktion Unimog 424 (1976-1989)								
	1976	1977	1978	1979	1980	1981	1982	Gesamt
424								
424.121	16	624	864	1.236	1.059	915	563	
424.122							251	
424.131				8	4	16	31	
Gesamt	16	624	864	1.244	1.063	931	845	
	1983	1984	1985	1986	1987	1988	1989	Gesamt
424								
424.121	392	328	249	227	214	29	1	**6.717**
424.122	462	593	626	673	677	119		**3.401**
424.131	11							**70**
424.126		79	196	234	245	56	3	**813**
424.127			63	50	15	1		**129**
424.132	17	22	28	16	19	1		**103**
Gesamt	882	1.022	1.162	1.200	1.170	206	4	**11.233**

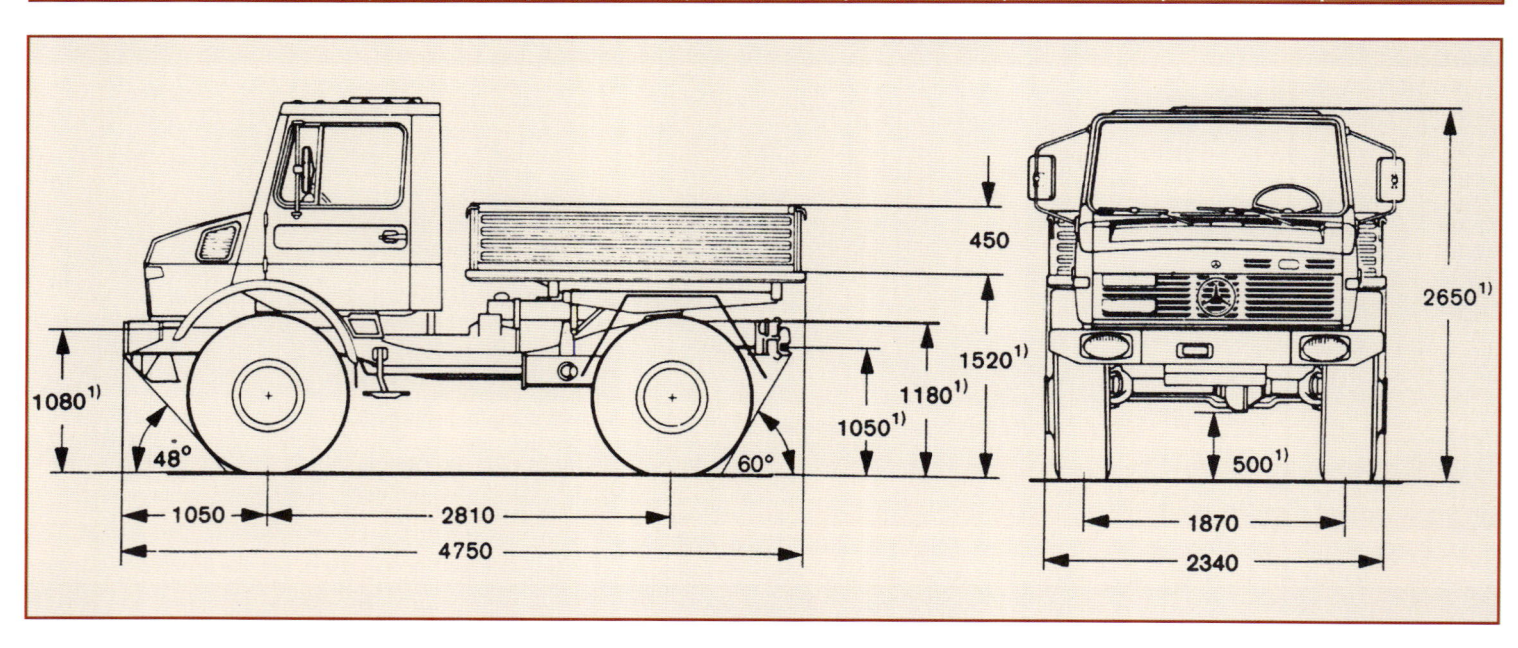

ALLE MODELLE SEIT 1946

Unimog U 600 Baureihe 407 (1988–1993)
Unimog U 650 Baureihe 407 (1988–1993)
Unimog U 650 L Baureihe 407 (1988–1993)

Strukturwandel und eine noch transparentere Modellbezeichnung kennzeichneten Ende der 1980er-Jahre das Unimog-Programm, das in der Folgezeit kräftig erweitert und modernisiert werden sollte. Den Anfang der nun komplett überarbeiteten Unimog-Familie machte die »Leichte« (LBU) Baureihe 407, die auf der Kommunalfahrzeugmesse IFAT in München 1987 erstmals zu sehen war. Sie löste den seit 1966 gebauten Unimog 421 ab. Die Baureihe 407 wurde in drei Varianten angeboten, es gab den U 600 (BM 407.100) mit kurzem Radstand (2250 mm), den U 650 (BM 407.110) als »Arbeitsmaschine mit langem Radstand« (2605 mm) und den U 650 L (BM 407.111) als »hochgeländegängiges Fahrzeug«, das sich mit seinem langen Radstand (2605 mm) besonders für Sonderaufbauten empfahl. Auf den ersten Blick unterschied sich der U 407 vom U 421 äußerlich vor allem durch die Lage des Ansaugrohres, das beim 407 auf der linken Seite angeordnet war, während es beim 421 rechts zu finden ist.

Bemerkenswert war der Vierzylinder-Dieselmotor Typ OM 616 der Baureihe 407, der wie beim Unimog-Urahn nach dem Vorkammer-Verfahren arbeitete. Während er im U 600 gedrosselte 52 PS (38 kW) bei 3000 U/min (BM 616.942) leistete, wurde seine Leistung für den U 650 und U 650 L auf 60 PS (44 kW) bei 3500 U/min (BM 616.943) angehoben.

Zwar blieb das »klassische« Fahrerhaus im Design der 1970er-Jahre das markanteste Unterscheidungsmerkmal der neuen Baureihe, doch wurde es für die Leichte und Mittlere Baureihe Unimog 1988 überarbeitet und auf den neuesten Stand gebracht. Auch gab es diese nur als geschlossene Variante. Das Fahrerhaus wurde um 160 mm erhöht und die Windschutzscheibe um 25 % vergrößert. Durch den vergrößerten Innenraum und die Erhöhung der Kopffreiheit, verbunden mit der deutlich verbesserten Ergonomie der Bedienungselemente sowie die neue, effizientere Heizungs- und Belüftungsanlage stand dem Fahrer ein Arbeitsplatzangebot zur Verfügung, das auf zukünftige Anforderungen an eine Arbeitsmaschine ausgerichtet war. Der positive Gesamteindruck wurde unter Sicherheitsaspekten durch den verbesserten Einstieg sowie vergrößerte Windschutzscheibe und Außenspiegel verstärkt.

Unimog U 650 beim Materialtransport in der Großindustrie.

Unimog U 600 als Rückeschlepper für den Forstbetrieb. Das Frontpolderschild dient zum Anlegen von Zwischenlagern am Wegesrand.

Neben vielen Detailverbesserungen wie umweltfreundliche und EG-konforme asbestfreie Brems- und Kupplungsbeläge kam in der Leichten Baureihe auch das neue vollsynchronisierte DB- Getriebe UG 2/30-8/14,14 GA mit Schrägverzahnung und pneumatischer Zwischengangschaltung zum Einbau, das über acht Vorwärts- und vier Rückwärtsgänge verfügte. Besondere Merkmale: verbesserte Laufruhe und geringere Flächenpressung durch Schrägverzahnung, exakte, kurze Schaltwege, leichtes, schnelles Schalten, leichtgängige, vollsynchronisierte Getriebeschaltung, besseres Handling durch Druckluftschaltung der Zwischengänge, sehr gute Gangabstufung.

Neu ausgelegt wurde auch das Fahrgestell, das nun serienmäßig eine verstärkte Vorderachsfederung erhielt. Ein zusätzlich eingebauter Stabilisator trug zur Verbesserung des Fahrverhaltens bei. Optimiert wurde auch die Lenkkinematik durch geänderte Achs- und Rahmenteile. Weitere technische Neuerungen der Baureihe 407: Trockenluftfilter mit elektrischer Wartungsanzeige für höheren Filterungsgrad, Kontrolle vom Fahrersitz, wartungsfreundlicher. Wellenrippenrohr C 952 anstelle Rippenrohrkühler für bessere Kühlleistung durch größere Oberfläche. Verbesserte Elektronik mit Verteilerdose für Rahmenleitungssatz. Die kleine, leichte und wirtschaftliche Arbeitsmaschine sollte dort bevorzugt eingesetzt werden, wo rund ums Jahr leistungsfähige Allroundgeräte gefragt waren – kleine und wendige Fahrzeuge mit einem ausgewogenen Verhältnis von beanspruchtem Verkehrsraum, Spurweite und Standfestigkeit. Voraussetzungen für die maschinelle Durchführung vieler Arbeiten »vor Ort«.

Der U 650 der (LBU-)Baureihe 407 war innerhalb der Unimog-Familie die leistungsmäßig kleinste, aber wirtschaftlichste Variante. Eine weitere Modellvariante war der U 650 L. Er wurde im Unimog-Programm als »hochgeländegängiges Fahrzeug mit langem Radstand« geführt, für den eine »Fünfziger«-Nummerie-

ALLE MODELLE SEIT 1946

Kommunal-Unimog U 650 (BM 407.110/.210) beim Mähen und Absaugen.

rung galt. Der Zusatz »L« bedeutete, dass dieser Unimog zusätzlich mit einem »langen« Rahmen (Aufbaulänge max. 2600 mm) ausgestattet war und im Normalfall als Lkw zugelassen werden musste, wenn nicht seine Ausrüstung eine Zulassung als selbstfahrende Arbeitsmaschine bzw. Zugmaschine möglich machte. Auch beim U 650 / U 650 L waren wie beim U 600 die Frontscheinwerfer noch im Kühlergrill integriert. Auch hatten die Modelle der Baureihe 407 noch hydraulische Zweikreis-Trommelbremsen.

Listenpreise 1989 für die Grundausführung inklusiv gesetzlich vorgeschriebenem Lieferumfang: U 600 (BM 407.100) DM 55.463,–, U 650 (BM 407.110) DM 59.578,–, U 650 L (BM 407.111) DM 59.093,–. Insgesamt entstanden bis 1993 lediglich 789 Fahrzeuge.

Das Fahrerhaus des U 600 der »leichten« Baureihe 407 besaß noch mehr Komfort.

UNIMOG

U 650 L beim Einsatz im Winterdienst.

ALLE MODELLE SEIT 1946

| Unimog U 800 Baureihe 417 (1988–1990) |
| Unimog U 900 Baureihe 417 (1988–1993) |
| Unimog U 1100 T Baureihe 417 (1988–1993) |
| Unimog U 1150 Baureihe 417 (1988–1993) |
| Unimog U 1150 L Baureihe 417 (1988–1993) |

Kurz nach der LBU-Baureihe 407 lief im April 1988 die Produktion der neuen »Mittleren« (MBU) Baureihe 417 als Ablösung der Baureihen 403, 406, 413 und 416 an. Den Anfang machte der U 800 (BM 417.100), der, angepasst an die damalige schwierige Marktsituation, als Einstiegsmodell in die MBU-Baureihe 417 den sparsamen, 75 PS starken Vierzylinder-Direkteinspritzer OM 314 aus der Vorgänger-Baureihe 403 bzw. 413 eingebaut bekam. Der U 800 war vor allem für den kombinierten Landwirtschafts- und Kommunaleinsatz gedacht, wo er als wirtschaftliche und wendige Arbeits- und Zugmaschine das ganze Jahr über universell und vielseitig eingesetzt werden konnte. Mit einer Produktionszahl von lediglich 67 Exemplaren kam der U 800 allerdings nicht an die Erfolge seiner Vorgänger heran.

War das Einstiegsmodell U 800 noch mit dem Vierzylinder-Diesel OM 314 ausgerüstet, so wurde der U 900 (BM 417.101) mit mehr Leistung von dem bewährten Sechszylinder-Direkteinspritzer OM 352 (BM 353.902) seines Vorgängers U 84 angetrieben. Neben dem Sechszylindermotor OM 352 unterschied sich der U 900 von dem »kleineren« U 600 durch einen um 130 auf 2380 mm vergrößerten Radstand und vor allem durch die Anordnung der Scheinwerfer, die nun, wie bereits bei der »Schweren« (SBU) Unimog-Baureihe seit 1976 üblich, in den Stoßstangen untergebracht waren. Modernisiert und mit vergrößertem Innenraum blieb auch bei der 417er-Reihe das »klassische« Fahrerhaus im Design der 70er-Jahre das markanteste Unterscheidungsmerkmal. Die Neuerungen brachten dem vierpunktgelagerten zweisitzigen Ganzstahlfahrerhaus eine größere Kopffreiheit und mehr Bewegungsraum für Fahrer und Beifahrer, bessere Sicht auf Frontgeräte, verbesserten Sitzkomfort, eine Innengeräuschreduzierung durch schallschluckende Verkleidung sowie besseren Luftdurchsatz und bessere Heizungswirkung. Die Modernisierung des Armaturenbrettes rückte nun die Kontrollinstrumente direkt in das Blickfeld des Fahrers. Das verstärkte Fahrerhaus erhielt nun eine größere Dachluke sowie einen integrierten Ansaugkamin. Die Windschutzscheibe war jetzt aus Verbundglas, bot ein größeres Sichtfeld und war mit Intervallscheibenwischern ausgestattet. Von der SBU-Baureihe erhielt die MBU-Baureihe 417 deren Lenkung mit getrennter Lenkspindel, das Lenkrad und das Lenkradschloss.

Der U 800 der Baureihe 417 mit Frontmähwerk im kombinierten Landwirtschafts- und Kommunaleinsatz.

UNIMOG

Der Unimog U 1150 für den kombinierten Landwirtschafts- und Kommunaleinsatz.

Unimog U 900 mit Leistikow-Kanalspül-Hochdruckreinigungsgerät für Frontanbau.

ALLE MODELLE SEIT 1946

Hochgeländegängiges Allrad-Fahrgestell Unimog U 1150 als Lkw beim Laden und Transportieren.

Im Gegensatz zur LBU-Baureihe 407 war beim 417er das neue Getriebe UG 2/30 zusätzlich mit der modernen Achslastbremsregelung (ALB) und Leerlastventil für Bremse für verbessertes, stabiles Bremsverhalten ausgerüstet. So ausgestattet, schaffte der Unimog der Baureihe 417 die neuen EG-Werte von 5 m/sec^2 Verzögerung.

Der U 1100 T (BM 417.000) war die Triebkopf-Variante der Mittleren Baureihe 417. Er wurde, wie alle anderen, mit einem robusten, speziell für die Bedürfnisse der Triebköpfe entwickelten Rahmen geliefert. Mit den standardisierten Anbaupunkten wurde auch beim U 1100 T eine sichere, problemlose und solide Verbindung zum Hinterwagen hergestellt. Zum Lieferumfang des Triebkopfes gehörten alle bewährten Unimog-Aggregate wie Motor, Getriebe, Achse, Fahrerhaus sowie zweikreisige Betriebsbremse mit Anschlüssen für den Hinterwagen, Feststellbremsventil zum Anschluss der Feststelleinrichtung am Hinterwagen, Vorderachsantrieb mit Differenzialsperre und Antriebsflansch für Hinterachsantrieb (4x4). Darüber hinaus war eine Vielzahl von Sonderausstattungen ab Werk lieferbar. So z. B. Hydraulikanlage, Zapfwelle, Nebenabtriebe sowie verschiedene Getriebevarianten.

Der U 1150 (BM 417.110) mit einer Leistung von 110 PS (81 kW) als Arbeitsmaschine mit langem Radstand (2900 mm) rundete die mittlere Baureihe 417 nach oben ab. Er sollte vor allem bei den kommunalen Fuhrparks zum Einsatz kommen, denn die Zulassungsstatistik untermauerte den Trend der Zeit: Mehr als die Hälfte der Unimog-Arbeitsmaschinen wurde zur

Unimog U 1100 T Triebkopf als Absetzkipper.

Unimog U 1150 mit Frontlader.

Unimog U 1150 beim Schwertransport in der Bauwirtschaft.

Unimog U 1150 L/34 mit Ziegler-Feuerwehraufbau und mit 2000 Liter Löschwasservorrat.

Unimog U 1150 beim Kanalspülen. ←

ALLE MODELLE SEIT 1946

Unimog U 1100 für den Winterdienst mit Frontanbau-Schneepflug und Silo-Streuautomat.

Erledigung der im öffentlichen Dienst anfallenden Aufgaben bestellt. Weitere 25 Prozent der jährlichen Neuzulassungen in der Bundesrepublik entfielen auf die Bau- und Energiewirtschaft, und nur 10 Prozent gingen in die Land- und Forstwirtschaft. Angepasst an die vielseitigen Aufgaben im Kommunaleinsatz und ausgerüstet mit einem ausgeklügelten Hydrauliksystem und mit Zapfwellen vorn, seitlich und hinten, konnte der Unimog U 1150 auch mit mehreren Anbaugeräten gleichzeitig arbeiten. Der U 1150 war eine sehr kompakte und wendige Arbeitsmaschine, die sich besonders auch als Transportfahrzeug bewährte.

Die Unimog-Fahrgestelle gab es als U 1150 L (BM 417.111) mit einem Radstand von 2900 mm und mit einem solchen von 3400 mm als U 1150 L/34 (BM 417.120). Als »hochgeländegängige Fahrzeuge« bildeten diese beiden Varianten die Basis für Sonderaufbauten, z. B. als Feuerwehrfahrzeug. Wegen seiner kompakten Abmessungen fand der 110 PS starke U 1150 L vor allem als mobile Beobachtungsstation und als Erstangriffsfahrzeug Verwendung. Zu den voll belastbaren und fernbedienbaren Pumpenantrieben bot der Unimog eine weitere Besonderheit: einen getriebeunabhängigen Nebenantrieb für Feuerlöschpumpen. Über eine fahrunabhängige Doppelkupplung (während der Fahrt schaltbar) konnte die Heckpumpe kontinuierlich betrieben werden. Unabhängig davon, ob der Unimog stand, fuhr oder ein Gang eingelegt war (Pump and Roll).

Bis 1993 entstanden von der Baureihe 417 insgesamt 2275 Fahrzeuge, wobei mehr als die Hälfte, genau 1387 Einheiten, auf die U 900-Versionen BM 417.101, 106 und 201 entfiel.

Programmübersicht Unimog Baureihe 407 (LBU) / 417 (MBU)

Typ / Verkaufsbezeichnung	Baumuster	Fahrerhaus	Motor Typ	Motor BM	Motor PS (kW)	Radstand	Stückzahl	Bauzeit
U 600	407.100/200	Ganzstahl	OM 616	616.942	52 (38)	2.250	588	03/1988 - 1993
U 650	407.110/210	Ganzstahl	OM 616	616.944	60 (44)	2.605	145	03/1988 - 1993
U 650L	407.111/211	Ganzstahl	OM 616	616.944	60 (44)	2.605	56	03/1988 - 1993
U 1100T	417.000	Ganzstahl	OM 352	353.940	110 (81)	Triebk.	96	09/1988 - 1993
U 800	417.100	Ganzstahl	OM 314	314.917	75 (55)	2.380	67	04/1988 - 12/1990
U 900	417.101	Ganzstahl	OM 352	353.902	84 (62)	2.380	1.331	04/1988 - 1993
U 900	417.106	Ganzstahl	OM 352	353.902	84 (62)	2.380	28	1990 - 1992
U 1150	417.110	Ganzstahl	OM 352	353.940	110 (81)	2.900	143	04/1988 - 1993
U 1150L	417.111	Ganzstahl	OM 352	353.940	110 (81)	2.900	233	04/1988 - 1993
U 1150	417.115	Ganzstahl	OM 352	353.940	110 (81)	2.900	11	1990 - 1993
U 1150L	417.116	Ganzstahl	OM 352	353.940	110 (81)	2.900	6	1991 - 1993
U 1150L/34	417.120	Ganzstahl	OM 352	353.940	110 (81)	3.400	126	1989 - 1992
U 900	417.201	Ganzstahl	OM 352	353.940	84 (62)	2.380	28	1989 - 1992
U 1150	417.210	Ganzstahl	OM 352	353.940	110 (81)	2.900	74	05/1988 - 1992
U 1150L	417.211	Ganzstahl	OM 352	353.940	110 (81)	2.900	87	1989 - 1992
U 1150L	417.212	Ganzstahl	OM 352	353.940	110 (81)	2.900	6	1989 - 1993
U 1150L/34	417.220	Ganzstahl	OM 352	353.940	110 (81)	3.400	39	1990 - 1992

Fahrzeug-Gattungen Unimog 407 (LBU) / 417 (MBU)

Gattung	Zug- und Arbeitsmaschine kurzer Radstand	Zug- und Arbeitsmaschine langer Radstand	Hochgeländegängige Fahrzeuge	Triebkopf
Baumuster	U 600 / U 800 / U 900	U 650 / U 1150	U 650L / U 1150L / U 1150L/34	U 1100 T
Veränderungen	Fahrerhaus, Getriebe UG 2/30 Hydraulik	Fahrerhaus, Getriebe UG 2/30 Hydraulik	Fahrerhaus, Getriebe UG 2/30	Fahrerhaus, Getriebe UG 2/30 Hydraulik
Radstand	kurz	lang	lang bis sehr lang	abh. vom Anbau
Rahmenüberhang v/h	kurz / kurz	kurz / kurz	kurz / lang	kurz / ----
An- und Aufbauräume	vorn / hinten / mitte zwischen d.Achsen	vorn / hinten / mitte zwischen d.Achsen	vorn / mitte	vorn / Anbaupunkte für Hinterwagen
Getriebe/Motorzapfwelle	vorn / mitte / hinten	vorn / mitte / hinten	vorn / mitte	vorn
Kraftheber		vorn / hinten		
Aufbau: Pritsche	kurz / kippbar	lang / kippbar	lang / fest	absenk- wechselbar
Fahrerhaus	Sicherheitskabine 2-3 Personen			
Einsatzgebiet	Zugmaschine Arbeitsmaschine Geräteträger	Zugmaschine Arbeitsmaschine Lkw / Geräteträger	Fahrgestell für: Werkstattkoffer Expedition/Feuerw. Sonderaufbau / Lkw	Niederflur-Schräghubwagen Absetzkipper Spezialfahrzeug

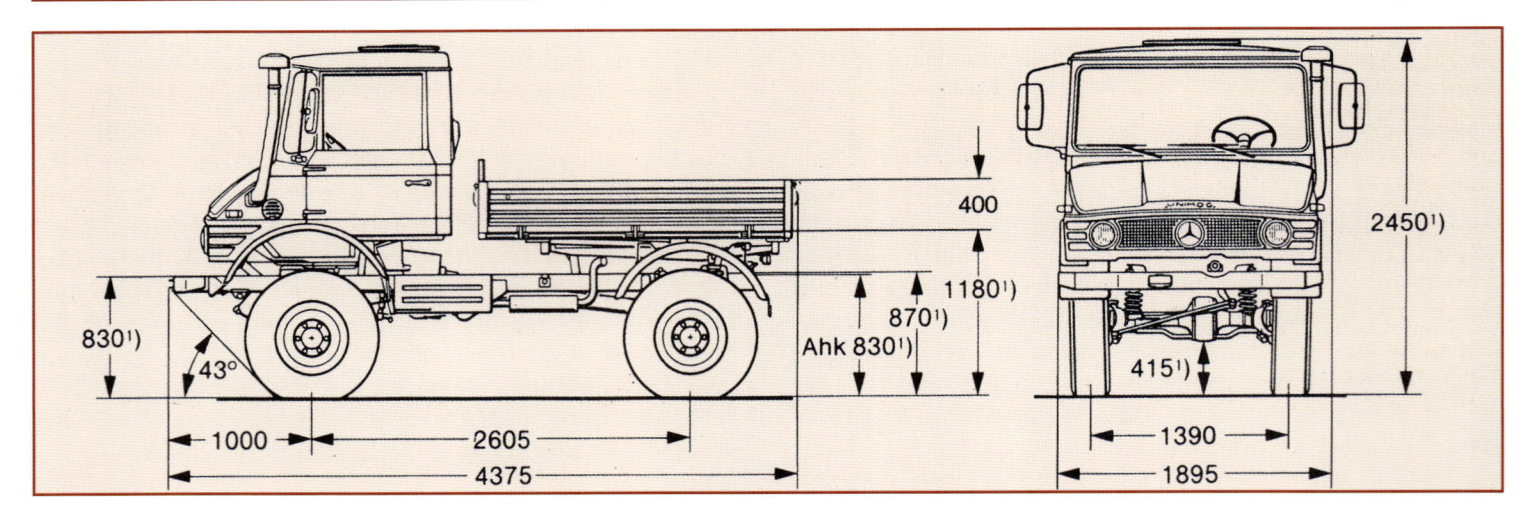

ALLE MODELLE SEIT 1946

	Unimog U 600 Baureihe 407 (LBU) 1988-1993 407.100 / .200 Zug-Maschine kurzer Radstand	Unimog U 650 Baureihe 407 (LBU) 1988-1993 407.110 / .210 Zug-Maschine langer Radstand	Unimog U 650 L Baureihe 407 (LBU) 1988-1993 407.111 / .211 Hochgeländegängiges Fahrzeug
Motor			
Baumuster (BM)	616.942	616.943	616.943
Bauart	Mercedes-Benz 4-Zyl.-Viertakt-Vorkammer-Dieselmotor, Typ OM 616		
Bohrung x Hub	90,9 x 92,4 mm		
Hubraum	2.399 ccm		
Leistung	52 PS (38 kW) 3.000/min	60 PS (44 kW) 3.500/min	60 PS (44 kW) 3.500/min
Drehmoment	137 Nm bei 2.000/min		
Verdichtung	21,1 : 1		
Gemischbereitung	Bosch -Einspritzpumpe		
Einspritzfolge	1 - 3 - 4 - 2		
Kühlung	Wasserkühlung mit Pumpe und Thermostat (17 Liter), Trockenluftfilter mit Sicherheitspatrone und elektr. Wartungsanzeige		
Elektr. Anlage	Drehstromlichtmaschine 14 Volt 55 A, 770 Watt, Batterie 12 V / 120 Ah		
Kraftübertragung			
Antrieb	Allradantrieb, pneum. schaltbaren Differenzialsperren, Vorderachse zu- und abschaltbar		
Kupplung	hydr. Einscheiben-Trockenkupplung, Druckplatte 250 mm, Anpressfläche 248 cm²		
Getriebe	Vollsynchronisiertes MB 8-Gang-Schaltgetriebe mit integriertem Vorderradantrieb Die ersten 4 Gänge sind rückwärts fahrbar. Typ UG 2/30-8/14,44 GA		
Übersetzungen	14,44		
Gelände vorwärts	I. 14,44 / II. 8,56 / III. 5,28 / IV. 3,21		
Straße vorwärts	I. 4,50 / II. 2,67 / III. 1,65 / IV. 1,00		
rückwärts	I. 11,14 / II. 6,60 / III. 4,07 / IV. 2,47		
Gesamt	8,27		
Fahrwerk			
	Selbsttragende Ganzstahlkarosserie, Leiterrahmen aus U-Längsträgern mit Querträgern hochstellbares Ganzstahl-Fahrerhaus, vierpunktgelagert, 2sitzig		
Achsen/Federung v/h	Portalachsen mit Differenzialsperre, Radvorgelegen, Querlenker und Schubrohr Schraubenfedern und Teleskopstoßdämpfer, hinten mit Zusatzfedern		
Bremsen	Hydraulische Zweikreis-Trommelbremsen, ABL-Regelung und Druckluftunterstützung, mechanische Stockhandbremse über Seilzüge auf Hinterräder		
Zapfwellen	vorn / mitte / hinten bei 540 und 1.000/min		vorn bei 540 und 1.000/min
Hydraulik	Zahnradpumpe 40 Liter/min, Arbeitsdruck 180 bar, Ölvorrat 18 Liter		
Kraftheber v/h	Dreipunktgestänge, max. Hubkraft 12.000 N / 18.000 N		
Drucklufterzeugung	Betriebsdruck 8,1 bar, Förderleistung 145 /165 Liter/min bei 3.000/3.500/min		
Lenkung	mechanische ZF-Gemmer-Lenkung (Wunsch: hydraulische Servo-Lenkung)		
Räder	9 x 18 / 9 x 20		
Bereifung	10,5 - 18 / 10,5 - 20		
Allgemeine Daten			
Radstand	2.250 mm	2.605 mm	2.605 mm
Spurweite v/h	1.400 / 1.390 mm		
Gesamtmaße	4.010 x 1.895 x 2.450 mm	4.375 x 1.895 x 2.450 mm	4.740 x 1.895 x 2.450 mm
Bodenfreiheit/Diff.	415 mm		
Böschungswinkel v/h	vorn 43°	vorn 43°	43° / 40°
Wattiefe	830 mm		
Pritschenfläche	1.750 x 1.600 x 400	1.950 x 1.600 x 400	Aufbaulänge: 2.600 mm
Höchstgeschw.	62 km/h	72 km/h	72 km/h
kl. Wendekreis	10,43	11,5 Meter	11,5 Meter
Leergewicht	2.670 kg	3.050 kg	2.360 kg
Nutzlast	1.800 kg	1.680 kg	2.140 kg
zul. Gesamtgewicht	4.500 kg	4.500 kg	4.500 kg
zul. Achslast v/h	2.650 / 2.800 kg		
zul. Anh.Last gebr.	11.000 kg	11.000 kg	
Füllmenge Motor	7 Liter		
Kraftstofftank	90 Liter		

	Unimog U 800 Baureihe 417 (MBU) 1988-1990 417.100	Unimog U 900 Baureihe 417 (MBU) 1988-1993 417.101 / .201
	Zug- und Arbeitsmaschine kurzer Radstand	
Motor		
Baumuster (BM)	314.917	353.902 / 353.940
Bauart	4-Zyl.-Diesel-Direkteinspritzer, Typ OM 314	6-Zyl.-Diesel-Direkteinspritzer, Typ OM 352
Bohrung x Hub	97 x 128 mm	97 x 128 mm
Hubraum	3.782 ccm	5.675 ccm
Leistung	75 PS (55 kW) bei 2.600/min	84/110 PS (62/81 kW) 2.550/2.800/min
Drehmoment	235 Nm bei 1.700/min	26 /314 Nm bei 1.700/min
Verdichtung	17 : 1	17 : 1
Gemischbereitung	Bosch -Einspritzpumpe	Bosch -Einspritzpumpe
Einspritzfolge	1 - 3 - 4 - 2	1 - 5 - 3 - 6 - 2 - 4
Kühlung	Wasserkühlung mit Pumpe und Thermostat (23 Liter)	
	Trockenluftfilter mit Sicherheitspatrone und elektr. Wartungsanzeige	
Elektr. Anlage	Drehstromlichtmaschine 14 Volt 55 A, 770 Watt, Batterie 12 V / 120 Ah	
Kraftübertragung		
Antrieb	Allradantrieb, pneum. schaltbaren Differenzialsperren, Vorderachse zu- und abschaltbar	
Kupplung	hydr. Einscheiben-Trockenkupplung, Druckplatte 310 mm, Anpressfläche 521 cm²	
Getriebe	Vollsynchronisiertes MB 8-Gang-Schaltgetriebe mit integriertem Vorderradtrieb	
	Die ersten 4 Gänge sind rückwärts fahrbar. Typ UG 2/30-8/14,44 GA	
Übersetzungen	14,44	14,44
Gelände vorwärts	I. 14,44 / II. 8,56 / III. 5,28 / IV. 3,21	I. 14,44 / II. 8,56 / III. 5,28 / IV. 3,21
Straße vorwärts	I. 4,50 / II. 2,67 / III. 1,65 / IV. 1,00	I. 4,50 / II. 2,67 / III. 1,65 / IV. 1,00
rückwärts	I. 11,14 / II. 6,60 / III. 4,07 / IV. 2,47	I. 11,14 / II. 6,60 / III. 4,07 / IV. 2,47
Gesamt	6,53	6,53
Fahrwerk		
	Selbsttragende Ganzstahlkarosserie, Leiterrahmen aus U-Längsträgern mit Querträgern	
	hochstellbares Ganzstahl-Fahrerhaus, vierpunktgelagert, 2sitzig	
Achsen/Federung v/h	Portalachsen mit Differenzialsperre, Radvorgelegen, Querlenker und Schubrohr	
	Schraubenfedern und Teleskopstoßdämpfer, hinten mit Zusatzfedern	
Bremsen	Hydraulische Zweikreis-Scheibenbremsen, ABL-Regelung und Druckluftunterstützung	
	mechanische Stockhandbremse über Seilzüge auf Hinterräder	
Zapfwellen	vorn / mitte / hinten bei 540 und 1.000/min	
Hydraulik	Zahnradpumpe 40 Liter/min, Arbeitsdruck 180 bar, Ölvorrat 18 Liter	
Kraftheber v/h	Dreipunktgestänge Kat. II v/h, max. Hubkraft 12.000 N / 18.000 N (doppeltwirkend)	
Drucklufterzeugung	Betriebsdruck 8,1 bar, Förderleistung 120 /132 Liter/min bei 2.550/2.800/min	
Lenkung	ZF Servo-Kugelmutter-Hydrolenkung	
Räder	9 x 20 / 11 x 20	11 x 20
Bereifung	10,5 -/R20 / 12,5 - / R 20	12,5 - / R 20
Allgemeine Daten		
Radstand	2.380 mm	2.605 mm
Spurweite v/h	1.630 mm	1.630 mm
Gesamtmaße	4.100 x 2.040 x 2.560 mm	4.100 x 2.040 x 2.560 mm
Bodenfreiheit/Diff.	440 mm	440 mm
Böschungswinkel v/h	vorn 45°	vorn 45°
Wattiefe	930	930
Pritschenfläche	1.910 x 1.890 x 400 mm	1.910 x 1.890 x 400 mm
Höchstgeschw.	72 km/h	72 / 80 km/h
kl. Wendekreis	11,2 Meter	11,2 Meter
Leergewicht	3.480 kg	3.480 kg
Nutzlast	3.000 kg	3.000 kg
zul. Gesamtgewicht	6.500 kg	6.500 kg
zul. Achslast v/h	3.700 kg	3.800 kg
zul. Anh.Last gebr.	21.600 kg	24.000 kg
Füllmenge Motor	11 Liter	11 Liter
Kraftstofftank	90 Liter	90 Liter

ALLE MODELLE SEIT 1946

Unimog U 1100 T Baureihe 417 (MBU) 1988-1993 417.000	Unimog U 1150 Baureihe 417 (MBU) 1988-1993 417.110 /.210	Unimog U 1150 L Baureihe 417 (MBU) 1988-1993 417.111 /.211	Unimog U 1150 L/34 Baureihe 417 (MBU) 1989-1992 417.120 /.220
Triebkopf	Arbeits Masch. langer Radstand	Hochgeländegängige Fahrzeuge	
353.940	353.940	353.940	353.940
Mercedes-Benz 6-Zyl.-Viertakt-Diesel-Direkteinspritzer, Typ OM 352			
97x 128 mm			
5.675 ccm			
110 PS (81 kW) bei 2.800/min			
314 Nm bei 1.700/min			
17 : 1			
Bosch -Einspritzpumpe			
1 - 5 - 3 - 6 - 2 - 4			
Wasserkühlung mit Pumpe und Thermostat (23 Liter)			
Trockenluftfilter mit Sicherheitspatrone und elektr. Wartungsanzeige			
Drehstromlichtmaschine 14 Volt 55 A, 770 Watt, Batterie 12 V / 120 Ah			
Allradantrieb, pneumatisch schaltbaren Differenzialsperren, Vorderachse zu- und abschaltbar			
hydr. Einscheiben-Trockenkupplung, Druckplatte 310 mm, Anpressfläche 521 cm²			
Vollsynchronisiertes MB 8-Gang-Schaltgetriebe mit integriertem Vorderradantrieb			
Die ersten 4 Gänge sind rückwärts fahrbar. Typ UG 2/30-8/14,44 GA			
14,44			
I. 14,44 / II. 8,56 / III. 5,28 / IV. 3,21			
I. 4,50 / II. 2,67 / III. 1,65 / IV. 1,00			
I. 11,14 / II. 6,60 / III. 4,07 / IV. 2,47			
6,53			
Selbsttragende Ganzstahlkarosserie, Leiterrahmen aus U-Längsträgern mit Querträgern			
hochstellbares Ganzstahl-Fahrerhaus 2-türig, vierpunktgelagert, 2sitzig, Motorhaube hochstell- u. abnehmbar			
Portalachsen mit Differenzialsperre, Radvorgelegen, Querlenker und Schubrohr			
Schraubenfedern und Teleskopstoßdämpfer, hinten mit Zusatzfedern			
Hydraulische Zweikreis-Scheibenbremsen, ABL-Regelung und Druckluftunterstützung, asbestfreie Bremsbel.			
mechanische Stockhandbremse über Seilzüge auf Hinterräder			
vorn bei 540 und 1.000/min	v / m / h 540/1.000/min	vorn bei 540 und 1.000/min	vorn bei 540 und 1.000/min
Zahnradpumpe 40 Liter/min, Arbeitsdruck 180 bar, Ölvorrat 18 Liter			
Dreipunktgestänge Kat. II v/h, max. Hubkraft 12.000 N (Front) / 18.000 N (Heck) (doppeltwirkend)			
Betriebsdruck 8,1 bar, Förderleistung 132 Liter/min bei 2.800/min			
ZF Servo-Kugelmutter-Hydrolenkung			
11 x 20	11 x 20	11 x 20	11 x 20
12,5 - / R 20	12,5 - / R 20	12,5 - / R 20	12,5 - / R 20
	2.900 mm	2.900 mm	3.400 mm
1.630 mm	1.630 mm	1.630 mm	1.630 mm
2.260 x 2.040 x 2.560 mm	4.620 x 2.040 x 2.560 mm	4.765 x 2.040 x 2.560 mm	5.380 x 2.040 x 2.560 mm
440 mm	440 mm	440 mm	440 mm
vorn 45°	vorn 45°	vorn 45°	45° / 45°
930	930	930	930
	1.910 x 1.890 x 400 mm	Aufbaulänge 3.080 mm	Aufbaulänge 3.650 mm
80 km/h	80 km/h	80 km/h	80 km/h
	12,8 Meter	12,8 Meter	14,4 Meter
2.380 kg	3.530 kg	3.090 kg	3.140 kg
	3.000 kg	3.000 kg	3.000 kg
9.000 kg	6.500 kg	6.500 kg	6.500 kg
vorn 4.000 kg	4.000 kg	4.000 kg	4.000 kg
	24.000 kg	9.750 kg	9.750 kg
11 Liter	11 Liter	11 Liter	11 Liter
90 Liter	90 Liter	90 (130/165) Liter	90 (130/165) Liter

Preise / Grundausführung Unimog U 600 BR 407 (LBU) Stand 3/1989		
Listenpreis U 600 (BM 407.100)		54.440,--
Gesetzlich vorgeschriebener Lieferumfang		
B65	Schalter für 3. Bremse	78,--
J20	Tachograf EC, 1 Fahrer	470,--
L20	Rückfahrscheinwerfer	160,--
S35	Scheibenwaschanlage	125,--
S50	Verbandskasten mit Halter	95,--
Y46	Warndreieck und Warnleuchte	95,--

(in DM ohne Mwst.)

Motor	Mercedes-Benz-4-Zylinder-Diesel-Vorkammer-Motor, Typ OM 616, 52 PS (38 kW) bei 3.000/min, wassergekühlt, Ansaugkamin, Trockenluftfilter mit elektr. Wartungsanzeige, Bosch-Einspritzausrüstung, mech. Drehzahlregler Bosch RSV, Betriebsstundenzähler, Anlasser, Vorglühelektronik, Drucklufterzeugungsanlage mit Reifenfüllventil und Reifenfüllschlauch, Anlaßsperre, Kühlerfrostschutzmittel bis -40° C, Siebkorb, Tankinhalt 90 L.
Elektrik	Drehstromlichtmasch. 14 V/55 A (770 Watt), Batterie 12 V/120 Ah, Anh.steckdose 7-polig
Getriebe	DB-Vollsynchrongetr. mit 8 Vor- und 4 Rückwärtsgängen, Einscheiben-Trockenkupplung
Antrieb	Allradantrieb mit Differenzialsperren in beiden Achsen, während der Fahrt pneumatisch zu- und abschaltbar, Portalachsen mit Radvorgelegen
Federung	4 Schraubenfedern, hinten mit Zusatzfedern, Teleskopstoßdämpfer vorn und hinten
Lenkung	Mechanische ZF-Gemmer-Lenkung
Bremse	Hydraulische Betriebsbremse mit Druckluftunterstützung, automatisch lastabhängige Bremse, mechanische Hinterrad-Handbremse, Zweikreisbremsanlage, asbestfrei
Anhängekupplung	Selbsttät., gef. Anhängekupplung hi, Stützlast 1.200 kg, Anhängemaul vorn, Steckbolzen
Fahrerhaus	Ganzstahlfahrerhaus, hochstellbar, Dachentlüftungsklappe groß, durch Kurbeln betätigte Türfenster, Heizungs- und Belüftungsanlage, 2 Sitze, Fahrersitz verstellbar, Windschutzscheibe Verbundglas, Scheibenwaschanlage zweistufig, Intervallscheibenwischer, Scheinwerfer, Fahrtrichtungsanzeiger, Brems- und Schlußleuchten, 2. Auftritt
Armaturen	Kombiinstrument mit Öldruckanzeiger, Fernthermometer, Kraftstoffanzeige, Doppeldruckmesser (Brems- und Luftdruck); Kontrollanzeige u.a. für Batterieladekontrolle, Allradantrieb, Differenzialsperren, Feststellbremse Lösekontrolle, Bremsflüssigkeitskontrollleuchte, Warnblinkanlage.
Zubehör	Werkzeug, Wagenheber, Unterlegkeil
Lackierung	Currygelb/DB 1600, ambragelb/DB 1624, grün/DB 6821, grau/DB 7187, orange/DB 2603
Bereifung	10,5 - 18/8 PR Gelände/Straße, 4fach, Scheibenrad 9 x 18

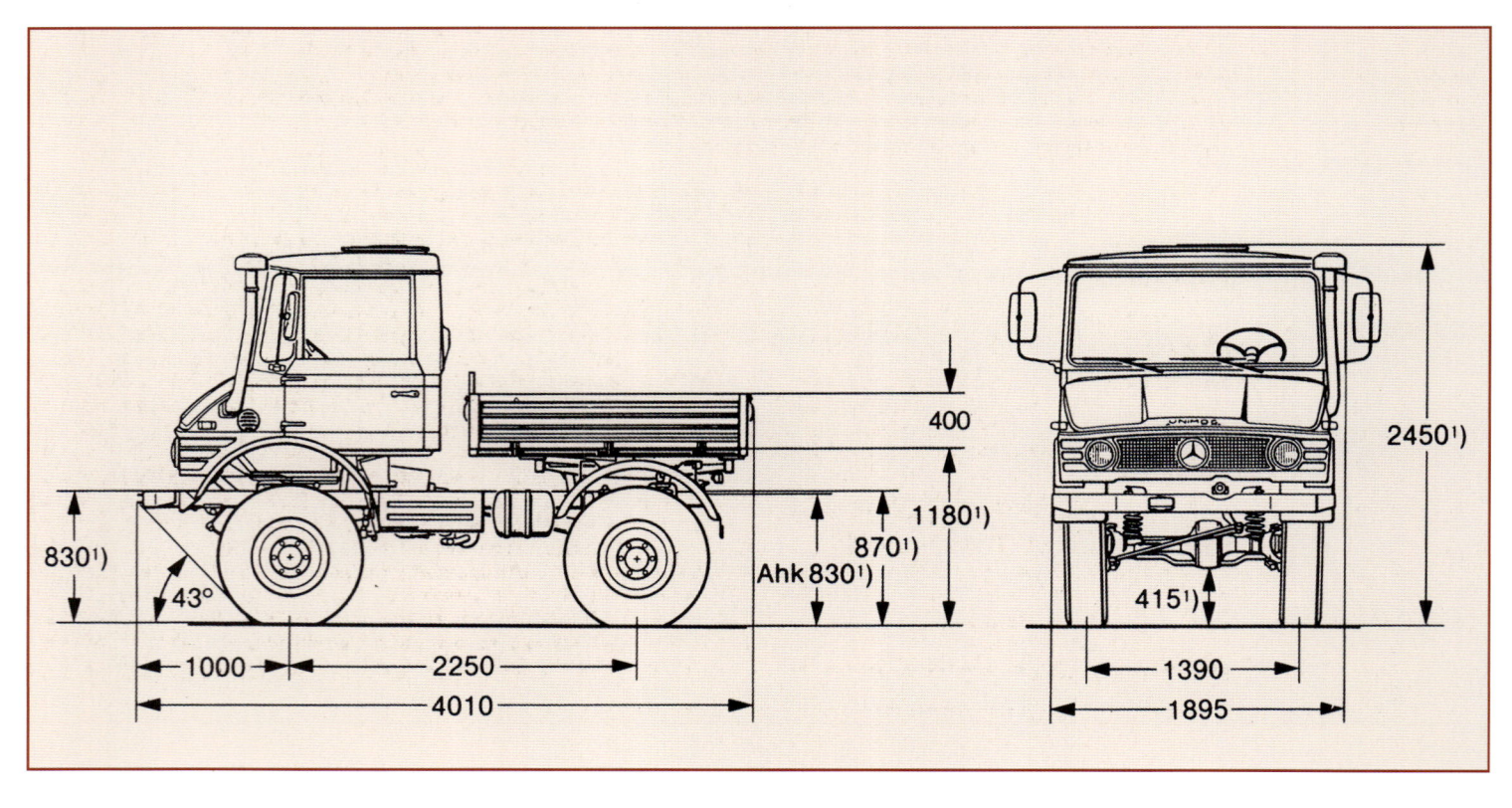

ALLE MODELLE SEIT 1946

Preise / Grundausführung Unimog U 650 / U 650 L BR 407 U 1150 / U 1150 L / U 1150 L/34 / U 1100 T BR 417 Stand 6/1989			
Listenpreis U 650 (BM 407.110)	58.260,--	**Listenpreis U 650 L** (BM 407.111)	58.260,--
Listenpreis U 1150 (BM 417.110)	86.740,--	**Listenpreis U 1150 L** (BM 417.111)	87.000,--
		Listenpreis U 1150 L/34 (BM 417.120)	89.300,--
Gesetzlich vorgeschriebener Lieferumfang		**Listenpreis U 1100 T** (BM 417.000)	67.320,--
B65 Schalter für 3. Bremse	78,--		
J20 Tachograf EC, 1 Fahrer	470,--	**Gesetzlich vorgeschriebener Lieferumfang**	
L20 Rückfahrscheinwerfer	160,--	J20 Tachograf EC, 1 Fahrer	
S35 Scheibenwaschanlage	125,--	L20 Rückfahrscheinwerfer	78,--
S50 Verbandskasten mit Halter	95,--	S35 Scheibenwaschanlage	470,--
Y46 Warndreieck und Warnleuchte	95,--	S50 Verbandskasten mit Halter	160,--
J48 Warnleuchte für Teleskopzylinder	90,--	Y46 Warndreieck und Warnleuchte	125,--
Q23 Anhängekupplung selbsttätig	205,--		(in DM ohne MWST)

Motor	**U 650** MB-4-Zylinder-Diesel-Vorkammermotor, Typ OM 616, 60 PS (44 kW) bei 3.500/min, **1150/1100** MB-6-Zylinder-Diesel-Direkteinspritzmotor, Typ OM 352, 110 PS (81 kW) bei 2.800/min, wassergekühlt, Ansaugkamin, Trockenluftfilter mit elektr. Wartungsanzeige, Startpilot Bosch-Einspritzausrüstung, mech. Drehzahlregler Bosch RSV, Betriebsstundenzähler, Anlasser, Vorglühelektronik (U 650), Drucklufterzeugungsanlage mit Reifenfüllventil und Reifenfüllschlauch, Anlaßsperre, Kühlerfrostschutzmittel bis -40° C, Siebkorb, Tank 90 L.
Elektrik	Drehstromlichtmaschine 14 V/55 A (770 Watt), Batterie 12 V/120 Ah
Getriebe	DB-Vollsynchrongetr. mit 8 Vor- und 4 Rückwärtsgängen, Einscheiben-Trockenkupplung
Antrieb	Allradantrieb mit Differenzialsperren in beiden Achsen, während der Fahrt pneumatisch zu- und abschaltbar, Portalachsen mit Radvorgelegen
Federung	4 Schraubenfedern, hinten mit Zusatzfedern, Teleskopstoßdämpfer vorn und hinten
Lenkung	**U 650:** Mech. ZF-Gemmer-Lenkung, **U 1150:** ZF-Kugelmutter-Hydrolenkung
Bremse	Hydraulische Betriebsbremse mit Druckluftunterstützung, Zweikreisbremsanlage, autom. lastabhängige Bremse, **U 1150:** Scheibenbr., mech. Hinterrad-Handbremse, asbestfrei
Anhängekupplung	Anhängemaul vorn mit Steckbolzen; U650: zusätzl. Selbstt. Anhängekupp. hi, 1.200 kg
Fahrerhaus	Ganzstahlfahrerhaus, hochstellbar, Dachentlüftungsklappe groß, durch Kurbeln betätigte Türfenster, Heizungs- und Belüftungsanlage, 2 Sitze, Fahrersitz verstellbar, Windschutzscheibe Verbundglas, Scheibenwaschanlage zweistufig, Intervallscheibenwischer, Scheinwerfer H4, Fahrtrichtungsanzeiger, Brems- und Schlußleuchten, 2. Auftritt
Armaturen	Kombiinstrument mit Öldruckanzeiger, Fernthermometer, Kraftstoffanzeige, Doppeldruckmesser, Kontrollanzeige u.a. für Allrad und Differenzialsperren, Warnblinkanlage
Zubehör	Werkzeug, Wagenheber, Unterlegkeil
Lackierung	Currygelb/DB 1600, ambragelb/DB 1624, grün/DB 6277, saftgrün/DB 6821, grau/DB 7187, tieforange/DB 2603
Bereifung	10,5 - 18/8 PR Gelände/Straße, 4fach, Scheibenrad 9 x 18 **U 1150:** 10,5 - 20 /10 PR Gelände/Straße, 4fach, Scheibenrad 9 x 20

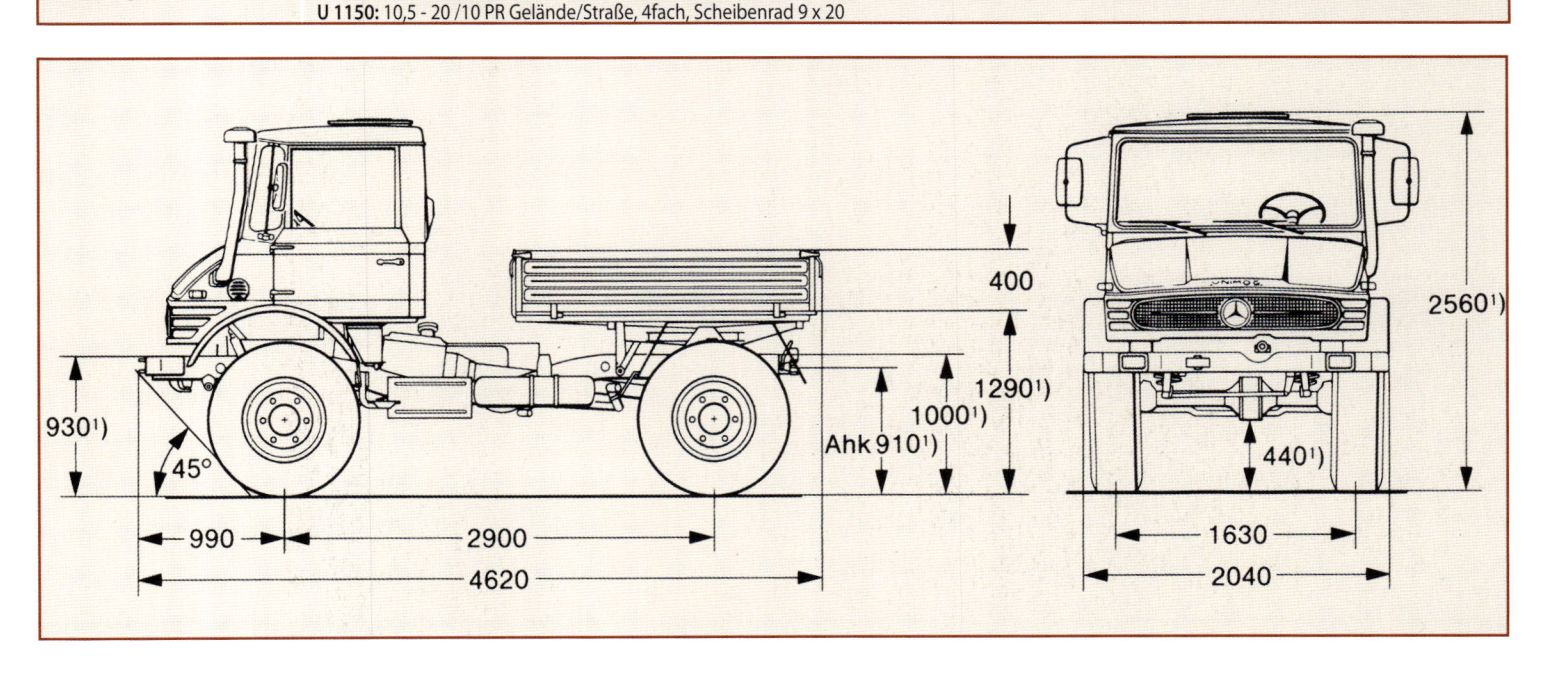

Preise / Grundausführung Unimog U 800 / U 900 BR 417 (MBU) 6/1989

Listenpreis U 800 (BM 417.100)		70.520,--	Listenpreis U 900 (BM 417.101)		81.020,--
					(in DM ohne MWST)
Gesetzlich vorgeschr. Lieferumfang			**Gesetzlich vorgeschr. Lieferumfang**		
B65	Schalter für 3. Bremse	78,--	B65	Schalter für 3. Bremse	78,--
J20	Tachograf EC, 1 Fahrer	470,--	J20	Tachograf EC, 1 Fahrer	470,--
L20	Rückfahrscheinwerfer	160,--	L20	Rückfahrscheinwerfer	160,--
S35	Scheibenwaschanlage	125,--	S35	Scheibenwaschanlage	125,--
S50	Verbandskasten mit Halter	95,--	S50	Verbandskasten mit Halter	95,--
Y25	Unterlegkeil mit Halter	65,--	Y25	Unterlegkeil mit Halter	65,--
Y46	Warndreieck und Warnleuchte	95,--	Y46	Warndreieck und Warnleuchte	95,--

Motor	**U 800** MB-4-Zylinder-Diesel-Direkteinspritzmotor, Typ OM 314, 75 PS (55 kW) bei 2.600/min,
	U 900 MB-6-Zylinder-Diesel-Direkteinspritzmotor, Typ OM 352, 84 PS (62 kW) bei 2.550/min, wassergekühlt, Ansaugkamin, Trockenluftfilter mit elektr. Wartungsanzeige, Startpilot, Bosch-Einspritzausrüstung, mech. Drehzahlregler Bosch RSV, Betriebsstundenzähler, Anlasser, Vorglühelektronik, Drucklufterzeugungsanlage mit Reifenfüllventil und Reifenfüllschlauch, Anlaßsperre, Kühlerfrostschutzmittel bis -40° C, Siebkorb, Tankinhalt 90 L.
Elektrik	Drehstromlichtmasch. 14 V/55 A (770 Watt), Batterie 12 V/120 Ah, Anh.steckdose 7-polig
Getriebe	DB-Vollsynchrongetr. mit 8 Vor- und 4 Rückwärtsgängen, Einscheiben-Trockenkupplung
Antrieb	Allradantrieb mit Differenzialsperren in beiden Achsen, während der Fahrt pneumatisch zu- und abschaltbar, Portalachsen mit Radvorgelegen
Federung	4 Schraubenfedern, hinten mit Zusatzfedern, Teleskopstoßdämpfer vorn und hinten
Lenkung	ZF-Kugelmutter-Hydrolenkung
Bremse	Hydraulische Betriebsbremse mit Druckluftunterstützung, Scheibenbremse zweikreisig, automatisch lastabhängige Bremse, mechanische Hinterrad-Handbremse, asbestfrei
Anhängekupplung	Selbsttät., gef. Anhängekupplung hi, Stützlast 1.200 kg, Anhängemaul vorn, Steckbolzen
Fahrerhaus	Ganzstahlfahrerhaus, hochstellbar, Dachentlüftungsklappe groß, durch Kurbeln betätigte Türfenster, Heizungs- und Belüftungsanlage, 2 Sitze, Fahrersitz verstellbar, Windschutzscheibe Verbundglas, Scheibenwaschanlage zweistufig, Intervallscheibenwischer, Scheinwerfer H4, Fahrtrichtungsanzeiger, Brems- und Schlußleuchten, 2. Auftritt
Armaturen	Kombiinstrument mit Öldruckanzeiger, Fernthermometer, Kraftstoffanzeige, Doppeldruckmesser (Brems- und Luftdruck); Kontrollanzeige u.a. für Allrad und Differenzialsperren, Warnblinkanlage.
Zubehör	Werkzeug, Wagenheber, Unterlegkeil
Lackierung	Currygelb/DB 1600, ambragelb/DB 1624, grün/DB 6277, saftgrün/DB 6821, grau/DB 7187, tieforange/DB 2603
Bereifung	10,5 - 20 /10 PR Gelände/Straße, 4fach, Scheibenrad 9 x 20

Empfohlene Lieferausführungen Unimog U 1100 T BR 417 Stand 1/1990

Ausführung Triebkopf		**U 1100 T**			
Leergewicht		ca. 2.380 kg			
			R24	2 Scheibenräder 11x20 für Bereifung 12,5-20	
J20	Tachograf EC, 1 Fahrer		S05	Fahrersitz hydraulisch	
K12	Hydraulik 2-zellig		S50	Verbandskasten mit Halter	
M22	Motorbremse		Y46	Warndreieck und Warnleuchte	

Fahrerhaus	Ganzstahlfahrerhaus LBG-geprüft, hochstellbar, vierpunktgelagert, 2-sitzig
Türen und Fenster	2 seitliche Türen mit Sicherheitsschloss (Einschlüsselsystem für Tür und Lenkrad, 2 Kurbelfenster, Verbundglas-Windschutzscheibe
Fahrer- und Beifahrersitz	stahlgefederter, gepolsterter Fahrersitz, höhen- und längsverstellbar, neigungseinstellbare Rückenlehne, Beifahrersitz wie Fahrersitz, jedoch nicht höhenverstellbar
Ausstattung	Sonnenblende für Fahrer, 2 klappbare Außenrückspiegel, Scheibenwischer
Heizung und Belüftung	Warmwasserheizung mit Gebläsemotor und Entfrosterdüsen für Windschutzscheibe, große Dachentlüftungsklappe
Motorhaube	hochstell- und abnehmbar
Armaturen	Kombiinstrument mit Öldruckanzeiger, Fernthermometer, Kraftstoffanzeiger, Doppeldruckmesser (Brems- und Luftdruck); Kontrollleuchten u.a. für Batterieladekontrolle, Allradantrieb, Differenzialsperren, Feststellbremse Lösekontrolle, Bremsflüssigkeitskontrollleuchte. Lenksäulenschalter mit Hupenkontakt, Blinker, Fern- und Abblendlicht; Instrumentenbeleuchtung
Beleuchtung	2 Halogenscheinwerfer 60/55 W, Standlicht, 2 Fahrtrichtungsanzeiger mit Begrenzungsleuchten kombiniert; Warnblinkanlage

ALLE MODELLE SEIT 1946

Empfohlene Lieferausführungen U 600 (LBU) Baureihe 407   Stand 1/1990

Ausführung Zugmaschine

Leergewicht		ca. 2.670 kg
tatsächliche Vorderachslast		ca. 1.710 kg
tatsächliche Hinterachslast		ca. 960 kg

A11	Achsübersetzung schnell
B42	Anhängerbremsanlage Zweileitung
B65	Schalter für 3. Bremse
B71	Frostschützer für Druckluftanlage
C50	Hydrolenkung
L20	Rückfahrscheinwerfer
L50	Rundumkennleuchte links, Halogen gelb
M03	Motorleistung 60 PS (44 kW)
P15	Pritsche 1.750 x 1.600 x 400 mm
Q06	Anhängekupplung selbsttätig, mit gr. Maul
R17	Scheibenräder 9 x 20
S05	Fahrersitz hydraulisch
S35	Scheibenwaschanlage
S50	Verbandskasten mit Halter
Y46	Warndreieck und Warnleuchte

Ausführung Kommunal

Leergewicht		ca. 2.950 kg
tatsächliche Vorderachslast		ca. 1.900 kg
tatsächliche Hinterachslast		ca. 1.050 kg

B45	Anhängerbremsanlage Ein- und Zweileitung
C25	Teleskopstoßdämpfer verstärkt
C50	Hydrolenkung
G11	Vorschaltgetr. m. Zwischen- u. Kriechgängen
G45	Doppelkupplung
K12	Hydraulikanlage 2-zellig
K43	Kippzylinder
K51	Hydr. Steckeranlschl. hi, 2fach m. sep. Rückl.
K75	Hydr. Steckeranschluss vorn 4-fach
K79	Separate Rücklaufleitung vorn
L47	Zusatzscheinwerfer für Frontanbaugeräte
L51	Rundumkennleuchten li u. re, gelb mit Stativ
N07	Motorzapfwellenantrieb umschaltbar
N20	Zapfwelle vorn 1 3/8", Keilwellenprofil
N30	Zapfwelle hinten 1 3/8", Keilwellenprofil
P16	Pritsche 1.750 x 1.600 x 400 mm
Q04	Anhängekupplung selbsttätig, mit kl. Maul
R19	4 Scheibenräder 9 x 20 / schmale Ausführung
S05	Fahrersitz hydraulisch
S35	Scheibenwaschanlage
S48	Rückwandfenster schiebbar
S50	Verbandskasten mit Halter
X70	Warnstreifen rot/weiß fluoreszierend u. reflekt.
Y25	Unterlegkeil mit Halterung
Y46	Warndreieck und Warnleuchte
Y64	Unterbodenschutz

Ausführung Agrar

Leergewicht		ca. 3.330 kg
tatsächliche Vorderachslast		ca. 2.050 kg
tatsächliche Hinterachslast		ca. 1.280 kg

B45	Anhängerbremsanlage Ein- und Zweileitung
B71	Frostschützer für Druckluftanlage
C20	Hinterfedern verstärkt
C25	Teleskopstoßdämpfer verstärkt
C50	Hydrolenkung
C51	Tank verschließbar
C71	Schutzplatte vorn
E62	Radio mit Casettengerät
G11	Vorschaltgetr. m. Zwischen- u. Kriechgängen
G45	Doppelkupplung
J20	Tachograf EC
J32	Motor-Drehzahlmesser
J48	Warnleuchte für Teleskopzylinder
K13	Hydraulikanlage 3-zellig
K32	Heckkraftheber mit Steckeranschluss 2-fach
K43	Kippzylinder
K53	Hydr. Steckeranschl. hinten 2-fach
K59	Sep. Rücklaufleitung hinten
K75	Hydr. Steckeranschluss vorn 4-fach
K79	Separate Rücklaufleitung vorn
L20	Rückfahrscheinwerfer
L47	Zusatzscheinwerfer für Frontanbaugeräte
N07	Motorzapfwellenantrieb umschaltbar
N20	Zapfwelle vorn 1 3/8", Keilwellenprofil
N30	Zapfwelle hinten 1 3/8", Keilwellenprofil
N60	Zapfwellenverlagerungsgetriebe
P15	Pritsche 1.750 x 1.600 x 400 mm
Q01	Anhängekupplung, selbsttätig
Q42	Dreipunktgestänge Kat. II
R13	4 Scheibenräder 11 x 18
S21	3-Punkt-Automatk-Sicherheitsgurte
S35	Scheibenwaschanlage
S45	Sonnenblende Beifahrer
S48	Rückwandfenster schiebbar
S50	Verbandskasten mit Halter
Y40	Wagenheber hydraulisch
Y46	Warndreieck und Warnleuchte

Ausführung Forst

B71	Frostschützer für Druckluftanlage
C20	Hinterfedern verstärkt
C50	Hydrolenkung
D16	Schutzplatte vorn ohne Anbaupunkte
K12	Hydraulikanlage 2-zellig
K51	Hydr. Steckeranlschl. hi, 2fach m. sep. Rückl.
L30	Steinschlagschutzgitter für Scheinwerfer
N03	Sonderabtrieb
P10	Pritsche 1.475 x 1.500 x 380, Spinne, Kotflügel
R17	4 Scheibenräder 10,5-20 / Spurw. 1.490 mm
Y64	Unterbodenschutz
Z13	Sonderteile Forst

Empfohlene Lieferausführungen Unimog U 650 / 650 L BR 407   1/1990

Ausführung Kommunal U 650

Leergewicht	ca. 3.050 kg
tatsächliche Vorderachslast	ca. 1.950 kg
tatsächliche Hinterachslast	ca. 1.100 kg

B45	Anhängerbremsanlage Ein- und Zweileitung
C25	Teleskopstoßdämpfer verstärkt
C50	Hydrolenkung
G11	Vorschaltgetr. m. Zwischen- u. Kriechgängen
G45	Doppelkupplung
K12	Hydraulikanlage 2-zellig
K43	Kippzylinder
K51	Hydr. Steckeranlschl. hi, 2fach m. sep. Rückl.
K75	Hydr. Steckeranschluss vorn 4-fach
K79	Separate Rücklaufleitung vorn
L47	Zusatzscheinwerfer für Frontanbaugeräte
L51	Rundumkennleuchten li u. re, gelb mit Stativ
N07	Motorzapfwellenantrieb umschaltbar
N20	Zapfwelle vorn 1 3/8", Keilwellenprofil
N30	Zapfwelle hinten 1 3/8", Keilwellenprofil
P19	Pritsche 1.950 x 1.600 x 400 mm
Q01	Anhängekupplung selbsttätig
R19	4 Scheibenräder 9 x 20 / schmale Ausführung
S05	Fahrersitz hydraulisch
S35	Scheibenwaschanlage
S48	Rückwandfenster schiebbar
S50	Verbandskasten mit Halter
X70	Warnstreifen rot/weiß fluoreszierend u. reflekt.
Y25	Unterlegkeil mit Halterung
Y46	Warndreieck und Warnleuchte
Y64	Unterbodenschutz

Ausführung Fahrgestell U 650 L

Leergewicht	ca. 2.360 kg
tatsächliche Vorderachslast	ca. 1.670 kg
tatsächliche Hinterachslast	ca. 690 kg

C50	Hydrolenkung
D10	Anbaubeschläge vorn
D35	Seilwindenhalter für Frontseilwinden
J79	Warnblinkanlage
L50	Rundumkennleuchte links, gelb, mit Stativ
N03	Sonderabtrieb für Getriebezapfwelle 540/min
N20	Zapfwelle vorn 1 3/8"
S35	Scheibenwaschanlage

Ausführung Lkw U 650 L

Leergewicht	ca. 2.640 kg
tatsächliche Vorderachslast	ca. 1.640 kg
tatsächliche Hinterachslast	ca. 1.000 kg

C25	Teleskopstoßdämpfer verstärkt
C70	Siebkorb für Kraftstofftank
D17	Schutzplatte vorn
P25	Pritsche 2.500 x 1.600 mit Stahlwannenboden
Y64	Unterbodenschutz

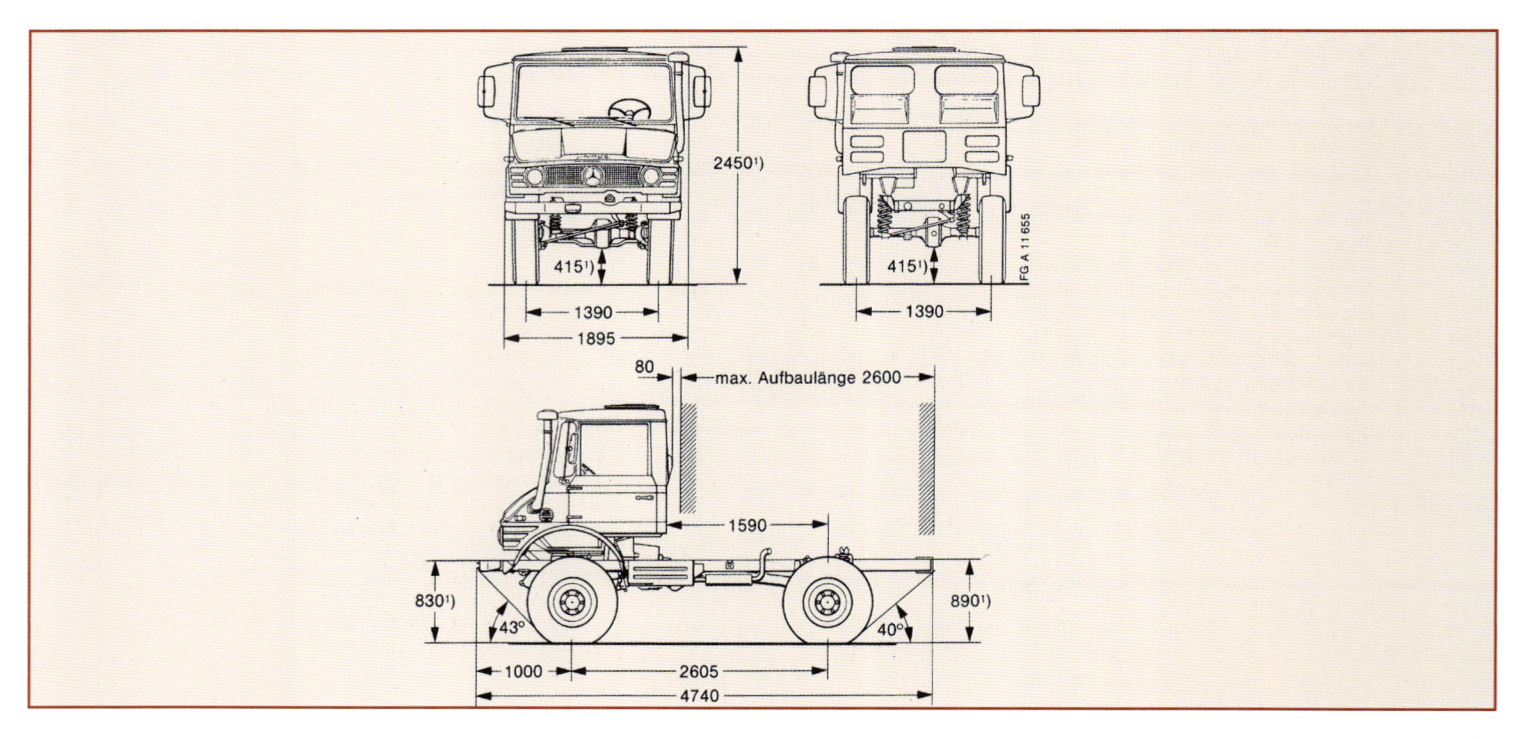

ALLE MODELLE SEIT 1946

Empfohlene Lieferausführungen Unimog U 900 Baureihe 417 Stand 1/1990

Ausführung Fahrgestell
Leergewicht	ca. 3.100 kg
tatsächliche Vorderachslast	ca. 2.200 kg
tatsächliche Hinterachslast	ca. 900 kg

C28	Stabilisator Hinterachse Hydraulikanlage 202
J20	Tachograf EC
N11	Sonderabtrieb für Getriebezapfwelle 540/1.000
R24	4 Scheibenräder 11x20 für Bereifung 12,5-20
S35	Scheibenwaschanlage
S50	Verbandskasten mit Halter
U41	Kotflügel hinten rund
Y46	Warndreieck und Warnleuchte

Ausführung Zugmaschine
Leergewicht	ca. 3.480 kg
tatsächliche Vorderachslast	ca. 2.270 kg
tatsächliche Hinterachslast	ca. 1.210 kg

B45	Anhängerbremsanlage Ein- und Zweileitung
B65	Schalter für 3. Bremse
C15	Vorderfedern verstärkt
C28	Stabilisator Hinterachse
D10	Anbaubeschläge vorn
D18	Staubschutzblech vorn Hydraulikanlage 240
J20	Tachograf EC
M19	Anlaßsperre
M32	Luftpresser zusätzlich
P17	Pritsche 1.910 x 1.890 x 400 mm
Q15	Anhängekupplung mit großem Maul
R24	4 Scheibenräder 11x20 für Bereifung 12,5-20
S05	Fahrersitz hydraulisch
S35	Scheibenwaschanlage
S50	Verbandskasten mit Halter
Y46	Warndreieck und Warnleuchte

Ausführung Agrar
Leergewicht	ca. 3.760 kg
tatsächliche Vorderachslast	ca. 2.260 kg
tatsächliche Hinterachslast	ca. 1.500 kg

C28	Stabilisator Hinterachse
D10	Anbaubeschläge vorn
D17	Schutzplatte vorn
D50	Anbaubeschläge hinten
G10	Vorschaltgetriebe mit Zwischengängen
G45	Doppelkupplung
J32	Motor-Drehzahlmesser
M19	Anlaßsperre
N07	Sonderabtrieb für Motorzapfwelle 540/1.000/min
N37	Zapfwelle hinten 1 3/4" mit Mittelabtrieb
P17	Pritsche 1.910 x 1.890 x 400 mm
P70	Stahlboden für Pritsche
Q01	Anhängekupplung, selbsttätig
Q40	Dreipunktgestänge Kat. II
Q47	Schnellkuppler Walterscheid f. Heckkraftheber
R25	4 Scheibenräder 11x20 für Bereifung 14,5-20
S05	Fahrersitz hydraulisch
S35	Scheibenwaschanlage
S45	Sonnenblende Beifahrer
S50	Verbandskasten mit Halter
Y25	Unterlegkeil mit Halterung
Y46	Warndreieck und Warnleuchte
Y64	Unterbodenschutz

Empfohlene Lieferausführungen Unimog U 1150 BR 417 Stand 1/1990

Ausführung Fahrgestell
Leergewicht	ca. 3.140 kg
tatsächliche Vorderachslast	ca. 2.220 kg
tatsächliche Hinterachslast	ca. 920 kg

C28	Stabilisator Hinterachse Hydraulikanlage 202
J20	Tachograf EC
N11	Sonderabtrieb für Getriebezapfwelle 540/1.000
R24	4 Scheibenräder 11x20 für Bereifung 12,5-20
S35	Scheibenwaschanlage
S50	Verbandskasten mit Halter
U41	Kotflügel hinten rund
Y46	Warndreieck und Warnleuchte

Ausführung Zugmaschine
Leergewicht	ca. 3.530 kg
tatsächliche Vorderachslast	ca. 2.300 kg
tatsächliche Hinterachslast	ca. 1.230 kg

B45	Anhängerbremsanlage Ein- und Zweileitung
B65	Schalter für 3. Bremse
C15	Vorderfedern verstärkt
C28	Stabilisator Hinterachse
D10	Anbaubeschläge vorn
D18	Staubschutzblech vorn Hydraulikanlage 240
J20	Tachograf EC
M19	Anlaßsperre
M32	Luftpresser zusätzlich
P17	Pritsche 1.910 x 1.890 x 400 mm
Q15	Anhängekupplung mit großem Maul
R24	4 Scheibenräder 11x20 für Bereifung 12,5-20
S05	Fahrersitz hydraulisch
S35	Scheibenwaschanlage
S50	Verbandskasten mit Halter
Y46	Warndreieck und Warnleuchte

Produktion Unimog 407 / 417 (1988-1993)							
	1988	1989	1990	1991	1992	1993	Gesamt
407							
407.100	169	127	114	110	65	3	588
407.110	16	16	29	38	44	2	145
407.111	18	9	3	4	20	2	56
Gesamt	203	152	146	152	129	7	789
417							
417.000	9	25	20	19	19	4	96
417.100	17	40	10				67
417.101	244	259	235	374	201	18	1.331
417.106			9	12	7		28
417.110	22	41	23	27	21	9	143
417.111	21	52	10	53	87	10	233
417.115			2	4	4	1	11
417.116				2	2	2	6
417.120		45	12	10	59		126
417.201		7	10	4	7		28
417.210	4	20	43	1	6		74
417.211		3	19	64	1		87
417.212		4	0	1	0	1	6
417.220			8	9	22		39
Gesamt	317	496	401	580	436	45	2.275

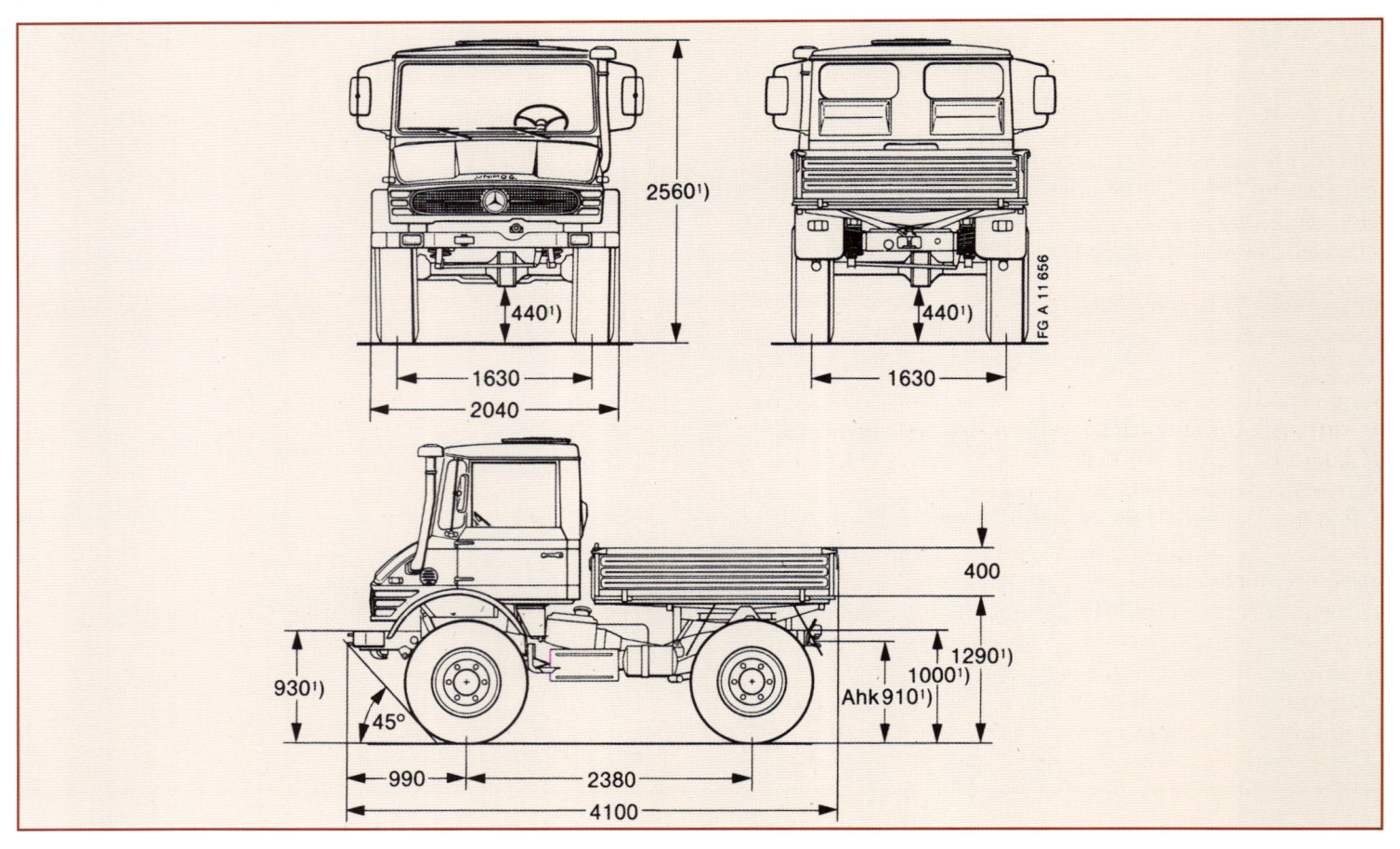

ALLE MODELLE SEIT 1946

Unimog U 1000 Baureihe 427 (1988–1993)
Unimog U 1200 Baureihe 427 (1988–1994)
Unimog U 1200 T / U 1400 T Baureihe 427 (1988–2001)
Unimog U 1250 Baureihe 427 (1988–1994)
Unimog U 1250 L / U 1450 L Baureihe 427 (1988–2001)
Unimog U 1400 Baureihe 427 (1988–2002)
Unimog U 1450 Baureihe 427 (1988–2002)
Unimog U 1600 Baureihe 427 (1988–2002)
Unimog U 1650 Baureihe 427 (1988–2002)
Unimog U 1650 L Baureihe 427 (1988–2002)

Mit der »Schweren« (SBU-)Baureihe 427, die den Markt nach oben abrundete, setzte Daimler-Benz seine mit der »Leichten« und »Mittleren« Baureihe eingeschlagene Neuordnung des Unimog-Programms für die kommenden 1990er-Jahre konsequent fort. Äußerlich blieb sie gegenüber den 1976 erschienenen »Schweren« Baureihen 424 und 425 fast unverändert, doch unter der Motorhaube tat sich viel Neues: So wurde die Motorenbaureihe OM 352 (Hubraum 5675 cm^3) durch den modernen, neu entwickelten Direkteinspritzer-Dieselmotor OM 366 mit einem Hubraum von 5958 cm^3 ersetzt. Die leistungsstarken Dieselaggregate gab es wahlweise auch mit Abgasturbolader und ab 1992 sogar mit Ladeluftkühlung und mit bis zu 214 PS Leistung.

Ziel war eine Geräuschreduzierung durch das Absenken der Nenndrehzahl auf 2400 U/min im max. Leistungsbereich, höhere Wirtschaftlichkeit durch das neue Ansaugsystem mit Nachladesaugrohr und bessere Kraftstoff-Verbrauchswerte durch die neue Motorcharakteristik dank Drehzahlreduzierung. Niedrigere und umweltfreundlichere Emissionswerte durch verbesserte Verbrennung und geringeren spezifischen Kraftstoffverbrauch sowie eine höhere konstante Zugkraft und ein optimierter Drehmomentverlauf im wirtschaftlichsten Betriebszustand komplettierten die Neuerungen des Typs OM 366 der modernen Direkteinspritzer-Dieselmotoren-Baureihe 300.

Die Baureihe 427 löste 1988 die Baureihe 424 ab und präsentierte sich von Anfang an mit einer großen Zahl von Baumuster-Varianten im Leistungsbereich von 102 bis 214 PS. Man bot den Unimog 427 in den Fahrzeug-Gattungen als Zug- und Arbeitsmaschine mit kurzem und mit langem Radstand, als hochge-

U 1200 Zweiwegefahrzeug mit Teleskopsteiger.

Das gleiche Fahrzeug beim Aufgleisen.

Unimog-Verbund im Wegebau und Umweltschutz: U 1250 mit Doppstadt-Komposteraufbau.

U 1200 T Triebkopf als Muldenkipper.

U 1200 T / 1400 T Triebkopf als Sattelzugmaschine.

ländegängige Fahrzeuge und als Triebköpfe für die Montage unterschiedlichster Ansätze und Sonderaufbauten für tausendundeinen Zweck an.

Mit einer Leistung von 102 PS (75 kW) war der U 1000 (BM 427.100) das kleinste Modell der Baureihe 427, das auch über das Jahr 1992 hinaus mit leichten Modifikationen bis 1993 mit insgesamt 703 Exemplaren weiterproduziert wurde. Er war 1989 mit DM 86.860,– in seiner Grundausführung auch die preiswerteste Variante innerhalb der großen 427er-Familie.

Als Zug- und Arbeitsmaschine mit kurzem Radstand von 2650 mm gab es ab 1988 die Baumuster U 1200 (BM 427.101) mit einer Leistung von 125 PS (92 kW), den U 1400 (BM 427.102) mit 136 PS (100 kW), den U 1600 (BM 427.105) mit 156 PS (115 kW) und ab 1992 den U 1600 (214) (BM 427.107), dessen Sechszylinder-Turbo-Diesel mit Ladeluftkühlung, Typ OM 366 LA, es auf eine Leistung von 214 PS (157 kW) brachte. Mit dem Radstand von 3250 mm waren die als Zug- und Arbeitsmaschinen, langer Radstand, geführten Baumuster U 1250 (BM 427.110), U 1450 (BM 427.112), U 1650 (BM 427.115) und ab 1992 U 1650 (214) (BM 427.117) ebenso im Angebot wie die hochgeländegängigen Fahrzeuge U 1250 L / U 1450 L (BM 427.111), U 1650 L (BM 427.116) und ab 1992 U 1650 L (214) (BM 427.118). Die Triebkopf-Vari-

ALLE MODELLE SEIT 1946

Unimog U 1000 als Allrad-Zugmaschine vor schwerer Last.

anten U 1200 T und U 1400 T (BM 427.000) ergänzten das Unimog-Programm der Baureihe 427 ab 1988.

Gab es den Unimog in seinen »Gründerjahren« meist nur in grüner Standard-Lackierung, so kam im Laufe der Jahre Farbe ins Spiel. 1988 wurde die Unimog-Baureihe 427 zum Beispiel in sechs verschiedenen Serien- und weiteren Sonderlackierungen angeboten. Die Farbpalette reichte von Currygelb (DB 1600) über Ambragelb (DB 1624), Grün (DB 6277), Saftgrün (DB 6821) und Grau (DB 7187) bis Tieforange (DB 2603), dabei avancierte die Farbe Gelborange mit der RAL-Nr. 2000 zum unangefochtenen Spitzenreiter, die als Standard-Lackierung dem Unimog im Kommunal-Einsatz von Anfang an ihren weit sichtbaren Stempel aufdrückte.

Mit ihrem kurzen Radstand von 2650 mm überzeugten die kompakten Unimog-Versionen U 1200 / U 1400 und U 1600 besonders als wendige Allrad-Arbeitsmaschinen im Kommunal-Einsatz. In den Sommermonaten gehörte das Mähen zu den Hauptaufgaben des Unimog, wobei durch das ausgeklügelte Schnellwechselsystem auch jedes andere Anbaugerät in kurzer Zeit montiert werden konnte, falls das Trägerfahrzeug für einen anderen Zweck benötigt wurde. Vorteile, die dem Unimog ein großes Spektrum an Einsatzmöglichkeiten im kommunalen Bereich verschafften.

Der größte Anteil am Winterdienst entfiel schon immer auf die Schneeräumung mit dem Pflug. Mit dem Unimog-Geräteverrie-

Unimog U 1000 mit Frontanbaugerät beim Mulchen.

Unimog U 1000 beim Kompostieren.

Unimog U 1200 Allradmaschine für Gewerbe, Industrie und öffentlichen Dienst.

gelungssystem ließen sich selbst so große Frontanbaugeräte wie Schneepflüge oder Schneefräsen schnell im Einmannbetrieb aufnehmen und sicher auch durch die engsten Gassen im Innenstadtbereich manövrieren. Wurde z. B. ein Silostreuer auf der Pritsche mitgeführt, konnte dieser separat über den zweiten Hydraulik-Kreis angetrieben werden. Der Winterdienst-Unimog konnte zusätzlich mit einem Fahrhydrostat ausgerüstet werden, der ein stufenloses Schalten vorwärts und rückwärts ermöglichte und die Wendigkeit, die Arbeitsgeschwindigkeit und damit auch die Flächenleistung der allradgetriebenen Arbeitsmaschine nochmals beträchtlich erhöhte.

Als wirtschaftliche Arbeitsmaschine war der Unimog aus den Fuhrparks von Städten, Gemeinden und Straßenverwaltungen nicht mehr wegzudenken. Manche Aufgaben wie z. B. die Straßenreinigung ließen sich selbst in Wohngebieten schon in den frühen Morgenstunden oder sogar nachts erledigen. Speziell hierfür war für die Unimog-Baureihe 427 und 437 ein Geräuschdämmpaket entwickelt worden, mit dem das Geräuschniveau auf 78 dB(A) reduziert werden konnte.

Der Wandel in der Agrarwirtschaft zwang zum kombinierten Landwirtschafts- und Kommunaleinsatz. Mehrfachnutzung stand nun im Vordergrund. Ihre Leistungsfähigkeit als Allrad-Geräteträger zeigte die Baureihe 427 dank Terrabereifung nicht nur im Winter, sondern auch in Frühjahr, Sommer und Herbst, wenn es um den pflanzen- und bodenschonenden Einsatz ging. Die automatisch lastabhängige Lageregelung der terramatic-Regelhydraulik sorgte dafür, dass der Streuscheibenabstand zum Boden stets gleich blieb. Die Baureihe 427 gab es auch mit der Reifendruck-Regelanlage »tirecontrol«, die über ein Display direkt vom Fahrerhaus aus steuerbar war. Mit ihr konnte der Druck in allen vier Reifen gleichzeitig entweder für die bodenschonende Feldbearbeitung abgesenkt oder für Transportfahrten auf der Straße wieder erhöht werden, ohne dass der Fahrer dazu anhalten musste.

Der lange Radstand (3250 mm) der Baumuster U 1250 / U 1450 / U 1650 ließ viel Raum für eine große Ladepritsche. Als Fahrgestell eigneten sich diese Versionen besonders für Schnellwechsel-Kehrmaschinen. Mit einer Hinterachs-Zusatzlenkung ausgestattet, wurde der Unimog zum Allradlenker. So war es dem Kommunal-Unimog möglich, enge Kurven in verkehrsbe-

ALLE MODELLE SEIT 1946

ruhigter Ortslage und jede Art von Hindernissen problemlos zu bewältigen. Zusätzlich zu den umweltfreundlichen LEV-Motoren stand auf Wunsch auch der Vollstrom-Partikelfilter mit thermischer Regeneration zur Verfügung, mit dem die Abgaswerte noch weiter reduziert werden konnten.

Der U 1200 T und der U 1400 T (er löste 1994 den U 1200 T ab) waren die Triebkopf-Versionen der Baureihe 427, die als Basis für maßgeschneiderte Problemlösungen zur wirtschaftlichen Bewältigung der vielfältigsten Transportaufgaben unentbehrlich geworden waren. Sei es beim innerbetrieblichen Transport von Schwerlasten, als 6x4- oder 6x6-geländegängiges Sonderfahrzeug mit besonders hohen Nutzlasten oder als Spezialfahrzeug für den Einsatz unter Tage. Serienmäßig mit Antriebsflansch für den Hinterachsantrieb ausgestattet, konnte der Unimog-Triebkopf zur wendigen und schnellen 4x4-Sattelzugmaschine umgerüstet werden. Mit hydraulischer, höhenverstellbarer Sattelkupplung und Aufliegerlasten bis 20 Tonnen wurde der Unimog als Sattelzugmaschine bei Transportaufgaben in Containerterminals im Ro-Ro-Verkehr weltweit eingesetzt.

Mit einer Zweiweg-Schienenführungseinrichtung ausgerüstet, konnte der Unimog für die verschiedensten Wartungs- und Instandsetzungsarbeiten an und auf den Schienen eingesetzt werden. Sein Allradantrieb und die Schnellfahreigenschaft bis nahezu 80 km/h ermöglichen es dem Unimog in seinen hochgeländegängigen Versionen als U 1250 L / U 1450 L / U 1650 L, sowohl auf der Straße als auch quer durch das Gelände den in vielen Fällen abseits aller Wege gelegenen Einsatzort schnell zu erreichen und dort auf die Schienen zu rollen. Die Zweiweg-Einrichtung mit ihrer absenkbaren Schienenführung ist jedoch für den Unimog unabdingbare Voraussetzung, um sich dann auch auf den Schienen fortzubewegen. Und müssen die Arbeiten am und auf dem Gleis wegen des fahrplanmäßigen Zugverkehrs unterbrochen werden, macht der Unimog in Minutenschnelle die Schienen wieder frei. Zur Optimierung des Antriebstranges konnte der hochgeländegängige Unimog mit einer Wandlerschaltkupplung (WSK) ausgerüstet werden.

Im Zuge kontinuierlicher Modernisierungsmaßnahmen zeichnete sich auch die Baureihe 427 u. a. durch eine geräumige, pra-

U 1250 als Zug- und Arbeitsmaschine mit langem Radstand von 3250 mm für Gewerbe, Industrie und öffentlichen Dienst.

Hauptsächlich für Behörden, gab es den Unimog U 1200 auch in weißer Lackierung.

Unimog U 1200 Allradmaschine für die Landwirtschaft.

xisgerecht gestaltete Fahrerkabine aus. Die zweisitzige Kabine war dreipunktgelagert und schallgedämpft, besaß große Fenster und eine zweckmäßige, arbeitsgerechte Grundausstattung. Dazu gehörten auch Heizung, Lüftung und komfortable Sitze. Für Wartungsarbeiten konnte das Fahrerhaus hochgestellt werden. Es war auf Wunsch mit drei Sitzen oder als Doppelkabine mit Platz für sieben Personen lieferbar. Unter der klappbaren Rücksitzbank der Doppelkabine befanden sich drei Staukästen, in denen Werkzeug und sonstiges Ausrüstungsmaterial mitgenommen werden konnte. Überhaupt war der Arbeitsplatz des Fahrers nach neuesten ergonomischen Erkenntnissen gestaltet worden. So stand zwischen Sitz und Lenkrad viel Raum zur Verfügung. Die Instrumententafel, in bewährter Durchlichttechnik gestaltet, zeichnete sich durch eine übersichtliche Anordnung der Kontrollleuchten aus.

Für spezielle Einsätze in biologisch sensiblen Bereichen wie z. B. in der Wasserwirtschaft konnte Anfang der 90er-Jahre der Unimog mit Rapsölmethylester (RME) im Kraftstofftank und Bio-Ölen in der Hydraulikanlage betrieben werden, ohne dass hierzu Umbauarbeiten am Fahrzeug erforderlich geworden wären. Vorteil für die Umwelt: Das in den Abgasen enthaltene Kohlendioxid

ALLE MODELLE SEIT 1946

Kommunal-Unimog U 1200 beim Grabenräumen mit Mähkorb.

Unimog U 1200 im Kommunaleinsatz mit Aufbau-Mulchgerät.

Unimog U 1400 mit Heckanbau-Böschungsmäher der Firma Schmidt.

wird von den Rapspflanzen zum Wachstum benötigt und wieder aufgenommen.

Anfang der 1990er-Jahre waren es die Japaner, die eine neue Entwicklung in der ohnehin vielfältigen Nutzungsmöglichkeit des Unimog einleiteten. Als Vorreiter einer Idee, die später auch bei uns aufgegriffen werden sollte, entstand in Japan der »Urban Unimog« als Stadt- und Freizeitmobil. Neben Repräsentationszwecken dienten diese Fahrzeuge auch zum Transport von allerlei Sportgeräten wie Wetbikes oder Motorrädern. Neben einer hochwertigen, Pkw-ähnlichen Innenausstattung ist es bei dem japanischen Freizeit-Urban-Unimog U 1400 vor allem die Verwendung von Chrom und Edelstahl für die Frontpartie und den mehrteiligen Rohrbügel hinter dem Fahrerhaus sowie die Metallic-Lackierung, die ihn von seinen arbeitenden Brüdern der normalen Serienversion unterscheidet.

In einer für die Bauwirtschaft schwierigen Zeit, in der mehr denn je rationalisiert und rentabel gearbeitet werden musste, festigte der Unimog als kostengünstiger Geräteträger und als Zugmaschine seine gute Stellung am Markt. Allein 25 Prozent der Unimog-Neuzulassungen in Deutschland entfielen Mitte der 1980er-Jahre auf die Bau- und Energiewirtschaft.

Unimog U 1400 in der Wasserwirtschaft mit Kabelverlegepflug im Heck- und Verfüllschnecke im Frontanbauraum.

Unimog U 1400 in der Landwirtschaft bei der Saatguteinbringung.

ALLE MODELLE SEIT 1946

Unimog U 1400 in der Landschaftspflege mit Anbaubagger.

Unimog U 1600 in der Landwirtschaft mit Feldspritze, zusammengefahren für den Abtransport.

Urban Unimog U 1400 in Japan.

Ein alpiner Klassiker: Unimog U 1600 mit Schneefräse.

Ein mobiler und schneller Bagger für alle Gelegenheiten: Unimog U 1600 mit Schaeff-Anbaubagger Typ AT 16.

ALLE MODELLE SEIT 1946

In Frankreich war die Waldbrandbekämpfung zum wichtigsten Marktsegment für den Unimog geworden. Für viele französische Fahrzeuge typisch waren der weißlackierte Überrollbügel und das Astschutzgestänge am Fahrerhaus, in das oftmals Spritzdüsen zum Selbstschutz gegen Hitzestrahlung eingebaut waren. Mit Allradantrieb, Differenzialsperren in beiden Achsen, Single-Bereifung, Reifendruckregelanlage und mit einer Hinterachs-Zusatzlenkung ausgestattet, kam die besondere Geländegängigkeit des Unimog U 1650 L nicht nur in der engen Innenstadt, sondern vor allem auch im Wald voll zur Geltung, wenn es über Wurzeln und Geäst, über Baumstümpfe und über sandige Bodenverhältnisse zum Einsatzort ging. Je nach Einsatzart bzw. Aufbaukonzept reichte die Tankkapazität von 1000 bis 6000 Liter, die Pumpenleistung betrug 1500 L/min bei 15 bar.

Die 427er-Varianten U 1600, U 1650 und U 1650 L profitierten von der stärker motorisierten Baureihe 437, denn ab 1992 erhielten sie die Sechszylinder-Turbolader-Version mit Ladeluftkühlung (OM 366 LA, BM 356.997) eingebaut, die die Leistung der Baureihe 427 auf 214 PS (157 kW) anhob. Mit dem Zusatz »(214)« in der Verkaufsbezeichnung wurde diese Leistungssteigerung sichtbar.

Der U 1650 mit Spureinrichtung und Ladekran. (Foto: Ralf Weinreich)

Im Unimog-Programm ihrer Zeit nahm die Baureihe 427 mit all ihren Modellvarianten eine dominierende Position ein. Bis 2002 in Produktion, entstanden von den 427ern insgesamt 16.401 Fahrzeuge, die mit dem U 1400 (BM 427.102) ein Spitzenmodell hatten, das es allein auf 5336 Exemplare brachte.

Der Unimog U 1250 zeichnet sich durch eine große Pritsche mit hoher Ladekapazität aus.

Der Unimog U 1250 L mit Doppelkabine, Werner-Fronthubseilwinde und mit Töpfer-Gelenksteiger.

Der Unimog U 1450 L mit Doppelkabine im Einsatz in der Energiewirtschaft.

ALLE MODELLE SEIT 1946

Unimog U 1250 L als Rangierlok mit Zweiwege-Schienenführungseinrichtung.

Den Unimog U 1650 als Zug- und Arbeitsmaschine mit langem Radstand gab es auch mit 214 PS.

Unimog U 1650 mit Schmidt-Kehrmaschinenaufsatz Typ SK 340 und Rechtslenkung. →

Saubere Lösung: Unimog U 1650 mit Doppstadt-Komposteraufbau Typ UK 1550.

Der Unimog U 1650 erfüllt vielfältige kommunale Aufgaben. Überall, hier bei der Kanalreinigung oder beim Kehren und Saugen.

ALLE MODELLE SEIT 1946

Programmübersicht Unimog Baureihe 427 (SBU)

Typ / Verkaufsbezeichnung	Baumuster	Motor Typ	Motor PS (kW)	Radstand	zulässiges Gesamtgewicht	Stückzahl	Bauzeit
U 1200 T/1400 T	427.000	OM 366 A	125/136 (92/100)	Triebkopf	7,5-8,5 t	176	01/1988 - 2001
U 1000	427.100	OM 366	102 (75)	2.650	7,5-8,5 t	703	01/1988 - 1993
U 1200	427.101	OM 366 A	125 (92)	2.650	7,5-8,5 t	2.063	01/1988 - 1994
U 1400	427.102	OM 366 A	136 (100)	2.650	7,5-8,5 t	5.336	01/1988 - 2002
U 1600	427.105	OM 366 A	156 (115)	2.650	10,0-10,5 t	2.274	01/1988 - 2002
U 1600 (214)	427.107	OM 366 LA	214 (157)	2.650	10,0-10,5 t	781	01/1992 - 2003
U 1250	427.110	OM 366 A	125 (92)	3.250	7,5-8,5 t	735	01/1988 - 1994
U 1250 L /1450 L	427.111	OM 366 A	125/136 (92/100)	3.250	7,5-8,5 t	539	01/1988 - 2001
U 1450	427.112	OM 366 A	136 (100)	3.250	7,5-8,5 t	1.545	01/1988 - 2002
U 1650	427.115	OM 366 A	156 (115)	3.250	10,0-10,5 t	1.623	01/1988 - 2002
U 1650 L	427.116	OM 366 A	156 (115)	3.250	10,0-10,5 t	150	01/1988 - 2000
U 1650 (214)	427.117	OM 366 LA	214 (157)	3.250	10,0-10,5 t	419	01/1992 - 2002
U 1650 L (214)	427.118	OM 366 LA	214 (157)	3.250	10,0-10,5 t	57	01/1992 - 2000

Fahrzeug-Gattungen Unimog Baureihe 427 (SBU)

Gattung	Zug- und Arbeitsmaschine kurzer Radstand	Zug- und Arbeitsmaschine langer Radstand	Hochgeländegängige Fahrzeuge	Triebkopf
Baumuster	U 1000 / U 1200 U 1400 / U 1600 U 1600 (214)	U 1250 / U 1450 U 1650 U 1650 (214)	U 1250 L / U 1450 L U 1650 L U 1650 L (214)	U 1200 T U 1400 T
Motor	OM 366 OM 366 A / LA	OM 366 A OM 366 LA	OM 366 A OM 366 LA	OM 366 A OM 366 LA
Radstand	kurz	lang	lang bis sehr lang	abh. vom Anbau
Rahmenüberhang v/h	kurz / kurz	kurz / kurz	kurz / lang	kurz / ----
An- und Aufbauräume	vorn / hinten / mitte zwischen d.Achsen	vorn / hinten / mitte zwischen d.Achsen	vorn / mitte	vorn / Anbaupunkte für Hinterwagen
Getriebe/Motorzapfwelle	vorn / mitte / hinten	vorn / mitte / hinten	vorn	vorn
Schnelle Nebenabtriebe	mitte	mitte	mitte	mitte
Kraftheber	vorn / hinten	vorn / hinten	vorn	vorn
Aufbau: Pritsche	kurz / kippbar	lang / kippbar	lang / fest	absenk- wechselb.
Fahrerhaus	Sicherheitskabine 2-3 Personen Sicherheitsdoppelkabine 5-7 Personen			
Einsatzgebiet	Zugmaschine Arbeitsmaschine Geräteträger	Zugmaschine Arbeitsmaschine Lkw / Geräteträger	Fahrgestell für: Werkstattkoffer Expedition/Feuerw. Sonderaufb. / Lkw	Niederflur-Schräghubwagen Absetzkipper Spezialfahrzeug

	Unimog U 1000 Baureihe 427 (SBU) 1988-1993 427.100	Unimog U 1200 Baureihe 427 (SBU) 1988-1994 427.101
	Zug- und Arbeitsmaschinen kurzer Radstand	
Motor		
Baumuster (BM)	366.915	366.949
Bauart	6-Zyl.-Diesel-Direkteinspritzer, OM 366	6-Zyl.-Diesel-Direkteinspr.Turbo, OM 366A
Bohrung x Hub	97,5 x 133 mm	97,5 x 133 mm
Hubraum	5.958 ccm	5.958 ccm
Leistung	102 PS (75 kW) bei 2.400/min	125 PS (92 kW) 2.400/min
Drehmoment	350 Nm bei 1.500-1.800/min	425 Nm bei 1.600-1.800/min
Verdichtung	17,25 : 1	16,5 : 1
Gemischbereitung	Bosch -Einspritzpumpe	
Kühlung	Wasserkühlung mit Pumpe und Thermostat (18 Liter)	
Luftfilter	Trockenluftfilter mit Sicherheitspatrone und elektr. Wartungsanzeige mit Zyklonvorabscheider	
Elektr. Anlage	Drehstromlichtmaschine 14 Volt 55 A, 770 Watt, Batterie 12 V / 120 Ah	
Kraftübertragung		
Antrieb	Allradantrieb, pneum. schaltbaren Differenzialsperren, Vorderachse zu- und abschaltbar	
Kupplung	hyd. Einscheiben-Trockenkupplung, asbestfrei	
	Druckpl. 310 mm, Anpressfläche 521 cm²	Druckpl. 330 mm, Anpressfläche 556,5 cm²
Getriebe	Vollsynchronisiertes MB 8-Gang-Schaltgetriebe mit integriertem Vorderradantrieb Alle Gänge sind auch rückwärts fahrbar. Typ UG 3/65 - 8/9,35 GPA	
Übersetzungen	9,35 I. 9,35 / II. 6,73 / III. 4,93 / IV. 3,62 V. 2,58 / VI. 1,86 / VII. 1,36 / VIII. 1,00	9,35 I. 9,35 / II. 6,73 / III. 4,93 / IV. 3,62 V. 2,58 / VI. 1,86 / VII. 1,36 / VIII. 1,00
Gesamt	5,31	5,31
Fahrwerk		
	Selbsttragende Ganzstahlkarosserie, Leiterrahmen aus U-Längsträgern mit Querträgern hochstellbares Ganzstahl-Fahrerhaus, vierpunktgelagert, 2sitzig	
Achsen/Federung v/h	Portalachsen mit Differenzialsperre, Radvorgelegen, Querlenker und Schubrohr Schraubenfedern und Teleskopstoßdämpfer	
Bremsen	Zweikreis-Scheibenbremsen, pneum. Fremdkraftbremsanl. mit hydr. Übertragung, ABL-Regelung, Druckluftbet. Federspeicher-Feststellbremse auf Hinterräder	
Zapfwellen	pneum. bet. lastschaltbare Motorzapfwelle vorn und hinten bei 540 und 1.000/min	
Hydraulik	Zahnradpumpe 50 Liter/min, Arbeitsdruck 200 bar, Ölvorrat 31 Liter	
Kraftheber v/h	Dreipunktgestänge Kat. II v/h, max. Hubkraft 18.000 N (Front) / 44.000 N (Heck)	
Drucklufterzeugung	Betriebsdruck 8 bar, Förderleistung 115 Liter/min bei 2.400/min	
Lenkung	hydraulische Servolenkung, Typ LS 3 B	
Räder	11 x 20	11 x 20
Bereifung	12,5 - / R 20	12,5 - / R 20
Allgemeine Daten		
Radstand	2.650 mm	2.650 mm
Spurweite v/h	1.660 mm	1.660 mm
Gesamtmaße	4.470 x 2.110 x 2.650 mm	4.470 x 2.110 x 2.650 mm
Bodenfreiheit/Diff.	440 mm	440 mm
Böschungswinkel v/h	45° / 57°	45° / 57°
Wattiefe	930	930
Pritschenfläche	1.950 x 1.890 x 400 mm	1.950 x 1.890 x 400 mm
Höchstgeschw.	90 km/h	90 km/h
kl. Wendekreis	12 Meter	12 Meter
Leergewicht	4.160 kg	4.210 kg
Nutzlast	3.300 kg	3.300 kg
zul. Gesamtgewicht	7.500 kg	7.500 kg
zul. Achslast v/h	4.000 kg	4.000 kg
zul. Anh.Last gebr.	24.000 kg	24.000 kg
Füllmenge Motor	14,5 Liter	14,5 Liter
Kraftstofftank	90 (130) Liter	90 (130) Liter

ALLE MODELLE SEIT 1946

Unimog U 1400 Baureihe 427 (SBU) 1988-2002 427.102	Unimog U 1600 Baureihe 427 (SBU) 1988-2002 427.105	Unimog U 1200 T / 1400 T Baureihe 427 (SBU) 1988-2001 427.000
Zug- und Arbeitsmaschinen kurzer Radstand		Triebkopf
366.947	366.948	366.949 / 366.947
Mercedes-Benz 6-Zyl.-Viertakt-Diesel-Direkteinspritzer mit Abgasturbolader, OM 366A		
97,5 x 133 mm	97,5 x 133 mm	97,5 x 133 mm
5.958 ccm	5.958 ccm	5.958 ccm
136 PS (100 kW) bei 2.400/min	156 PS (115 kW) 2.400/min	125/136 PS (92/100 kW) 2.400/min
470 Nm bei 1.600-1.800/min	530 Nm bei 1.500-1.600/min	425/470 Nm bei 1.600-1.800/min
16,5 : 1	16,5 : 1	16,5 : 1
Bosch -Einspritzpumpe		
Wasserkühlung mit Pumpe und Thermostat (18 Liter)		
Trockenluftfilter mit Zyklonvorabscheider, Sicherheitspatrone und elektr. Wartungsanzeige		
Drehstromlichtmaschine 14 Volt 55 A, 770 Watt, Batterie 12 V / 120 Ah		
Allradantrieb, pneum. schaltbaren Differenzialsperren, v. zu- und abschaltb.		Vorderradantrieb
hydr. Einscheiben-Trockenkupplung, asbestfrei		
Druckplatte 330 mm, Anpressfläche 556,5 cm²		
Vollsynchr. MB 8-Gang-Schaltgetriebe mit integriertem Vorderradantrieb		Antriebsmögl. für Hinterachse (Allrad)
Alle Gänge sind auch rückwärts fahrbar. Typ UG 3/65 - 8/9,35 GPA		Typ UG 3/65 - 8/13,01 GPA
9,35		9,35
I. 9,35 / II. 6,73 / III. 4,93 / IV. 3,62		I. 13,01 / II. 9,02 / III. 5,96 / IV. 4,38
V. 2,58 / VI. 1,86 / VII. 1,36 / VIII. 1,00		V. 2,97 / VI. 2,06 / VII. 1,36 / VIII. 1,00
5,31		5,31
Selbsttragende Ganzstahlkarosserie, Leiterrahmen aus U-Längsträgern mit Querträgern		
hochstellbares Ganzstahl-Fahrerhaus, vierpunktgelagert, 2sitzig		
Portalachsen mit Differenzialsperre, Radvorgelegen, Querlenker und Schubrohr		
Schraubenfedern und Teleskopstoßdämpfer		
Zweikreis-Scheibenbremsen, pneum. Fremdkraftbremsanlage mit hydraulischer Übertragung,		
ABL-Regelung, druckluft Federspeicher-Feststellbremse auf Hinterräder		Anschluss für Hinterwagen
pneum. bet. lastschaltbare Motorzapfwelle vorn/hinten 540 und 1.000/min		vorn bei 540 und 1.000/min
Zahnradpumpe 50 Liter/min, Arbeitsdruck 200 bar, Ölvorrat 31 Liter		
Dreipunktgestänge Kat. II v/h, Hubkraft 18.000 N (Front) / 44.000 N (Heck)		Hubkraft 18.000 N (Front)
Betriebsdruck 8 bar, Förderleistung 115 Liter/min bei 2.400/min		
hydraulische Servolenkung, Typ LS 3 B		
11 x 20	11 x 20	11 x 20
12,5 - / R 20	12,5 - / R 20	12,5 - / R 20
2.650 mm	2.650 mm	
1.660 mm	1.660 mm	1.670 mm
4.470 x 2.110 x 2.650 mm	4.470 x 2.110 x 2.650 mm	2.750 x 2.100 x 2.620 mm
440 mm	440 mm	440 mm
45° / 57°	45° / 57°	46°
930	930	930
1.950 x 1.890 x 400 mm	1.950 x 1.890 x 400 mm	
90 km/h	83 km/h	90 km/h
12 Meter	12 Meter	
4.210 kg	4.210 kg	2.950 kg
3.300 kg	5.350 kg	
7.500 kg	10.000 kg	13.750 kg
4.000 kg	5.000 kg	4.000 kg
24.000 kg	24.000 kg	
14,5 Liter	14,5 Liter	14,5 Liter
90 (130) Liter	90 (130) Liter	130 Liter

	Unimog U 1250 Baureihe 427 (SBU) 1988-1994 427.110	Unimog U 1450 Baureihe 427 (SBU) 1988-2002 427.112
	Zug- und Arbeitsmaschinen langer Radstand	
Motor		
Baumuster (BM)	366.949	366.947
Bauart	Mercedes-Benz 6-Zyl.-Viertakt-Diesel-Direkteinspritzer mit Abgasturbolader, OM 366A	
Bohrung x Hub	97,5 x 133 mm	97,5 x 133 mm
Hubraum	5.958 ccm	5.958 ccm
Leistung	125 PS (92 kW) bei 2.400/min	136 PS (100 kW) 2.400/min
Drehmoment	425 Nm bei 1.600-1.800/min	470 Nm bei 1.600-1.800/min
Verdichtung	16,5 : 1	16,5 : 1
Gemischbereitung	Bosch -Einspritzpumpe	Bosch -Einspritzpumpe
Kühlung	Wasserkühlung mit Pumpe und Thermostat (18 Liter)	
Luftfilter	Trockenluftfilter mit Zyklonvorabscheider, Sicherheitspatrone und elektr. Wartungsanzeige	
Elektr. Anlage	Drehstromlichtmaschine 14 Volt 55 A, 770 Watt, Batterie 12 V / 120 Ah	
Kraftübertragung		
Antrieb	Allradantrieb, pneum. schaltbaren Differenzialsperren, Vorderachse zu- und abschaltbar	
Kupplung	hydr. Einscheiben-Trockenkupplung, asbestfrei Druckplatte 330 mm, Anpressfläche 556,5 cm²	
Getriebe	Vollsynchronisiertes MB 8-Gang-Schaltgetriebe mit integriertem Vorderradantrieb Alle Gänge sind auch rückwärts fahrbar. Typ UG 3/65 - 8/9,35 GPA	
Getriebeübersetzung	9,35	9,35
Übersetzungen	I. 9,35 / II. 6,73 / III. 4,93 / IV. 3,62 V. 2,58 / VI. 1,86 / VII. 1,36 / VIII. 1,00	I. 9,35 / II. 6,73 / III. 4,93 / IV. 3,62 V. 2,58 / VI. 1,86 / VII. 1,36 / VIII. 1,00
Achsübersetzung	5,31	5,31
Fahrwerk		
	Selbsttragende Ganzstahlkarosserie, Leiterrahmen aus U-Längsträgern mit Querträgern hochstellbares Ganzstahl-Fahrerhaus, dreipunktgelagert, 2sitzig	
Achsen/Federung v/h	Portalachsen mit Differenzialsperre, Radvorgelegen, Querlenker und Schubrohr Schraubenfedern und Teleskopstoßdämpfer	
Bremsen	Zweikreis-Scheibenbremsen, pneumatische Fremdkraftbremsanl. mit hydr. Übertragung, lastabhängige ABL-Regelung, druckluftbet. Federspeicher-Feststellbremse auf Hinterräder	
Zapfwellen	pneum. bet. lastschaltbare Motorzapfwelle vorn und hinten bei 540 und 1.000/min	
Hydraulik	Zahnradpumpe 50 Liter/min, Arbeitsdruck 200 bar, Ölvorrat 31 Liter	
Kraftheber v/h	Dreipunktgestänge Kat. II v/h, max. Hubkraft 18.000 N (Front) / 40.000 N (Heck)	
Drucklufterzeugung	Betriebsdruck 8 bar, Förderleistung 115 Liter/min bei 2.400/min	
Lenkung	hydraulische Servolenkung, Typ LS 3 B	
Räder	11 x 20	11 x 20
Bereifung	12,5 - / R 20	12,5 - / R 20
Allgemeine Daten		
Radstand	3.250 mm	3.250 mm
Spurweite v/h	1.660 mm	1.660 mm
Gesamtmaße	5.100/5.320 x 2.100 x 2.620 mm	5.100/5.320 x 2.100 x 2.620 mm
Vorbaumaß	1.050 mm	1.050 mm
Bodenfreiheit/Diff.	440 mm	440 mm
Böschungswinkel v/h	46° / 57°	46° / 57°
Wattiefe	930 mm	930 mm
Pritschenfläche	2.320/2.800 x 1.950 x 380 mm	2.320/2.800 x 1.950 x 380 mm
Höchstgeschw.	90 km/h	90 km/h
kl. Wendekreis	14,1 Meter	14,1 Meter
Leergewicht	4.060-4.600 kg	4.060-4.600 kg
Nutzlast	3.300 kg	3.300 kg
zul. Gesamtgewicht	7.500 kg	7.500 kg
zul. Achslast v/h	4.000 kg	4.000 kg
zul. Anh.Last gebr.	24.000 kg	24.000 kg
Füllmenge Motor	14,5 Liter	14,5 Liter
Kraftstofftank	90 (130) Liter	90 (130) Liter

ALLE MODELLE SEIT 1946

Unimog U 1650 Baureihe 427 (SBU) 1988-2002 427.115	Unimog U 1250 L/1450 L Baureihe 427 (SBU) 1988-2001 427.111	Unimog U 1650 L Baureihe 427 (SBU) 1988-2000 427.116
langer Radstand	Hochgeläbdegängige Fahrzeuge	
366.948	366.949 / 356.955	366.948
Mercedes-Benz 6-Zyl.-Viertakt-Diesel-Direkteinspritzer mit Abgasturbolader, OM 366A		
97,5 x 133 mm	97,5 x 133 mm	97,5 x 133 mm
5.958 ccm	5.958 ccm	5.958 ccm
156 PS (115 kW) bei 2.400/min	125/136 PS (92/100 kW) 2.400/min	156 PS (115 kW) bei 2.400/min
530 Nm bei 1.500-1.600/min	425/465 Nm bei 1.600-1.800/min	530 Nm bei 1.500-1.600/min
16,5 : 1	16,5 : 1	16,5 : 1
Bosch -Einspritzpumpe	Bosch -Einspritzpumpe	Bosch -Einspritzpumpe
Wasserkühlung mit Pumpe und Thermostat (18 Liter)		
Trockenluftfilter mit Zyklonvorabscheider, Sicherheitspatrone und elektr. Wartungsanzeige		
Drehstromlichtmaschine 14 Volt 55 A, 770 Watt, Batterie 12 V / 120 Ah		
Allradantrieb, pneum. schaltbaren Differenzialsperren, Vorderachse zu- und abschaltbar		
hydr. Einscheiben-Trockenkupplung, asbestfrei		
Druckpl. 350 mm, Anpressfl. 582 cm²	Druckpl. 330 mm, Anpr.fl. 556,5 cm²	Druckpl. 350 mm, Anpressfl. 582 cm²
Vollsynchronisiertes MB 8-Gang-Schaltgetriebe mit integriertem Vorderradantrieb, alle Gänge rückwärts fahrbar		
Typ UG 3/65 - 8/9,35 GPA		Typ UG 3/65 - 8/13,01 GPA
9,35		9,35
I. 9,35 / II. 6,73 / III. 4,93 / IV. 3,62		I. 13,01 / II. 9,02 / III. 5,96 / IV. 4,38
V. 2,58 / VI. 1,86 / VII. 1,36 / VIII. 1,00		V. 2,97 / VI. 2,06 / VII. 1,36 / VIII. 1,00
5,31		5,31
Selbsttragende Ganzstahlkarosserie, Leiterrahmen aus U-Längsträgern mit Querträgern		
hochstellbares Ganzstahl-Fahrerhaus, dreipunktgelagert, 2sitzig		
Portalachsen mit Differenzialsperre, Radvorgelegen, Querlenker und Schubrohr		
Schraubenfedern und Teleskopstoßdämpfer		
Zweikreis-Scheibenbremsen, pneumatische Fremdkraftbremsanlage mit hydraulischer Übertragung,		
lastabhängige ABL-Regelung, druckluftbetätigte Federspeicher-Feststellbremse auf Hinterräder		
vorn/hinten 540 und 1.000/min	pneum. betätite lastschaltbare Motorzapfwelle vorn 540 und 1.000/min	
Zahnradpumpe 50 Liter/min, Arbeitsdruck 200 bar, Ölvorrat 31 Liter		
18.000 N (Front) / 40.000 N (Heck)	Hubkraft: 18.000 N (Front), doppeltwirkend	
Betriebsdruck 8 bar, Förderleistung 115 Liter/min bei 2.400/min		
hydraulische Servolenkung, Typ LS 3 B		
22,5 x 9.00	11 x 20	22,5 x 9.00
12R22,5	12,5 - / R 20	12R22,5
3.250 mm	3.250 mm	3.250 mm
1.650 mm	1.660 mm	1.650 mm
5.100/5.320 x 2.170 x 2.655 mm	5.110 x 2.100 x 2.620 mm	5.150 x 2.170 x 2.655 mm
1.050 mm	1.010 mm	1.050 mm
495 mm	440 mm	495 mm
46° / 57°	46° / 51°	46° / 52°
970 mm	930	970
2.320/2.800 x 1.950 x 380 mm	Aufbaulänge: max. 3.250 mm	Aufbaulänge: max. 3.250 mm
87 km/h	90 km/h	87 km/h
14,1 Meter	14,1 Meter	14,1 Meter
5.300-5.600 kg	3.800 kg	4.200 kg
5.350 kg	3.300 kg	5.000 kg
10.000 kg	7.500 kg	10.000 kg
5.000 kg	4.000 kg	5.000 kg
15.600 kg	7.500 kg	8.000 kg
14,5 Liter	14,5 Liter	14,5 Liter
90 (130) Liter	90 (130/165) Liter	90 (130/165) Liter

	Unimog U 1600 (214) Baureihe 427 (SBU) 1992-2003 427.107 kurzer Radstand	Unimog U 1650 (214) Baureihe 427 (SBU) 1992-2002 427.117 langer Radstand	Unimog U 1650 L (214) Baureihe 427 (SBU) 1992-2000 427.118 Hochgeländegängige Fahrz.
Motor			
Baumuster (BM)	356.997 (Euro 1) / 357.924 (Euro 2 / M02)		
Bauart	DC 6-Zyl.-Viertakt-Diesel-Direkteinspritzer, Abgasturbolader, Ladeluftkühler, OM 366 LA		
Bohrung x Hub	97,5 x 133 mm		
Hubraum	5.958 ccm		
Leistung	214 PS (157 kW) bei 2.600/min (Euro 1) / 211 PS (155 kW) bei 2.400/min (Euro 2)		
Drehmoment	660 Nm bei 1.400-1.700/min (Euro 1) / 780 Nm bei 1.300-1.400/min (Euro 2)		
Verdichtung	16,5 : 1 / 18,0 : 1		
Gemischbereitung	Bosch -Einspritzpumpe		
Kühlung	Wasser mit Thermostat und mit Viskolüfter (18 Liter)		
Luftfilter	Trockenluftfilter mit Ansaugkamin, Zyklonvorabsch., Sicherheitspatro., elektr. Wartungsanz.		
Elektr. Anlage	24 V oder 12 V (E02), Drehstromlichtmaschine 1540 W, 28 V, 55 A / 1120 W, 14 V, 80 A, Batterie 24 V, 2 x 66 Ah, 15-polig / 12 V, 1 x 154 Ah, 13-polig		
Kraftübertragung			
Antrieb/Diff.sperren	Während der Fahrt ohne Zugkraftunterbrechung pneumatisch zu- und abschaltbar		
Kupplung	hydr. Ein- oder Zweischeiben-Trockenkupplung (Doppelkupplung), Kerasinter-Belag Druckplatte 360 / 355/330 mm, Anpressfläche 629 / 626/502 cm²		
Getriebe	Vollsynchronisiertes DC 8-Gang-Schaltgetriebe mit integriertem Vorderradantrieb (Allrad) alle Gänge rückwärts fahrbar, Typ UG 3/65 - 8/13,01 GPA (BM 718.815)		
Getriebeübersetzung	13,01		
Übersetzungen	I. 13,01 / II. 9,02 / III. 5,96 / IV. 4,38 / V. 2,97 / VI. 2,06 / VII. 1,36 / VIII. 1,00		
Achsübersetzung	5,73		
Fahrwerk			
	Selbsttragende Ganzstahlkarosserie, Leiterrahmen aus U-Längsträgern mit Querträgern hochstellbares Ganzstahl-Fahrerhaus, dreipunktgelagert, 2sitzig		
Achsen/Federung v/h	Portalachsen mit Differenzialsperre, Radvorgelegen, Querlenker und Schubrohr Schraubenfedern und Teleskopstoßdämpfer mit Stabilisator		
Bremsen	pneum./hydr. Zweikreis-Scheibenbremsen, autom.lastabh. Bremse (ABL), Wunsch: ABS druckluftbet. Federspeicher-Hinterrad-Feststellbremse, pneum. betätigte Motorbremse		
Zapfwellen	pneum.lastschaltb. Motorzapfw. v/h bei 540 und 1.000/min, einzeln oder zusammen		
Hydraulik	Einkreis: 47 L/min, Zweikreis: 47 / 18 L/min, Arbeitsdruck 200+15 bar, Ölvorrat 31 Liter		
Krafthebel v/h	Dreipunktgest.(Walterscheid-Schnellkuppler) Kat.II + III, Front: 18.000 N, Heck. 55.000 N		
Drucklufterzeugung	Betriebsdruck18,3 bar, Förderleistung 150/220 Liter/min bei 2.400/min		
Lenkung	hydraulische Servolenkung, Typ LS 6 E		
Räder	22,5 x 9,00		
Bereifung	315 / 80 R 22,5		
Allgemeine Daten			
Radstand	2.650 mm	3.250 mm	3.250 mm
Spurweite v/h	1.726 mm	1.726 mm	1.726 mm
Gesamtmaße	4.470 x 2.170 x 2.755 mm	5.100 x 2.170 x 2.755 mm	5.150 x 2.170 x 2.755 mm
Vorbaumaß	1.050 mm	1.050 mm	1.050 mm
Bodenfreiheit/Diff.	495 mm	495 mm	495 mm
Böschungswinkel v/h	46° / 57°	46° / 57°	46° / 51°
Wattiefe	970 mm	970 mm	970 mm
Pritschenfläche	1.950 x 1.890 x 400 mm	2.320 x 1.950 x 380 mm	max. Aufbaulänge 3.250 mm
Höchstgeschw.	90 km/h	90 km/h	90 km/h
kl. Wendekreis	12,3 Meter	14,1 Meter	14,1 Meter
Leergewicht	4.760-5.820 kg	5.390-6.080 kg	4.440 kg
zul. Gesamtgewicht	10.000 kg	10.000 kg	10.000 kg
zul. Achslast v/h	5.300 / 6.000 kg	5.300 / 6.000 kg	5.300 / 6.000 kg
zul. Anh.Last gebr.	24.000 kg	24.000 kg	8.000 kg
Füllmenge Motor	14,5 Liter	14,5 Liter	14,5 Liter
Kraftstofftank	130 Liter	130 Liter	130 Liter

ALLE MODELLE SEIT 1946

Preise / Grundausführung U 1000 / 1200 / 1400 / 1600 BR 427 6/1989				
Listenpreis U 1000 (BM 427.100)		86.860,--	**Listenpreis U 1600** (BM 427.105)	104.660,--
Listenpreis U 1200 (BM 427.101)		89.210,--		
Listenpreis U 1400 (BM 427.102)		90.340,--		(in DM ohne MWST)
Gesetzlich vorgeschriebener Lieferumfang			**Gesetzlich vorgeschriebener Lieferumfang**	
B65	Schalter für 3. Bremse	195,--	J20 Tachograf EC, 1 Fahrer	470,--
J20	Tachograf EC, 1 Fahrer	470,--	L03 Umrißleuchten (ab 1.1.87 Vorschrift)	345,--
L03	Umrißleuchten (ab 1.1.87 Vorschrift)	345,--	L20 Rückfahrscheinwerfer	160,--
L20	Rückfahrscheinwerfer	160,--	M19 Anlaßsperre	85,--
M19	Anlaßsperre	85,--	S35 Scheibenwaschanlage	125,--
S35	Scheibenwaschanlage	125,--	S50 Verbandskasten mit Halter	95,--
S50	Verbandskasten mit Halter	95,--	Y46 Warndreieck und Warnleuchte	95,--
Y25	Unterlegkeil mit Halter	65,--	J48 Warnleuchte f. Teleskopzylinder	90,--
Y46	Warndreieck und Warnleuchte	95,--	L40 Begrenzungsleuchten vorn	110,--
J48	Warnleuchte f. Teleskopzylinder	90,--		
L40	Begrenzungsleuchten vorn	110,--		

Motor	U 1000 MB-6-Zylinder-Diesel-Direkteinspritzmotor, Typ OM 366, 102 PS (75 kW) bei 2.400/min
	U 1200 MB-6-Zylinder-Diesel-Direkteinspritzer + Turbo, Typ OM 366A, 125 PS (92 kW) 2.400/min
	U 1400 MB-6-Zylinder-Diesel-Direkteinspritzer + Turbo, Typ OM 366A, 136 PS (100 kW) 2.400/min
	U 1600 MB-6-Zylinder-Diesel-Direkteinspritzer + Turbo, Typ OM 366A, 156 PS (115 kW) 2.400/min
	wassergekühlt, Trockenluftfilter, Startpilot, Motorbremse mit Schalter für 3. Bremse, Bosch-Einspritzausrüstung, mech. Drehzahlregler, Bosch RSV, Betriebsstundenzähler, Anlasser, Vorglühelektronik, Drucklufterzeugungsanlage mit Reifenfüllventil und Reifenfüllschlauch, Anlaßsperre, Kühlerfrostschutzmittel bis -40° C, Siebkorb, Tankinhalt 90 Liter
Elektrik	Drehstromlichtmasch. 14 V/55 A (770 Watt), Batterie 12 V/120 Ah, Anh.steckdose 7-polig
Getriebe	DB-Vollsynchrongetriebe als Wendegetriebe, 8 Vor- und 8 Rückwärtsgänge, Einscheiben-Trockenkupplung
Antrieb	Allradantrieb mit Differenzialsperren in beiden Achsen, während der Fahrt pneumatisch zu- und abschaltbar.
	U 1000/1200/1400: Portalachsen mit Radvorgelegen.
Federung	4 Schraubenfedern, Teleskopstoßdämpfer vorn und hinten.
	U 1600: Stabilisatoren an Vorder- und Hinterachse mit verstärktem Drehstab
Lenkung	Hydraulische Servolenkung
Bremse	Druckluft-Fremdkraftbremse mit pneumatisch-hydraulischer Übertragung, Feststellbremse als Federspeicher auf Hinterräder wirkend
Anhängekupplg.	Selbsttätig, höhenverstellbar, hinten, Stützlast 1.250 kg, Anhängemaul vorn, Steckbolzen
Fahrerhaus	Ganzstahlfahrerhaus, hochstellbar, Dachentlüftungsklappe, durch Kurbeln betätigte Türfenster, Heizungs- und Belüftungsanlage, 2 Sitze, Fahrersitz verstellbar, Windschutzscheibe, Scheinwerfer, Fahrtrichtungsanzeiger, Brems- und Schlußleuchten
Armaturen	Schaltgassenanzeige, Kontrolleuchtenband, Tachometer, Kombi-Instrument mit Öldruckanzeige, Fernthermometer, Kraftstoffanzeige, Doppeldruckmesser, Warnblinkanlage
Zubehör	Werkzeug, Wagenheber, zwei Unterlegkeile
Lackierung	Currygelb/DB 1600, ambragelb/DB 1624, grün/DB 6277, saftgrün/DB 6821, grau/DB 7187, tieforange/DB 2603
Bereifung	12,5 - 20 /12 PR, Straße/Gelände, 4fach, Scheibenrad 11 x 20, **U 1600:** 12 R 22,5, Straße/Gelände, 4fach, Scheibenrad 9,00 x 22,5

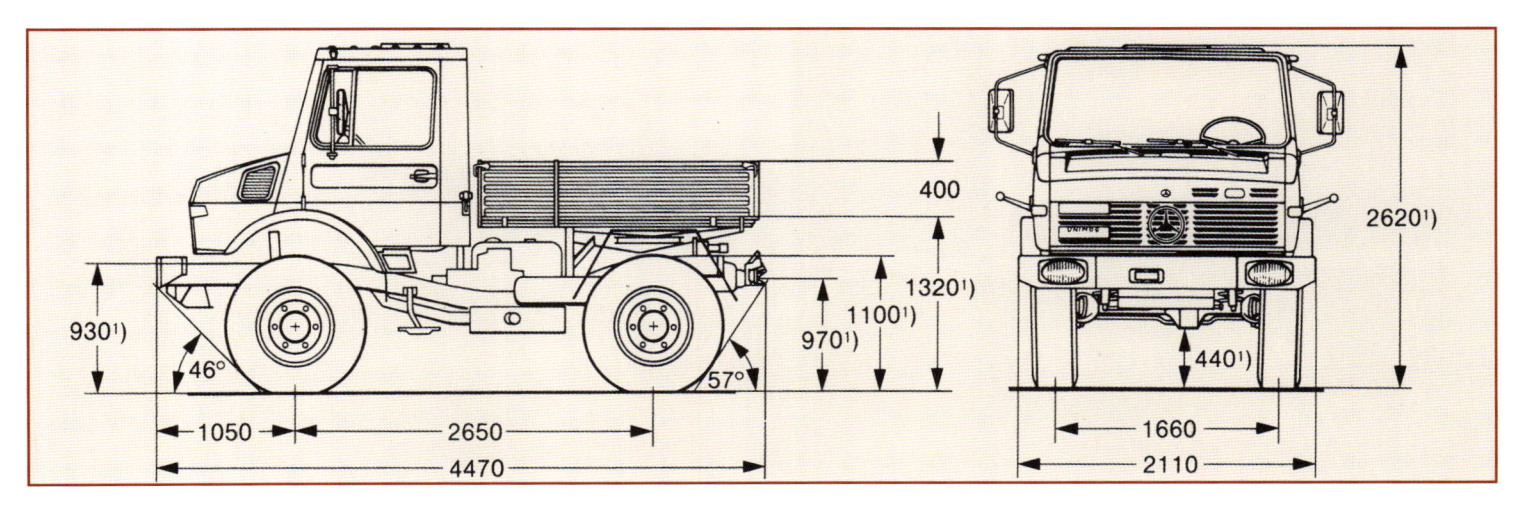

Empfohlene Lieferausführungen U 1000 / U 1200 / U 1400 BR 427 1/1990

Ausführung Fahrgestell	U 1000	U 1200 U 1400
Leergewicht	ca. 3.680 kg	3.730 kg
tatsächliche Vorderachslast	ca. 2.590 kg	2.640 kg
tatsächliche Hinterachslast	ca. 1.090 kg	1.090 kg

B80	Anhängerbremsanlage
C27	Stabilisator Vorderachse
C28	Stabilisator Hinterachse Hydraulikanlage 242
Q02	Anhängekupplung selbsttätig, höhenverstellbar
Q34	Anhängebock f. fest angeb. Anhängekupplung
S12	Beifahrersitz Zweisitzer

Ausführung Zugmaschine	U 1000	U 1200 U 1400
Leergewicht	ca. 4160 kg	4210 kg
tatsächliche Vorderachslast	ca. 2690 kg	2740 kg
tatsächliche Hinterachslast	ca. 1470 kg	1470 kg

B45	Anhängerbremsanlage Ein- und Zweileitung
B71	Frostschützer für Druckluftanlage
G20	Nachschaltgetriebe mit Arbeitsgruppe Hydraulikanlage 242 T
L12	Halogen-Scheinwerfer
L20	Rückfahrscheinwerfer
N11	Sonderabtrieb Getriebezapfwelle 540/1.000/min
N18	Nachrüstmöglichkeit für N16 / N17
P17	Pritsche 1.950 x 1.890 x 400 mm
Q14	Anhängekupplung selbsttätig
Q34	Anhängebock f. fest angeb. Anhängekupplung
S05	Fahrersitz hydraulisch
S12	Beifahrersitz Zweisitzer
S35	Scheibenwaschanlage
S45	Sonnenblende Beifahrer
S50	Verbandskasten mit Halter
Y46	Warndreieck und Warnleuchte

Ausführung Agrar	U 1000	U 1200 U 1400
Leergewicht	ca. 4.510 kg	4.560 kg
tatsächliche Vorderachslast	ca. 2.770 kg	2.820 kg
tatsächliche Hinterachslast	ca. 1.740 kg	1.740 kg

A25	Abdeckbleche gegen Bremsverschmutzung
B45	Anhängerbremsanlage Ein- und Zweileitung
D11	Frontanbauplatte Größe 3
D50	Anbaubeschläge hinten
E61	Radio Becker »AVUS«
G20	Nachschaltgetriebe mit Arbeitsgruppe
G45	Doppelkupplung
J32	Motor-Drehzahlmesser
M19	Anlaßsperre
M65	Ansaugkamin
N07	Sonderabtrieb für Motorzapfwelle 540/1.000/min
N20	Zapfwelle vorn 1 3/8 "
N32	Zapfwelle hinten 1 3/8 "
N65	Bock für Verlagerung der Zapfwelle hinten
P17	Pritsche 1.950 x 1.890 x 400 mm
Q01	Anhängekupplung, selbsttätig, höhenverstellbar
Q40	Dreipunktgestänge Kat. II
Q47	Schnellkuppler Walterscheid f. Heckkraftheber
S05	Fahrersitz hydraulisch
S12	Beifahrersitz Zweisitzer
S35	Scheibenwaschanlage
S48	Rückwandfenster schiebbar
S50	Verbandskasten mit Halter
Y46	Warndreieck und Warnleuchte
Y64	Unterbodenschutz

U 1400 im Schubbetrieb. (Foto: Ralf Weinreich)

ALLE MODELLE SEIT 1946

Empfohlene Lieferausführungen U 1600 / U 1200 T BR 427   Stand 1/1990

Ausführung Zugmaschine

Leergewicht		ca. 4.650 kg
tatsächliche Vorderachslast		ca. 2.830 kg
tatsächliche Hinterachslast		ca. 1.820 kg

B45	Anhängerbremsanlage Ein- und Zweileitung	
B71	Frostschützer für Druckluftanlage	
C65	Kraftstoffbehälter 130 Liter	
D10	Anbaubeschläge vorn	
D50	Anbaubeschläge hinten	
D60	Anbaubeschläge mitte	
L47	Zusatzscheinwerfer	
L50	Rundumkennleuchte links, gelb, mit Stativ	
P17	Pritsche 1.950 x 1.890 x 400 mm	
Q00	Anhängekupplung selbsttätig, Ringfeder	

Ausführung Agrar

Leergewicht		ca. 5.290 kg
tatsächliche Vorderachslast		ca. 3.130 kg
tatsächliche Hinterachslast		ca. 2.160 kg

B45	Anhängerbremsanlage Ein- und Zweileitung
B71	Frostschützer für Druckluftanlage
C65	Kraftstoffbehälter 130 Liter
D50	Anbaubeschläge hinten
E55	Antenne, Radiokonsole und 2. Lautsprecher
G20	Nachschaltgetriebe mit Arbeitsgruppe
G45	Doppelkupplung
L20	Rückfahrscheinwerfer
L40	Begrenzungsleuchten vorn
M19	Anlaßsperre
N07	Sonderabtrieb für Motorzapfwelle 540/1.000
N18	Nachrüstmöglichkeit für N16 / N17
N37	Zapfwelle hinten 1 3/4 ", Keilwelle
P17	Pritsche 1.950 x 1.890 x 400 mm
Q03	Anhängekupplung selbsttätig, höhenverstellbar
Q42	Dreipunktgestänge Kat. II mit Servotrak
Q47	Schnellkuppler Walterscheid f. Heckkraftheber
R39	4 Scheibenräder 13 x 20
S02	Komfortschwingsitz luftgefedert
S12	Beifahrersitz Zweisitzer
S35	Scheibenwaschanlage
S48	Rückwandfenster schiebbar
S50	Verbandskasten mit Halter
U42	Kotflügel hinten rund mit Gummirand
Y18	Feuerlöscher mit Halter
Y46	Warndreieck und Warnleuchte
Y64	Unterbodenschutz

Ausführung Kommunal

Leergewicht		ca. 5.260 kg
tatsächliche Vorderachslast		ca. 3.350 kg
tatsächliche Hinterachslast		ca. 1.910 kg

B29	Pneumatische Schnell-Löseeinrichtung
B45	Anhängerbremsanlage Ein- und Zweileitung
B71	Frostschützer für Druckluftanlage
C23	Schwingungsdämpfer am Fahrerhaus
C34	Antirutschbelag auf Stoßfänger
C51	Hydrolenkung verstärkt
C65	Kraftstoffbehälter vergrößert
C87	Auspuffrohr nach links oben
D10	Anbaubeschläge vorn
D11	Frontanbauplatte Größe 3
D50	Anbaubeschläge hinten
D60	Anbaubeschläge mitte
E45	Steckdose vorn 7polig
F60	Hochstellvorrichtung
G04	Getriebeübersetzung abweichend
G21	Nachschaltgetriebe, Arbeitsgruppe, Kriechgang
G45	Doppelkupplung
K24	Zweikreishydraulik 4-zellig
K42	Kippzylinder Zelle 2
K53	Hydr. Steckeranschluss hinten 2fach Zelle 3
K54	Hydr. Steckeranschluss hinten 2fach Zelle 4
K71	Hydr. Steckeranschluss vorn 2fach Zelle 2
K72	Hydr. Steckeranschluss vorn 2fach Zelle 3
K59	Separate Rücklaufleitung hinten
K79	Separate Rücklaufleitung vorn
L47	Zusatzscheinwerfer für Frontgeräte
M12	RSV-Regler mit Zwischendrehzahl-Arretierung
N22	Zapfwelle vorn 1 1/3 " Keilwelle
N37	Zapfwelle hinten 1 1/3 " Keilwelle geteilt
N16	Schneller Nebenabtrieb
P17	Pritsche 1.950 x 1.890 x 400 mm
Q00	Anhängekupplung selbsttätig, Ringfeder
Q34	Anhängerbock f. fest angeb. Anhängerkupplung

Ausführung Triebkopf U 1200 T

Leergewicht		ca. 2.950 kg

J20	Tachograf EC, 1 Fahrer
K11	Krafthydraulik 2-zellig
M22	Motorbremse mit Schalter für 3. Bremse
M32	Luftpresser zusätzlich
N18	Getriebe mit Nachrüstmöglichkeit für N16 / N17
S35	Scheibenwaschanlage
S50	Verbandskasten mit Halter
Y46	Warndreieck und Warnleuchte
Y64	Unterbodenschutz

Empfohlene Lieferausführungen U 1250 / U 1450 BR 427 Stand 1/1990

Ausführung Fahrgestell

Leergewicht		ca. 4.060 kg
tatsächliche Vorderachslast		ca. 2.840 kg
tatsächliche Hinterachslast		ca. 1.220 kg

B42	Anhängerbremsanlage Zweileitung
C27	Stabilisator Vorderachse
C28	Stabilisator Hinterachse
D10	Anbaubeschläge vorn
G20	Nachschaltgetriebe mit Arbeitsgruppe
J20	Tachograf EC, 1 Fahrer
J32	Motor-Drehzahlmesser
K13	Krafthydraulik 3-zellig
K53	Hydr. Steckeranschluss hinten 2-fach
K59	Separate Rücklaufleitung hinten
K73	Hydr. Steckeranschluss vorn 2-fach
K75	Hydr. Steckeranschluss vorn 4-fach
K79	Separate Rücklaufleitung vorn
L30	Schutzgitter für Scheinwerfer
M22	Motorbremse
M65	Ansaugkamin
N16	Schneller Nebenabtrieb
Q01	Anhängekupplung selbsttätig
Q34	Anhängerbock f. fest angeb. Anhängerkupplung
R30	4 Scheibenräder 11 x 20 SDC
S12	Beifahrersitz Zweisitzer
S25	Windschutzscheibe Verbundglas
S35	Scheibenwaschanlage
S45	Sonnenblende Beifahrer
S48	Rückwandfenster schiebbar

Ausführung Doppelkabine, Zugmaschine

Leergewicht		ca. 4.590 kg
tatsächliche Vorderachslast		ca. 2.900 kg
tatsächliche Hinterachslast		ca. 1.690 kg

B42	Anhängerbremsanlage Zweileitung
E04	Elektrik, 24, nahentstört
F07	Doppelkabine
F42	Zusatzheizung
G20	Nachschaltgetriebe mit Arbeitsgruppe
G65	Schaltplatte
J20	Tachograf EC
L03	Umrissleuchten
L12	Halogen-Scheinwerfer
L18	Nebelscheinwerfer Halogen
L20	Rückfahrscheinwerfer
L50	Rundumkennleuchte, links, gelb, mit Stativ
M03	Motorleistung 115 kW (156 PS)
M19	Anlaßsperre
M37	Lichtmaschine verstärkt
M53	Kraftstoffvorwärmung
N18	Nachrüstmöglichkeit für N16 / N17

P11	Pritsche 1.475 x 1.890 x 400 mm
Q06	Anhängekupplung selbsttätig
Q30	Schlussstraverse für tieferges. Anhängekupplung
S05	Fahrersitz hydraulisch
S21	Dreipunkt-Automatik-Sicherheitsgurt
S25	Windschutzscheibe Verbundglas
S35	Scheibenwaschanlage
S44	2 Rückblickspiegel, außen, heizbar
S50	Verbandskasten mit Halter
S65	Kopfstütze für Fahrersitz
S83	Rampenspiegel
Y25	Unterlegkeil zusätzlich
Y46	Warndreieck und Warnleuchte
Y64	Unterbodenschutz

Ausführung Kommunal

Leergewicht		ca. 4.600 kg
tatsächliche Vorderachslast		ca. 2.930 kg
tatsächliche Hinterachslast		ca. 1.670 kg

B29	Mech. Notlöseeinrichtung f. Feststellbremse
B45	Anhängerbremsanlage Ein- und Zweileitung
B71	Frostschützer für Druckluftanlage
C27	Stabilisator Vorderachse
C28	Stabilisator Hinterachse
D11	Frontanbauplatte Größe 3
D50	Anbaubeschläge hinten
J20	Tachograf EC, 1 Fahrer
K24	Zweikreishydraulik 4-zellig
K43	Kippzylinder für Pritsche
K53	Hydr. Steckeranschluss hinten 2fach Zelle 3
K55	Hydr. Steckeranschluss hinten 4fach Zelle 1+2
K71	Hydr. Steckeranschluss vorn 2fach Zelle 1
K72	Hydr. Steckeranschluss vorn 2fach Zelle 2
K79	Separate Rücklaufleitung vorn
L30	Steinschlagschutzgitter
L47	Zusatzscheinwerfer für Frontanbaugeräte
L50	Rundumkennleuchte, links, gelb, mit Stativ
M19	Anlaßsperre
M22	Motorbremse
N18	Nachrüstmöglichkeit für N16 / N17
P23	Pritsche 2.320 x 1.950 x 380 mm kippb.Einl.bo.
Q02	Anhängekupplung selbsttätig
R30	4 Scheibenräder 11 x 20 SDC
S05	Fahrersitz hydraulisch
S12	Beifahrersitz Zweisitzer
S26	Windschutzscheibe Verbundglas, heizbar
S35	Scheibenwaschanlage
S45	Sonnenblende Beifahrer
S50	Verbandskasten mit Halter
X18	Erhöhung des zul. Gesamtgew. auf 8.500 kg
X70	Warnstreifen rot/weiß fluoreszierend u. reflekt.
Y46	Warndreieck und Warnleuchte

ALLE MODELLE SEIT 1946

Empfohlene Lieferausführungen U 1650 / U 1250 L BR 427 Stand 1/1990	
Ausführung Zugmaschine	**U 1650**
Leergewicht	ca. 5.300 kg
tatsächliche Vorderachslast	ca. 3.270 kg
tatsächliche Hinterachslast	ca. 2.030 kg
B42	Anhängerbremsanlage Zweileitung
B71	Frostschützer für Druckluftanlage
E32	Zusätzliche elektr. Steckverbindung
G21	Nachschaltgetriebe, Arbeitsgr., Kriechgang
G45	Doppelkupplung
G65	Schaltplatte
J20	Tachograf EC
J32	Motor-Drehzahlmesser
K14	Krafthydraulik 4-zellig
K43	Kippzylinder für Pritsche mit Umschalthahn
K56	Hydr. Steckeranschluss hinten 4-fach
K59	Separate Rücklaufleitung hinten
K75	Hydr. Steckeranschluss vorn 4-fach
K76	Hydr. Steckeranschluss vorn 4-fach
K79	Separate Rücklaufleitung vorn
L30	Schutzgitter für Scheinwerfer
L47	Zusatzscheinwerfer für Frontanbaugeräte
M65	Ansaugkamin
N07	Motorzapfwelle 540/1.000 min
P23	Pritsche 2.320 x 1.950 x 400 mm
Q00	Anhängekupplung selbsttätig
Q34	Anhängerbock f. fest angeb. Anhängerkupplung
R30	4 Scheibenräder 11 x 20 SDC
S12	Beifahrersitz Zweisitzer
S26	Windschutzscheibe Verbundglas, heizbar
S35	Scheibenwaschanlage
S45	Sonnenblende Beifahrer
S48	Rückwandfenster schiebbar

Ausführung Kommunal	**U 1650**
Leergewicht	ca. 5.600 kg
tatsächliche Vorderachslast	ca. 3.550 kg
tatsächliche Hinterachslast	ca. 2.050 kg
B29	Pneum. Schnell-Löseeinrichtung
B45	Anhängerbremsanlage Ein- und Zweileitung
B71	Frostschützer für Druckluftanlage
C34	Antirutschbelag auf Stoßfänger
C65	Kraftstoffbehälter vergrößert
C87	Auspuffrohr nach links oben
C23	Schwingungsdämpfer am fahrerhaus
D10	Anbaubeschläge vorn
D60	Anbaubeschläge mitte
D50	Anbaubeschläge hinten
D11	Frontanbauplatte Größe 3
E45	Steckdose vorn 7-polig
F60	Hochstellvorrichtung
G04	Getriebeübersetzung abweichend
G21	Nachschaltgetriebe, Arbeitsgr., Kriechgang
G45	Doppelkupplung
K24	Zweikreishydraulik 4-zellig
K42	Kippzylinder für Pritsche Zelle 2
K53	Hydr. Steckeranschluss hinten 2fach Zelle 3
K54	Hydr. Steckeranschluss hinten 4fach Zelle 4
K71	Hydr. Steckeranschluss vorn 2fach Zelle 2
K72	Hydr. Steckeranschluss vorn 2fach Zelle 3
K59	Separate Rücklaufleitung hinten
K79	Separate Rücklaufleitung vorn
L47	Zusatzscheinwerfer für Frontanbaugeräte
M12	RSV-Regler mit Zwischendrehzahl-Arretierung
N22	Zapfwelle vorn 1 3/4" Keilwelle
N37	Zapfwelle hinten 1 3/4" Keilwelle
N16	Schneller Nebenabtrieb
P23	Pritsche 2.320 x 1.950 x 400 mm
Q00	Anhängekupplung selbsttätig, Ringfeder
Q34	Anhängerbock f. fest angeb. Anhängerkupplung

Ausführung Fahrgestell	**U 1250 L**
Leergewicht	ca. 5.600 kg
tatsächliche Vorderachslast	ca. 3.550 kg
tatsächliche Hinterachslast	ca. 2.050 kg
B45	Anhängerbremsanlage Ein- und Zweileitung
B71	Frostschützer für Druckluftanlage
C27	Stabilisator Vorderachse
C28	Stabilisator Hinterachse
J20	Tachograf EC
K12	Krafthydraulik 2-zellig
K51	Hydr. Steckeranschluss hinten 2fach Zelle 1
K59	Separate Rücklaufleitung hinten
M22	Motorbremse
N16	Schneller Nebenabtrieb
Q25	Anhängekupplung selbsttätig mit gr. Maul
Q32	Schlußquerträger für erhöhte Anhängelast
S05	Fahrersitz hydraulisch
S35	Scheibenwaschanlage
S50	Verbandskasten mit Halter
Y46	Warndreieck und Warnleuchte

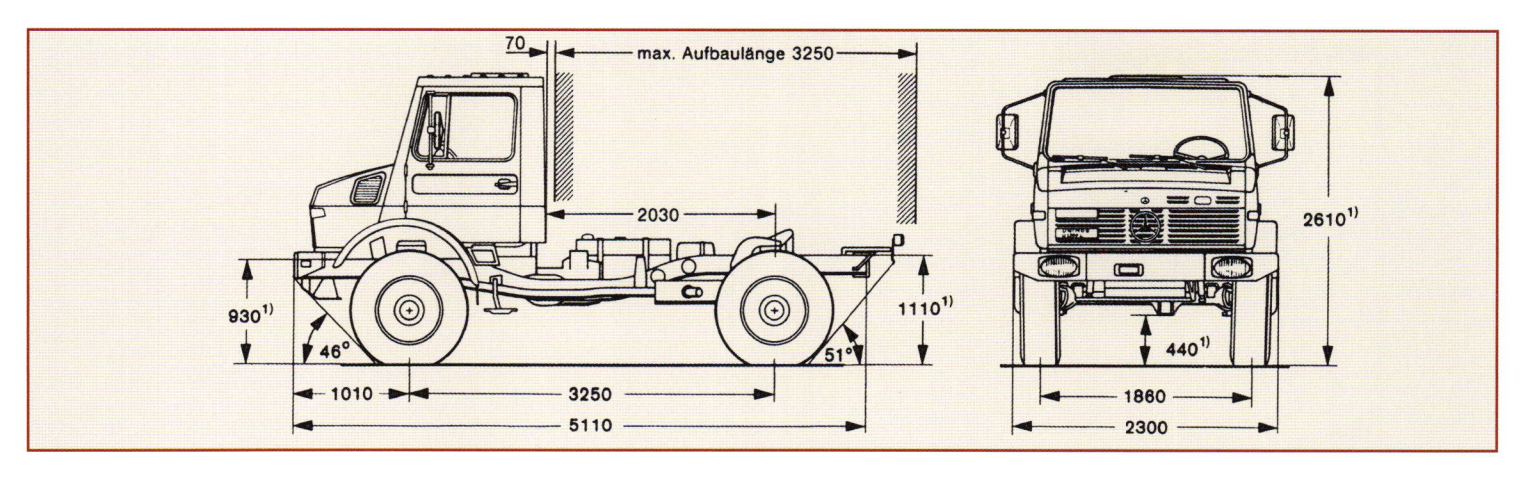

Preise / Grundausführung U 1450/L / 1650/L(214) / 1400T BR 427 2/1995

Listenpreis U 1450 (427.112)		115.370,--	**Listenpreis U 1650** (427.115)		132.830,--
Listenpreis U 1450 L (427.111)		116.490,--	**Listenpreis U 1650** (214) (427.117)		140.150,--
Listenpreis U 1400 T (417.000)		97.870,--	**Listenpreis U 1650 L** (427.116)		133.950,--
		(in DM ohne MWST)	**Listenpreis U 1650 L** (214) (427.118)		141.270,--

Gesetzlich vorgeschriebener Lieferumfang			**Gesetzlich vorgeschriebener Lieferumfang**	
L04/5	Umrißleuchten		L04/5	Umrißleuchten
L20	Rückfahrscheinwerfer		L20	Rückfahrscheinwerfer
L25	Nebelschlußleuchte		L25	Nebelschlußleuchte
L35	Leuchtweitenregelung		L35	Leuchtweitenregelung
L41	Zusatzblinkleuchten seitlich		L41	Zusatzblinkleuchten seitlich
S21	Dreipunkt-Automatic-Sicherheitsgurt		S21	Dreipunkt-Automatic-Sicherheitsgurt
S50	Verbandstasche		S50	Verbandstasche
Y46	Warndreieck und Warnleuchte		S82	Weitwinkelspiegel
		2.135,--	S83	Rampenspiegel
U 1400 T zusätzlich:			Y46	Warndreieck und Warnleuchte
L40	Begrenzungsleuchten vorn			**2.313,--**
M49	Viscolüfter			
S82	Weitwinkelspiegel			
S83	Rampenspiegel			
Y27	Unterlegkeil ohne Halter			
		798,--		

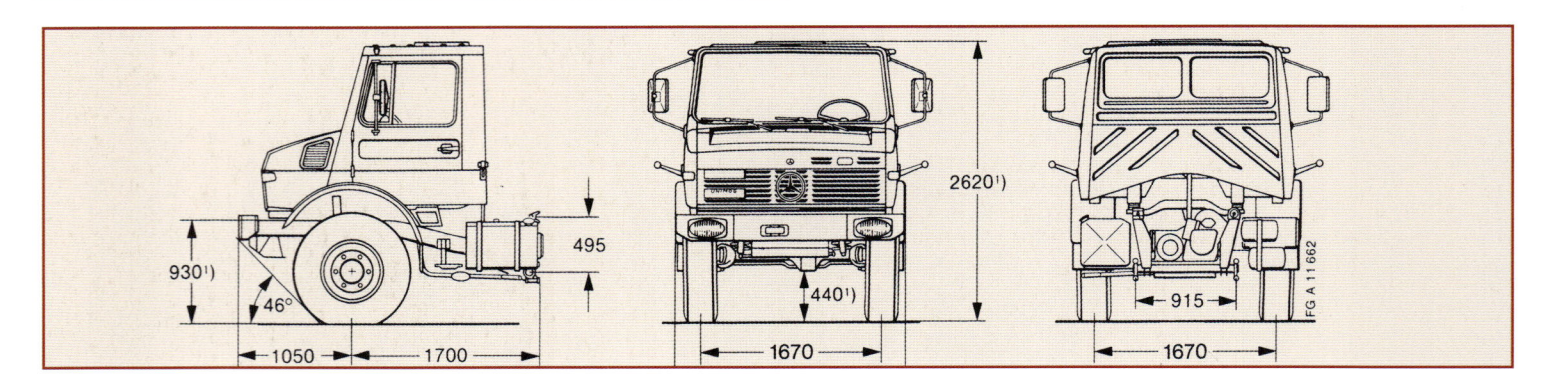

Motor	U 1400/1450 MB-6-Zylinder-Diesel-Direkteinspritzer + Turbo, Typ OM 366A, 136 PS (100 kW) 2.400/min U 1650/L MB-6-Zylinder-Diesel-Direkteinspritzer + Turbo, Typ OM 366A, 155 PS (114 kW) 2.400/min U 1650/L (214) MB-6-Zylinder-Diesel-Direkteinspr./Turbo/Ladeluftk. OM 366LA, 214 PS (157 kW) 2.600/min wassergekühlt, Bosch-Einspritzausrüstung, mech. Drehzahlregler Bosch RSV, Motorbremse, Startpilot, Betriebsstundenzähler, Anlasser, Trockenluftfilter, Drucklufterzeugungsanlage mit Reifenfüllventil und Reifenfüllschlauch, Kühlerfrostschutzmittel bis -40° C, Siebkorb, Tankinhalt 130 Liter. U 1400 T: 90 Liter
Elektrik	Drehstromlichtmasch. 28 V/55 A (1.540 Watt), Batterie 2 x 12 V/70 Ah, nahentstört
Getriebe	DB-Vollsynchrongetriebe als Wendegetriebe, 8 Vor- und 8 Rückwärtsgänge, Einscheiben-Trockenkupplung, Antriebswelle f. Nachrüstung schneller Nebenabtrieb (i=13,01)
Antrieb	Allradantrieb mit Differenzialsperren in beiden Achsen, während der Fahrt pneumatisch zu- und abschaltbar, Portalachsen mit Radvorgelegen
Federung	4 Schraubenfedern, Teleskopstoßdämpfer und Stabilisatoren vorn und hinten.
Lenkung	Hydraulische Servolenkung Typ LS6
Bremse	Druckluft-Fremdkraftbremse mit pneumatisch-hydraulischer Übertragung und Lufttrockner; Feststellbremse als Federspeicher auf Hinterräder wirkend
Anhängekupplung	Anhängemaul mit Steckbolzen vorn
Fahrerhaus	Ganzstahlfahrerhaus, hochstellbar, Dachentlüftungsklappe, Ansaugkamin, Heizungs- und Belüftungsanlage, Defrosterdüsen, 2 Sitze, Fahrersitz verstellbar, durch Kurbeln betätigte Türfenster, Windschutzscheibe Verbundglas, Intervall-Scheibenwischer, Scheibenwaschanlage, Scheinwerfer Halogen, Fahrtrichtungsanzeiger, Brems- und Schlußleuchten
Armaturen	Schaltgassenanzeige, Kontrolleuchtenband, Tachometer, Motor-Drehzahlmesser, Kombi-Instrument mit Öldruckanzeige, Fernthermometer, Kraftstoffanzeige, Doppeldruckmesser, Bremsbelagverschleißanzeige, Warnblinkanlage.
Zubehör	Werkzeug, Wagenheber, zwei Unterlegkeile
Lackierung	Currygelb/MB 1600, ambragelb/MB 1624, grün/MB 6277, saftgrün/MB 6821, grau/MB 7187, tieforange/MB 2603
Bereifung	12,5 - 20 /12 PR, Straße/Gelände, 4fach, Scheibenrad 11 x 20, U 1650/L (214): 12 R 22,5, Straße/Gelände, 4fach, Scheibenrad 9,00 x 22,5

ALLE MODELLE SEIT 1946

Empfohlene Lieferausführungen U 1600 (214) / U 1650 (214) BR 427 1999

Ausführung Zugmaschine		U 1600 (214)
Leergewicht		ca. 4.760 kg
tatsächliche Vorderachslast		ca. 2.900 kg
tatsächliche Hinterachslast		ca. 1.860 kg
B42	Anhängerbremsanlage Zweileitung	
D10	Anbaubeschläge vorn	
D50	Anbaubeschläge hinten	
D60	Anbaubeschläge mitte	
L03	Umrissleuchten	
L25	Nebelschlußleuchte	
L35	Leuchtweitenregelung	
L41	Zusatzblinkleuchten seitlich	
L47	Zusatzscheinwerfer für Frontanbaugeräte	
L50	Rundumkennleuchte, links, gelb mit Stativ	
P17	Pritsche 1.950 x 1.890 x 400 mm	
Q04	Anhängekupplung selbsttätig, Ringfeder	
S21	Dreipunkt-Automatik-Sicherheitsgurt	
S82	Weitwinkelspiegel	
S83	Rampenspiegel	

Ausführung Zugmaschine		U 1650 (214)
Leergewicht		ca. 5.390 kg
tatsächliche Vorderachslast		ca. 3.330 kg
tatsächliche Hinterachslast		ca. 2.060 kg
B42	Anhängerbremsanlage Zweileitung	
G21	Nachschaltgetriebe m. Arbeitsgr.+ Kriechgang	
G45	Doppelkupplung	
G65	Schaltplatte	
J24	EG-Kontrollgerät (Fahrtschreiber), 2 Fahrer	
J48	Warnleuchte für Teleskopzylinder	
H02	Einkreis-Hydraulikanlage	
H14	Hydraulikanlage 4-zellig	
H43	Kippzylinder mit Umschalthahn	
H56	Hydr. Steckanschluß hinten, 4fach	
H59	Separate Rücklaufleitung, hinten	
H75	Hydr. Steckanschluß vorn, 4fach	
H76	Hydr. Steckanschluß vorn, 4fach	
H79	Separate Rücklaufleitung, vorn	
L03	Umrissleuchten	
L25	Nebelschlußleuchte	
L30	Schutzgitter für Scheinwerfer	
L35	Leuchtweitenregelung	
L41	Zusatzblinkleuchten seitlich	
L47	Zusatzscheinwerfer für Frontanbaugeräte	
N07	Motorzapfwelle umschaltbar 540/1.000 min	
N37	Zapfwelle hinten 1 3/8" Keilwelle	
P23	Pritsche 2.320 x 1.950 x 400 mm	
Q04	Anhängekupplung selbsttätig	
R30	4 Scheibenräder 11 - 20 SDC	
S12	Beifahrersitz Zweisitzer	
S21	Dreipunkt-Automatik-Sicherheitsgurt	
S26	Windschutzscheibe Verbundglas, heizbar	
S48	Rückwandfenster schiebbar	
S82	Weitwinkelspiegel	
S83	Rampenspiegel	

Ausführung Kommunal		U 1600	U 1650
Leergewicht		ca. 5.820 kg	6.080 kg
tatsächliche Vorderachslast		ca. 3.520 kg	3.820 kg
tatsächliche Hinterachslast		ca. 2.300 kg	2.260 kg
1600	**1650**		
B42	B42	Anhängerbremsanlage Zweileitung	
C87	C87	Auspuffendrohr nach links oben	
D10	D10	Anbaubeschläge vorn	
D11	D11	Frontanbauplatte Größe 3	
D50	D50	Anbaubeschläge hinten	
D60	D60	Anbaubeschläge mitte	
E37	E37	Dauerstromsteckdose 12 Volt	
E42	E42	Zusätzl. Anhängersteckdose 12 V, 13polig	
E62	E62	Radio, Kasettengerät, Antenne, 2 Lautsp.	
F06		Fahrerhaus höher	
F47	F47	Klimaanlage	
F50	F50	Schall- u. Wärmeisolation für Fahrerhaus	
G21	G21	Nachschaltgetr. m. Arbeitsgr.+ Kriechgang	
G41		Servo-Fahrkupplung	
G45	G45	Doppelkupplung	
G65	G65	Schaltplatte	
H06	H06	Zweikreis-Hydraulikanlage	
	H08	Zweikreis-Hydraulikanlage mit EHS	
H14	H14	Hydraulikanlage 4-zellig	
H33		Kraftheber verstärkt	
H43	H43	Kippzylinder mit Umschalthahn	
	H53	Steckeranschluß 2fach hinten an Zelle 3	
H55	H55	Hydr. Steckeranschluß hinten, Zelle 1+2	
H56	H56	Hydr. Steckeranschluß hinten, Zelle 3+4	
H59	H59	Separate Rücklaufleitung, hinten	
H69	H69	Separate Rücklaufleitung, hinten	
H79	H79	Separate Rücklaufleitung, vorn	
J24	J24	EG-Kontrollgerät (Fahrtschreiber), 2 Fahrer	
J48	J48	Warnleuchte für Teleskopzylinder	
L03	L03	Umrissleuchten max. Fhrzg.-Breite 2.260 mm	
L25	L25	Nebelschlußleuchte	
L35	L35	Leuchtweitenregelung	
L41	L41	Zusatzblinkleuchten seitlich	
L43	L43	Zusatzblinkleuchten vorn höhergesetzt	
L47	L47	Zusatzscheinwerfer für Frontanbaugeräte	
L50	L50	Rundumkennleuchte, links, gelb mit Stativ	
M02	M02	Euro 2 Motor	
M31		Luftpresser mit höherer Leistung	
M64	M64	Umstellbare Luftansaugung	
N07	N07	Motorzapfwelle umschaltbar 540/1.000 min	
N20	N20	Zapfwelle vorn 1 3/8", Keilwelle	
	N37	Zapfwelle hinten geteilt 1 3/4", Keilwelle	
P17		Pritsche 1.950 x 1.890 x 400 mm	
	P28	Pritsche 2.800 x 1.950 x 400 mm Stahlboden	
	Q04	Anhängekupplung selbsttätig, Rockinger	
Q37	Q36	Schlußquerträger verstärkt bis 13 to	
Q45		Dreipunktgestänge Kat. II/III	
S05	S05	Komfortschwingsitz hydraulisch	
S12	S12	Beifahrersitz Zweisitzer	
S21	S21	Dreipunkt-Automatik-Sicherheitsgurt	
S26	S26	Windschutzscheibe Verbundglas, heizbar	
S39	S39	Fensterheber rechts elektrisch	
X26	X26	Geräuschkapselung	

Empfohlene Lieferausführungen Unimog U 1450 L / U 1650 L (214) / U 1400T Baureihe 427 (SBU) Stand 1999

Ausführung Fahrgestell		U 1450 L
Leergewicht		ca. 3.800 kg
tatsächliche Vorderachslast		ca. 2.700 kg
tatsächliche Hinterachslast		ca. 1.100 kg
B42	Anhängerbremsanlage Zweileitung	
G65	Schaltplatte	
J24	EG-Kontrollgerät (Fahrtschreiber), 2 Fahrer	
H02	Einkreis-Hydraulikanlage	
H12	Hydraulikanlage 2-zellig	
H51	Hydr. Steckeranschluß hinten 2fach, Zelle 1	
H59	Separate Rücklaufleitung, hinten	
L03	Umrissleuchten	
L25	Nebelschlußleuchte	
L35	Leuchtweitenregelung	
L41	Zusatzblinkleuchten seitlich	
N16	Schneller Nebenabtrieb	
Q04	Anhängekupplung selbsttätig mit großem Maul	
S05	Fahrersitz hydraulisch	
S21	Dreipunkt-Automatik-Sicherheitsgurt	
S50	Verbandskasten mit Halter	
Y46	Warndreieck und Warnleuchte	

Ausführung Fahrgestell		U 1650 L (214)
Leergewicht		ca. 4.440 kg
tatsächliche Vorderachslast		ca. 3.010 kg
tatsächliche Hinterachslast		ca. 1.430 kg
B42	Anhängerbremsanlage Zweileitung	
C87	Auspuffendrohr nach links oben	
E42	Zusätzl. Anhängersteckdose 12 V, 13polig	
E55	Antenne, Radiokonsole und 2 Lautsprecher	
G65	Schaltplatte	
J24	EG-Kontrollgerät (Fahrtschreiber), 2 Fahrer	
L03	Umrissleuchten	
L25	Nebelschlußleuchte	
L35	Leuchtweitenregelung	
L41	Zusatzblinkleuchten seitlich	
M12	Regler mit Zwischendrehzahl-Arretierung	
N16	Schneller Nebenabtrieb	
Q06	Anhängekupplung selbsttätig	
R30	4 Scheibenräder 11 - 20 SDC	
S02	Komfortschwingsitz	
S12	Beifahrersitz Zweisitzer	
S21	Dreipunkt-Automatik-Sicherheitsgurt	
S50	Verbandskasten mit Halter	
S81	Spiegelhalter für Fahrzeugbreite > 2.190 mm	
S82	Weitwinkelspiegel	
S83	Rampenspiegel	
U41	Kotflügel hinten	
Y46	Warndreieck und Warnleuchte	

Ausführung Triebkopf		U 1400 T
Leergewicht		ca. 2.980 kg
H02	Einkreis-Hydraulikanlage	
H12	Hydraulikanlage 2-zellig	
J24	EG-Kontrollgerät (Fahrtschreiber), 2 Fahrer	
L04	Umrissleuchten	
L25	Schalter für Nebelschlußleuchte	
L35	Leuchtweitenregelung	
L41	Zusatzblinkleuchten seitlich	
M31	Luftpresser mit höherer Leistung	
S21	Dreipunkt-Automatik-Sicherheitsgurt	
S50	Verbandskasten mit Halter	
S82	Weitwinkelspiegel	
S83	Rampenspiegel	
Y46	Warndreieck und Warnleuchte	

U 1650 L mit Hubsteiger und Zweiwegeeinrichtung. (Foto: Ralf Weinreich)

ALLE MODELLE SEIT 1946

Geräte-Programm zur Unimog-Baureihe 427 und 437 (SBU) Stand 5/1992			
Geräte-Gruppe	**Geräte-Hersteller**	**Geräte-Typ**	**Fahrzeug-Typ**
Abschmier- / Werkstattaufbauten	RAPID Maschinenfabrik, Griesheim	Mobile Abschmierstation, Typ 6-4/200 TD/EW	U 1250 L, U 1350 L
	Maschinenfabrik Rau, Weilheim	Werkstattaufbau Typ WW-U	U 1250 L - U 2450 L
		Schmierdienst-Aufbau Typ LB-U	
	Deutsche Tecalemit GmbH, Bielefeld	Abschmieraufbau Metrolub	U 1250 L, U 1350 L
Bagger / Grabgeräte	GRIESSER Maschinenfabrik, Lottstetten	Anbaubagger Typ HK 4000	U 1000 - U 2450
		Anbaubagger Typ HK 5000	U 1000 - U 2450
		Anbaubagger Typ HK 6000	U 1000 - U 2450
		Anhängerlader Mammut	U 1000 - U 2450
	Karl Schaeff GmbH, Rothenburg/T.	Universal-Aufbaulader Typ AL 20	U 1000 - U 2450
		Aufbaubagger Typ AT 16	U 1000 - U 2450
		Anbaubagger Typ HT 7 / 12 / 22	U 1000 - U 2450
Bohrgeräte	Nordmeyer KG, Peine	Drehbohrgerät DSB 1/3,5 / 1/5	U 1250 L - U 2450 L
		Drehbohrgerät Typ DSB 2/7	U 1850 L - U 2450 L
	Witte Bohrtechnik GmbH, Nienstadt	Tiefenbohrgerät Typ VSB 2500	U 1750 - U 2450 L
		Anbaubohrgerät mit Ladekran	U 1000 - U 2450 L
	Chr. Schmidt, MELIO KG, Ovelgönne	Erdbohrer Typ EBS / EB (Heck)	U 1000 - U 2100
		Erdbohrer Typ EBSF (Front)	U 1000 - U 2100
Feuerwehraufbauten/ Rüstfahrzeuge	FGL Feuerlöschgerätewerk, Luckenwalde	Sondertanklöschfahrzeug	U 1850 L/38 -
		Typ 24 / 50	U 2450 L/38
	GFT GmbH Geisselmann, Bad Friedrichshall	Tanklöschfahrzeug TFL 16/24	U 1350 L/37
		Typ RW 1, Typ SW 2000	U 1550 L/37
	Carl Metz GmbH, Karlsruhe	TFL 8/18, TFL 16/24, LF 8/6	U 1350 L/37, 1550L/37
		Typ RW 1, Typ SW 2000	U 1350 L/37, 1550L/37
	Minimax GmbH, Bad Urach	Komb.-Löschanlage 1200/500 RVV	U 1350L-U 1550/37
	Rosenbauer International, A-Leonding	Tanklöschfahrzeug TFL 2000	U 1850 L
		Löschfahrzeug LF	U 1550 L/37
		Rüstfahrzeug RF 5	U 1350 L / U 1550 L
		Antidemonstrationsfahrzeug	U 1850 - U 2450
	W. Schlingmann OHG, Dissen a.T.W.	TFL 8/18, TFL 16/24 TR	U 1350 L/37, 1550L/37
		Typ RW 1	U 1350L / U 1550L/37
	Albert Ziegler GmbH & Co. KG, Giengen/Brenz	Tanklöschfahrzeug TFL 8/18	U 1550 L/37
		Löschfahrzeug LF 8	U 1350L / U 1550L/37
		TFL 8 (W), TFL 16/24	U 1350L / U 1550L/37
		RW 1	U 1350L / U 1550L/37
		SW 2000 Tr	U 1350 L / U 1550 L
	Giletta Michele S.p.A./Italien	Feuerlösch-Wechselaufbau	U 1650
	Baribbi, Brescia / Italien	Löschfahrzeug FLF 2000/3000	U 1550 L/37
		Rüstfahrzeug BRV 7	U 1550 L/37
		Tanklöschfahrzeug TFL 2000	U 1550 L/37
	Silvani Antincendi / Italien	Silvani Twin Agent 600/700	U 1550 L/37
Flutlicht / Notstrom- / Schweißgeneratoren	Polyma Energietechnik, Kassel	Lichtgiraffe, kombiniert mit schallgedämmten Stromerzeuger	U 1350 L
	RAPID Maschinenfabrik, Griesheim	Mobiler Schweißaufbau mit Ladekran Typ SP 300	U 1000 - U 2450L
	WERNER & Co. Maschinenfabrik GmbH, Trier	Drehstromgenerator F 8 / F 12	U 1000 - U 2450
		Drehstromgenerator R 8 / 12 / 20	U 1000 - U 2450
		Schweiß- und Drehstromgenerat. Typ P 330/8	U 1000 - U 2450
Grabenfräsen/ Verfüllschnecken/ Gruppenfräsen	BARTH GmbH Dränagemaschinen, Oerlinghausen	Grabenfräse Typ K 150-80	U 1850 / U 2150
		Grabenfräse K150-V, K120-H	U 1000 - U 2100
		Grabenverfüllschnecke Typ 2000	U 1000 - U 2100
		Grabenverfüllschnecke 1250 R	U 1000 - U 2100
	A.F. Trenchers LTD /England	Grabenfräse Typ U 65	U 1000 - U 1650
	Vermeer-Holland B.V	Verfüllschnecke Typ U.V.D	U 1000 - U 2150
		Grabenfräse 1.500 mm	U 1000 - U 2150
		Grabenfräse 500 mm	U 1000 - U 2150

Geräte-Programm zur Unimog-Baureihe 427 und 437 (SBU) Stand 5/1992			
Geräte-Gruppe	**Geräte-Hersteller**	**Geräte-Typ**	**Fahrzeug-Typ**
Grabenfräsen/ Verfüllschnecken/ Gruppenfräsen	Chr. Schmidt MELIO KG, Ovelgönne	Grabenfräse KA 84	U 1000 - U 2100
		Trapezprofilfräse TPF 80/140	U 1000 - U 2100
		Trapezprofilfräse TPF 70/120	U 1000 - U 2100
		Mähkorb Typ MKS 2,50 / 2,90	U 1000 - U 2100
		Schlitz-Grabenfräse SGF 60/600	U 1000 - U 2100
		Scheibenrad-Grabenfräse	U 1000 - U 2100
		Grüppenfräse m. kon. Schnecke	U 1000 - U 2100
		Grabenreinigungs-Gerät Typ GR	U 1000 - U 2100
		Front-Verfüllgerät Typ VK	U 1000 - U 2100
Hochdruckreinigungsgeräte	Friedrichs Pumpen GmbH, Gronau-Epe	Hydraulik-Transformator Typ HPP 204/17, 304/12	U 1000 - U 2450 L
	Sobernheimer Maschinenbau GmbH, Sobernheim	Hochdruckschwemmeinrichtg. Typ HSE 280	U 1000 - U 2450
	TRILETY GmbH & Co. KG, A-Hallein	Hochdruck-Schwemmanlage Typ WBH 35, WBH 45	U 1000 - U 2450
Hochdruck- und Sauggeräte	BARTH GmbH Dränagemaschinen, Oerlinghausen	Dränagespülgerät L 60N, L 100N	U 1000 - U 2150
		Kanalspülgerät L100K, L200K	U 1000 - U 2150
	Joachim Leistikow GmbH, Niederdorfelden	Hochdruckreinigungsgerät Kanalspülgerät für Frontanbau	U 1000 - U 2450
	MABO GmbH, Oelde	Hochdr-Kanalspülgerät 471.30-50	U 1800 - U 2150
		Typ 471.03	U 1000 - U 1600
		Schlammsauger Typ 396.12	U 1000 - U 1600
Holzhacker	G. Drücker KG, Stadtlohn	Holzhacker Typ HF 760 (Front)	U 1000 - U 2450
	Husmann Maschinenfabrik Lathen	Holzhacker Typ H-8 U (Front)	U 1000 - U 2450
	Peter Jensen Maschinenfabrik, Maasbüll	Holzhacker Typ A 3.3 / 4.4 ZUX	U 1000 - U 2450
		Typ 2.2 ZUX	U 1600 - U 2450
	Hans Schliesing GmbH, Diusburg	Holzzerkleinerer Typ 330 U	U 1000 - U 2450
Hubarbeitsbühnen	Kübler GmbH, Fördertechnik, Ilsfeld	Hubarbeitsbühne Typ HU 850 HS	U 1000 - U 2450 L
		HUV 1150-2, HU 1250-3/-2T	U 1000 - U 2450 L
		HU 1350-2T, HU 1450-4/1600-4	U 1000 - U 2450 L
	WUMAG GmbH, Krefeld	Hubarbeitsb. ELEFANT WG170	U 1250 L-U1550 L
Hydraulikwerkzeuge	Gölz-Baugeräte, Hellenthal-B.	Stampfer TA 52103/TA57112	U 1000 - U 2450
		Kettensäge CS 06120	U 1000 - U 2450
		Stockkettensäge CS 23111	U 1000 - U 2450
		Astschneider PR 40131	U 1000 - U 2450
		Aufbruchhämmer	U 1000 - U 2450
		Bohrhämmer HD 20101/45110	U 1000 - U 2450
		Tiefloch-Bohrhämmer	U 1000 - U 2450
		Bohrmaschinen, Schlagschrauber	U 1000 - U 2450
		Trenn-/Vertikal-Trennschleifer	U 1000 - U 2450
		Pumpen	U 1000 - U 2450
	MONTABERT GmbH, Wiesbaden	Hydraulik-Aufbrechhammer BBH	U 1000 - U 2450 L
		Gesteinsbrecher Typ BRH	U 1000 - U 2450
		Hydr. Rammeinrichtung BRH40	U 1000 - U 2450
Kabelverlegegeräte	Walter Föckersperger GmbH, Pauluszell-Wurmsham	Seilwindenaufbau FS 30	U 1000 - U 1850
		Kabelverlegepflug Typ FSP 6	U 1000 - U 1850
	Peter Lancier GmbH, Münster	Kabelziehwinde WS 2030 Z	U 1000 - U 2450
		Typ WS 3050 Z, WS 4050 Z	U 1000 - U 2450
		Kabeltrommelwagen KT 67 / 80	U 1200 T
	Hans Heinrich Hille, Bad Harzburg	Kabeltrommel-Transportfahrzeug Typ Unicab 6 / 8 / 10 / 12	U 1200 T - U 1800 T
Kehrmaschinen	Assaloni Commerciale s.r.l.	Frontanbau-Kehrmasch. SF 220	U 1000 - U 2450
	Ernst Augl GmbH, A-Pasching	Container-Kehrmaschine	U 1200 - U 1600
	Danline Int. Ltd. UK	Frontkehrmaschine	U 1000 - U 2450
	SAKU Maschinenbau, Griesbach	Selbstaufnehm. Kehrmaschine Typ SAKU 3,5 / SAKU 4,2	U 1000 - U 1400
		Typ SAKU 5,5	U 1250 L

ALLE MODELLE SEIT 1946

Geräte-Programm zur Unimog-Baureihe 427 und 437 (SBU) Stand 5/1992			
Geräte-Gruppe	**Geräte-Hersteller**	**Geräte-Typ**	**Fahrzeug-Typ**
Kehrmaschinen	Schmidt Winterdienst und Kommunaltechnik GmbH, St. Blasien/Schwarzwald	Kehrmaschine SK 310/320/340 Vorbaukehrmaschine VKS 4	U 1000 - U 2450
		Typ VKS 24-Z, 26-Z, VKA 22-V	U 1000 - U 2450
		Zwischenachs-Kehrm. ZAK 23/26	U 1250 - U 2450
		Wildkraut-Beseitig.gerät SWB 700	U 1000 - U 2450
		Heck-Kehrmasch. HKS 24-Z, 26-Z	U 1000 - U 2150
	Sobernheimer Maschinenbau GmbH, Sobernheim	Wildwuchsentferner WWE 120	U 1000 - U 2450
		Frontkehrmaschine FKM	U 1000 - U 2450
		Universalkehrmasch. UKM 220 U	U 1000 - U 2450
		Vorbaukehrmaschine SVK 2000	U 1000 - U 2450
		Vorbaukehrmaschine VKM 200	U 1000 - U 2450
	TRILETY GmbH & Co. KG, A-Hallein	Selbstaufn. Kehrmaschine TSU	U 1000 - U 2450
		Vorb.kehrmasch. FKH 1500/2000	U 1000 - U 2450
		Typ VKH 1500 / VKH 2000	U 1000 - U 2450
Kipper- / Pritschenaufbauten	Doppstadt, Velbert	Pritschen-Schnellwechselvorr.	U 1000 - U 2450
	S.A.Guima, Frankreich	Container-Wechselaufbau	U 1250 - U 1450
	Bennes Marell, Frankreich	Spezial-Kipperaufbau	U 1250 - U 2150
		Spezial-Pritschen-Wechselaufb.	U 1250L - U 1450L
	Franz Xaver Meiller GmbH, München	Kipp-Pritschenaufbau	U 1650 - U 2450L/38
Kompostierungsgeräte	Doppstadt, Velbert	Komposteraufbau UK 1250/1550	U 1250 / U 1650
	G. Drücker KG, Stadtlohn	Kompomix-Anhänger	U 1000 - U 2450
	Kramer-Werke, Überlingen	Müll- u. Kompost-Umsetzmasch.	ab U 1000
Kofferaufbauten, Expeditionsaufbauten	Hartmann Spezialkarossen	Reisemobile, Omnibusse,	U 1250L - 2450L/38
	Alsfeld	Kadaver-Wagen, Polizei-Fahrz.	U 1250L - 2450L/38
	Partout Carrossiers, Frankr.	Spezial-Kabinenaufbau	U 1000 - U 2450L/38
	RAPID GmbH, Griesheim	Kofferaufbau Mobile Küche	U 1250 - U 2450L/38
	Saint Aubert, Frankreich	Spezial-Kabinenaufbau	U 1000 - U 2450L/38
	Wilhelm Thiele GmbH, Bremerhaven	Spezial-Kofferaufbau für Krankentransport, Funkleitstelle	U 1250L - 2450L/38
	UNICAT GmbH, Hambrücken	Fahrzeuge für Expedition, Labor,	U 1250L - 2450L/38
		Forschung, Rallye, Sonderaufb.	U 1250L - 2450L/38
		Fahrgestell- und Fahrerhausaumb.	U 1250L - 2450L/38
	Karosseriefabrik Voll GmbH, Würzburg	Kofferaufbau-Ausrüstungsvarianten	U 1250L-U1550L/37
	Zeppelin GmbH, Offenburg	Kofferaufbauten	U 1000 - U 2450L/38
Ladekräne	Atlas-Weyhausen GmbH, Delmenhost	Ladekran Atlas 30.1 / 50.1 / 60.1	U 1000 - U 2450L/38
		Atlas 80.1 / 90.1 / 100.1 / 130.1	U 1000 - U 2450L/38
	HAP Krane GmbH	HAP 310/310D/510/510D/850	U 1000 - U 2450
		HAP 790/790D/1010/1010D	U 1000 - U 2450
		HAP 890/1110/990/1410	U 1250 - U 2450
		HAP 1710/1710D/1710D+	U 1800 - U 2450
		HAP 2010/2010D/2010D+	U 1850 - U 2450 L
	Hiab-Foco GmbH, Langenhagen	Holzladekran 590/790/990	U 1000 - U 2450
		Ladekran Typ 031/045/050/071	U 1000 - U 2450
		Typ 090/100/120	U 1800 - U 2450
		Typ 140/160/205/220/260/290	U 1800 - U 2450
	Franz Xaver Meiller GmbH, München	MK 36RS, RS/2	U 1000 - U 2450
		MK 51R-4,34/-5,0/-4,55/56R5	U 1000 - U 2450
		MK 66 RS, MK 71 R-5,2	U 1250 - U 2450L
		MK 75 RS/RS-2, 76 RS/RS-2	U 1000 - U 2450L
		MK 116 RS, MK 116 RS-2	U 1800 - U 2450
		MK 136 RS, 136 RS-2, 136 RS-3	U 1800 - U 2450L
	WERNER & Co., Maschinenfabrik GmbH, Trier	PC 1200 / PC 2400 / PK 2500 / PK 3700 / PK 5800 / PK 8000	U 1000 - U 2450L/38 U 1000 - U 2450L/38
		PK 9000 / PK 10500 / PK 12500	U 1000 - U 2450L/38
		PK 13500/PK 14000L/PK 17500	U 1650 - U 2450L/38
		PK 22000/PK 30000/PK 28000L	U 1850 - U 2150L/38

Geräte-Programm zur Unimog-Baureihe 427 und 437 (SBU) Stand 5/1992			
Geräte-Gruppe	**Geräte-Hersteller**	**Geräte-Typ**	**Fahrzeug-Typ**
Leitpfosten- und Planken-waschgeräte	Assaloni Commerciale s.r.l.	Tunnelwaschgerät PVS 3	U 1800 - U 2450
	Schmidt Winterdienst und Kommunaltechnik GmbH, St. Blasien/Schwarzwald	Leitpfostenwaschgerät Typ RP	U 1600 - U 1750
		Reinigungsmaschine f. Tunnelwand Typ TW 600	U 1800 - U 2450
Mäh-/Mulchgeräte, Böschungsmäher, Randstreifenmäher	Assaloni Commerciale s.r.l.	Mulchgerät Frontausl. Typ BFA/30	U 1000 - U 2450
	Lizzano/Italien	Mähsauggerät Typ BLF 6	U 1000 - U 1600
		Randstreifenmähgerät PAU+FED	U 1000 - U 1600
	Anton Berkenheger GmbH, Haren	Anbaumähgerät Typ 4600	U 1000 - U 1600
		Frontanbaugerät Typ 4800	U 1000 - U 1600
	Busatis-Werke GmbH, Hückeswagen	Randstreifenmäher BM 1143	U 1000 - U 2450
		Randstreifenmäher BM 1133	U 1000 - U 2450
	Doppstadt, Velbert	Randstreifenmäher DRM 120	U 1000 - U 2450
	G. Drücker KG, Stadtlohn	Böschungsmäher SMK 500	U 1000 - U 2450
		Seitenmäher SMT 15	U 1000 - U 2450
	K/S Epoke Dänemark	Böschungsmäher UTH 60 / 46	U 1000 - U 1650
	MULAG-Fahrzeugwerke, Bad Peterstal	Front-Auslegermäher. FME 400	U 1000 - U 2450
		Böschungsmäher ME 700	U 1000 - U 2450
		SB 400HU / 500HU / 600VHU	U 1000 - U 2450
	Nicolas B.P.3/Frankreich	Böschungsmähgerät	U 1850 - U 2150
	Schmidt, St. Blasien	Randstreifenmäher SRM 22 / 24	U 1000 - U 2150
	J. Willibald GmbH, Wald-Sentenhart	Mulchgerät FHU 150/200/230	U 1000 - U 2100
		Schlegelmul. SHU 200/230/280	U 1000 - U 2100
		Uni-Forst-Mulcher UFM 180/225	U 1000 - U 2100
		Uni-Mulcher UFK 155 / 215	U 1000 - U 2100
		Steinzerkleinerer STZ 1350/1900	U 1000 - U 2100
Planiergeräte	Assaloni Commerciale s.r.l.	Erdschieber Typ T 90	U 1000 - U 2150
	Baas Technik GmbH, Prisdorf	Frontlader Typ E 110	U 1000 - U 1650
	Beilhack GmbH, Rosenheim	Erdschieber Typ BES 240	U 1000 - U 2150
	Franz Hauer GmbH, Österr.	Frontlader Typ POM U 427	U 1000 - U 1650
	Kramer-Werke GmbH, Überlingen	Gräder Typ HP 2	U 1000 - U 2100
		Plattenverdichter Typ P 6	U 1000 - U 2100
	MAK, Luxemburg	Rubbamat 7 Rubbax	U 1000 - U 2450 L
	MPS, Sangerhausen	Bankettfräse BFU Profi 150	U 1000 - U 2150
	Karl Schaeff, Rothenburg	Frontlader FL 412 / 500	U 1000 - U 2150
	Schmidt, St. Blasien	Erdschieber P3-EV / P3-EV/SW	U 1000 - U 2150
		Frontlader FL4-L / FL4 / FL5	U 1000 - U 2150
	Schmidt-Melio, Ovelgönne	Planier- und Profilierfräse	U 1000 - U 2100
	Alfred Söder, Burkhardroth	Zwischenachs-Erdhobel	U 1000 - U 2100
Seilwinden	ITAG, Celle	WPH 300 / Duomat 050	U 1000 - U 2100 L
	Rotzler GmbH + Co., Steinen/Baden	TR 035, TR 080, HZ 051/2-58	U 1000 - U 2450 L
		HZ 090/2-96, HZ 300/3-140	U 1000 - U 2450
		Freileitungswinde EA 020, R 050	U 1250 - U 2450 L
	WERNER & Co. Maschinenfabrik GmbH, Trier	Fronthubseilwinde F 30.1, F38	U 1000 - U 2150L/38
		F40.1, F45.1, F50.1, F50.2,	U 1000 - U 2150L/38
		F64.1, F70.2, F80.2	U 1000 - U 2150L/38
		Rückeaggregat M 44, 56, 62, 99	U 1000 - U 2150L/38
		Rahmenhubseilwinde R50.1,	U 1000 - U 2150L/38
		R50.2, R70.2, R79, R80.2, R100.2	U 1000 - U 2150L/38
		Chassishubseilwinde C62, C70	U 1000 - U 2150L/38
		Seitenhubseilwinde S 40.1, 50.1,	U 1000 - U 2150L/38
		S 50.2, 70.2, 80.2, 100.2	U 1000 - U 2150L/38
		Heckhubseilwinde H 38, 50.2, 64.1	U 1000 - U 2150L/38
		H 64.1, 70.2, 80.2	U 1000 - U 2150L/38
Sprühaufbauten	Kalkwerk Hufgard GmbH, Hösbach-Rottenberg	Container-Verblasetechnik	
		Typ HCV 2000 / 3000 / 4000	U 1000 - U 2150
Straßenfräsen	Franz Bröhl, Lauf	Anbau-Kaltfräse Typ F 2002	U 1000 - U 2150
Schneidgeräte	Karl Lindner GmbH & Co.KG, Schlitz-Willofs	Anbau-Kaltfräse Typ F 50	U 1000 - U 2150
		Fugenschneider Typ FSG 6800	U 1000 - U 2150

ALLE MODELLE SEIT 1946

Geräte-Programm zur Unimog-Baureihe 427 und 437 (SBU) Stand 5/1992

Geräte-Gruppe	Geräte-Hersteller	Geräte-Typ	Fahrzeug-Typ
Tank- / Behälteraufbauten	ATC GmbH, Eisenach	Asphalt-Container Typ BAF 1000	U 1000 - U 2150
	Chemowerk GmbH, Weinstadt	GfK-Behälter 1000, 1200, 1400,	U 1000 - U 2450
		1600, 2000, 3000 Liter	U 1000 - U 2450
	Fahrzb. Geyer, Unterspiesheim	Thermofass 3,2 - 6,5 t	U 1000 - U 2150
	RAPID GmbH, Griesheim	Mobiler Tankaufb. Typ T 5000-D	U 1650 - U 2450 L
Triebkopfhinterwagen, Sonderfahrzeuge	Hebmüller+Hirsch GmbH, Wuppertal	Niederflur-Hubwagen CH 7,5 GG	U 1200 T
		Niederflur-Hubwagen CH 10,3 GG	U 1200 T
	Faßbender, Siepmann, Neuß	Fasieco-Container-Hubwagen Typ FCH 5, FCH 6	U 1200 T, U 1800 T
		Container-Absetzkipper FCAT8	U 1200 T, U 1800 T
		Hochabsetzkipper FCHKT 7	U 1200 T, U 1800 T
	LESA GmbH, Stolberg	LUA/7,5A, LUA/5E, LCT, HAK 60	U 1200 T, U 1800 T
		LUA/8,5, LUSK 1500-16-2,	U 1200 T, U 1800 T
		STL4x2, LUHF1800-36-3, LUS	U 1200 T, U 1800 T
	Anton Ruthmann GmbH, Gescher-Hochmoor	Niederflur HU 1295, 12105,	U 1200 T, U 1800 T
		HU 12120, 17122, 17137	U 1200 T, U 1800 T
		Schräghubw. SU 17160	U 1800 T
	SIPREL, Frankreich	Hubwagen 12400 kg	U 1200 T
Zweiwegefahrzeuge (Schiene, Straße)	CMAR, Frankreich	Schienenleiteinrichtung	U 1000 - U 1650
	ZAGRO GmbH, Bad Rappenau-Grombach	Zweiwegeeinrichtung System Ries Typ 460.02, 170.00	U 1000 - U 2150
	Zweiweg Schneider GmbH, Rosenheim	LOCTRAC 82S, 100S 120S	U 1000 - U 1650
		ZW85 ZR (285.00.101/102)	U 1250 - U 1650
Winterdienstgeräte	Assaloni Commerciale s.r.l., Lizzano / Italien	Schneefräse FF248/1, /2A, 268/1	U 1000 - U 1650
		Schneefräse FL120N, 120/A,	U 1000 - U 1650
		Schneepflug M2RDV, G2RDV,	U 1000 - U 2450
		GH2 RDV, 2LRC, 3MRS, Futura,	U 1000 - U 2450
		Keil-Schneepflug Y5, Y6	U 1000 - U 2450
	Beilhack Vertiebs GmbH, Rosenheim	Schneefräse Typ 251 Z, 261 Z	U 1000 - U 2450
		Seitenschneeschl. HS20, 240Z	U 1000 - U 2450
		Schneepflug PX26-3, 28-3, 30-4	U 1000 - U 2450
		PV26-3, 28-3, 27-4, 30-4, 30F4,	U 1000 - U 2450
		PV34-4, PF21, 26	U 1000 - U 2450
		Keil-Schneepflug 260, 261, 291	U 1000 - U 2450
		Aufsatzstreuautomat RIEWE	U 1000 - U 1650
	W. Gmeiner GmbH, Kümmersbruck	Doppelkammer-Streuautomat	U 1000 - U 1650
		Typ STA-DK-WA, STA-DK-HA	U 1000 - U 1650
		Einkammer-Streuautomat	U 1000 - U 1650
		STA-EK-WA, STA-EK-HA,	U 1000 - U 1650
		STA90WA, STA90HA	U 1000 - U 1650
	Küpper-Weisser GmbH, Bräunlingen	Einkammer-Streuautomat Typ	U 1000 - U 2450
		StA/HD-HUE, -AUE, -HU90,	U 1000 - U 2450
		-AU90, -HUET, -AUET, -HU90T,	U 1000 - U 2450
		Zweikammer-Streuautomat Typ	U 1000 - U 2450
		StA/HD-HUEZ, - AUEZ, -HU90Z,	U 1000 - U 2450
	K/S Epoke, Dänemark	Anbaustreuer PT 4,5 H3K	U 1000 - U 1650
		Anbaustreuer PT 4,5 H3	U 1000 - U 1650
		Aufsatztellerstreuer PB1,6 HK	U 1000 - U 1400
	Schmidt Winterdienst und Kommunaltechnik GmbH, St. Blasien / Schwarzwald	Schneefräse SF3-Z, VF3-Z-L-B,	U 1000 - U 1850
		VF5-Z-L, S1-V, S3.1, FS3-Z,	U 1000 - U 1850
		VF3-L, VF4, TS4, TS5	U 1000 - U 1850
		Schneepflug E 3,5 / 5,2, CP 3/5,	U 1000 - U 2450
		MF 2.4, 3.3, 5.3,	U 1000 - U 2450
		Keilschneepflug K3, K5	U 1000 - U 2450
		Hochleistg.pflug S30, S33, S36	U 1000 - U 2450
		Silo-Streuautomat SSt	U 1000 - U 1850
		Doppelkammer-Streuautom. DST	U 1000 - U 1850
		Behälter-Streugerät BST-H	U 1000 - U 1850

Produktion Unimog 427 (1988-2003)									
	1988	1989	1990	1991	1992	1993	1994	1995	Gesamt
427.000	16	22	24	24	21	10	14	4	
427.100	141	116	183	167	86	10			703
427.101	358	356	335	430	314	226	44		2.063
427.102	168	228	330	447	382	308	504	679	
427.105	102	132	219	351	265	223	152	179	
427.107					11	23	36	70	
427.110	84	124	98	143	159	110	17		735
427.111	45	22	52	38	85	71	25	81	
427.112	46	101	99	150	181	125	123	157	
427.115	71	74	110	158	149	139	123	131	
427.116	6	5	11	9	17	13	9	18	
427.117					11	29	28	51	
427.118					1	6	7	3	
Gesamt	1.037	1.180	1.461	1.917	1.682	1.293	1.082	1.373	
	1996	1997	1998	1999	2000	2001	2002	2003	Gesamt
427.000	10	12	7	5	5	2			176
427.102	320	291	589	585	290	117	98		5.336
427.105	120	172	132	109	47	42	29		2.274
427.107	25	33	41	177	71	122	72	100	781
427.111	61	17	9	16	14	3			539
427.112	112	138	121	82	76	25	9		1.545
427.115	102	149	120	100	133	29	35		1.623
427.116	22	18	4	2	16				150
427.117	42	47	52	74	48	23	14		419
427.118	13	12	3	0	12				57
Gesamt	827	889	1.078	1.150	712	363	257	100	16.401

U 1600 mit Schmidt-Schneefräse im Dienst der Bundeswehr.
(Foto: Ralf Weinreich)

ALLE MODELLE SEIT 1946

Unimog U 1350 L Baureihe 437 (1988–1994)
Unimog U 1550 L Baureihe 437 (1988–2002)

Zu Beginn des fünften Unimog-Jahrzehnts, im Frühjahr 1988, wurde die Erweiterung und Modernisierung des gesamten Unimog-Programms mit der Markteinführung der »Schweren« Baureihe 437 abgeschlossen. Somit bestand die neue Unimog-Familie aus nunmehr vier Baureihen, aufgegliedert in weitere vier Gattungsgruppen. Mit diesem Strukturwandel gestaltete sich das Unimog-Programm übersichtlicher, das auch gleichzeitig die alten, zum Teil seit 1963 gebauten Baureihen 421, 403, 406, 413, 416, 424, 425 und 435 ablöste. Obwohl der Unimog über all die Jahre ständig modifiziert und verbessert worden war, war seine Entwicklung immer noch nicht abgeschlossen, und das Konzept konnte ohne Übertreibung noch als zukunftsweisend bezeichnet werden.

Die bisher gewaltigsten Unimog entstammten der Schweren Baureihe 437, die den Markt nach oben abrundete. Auch sie blieb äußerlich gegenüber der 1976 erschienenen »Schweren« Baureihe 425 fast unverändert, doch auch hier tat sich unterm Blech viel Neues: So wurde die Motorenbaureihe OM 352 durch die OM-366-Reihe ersetzt, welche aus den LN2- und MB-trac-Programmen schon gut bekannt war. Ihre Motoren erreichten dank Turbolader und Ladeluftkühlung bis zu 240 PS. Die unterschiedlichen PS-Leistungen gegenüber den Vorgängermodellen schufen neue Typen. Trotz der enormen Leistungsspanne von 52 bis 240 PS zeichneten sich alle Unimog durch familientypische Charaktereigenschaften aus wie lange Lebensdauer, günstigen Kraftstoffverbrauch, relativ geringes Gewicht, kompakte Abmessungen und konstruktive Gemeinsamkeiten. Ein neuentwickeltes Paket geräuschdämmender Maßnahmen machte 1988 den Unimog zum »lärmarmen Fahrzeug«. Die Geräuschkapselung an

Die Militärversion des hochgeländegängigen Unimog Fahrgestells U 1550 L der Schweren Baureihe 437.

Motor und Getriebe, ein neuer Lüfter und eine zusätzlich schallgedämpfte Auspuffanlage sowie weitere gezielte Maßnahmen reduzierten das Geräuschniveau auf 78 dB(A). Auch die Kabine wurde durch zusätzliche schalldämmende Maßnahmen im Innenraum merklich leiser.

Entsprechend dem neu geordneten Bauprogramm war auch die Baureihe 437 als besonders leistungsstarkes Fahrzeug mit hoher Geländegängigkeit in den Fahrzeug-Gattungen als Zug- und Arbeitsmaschine mit kurzem und mit langem Radstand, als hochgeländegängiges Fahrzeug und als Triebkopf angelegt, die mittels unzähliger Sonderausstattungen jeweils genau auf ihr Arbeitsspektrum hin ausgerichtet werden konnten.

Als Antrieb diente den neuen Unimog-Modellen der moderne, neu entwickelte Direkteinspritzer-Dieselmotor OM 366 mit einem Hubraum von 5958 cm?, der sich bereits in Mercedes-Benz-Lastwagen bewährt hatte. Die leistungsstarken Dieselaggregate mit Abgasturbolader gab es wahlweise auch mit Ladeluftkühlung und mit bis zu 240 PS Leistung.

Kleinstes und zugleich preiswertestes Modell der Baureihe 437 war der hochgeländegängige U 1350 L (BM 437.110) mit einer Leistung von 136 PS (100 kW) und einem Radstand von 3250 mm, der 1989 in Grundausführung zu einem Listenpreis von DM 92.790,– angeboten wurde. Bis 1994 gebaut, entstanden lediglich 150 Einheiten.

Populär wurde der 155 PS starke U 1550 L (BM 437.111) durch zahlreiche Safaris und Expeditionen in die entlegensten Winkel der Erde, denn Forschungsreisende und Spezial-Reiseunternehmen wählten das Unimog-Fahrgestell für den Aufbau zum Expeditionsfahrzeug oder Reisemobil. Die Spezialaufbauten wurden zum Selbstausbau, aber auch gemäß den individuellen Wünschen und Reisezielen komplett eingerichtet geliefert.

Der Unimog 1550 L (BM 437.111) erwies sich im weltweiten Militäreinsatz als ein extrem geländegängiges und wirtschaftliches Fahrzeug für den Transport von Mannschaft und Material. Für die nötige Motorleistung sorgte der robuste, umweltfreundliche Sechszylinder-Dieselmotor OM 366 A (EURO II) von Mercedes-

Dieses Expeditionsfahrzeug basiert auf dem hochgeländegängigen Unimog Fahrgestell U 1550 L.

Unimog U 1550 L mit Gelenksteiger.

Benz, der im 1550 L ab 1990 in einer weiteren Leistungsvariante mit Ladeluftkühler (OM 366 LA) und 214 PS (157 kW) unter der Verkaufsbezeichnung U 1550 L (214) (BM 437.116) angeboten wurde. Mit entsprechenden Aufbauten ausgerüstet, konnte der Unimog als Funk-, Sanitäts-, Feuerwehr- und Werkstattfahrzeug eingesetzt werden. Als Pionierfahrzeug mit Anbaugeräten wie Bagger, Lader, Erdschieber, Seilwinden, Kompressoren, Stromerzeuger, Pumpen und hydraulischen Werkzeugen sowie Geräten für den Winterdienst. Das technische Konzept des Unimog mit seinen kurzen Überbauten ergab günstige Böschungswinkel vorn und hinten, die zusammen mit einem niedrigen Fahrzeugschwerpunkt und einem günstigen Rampenwinkel den Unimog zu einem überzeugenden, universell einsetzbaren Fahrzeug machten, das in jedem Gelände seine Aufgaben erfüllte.

Den 1550 L gab es auch mit langem Radstand von 3700 mm als U 1550 L/37 (BM 437.120), der sich ab 1993 nochmals auf 3850 mm beim U 1550 L/38 (BM 437.123) und beim U 1550 L/45 (BM 437.141) gar auf 4500 mm erhöhte.

Der U 1550 L (BM 437.111) stand in seiner Zivilvariante mit einem Grundpreis in Höhe von DM 94.840,– in der Unimog-Preisliste des Jahres 1989, weitere DM 1.660,– wurden bei ihm für den gesetzlich vorgeschriebenen Lieferumfang berechnet. Mit dem langen Radstand von 3700 mm kostete er als U 1550 L/37 (BM 437.120) in Grundausführung DM 96.680,–.

Der U 1550 L mit seinen verschiedenen Baumustervarianten avancierte mit der Produktionszahl von insgesamt 4785 Einheiten zum meistgebauten Fahrzeugtyp innerhalb der Baureihe 437. Spitzenreiter war der U 1550 L (BM 437.111) mit einer Stückzahl von 2364 Einheiten, als U 1550 L (214) (BM 437.116) kamen weitere 269 Fahrzeuge hinzu. Der U 1550 L/37 (BM 437.120) brachte es bis zu seinem Produktionsende im Jahre 2002 auf 1468 und in der Version mit dem 214 PS-Motor als U 1550 L/37 (214) (BM 437.125) auf 566 Fahrzeuge. Von dem U 1550 L/45 (BM 437.141) mit seinem extrem langen Radstand wurden immerhin 82 Exemplare hergestellt, dagegen waren es beim U 1550 L/38 (BM 437.123) lediglich 36 Stück.

Unimog U 1700 / U 1800
Baureihe 437 (1988–1994)

Unimog U 1700 T / U 1800 T
Baureihe 437 (1988–1994)

Unimog U 1750 / U 1850
Baureihe 437 (1988–1994)

Unimog U 1750 L / U 1850 L
Baureihe 437 (1988–1994)

Als die 170 PS (125 kW) starken Baumuster U 1700 (BM 437.100), U 1750 (BM 437.112) und U 1750 L (BM 437.113) im Jahre 1988 neu auf dem Markt eingeführt wurden, waren auch sie als leistungsstärkste Varianten der Schweren Unimog-Baureihe 437 mit dem neu entwickelten Motorenprogramm ausgerüstet, das auf ein höheres Leistungsangebot, ein besseres Drehmomentverhalten und auf eine Verminderung des Kraftstoffverbrauches bei günstigeren Abgaswerten ausgerichtet war.

Eingestuft in die Unimog Fahrzeug-Gattung »Zug- und Arbeitsmaschine, kurzer Radstand« war der U 1700 (BM 437.100) mit seinem Radstand von 2810 mm ein starkes Zug- und Transportfahrzeug für schwerste Anhängelasten. Bis 1994 gefertigt, entstanden 303 Fahrzeuge, die anfangs zu einem Listenpreis von DM 109.690,– angeboten wurden.

Die hochgeländegängige Variante U 1750 (BM 437.112) war als eine universelle »Zug- und Arbeitsmaschine mit langem Radstand« (3250 mm) vor allem für den Kommunal-Einsatz vorgesehen, wo sie vom Frühjahr bis zum Herbst z. B. in der Straßen- und Parkplatzreinigung, in der Hecken- und Baumpflege oder im Garten- und Landschaftsbau eingesetzt werden konnte. Beim ersten Schneefall ließ sich der U 1750 schnell und problemlos mit Schneepflug oder Schneefräse zum Räumfahrzeug umrüsten. Der Unimog avancierte in den kommunalen Fuhrparks zum zuverlässigen Mitarbeiter im Öffentlichen Dienst, denn sein Konzept ermöglichte es, schwierige, für die Bevölkerung dringend notwendige Dienstleistungen wirtschaftlich zu erbringen. In seiner Grundausführung betrug 1989 der Listenpreis DM 111.490,–, hinzu kamen weitere Kosten in Höhe DM 1.740,– für den gesetzlich vorgeschriebenen Lieferumfang (Tachograf, Umrissleuchten, Rückfahrscheinwerfer etc.). Die vom Werk empfohlene Ausführung »Kommunal« ließ den Kaufpreis des U 1750 noch weiter in die Höhe klettern. Die umfangreiche

Unimog 1700 T Triebkopf als Kalkstreufahrzeug in der Bauwirtschaft.

ALLE MODELLE SEIT 1946

Unimog U 1750 bei Kabelverlegungsarbeiten mit Frontanbau-Grabenfräse.

Liste von mehr als 50 Positionen reichte von verstärkten Vorderfedern (C15) über ein Nachschaltgetriebe mit Arbeitsgruppen und Kriechgängen (G21) bis hin zu einem zusätzlichen Unterlegkeil (Y27). Vom Baumuster 437.112 (U 1750) wurden von 1988 bis 1994 insgesamt 272 Fahrzeuge hergestellt.

Der U 1750 L (BM 437.113) als »hochgeländegängiges Fahrzeug« wurde auch mit dem langen Radstand von 3850 mm unter der Verkaufsbezeichnung U 1750 L/38 (BM 437.131) angeboten. Mit insgesamt 685 Einheiten stellten diese beiden hochgeländegängigen Versionen den Hauptanteil der 1700er-Produktion. Gegenüber den kleineren Varianten U 1350 L und U 1550 L waren sie zusätzlich mit Motorbremse und Schalter für die 3. Bremse, mit verstärkten hinteren Zusatzfedern und mit größerer Radial-Bereifung 13 R 22,5 ausgerüstet. Der U 1750 L kostete in Grundausführung DM 111.490,– zuzüglich DM 1.533,– für den gesetzlich vorgeschriebenen Lieferumfang. Der U 1750 L/38 brachte es auf DM 123.280,–, wobei sich die Kosten für den gesetzlich vorgeschriebenen Lieferumfang durch zusätzliche Stabilisatoren mit verstellbarem Drehstab für Vorder- und Hinterachse auf DM 3.613,– erhöhten.

Triebkopf-Lösungen waren und sind eine Unimog-Variante mit hoher Effektivität. Zuständig für die Schwere Baureihe 437 war der 170 PS starke U 1700 T (BM 437.000), der nicht nur allein durch die Ein-Mann-Bedienung, sondern darüber hinaus

Unimog U 1750 als Zug- und Arbeitsmaschine mit langem Radstand von 3250 mm.

Der 3250 mm-Radstand des U 1750 machte auch eine längere Pritsche von 2550 mm möglich.

ALLE MODELLE SEIT 1946

U 1750 im Agrareinsatz mit großvolumigen Terra-Reifen, 6000-Liter-Aufbautank und Front-Ansaugpumpe.

noch durch seine hohen Transportgeschwindigkeiten auch als Spezialmaschine wirtschaftlich eingesetzt werden konnte. Vom U 1700 T wurden 86 Exemplare bis 1992 gefertigt und er stand mit DM 89.080,– in Grundausführung in der Unimog-Preisliste des Jahres 1989.

Ab 1992 profitierten auch alle Varianten des mittleren Leistungssegmentes der Baureihe 437 von dem seit 1989 im U 2100 eingebauten, ladeluftgekühlten Turbomotor OM 366 LA. 180 PS stark, ergänzten der U 1800 (BM 437.102), der U 1850 (BM 437.114), der U 1850 L (BM 437.115), der U 1850 L/38 (BM 437.133) und der U 1800 T (BM 437.002) die seitherigen 1700er-Baumuster mit 170 PS. Allerdings blieben die 1800er nur zwei Jahre lang, bis 1994, in der Produktion, und nach dem gleichzeitigen Produktionsende der 1700er sowie des U 1350 L überließ man dieses Leistungssegment den ohnehin erfolgreicheren U 2100-U 2400.

1994 rückte der U 1850 L nochmals in den Fokus der Unimog-Geschichte: Im Juli lief der 300.000ste Unimog in Gaggenau vom Band. Das Jubiläumsfahrzeug war ein U 1850 L der Baureihe 437, der vom damaligen Mercedes-Benz-Vorstand für das Lkw-Geschäft, Dr. h. c. Horst Zimmer, der Laubag AG in Mitteldeutschland für den Dienst im Tagebau übergeben wurde.

Unimog U 2100 / U 2400 Baureihe 437 (1989–2002)
Unimog U 2150 / U 2450 Baureihe 437 (1989–2002)
Unimog U 2150 L / U 2450 L Baureihe 437 (1989–2002)
Unimog U 2100 T Baureihe 437 (1992–2001)
Unimog U 2400 TG Baureihe 437 (1993–2001)
Unimog U 2450 L 6x6 Baureihe 437 (1995–2002)

Mit dem auf der »bauma« 1989 vorgestellten U 2100 (BM 437.105) überschritt ein Unimog im Serienbau erstmals die 200-PS-Grenze. Der ladeluftgekühlte Turbomotor OM 366 LA, der sich in Mercedes-Benz-Lastwagen bereits bewährt hatte, erhöhte jetzt die Leistung auf stolze 214 PS. Das Antriebsaggregat war kombiniert mit dem neu entwickelten Unimog-Getriebe UG 3/65, das sich dank seiner Außensynchronisierung weich und mit geringem Kraftaufwand schalten ließ. Die neue Schrägverzahnung trug zu einer hohen Laufruhe bei.

Die hohen Anforderungen des EG-Binnenmarktes, aber auch die spezifischen Bedingungen in den neuen Bundesländern verhalfen dem Unimog zu neuen Chancen in der Landwirtschaft. Mehrfachnutzung und der kombinierte Landwirtschafts- und Kommunaleinsatz standen Anfang der 1990er-Jahre für Wirtschaftlichkeit und Rentabilität. Die Antwort aus Gaggenau präsentierte sich auf der Agritechnika 1991 in Hannover: der U 2100 A Powerstar, speziell für die Belange der Landwirtschaft ausgerüstet. So gab es für den U 2100 eine Reihe von Sonderausrüstungen, die die Arbeit auch auf dem Feld zusätzlich erleichtern sollten, wie den Bordcomputer »Unicomp«, die elektronische Hubwerksregelung (EHR) »terramatic«-Regelhydraulik (abhängige oder Zylinder-druckabhängige Lageregelung) oder die Reifendruckregelanlage »tirecontrol« sowie Hydrostat für stufenloses Fahren für Geschwindigkeiten bis zu 25 km/h. Hinzu kamen die hohen Anhängelasten des U 2100 (BM 437.105) von bis zu 30 Tonnen. Einen deutlichen Leistungszuwachs auf nunmehr 240 PS (177 kW) erfuhr er ab 1992 als U 2400 (BM 437.105), der seine Vielseitigkeit als Zugmaschine besonders auf den Großflächen der Agrargenossenschaften unter Beweis stellen konnte oder bei Maschinenringen und Lohnunternehmen, bei denen hohe Schlagkraft und beste Geräteträgereigenschaften ebenso gefragt waren wie die schnelle Versetzbarkeit von Einsatzort zu Einsatzort.

Unimog U 2100 als leistungsstarker Allradschlepper für Transportaufgaben in der Landwirtschaft.

ALLE MODELLE SEIT 1946

Unimog U 2100 in der Landwirtschaft beim Pflügen mit Packer.

Von 1988 bis 2002 wurden vom U 2100 bzw. U 2400 (beide besaßen dieselbe Baumuster-Bezeichnung 437.105) insgesamt 803 Fahrzeuge im Werk Gaggenau gefertigt und zu einem Listenpreis von DM 142.970,– für den U 2100 bzw. DM 147.784,– für den 240 PS starken U 2400 angeboten.

Besonders für die schweren Aufgaben in der Bau- und Baustoffwirtschaft empfahl sich der ebenfalls auf der »bauma« 1989 erstmals der Öffentlichkeit vorgestellte U 2150 (BM 437.117) mit seinem langen Radstand von 3250 mm. Die 214 PS starke Zug- und Arbeitsmaschine bot die hohe Antriebsleistung, die auf dem Gebiet mobiler Erd-, Lade- und Grabarbeiten mit Frontlader, Bagger und Kranaufbauten benötigt wurde; im schweren Anhängerbetrieb wurden mit dem neuen Modell höhere Fahrleistungen möglich. Der hinter der Fahrerkabine montierte Ladekran war auch als Wechselaufbau zu haben. Der U 2150 erweiterte die Schwere Unimog-Baureihe 437 nach oben und erlaubte mit seinen Achslasten von bis zu 8 t den Einsatz schwerer zapfwellengetriebener Arbeitsgeräte bis zu einem zulässigen Fahrzeug-Gesamtgewicht von 12.000 kg. Trotz dieser enormen Leistung zeichnete sich der U 2150 – wie auch alle anderen Vertreter der neuen Unimog-Generation – durch die familientypischen Charaktereigenschaften wie lange Lebensdauer, günstigen Kraftstoffverbrauch, relativ geringes Gewicht, kompakte Abmessungen und konstruktive Gemeinsamkeiten aus.

Effektiver Arbeitsablauf in der Landwirtschaft: Der Unimog U 2100 bei der Feldarbeit mit drei Anbaugeräten in einem Arbeitsgang.

UNIMOG

Dieser Unimog 2150 L, der auf einem Trailer das 7-Meter Rettungsboot »Barsch« zieht, gehört zu einer der ältesten Seenotrettungsstationen der DGzRS, in Wustrow/Fischland im Einsatz. Da die Seenotretter sowohl in flachen Boddengewässern als auch in der Ostsee operieren, hat sich dieses Gespann bestens bewährt. Der Kofferbau wurde von der Fa, Eggers in Bremen gefertigt. Er enthält alle wichtigen Komponenten zur Erstversorgung Schiffbrüchiger. (Fotos: Ralf Weinreich)

ALLE MODELLE SEIT 1946

Unimog U 2150 in der Bauwirtschaft mit Palfinger-Ladekran.

Die leistungsstarke Zugmaschine U 2450 mit HIAB-Ladekran beim Tiefladertransport bis zu 30 Tonnen.

Auch die Gattungsvariante »Zug- und Arbeitsmaschinen, langer Radstand« erhielt ab 1992 den ladeluftgekühlten Turbo-Sechszylinder-Euro-1-Dieselmotor OM 366 LA (ab 1996 Euro 2) mit einer Leistung von 240 PS (177 kW). Angeboten wurde diese Variante unter der Verkaufsbezeichnung U 2450 (BM 437.117), sie stand in der Grundausführung mit DM 147.784,– in der Unimog-Preisliste von 1995. Von dem U 2150 / U 2450 wurden insgesamt 740 Einheiten bis 2002 gefertigt.

Speziell auf die unterschiedlichen Einsatzbedingungen der Feuerwehren zugeschnitten und von qualifizierten Aufbauherstellern ausgerüstet, hatte sich der Unimog auch auf diesem Gebiet zum weltweit erfolgreichen Konzept entwickelt. Die Schwere Baureihe 437 wurde in diesem Segment der »hochgeländegängigen Fahrgestelle« vom U 2150 L mit 214 PS (157 kW) und ab 1992 vom U 2450 L, dessen Leistung auf 240 PS (177 kW) angehoben wurde, vertreten. Die Varianten U 2150 L/38 und U 2450 L/38 mit dem langen Radstand von 3850 mm ergänzten das mit insgesamt 27 verschiedenen Baumustern bestückte Angebot der Baureihe 437.

Ob als vielseitiges Tanklöschfahrzeug mit einem mitgeführten Wasservorrat von bis zu 6000 Litern, als Rüstwagen mit Kranan-

Feuerwehraufbau auf dem hochgeländegängigem Unimog U 2150 L.

Unimog U 2450 L im Wintereinsatz mit aufgezogenen Schneeketten, Vorbauschneeschleuder und Silo-Streuautomat.

Das hochgeländegängige Fahrgestell Unimog U 2150 L/38 in der auflagenstarken Militär-Version.

Machte den Unimog zu einem echten Allround-Fahrzeug. Das SBU-Fahrgestell U 2400 TG.

lage für den technischen Einsatz oder als Waldbrandlöschfahrzeug, der Unimog war in vielen Ländern bei den verschiedensten Feuerwehr-Einsätzen unersetzlich geworden. So auch als schnelles RIV-Fahrzeug (RIV = Rapid Intervention Vehicle), das dank hoher Geschwindigkeit auf der Straße bzw. überragender Eigenschaften im Gelände schneller als die Großlöschfahrzeuge zur Unfallstelle gelangte, an der mit seiner Hilfe erste Rettungsmaßnahmen eingeleitet werden konnten. Denn Schnelligkeit war Trumpf beim U 2150 L / U 2450 L, der es mit seinem 214 bzw. 240 PS starken Turbodiesel auf eine Beschleunigung von 0 auf 80 km/h in weniger als 25 Sekunden brachte. Als ausschlaggebend erwies sich diese Schnelligkeit vor allem beim Einsatz als Standardlöschfahrzeug auf regionalen Verkehrsflughäfen wie auch als kompaktes und wendiges Trockenlöschfahrzeug in der Industrie. Bestückt war die Feuerwehr U 2150 L bzw. U 2450 L mit 1200 Litern Wasser-Schaummittel-Gemisch, mit 500 kg Löschpulver und mit einem auf dem Fahrerhaus montierten Werfer.

Sein hohes Leistungsgewicht von 17 PS/t machte den Unimog U 2150 L/38 (4x4) weltweit zu einem Universalfahrzeug

UNIMOG

Unimog U 2450 L 6x6 als Wohnmobil mit Unicat-Aufbau.

Unimog-Triebkopf U 2100 T als Niederflur-Hubwagen für Nutzlasten bis zu 6,9 Tonnen.

für den besonderen Militäreinsatz. Auch beim 214 PS starken Unimog U 2150 L/38, der auch mit 240 PS als U 2450 L/38 lieferbar war, waren Pritsche und Kofferaufbauten über Bodengruppen auf dem Fahrgestell verwindungsfrei gelagert. Dadurch wurden auch in schwierigem Gelände keine Beanspruchungen auf die Pritsche oder den Aufbau übertragen. Das Ganzstahl-Kurzhauben-Fahrerhaus, hochstellbar und mit bequemem Einstieg, war in drei Punkten gelagert und bot der Fahrzeugbesatzung hohe Sicherheit. Komfortabel war der Fahrersitz, und die auf Wunsch zweisitzige, abklappbare Beifahrersitzbank diente als Standfläche für die Dachluke. Sämtliche Aggregate waren staub-, schlamm- und wassergeschützt. Mit einer Watfähigkeit von 1,20 m war es dem U 2150L/38 bzw. U 2450 L/38 problemlos möglich, Gewässer zu durchfahren. Seine Geländegängigkeit erreichte er durch Portalachsen und Allradantrieb mit Differenzialsperren, die während der Fahrt pneumatisch zu- und abschaltbar waren.

ALLE MODELLE SEIT 1946

Ein Unimog U 2450 6x6, TLF 24/48-5 mit Ziegler-Aufbau in einem Tagebaubetrieb. (Foto: Ralf Weinreich)

Innerhalb des Unimog-Triebkopf-Angebotes der Schweren Unimog-Baureihe 437 gab es 1992 mit dem U 2100 T (BM 437.002), der den U 1800 T ablöste, eine letzte Modelländerung. Nun verfügte der Unimog für Spezialtransportaufgaben über eine Leistung von 214 PS und über ein fein abgestuftes Getriebe für Geschwindigkeiten vom Schritttempo bis zu 90 km/h, je nach Achsübersetzung und Bereifungsgröße. Bei der Rationalisierung des Güter- und Warenverkehrs zeichnete sich der Unimog-Triebkopf U 2100 T, ausgerüstet als Niederflurhubwagen für Nutzlasten bis 6,9 Tonnen, durch Wirtschaftlichkeit und hohe Auslastung mit Wechselsystem aus. Seine in Sekundenschnelle in ihrer gesamten Länge hydraulisch auf 1600 mm Höhe heb- und senkbare Ladefläche ermöglichte ein problemloses und sicheres Be- und Entladen auch schwerer Güter ohne großen Zeitaufwand zu ebener Erde, an Rampen unterschiedlicher Höhe und über Treppen hinweg. Im Zeitalter der

Unimog U 2450 L 6x6 als Off-road-Bergungsfahrzeug im Einsatz bei der australischen Armee.

279

Unimog U 2400 TG, ein Allrounder im Kommunaleinsatz mit Leistikow Hochdruck-Kanalspülgerät für Frontanbau, 7000-Liter-Wassertank und HIAB-Ladekran.

Kommunikation fand der Unimog-Triebkopf als Kabelwagen ein zukunftsträchtiges Betätigungsfeld.

Der völlig neu entwickelte Unimog-Schwerlastgeräteträger U 2400 TG (BM 437.182) hatte auf der IFAT 1993 seine Premiere. Er gehörte zur Schweren Baureihe 437 und verband mit deutlich erhöhter Nutzlast und größerer Ladekapazität die typischen Eigenschaften des Unimog mit den Vorteilen eines Lkw. Der 2400 TG wurde insbesondere im Hinblick auf den Ganzjahreseinsatz bei Straßen- und Autobahnverwaltungen, in größeren Städten sowie bei Lohnunternehmern konzipiert. Mit den Vorteilen des Lkw als »Lastenträger« kombiniert, erhöhte sich beim U 2400 TG die Tragfähigkeit der zwillingsbereiften Hinterachse auf 11,5 Tonnen. Dies und die Pritschenlänge von 4200 mm erlaubten das Betreiben schwerster Gerätekombinationen bei der Straßenunterhaltung. Weitere Pluspunkte waren die niedrige Ladehöhe von 1300 mm sowie die verbesserte Fahrdynamik auch beim Betrieb von schwersten Geräten. Der Hydrostat für stufenloses Fahren war auf Wunsch ebenso lieferbar wie die Nebenabtriebe und die neu entwickelte Hydraulik mit vier Ölkreisen. Auch die Schnellwechseleinrichtung für alle neuen und bisher schon im Fuhrpark vorhandenen Unimog-Aufbauten und -Frontanbaugeräte machten den U 2400 TG zu einem echten Allround-Fahrzeug.

1995. Auf dem Feuerwehrkongress in Montpellier steht der erste U 2450 L (6x6) (Baureihe 437) und stößt auf reges Interesse; schon kurz nach der Vorstellung liegen 130 feste Bestellungen aus Australien und Thailand vor. Mit der Markteinführung des hochgeländegängigen, dreiachsigen U 2450 L (6x6) (BM 437.156) im Jahre 1995 wurde die Schwere Unimog-Baureihe 437 letztmalig erweitert. Neben verschiedensten Verwendungsmöglichkeiten als Zug- und Trägerfahrzeug erstreckte sich sein Einsatzspektrum vor allem auf den schnellen Transport von Materialien, Personen und schweren Gerätekombinationen in unwegsamem Gelände. Seine Unempfindlichkeit gegenüber den verschiedensten klimatischen Verhältnissen machte ihn in Eis und Schnee genauso universell einsetzbar wie in der Wüste. Damit war er für Einsätze im Katastrophenschutz, bei Feuerwehren und Energieversorgungsunternehmen oder auf Expeditionen prädestiniert.

Als kompaktes und leichtes Dreiachsfahrzeug für 7 Tonnen Nutzlast profitierte der Unimog U 2450 L (6x6) von den weltweit bestehenden logistischen Möglichkeiten, die sich durch die bei den Streitkräften eingesetzten anderen Unimog-Typen ergaben. Das Ergebnis: Reduzierung der Kosten für Service und mögliche Reparaturen. Die vielseitigen Einsatzmöglichkeiten bei den Streitkräften machten den Unimog zu einem bewährten Fahrzeug in aller Welt, ob auf der Straße oder im Gelände. Als Offroad-Bergungsfahrzeug für die australische Armee wurde das größte und bislang leistungsfähigste Mitglied der Unimog-Familie mit einem teleskopierbaren Abschleppbalken, Seilwinden und einem hydraulischen Ladekran ausgerüstet. Darüber hinaus sorgte eine Reifendruckregelanlage während der Fahrt für den jeweils optimalen Luftdruck in wechselnden Geländeverhältnissen. Typische Merkmale für Fahrzeuge der australischen Armee waren der Frontschutzbügel und die großen Abschleppösen.

ALLE MODELLE SEIT 1946

Programmübersicht Unimog Baureihe 437 (SBU)

Typ / Verkaufsbezeichnung	Baumuster	Motor		Radstand	zulässiges Gesamtgewicht	Stückzahl	Bauzeit
		Typ	PS (kW)				
U 1700T	437.000	OM 366 A	170 (125)	Triebkopf	7,5-8,5 t	86	07/1988 - 1992
U 1800 T / 2100 T	437.002	OM 366 LA	180/214 (132/157)	Triebkopf	10,6-14 t	85	01/1992 - 2001
U 1700	437.100	OM 366 A	170 (125)	2.810	7,5-8,5 t	303	05/1988 - 1994
U 1800	437.102	OM 366 LA	180 (132)	2.810	10,6-14 t	57	01/1992 - 1994
U 2100 / U 2400	437.105	OM 366 LA	214/240 (157/177)	2.810	10,6-14 t	803	1989 - 2002
U 1350 L	437.110	OM 366 A	136 (110)	3.250	7,5-8,5 t	150	05/1988 - 1994
U 1550 L	437.111	OM 366 A	155 (114)	3.250	7,5-8,5 t	2.364	05/1988 - 2002
U 1750	437.112	OM 366 A	170 (125)	3.250	7,5-8,5 t	272	05/1988 - 1994
U 1750L	437.113	OM 366 A	170 (125)	3.250	7,5-8,5 t	190	05/1988 - 1993
U 1850	437.114	OM 366 LA	180 (132)	3.250	10,6-14 t	75	01/1992 - 1993
U 1850L	437.115	OM 366 LA	180 (132)	3.250	10,6-14 t	36	01/1992 - 1994
U 1550 L (214)	437.116	OM 366 LA	214 (157)	3.250	7,5-8,5 t	269	1990 - 2002
U 2150 / U 2450	437.117	OM 366 LA	214/240 (157/177)	3.250	10,6-14 t	740	1989 - 2002
U 2150L / U 2450L	437.118	OM 366 LA	214/240 (157/177)	3.250	10,6-14 t	217	1989 - 2003
U 1550 L/37	437.120	OM 366 A	155 (114)	3.700	7,5-8,5 t	1.468	06/1988 - 2002
U 1550 L/38	437.123	OM 366 A	155 (114)	3.850	7,5-8,5 t	36	1993
U 1550 L/37 (214)	437.125	OM 366 LA	214 (157)	3.700	7,5-8,5 t	566	1989 - 2002
U 1750 L/38	437.130	OM 366 A	170 (125)	3.850	7,5-8,5 t	3	1989 - 1992
U 1750L/38	437.131	OM 366 A	170 (125)	3.850	7,5-8,5 t	481	05/1988 - 1994
U 1750 L/38	437.132	OM 366 A	170 (125)	3.850	7,5-8,5 t	11	1992
U 1850 L/38	437.133	OM 366 LA	180 (132)	3.850	10,6-14 t	36	1993 - 1994
U 2150 / U 2450	437.135	OM 366 LA	214/240 (157/177)	3.850	10,6-14 t	115	1991 - 1993
U 2150L / U 2450L	437.136	OM 366 LA	214/240 (157/177)	3.850	10,6-14 t	1.879	1989 - 2002
U 1550L/45	437.141	OM 366 A	155 (114)	4.500	7,5-8,5 t	82	09/1993 - 1997
U 2450L 6x6	437.156	OM 366 LA	240 (177)	3.900 + 1.400	10,6-14 t	214	1995 - 2002
U 2400TG	437.182	OM 366 LA	240 (177)	4.100	10,6-14 t	180	08/1993 - 2000

Fahrzeug-Gattungen Unimog Baureihe 437

Gattung	Zug- und Arbeitsmaschine kurzer Radstand	Zug- und Arbeitsmaschine langer Radstand	Hochgeländegängige Fahrgestelle	Triebkopf
Baumuster	U 1700 U 1800 U 2100 U 2400	U 1750 U 1850 U 2150 U 2450	U 1350L, U 1550L U 1550L/37 /38 /45 U 1750L, 1850L, 2150L U 1750L/38, U 1850L/38 U 2150L/38, U 2450L, U 2450 L/38 U 2450 L/6x6, U 2400 TG	U 1700 T U 1800 T U 2100 T
Radstand	kurz	lang	lang bis sehr lang	abh. vom Anbau
Rahmenüberhang v/h	kurz / kurz		kurz / lang	kurz / ----
An- und Aufbauräume	vorn / hinten / mitte zwischen den Achsen		vorn / mitte	vorn / Anbaupunkte für Hinterwagen
Getriebe/Motorzapfwelle	vorn / mitte / hinten	vorn / hinten	vorn	vorn
Schnelle Nebenabtriebe	mitte	mitte	mitte	mitte
Kraftheber	vorn / hinten	vorn	vorn	vorn
Aufbau: Pritsche	kurz / kippbar	lang / kippbar	lang / fest	absenk- wechselbar
Fahrerhaus	Sicherheitskabine 2-3 Personen Sicherheitsdoppelkabine 5-7 Personen			
Einsatzgebiet	Zugmaschine Arbeitsmaschine Geräteträger	Zugmaschine Arbeitsmaschine Lkw / Geräteträger	Fahrgestell für: Werkstattkoffer Expedition/Feuerw. Sonderaufb. / Lkw	Niederflur-Schräghubwagen Absetzkipper Spezialfahrzeug

	Unimog U 1350 L Baureihe 437 (SBU) 1988-1994 437.110	Unimog U 1550 L Baureihe 437 (SBU) 1988-2002 437.111
	Hochgeländegängige Fahrzeuge	
Motor		
Baumuster (BM)	356.955	356.956
Bauart	Mercedes-Benz 6-Zyl.-Viertakt-Diesel-Direkteinspritzer mit Abgasturbolader, OM 366 A	
Bohrung x Hub	97,5 x 133 mm	97,5 x 133 mm
Hubraum	5.958 ccm	5.958 ccm
Leistung	136 PS (100 kW) bei 2.400/min	155 PS (114 kW) bei 2.400/min
Drehmoment	470 Nm bei 1.600-1.800/min	540 Nm bei 1.400-1.700/min
Verdichtung	16,5 : 1	16,5 : 1
Gemischbereitung	Bosch -Einspritzpumpe	Bosch -Einspritzpumpe
Kühlung	Wasserkühlung mit Pumpe und Thermostat (18 Ltr)	
Luftfilter	Trockenluftfilter mit Zyklonvorabscheider, Sicherheitspatrone und elektr. Wartungsanzeige	
Elektr. Anlage	Drehstromlichtmaschine 14 Volt 55 A, 770 Watt, Batterie 12 V / 120 Ah	
Kraftübertragung		
Antrieb	Allradantrieb, pneum. schaltbaren Differenzialsperren, Vorderachse zu- und abschaltbar	
Kupplung	hydr. Einscheiben-Trockenkupplung, asbestfrei	
	Druckpl. 330 mm, Anpressfl. 556 cm²	Druckpl. 350 mm, Anpressfl. 582 cm²
Getriebe	Vollsynchronisiertes MB 8-Gang-Schaltgetriebe mit integriertem Vorderradantrieb Alle Gänge sind auch rückwärts fahrbar. Typ UG 3/65 - 8/13,01 GPA	
Gesamtübersetzung	13,01	13,01
Übersetzungen (km/h)	I. 13,01 (6,4) / II. 9,02 (9,2) / III. 5,96 (13,9) / IV. 4,38 (18,9) V. 2,97 (27,9) / VI. 2,06 (40,2) / VII. 1,36 (60,8) / VIII. 1,00 (83,0)	
Achsübersetzung	5,31	
Fahrwerk		
	Leiterrahmen aus 2 U-Längsträgern mit eingeschweißten Rohrquerträger hochstellbares Ganzstahl-Fahrerhaus, dreipunktgelagert, 2sitzig	
Achsen/Federung v/h	Portalachsen mit Differenzialsperre, Radvorgelegen, Querlenker und Schubrohr Schraubenfedern und Teleskopstoßdämpfer, hinten mit Zusatzfedern	
Bremsen	pneumatisch/hydraulische Zweikreis-Scheibenbremse, autom. lastabhängige Bremse (ALB) druckluftbetätigte Federspeicher-Feststellbremse auf Hinterräder	
Zapfwellen	pneumatisch betätigte lastschaltbare Motorzapfwelle vorn bei 540 und 1.000/min	
Hydraulik	Einkreis 55 L/min / Zweikreis 45/18 L/min, Arbeitsdruck 200 bar, Ölvorrat 31 Liter	
Krafther v/h	Dreipunktgestänge Kat. II vorne, max. Hubkraft 18.000 N (Front) doppelwirkend	
Drucklufterzeugung	Betriebsdruck 18 bar, Förderleistung 170 Liter/min bei 2.600/min	
Lenkung	hydraulische Servolenkung, Typ LS 3 B	
Räder	11 x 20	11 x 20
Bereifung	12,5- / R 20	12,5- / R 20
Allgemeine Daten		
Radstand	3.250 mm	3.250 mm
Spurweite v/h	1.860 mm	1.860 mm
Gesamtmaße	5.110 x 2.300 x 2.650 mm	5.110 x 2.300 x 2.650 mm
Vorbaumaß	1.010 mm	1.010 mm
Bodenfreiheit/Diff.	440 mm	440 mm
Böschungswinkel v/h	46° / 51°	46° / 51°
Wattiefe	930 mm	930 mm
max. Aufbaulänge	3.250 mm	3.250 mm
Höchstgeschw.	90 km/h	90 km/h
kl. Wendekreis	14,1 Meter	14,1 Meter
Leergewicht	3.900-4.500 kg	3.900-4.500 kg
Nutzlast	3.600 kg	3.600 kg
zul. Gesamtgewicht	7.500 kg	7.500 kg
zul. Achslast v/h	4.000 kg	4.000 kg
zul. Anh.Last gebr.	7.500 kg	7.500 kg
Füllmenge Motor	14,5 Liter	14,5 Liter
Kraftstofftank	160 (90) Liter	160 (90) Liter

ALLE MODELLE SEIT 1946

Unimog U 1550 L/37 Baureihe 437 (SBU) 1988-2002 437.120	Unimog U 1550 L/37 (214) Baureihe 437 (SBU) 1989-2002 437.125	Unimog U 1550 L (214) Baureihe 437 (SBU) 1990-2002 437.116
\multicolumn{3}{c}{Hochgeländegängige Fahrzeuge}		
356.956	356.997	356.997
	Mercedes-Benz 6-Zyl.-Viertakt-Diesel-Direkteinspritzer mit Abgasturbolader	
OM 366 A	und Ladeluftkühler, OM 366 LA	
97,5 x 133 mm	97,5 x 133 mm	97,5 x 133 mm
5.958 ccm	5.958 ccm	5.958 ccm
155 PS (114 kW) bei 2.400/min	214 PS (157 kW) 2.600/min	214 PS (157 kW) 2.600/min
540 Nm bei 1.400-1.700/min	660 Nm bei 1.400-1.700/min	660 Nm bei 1.400-1.700/min
16,5 : 1	16,5 : 1	16,5 : 1
Bosch -Einspritzpumpe	Bosch -Einspritzpumpe	Bosch -Einspritzpumpe
Wasserkühlung, Pumpe, Thermostat	Wasserkühlung mit Pumpe, Thermostat und Viskolüfter (18 Ltr)	
Trockenluftfilter mit Zyklonvorabscheider, Sicherheitspatrone und elektr. Wartungsanzeige		
Drehstromlichtmaschine 14 Volt 55 A, 770 Watt, Batterie 12 V / 120 Ah		
Allradantrieb, pneumatisch schaltbare Differenzialsperren, Vorderachse zu- und abschaltbar		
hydr. Einscheiben-Trockenkupplung, asbestfrei		
Druckplatte 350 mm, Anpressfläche 582 cm²		
Vollsynchronisiertes MB 8-Gang-Schaltgetriebe mit integriertem Vorderradantrieb, alle Gänge rückwärts fahrbar		
Typ UG 3/65 - 8/13,01 GPA		
13,01		
I. 13,01 (6,4) / II. 9,02 (9,2) / III. 5,96 (13,9) / IV. 4,38 (18,9)		
V. 2,97 (27,9) / VI. 2,06 (40,2) / VII. 1,36 (60,8) / VIII. 1,00 (83,0)		
5,31		
Leiterrahmen aus 2 U-Längsträgern mit eingeschweißten Rohrquerträger		
hochstellbares Ganzstahl-Fahrerhaus, dreipunktgelagert, 2sitzig		
Portalachsen mit Differenzialsperre, Radvorgelegen, Querlenker und Schubrohr		
Schraubenfedern und Teleskopstoßdämpfer, hinten mit Zusatzfedern		
pneumatisch/hydraulische Zweikreis-Scheibenbremse, autom. lastabhängige Bremse (ALB)		
druckluftbetätigte Federspeicher-Feststellbremse auf Hinterräder		
pneumatisch betätigte lastschaltbare Motorzapfwelle vorn bei 540 und 1.000/min		
Einkreis 55 L/min / Zweikreis 45/18 L/min, Arbeitsdruck 200 bar, Ölvorrat 31 Liter		
Dreipunktgestänge Kat. II vorne, max. Hubkraft 18.000 N (Front) doppeltwirkend		
Betriebsdruck 18 bar, Förderleistung 170 Liter/min bei 2.600/min		
hydraulische Servolenkung, Typ LS 3 B		
11 x 20	11 x 20	11 x 20
12,5- / R 20	12,5- / R 20	12,5- / R 20
3.700 mm	3.700 mm	3.250 mm
1.860 mm	1.860 mm	1.860 mm
5.560 x 2.300 x 2.650 mm	5.560 x 2.300 x 2.750 mm	5.110 x 2.300 x 2.750 mm
1.010 mm	1.010 mm	1.010 mm
440 mm	440 mm	440 mm
46° / 51°	46° / 51°	46° / 51°
930 mm	930 mm	930 mm
3.700 mm	3.700 mm	3.250 mm
90 km/h	90 km/h	90 km/h
15,5 Meter	15,5 Meter	14,1 Meter
4.060-4.860 kg	4.090-4.890 kg	3.930-4.530 kg
3.600 kg	3.600 kg	3.600 kg
7.500 kg	7.500 kg	7.500 kg
4.000 kg	4.000 kg	4.000 kg
7.500 kg	7.500 kg	7.500 kg
14,5 Liter	14,5 Liter	14,5 Liter
160 (90) Liter	160 Liter	160 Liter

	Unimog U 1750 L Baureihe 437 (SBU) 1988-1993 437.113	Unimog U 1750 L/38 Baureihe 437 (SBU) 1988-1994 437.131
	Hochgeländegängige Fahrzeuge	
Motor		
Baumuster (BM)	366.963	366.963
Bauart	Mercedes-Benz 6-Zyl.-Viertakt-Diesel-Direkteinspritzer mit Abgasturbolader, OM 366 A	
Bohrung x Hub	97,5 x 133 mm	97,5 x 133 mm
Hubraum	5.958 ccm	5.958 ccm
Leistung	170 PS (125 kW) bei 2.600/min	170 PS (125 kW) bei 2.600/min
Drehmoment	560 Nm bei 1.400-1.500/min	560 Nm bei 1.400-1.500/min
Verdichtung	16,5 : 1	16,5 : 1
Gemischbereitung	Bosch -Einspritzpumpe	Bosch -Einspritzpumpe
Kühlung	Wasserkühlung mit Pumpe und Thermostat (18 Liter)	
Luftfilter	Trockenluftfilter mit Zyklonvorabscheider, Sicherheitspatrone und elektr. Wartungsanzeige	
Elektr. Anlage	Drehstromlichtmaschine 14 Volt 55 A, 770 Watt, Batterie 12 V / 120 Ah	
Kraftübertragung		
Antrieb	Allradantrieb, pneum. schaltbare Differenzialsperren, Vorderachse zu- und abschaltbar	
Kupplung	hydr. Einscheiben-Trockenkupplung, asbestfrei, Druckplatte 350 mm, Anpressfläche 663 cm²	
Getriebe	Vollsynchronisiertes MB 8-Gang-Schaltgetriebe mit integriertem Vorderradantrieb Alle Gänge sind auch rückwärts fahrbar. Typ UG 3/65 - 8/13,01 GPA	
Gesamtübersetzung	13,01	13,01
Übersetzungen (km/h)	I. 13,01 (6,4) / II. 9,02 (9,3) / III. 5,96 (14,1) / IV. 4,38 (19,2) V. 2,97 (28,2) / VI. 2,06 (40,7) / VII. 1,36 (61,5) / VIII. 1,00 (84,0)	
Achsübersetzung	6,378	6,378
Fahrwerk		
	Selbsttragende Ganzstahlkarosserie, Leiterrahmen aus U-Längsträgern mit Querträgern hochstellbares Ganzstahl-Fahrerhaus, dreipunktgelagert, 2sitzig	
Achsen/Federung v/h	Portalachsen mit Differenzialsperre, Radvorgelegen, Querlenker und Schubrohr Schraubenfedern und Teleskopstoßdämpfer, hinten mit Zusatzfedern	
Bremsen	Zweikreis-Scheibenbremsen, pneumatische Fremdkraftbremsanl. mit hydr. Übertragung, lastabhängige ABL-Regelung, druckluftbet. Federspeicher-Feststellbremse auf Hinterräder	
Zapfwellen	pneumatisch betätigte lastschaltbare Motorzapfwelle vorn bei 540 und 1.000/min	
Hydraulik	Einkreis-/Zweikreishydraulik 55 /45/25 Liter/min, Arbeitsdruck 200 bar, Ölvorrat 31 Liter	
Kraftheber v/h	Dreipunktgestänge Kat. II vorne, max. Hubkraft 18.000 N (Front) doppeltwirkend	
Drucklufterzeugung	Betriebsdruck 18 bar, Förderleistung 150 Liter/min bei 2.600/min	
Lenkung	hydraulische Servolenkung, Typ LS 3 B	
Räder	22,5 x 9,00	22,5 x 9,00
Bereifung	13 R 22,5	13 R 22,5
Allgemeine Daten		
Radstand	3.250 mm	3.850 mm
Spurweite v/h	1.920 mm	1.920 mm
Gesamtmaße	5.150 x 2.340 x 2.650 mm	6.170 x 2.340 x 2.650 mm
Vorbaumaß	1.050 mm	1.050 mm
Bodenfreiheit/Diff.	500 mm	500 mm
Böschungswinkel v/h	48° / 54°	48° / 37°
Wattiefe	1.080 mm	1.080 mm
Pritsche	max. Aufbaulänge 3.250 mm	max. Aufbaulänge 4.080 mm
Höchstgeschw.	90 km/h	90 km/h
kl. Wendekreis	13,8 Meter	15,7 Meter
Leergewicht	4.780-5.280 kg	5.040 kg
Nutzlast	5.200 kg	7.400 kg
zul. Gesamtgewicht	10.600 kg	12.500 kg
zul. Achslast v/h	5.300 / 6.500 kg	5.300 / 7.200 kg
zul. Anh.Last gebr.	8.000 kg	8.000 kg
Füllmenge Motor	14,5 Liter	14,5 Liter
Kraftstofftank	160 Liter	160 Liter

ALLE MODELLE SEIT 1946

Unimog U 1700 Baureihe 437 (SBU) 1988-1994 437.100 kurzer Radstand	Unimog U 1750 Baureihe 437 (SBU) 1988-1994 437.112 langer Radstand	Unimog U 1700 T Baureihe 437 (SBU) 1988-1992 427.000 Triebkopf
366.963	366.963	366.963
Mercedes-Benz 6-Zyl.-Viertakt-Diesel-Direkteinspritzer mit Abgasturbolader, OM 366 A		
97,5 x 133 mm		
5.958 ccm		
170 PS (125 kW) bei 2.600/min		
560 Nm bei 1400-1500/min		
16,5 : 1		
Bosch -Einspritzpumpe		
Wasser mit Thermostat (18 Ltr.)		
Trockenluftfilter mit Zyklonvorabscheider, Sicherheitspatrone, elektr. Wartungsanzeige		
Drehstromlichtmaschine 14 Volt 55 A, 770 Watt, Batterie 12 V / 120 Ah (24V, 2x70 Ah)		
Während der Fahrt ohne Zugkraftunterbrechung pneumatisch zu- und abschaltbar		
hydr. Einscheiben-Trockenkupplung, asbestfreier Belag, Druckplatte 350 mm, Anpressfläche 663 cm²		
Vollsynchronisiertes DC 8-Gang-Schaltgetriebe mit integriertem Vorderradantrieb		
Alle Gänge sind auch rückwärts fahrbar. Typ UG 3/65 - 8/13,01 GPA (BM 718.815)		
13,01		
I. 13,01 (6,4) / II. 9,02 (9,3) / III. 5,96 (14,1) / IV. 4,38 (19,2)		
V. 2,97 (28,2) / VI. 2,06 (40,7) / VII. 1,36 (61,5) / VIII. 1,00 (84,0)		
6,378		
Leiterrahmen aus 2 U-Längsträgern mit eingeschweißten Rohrquerträger		
hochstellbares Ganzstahl-Fahrerhaus, dreipunktgelagert, 2sitzig		
Portalachsen mit Differenzialsperre, Radvorgelegen, Querlenker und Schubrohr		
Schraubenfedern und Teleskopstoßdämpfer, hinten mit Zusatzfedern		
pneumatisch/hydraulische Zweikreis-Scheibenbremse, autom. lastabhängige Bremse (ALB)		
druckluftbetätigte Federspeicher-Feststellbremse auf Hinterräder		
Motorzapfwelle vorn und hinten bei 540 und 1.000/min		vorn bei 540 und 1.000/min
Einkreis 55 L/min / Zweikreis 45/18 L/min, Arbeitsdruck 200 bar, Ölvorrat 31 Liter		
18.000 N / 55.000 N	Dreipunktgestänge Kat. II v / III h, Hubkraft 18.000 N (Front)	
Betriebsdruck 18 bar, Förderleistung 150 Liter/min bei 2.600/min		
hydraulische Servolenkung, Typ LS 3 B		
22,5 x 9,00		
13 R 22,5		
2.810 mm	3.250 mm	
1.920 mm	1.920 mm	1.920 mm
4.750 x 2.340 x 2.750 mm	5.210 x 2.340 x 2.750 mm	2.730 x 2.340 x 2.650 mm
1.050 mm	1.050 mm	1.050 mm
500 mm	500 mm	500 mm
48° / 60°	48° / 60°	48° vorne
1.080 mm	930 mm	1.080 mm
2.320 x 2.140 x 450 mm	2.550 x 2.200 x 500 mm	
90 km/h	90 km/h	84 km/h
13,0 Meter	13,8 Meter	
5.400-5.940 kg	5.430-5.690 kg	3.480 kg
5.200 kg	5.200 kg	5.520 kg
10.600 kg	10600 kg	9.000 kg
5.300 / 6.500 kg	5.300 / 6.500 kg	5.300 kg
24.000 kg	24.000 kg	
14,5 Liter	14,5 Liter	14,5 Liter
160 Liter	160 Liter	160 Liter

	Unimog U 2150 L / U 2450 L Baureihe 437 (SBU) 1989-2003 437.118	U 2150 L/38 / U 2450 L/38 Baureihe 437 (SBU) 1989-2002 437.136
	Hochgeländegängige Fahrzeuge	
Motor		
Baumuster (BM)	356.997 / 356.980	356.997 / 356.980
Bauart	MB 6-Zyl.-Viertakt-Diesel-Direkteinspritzer m. Abgasturbolader + Ladeluftkühler, OM 366 LA	
Bohrung x Hub	97,5 x 133 mm	97,5 x 133 mm
Hubraum	5.958 ccm	5.958 ccm
Leistung	214/240 PS (157/177 kW) bei 2.600/min	214/240 PS (157/177 kW) bei 2.600/min
Drehmoment	660/760 Nm bei 1.400-1.700/1.600/min	660/760 Nm bei 1.400-1.700/1.600/min
Verdichtung	16,5 : 1	16,5 : 1
Gemischbereitung	Bosch -Einspritzpumpe	Bosch -Einspritzpumpe
Kühlung	Wasserkühlung mit Thermostat und Viskolüfter (18 Liter)	
Luftfilter	Trockenluftfilter mit Zyklonvorabscheider, Sicherheitspatrone und elektr. Wartungsanzeige	
Elektr. Anlage	24 V oder 12 V (EO2), Drehstromlichtmaschine 1.540 W, 28 V, 55 A / 1120 W, 14 V, 80 A Batterie 24 V, 2 x 66 Ah, 15-polig / 12 V, 1 x 154 Ah, 13-polig	
Kraftübertragung		
Antrieb/Differenzialsp.	Während der Fahrt ohne Zugkraftunterbrechung pneumatisch zu- und abschaltbar	
Kupplung	hydr. Einscheiben-Trockenkupplung, asbestfrei Druckplatte 350 mm, Anpressfläche 663 cm²	
Getriebe	Vollsynchronisiertes MB 8-Gang-Schaltgetriebe mit integriertem Vorderradantrieb Alle Gänge sind auch rückwärts fahrbar. Typ UG 3/65 - 8/13,01 GPA	
Gesamtübersetzung	13,01	13,01
Übersetzungen (km/h)	I. 13,01 (6,4) / II. 9,02 (9,3) / III. 5,96 (14,1) / IV. 4,38 (19,2) V. 2,97 (28,2) / VI. 2,06 (40,7) / VII. 1,36 (61,5) / VIII. 1,00 (84,0)	
Achsübersetzung	6,378	6,378
Fahrwerk		
Achsen/Federung v/h	Leiterrahmen aus 2 U-Längsträgern mit eingeschweißten Rohrquerträger hochstellbares Ganzstahl-Fahrerhaus, dreipunktgelagert, 2sitzig Portalachsen mit Differenzialsperre, Radvorgelegen, Querlenker und Schubrohr Schraubenfedern und Teleskopstoßdämpfer, hinten mit Zusatzfedern	
Bremsen	pneumatisch/hydraulische Zweikreis-Scheibenbremse, autom. lastabhängige Bremse (ALB) druckluftbetätigte Federspeicher-Feststellbremse auf Hinterräder	
Zapfwellen	pneumatisch betätigte lastschaltbare Motorzapfwelle vorn bei 540 und 1.000/min	
Hydraulik	Einkreis 55 L/min / Zweikreis 45/18 L/min, Arbeitsdruck 200 bar, Ölvorrat 31 Liter	
Kraftheber v/h	Dreipunktgestänge Kat. II vorne, max. Hubkraft 18.000 N (Front) doppeltwirkend	
Drucklufterzeugung	Betriebsdruck 18 bar, Förderleistung 170 Liter/min bei 2.600/min	
Lenkung	hydraulische Servolenkung, Typ LS 3 B	
Räder	22,5 x 9,00	22,5 x 9,00
Bereifung	13 R 22,5	13 R 22,5
Allgemeine Daten		
Radstand	3.250 mm	3.850 mm
Spurweite v/h	1.920 mm	1.920 mm
Gesamtmaße	5.150 x 2.340 x 2.850 mm	6.190 x 2.340 x 2.850 mm
Vorbaumaß	1.050 mm	1.050 mm
Bodenfreiheit/Diff.	500 mm	500 mm
Böschungswinkel v/h	48° / 54°	48° / 37°
Wattiefe	1.080 mm	1.080 mm
Pritschenfläche	3.250 mm	4.080 mm
Höchstgeschw.	90 km/h	90 km/h
kl. Wendekreis	13,8 Meter	15,7 Meter
Leergewicht	4.840 - 5.340 kg	5.100 kg
Nutzlast	4.570 - 8.370 kg	4.870 - 8.370 kg
zul. Gesamtgewicht	10.600 - 14.000 kg	12.500 - 14.000 kg
zul. Achslast v/h	5.000-7.000 / 5.200-8.500 kg	5.000-7.000 / 5.200-8.500 kg
zul. Anh.Last gebr.	8.000 kg	8.000 kg
Füllmenge Motor	14,5 Liter	14,5 Liter
Kraftstofftank	160 Liter	160 Liter

ALLE MODELLE SEIT 1946

Unimog U 2100 / U 2400 Baureihe 437 (SBU) 1989-2002 437.105	Unimog U 2150 / U 2450 Baureihe 437 (SBU) 1989-2002 437.117
Zug- u. Arbeitsmaschine kurzer Radstand	Zug- u. Arbeitsmaschine langer Radstand
356.997 / 356.980	356.997 / 356.980
DaimlerChrysler 6-Zyl.-Viertakt-Diesel-Direkteinspritzer mit Abgasturbolader und Ladeluftkühler, OM 366 LA	
97,5 x 133 mm	97,5 x 133 mm
5.958 ccm	5.958 ccm
214/240 PS (157/177 kW) bei 2.600/min	214/240 PS (157/177 kW) bei 2.600/min
660/760 Nm bei 1.400-1.700/min	660/760 Nm bei 1.400-1.700/min
16,5 : 1 / 18,0 : 1	16,5 : 1 / 18,0 : 1
Bosch -Einspritzpumpe	Bosch -Einspritzpumpe
Wasser mit Thermostat und mit Viskolüfter	Wasser mit Thermostat und mit Viskolüfter
Trockenluftfilter mit Ansaugkamin, Zyklonvorabscheider, Sicherheitspatrone und elektr. Wartungsanzeige	
24 V oder 12 V (EO2), Drehstromlichtmaschine 1.540 W, 28 V, 55 A / 1120 W, 14 V, 80 A, Batterie 24 V, 2 x 66 Ah, 15-polig / 12 V, 1 x 154 Ah, 13-polig	
Während der Fahrt ohne Zugkraftunterbrechung pneumatisch zu- und abschaltbar	
hydr. Einscheiben- oder Zweischeiben- Trockenkupplung (Doppelkupplung), asbestfreier Kerasinter-Belag	
Druckplatte 360 / 355/330 mm, Anpressfläche 629 / 626/502 cm²	
Vollsynchronisiertes DC 8-Gang-Schaltgetriebe mit integriertem Vorderradantrieb, alle Gänge rückwärts fahrbar	
Typ UG 3/65 - 8/13,01 GPA (BM 718.815)	Typ UG 3/65 - 8/13,01 GPA (BM 718.815)
13,01	13,01
I. 13,01 (6,4) / II. 9,02 (9,3) / III. 5,96 (14,1) / IV. 4,38 (19,2) V. 2,97 (28,2) / VI. 2,06 (40,7) / VII. 1,36 (61,5) / VIII. 1,00 (84,0)	
6,38	6,38
Leiterrahmen aus 2 U-Längsträgern mit eingeschweißten Rohrquerträger	
hochstellbares Ganzstahl-Fahrerhaus, dreipunktgelagert, 2sitzig	
Portalachsen mit Differenzialsperre, Radvorgelegen, Querlenker und Schubrohr	
Schraubenfedern und Teleskopstoßdämpfer, hinten mit Zusatzfedern	
pneumatisch/hydraulische Zweikreis-Scheibenbremse, autom. lastabhängige Bremse (ALB)	
druckluftbetätigte Federspeicher-Feststellbremse auf Hinterräder	
pneum. betätigte lastschaltbare Motorzapfwelle v/h bei 540 und 1.000/min	
Einkreis: 47 Liter/min, Zweikreis: 47 / 18 Liter/min, Arbeitsdruck 200+15 bar, Ölvorrat 44 Liter	
Dreipunktgestänge Kat.III hinten, Front: 18.000 N, Heck. 55.000 N	
Betriebsdruck18,3 bar, Förderleistung 150/220 Liter/min bei 2.400/min	
hydraulische Servolenkung, Typ LS 6 E	hydraulische Servolenkung, Typ LS 6 E
22,5 x 9,00	22,5 x 9,00
315 / 80 R 22,5	315 / 80 R 22,5
2.810 mm	3.250 mm
1.928 mm	1.928 mm
4.750 x 2.340 x 2.830 mm	5.190 x 2.340 x 2.830 mm
1.050 mm	1.050 mm
480 mm	480 mm
48° / 60°	48° / 60°
1.060 mm	1.060 mm
2.320 x 2.140 x 450 mm	2.550 x 2.200 x 500 mm
79-86 km/h	79-86 km/h
13,0 Meter	14,5 Meter
5.020-6.850 kg	4.840-6.740 kg
4.600 - 7.000 kg	4.600 - 8.400 kg
10.600 kg	10.600 kg
5.300 / 6.500 kg	5.300 / 6.500 kg
29.400 kg	29.400 kg
14,5 Liter	14,5 Liter
160 Liter	160 Liter

	Unimog U 1800 Baureihe 437 (SBU) 1992-1994 437.102	Unimog U 1800T / U 2100T Baureihe 437 (SBU) 1992-2001 437.002
	kurzer Radstand	**Triebkopf**
Motor		
Baumuster (BM)	356.998	356.998 / 356.997
Bauart	MB 6-Zyl.-Viertakt-Diesel-Direkteinspritzer mit Abgasturbolader, Ladeluftkühler, OM 366 LA	
Bohrung x Hub	97,5 x 133 mm	97,5 x 133 mm
Hubraum	5.958 ccm	5.958 ccm
Leistung	180 PS (132 kW) bei 2.400/min	180/214 PS (132/157 kW) 2.600/min
Drehmoment	590 Nm bei 1.300-1.900/min	590/660 Nm bei 1.300-1.900/min
Verdichtung	16,5 : 1	16,5 : 1
Gemischbereitung	Bosch -Einspritzpumpe	Bosch -Einspritzpumpe
Kühlung	Wasserkühlung mit Thermostat und Viscolüfter (18 Liter)	
Luftfilter	Trockenluftfilter mit Zyklonvorabscheider, Sicherheitspatrone und elektr. Wartungsanzeige	
Elektr. Anlage	Drehstromlichtmaschine 28 Volt 35 A, 980 Watt, Batterie 24 V / 2 x 70 Ah, 15-polig	
Kraftübertragung		
Antrieb/Differenzialsp.	Allradantrieb, pneum. Schaltb. Differenzialsperren, Vorderachse zu- und abschaltbar	
Kupplung	hydr. Einscheiben-Trockenkupplung, asbestfrei Druckplatte 350 mm, Anpressfläche 663 cm²	
Getriebe	Vollsynchronisiertes MB 8-Gang-Schaltgetriebe mit integriertem Vorderradantrieb Alle Gänge sind auch rückwärts fahrbar. Typ UG 3/65 - 8/13,01 GPA	
Gesamtübersetzung	13,01	13,01
Übersetzungen (km/h)	I. 13,01 (5,9) / II. 9,02 (8,6) / III. 5,96 (13,0) / IV. 4,38 (17,7) V. 2,97 (26,0) / VI. 2,06 (37,6) / VII. 1,36 (56,8) / VIII. 1,00 (78,0)	
Achsübersetzung	6,378	6,378
Fahrwerk		
	Leiterrahmen aus 2 U-Längsträgern mit eingeschweißten Rohrquerträger hochstellbares Ganzstahl-Fahrerhaus, dreipunktgelagert, 2sitzig	
Achsen/Federung v/h	Portalachsen mit Differenzialsperre, Radvorgelegen, Querlenker und Schubrohr	
	Schraubenf. / Teleskopstoßd., h. Zusatzfed.	Schraubenfedern/Teleskopstoßdämpfer vorn
Bremsen	Pneum./hydr. 2-Kreis-Scheibenbr., ALB, ABS druckluftbet. Federspeicher-Handbremse	Pneum./hydr. Zweikreis-Scheibenbremse Feststellbremsventil für Anschl. Hinterwagen
Zapfwellen	pneumatisch betätigte lastschaltbare Motorzapfwelle vorn bei 540 und 1.000/min	
Hydraulik	Einkreis 55 L/min / Zweikreis 45/18 L/min, Arbeitsdruck 200 bar, Ölvorrat 31 Liter	
Kraftheber v/h	Hubkraft 18.000 N (Front) / 55.000 N (Heck)	max. Hubkraft 18.000 N (Frontkraftheber)
Drucklufterzeugung	18 bar, 170 Liter/min bei 2.400/min	18,5 bar, 150 Liter/min bei 2.600/min
Lenkung	hydraulische Servolenkung, Typ LS 3 B	
Räder	22,5 x 9,00	22,5 x 9,00
Bereifung	13 R 22,5	13 R 22,5 / 315/80R22,5
Allgemeine Daten		
Radstand	**2.810 mm**	
Spurweite v/h	1.920 mm	1.920 / 1.928 mm
Gesamtmaße	4.750 x 2.340 x 2.850 mm	2.730 x 2.340 x 2.850 mm
Vorbaumaß	1.050 mm	1.050 mm
Bodenfreiheit/Diff.	500 mm	500 / 480 mm
Böschungswinkel v/h	48° / 60°	48°
Wattiefe	1.080 mm	1.060 mm
Pritsche	2.320 x 2.140 x 450 mm	
Höchstgeschw.	90 km/h	90 km/h
kl. Wendekreis	13,0 Meter	
Leergewicht	4.930-6.800 kg	3.500 kg
Nutzlast	5.140 kg	5.500 kg
zul. Gesamtgewicht	10.600-12.000 kg	9.000-/ 12.000-16.000 kg
zul. Achslast v/h	5.300 / 6.500 kg	5.300 kg (vorn)
zul. Anh.Last gebr.	8.000 kg	
Füllmenge Motor	14,5 Liter	14,5 Liter
Kraftstofftank	160 Liter	160 Liter

ALLE MODELLE SEIT 1946

Unimog U 1850 Baureihe 437 (SBU) 1992-1993 437.114	Unimog U 1850 L Baureihe 437 (SBU) 1992-1994 437.115	Unimog U 1850 L/38 Baureihe 437 (SBU) 1993-1994 437.133
langer Radstand	hochgeländegängige Fahrgestelle	
356.998	356.998	356.998
DC 6-Zyl.-Viertakt-Diesel-Direkteinspritzer, Abgasturbolader, Ladeluftkühler, OM 366 LA		
97,5 x 133 mm	97,5 x 133 mm	97,5 x 133 mm
5.958 ccm	5.958 ccm	5.958 ccm
180 PS (132 kW) bei 2.400/min	180 PS (132 kW) bei 2.400/min	180 PS (132 kW) bei 2.400/min
590 Nm bei 1.300-1.900/min	590 Nm bei 1.300-1.900/min	590 Nm bei 1.300-1.900/min
16,5 : 1	16,5 : 1	16,5 : 1
Bosch -Einspritzpumpe	Bosch -Einspritzpumpe	Bosch -Einspritzpumpe
Wasserkühlung mit Thermostat und Viscolüfter (18 Liter)		
Trockenluftfilter mit Zyklonvorabscheider, Sicherheitspatrone und elektr. Wartungsanzeige		
Drehstromlichtmaschine 28 Volt 35 A, 980 Watt, Batterie 24 V / 2 x 70 Ah, 15-polig		
Allradantrieb, pneumatisch schaltbare Differenzialsperren, Vorderachse zu- und abschaltbar		
hydr. Einscheiben-Trockenkupplung, asbestfrei		
Druckplatte 350 mm, Anpressfläche 663 cm²		
Vollsynchronisiertes MB 8-Gang-Schaltgetriebe mit integriertem Vorderradantrieb		
Alle Gänge sind auch rückwärts fahrbar. Typ UG 3/65 - 8/13,01 GPA		
13,01	13,01	13,01
I. 13,01 (5,9) / II. 9,02 (8,6) / III. 5,96 (13,0) / IV. 4,38 (17,7)		
V. 2,97 (26,0) / VI. 2,06 (37,6) / VII. 1,36 (56,8) / VIII. 1,00 (78,0)		
6,378	6,378	6,378
Leiterrahmen aus 2 U-Längsträgern mit eingeschweißten Rohrquerträger		
hochstellbares Ganzstahl-Fahrerhaus, dreipunktgelagert, 2sitzig		
Portalachsen mit Differenzialsperre, Radvorgelegen, Querlenker und Schubrohr		
Schraubenfedern/Teleskopstoßdämpfer, hi. Zusatzfedern		
Zweikreis-Scheibenbremse, lastabhängige Bremse (ALB)		
druckluftbetätigte Federspeicher-Handbremse auf Hinterräder		
pneumatisch betätigte lastschaltbare Motorzapfwelle vorn bei 540 und 1.000/min		
Einkreis 55 L/min / Zweikreis 45/18 L/min, Arbeitsdruck 200 bar, Ölvorrat 31 Liter		
18.000 N (Front) / 55.000 N (Heck)	max. Hubkraft 18.000 N (Frontkraftheber)	
18 bar, 170 Liter/min bei 2.400/min		
hydraulische Servolenkung, Typ LS 3 B		
22,5 x 9,00	22,5 x 9,00	22,5 x 9,00
13 R 22,5	13 R 22,5	13 R 22,5
3.250 mm	**3.250 mm**	**3.850 mm**
1.920 mm	1.920 mm	1.920 mm
5.210 x 2.340 x 2.850 mm	5.150 x 2.340 x 2.850 mm	6.190 x 2.340 x 2.850 mm
1.050 mm	1.050 mm	1.050 mm
500 mm	500 mm	500 mm
48° / 60°	48° / 54°	48° / 37°
2.550 x 2.200 x 500 mm	max. Aufbaulänge 3.250 mm	max. Aufbaulänge 4.080 mm
90 km/h	90 km/h	90 km/h
13,8 Meter	13,8 Meter	15,7 Meter
4.840 - 6.540 kg	4.840 - 5.370 kg	5100 kg
5.140 kg		
10.600-12.000 kg	10.600-14.000 kg	10.600-14.000 kg
5.300 / 6.500 kg	5.300 / 6.500 kg	5.300 / 6.500 kg
8.000 kg	8.000 kg	8.000 kg
14,5 Liter	14,5 Liter	14,5 Liter
160 Liter	160 Liter	160 Liter

	Unimog U 2450 L 6x6 Baureihe 437 (SBU) 1995-2002 437.156	Unimog U 2400 TG Baureihe 437 (SBU) 1993-2000 427.182
	Hochgeländegängige Fahrzeuge	
Motor		
Baumuster (BM)	356.980 / 357.945	356.980 / 357.945
Bauart	DC 6-Zyl.-Viertakt-Diesel-Direkteinspritzer, Abgasturbolader, Ladeluftkühler, OM 366 LA	
Bohrung x Hub	97,5 x 133 mm	97,5 x 133 mm
Hubraum	5.958 ccm	5.958 ccm
Leistung	240 PS (177 kW) bei 2.600/min	240 PS (177 kW) bei 2.600/min
Drehmoment	760 Nm bei 1.400-1.600/min / 850 Nm bei 1.200-1.400/min (Euro 2 MO2)	
Verdichtung	16,5 : 1 / 18,0 : 1	16,5 : 1 / 18,0 : 1
Gemischbereitung	Bosch -Einspritzpumpe	Bosch -Einspritzpumpe
Kühlung	Wasserkühlung mit Thermostat und mit Viskolüfter	
Luftfilter	Trockenluftfilter+Ansaugkamin, Zyklonvorabscheider, Sicherheitspatr., elektr. Wartungsanz.	
Elektr. Anlage	24 V, Drehstromlichtmaschine 1.540 W, 28 V, 55 A , Batterie 24 V, 2 x 66 Ah, 15-polig	
Kraftübertragung		
Antrieb/Differenzialsp.	Während der Fahrt ohne Zugkraftunterbrechung pneumatisch zu- und abschaltbar	
Kupplung	hydr. Ein- oder Zweischeiben-Trockenkupplung (Doppelkupplung), Kerasinter-Belag	
	Druckplatte 360 / 355/330 mm, Anpressfläche 629 / 626/502 cm²	
Getriebe	Vollsynchronisiertes DC 8-Gang-Schaltgetriebe mit integriertem Vorderradantrieb,	
	alle Gänge rückwärts fahrbar, Typ UG 3/65 - 8/13,01 GPA (BM 718.815)	
Gesamtübersetzung	13,01	13,01
Übersetzungen (km/h)	I. 13,01 (6,4) / II. 9,02 (9,3) / III. 5,96 (14,1) / IV. 4,38 (19,2)	
	V. 2,97 (28,2) / VI. 2,06 (40,7) / VII. 1,36 (61,5) / VIII. 1,00 (84,0)	
Achsübersetzung	6,94	v/h 5,92
Fahrwerk		
	Leiterrahmen aus 2 U-Längsträgern mit eingeschweißten Rohrquerträger	
	hochstellbares Ganzstahl-Fahrerhaus, dreipunktgelagert, 2sitzig	
Achsen/Federung v/h	wie U 2450 L/38 Schraubenf./Teleskopstoßd., hi. Zusatzfed.	hi: Außenplanetenachse mit Parabelblattfedern
Bremsen	2-Kreis-Scheibenbr., lastabh. Bremse (ALB)	v: Scheiben, hi: Trommel
	druckluftbetätigte Federspeicher-Feststellbremse auf Hinterräder	
Hydraulik	Einleitung: 47 Liter/min, Zweileitung: 47 Liter/min / 18 Liter/min	
Kraftheber v/h	Hubkraft: 18.000 N (Front)	
Drucklufterzeugung	18,3 bar, Förderl. 220 Liter/min b. 2.400/min	18.3 bar, 170 L/min bei 2.600/min
Lenkung	Hydr. Servolenkung Typ LS 6 E	Hydr. Servolenkung Typ LS 7
Räder	11 - 20 SDC	22,5 x 8,25
Bereifung	365 / 80 R 20	12 R 22,5
Allgemeine Daten		
Radstand	3.900 + 1.400 mm	4.100 mm
Spurweite v/h	1.972 / 1.882 mm	1.928 mm
Gesamtmaße	7.580 x 2.500 x 2.800 mm	6.410 x 2.500 x 2.970 mm
Vorbaumaß	1.041 mm	1.030 mm
Bodenfreiheit/Diff.	500 mm	370 mm
max. Aufbaulänge	max. Aufbaulänge 4.611 mm	max. Aufbaulänge 4.110 mm
Höchstgeschw.	85 km/h	92 km/h
kl. Wendekreis	19,5 Meter	17,8 Meter
Leergewicht	6.900 kg	7.600 kg
zul. Gesamtgewicht	17.000 kg	18.000-21.000 kg
zul. Achslast v/h	5.300 / je 6.000 kg	6.500 / 11.500 kg
zul. Anh.Last gebr.	18.000 kg	
Füllmenge Motor	14,5 Liter	14,5 Liter
Kraftstofftank	230 Liter	210 Liter

ALLE MODELLE SEIT 1946

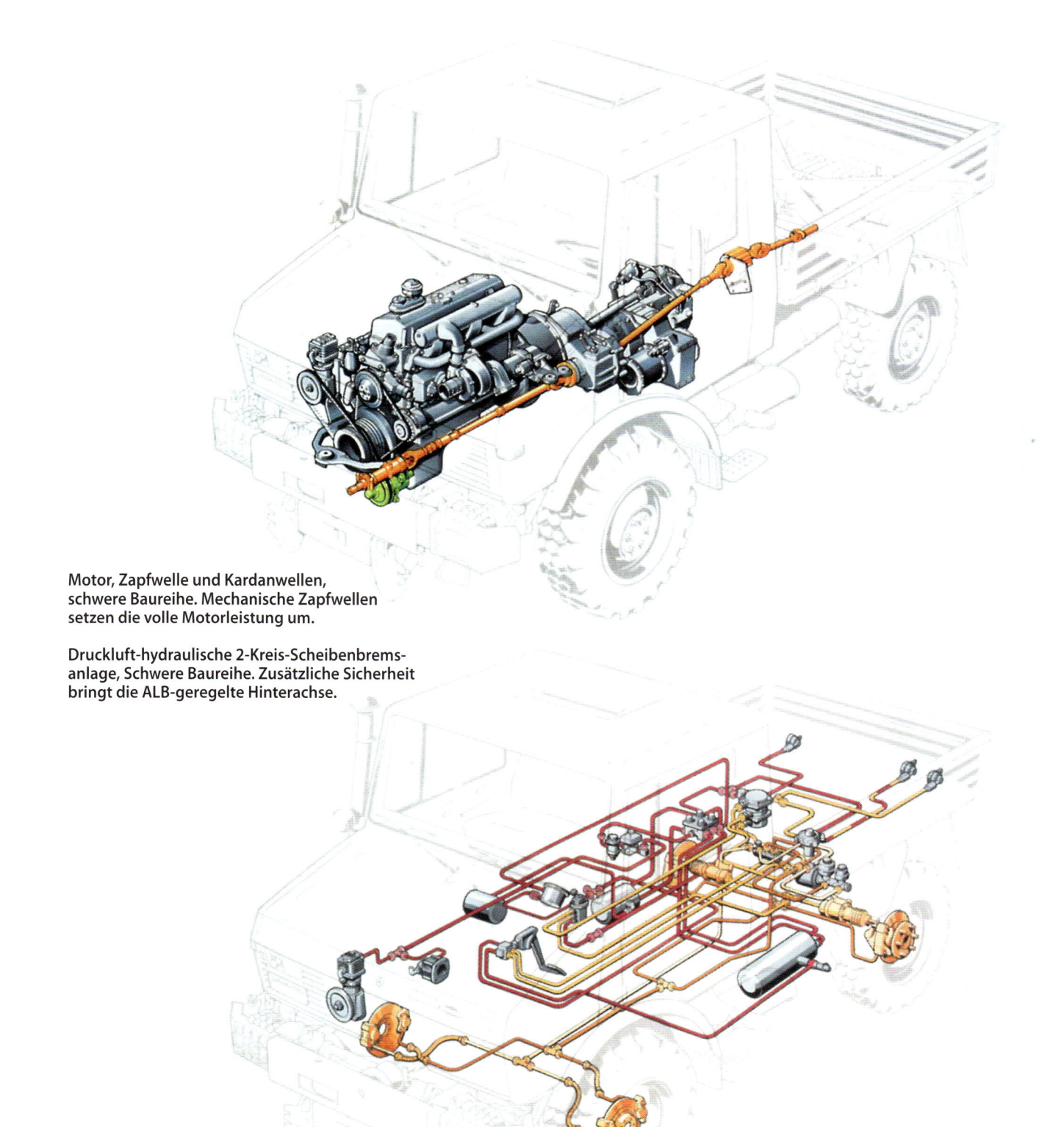

Motor, Zapfwelle und Kardanwellen, schwere Baureihe. Mechanische Zapfwellen setzen die volle Motorleistung um.

Druckluft-hydraulische 2-Kreis-Scheibenbremsanlage, Schwere Baureihe. Zusätzliche Sicherheit bringt die ALB-geregelte Hinterachse.

Preise / Grundausführung Unimog U 1350L / U 1550L / U 1550L/37 / U 1750L / U 1750L/38 — Baureihe 437 Stand 6/1989

Listenpreis U 1350L (437.110)		92.790,--
Listenpreis U 1550L (437.111)		94.840,--
Listenpreis U 1550L/37 (437.120)		96.680,--

Listenpreis U 1750L (437.113)		111.490,--
Listenpreis U 1750L/38 (437.131)		123.280,--
		(in DM ohne MWST)

Gesetzlich vorgeschr. Lieferumfang

Code	Bezeichnung	Preis
B65	Schalter für 3. Bremse	195,--
J20	Tachograf EC, 1 Fahrer	470,--
L04	Umrißleuchten (ab 1.1.87 Vorschrift)	345,--
L20	Rückfahrscheinwerfer	160,--
L40	Begrenzungsleuchten vorn	110,--
S35	Scheibenwaschanlage	125,--
S50	Verbandskasten mit Halter	95,--
Y25	Unterlegkeil mit Halter	65,--
Y46	Warndreieck und Warnleuchte	95,--

Gesetzlich vorgeschr. Lieferumfang

Code	Bezeichnung	Preis
J20	Tachograf EC, 1 Fahrer	470,--
L04	Umrißleuchten (ab 1.1.87 Vorschrift)	345,--
L20	Rückfahrscheinwerfer	160,--
L40	Begrenzungsleuchten vorn	110,--
S35	Scheibenwaschanlage	125,--
S50	Verbandskasten mit Halter	95,--
Y27	Unterlegkeil ohnr Halter	33,--
Y46	Warndreieck und Warnleuchte	95,--
S83	Rampenspiegel	100,--

U 1750L/38 zusätzlich:

Code	Bezeichnung	Preis
C26	Stabilisator vorn mit verst. Drehstab	1.040,--
C29	Stabilisator hinten mit verst. Drehstab	1.040,--

Motor	U 1350L MB-6-Zylinder-Diesel-Direkteinspritzer + Turbo, Typ OM 366A, 136 PS (100 kW) 2.400/min
	U 1550L MB-6-Zylinder-Diesel-Direkteinspritzer + Turbo, Typ OM 366A, 156 PS (115 kW) 2.400/min
	U 1550L/37 MB-6-Zylinder-Diesel-Direkteinspritzer + Turbo, Typ OM 366A, 156 PS (115 kW) 2.400/min
	U 1750L MB-6-Zylinder-Diesel-Direkteinspritzer + Turbo, Typ OM 366A, 170 PS (125 kW) 2.600/min
	U 1750L/38 MB-6-Zylinder-Diesel-Direkteinspritzer + Turbo, Typ OM 366A, 170 PS (125 kW) 2.600/min
	wassergekühlt, Bosch-Einspritzausrüstung, mech. Drehzahlregler Bosch RSV, Startpilot, Betriebsstundenzähler, Anlasser, Trockenluftfilter, Drucklufterzeugungsanlage mit Reifenfüllventil und Reifenfüllschlauch, Kühlerfrostschutzmittel bis -40° C, Siebkorb, Tank 160 Liter
	U 1750L, U 1750L/38: zusätzlich Motorbremse mit Schalter für 3. Bremse
Elektrik	Drehstromlichtmasch. 14 V/55 A (770 Watt), Batterie 12 V/120 Ah
Getriebe	DB-Vollsynchrongetriebe als Wendegetriebe, 8 Vor- und 8 Rückwärtsgänge, Einscheiben-Trockenkupplung
Antrieb	Allradantrieb mit Differenzialsperren in beiden Achsen, während der Fahrt pneumatisch zu- und abschaltbar, Portalachsen mit Radvorgelegen
Federung	4 Schraubenfedern, Teleskopstoßdämpfer vorn und hinten, U 1750L, U 1750L/38: zusätzlich hinten verstärkt mit Zusatzfedern
Lenkung	Hydraulische Servolenkung
Bremse	Druckluft-Fremdkraftbremse mit pneumatisch-hydraulischer Übertragung, Feststellbremse als Federspeicher auf Hinterräder wirkend
Anhängekupplung	Anhängemaul vorn mit Steckbolzen
Fahrerhaus	Ganzstahlfahrerhaus, hochstellbar, Dachentlüftungsklappe, Heizungs- und Belüftungsanlage, Defrosterdüsen, 2 Sitze, Fahrersitz verstellbar, durch Kurbeln betätigte Türfenster, Windschutzscheibe, Scheinwerfer, Fahrtrichtungsanzeiger, Brems- und Schlußleuchten
Armaturen	Schaltgassenanzeige, Kontrolleuchtenband, Tachometer, Kombi-Instrument mit Öldruckanzeige, Fernthermometer, Kraftstoffanzeige, Warnblinkanlage.
Zubehör	Werkzeug, Wagenheber, Unterlegkeil
Lackierung	Currygelb/DB 1600, ambragelb/DB 1624, grün/DB 6277, saftgrün/DB 6821, grau/DB 7187, tieforange/DB 2603
Bereifung	12,5 - 20 /12 PR, Straße/Gelände, 4fach, Scheibenrad 11 x 20, U 1750L, U 1750L/38: 13 R 22,5, Straße/Gelände, 4fach, Scheibenrad 9 x 22,5

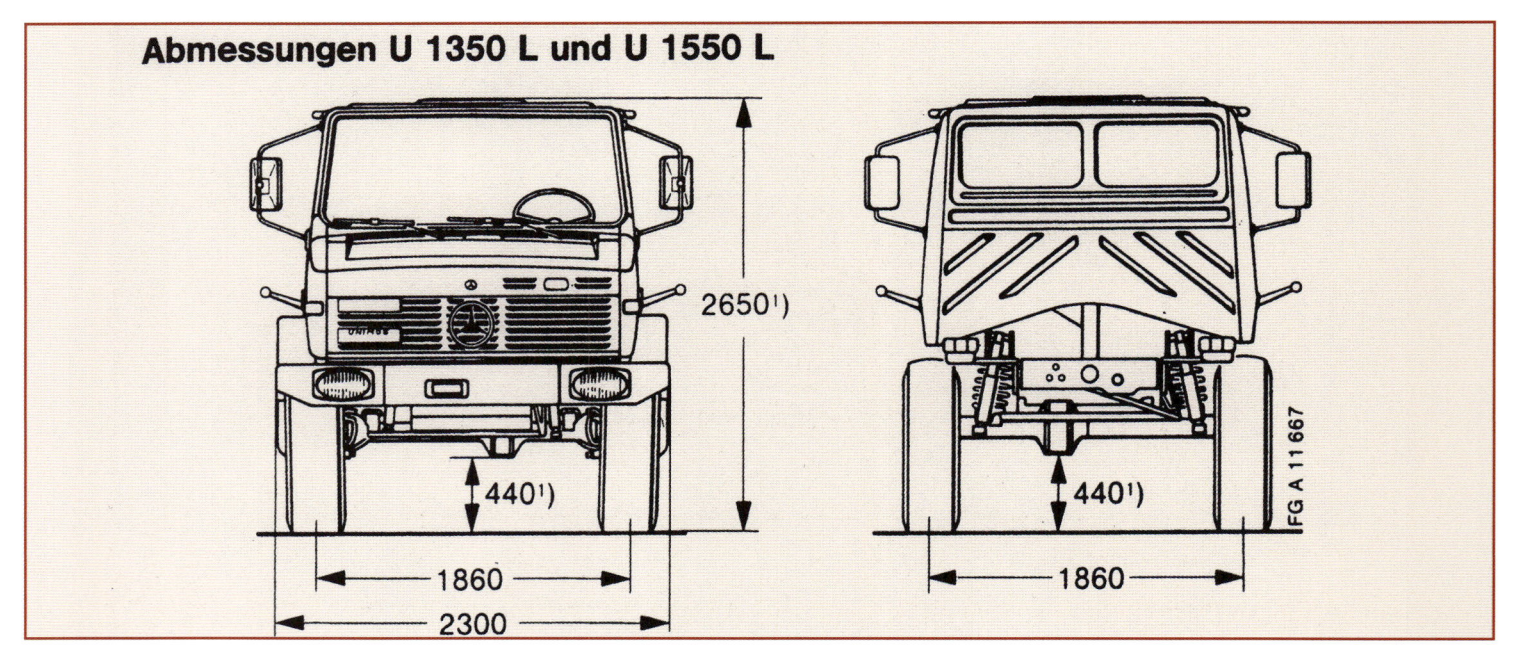

Abmessungen U 1350 L und U 1550 L

ALLE MODELLE SEIT 1946

Preise / Grundausführung Unimog U 1700 / U 1750 / U 1700 T 6/1989			
Listenpreis U 1700 (BM 437.100)	109.690,-- (in DM ohne MWST)	**Listenpreis U 1750** (BM 437.112) **Listenpreis U 1700 T** (BM 437.000)	111.490,-- 89.080,--
Gesetzlich vorgeschriebener Lieferumfang		**Gesetzlich vorgeschriebener Lieferumfang**	
J20 Tachograf EC, 1 Fahrer	470,--	J20 Tachograf EC, 1 Fahrer	470,--
L03 Umrißleuchten (ab 1.1.87 Vorschrift)	345,--	L03 Umrißleuchten (ab 1.1.87 Vorschrift)	345,--
L20 Rückfahrscheinwerfer	160,--	L20 Rückfahrscheinwerfer	160,--
L40 Begrenzungsleuchten vorn	110,--	L40 Begrenzungsleuchten vorn	110,--
M19 Anlaßsperre	85,--	S35 Scheibenwaschanlage	125,--
S35 Scheibenwaschanlage	125,--	S50 Verbandskasten mit Halter	95,--
S50 Verbandskasten mit Halter	95,--	Y25 Unterlegkeil mit Halter	65,--
Y25 Unterlegkeil mit Halter	65,--	Y46 Warndreieck und Warnleuchte	95,--
Y46 Warndreieck und Warnleuchte	95,--	J48 Warnleuchte f. Teleskopzylinder	90,--
J48 Warnleuchte f. Teleskopzylinder	90,--	S83 Rampenspiegel	100,--
S83 Rampenspiegel	100,--		

Motor	MB-6-Zylinder-Diesel-Direkteinspritzer + Turbo, Typ OM 366A, 170 PS (125 kW) 2.600/min, wassergekühlt, Trockenluftfilter, Startpilot, Motorbremse mit Schalter für 3. Bremse, Bosch-Einspritzausrüstung, mech. Drehzahlregler Bosch RSV, Betriebsstundenzähler, Anlasser, Vorglühelektronik, Drucklufterzeugungsanlage mit Reifenfüllventil und Reifenfüllschlauch, Anlaßsperre, Kühlerfrostschutzmittel bis -40° C, Siebkorb, Tankinhalt 160 Liter
Elektrik	Drehstromlichtmasch. 14 V/55 A (770 Watt), Batterie 12 V/120 Ah, Anh.steckdose 7-polig
Getriebe	DB-Vollsynchrongetriebe als Wendegetriebe, 8 Vor- und 8 Rückwärtsgänge, Einscheiben-Trockenkupplung
Antrieb	Allradantrieb mit Differenzialsperren in beiden Achsen, während der Fahrt pneumatisch zu- und abschaltbar, Portalachsen mit Radvorgelegen.
Federung	4 Schraubenfedern, hinten verstärkt mit Zusatzfedern, Teleskopstoßdämpfer vorn und hinten, U 1700 T: 2 Schraubenfedern und Teleskopstoßdämpfer vorn
Lenkung	Hydraulische Servolenkung
Bremse	Druckluft-Fremdkraftbremse mit pneumatisch-hydraulischer Übertragung, Feststellbremse als Federspeicher auf Hinterräder wirkend
Anhängekupplung	Autom. Anhängekupplung hinten, Stützlast 1.500 kg, Anhängemaul vorn mit Steckbolzen, U 1750, U 1700 T: Anhängemaul vorn mit Steckbolzen
Fahrerhaus	Ganzstahlfahrerhaus, hochstellbar, Dachentlüftungsklappe, durch Kurbeln betätigte Türfenster, Heizungs- und Belüftungsanlage, 2 Sitze, Fahrersitz verstellbar, Windschutzscheibe, Defrosterdüsen, Scheinwerfer, Fahrtrichtungsanzeiger, Brems- und Schlußleuchten
Armaturen	Schaltgassenanzeige, Kontrollleuchtenband, Tachometer, Kombi-Instrument mit Öldruckanzeige, Fernthermometer, Kraftstoffanzeige, Doppeldruckmesser, Warnblinkanlage.
Zubehör	Werkzeug, Wagenheber, zwei Unterlegkeile
Lackierung	Currygelb/DB 1600, ambragelb/DB 1624, grün/DB 6277, saftgrün/DB 6821, grau/DB 7187, tieforange/DB 2603
Bereifung	13 R 22,5, Straße/Gelände, 4fach, Scheibenrad 9 x 22,5

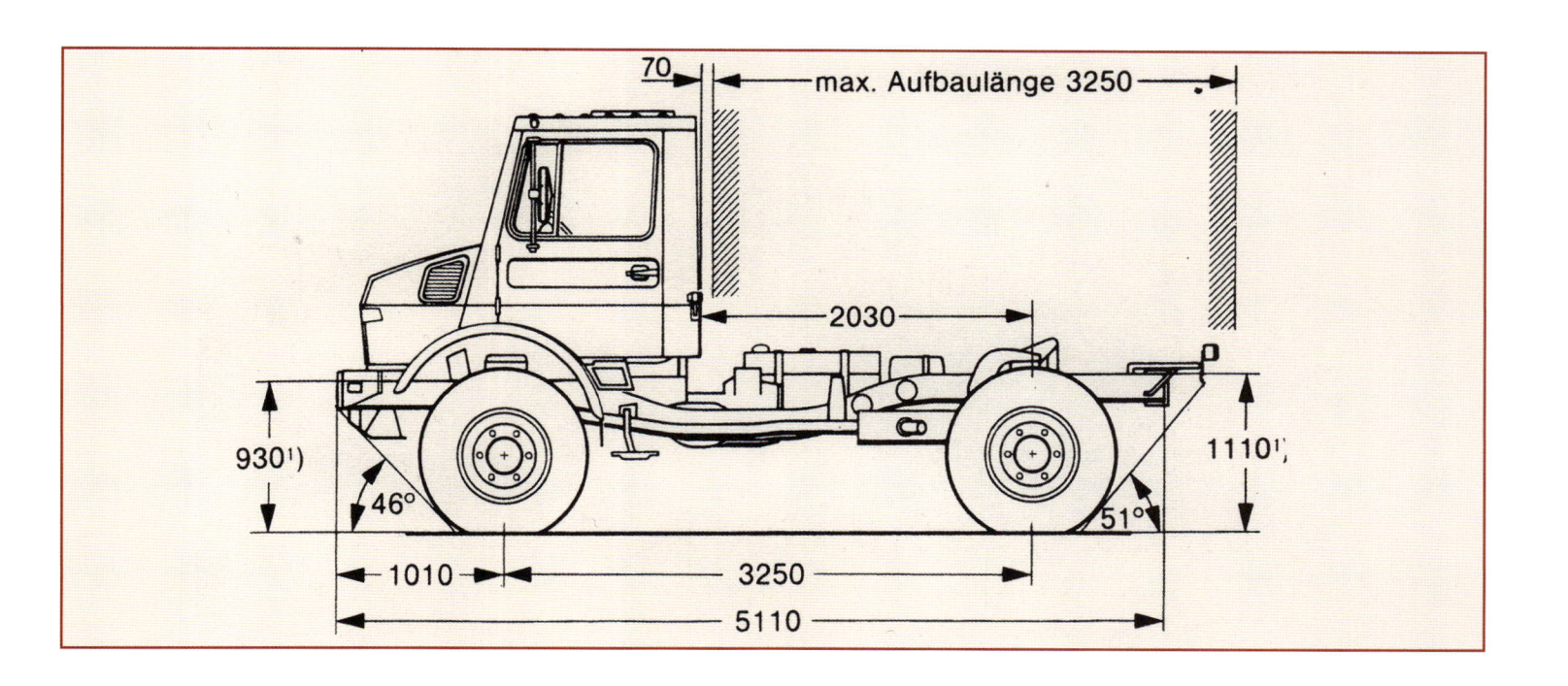

Preise / Grundausführung Unimog U 2100 / U 2400 / U 2100 T / U 2150 / U 2450 Baureihe 437 — Stand 2/1995

Listenpreis U 2100/2150 (437.105/.117)		142.970,--
Listenpreis U 2400/2450 (437.105/.117)		147.784,--

Gesetzlich vorgeschriebener Lieferumfang

L04/5	Umrißleuchten	
L20	Rückfahrscheinwerfer	
L25	Nebelschlußleuchte	
L35	Leuchtweitenregelung	
L40	Begrenzungsleuchten vorn	
L41	Zusatzblinkleuchten seitlich	
S21	Dreipunkt-Automatic-Sicherheitsgurt	
S50	Verbandskasten mit Halter	
S82	Weitwinkelspiegel	
S83	Rampenspiegel	
Y25/27	Unterlegkeil mit/ohne Halter	
Y46	Warndreieck und Warnleuchte	
		2.489,--

U 2100/2400 zusätzlich:

B42	Anhängebremsanlage Zweileitung	1.710,--

Listenpreis U 2100 T (BM 437.002)		114.140,--
		(in DM ohne MWST)

Gesetzlich vorgeschriebener Lieferumfang

L04/5	Umrißleuchten (ab 1.1.87 Vorschrift)	
L20	Verkabelung Rückfahrscheinwerfer	
L25	Nebelschlußleuchte	
L35	Leuchtweitenregelung	
L40	Begrenzungsleuchten vorn	
L41	Zusatzblinkleuchten seitlich	
S21	Dreipunkt-Automatic-Sicherheitsgurt	
S50	Verbandskasten mit Halter	
S82	Weitwinkelspiegel	
S83	Rampenspiegel	
Y27	Unterlegkeil ohne Halter	
Y46	Warndreieck und Warnleuchte	
		2.279,--

Motor	2100/2150 MB-6-Zylinder-Diesel-Direkteinspritzer, Typ OM 366 LA, 214 PS (157 kW) 2.600/min
	2400/2450 MB-6-Zylinder-Diesel-Direkteinspritzer, Typ OM 366 LA, 240 PS (177 kW) 2.600/min
	U 2100 T MB-6-Zylinder-Diesel-Direkteinspritzer, Typ OM 366 LA, 214 PS (157 kW) 2.600/min
	Ausführung EURO 1, Abgasturboaufladung mit Ladeluftkühlung, wassergekühlt, Bosch-Einspritzausrüstung, mech. Drehzahlregler Bosch RSV, Motorbremse, Visco-Lüfter, Startpilot, Betriebsstundenzähler, Anlasser, Trockenluftfilter, Drucklufterzeugungsanlage mit Reifenfüllventil und Reifenfüllschlauch, Kühlerfrostschutzmittel bis -40° C, Füllrohr mit Siebkorb, Tankinhalt 160 Liter
Elektrik	Drehstromlichtmaschine 28 V/55 A (1.540 Watt), Batterie 2 x 12 V/70 Ah, nahentstört
Getriebe	DB-Vollsynchrongetriebe als Wendegetriebe, 8 Vor- und 8 Rückwärtsgänge, Einscheiben-Trockenkupplung, Antriebswelle für Nachrüstung schneller Abtrieb (i = 13,01)
Antrieb	Allradantrieb mit Differenzialsperren in beiden Achsen, während der Fahrt pneumatisch zu- und abschaltbar, Portalachsen mit Radvorgelegen
	U 2100 T: Portalachse mit Radvorgelegen
Federung	4 Schraubenfedern, hinten verstärkt mit Zusatzfedern, Teleskopstoßdämpfer / Stabilisatoren vorn und hinten.
	U 2100 T: 2 Schraubenfedern, Teleskopstoßdämpfer, Stabilisat. vorn
Lenkung	Hydraulische Servolenkung, Typ LS6
Bremse	Druckluft-Fremdkraftbremse mit pneumatisch-hydraulischer Übertragung und Lufttrockner, Feststellbremse als Federspeicher auf Hinterräder wirkend
Anhängekupplung	Anhängemaul vorn mit Steckbolzen
Fahrerhaus	Ganzstahlfahrerhaus verstärkt, hochstellbar, Dachentlüftungsklappe, Ansaugkamin, Heizungs- und Belüftungsanlage, Defrosterdüsen, 2 Sitze, Fahrersitz verstellbar, durch Kurbeln betätigte Türfenster, Windschutzscheibe Verbundglas, Intervall-Scheibenwischer, Scheibenwaschanlage, Scheinwerfer Halogen, Fahrtrichtungsanzeiger, Brems- und Schlußl.
Armaturen	Schaltgassenanzeige, Kontrolleuchtenband, Tachometer, Motor-Drehzahlmesser, Kombi-Instrument mit Öldruckanzeige, Fernthermometer, Doppeldruckmesser, Kraftstoffanzeige, Bremsbelagverschleißanzeige, Warnblinkanlage.
Zubehör	Werkzeug, Wagenheber, Unterlegkeil
Lackierung	Currygelb/DB 1600, ambragelb/DB 1624, grün/DB 6277, saftgrün/DB 6821, grau/DB 7187, tieforange/DB 2603
Bereifung	13 R 22,5, Straße/Gelände, 4fach, Scheibenrad 9 x 22,5

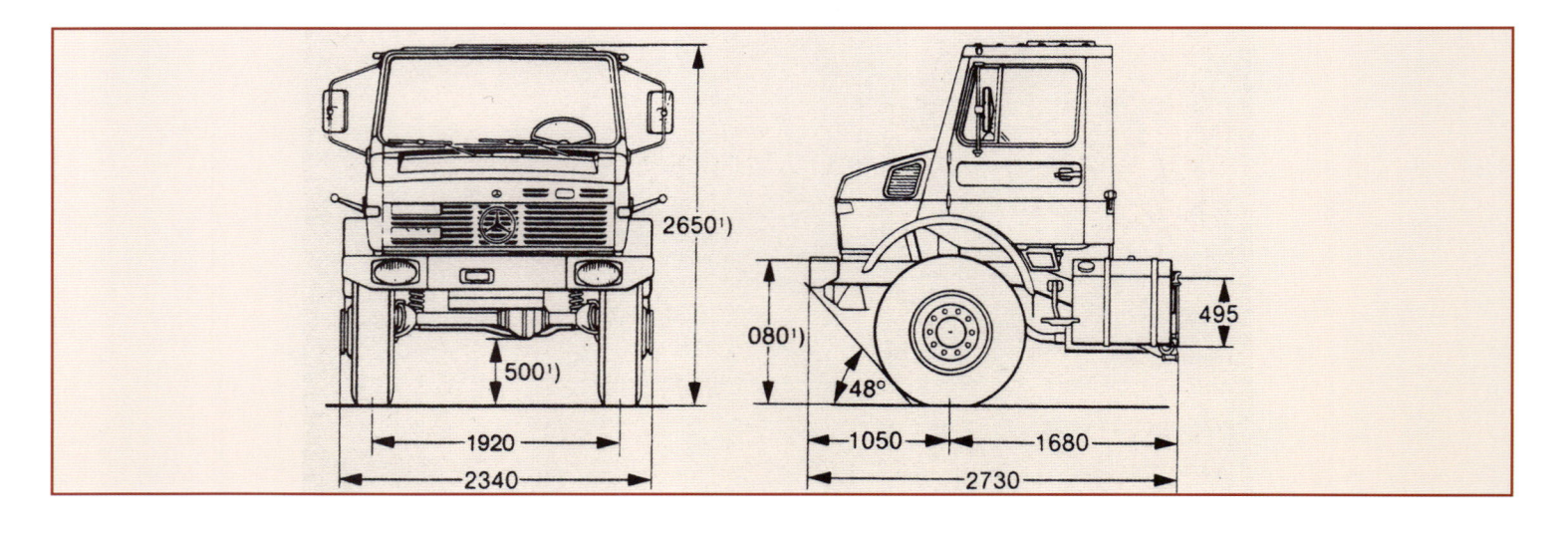

ALLE MODELLE SEIT 1946

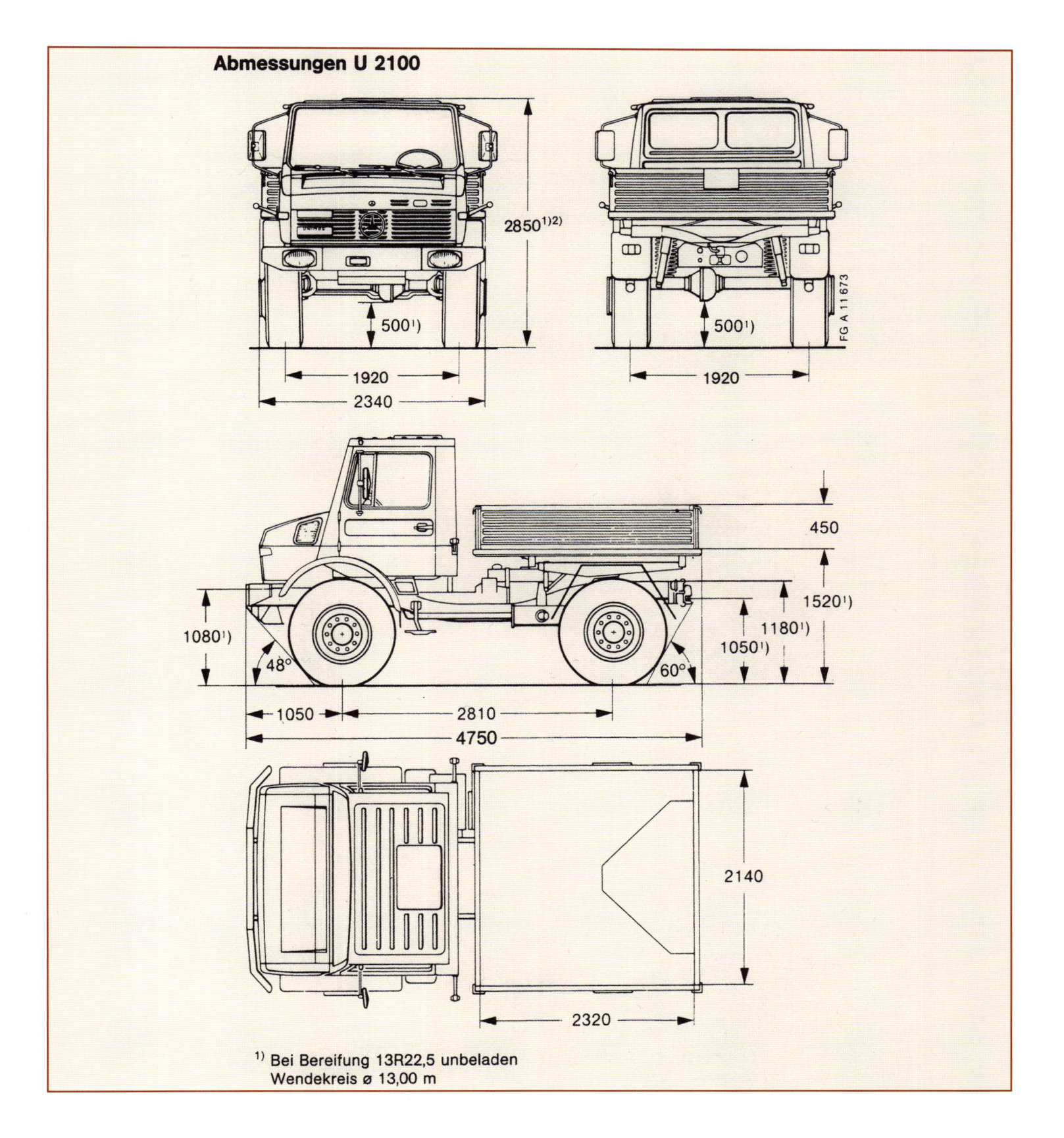

Abmessungen U 2100

1) Bei Bereifung 13R22,5 unbeladen
Wendekreis ø 13,00 m

Abmessungen U 1550 L (214)

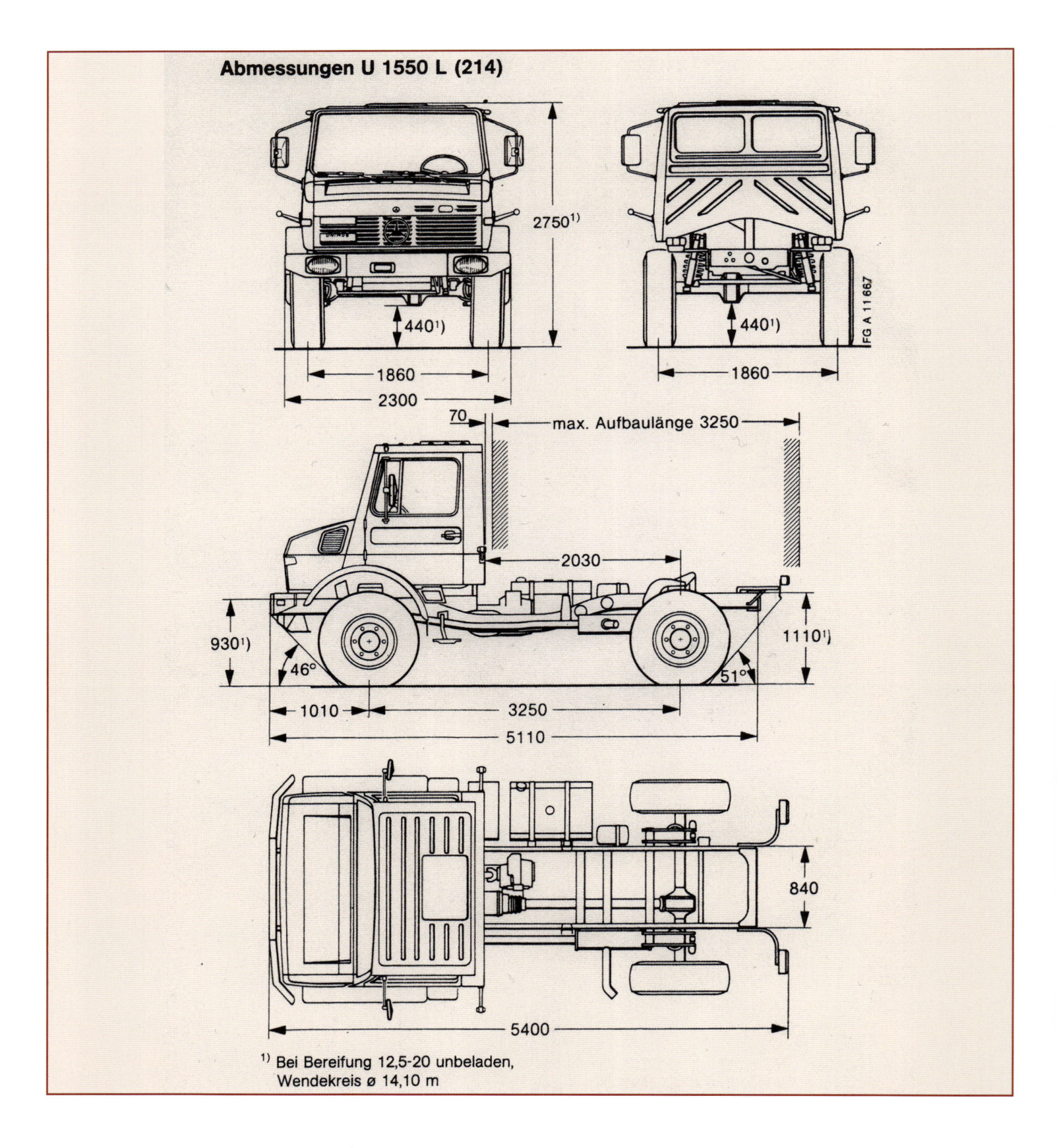

[1] Bei Bereifung 12,5-20 unbeladen,
Wendekreis ø 14,10 m

ALLE MODELLE SEIT 1946

Preise / Grundausführung Unimog U 1550L(214) / U 2150L / U 2450L / U 2450L 6x6 / U 2400 TG Baureihe 437 Stand 1/1999

Listenpreis U 1550 L/214 (BM 437.116)		135.040,--
(BM 437.125)		137.350,--
Listenpreis U 2150L/2450L (BM 437.118)		150.550,--
(BM 437.136)		165.250,--
Listenpreis U 2450L 6x6 (BM 437.156)		214.250,--

Listenpreis U 2400 TG (BM 437.182) — 213.750,-- (in DM ohne MWST)

Gesetzlich vorgeschriebener Lieferumfang (U 1550L / U 2150L / U 2450L / U 2450L 6x6)

L04/5	Umrißleuchten
L25	Nebelschlußleuchte
L35	Leuchtweitenregelung
L41	Zusatzblinkleuchten seitlich
L71	Seitenmarkierungsleuchten/Rückstrahler
M02	Motor EURO2
M91	Wegfall Startpilot
S21	Dreipunkt-Automatic-Sicherheitsgurt
S50	Verbandstasche
S82	Weitwinkelspiegel
S83	Rampenspiegel
X26	Geräuschkapselung EURO2
Y46	Warndreieck und Warnleuchte
	9.262,--

Gesetzlich vorgeschriebener Lieferumfang (U 2400 TG)

B02	Antiblockiersystem (ABS)
C51	Hydrolenkung verstärkt
C87	Auspuffrohr nach links oben
F06	Fahrerhausdach höher
L02	Umrißleuchten
L20	Verkabelung Rückfahrscheinwerfer
L25	Nebelschlußleuchte
L35	Leuchtweitenregelung
L40	Begrenzungsleuchten vorn
L41	Zusatzblinkleuchten seitlich
L71	Seitenmarkierungsleuchten/Rückstrahler
M02	Motor EURO2
M91	Wegfall Startpilot
S21	Dreipunkt-Automatic-Sicherheitsgurt
S50	Verbandstasche
S65	Kopfstütze für Fahrersitz
S82	Weitwinkelspiegel
S83	Rampenspiegel
X26	Geräuschkapselung EURO2
Y46	Warndreieck und Warnleuchte
Y95	Schlußabnahme erst nach Umrüstung
	6.883,--

Motor	**1550/2150** MB-6-Zylinder-Diesel-Direkteinspritzer, Typ OM 366 LA, 214 PS (157 kW) 2.600/min **2450/2400** MB-6-Zylinder-Diesel-Direkteinspritzer, Typ OM 366 LA, 240 PS (177 kW) 2.600/min Ausführung EURO 1, Abgasturboaufladung mit Ladeluftkühlung, wassergekühlt, Bosch-Einspritzausrüstung, mech. Drehzahlregler Bosch RSV, Motorbremse, Visco-Lüfter, Startpilot, Betriebsstundenzähler, Anlasssperre, Trockenluftfilter, Drucklufterzeugungsanlage mit Reifenfüllventil und Reifenfüllschlauch, Kühlerfrostschutzmittel bis -40° C, Füllrohr mit Siebkorb, Tankinhalt 160 Liter (6x6: 230 Liter, TG: 210 Liter)
Elektrik	Drehstromlichtmaschine 28 V/55 A (1.540 Watt), Batterie 2 x 12 V/70 Ah, Steckdose hi.
Getriebe	DB-Vollsynchrongetriebe als Wendegetriebe, 8 Vor- und 8 Rückwärtsgänge, Servofahrkupplung, Einscheiben-Trockenkupplung, Antriebswelle für Nachrüstung schneller Abtrieb
Antrieb	Allradantrieb mit Differenzialsperren in beiden Achsen, während der Fahrt pneumatisch zu- und abschaltbar, Portalachsen mit Radvorgelegen (6x6: Allradantrieb In drei Achsen)
Federung	4 (6) Schraubenfedern, hinten verstärkt mit Zusatzfedern (U 2450L, U2450L6x6), Teleskopstoßdämpfer und Stabilisatoren vorn und hinten.
Lenkung	Hydraulische Servolenkung, Typ LS6
Bremse	Druckluft-Fremdkraftbremse mit pneumatisch-hydraulischer Übertragung und Lufttrockner, Feststellbremse als Federspeicher auf Hinterräder wirkend
Anhängekupplung	Anhängemaul vorn mit Steckbolzen
Fahrerhaus	Ganzstahlfahrerhaus verstärkt, hochstellbar, Dachentlüftungsklappe, Ansaugkamin, Heizungs- und Belüftungsanlage, Defrosterdüsen, 2 Sitze, Fahrersitz verstellbar, durch Kurbeln betätigte Türfenster, Windschutzscheibe Verbundglas, Intervall-Scheibenwischer, Scheibenwaschanlage, Scheinwerfer Halogen, Fahrtrichtungsanzeiger, Brems- und Schlußleuchte, Rückfahrscheinwerfer. (zusätzl. bei 6x6: Anbaubeschl. Mitte, bei TG: L25)
Armaturen	Schaltgassenanzeige, Kontrolleuchtenband, Tachometer, Motor-Drehzahlmesser, Kombi-Instrument mit Öldruckanzeige, Fernthermometer, Doppeldruckmesser, Kraftstoffanzeige, Bremsbelagverschleißanzeige, Warnblinkanlage.
Zubehör	Werkzeug, Wagenheber 10 Tonnen, 2 Unterlegkeil
Lackierung	enzianblau/MB 5361, ambragelb/MB 1624, grün/MB 6277, saftgrün/MB 6821, grau/MB 7187, tieforange/MB 2603, reinweiß/MB 9678; Tectyl-Unterbodenkonservierung
Bereifung	12,5 R 20, Straße/Gelände, 4fach, Scheibenrad 11 x 20, U 2450L: 13 R 22,5 (9x22,5) **U 2450L 6x6:** 365 / 80 R 20, 6fach, Scheibenrad 11-20 SDC, TG: 12 R 22,5 (9 x 22,5)

Abmessungen U 2150 L

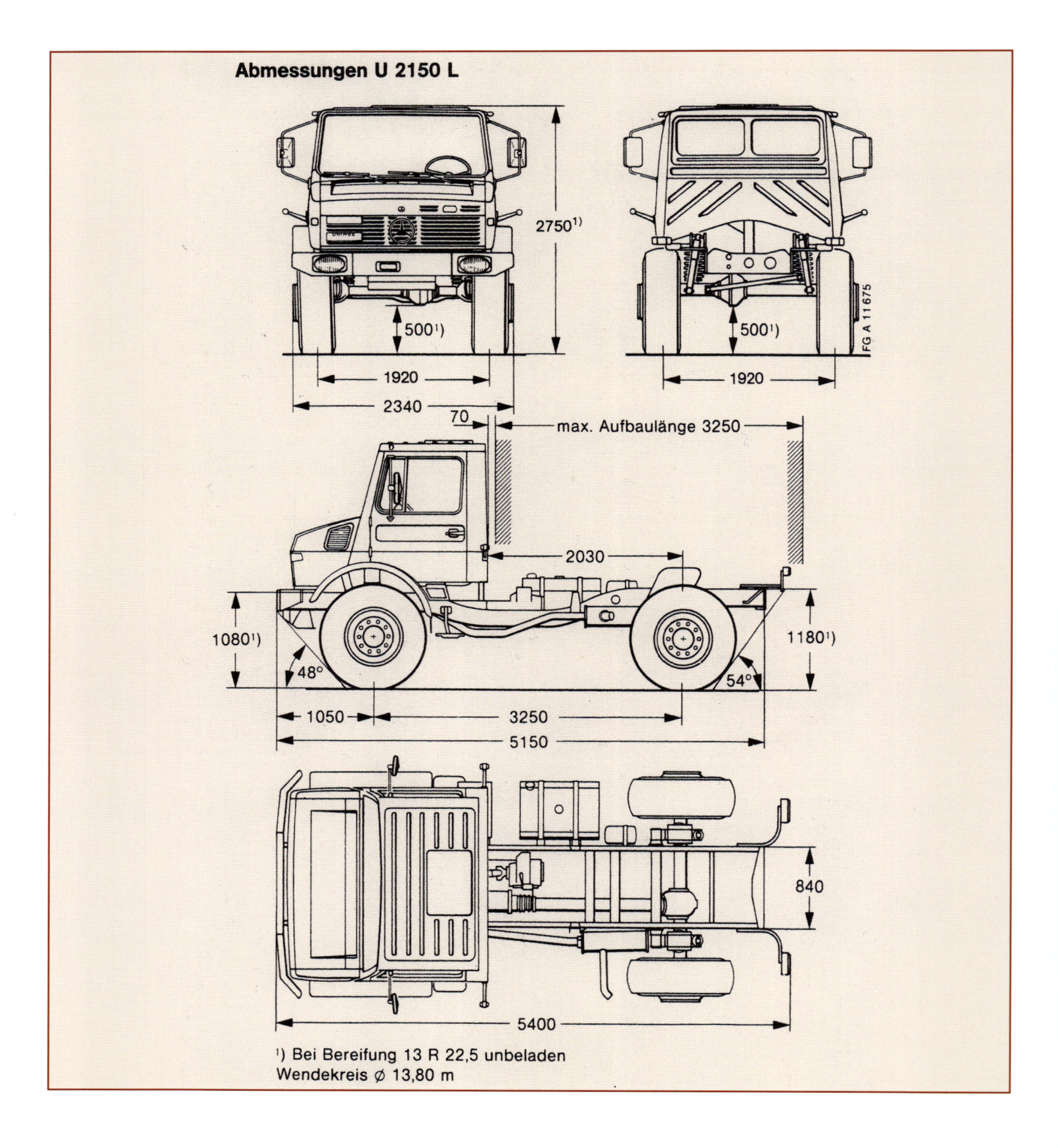

¹) Bei Bereifung 13 R 22,5 unbeladen
Wendekreis ⌀ 13,80 m

ALLE MODELLE SEIT 1946

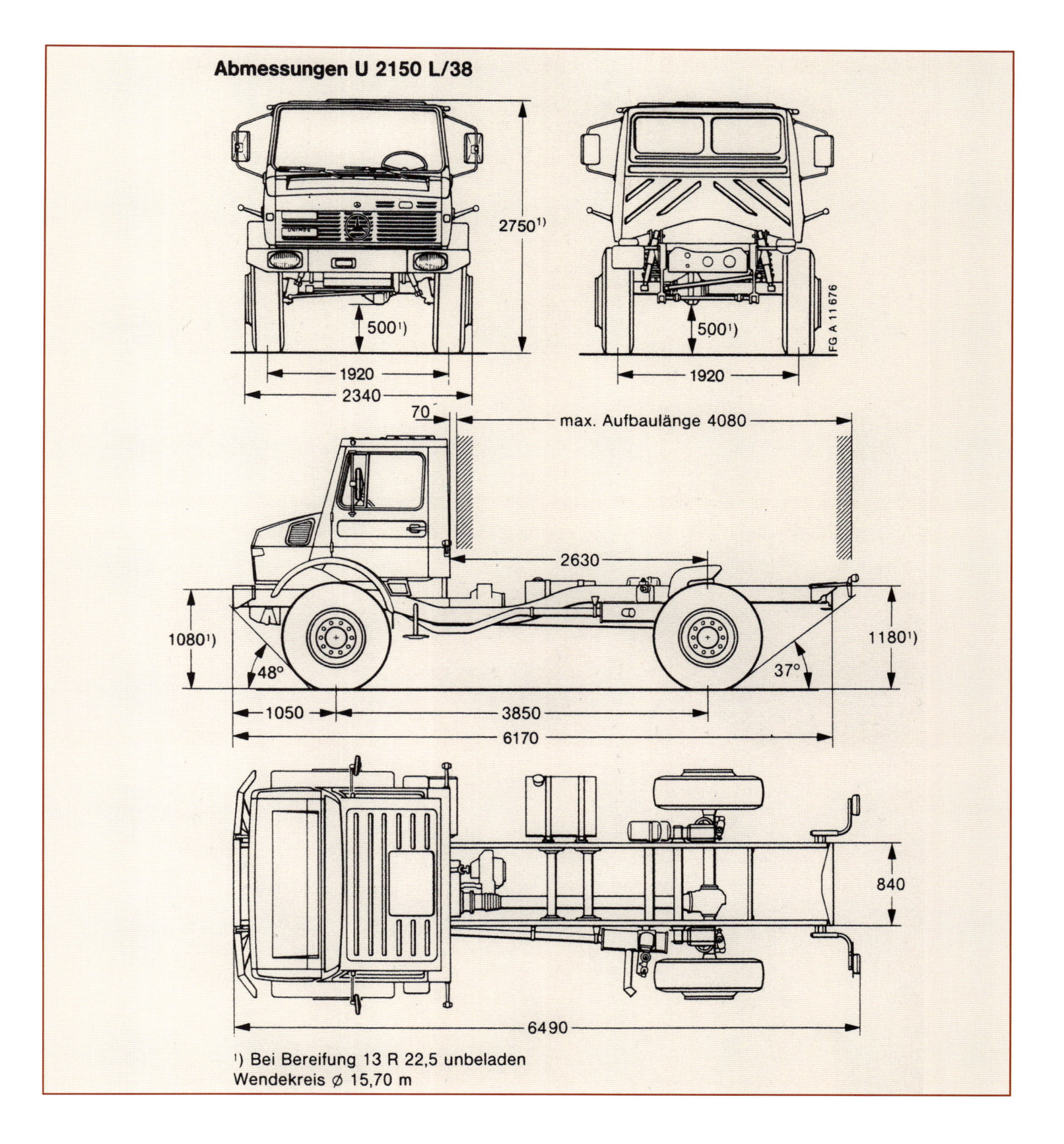

Abmessungen U 2150 L/38

Dimensions shown:
- Height: 2750[1], ground clearance: 500[1]
- Front track: 1920, width: 2340
- Rear track: 1920, ground clearance rear: 500[1]
- max. Aufbaulänge 4080, offset: 70
- Wheelbase: 3850, front overhang: 1050, total length: 6170
- Rear measurement: 2630
- Heights: 1080[1], 1180[1]
- Approach angle: 48°, departure angle: 37°
- Top view width: 840, length: 6490

[1] Bei Bereifung 13 R 22,5 unbeladen
Wendekreis ⌀ 15,70 m

Produktion Unimog 437 (1988-2003)

	1988	1989	1990	1991	1992	1993	1994	1995	Gesamt
437.000	9	23	24	17	13				**86**
437.002					10	11	8	16	
437.100	37	97	65	70	31	2	1		**303**
437.102					31	18	8		**57**
437.105		8	31	84	124	88	62	105	
437.110	3	39	16	54	24	11	3		**150**
437.111	13	36	56	21	34	9	51	68	
437.112	43	48	55	80	41	4	1		**272**
437.113	11	27	19	88	28	17			**190**
437.114					24	51			**75**
437.115					15	20	1		**36**
437.116			8	10	10	8	14	12	
437.117		11	50	53	84	168	79	70	
437.118		2	2	4	11	8	23	35	
437.120	50	96	72	44	328	85	105	71	
437.123						36			**36**
437.125		3	18	20	35	26	33	34	
437.130		2	0	0	1				**3**
437.131	54	21	32	204	162	7	1		**481**
437.132					11				**11**
437.133						34	2		**36**
437.135				1	1	113			**115**
437.136		1	27	49	236	286	102	152	
437.141						80			
437.156								5	
437.182						19	21	20	
Gesamt	**220**	**414**	**475**	**799**	**1.254**	**1.101**	**515**	**588**	

	1996	1997	1998	1999	2000	2001	2002	2003	Gesamt
437.002	6	8	13	4	3	6			**85**
437.105	39	59	38	62	44	30	29		**803**
437.111	571	667	596	117	20	23	82		**2.364**
437.116	4	4	11	10	81	7	90		**269**
437.117	44	48	56	40	20	15	2		**740**
437.118	16	37	16	19	17	4	2	21	**217**
437.120	117	35	197	131	45	43	49		**1.468**
437.125	53	22	28	19	49	183	43		**566**
437.136	226	72	111	173	103	173	168		**1.879**
437.141	0	2							**82**
437.156	85	47	25	9	15	27	1		**214**
437.182	20	3	4	47	46				**180**
Gesamt	**1.181**	**1.004**	**1.095**	**631**	**443**	**511**	**466**	**21**	**10.718**

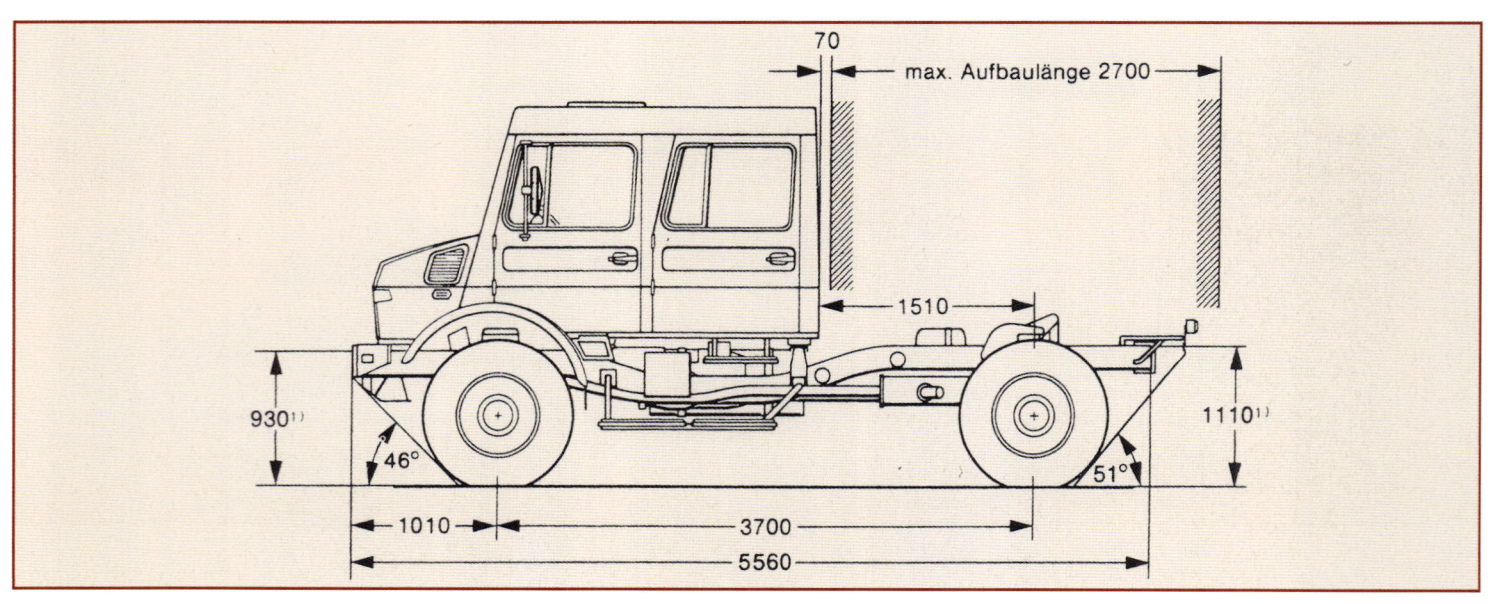

ALLE MODELLE SEIT 1946

Unimog U 90 Baureihe 408 (1992–1997)
Unimog U 100 L Baureihe 408 (1994–1997)
Unimog U 90 turbo Baureihe 408 (1996–2001)
Unimog U 100 L turbo Baureihe 408 (1996–2001)

Mit einem völlig neuen Erscheinungsbild und einer Menge technischer Innovationen hatte Mercedes-Benz zur IAA 1992 in Hannover die Leichte und Mittlere Unimog-Baureihe aufgewertet. Die komplett neuen Baureihen 408 mit dem U 90 und 418 mit den Modellen U 110 und U 140 lösten die älteren Typen U 600 und U 650 der Baureihe 407 und U 900 und U 1150 der Baureihe 417 ab. Insgesamt wurden 3273 Fahrzeuge hergestellt, dabei blieb die Baureihe 408 bis zur Produktionsverlagerung nach Wörth im Bauprogramm und war mit 2050 Fahrzeugen wesentlich erfolgreicher als die 418er, die es auf lediglich 1223 Einheiten brachte.

Während im April 1992 der U 110 und U 140 der Mittleren Baureihe 418 in Gaggenau in Serie ging, machte ein halbes Jahr später im September der U 90 (Leichte Baureihe) die Neuordnung der Modellpalette vorerst komplett.

Rund 80 Millionen wurden investiert in ein neu konzipiertes Fahrerhaus, in ein verbessertes Fahrwerk mit ABS und Scheibenbremsen rundum, in die hydraulische Geräteverriegelung »Servolock« und in die für den Einsatz biologisch abbaubarer Hydrauliköle erforderliche Umrüstung. Auffälligstes Merkmal der neuen kleinen Unimog war der als Variante angebotene »Sichtkanal« auf der asymmetrisch abgesenkten Motorhaube. Damit hatte der Fahrer vom Sitzplatz aus den vorderen Anbauraum voll im Blick. Das völlig neu konzipierte Ganzstahl-Sicherheitsfahrerhaus mit vergrößertem Innenraum, verbessertem Einstieg und

Unimog U 90 der Leichten Baureihe (LBU) 408 mit Angl-Aufbaukehrmaschine.

Unimog U 90 als Zugmaschine im öffentlichen Dienst.

Unimog U 90 Funmog: Ein echter Unimog, geländegängig, robust und zuverlässig.

mit ausgefeilten Bedienungselementen wurde »überrollfest« ausgelegt. Das gab Sicherheit im extremen Gelände. Mit den neuen Unimog-Baureihen wurde erstmals auch eine Rechtslenker-Version angeboten, die zum Beispiel die Arbeit mit dem Straßenkehrgerät erleichterte.

In der Zug- und Arbeitsmaschine U 90 (BM 408.100) der Leichten Baureihe 408 arbeitete der Fünfzylinder-Vorkammerdiesel OM 602 mit 87 PS.

Die Leichte Baureihe 408 (LBU) gab es ab 1994 unter der Verkaufsbezeichnung U 100 L (BM 408.215) auch mit langem Radstand von 3220 mm als hochgeländegängiges Fahrzeug für den Einsatz als Expeditions-, Transport-, Feuerwehrfahrzeug oder als Wohnwagen. Bei dem völlig neu konzipierten, geräumig und komfortabel ausgestatteten Ganzstahl-Sicherheitsfahrerhaus wurden erstmals feuerverzinkte Bleche verwendet, und es bot zudem eine besonders große Überrollfestigkeit und damit eine hohe Sicherheit auch im extremsten Gelände. Bei der Anordnung von Motor und Getriebe unterschied man zwischen einer Blockbauweise und einer aufgelösten Bauweise. Für hochgeländefähige Transportfahrzeuge wie den U 100 L wurde die aufgelöste Bauweise gewählt, bei der Motor mit Kupplung und Getriebeblock vom Verteilergetriebe getrennt und über eine Gelenkwelle verbunden waren. Das ermöglichte den Einsatz sowohl konventioneller Schalt- als auch den von Automatikgetrieben.

ALLE MODELLE SEIT 1946

Die Zeichen der Zeit hatte Mercedes-Benz auch beim Thema Umweltschutz in der Unimog-Herstellung erkannt und daraus die Konsequenz gezogen. Cadmium, die Ozonschicht schädigendes FCKW und krebserregendes Asbest wurden nicht mehr verwendet. Zwecks späterem sortenreinen Recycling wurden Kunststoffteile mit mehr als 100 Gramm Gewicht gekennzeichnet. Umweltfreundlich war die Verwendung von Bio-Ölen in der Hydraulik. 1993 bot Mercedes-Benz den Unimog komplett mit Arbeitsgeräten zur Nutzung gegen eine feste monatliche Gebühr an. Mit dem neuen Dienstleistungsangebot »Nutzen statt Investieren« bestand nun vor allem für die Kommunen die Möglichkeit, aus dem breiten Unimog- und Geräteangebot eine auf den Betrieb ausgerichtete Systemlösung unterschiedlich lange zu nutzen, ohne den Investitions-Etat zu belasten.

Was seit Ende der 1980er-Jahre mit dem Urban-Unimog als Stadt- und Freizeitmobil in Japan erfolgreich begann, setzte sich wenige Jahre später auch in Europa fort. Der Unimog wurde zum Kultobjekt und hörte auf den Namen »Funmog«. Innerhalb der Unimog-Familie erwies sich der U 90 hierfür als eine geradezu ideale Kombination. Er bestach durch seine hochwertige, einem Pkw ähnliche Innenausstattung und durch sein auffallendes Äußeres. Neben einer anderen Form des Aufbaus unterschied sich der U 90 Funmog vor allem durch die Verwendung von

Zeigte seine Qualitäten als geländegängiges Fahrzeug: Unimog U 100 L der Baureihe 408.

Unimog U 100 L mit komfortablem Ganzstahl-Sicherheitsfahrerhaus bei großer Überrollfestigkeit.

Das hochgeländegängige Fahrgestell Unimog U 100 L mit Pritschen-Aufbau.

Die Ablösung des U 90, der Unimog U 90 turbo, kam 1996 in das Unimog-Programm.

Chrom und Edelstahl sowie durch eine Metallic-Lackierung von seinen arbeitenden Brüdern. Als besondere Ausstattungsdetails galten der verchromte, mehrteilige Rohrbügel am Fahrerhaus und der Frontpartie sowie Zusatzscheinwerfer und Druckluft-hörner. Die Fachwelt (Zeitschrift Off Road, München) reagierte darauf und wählte am 15. März 1994 einen U 90 Funmog der Baureihe 408 zum Geländewagen des Jahres.

Fünf Jahre nach ihrer Premiere erhielt die Baureihe 408 mehr Leistung. Der U 90 turbo (BM 408.101) löste 1996 den U 90 (BM 408.100) ab. Jetzt mit der umweltverträglichen Euro-2-Turbomotoren-Technik mit Ladeluftkühlung als Typ OM 602 DE 29 LA. 115 PS (85 kW) stark, konnte der U 90 turbo als Geräteträger und Zugmaschine mit kurzem Radstand (2690 mm) bevorzugt dort eingesetzt werden, wo rund um das Jahr leistungsfähige Geräte gebraucht wurden, beispielsweise bei Reinigungsarbeiten rund um die Baustelle oder auch im kombinierten Einsatz als leichtes Baustellen-Unterhaltungsfahrzeug im Straßen- und Wegebau. Der kompakt gebaute und daher sehr wendige U 90 turbo bot im kommunalen Einsatz in Wohn- und Innenstadtbereichen, aber auch im Garten-, Landschafts- und Sportstättenbau hohen Fahr- und Bedienkomfort z. B. beim Mähen, Vertikutieren, Schlitzfräsen und Planieren. Für Winterdienstarbeiten konnte er dank der neuen Anbauplatte und des Geräteverriegelungssystems Servolock ebenfalls schnell umgerüstet werden. Mit einem Listenpreis von DM 84.170,– wurde der U 90 turbo in Grundausführung 1997 angeboten und brachte es bis 2001 auf eine Produktionszahl von 757 Einheiten.

Neben dem als Geräteträger und Zugmaschine mit kurzem Radstand (2690 mm) eingestuften U 90 turbo gab es ab 1996 in der Leichten Baureihe 408 mit dem U 100 L turbo (BM 408.216) eine Fahrgestellversion, die sich durch ihren langen Radstand von 3220 mm besonders für hochgeländegängige Expediti-

ALLE MODELLE SEIT 1946

Unimog U 90 mit Frontanbau-Randstreifenmäher im Kommunal-Einsatz.

ons-, Transport- oder Feuerwehrfahrzeuge anbot. Der U 100 L turbo löste den U 100 L ab und bekam ebenfalls den umweltverträglichen Euro-2-Turbomotor mit Ladeluftkühlung OM 602 DE 29 LA mit einer Leistung von 115 PS (85 kW) eingebaut. Das Ganzstahl-Sicherheitsfahrerhaus bot eine besonders große Überrollfestigkeit und damit hohe Sicherheit auch in extremstem Gelände. Zu den technischen Besonderheiten zählten seine Hydraulikanlage, das verbesserte Fahrwerk mit progressiv wirkender Federung, aufwändige Maßnahmen zur Geräuschdämmung, Scheibenbremsen rundum mit asbestfreien Bremsbelägen, die hydraulisch-mechanische Geräteverriegelung »Servolock« sowie die Möglichkeit einer Verwendung biologisch abbaubarer Hydrauliköle und die verlängerten Wartungsintervalle. Der U 100 L turbo kostete 1997 in Grundausstattung DM 89.210,–, hinzu kamen für den gesetzlich vorgeschriebenen Lieferumfang weitere DM 4.249,–.

Löste den U 100 L ab: der U 100 L turbo mit einer Leistung von 115 PS (85 kW) und neuem 5-Zylinder.

Unimog U 110 Baureihe 418 (1992–1995)
Unimog U 140 Baureihe 418 (1992–1998)
Unimog U 140 T Baureihe 418 (1993–1995)
Unimog U 140 L Baureihe 418 (1993–1998)

Auch dies hatte lange Unimog-Tradition: Äußerlich waren die Modelle der Baureihe 408 von denen der Baureihe 418 nicht zu unterscheiden, denn auch die Modelle U 110 und U 140 der im April 1992 in Serie gegangenen Baureihe 418 bestachen durch das neue Fahrerhaus mit und ohne Sichtkanal-Motorhaube und durch modernste Technik. Allerdings stand die MBU-Baureihe 418 nur bis 1998 in der Produktion und brachte es in dieser Zeit auf insgesamt 1223 Einheiten.

Während in der Leichten Baureihe 408 anfangs der Fünfzylinder-Vorkammerdiesel OM 602 mit 87 PS arbeitete, verfügte der U 110 der Mittleren Baureihe 418 über den Vierzylinder-Turbo OM 364 A mit 102 PS. Der ladeluftgekühlte Turbo-Direkteinspritzer OM 364 LA mit 136 PS (Euro 1) bzw. 140 PS (Euro 2) trieb den U 140 an. Alle Motoren unterschritten die ab 1. Juli 1992 gültigen EG-Grenzwerte für Abgasemissionen und wurden bei Mercedes als Low Emission Vehicle (LEV-Fahrzeuge) eingestuft, also als Fahrzeuge, die relativ wenig Abgase ausstießen.

Im landwirtschaftlichen Einsatz konnte der U 110 A, der den U 900 A der Baureihe 417 ersetzte, für Pflegearbeiten als Allroundtraktor, als Trägerfahrzeug für Aufbaugeräte oder als wirtschaftliches Transportfahrzeug eingesetzt werden. Der Vierzylinder-LEV-Turbomotor mit einer Leistung von 102 PS und einem

Das Einstiegsmodell in die Baureihe 418 war der 110 PS starke U 110.

ALLE MODELLE SEIT 1946

Unimog U 110 mit Schmidt-Leitpfostenwaschgerät und 2000-Liter Wassertank.

Hubvolumen von 3972 ccm entsprach dem Wunsch der Kunden nach mehr Leistung insbesondere im Transportbereich. Eine Besonderheit war vor allem die wahlweise erhältliche Servolock-Einrichtung, ein für den Unimog neues, arbeitserleichterndes System zur hydraulischen Verriegelung aller Anbaugeräte.

Der Unimog allein wäre wie ein Handwerker ohne Werkzeug. Erst ein breites Sortiment an Geräten machte ihn zur Arbeitsmaschine. Anfang der 1990er-Jahre gab es für den Unimog weltweit mehr als 3500 An- und Aufbaugeräte, die im Laufe der vielen Jahre in intensiver Zusammenarbeit mit mehr als 230 Geräteherstellern entwickelt worden waren. Voraussetzung für den rationellen Einsatz mit den Arbeitsgeräten waren kurze Rüstzeiten beim Gerätewechsel. War früher für das Auswechseln von Spezialmaschinen stets ein erheblicher Aufwand an Kraft und Zeit erforderlich, so ließ sich jetzt etwa eine Leitpfosten-Kehrmaschine innerhalb weniger Minuten gegen eine Schlauchtrommel zur Kanalreinigung austauschen. Bei den Unimog der Leichten und Mittleren Baureihe war dies dank neuer Front-Anbauplatte »Ser-

Unimog U 110 im Straßenbaueinsatz mit Erdhobel im Seitenanbauraum.

Unimog U 140, das Allradfahrzeug für die vielfältigen kommunalen Aufgaben – überall.

Unimog U 140 mit Frontanbau-Schneeschleuder.

Unimog U 140 mit Mulag-Böschungsmäher.

ALLE MODELLE SEIT 1946

volock« und »Sichtkanal« sogar im Einmannbetrieb möglich. Damit wurde der Unimog eine echte Alternative zu Einzweckmaschinen, die ja über weite Teile des Jahres in der Garage stehen.

Der U 140, anfangs auch als U 130 bezeichnet, rundete die 1992 neu in das Unimog-Programm aufgenommene Mittlere Baureihe 418 nach oben ab. Nun verfügte auch das leistungsstärkste Modell dieser Baureihe über den Turbomotor mit Ladeluftkühlung, der die Leistung im U 140 auf 136 PS (100 kW) in der Euro-1-Motor-Version und 140 PS (103 kW) in der Euro-2-Version, anhob. Verbessert wurden auch die Fahreigenschaften im Geräteeinsatz. Das von Grund auf innen und außen neu konzipierte Ganzstahl-Sicherheitsfahrerhaus in Kurzhaubenbauweise wurde in zwei Versionen angeboten: Mit Sichtkanal für Arbeitslösungen in Verbindung mit Frontanbaugeräten in Gewerbe, Industrie, Kommunen und Landwirtschaft, ohne Sichtkanal für Transport- und Geländeeinsatz z. B. als geländegängiges Wohnmobil, Expeditions- oder Feuerwehrfahrzeug. Im Innenraum wartete die Fahrerkabine mit einem großzügigen Platzangebot auf, mit viel Beinfreiheit, einem ebenen Fahrerhausboden und guter Durchstiegsmöglichkeit vom Fahrer- zum Beifahrerplatz.

Von Weltenbummlern aller Art hoch geschätzt waren Wohnmobile auf Unimog-Basis. Bei der neuen Mittelschweren Baureihe 418, die sich durch ein völlig neues Erscheinungsbild und eine ganze Menge technischer Innovationen auszeichnete, bildete der hochgeländegängige und mit langem Radstand von 3470 mm (BM 418.117) bzw. 3900 mm (BM 418.237) ausgestattete U 140 L die Basis zum Wohnmobil-Aufbau. Im neu konzipierten Fahrerhaus ging es komfortabel und professionell zu. Weil die Sitzposition weiter nach hinten verlagert worden war, ragte der Motor nicht mehr ins Fahrerhaus hinein. Der Querdurchstieg auf den Beifahrersitz – kein Problem. Mehrfach verstellbare und auf Wunsch luftgefederte Sitze mit Kopfstützen und ein ebener Fußraum mit viel Beinfreiheit erinnerten an den Komfort großer Trucks. Auch das Cockpit konnte sich sehen lassen. Die einzelnen Anzeigen waren in »Durchlichttechnik« gestaltet und damit nachts gestochen scharf ablesbar. Ein Multifunktionsdisplay informierte über diverse Betriebszustände und warnte bei Unregelmäßigkeiten.

Auch die leistungsstärkste Version der Mittleren Unimog-Baureihe 418 mit neuen, umweltverträglichen LEV-Motoren, die sowohl die geltenden EG-Vorschriften als auch die strengen Grenzwerte in Österreich und in der Schweiz erfüllten und in den Geräuschemissionen erheblich reduziert worden waren,

Unimog U 140 in der Landwirtschaft beim Pflugeinsatz mit Front-Zusatzgewichten.

U 140 bei der Kabelverlegung mit Kabeltrommelwagen und Ladekran.

Unimog U 140 in der kommunalen Forstwirtschaft mit Dücker-Buschhäcksler im Frontanbauraum.

Unimog U 140 T Triebkopf mit Müllsammel-Behälter.

Unimog U 140 T Triebkopf in der Ausführung ohne Sichtkanal mit Fasieco-Hochabsetzkipper Typ FCHKT 7.

ALLE MODELLE SEIT 1946

Das hochgeländegängige Fahrgestell U 140 L gab es mit den Radständen von 3470 mm und 3900 mm.

gab es als hochgeländegängiges Fahrgestell mit langem Radstand. Der U 140 L (BM 418.117) der Mittleren Baureihe 418, er löste den U 1150 L (Baureihe 417) ab, wurde als Feuerwehrfahrzeug wie sein Vorgänger vor allem als mobile Beobachtungsstation und als Erstangriffsfahrzeug in der Waldbrandbekämpfung eingesetzt. Denn für diese spezifischen Einsätze der Feuerwehr war ein benutzergerechtes Fahrzeugkonzept Voraussetzung. Dabei kam dem Fahrerhaus ein besonderer Stellenwert zu. Die Mannschaft sollte bequem ein- und aussteigen können, die Bedienung ergonomisch günstig und die Heizungs- und Belüftungsanlage sehr leistungsfähig sein. Neben einer zweisitzigen Kabine gab es auch für den U 140 L eine viertürige Doppelkabine (nicht ab Werk) für eine Besatzung 1 + 6, die auf Wunsch auch als Rechtslenker erhältlich war.

Die zur IAA 1992 vorgestellte Mittlere Baureihe 418 wurde 1993 durch eine dritte Modellvariante erweitert: Die Triebkopf-Version U 140 T (BM 418.000). Hier kam, im Gegensatz zu den als Geräteträgern im Agrar- und Kommunal-Einsatz verwendeten Fahrzeugen, das Fahrerhaus ohne Sichtkanal-Motorhaube zur Anwendung. Als Serienfahrzeug war der Unimog-Triebkopf mit einem robusten, speziell für die Bedürfnisse der Triebköpfe entwickelten Rahmen ausgestattet. Standardisierte Anbaupunkte ermöglichen eine sichere, problemlose und solide Verbindung

Kleinlöschfahrzeug KLF 2000 der Firma Merex auf der Basis des U 140 L mit viertüriger Doppelkabine.

UNIMOG

Von der Spezialkarossen-Firma Hartman, Alsfeld, stammt dieser Wohnwagen, aufgebaut auf dem Unimog-Fahrgestell U 140 L.

zum Hinterwagen. Ob als Niederflurhubwagen, Schräghubwagen, Absetzkipper, Kabelwagen oder jedes andere Spezialfahrzeug, auch der Unimog Triebkopf U 140 T war wie seine größeren Brüder der Mittelschweren und Schweren Baureihe ein individuell konzipiertes Transportsystem, das sich durch die Einmann-Bedienung vom Fahrersitz aus und durch den Einsatz von Wechselsystemen als wirtschaftlich und kostensparend erwies.

Hochgeländegängiger Wohnwagen mit Hartmann Aufbau auf dem Unimog-Fahrgestell U 140 L.

ALLE MODELLE SEIT 1946

Programmübersicht Unimog Baureihe 408 (LBU) / 418 (MBU)							
Typ / Verkaufsbezeichnung	Baumuster	Motor			Radstand	zulässiges Gesamtgewicht	Stückzahl	Bauzeit
		Typ	Zylinder	PS (kW)				
U 90	408.100	OM 602	5	87 (64)	2.690	4,8-6,2 t	825	09/1992 - 1997
U 90 turbo	408.101	OM 602 DE 29 LA	5	115 (85)	2.690	4,8-6,2 t	757	1996 - 2001
U 100L	408.215	OM 602	5	98 (72)	3.220	4,8-6,2 t	96	1994 - 1997
U 100L turbo	408.216	OM 602 DE 29 LA	5	115 (85)	3.220	4,8-6,2 t	372	1996 - 2001
U 140T	418.000	OM 364 LA	4	140 (103)	Triebkopf	7,5-8,5 t	11	1993 - 1995
U 110	418.100	OM 364 A	4	102 (75)	2.830	7,5-8,5 t	220	04/1992 - 1995
U 140	418.102	OM 364 LA	4	133 (98)	2.830	7,5-8,5 t	779	04/1992 - 1998
U 140L	418.117	OM 364 LA	4	140 (103)	3.470	7,5-8,5 t	204	1993 - 1998
U 140L	418.217	OM 364 LA	4	140 (103)	3.470	7,5-8,5 t	5	1996
U 140L	418.237	OM 364 LA	4	140 (103)	3.900	7,5-8,5 t	4	1994

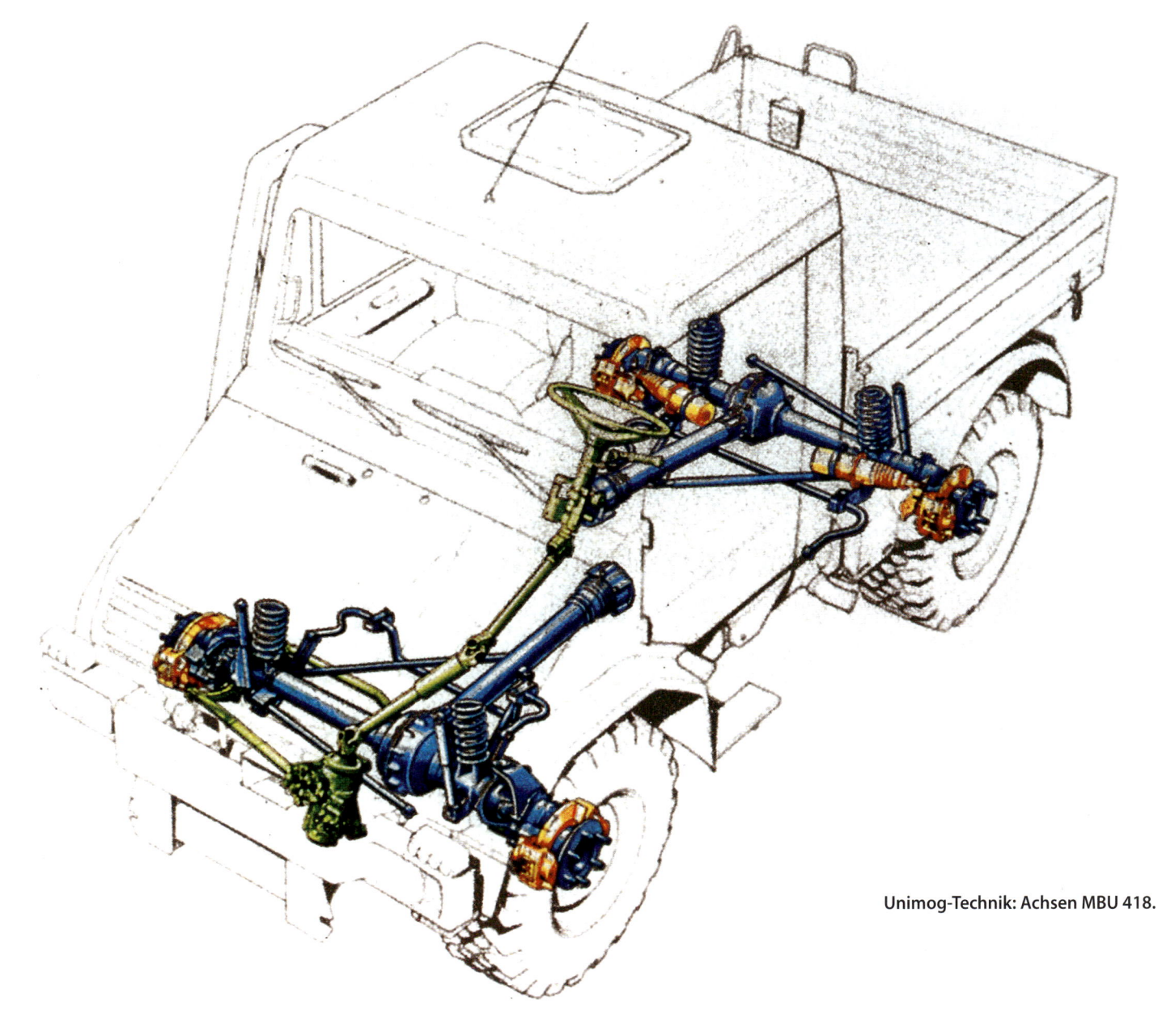

Unimog-Technik: Achsen MBU 418.

	Unimog U 90 Baureihe 408 (LBU) 1992-1997 408.100	Unimog U 100 L Baureihe 408 (LBU) 1994-1997 408.215
	Zug- und Arbeitsmaschine	**Hochgeländegängige Fahrgestelle**
Motor		
Baumuster (BM)	602.941	602.948
Bauart	5-Zyl.-Diesel-Vorkammer, in Reihe, Starr-/Viscolüfter	
	Typ OM 602	Typ OM 602
Bohrung x Hub	89 x 92,4 mm	89 x 92,4 mm
Hubraum	2.874 ccm	2.874 ccm
Leistung	87 PS (64 kW)	92 PS (68 kW)
	bei 3.600/min	bei 4.000/min
Drehmoment	186 Nm bei 2.400-2.600/min	187 Nm / 2.400-2.600/min
Verdichtung	22 : 1	22 : 1
Gemischbereitung	Bosch -Einspritzpumpe	
Kühlung	Wasserkühlung mit Thermostat (11 Liter)	
Luftfilter	Trockenluftfilter mit Sicherheitspatrone und elektr. Wartungsanzeige	
Elektr. Anlage	12 V, Drehstromlichtmaschine 770 W, 14 V, 55 A, Batterie 12 V / 100 Ah, 13-polig	
Kraftübertragung		
Antrieb	Vorderachsantrieb/Differenzialsperren pneumatisch zu- und abschaltbar	
Kupplung	Einscheiben-Trockenkupplung, Druckplatte 240 mm	
Getriebe	8 V / 4 R	5 V / 1 R
	UG 2/30 - 8/14,44 GA	G 1/18 (Vert.getr. UVG 300)
Getriebeübersetzung	14,44	1,058 / 1,765
Gelände vorwärts	14,44 / 8,56 / 5,28 / 3,21	6,157/3,148/1,743/1,278/1,0
Straße vorwärts	4,50 / 2,67 / 1,65 / 1,00	6,157/3,148/1,743/1,278/1,0
rückwärts	11,14 / 6,60 / 4,07 / 2,47	5,347
Achsübersetzung	i = 7,12	i = 7,12
Fahrwerk		
Rahmen	Leiterrahmen mit Rohrquerträgern	
Fahrerhaus	hochstellbares Ganzstahl-Fahrerhaus, dreipunktgelagert, 2sitzig, Dachentlüftungsklappe	
Achsen/Federung v/h	Portalachsen mit Differenzialsperre, Radvorgelegen, Querlenker und Schubrohr Schraubenfedern und Teleskopstoßdämpfer, h: zus. Progressivfedern, lastwegabh. Stoßd.	
Bremsen	Scheibenbremsen, pneum.Zweikreis-Fremdkraft mit hydr. Übertragung, Wunsch: ABS druckluftbetätigte Federspeicher-Hinterrad-Feststellbremse	
Zapfwellen	v/m/h 540 u. 1.000/min	
Hydraulik	Ein-Zweikreis 50/20/50 L/min	
Kraftheber v/h	Hubkraft: 18.500/24.000 N	
Drucklufterzeugung	18 bar, 110 Liter/min	8 bar, 120 Liter/min
Lenkung	hydraulische Servolenkung, ZF 8090	
Räder	9 x 20	9 x 20
Bereifung	10,5 R 20	10,5 R 20
Allgemeine Daten		
Radstand	2.690 mm	3.220 mm
Spurweite v/h	1.550 mm	1.466 mm
Gesamtmaße	4.410 x 1.910 x 2.610 mm	4.820 x 1.912 x 2.640 mm
Vorbaumaß	855 mm	795 mm
Bodenfreiheit/Diff.	400 mm	400 mm
Böschungswinkel v/h	44° / 60°	47° / 50°
Wattiefe	850 mm	890 mm
Pritschenfläche	1.750 x 1.700 x 400 mm	Aufbaulänge 2.885 mm
Höchstgeschw.	88 km/h	91 km/h
kl. Wendekreis	11,85 Meter	12,85 Meter
Leergewicht	3.230-3.590 kg	2.750 kg
zul. Gesamtgewicht	4.800 kg	5.500 kg
zul. Achslast v/h	2.800 / 3.000 kg	2.800 / 3.500 kg
zul. Anh.Last gebr.	18.000 kg	7.000 kg
Kraftstofftank	110 Liter	85 Liter

ALLE MODELLE SEIT 1946

	Unimog U 90 turbo Baureihe 408 (LBU) 1996-2001 408.101	Unimog U 100 L turbo Baureihe 408 (LBU) 1996-2001 408.216
	Zug- und Arbeitsmaschine	Hochgeländegängige Fahrgestelle
Motor		
Baumuster (BM)	602.981	602.981
Bauart	5-Zyl.-Viertakt-Diesel-Direkteinspritzer mit Turbolader + Ladeluftkühler, OM 602 DE 29 LA	
Bohrung x Hub	89 x 92,4 mm	
Hubraum	2.874 ccm	
Leistung	115 PS (85 kW) bei 3.800/min	
Drehzahlregler	Elektronisch »EDR«	
Drehmoment	280 Nm bei 1.800/min	
Verdichtung	19,5 : 1	
Gemischbereitung	Bosch -Einspritzpumpe	
Kühlung	Wasserkühlung mit Thermostat (11 Liter)	
Luftfilter	Trockenluftfilter mit Ansaugkamin, Zyklonvorabscheider und elektr. Wartungsanzeige	
Elektr. Anlage	12 V, Drehstromlichtmaschine 1.260 W, 14 V, 90 A, Batterie 12 V / 132 Ah (2x66 Ah)	
Kraftübertragung		
Antrieb	Vorderachsantrieb und Differenzialsperren ohne Zugkraftunterbrechung zu- und abschaltb.	
Kupplung	Ein- oder Zweischeiben-Trockenkupplung Druckplattendurchm. 250 /265/250 mm	Einscheiben-Trockenkupplung Durchm. 250 mm, Anpreßfläche 285 m²
Getriebe	Vollsynchr. DC 8-Gang-Schaltgetriebe Typ UG 2/30 - 8/14,44 GA	Vollsynchr. DC 5-Gang-Schaltgetriebe Typ G 28-5 (BM 711.612)
Getriebeübersetzung	15,84	1,765 / 1,058
Gelände vorwärts	15,84 / 8,56 / 5,28 / 3,21	5,053 2,601 1,521 1,000 0,784
Straße vorwärts	4,94 / 2,67 / 1,65 / 1,00	5,053 2,601 1,521 1,000 0,784
rückwärts	12,22 / 6,60 / 4,07 / 2,47	4,756
Achsübersetzung	8,01	8,01
Fahrwerk		
Rahmen	Leiterrahmen mit Rohrquerträgern	
Fahrerhaus	hochstellb. Ganzstahlfahrerhaus, 3-punktgelagert, 2sitzig, verstb. Dachentlüftungsklappe	
Achsen/Federung v/h	Portalachsen mit Differenzialsperre, Radvorgelegen, Querlenker und Schubrohr Schraubenfedern und Teleskopstoßdämpfer, h: zus. Progressivfedern, lastwegabh. Stoßd.	
Bremsen	Scheibenbremsen, pneum. Zweikreis-Fremdkraftbremse mit hydr. Übertragung druckluftbetätigte Federspeicher-Feststellbremse über Seilzug auf Hinterräder	
Zapfwellen	vorn und hinten 540 u. 1.000/min	
Hydraulik	Ein-Zweikreis 50/20/50 L/min	
Kraftheber v/h	Hubkraft: 18.500/24.000 N	
Druckluferzeugung	Betriebsdruck 18,3 bar, Förderleistung 110 Liter/min bei 3.000/min	
Lenkung	hydraulische Servolenkung, Typ ZF 8090	
Räder	9 x 20	9 x 20
Bereifung	275 / 80 R 20	275 / 80 R 20
Allgemeine Daten		
Radstand	2.690 mm	3.220 mm
Spurweite v/h	1.476 mm	1.476 mm
Gesamtmaße	4.410 x 1.910 x 2.610 mm	4.820 x 1.912 x 2.640 mm
Vorbaumaß	855 mm	795 mm
Bodenfreiheit/Diff.	400 mm	400 mm
Böschungswinkel v/h	44° / 60°	47° / 50°
Wattiefe	850 mm	890 mm
Pritsche	1.750 x 1.700 x 400 mm	max. Aufbaulänge 2.885 mm
Höchstgeschw.	90 km/h	98 km/h
kl. Wendekreis	11,85 Meter	13,5 Meter
Leergewicht	3.230-3.590 kg	2.990 kg
zul. Gesamtgewicht	4.800 kg	5.500 kg
zul. Achslast v/h	2.800 / 3.000 kg	2.800 / 3.800 kg
zul. Anh.Last gebr.	18.000 kg	3.500 kg
Füllmenge Motor	9 Liter	9 Liter
Kraftstofftank	110 Liter	85 Liter

UNIMOG

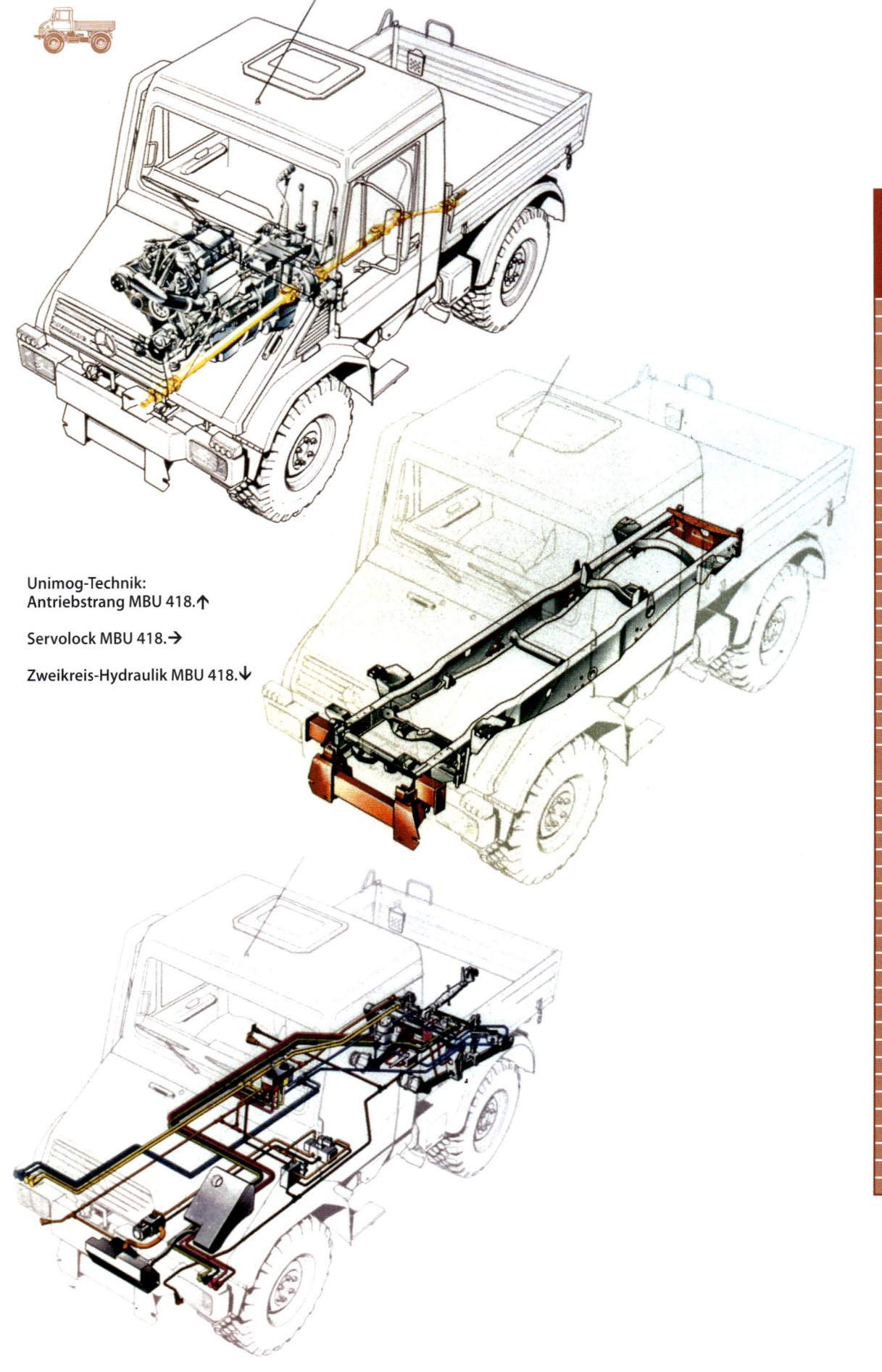

Unimog-Technik:
Antriebstrang MBU 418. ↑

Servolock MBU 418. →

Zweikreis-Hydraulik MBU 418. ↓

Motor
Baumuster (BM)
Bauart
Bohrung x Hub
Hubraum
Leistung
Drehmoment
Verdichtung
Gemischbereitung
Kühlung
Luftfilter
Elektr. Anlage
Kraftübertragung
Antrieb
Kupplung
Getriebe
Getriebeübersetzung
Gelände vorwärts
Straße vorwärts
rückwärts
Achsübersetzung
Fahrwerk
Rahmen
Fahrerhaus
Achsen/Federung v/h
Bremsen
Zapfwellen
Hydraulik
Kraftheber v/h
Drucklufterzeugung
Lenkung
Räder
Bereifung
Allgemeine Daten
Radstand
Spurweite v/h
Gesamtmaße
Vorbaumaß
Bodenfreiheit/Diff.
Böschungswinkel v/h
Wattiefe
Pritschenfläche
Höchstgeschw.
kl. Wendekreis
Leergewicht
zul. Gesamtgewicht
zul. Achslast v/h
zul. Anh.Last gebr.
Kraftstofftank

ALLE MODELLE SEIT 1946

Unimog U 110 Baureihe 418 (LBU) 1992-1995 418.100	Unimog U 140 Baureihe 418 (LBU) 1992-1998 418.102	Unimog U 140 L Baureihe 418 (LBU) 1993-1998 418.117	Unimog U 140 T Baureihe 418 (LBU) 1993-1995 418.000
Zug- und Arbeitsmaschine		Hochgeländegängiges Fahrgestell	Triebkopf
364.955	364.985 (Euro1) / 354.926 (Euro2)		
4-Zyl.-Direkteinspritzer Turbolader, Typ OM 364 A	4-Zyl.-Viertakt-Diesel-Direkteinspritzer mit Abgasturbolader und Ladeluftkühler Typ OM 364 LA		
97,5 x 133 mm	97,5 x 133 mm		
3.972 ccm	5.958 ccm		
102 PS (75 kW)	136/139 PS (100/102 kW) Euro1 bei 2.400/min		
bei 2.400/min	140 PS (103 kW) Euro2 bei 2.400/min		
358 Nm b. 1.300-1.500/min	430/500 Nm / 1.200-1.500/min		
17 : 1	17,0 : 1 / 18,0 : 1		
Bosch -Einspritzpumpe			
Wasserkühlung mit Thermostat (11 Liter)			
Trockenluftfilter mit Ansaugkamin, Zyklonvorabsch., Sicherheitspatro., elektr. Wartungsanzeige			
12 V oder 24 V (E04), Drehstromlichtmaschine 1.260 W, 14 V, 90 A / 1540 W, 28 V, 55 A, Batterie 12 V/140 Ah (2 x 70 Ah), 13-polig / 24 V/140 Ah (2 x 70 Ah), 15-polig			
Vorderachsantrieb/Differenzialsperren ohne Zugkraftunterbrechung pneumatisch zu- und abschaltbar			
hydr. Ein- oder Zweischeiben-Trockenkupplung (Doppelkupplung), Kerasinter-Belag			
Vollsynchronisiertes DC 8-Gang-Schaltgetriebe mit integriertem Vorderradantrieb, die ersten 4Gänge rückwärts fahrbar, Typ UG 2/30 - 8/1,44 GPA (BM 719.960)			
14,44	14,44	14,44	14,44
14,44 / 8,56 / 5,28 / 3,21	14,44 / 8,56 / 5,28 / 3,21	14,44 / 8,56 / 5,28 / 3,21	14,44 / 8,56 / 5,28 / 3,21
4,50 / 2,67 / 1,65 / 1,00	4,50 / 2,67 / 1,65 / 1,00	4,50 / 2,67 / 1,65 / 1,00	4,50 / 2,67 / 1,65 / 1,00
11,14 / 6,60 / 4,07 / 2,47	11,14 / 6,60 / 4,07 / 2,47	11,14 / 6,60 / 4,07 / 2,47	11,14 / 6,60 / 4,07 / 2,47
i = 5,31	i = 7,12	i = 5,31	i = 5,31
Leiterrahmen mit Rohrquerträgern			
hochstellbares Ganzstahl-Fahrerhaus, dreipunktgelagert, 2sitzig, Dachentlüftungsklappe			
Portalachsen mit Differenzialsperre, Radvorgelegen, Querlenker und Schubrohr			
Schraubenfedern und Teleskopstoßdämpfer, h: zusätzlich Progressivfedern, lastwegabhängige Stoßdämpfer			
Scheibenbremsen, pneum.Zweikreis-Fremdkraft mit hydr. Übertragung, Wunsch: ABS, druckluftbetätigte Federspeicher-Hinterrad-Feststellbremse			
v/m/h 540 u. 1.000/min		pneum. betätigter, lastschaltbarer Zapfwellenantrieb vorn 540 u. 1.000/min	
Ein-Zweikreis 50/20/50 L/min			Ein-Zweikreis 50/20/50 L/min
Hubkraft: 18.500/36.000 N	Hubkraft: 18.500/24.000 N		Hubkraft: 18.500 N (Front)
8 bar, 120 Liter/min	Betriebsdruck18,3 bar, Förderleistung 220 Liter/min bei Motordrehzahl		
Hydraulische Servolenkung Typ LS 6 E			
9 x 20	9 x 20	9 x 20	9 x 20
12,5 R 20	12,5 R 20	12,5 R 20	12,5 R 20
2.830 mm	2.830 mm	3.470 mm	
1.690 mm	1.690 mm	1.690 mm	1.690 mm
4.550 x 2.100 x 2.670 mm	4.565 x 2.100 x 2.690 mm	5.210 x 2.100 x 2.670 mm	2.610 x 2.100 x 2.670 mm
880 mm	900 mm	810 mm	800 mm
434 mm	434 mm	434 mm	434 mm
55° / 53°	55° / 53°	50° / 44°	
960 mm	960 mm	960 mm	960 mm
1.950 x 1.900 x 400 mm	1.950 x 1.900 x 400 mm	Aufbaulänge 3.245 mm	
85-105 km/h	85-105 km/h	92-115 km/h	90 km/h
12,0 Meter	12,0 Meter	13,85 Meter	
4.150 kg	4.220 kg	3.390 kg	2.800 kg
7.500 kg	7.500 kg	7.500 kg	
3.800 / 4.000 kg	3.800 / 4.000 kg	3.800 / 4.000 kg	4.000 kg
8.000 kg	8.000 kg	11.000 kg	
110 Liter	110 Liter	120 Liter	110 Liter

Preise / Grundausführung Unimog U 90 Baureihe 408 U 140 / U 140 L / U 140 T / Baureihe 418			Stand 2/1995	
Listenpreis U 90 GIK (408.100)		75.480,--	**Listenpreis U 140 L** (418.117)	108.990,--
Listenpreis U 90 A (408.100)		75.480,--	**Listenpreis U 140 T** (418.000)	91.870,--
Listenpreis U 140 GIK (418.102)		104.000,--		(in DM ohne MWST)
Listenpreis U 140 A (418.102)		104.000,--		
Gesetzlich vorgeschriebener Lieferumfang			**Gesetzlich vorgeschriebener Lieferumfang**	
B42	Anhängerbremsanlage Zweileitung		L20 Rückfahrscheinwerfer	
L20	Rückfahrscheinwerfer		L25 Nebelschlußleuchte	
L25	Nebelschlußleuchte		L35 Leuchtweitenregelung	
L35	Leuchtweitenregelung		S21 Dreipunkt-Automatic-Sicherheitsgurt	
S21	Dreipunkt-Automatic-Sicherheitsgurt		S50 Verbandstasche	
S50	Verbandstasche		Y27 Unterlegekeil zusätzlich mit Halter	
Y25/27	Unterlegekeil zusätzlich mit Halter (U130)		Y46 Warndreieck und Warnleuchte	1.453,--
Y46	Warndreieck und Warnleuchte	3.163,--	**U 140 T**	
U 90 A / U 140 A			L03 Umrißleuchten	
F04	Fahrerhaus verstärkt		L20 Verkabelung f. Rückfahrscheinwerfer	
L25	Nebelschlußleuchte		L25 Nebelschlußleuchte	
M19	Anlasssperre		L35 Leuchtweitenregelung	
S21	Dreipunkt-Automatic-Sicherheitsgurt		M49 Viscolüfter	
S50	Verbandstasche		S21 Dreipunkt-Automatic-Sicherheitsgurt	
X53	Zulassung als Zugmaschine/Ackerschlepper		S50 Verbandstasche	
Y25/27	Unterlegekeil zusätzlich mit Halter (U130)		S82 Weitwinkelspiegel	
Y46	Warndreieck und Warnleuchte	4.119,--	S83 Rampenspiegel	
			Y27 Unterlegekeil zusätzlich mit Halter	
			Y46 Warndreieck und Warnleuchte	2.755,--

Motor	**U 90** MB-5-Zylinder-Diesel-Vorkammermotor, Typ OM 602, 87 PS (64 kW) bei 3.600/min, **U 140** MB-4-Zyl.-Diesel-Direkteinspritzer, Turbo, Ladeluftk., OM 364LA, 133 PS (98 kW) 2.400/min wassergekühlt, Trockenluftfilter mit elektr. Wartungsanzeige, Startpilot (**U 140**), Bosch-Einspritzausrüstung, mech. Drehzahlregler Bosch RSV, Vorglühelektronik (**U 90**), Anlasser, Drucklufterzeugungsanlage (18 bar) mit Reifenfüllventil und Reifenfüllschlauch, Kühlerfrostschutzmittel bis -40° C, Tankinhalt 110 Liter
Elektrik	Drehstromlichtmaschine 14 V/90 A (1.260 Watt), Batterie 12 V/140 Ah, nahentstört
Getriebe	MB-Vollsynchrongetr. mit 8 Vor- und 4 Rückwärtsgängen, Einscheiben-Trockenkupplung
Antrieb	Allradantrieb mit Differenzialsperren in beiden Achsen, während der Fahrt pneumatisch zu- und abschaltbar, Portalachsen mit Radvorgelegen
Federung	4 Schraubenfedern, Teleskopstoßdämpfer und Stabilisatoren vorn und hinten
Lenkung	**U 90**: Hydr. Servolenkung Typ ZF 8090, **U 140**: Typ LS6
Bremse	Betriebsbremse: 2-Kreis pneum. Fremdkraftbremse mit hydr. Übertragung, Lufttrockner, 4-Rad-Scheibenbremsen, Feststellbremse: Federspeicherbremse auf Hinterräder
Anhängekupplung	Anhängemaul vorn mit Steckbolzen
Fahrerhaus	Ganzstahlfahrerhaus, hochstellbar, Dachentlüftungsklappe, durch Kurbeln betätigte Türfenster, Heizungs- und Belüftungsanlage, Heizungsumwälzpumpe, 2 Sitze, Fahrersitz verstellbar, Windschutzscheibe Verbundglas, Scheibenwaschanlage zweistufig, Intervallscheibenwischer, Scheinwerfer H4, Fahrtrichtungsanzeiger, Brems- und Schlußleuchten, zwei Auftritte, Motorhaube mit Sichtkanal, **U90**: zusätzl. Anbaubeschläge vorn und mitte, **U 140L / U 140T**: zusätzlich mit durchgängige Stoßfänger vorn
Armaturen	Öldruckanzeige, Fernthermometer, Kraftstoffanzeige, Doppeldruckmesser, Tachometer, Motor-Drehzahlmesser, Zeituhr digital, Betriebsstunden digital, Kontrollanzeige für Allrad und Differenzialsperren, Bremsverschleißanzeige, Warnblinkanlage
Zubehör	Werkzeug, Wagenheber, Unterlegekeil
Lackierung	Currygelb/MB 1600, ambragelb/MB 1624, grün/MB 6277, saftgrün/MB 6821, grau/MB 7187, tieforange/MB 2603
Bereifung	10,5 R 20, Gelände/Straße, 4fach, Scheibenrad 9 x 20

ALLE MODELLE SEIT 1946

Empfohlene Lieferausführungen Unimog U 90 BR 408   Stand 3/1995

Ausführung U 90

	Leergewicht	3.230 kg
	tatsächliche Vorderachslast	1.840 kg
	tatsächliche Hinterachslast	1.390 kg
B42	Anhängerbremsanlage Zweileitung	
	Lufttrockner	
	Vorderfedern verstärkt	
C27	Stabilisator Vorderachse	
C29	Stabilisator Hinterachse	
C51	Hydrolenkung verstärkt	
C71	Tank verschließbar	
C87	Auspuff nach links oben	
E04	Elektrik 24 Volt	
E42	Anhängersteckdose 12 V	
E62	Radio mit Kasettengerät	
F06	Fahrerhausdach höher,	
F41	zusätzlich Umwälzpumpe für Heizung	
F46	Belüftung staubfrei	
F50	Schall- und Wärmeisolation	
J20	Tachograf EC	
J32	Motor-Drehzahlmesser	
	Bremsbelag-Verschleißanzeige	
L20	Rückfahrscheinwerfer	
L25	Nebelschlußleuchte	
L35	Leuchtweitenregelung	
L45	Beleuchtung für Arbeitsgeräte hinten	
L50	Rundumkennleuchte, links	
M19	Anlasssperre	
M37	Lichtmaschine verstärkt	
P10	Pritsche 1.750 x 1.700 x 400 mm	
S02	Komfortschwingsitz, luftgefedert	
S44	2 Rückspiegel außen, heizbar	
S48	Rückwandfenster schiebbar	
S50	Verbandstasche	
S83	Rampenspiegel	
X18	Lastwert Stufe 1	
X58	Dekorstreifen auf Fahrerhaus in silber	
X70	Warnstreifen	
Y40	Wagenheber 4 to	
Y46	Warndreieck mit Warnleuchte	

Ausführung U 90

	Leergewicht	3.230 kg
	tatsächliche Vorderachslast	1.840 kg
	tatsächliche Hinterachslast	1.390 kg
B42	Anhängerbremsanlage Zweileitung	
B71	Frostschützer für Druckluftanlage	
C03	Rahmenverstärkung (Frontlader)	
	Vorderfedern verstärkt	
C27	Stabilisator Vorderachse	
C29	Stabilisator Hinterachse	
C51	Hydrolenkung verstärkt	
C71	Tank verschließbar	
C87	Auspuff nach links oben	
D13	Frontanbauplatte Gr. 1 mit Servolock	
D50	Anbaubeschläge hinten	
E04	Elektrik 24 Volt	
E42	Anhängersteckdose 12 V	
E62	Radio mit Kasettengerät	
F06	Fahrerhausdach höher,	
F41	zusätzlich Umwälzpumpe für Heizung	
F46	Belüftung staubfrei	
G14	Vorschaltgetr. mit Zwischen- u. Superkriechgäng.	
G55	Getriebe mit mech. Tachoantrieb	
G65	Schaltplatte	
H02	Einkreishydraulikanlage	
H14	Hydraulikanlage 4-zellig	
H43	Kippzylinder	
H56	Hydr. Steckanschluß hinten, 4fach, Zelle 3+4	
H59	Separate Rücklaufleitung hinten	
H75	Hydr. Steckanschluß vorn, 4fach, Zelle 1+2	
H76	Hydr. Steckanschluß vorn, 4fach, Zelle 3+4	
J20	Tachograf EC	
J32	Motor-Drehzahlmesser	
J48	Warnleuchte für Teleskopzylinder	
	Bremsbelag-Verschleißanzeige	
L20	Rückfahrscheinwerfer	
L25	Nebelschlußleuchte	
L35	Leuchtweitenregelung	
L47	Zusatzscheinwerfer für Frontanbaugeräte	
L50	Rundumkennleuchte, links	
M19	Anlasssperre	
M37	Lichtmaschine verstärkt	
M67	Luftfilter mit Sicherheitspatrone	
N07	Motorzapfwelle 540/1.000 min	
N20	Zapfwelle vorn 1 3/8", Keilwellenprofil	
N32	Zapfwelle hinten 1 3/4", Keilwellenprofil	
P09	Pritsche 1.750 x 1.700 x 400 mm	
Q04	Anhängekupplung mit großem Maul	
Q36	Schlußquerträger verstärkt	
R24	Scheibenräder 11 - 20 für 12,5-20	
S05	Fahrersitz hydraulisch	
S21	Dreipunkt-Automatik-Sicherheitsgurt	
S48	Rückwandfenster schiebbar	
S50	Verbandstasche	
X18	Lastwert Stufe 1	
X58	Dekorstreifen auf fahrerhaus in silber	
X70	Warnstreifen	
Y46	Warndreieck mit Warnleuchte	

Empfohlene Lieferausführungen U 140 / U 100 L / U 140L BR 418 3/1995

Ausführung U 140

Leergewicht		4.220 kg
tatsächliche Vorderachslast		2.520 kg
tatsächliche Hinterachslast		1.700 kg

A13	Achsübersetzung
	Radlager verstärkt
B45	Anhängerbremsanlage Ein- und Zweileitung
	Vorderfedern verstärkt
C27	Stabilisator Vorderachse
C29	Stabilisator Hinterachse
C71	Tank verschließbar
C87	Auspuff nach links oben
D10	Anbaubeschläge vorn
D14	Frontanbauplatte Gr. 3 mit Servolock
D50	Anbaubeschläge hinten
E04	Elektrik 24 Volt
E42	Anhängersteckdose 12 V
E62	Radio mit Kasettengerät
F06	Fahrerhausdach höher,
F41	zusätzlich Umwälzpumpe für Heizung
F46	Belüftung staubfrei
F50	Schall- und Wärmeisolation
G14	Vorschaltgetr. mit Zwischen- u. Superkriechgäng.
G45	Doppelkupplung
H02	Einkreishydraulikanlage
H14	Hydraulikanlage 4-zellig
H55	Hydr. Steckanschluß hinten, 4fach, Zelle 1+2
H56	Hydr. Steckanschluß hinten, 4fach, Zelle 3+4
H59	Separate Rücklaufleitung hinten
H75	Hydr. Steckanschluß vorn, 4fach, Zelle 1+2
H76	Hydr. Steckanschluß vorn, 4fach, Zelle 3+4
H79	Separate Rücklaufleitung vorn
J20	Tachograf EC
J32	Motor-Drehzahlmesser
	Bremsbelag-Verschleißanzeige
L20	Rückfahrscheinwerfer
L25	Nebelschlußleuchte
L35	Leuchtweitenregelung
L47	Zusatzscheinwerfer für Frontanbaugeräte
L50	Rundumkennleuchte, links
M19	Anlasssperre
M22	Motorbremse
	Luftpresser Hochdruckanlage
M37	Lichtmaschine verstärkt
M64	Umstellbare Luftansaugung
N07	Motorzapfwelle 540/1.000 min
N20	Zapfwelle vorn 1 3/8", Keilwellenprofil
N32	Zapfwelle hinten 1 3/4", Keilwellenprofil
P17	Pritsche 1.950 x 1.890 x 400 mm
Q36	Schlußquerträger verstärkt
Q71	Anhängekupplung mit kleinem Maul
S05	Fahrersitz hydraulisch
S21	Dreipunkt-Automatik-Sicherheitsgurt
S26	Windschutzscheibe Verbundglas, heizbar
S44	2 Rückspiegel außen, heizbar
S48	Rückwandfenster schiebbar
S50	Verbandstasche

Ausführung U 100 L

Fahrgestell-Leergewicht		2.750 kg
tatsächliche Vorderachslast		1.740 kg
tatsächliche Hinterachslast		1.010 kg

C27	Stabilisator Vorderachse
C29	Stabilisator Hinterachse mit verstärktem Drehstab
C35	Stoßfänger vorn dreiteilg
D16	Schutzplatte vorn ohne Anbaupunkte
D61	Rahmen m. Anbauböcken vorn, Anbaupunkte mitte
D65	Befestigungsteile für Fremdaufbauten
F41	zusätzlich Umwälzpumpe für Heizung
F53	Motorhaube ohne Sichtkanal
J21	Tachograf EC, 2 Fahrer (Fahrerwechsel)
J32	Motor-Drehzahlmesser
	Bremsbelag-Verschleißanzeige
L20	Rückfahrscheinwerfer
L25	Nebelschlußleuchte
L35	Leuchtweitenregelung
M13	Motor mit RSV-Regler
M19	Anlasssperre
M49	Lüfterkupplung
N72	Verteilergetriebe mit Nebenabtrieb
	Antriebsflansch nach vorn und hinten
R20	4 Scheibenräder 9x20 für 10,5-20, 275/80R20
S21	Dreipunkt-Automatik-Sicherheitsgurt
X18	Lastwerte Stufe 1
Y64	Unterbodenkonservierung

Ausführung U 140 L

Fahrgestell-Leergewicht		3.390 kg
tatsächliche Vorderachslast		2.360 kg
tatsächliche Hinterachslast		1.030 kg

	Achsen für Hochdruckbremsanlage
	Radlager verstärkt
	Hochdruckbremsanlage
C27	Stabilisator Vorderachse verstärkt
C29	Stabilisator Hinterachse mit verstärktem Drehstab
D65	Befestigungsteile für Fremdaufbauten
F06	Fahrerhausdach höher
F53	Motorhaube ohne Sichtkanal
F60	Hochstellvorrichtung für Fahrerhaus
J20	Tachograf EC, 1 Fahrer
J32	Motor-Drehzahlmesser
L03	Umrißleuchten
L20	Rückfahrscheinwerfer
M19	Anlasssperre
	Luftpresser Hochdruckanlage
N16	Schneller Nebenabtrieb
S21	Dreipunkt-Automatik-Sicherheitsgurt
S82	Weitwinkelspiegel
S83	Rampenspiegel
Y64	Unterbodenkonservierung

ALLE MODELLE SEIT 1946

Preise / Grundausführung U 90 turbo / U 100L turbo BR 408 Stand 1/1997			
Listenpreis U 90 turbo GIK (408.101)	84.170,--	**Listenpreis U 100 L turbo** (408.216)	89.210,--
Listenpreis U 90 turbo A (408.101)	84.170,--		(in DM ohne MWST)
Gesetzlich vorgeschriebener Lieferumfang		**Gesetzlich vorgeschriebener Lieferumfang**	
B42	Anhängerbremsanlage Zweileitung	L25	Nebelschlußleuchte
L25	Nebelschlußleuchte	L35	Leuchtweitenregelung
L35	Leuchtweitenregelung	S21	Dreipunkt-Automatic-Sicherheitsgurt
S21	Dreipunkt-Automatic-Sicherheitsgurt	S50	Verbandstasche
S50	Verbandstasche	X26	Geräuschkapselung EURO2
Y46	Warndreieck und Warnleuchte	Y46	Warndreieck und Warnleuchte
X26	Geräuschkapselung EURO2		4.249,--
	6.001,--		
U 90 turbo A				
F04	Fahrerhaus verstärkt		
L25	Nebelschlußleuchte		
S21	Dreipunkt-Automatic-Sicherheitsgurt		
S50	Verbandstasche		
X53	Zulassung als Zugmaschine/Ackerschlepper		
Y46	Warndreieck und Warnleuchte		
	4.128,--		

Motor	MB-5-Zylinder-Diesel-Vorkammermotor, Typ OM 602 DE29 LA, 122 PS (90 kW) 3.600/min, Direkteinspritzer-Abgasturbolader-Ladeluftkühlung, wassergekühlt, Trockenluftfilter mit elektr. Wartungsanzeige, Luftansaugung umstellbar, Bosch-Einspritzausrüstung, mech. Drehzahlregler Bosch RSV, Anlaßsperre, Vorglühelektronik, Drucklufterzeugungsanlage mit Reifenfüllventil und Reifenfüllschlauch, Kühlerfrostschutzmittel bis -40° C, Tankinhalt 110 Liter, U 100 L turbo: 85 Liter
Elektrik	Drehstromlichtmaschine 14 V/90 A (1.260 Watt), Batterie 12 V/132 Ah, Steckdose hinten
Getriebe	MB-Vollsynchrongetr. mit 8 Vor- und 4 Rückwärtsgängen, Einscheiben-Trockenkupplung
Antrieb	Allradantrieb mit Differenzialsperren in beiden Achsen, während der Fahrt pneumatisch zu- und abschaltbar, Portalachsen mit Radvorgelegen
Federung	4 Schraubenfedern, Teleskopstoßdämpfer und Stabilisatoren vorn und hinten
Lenkung	Hydr. Servolenkung Typ ZF 8090
Bremse	Betriebsbremse: 2-Kreis pneum. Fremdkraftbremse mit hydr. Übertragung, Lufttrockner, 4-Rad-Scheibenbremsen, Feststellbremse: Federspeicherbremse auf Hinterräder
Anhängekupplg.	Anhängemaul vorn mit Steckbolzen
Fahrerhaus	Ganzstahlfahrerhaus, hochstellbar, Dachentlüftungsklappe, Ansaugkamin, durch Kurbeln betätigte Türfenster, Heizungs- und Belüftungsanlage, Heizungsumwälzpumpe, 2 Sitze, Fahrersitz verstellbar, Windschutzscheibe Verbundglas, Scheibenwaschanlage zweistufig, Intervallscheibenwischer, Scheinwerfer H4, Fahrtrichtungsanzeiger, Brems- und Schlußleuchten, zwei Auftritte, Motorhaube mit Sichtkanal, U90 turbo: zusätzlich mit Anbaubeschläge vorn und mitte
Armaturen	Öldruckanzeige, Fernthermometer, Kraftstoffanzeige, Doppeldruckmesser, Tachometer, Motor-Drehzahlmesser, Zeituhr digital, Betriebsstunden digital, Kontrollanzeige für Allrad und Differenzialsperren, Bremsverschleißanzeige, Warnblinkanlage
Zubehör	Werkzeug, Wagenheber (4 Tonnen), 2 Unterlegkeile
Lackierung	enzianblau MB/5361, ambragelb/MB 1624, grün/MB 6277, saftgrün/MB 6821, grau/MB 7187, tieforange/MB 2603, reinweiß MB/9678, Tectyl-Unterbodenkonservierung
Bereifung	275 / 80 R 20, Gelände/Straße, 4fach, Scheibenrad 9 x 20

Empfohlene Lieferausführungen U 90 turbo / U 100 L turbo BR 408   Stand 1999

Ausführung U 90 turbo

Leergewicht		3.230 kg
tatsächliche Vorderachslast		1.840 kg
tatsächliche Hinterachslast		1.390 kg

B42	Anhängerbremsanlage Zweileitung
	Lufttrockner
	Vorderfedern verstärkt
C27	Stabilisator Vorderachse
C29	Stabilisator Hinterachse
C51	Hydrolenkung verstärkt
C71	Tank verschließbar
C87	Auspuff nach links oben
E62	Radio mit Kasettengerät
F06	Fahrerhausdach höher,
F50	Schall- und Wärmeisolation
J24	EG-Kontrollgerät (Fahrtschreiber)
L25	Nebelschlußleuchte
L35	Leuchtweitenregelung
L45	Beleuchtung für Arbeitsgeräte hinten
L50	Rundumkennleuchte, links
P09	Pritsche 1.750 x 1.700 x 400 mm
S02	Komfortschwingsitz, luftgefedert
S44	2 Rückspiegel außen, heizbar
S48	Rückwandfenster schiebbar
S50	Verbandstasche
S83	Rampenspiegel
X18	Lastwert Stufe 1
X58	Dekorstreifen auf Fahrerhaus in silber
X70	Warnstreifen

Ausführung U 100 L turbo

Leergewicht		2.990 kg
tatsächliche Vorderachslast		1.850 kg
tatsächliche Hinterachslast		1.140 kg

C35	Stoßfänger vorn dreiteilg
D61	Rahmen m. Anbauböcken vorn, Anbaupunkte mitte
D65	Befestigungsteile für Fremdaufbauten
F06	Fahrerhausdach höher,
F53	Motorhaube ohne Sichtkanal
J24	EG-Kontrollgerät (Fahrtschreiber)
	Bremsbelag-Verschleißanzeige
L25	Nebelschlußleuchte (Rechtsverkehr)
L35	Leuchtweitenregelung
N72	Verteilergetriebe mit Nebenabtrieb
	Antriebsflansch nach vorn und hinten
R20	4 Scheibenräder 9x20 für 10,5-20, 275/80R20
S12	Beifahrersitz 2-sitzig
S21	Dreipunkt-Automatik-Sicherheitsgurt
T20	Ersatzscheibenrad 9 x 20
X19	Lastwerte Stufe 2
X26	Geräuschkapsel (Euro 2)
Y20	KD-Sortiment als Beipack (lose)
Y46	Warndreieck mit Warnleuchte

Produktion Unimog 408 / 418 (1992-2001)

	1992	1993	1994	1995	1996	1997	1998	1999	2000	2001	Gesamt
408											
408.100	59	252	241	213	56	4					**825**
408.101					94	180	124	144	128	87	**757**
408.215			18	17	59	2					**96**
408.216					16	31	136	115	56	18	**372**
Gesamt	**59**	**252**	**259**	**230**	**225**	**217**	**260**	**259**	**184**	**105**	**2.050**
418											
418.000		2	3	6							**11**
418.100	92	75	45	8							**220**
418.102	137	129	72	177	111	88	65				**779**
418.117		32	11	28	65	30	38				**204**
418.217					5						**5**
418.237			4								**4**
Gesamt	**229**	**238**	**135**	**219**	**181**	**118**	**103**	**0**	**0**	**0**	**1.223**

ALLE MODELLE SEIT 1946

Unimog UX 100 H Baureihe 409 (1996–1998)
Unimog UX 100 M Baureihe 409 (1996–1998)

Auf der IFAT in München im Mai 1996 präsentierte sich mit dem UX 100 der Baureihe 409 ein neuer kleiner Geräteträger, der vor allem durch seine technischen Details bestach. Den »Neuling« gab es in zwei Varianten: Als Arbeitsmaschine und Geräteträger UX 100 H mit kurzem Radstand von 2150 mm und als Transport- und Arbeitsmaschine UX 100 M mit langem Radstand von 2600 mm. Doch der Unimog UX 100 trug nur kurze Zeit den Mercedes-Stern. Nach 790 gebauten Exemplaren wurde er nach der Konzentration auf das Unimog Kerngeschäft (Entwicklung, Produktion und Vertrieb von Lkw-Geräteträgern mit einer Fahrzeugbreite über 1,6 Meter) zum 1. Januar 1999 an die Hako Firmengruppe abgegeben, die ihn bis 2002 unverändert weiter baute.

Er hatte eine völlig neu entwickelte Fahrerkabine, die erstmals aus korrosionsfreien Faserverbundwerkstoffen aus dem Flugzeugbau bei der Firma Dornier hergestellt wurde. Sie zeichnete sich durch ein geringes Eigengewicht sowie eine extrem hohe Belastbarkeit aus und bot trotz ihrer kompakten Außenabmessungen ein großzügiges Raumangebot im Inneren, das die Nutzung sowohl im Ein-Mann-Betrieb als auch mit einem Beifahrer erlaubte.

Der Unimog UX 100 H (BM 409.100) war mit einer Fahrzeugbreite von 1,6 m, einer Höhe von weniger als 2 m und einem zul. Gesamtgewicht von 3,5 bis 4,8 t als wendiger Geräteträger und Arbeitsmaschine für die Bewältigung der vielfältigen Aufgaben auf engem und niedrigem Raum prädestiniert. Der vom Werk für den UX 100 H empfohlene Lieferumfang als Geräteträger umfasste neben dem hydrostatischen Fahrantrieb und zuschaltbarem Allradantrieb technische Besonderheiten wie das Schnellkoppelsystem »Unilift®« mit integrierter Fronthubvorrichtung, die Wechsel-Lenkanlage »vario pilot®«, die komplette Zweikreis-Leistungshydraulik, aber auch ein Glas-Hubdach, eine Pritsche 2000 x 1542 x 300 mit Stahlboden, vier Verzurrösen und Alubordwände und heizbare, elektrisch verstellbare Außen-

Unimog UX 100 H bei der Landschaftspflege mit Mäh-Saug-Kombination.

Unimog UX 100 H in Kommunalausführung mit Rotationsbürsten für Leitpfosten Typ RPS-H und Wassertank.

spiegel. Mit dieser Geräteträger-Komplettausstattung erhöhte sich der Kaufpreis von DM 78.120,– in Grundausführung auf insgesamt DM 104.056,–.

Während der Geräteträger UX 100 H serienmäßig von dem 2,3-Liter-Vierzylinder-Vorkammer-Diesel OM 601 D 23 mit einer Leistung von 73 PS (54 kW) angetrieben wurde, verfügte die zweite Variante, der UX 100 M, aus dem 2,9-Liter-Fünfzylinder-Euro-2-Turbomotor mit Ladeluftkühlung OM 602 DE 29 LA über starke 122 PS (90 kW). Auf Wunsch wurde dieses moderne, »EDR«-geregelte Triebwerk, das aus dem Unimog Baureihe 408 stammte, auch beim UX 100 H eingebaut.

Der UX 100 M (BM 409.101) als wendiges Transportfahrzeug wurde in drei Versionen angeboten: Als 4x2-Fahrgestell für Sonderaufbauten (Listenpreis DM 61.516,–), als gerätefähiges Transportfahrzeug 4x2 (DM 76.365,–) und als gerätefähige Transport- und Arbeitsmaschine 4x4 zu DM 87.175,–, für die, wie auch für die 4x2-Variante, ein umfangreiches Geräteträger-Komplettausstattungspaket zum vom Werk empfohlenen Standard zählte.

ALLE MODELLE SEIT 1946

Unimog UX 100 M in Kommunalausführung mit Vorbau-Kehrmaschine.

Unimog UX 100 M (Baureihe 409) mit Hagemann Müllcontainer-Aufbau.

	Unimog UX 100 H Baureihe 409 1996-1998 409.100 Arbeitsmaschine	Unimog UX 100 M Baureihe 409 1996-1998 409.101 Transport- und Arbeitsmaschine
Motor		
Baumuster (BM)	601.944 / 602.989	602.989
Bauart	4-Zyl. Diesel-Vorkammer OM 601D23 SA: 5-Zyl.-Direkteinspr. OM 602 DE 29 LA	5-Zyl.-Viertakt-Diesel-Direkteinspritzer mit Turbo+Ladeluftkühler, OM 602 DE 29 LA
Bohrung x Hub	89 x 92,4 mm	89 x 92,4 mm
Hubraum	2.299 / 2.874 ccm	2.874 ccm
Leistung	73/122 PS (54/90 kW) bei 3.600/3.800/min	122 PS (90 kW) bei 3.800/min
Drehzahlregler	RSV / Elektronisch "EDR"	Elektronisch "EDR"
Drehmoment	154 / 280 Nm bei 2.400/1.800/min	280 Nm bei 1.800/min
Verdichtung	22 : 1 / 19,5 : 1	19,5 : 1
Gemischbereitung	Bosch -Einspritzpumpe	
Kühlung	Wasserkühlung mit Thermostat und Viskolüfter	
Luftfilter	Trockenluftfilter mit Zyklonvorabscheider (Euro 2a)	
Elektr. Anlage	12 V, Drehstromlichtmaschine 1680 W, 14 V, 120 A, Batterie 12 V / 88 Ah	
Kraftübertragung		
Antrieb	Stufenloser hydrostatischer Fahrantrieb VA-Antrieb zu- und abschaltbar (Allrad) geschl. Kreislauf mit hydr. Kriechgang und 2-stufigem Verteilergetriebe	4x2-Hinterachsantrieb SA: 4x2 + 4x4 mit Arbeits/Straßengängen Mech. 5-Gang-Synchrongetriebe Typ G 28-5 (BM 711.612)
Getriebe		
Getriebeübersetzung	Arbeitsgruppe 0-30 km/h stufenlos	5,05 2,60 1,52 1,00 0,78 4,76 (R)
4x2 HA-Antrieb	mit Kriechgang 0-7 km/h stufenlos	17,6 34,2 58,5 88,8 113,3 18,7 (R) km/h
4x2/4x4 Arbeitsg.	Straßengruppe 0-65 km/h stufenlos	3,0 5,8 9,9 15,0 19,2 3,2 (R) km/h
4x2/4x4 Straße	mit Kriechgang 0-16 km/h stufenlos	14,3 27,8 47,5 72,3 92,1 15,2 (R) km/h
Achsübersetzung	rückwärts 0-25 km/h stufenlos	5,875
Fahrwerk		
Rahmen	Verwindungsst. Rahmen aus Kasten- und Kantprofilen für Aggregatein- und Geräteanbau	
Fahrerhaus	aus FVK=Faser-Verbund-Kunststoff und CFK=Carbon-Faser-Kunststoff, 2sitzig, 2türig	
Achsen vorn	angetriebene Lenkachse, i = 5,875	Lenkachse angetr. (4x4), nichtangetr. (4x2)
hinten	angetriebene Starrachse mit hydraulisch schaltbarer Differenzialsperre, i = 5,875	
Federung v/h	Parabel-Blattfedern, Teleskopstoßdämpfer, Stabilisatoren und Zusatzfedern	
Bremsen v/h	Scheiben- /Trommelbremsen, Zweikreis-Hydraulik mit Unterdruck-Bremskraftverstärker Feststellbremse über Seilzug auf Hinterräder	
Hydraulik	Zweikreishydraulik	Einkreishydraulik
Kreis 1	Fördermenge 22 l/min, Arbeitsdr. 200 bar	Fördermenge 42 l/min, Arbeitsdr. 200 bar
Kreis 2	Fördermenge 57 l/min, Arbeitsdr. 200 bar	
Lenkung	hydraulische Servolenkung Typ LS 2 A (SA für UX 100 H: Vario pilot®)	
Geräteanbau	vorn: Unilift®, Hubhöhe 375 mm, Hubkraft 850 kg (Frontplatte)	
Räder	6 J x 16	
Bereifung	205 / 75 R 16C (SA: 225 / 75 R 16C)	
Allgemeine Daten		
Radstand	2.150 mm	2.600 mm
Spurweite v/h	1.270 mm	1.270 mm
Gesamtmaße	4.060 x 1.600 x 1.890 mm	4.300 x 1.600 x 2.015 mm
Vorbaumaß	1.000 mm	1.015 mm
Bodenfreiheit/Diff.	210 mm	210 mm
Pritsche	2.000 x 1.540 x 300 mm	2.450x1.540x300 /Aufbaulänge 2.835 mm
Höchstgeschw.	65 km/h	115 km/h
kl. Wendekreis	10,1 Meter	12,0 Meter
Leergewicht	2.180 kg	2.240 kg (4x2 m.Kipp-Pritsche)
zul. Gesamtgewicht	3.500 kg	3.500 kg
zul. Achslast v/h	2.000 / 2.200 kg	2.000 / 2.200 kg
zul. Anh.Last gebr.	2.600 kg	1.500 kg
Füllmenge Motor	8,5 Liter	10 Liter
Kraftstofftank	60 Liter	60 Liter

ALLE MODELLE SEIT 1946

Programmübersicht Unimog Baureihe 409								
Typ / Verkaufsbezeichnung	Baumuster	Motor				Radstand	Stückzahl	Bauzeit
		Typ	BM	Zylinder	PS (kW)			
UX 100 H	409.100	OM 601 D23	601.944	4	73 (54)	2.150	421	1996 - 1998
UX 101 M	409.101	OM 602 DE 29LA	602.989	5	122 (90)	2.600	369	1996 - 1998

Preise / Lieferausführungen Unimog UX 100 Baureihe 409 Stand 1/1998		
Listenpreis UX 100 H (BM 409.100)		**78.120,--**
empfohlener Lieferumfang Geräteträger		
	225/75R16 C, Conti LM90, Li 120K	220,--
C28	Stabilisator Hinterachse	286,--
C50	vario pilot®, Wechsellenkung	2.632,--
D50	Anbaubeschläge hinten	204,--
F24	Glas-Hubdach	714,--
H27	Leistungshydraulik, kompl.	10.006,--
H43	Kippzylinder	908,--
H70	Unilift® Schnellkoppelsystem	2.142,--
H78	Zusätzl. Druckleitung v, 2.Kreis	164,--
J08	Bordsteckdose 12 V, Impulsgeber	51,--
J24	Tachograph EC, 2 Fahrer	1.000,--
L46	Zusatzscheinwerfer im Dach	459,--
L50	Rundumkennleuchte links, gelb	500,--
P20	Pritsche 2.000x1.542x300, Stahlboden 4 Verzurrösen, Alubordwände	3.887,--
Q20	Kugelkopfkupplung kompl.	500,--
Q25	Maulkupplung incl. Anhängersteckd.	500,--
S05	hydr. Komfort-Schwingsitz, Fahrer	470,--
S13	hydr. Komfort-Schwingsitz, Beifahrer	470,--
S46	Elektr. verstellb.Außenspiegel, heizb.	495,--
S49	Rückwandfenster schiebbar	184,--
S52	Erste Hilfe Set	143,--
Gesamt-Listenpreis		**104.056,--**
Listenpreis UX 100 M (409.101)		**57.480,--**
empfohlener Lieferumfang 4x2 Fahrgestell		
	225/75R16 C, Conti LM70, Li 121N	220,--
C28	Stabilisator Hinterachse	286,--
H10	Einkreis-Hydraulikanlage, 1-zellig	2.244,--
J08	Bordsteckdose 12 V, Impulsgeber	51,--
J24	Tachograph EC, 2 Fahrer	1.000,--
M15	Handgas	51,--
S49	Rückwandfenster schiebbar	184,--
Gesamt-Listenpreis		**61.516,--**

Listenpreis UX 100 M (BM 409.101)		**57.480,--**
		(Preise in DM ohne Mwst.)
empfohlener Lieferumfang 4x2 gerätefähig		
	225/75R16 C, Conti LM70, Li 121N	220,--
C28	Stabilisator Hinterachse	286,--
D50	Anbaubeschläge hinten	204,--
F24	Glas-Hubdach	714,--
H23	Zweikreis-Hydraulikanlage, 3-zellig	6.947,--
H43	Kippzylinder	908,--
H70	Unilift® Schnellkoppelsystem	2.142,--
H78	Zusätzl. Druckleitung v, 2.Kreis	164,--
J08	Bordsteckdose 12 V, Impulsgeber	51,--
J24	Tachograph EC, 2 Fahrer	1.000,--
L46	Zusatzscheinwerfer im Dach	459,--
L50	Rundumkennleuchte links, gelb	500,--
M15	Handgas	51,--
P24	Pritsche 2.450x1.542x300, Stahlboden 4 Verzurrösen, Alubordwände	4.244,--
Q20	Kugelkopfkupplung kompl.	500,--
S46	Elektr. verstellb.Außenspiegel, heizb.	495,--
Gesamt-Listenpreis		**76.365,--**
Listenpreis UX 100 M (409.101)		**57.480,--**
empfohlener Lieferumfang 4x4 gerätefähig		
	225/75R16 C, Conti LM70, Li 121N	220,--
A52	Vorderradantrieb zuschaltbar	6.835,--
C28	Stabilisator Hinterachse	286,--
D50	Anbaubeschläge hinten	204,--
F24	Glas-Hubdach	714,--
G20	Nachschaltgetriebe m. Arbeitsgruppe	3.975,--
H23	Zweikreis-Hydraulikanlage, 3-zellig	6.947,--
H43	Kippzylinder	908,--
H70	Unilift® Schnellkoppelsystem	2.142,--
H78	Zusätzl. Druckleitung v, 2.Kreis	164,--
J08	Bordsteckdose 12 V, Impulsgeber	51,--
J24	Tachograph EC, 2 Fahrer	1.000,--
L46	Zusatzscheinwerfer im Dach	459,--
L50	Rundumkennleuchte links, gelb	500,--
M15	Handgas	51,--
P24	Pritsche 2.450x1.542x300, Stahlboden 4 Verzurrösen, Alubordwände	4.244,--
Q20	Kugelkopfkupplung kompl.	500,--
S46	Elektr. verstellb.Außenspiegel, heizb.	495,--
Gesamt-Listenpreis		**87.175,--**

Preise Unimog Baureihe 409 (in DM ohne Mehrwertsteuer)			
	UX 100 H (BM 409.100)	UX 100 M (BM 409.101)	UX 100 M (BM 409.101)
		4 x 2	4 x 4
1997	76.585,--	56.345,--	66.945,--
1998	78.120,--	57.480,--	68.290,--

Produktion Unimog 409 (1996-1998)				
	1996	1997	1998	Gesamt
409				
409.100	87	253	81	421
409.101		138	231	369
Gesamt	**87**	**391**	**312**	**790**

Geräte-Programm zum Unimog UX 100 Typ 409   Stand 1/1997

Hersteller	Schmidt Winterdienst und Kommunaltechnik GmbH, St. Blasien, Deutschland
Schneeräum-Maschinen	
Frässchleuder SFS 190 / 60	Räumbreite 1,90 m, Räumhöhe 0,80 m, Gewicht 380 kg
Schneepflüge	
Federklappen-Schneepflug FLL 20	Länge 2.000 mm, Breite 1.730 mm, Höhe 720 mm, Gewicht 205 kg
Drehklappen-Schneepflug CPL 21	Länge 2.100 mm, Breite 1.780 mm, Höhe 820 mm, Gewicht 330 kg
Leicht-Schneepflug L 21	Länge 2.100 mm, Breite 1.800 mm, Höhe 800 mm, Gewicht 244 kg
Leicht-Schneepflug L 24	Länge 2.400 mm, Breite 2.100 mm, Höhe 800 mm, Gewicht 266 kg
Vario-Schneepflug KL - V 20	Breite 2.000 mm. Höhe außen 900 mm, Höhe mittig 760 mm
Streumaschinen	
Silo-Steuautomat SST 12 mit Schneckenfördersystem	Behälterinhalt 1,2 m^3, Streumenge 5-40 gr/m^2 (Salz), 40-320 gr/m^2 (Sand+Split), Streubreite 2-8 m (synchronisiert), Nutzinhalt 1,2 m^3 (Trockenstoff), 280 Liter (Flüssigkeit), Antrieb Fahrzeughydraulik
Silo-Steuautomat SAB-10 mit Bandfördersystem	Behälterinhalt 1,0 m^3, Streumenge 5-40 gr/m^2 (Salz), 25-300 gr/m^2 (Sand+Split), Streubreite 2-8 m (synchronisiert), Nutzinhalt 1 m^3 (Trockenstoff), 280 Liter (Flüssigkeit), Antrieb Fahrzeughydraulik
Silo-Steuautomat SAB MINI-11 mit Bandfördersystem	Behälterinhalt 1,1 m^3, Streumenge 5-40 gr/m^2 (Salz), 5-200 gr/m^2 (Split), Streubreite 1-6 m, Antrieb über Fahrzeughydraulik
Behälter-Streugerät BST 100	Walzenlänge 1.290 mm, Streubreite 1,50 m, Gewicht 140 kg
Kommunalgeräte	
Rotationsbürste für Leitpfosten RPS-H	Bürstendurchm. 500 mm, Bürstenlänge 550 mm, Bürstendrehzahl 350-650/min, Reichweite 2.250 mm (ab Mitte), Gewicht 200 kg
Schilder-Waschanlage	10 Meter Hochdruckschlauch, autom. Schlauchhaspel
Kehrmaschinen	
Vorbau-Kehrmaschine LKS 18-H	Länge 1.800 mm, Breite 1.630 mm, Durchm. 600 mm, Gew.180 kg
Vorbau-Kehrmaschine LKS 20-H	Länge 2.000 mm, Breite 1.810 mm, Durchm. 600 mm, Gew.190 kg
Kehrmaschine SK 200	Schnellwechselaufbau mit Rinnstein-Kehrsystem, Behältervolumen 2 m^3, Sprühwasserkapazität 300 Liter
Mähgeräte	
Sicherheits-Bankettmulchgerät SBM	Mähbreite 1.200 mm, Schnitthöhe 40-80 mm, Querneigung je 20°, Einsatzbereich rechts/links, Gewicht 650 kg

Grundausführung Unimog UX 100 H / M Baureihe 409   Stand 1/1998

Motor	UX 100 H MB-4-Zylinder-Vorkammer-Diesel, Typ OM 601 D 23, 73 PS (54 kW) b. 3.600/min UX 100 M MB-5-Zylinder-Diesel-Direkteinspritzer, OM 602 DE 29 LA , 122 PS (90 kW) 3.800/min wassergekühlt, Trockenfilter mit Zyklonvorabscheider, elektronischer Drehzahlregler EDR, Vorglühelektronik, Kühlerfrostschutzmittel bis -40° C, Tankinhalt 60 Liter
Elektrik	Drehstromlichtmaschine 14 V / 90 A (1,260 Watt), Batterie 12 V / 88 Ah
Getriebe	Stufenloser hydrostatischer Fahrantrieb mit 2-stufigem Verteilergetriebe (Abtrieb über verstellbare Hydraulikpumpe und verstellbarem Hydraulikmotor) UX 100 M: Mechanisches 5-Gang-Getriebe
Antrieb	Allradantrieb, Vorderachse und Differenzialsperre an HA während der Fahrt zuschaltbar, Antriebsregelung automotiv über Fahrpedal und/oder proportional über Joystick UX 100 M: Hinterachsantrieb (4x2), bei 4x4 Version zusätzlich Vorderradantrieb zuschaltbar
Federung	4 Parabelfedern, Teleskopstoßdämpfer vorn und hinten, Stabilisator vorn
Lenkung	Mech. Kugelumlauflenkung mit Servounterstützung Typ LS 2 A
Bremse	Betriebsbremse: 2-kreisige Hydraulikbremsanlage mit Unterdruckbremskraftunterstützung und achslastabhängiger Bremskraftregelung, Scheibenbremse vorn, Trommelbremse hinten. Feststellbremse:Handbremse mechanisch auf Hinterräder
Fahrerhaus	Faserverbund-Werkstoff-Fahrerhaus in Leichtbauweise, wärmedämmendes Glas rundum, große Verbundglas-Frontscheibe, durch Kurbeln betätigte Türfenster, Heizungs- und Belüftungsanlage, Konsole für Radio/Funk mit Stromversorgung, 2 verstellbare Einzelsitze mit Kopfstützen und Sicherheitsgurten, zweistufige Scheibenwischanlage mit Intervallregelung, Scheibenwaschanlage, 12 V Bordsteckdose
Leuchten	Scheinwerfer H4, Fahrtrichtungsanzeiger, Brems- und Schlußleuchten, Nebelschlußleuchten, Rückfahrscheinwerfer, Leuchtweitenregulierung
Armaturen	Die Instrumentierung beinhaltet: Kraftstoffanzeige, Tachometer, Motor-Drehzahlmesser, Betriebsstundenzähler Uhrzeit, Kontrollanzeigen für Batterie, Öldruck, Öltemperatur, Dieseleinspritzung, Luftfilter, Blinkleuchten und Warnblinkanlage, Fernlicht, Allradantrieb (H) und Differenzialsperre, Bremsbelagverschleißanzeige, Handbremse, Instrumentenbeleuchtg.
Zubehör	Werkzeug, Unterlegkeil
Lackierung	ambragelb/MB 1624, tieforange/MB 2603, enzianblau/MB 5361, reinweiß/MB 9678
Bereifung	205 / 75 R 16 C, Li 113 M, 4-fach, Scheibenräder 6 J x 16

ALLE MODELLE SEIT 1946

| Unimog U 300 Baureihe 405 (2000–2013) |
| Unimog U 400 Baureihe 405 (2000–2013) |
| Unimog U 500 Baureihe 405 (2000–2013) |

Gleich in den ersten Monaten des neuen Jahrtausends begann für den 50-jährigen Unimog die Zukunft. Er war rüstiger denn je und präsentierte sich im April 2000 der Öffentlichkeit nicht nur im neuen Gewand, er war auch in seiner technischen Auslegung und in seinem günstigen Preis-Leistungs-Verhältnis bestens auf die veränderten Anforderungen der weltweiten Märkte vorbereitet.

Im April 2000 von Gaggenau aus in den Markt eingeführt, präsentierte DaimlerChrysler mit den beiden Baumustern U 300 und U 400 der Baureihe 405 eine komplett neu entwickelte Unimog-Geräteträger-Generation, die sich durch Vielseitigkeit, Wirtschaftlichkeit, modernste Technik, ansprechendes Design und hohen Komfort für das Bedienerpersonal auszeichnete. Mit dem U 500, der ab April 2001 am Markt zu haben war, rundete DaimlerChrysler die neue Unimog-Generation nach oben ab. Die Resonanz war enorm, und als am 26. August 2002 der erste Mercedes-Benz-Unimog in seiner neuen Heimat vom Band der Wörther Produktion lief, waren bereits mehr als 2000 Fahrzeuge der neuen Baureihe entstanden. Als Geräteträger haupt-

Seit April 2000 neu im Unimog-Programm: U 300 als geländegängiger Geräteträger.

UNIMOG

U 300 im Kommunal-Einsatz mit Hochdruck-Frontanbaugerät und Wasserfass.

U 300 im Kommunal-Einsatz mit Flächenreinigungsgerät und Wasserfass.

U 300 im Kommunal-Einsatz als Kehrmaschine mit Wechselaufbau von Bucher-Schörling.

ALLE MODELLE SEIT 1946

Unimog U 400 mit langem Radstand im Einsatz mit Front-Holzhacker und Absetzkipper.

sächlich im Arbeitseinsatz bei Einrichtungen des Öffentlichen Dienstes, bei kommunalen Lohnunternehmen, in der Bau- und Energiewirtschaft sowie im innerbetrieblichen Transport, hatte sich die Baureihe 405 seit ihrer Einführung im Frühjahr 2000 auf dem Markt in jeder Beziehung Respekt verschafft. Zumal viele der dort bereits vorhandenen Geräte auch weiterhin verwendet werden konnten. Ihre technische Ausstattung und die für die Fahrer so wichtigen Komfortmerkmale der außerdem sehr eleganten Kabine sowie das Konzept der Systempartnerschaft zwischen Mercedes-Benz und namhaften Geräteherstellern hatten dazu geführt.

Zu den Besonderheiten der neuen Geräteträger zählte vor allem das moderne Erscheinungsbild der Fahrerkabine in neuem Design und mit einem gegenüber der Vorgängerbaureihe um rund 50 Prozent vergrößerten Raumvolumen. Abgeleitet aus dem Flugzeugbau, war sie aus Kohlefaser-Verbund-Werkstoff (FVW) gefertigt. Der Hightech-Werkstoff machte die Kabine fest, leicht und korrosionsfrei. Durch das konsequente Kurzhauben-Konzept sorgten neben dem kurzen Vorbaumaß und der steil abfallenden Fronthaube die rundum groß dimensionierten Fensterflächen und die tief heruntergezogene Windschutzscheibe für eine einmalige Rundumsicht auf Verkehrsraum und Geräte.

Der hohe Lkw-Standard bei Ergonomie und Komfort setzte sich auch im Fahrerhaus der neuen Geräteträger-Baureihe 405 fort, das durch die ergonomisch optimale Lage der Instrumen-

Für Kommune, Behörde, Dienstleistung und Transport: Geländegängiger Geräteträger U 400.

U 300 Kommunal-Unimog mit Leistikow-Hochdruck-Frontanbaugerät und Wasserfass bei der Kanalreinigung.

U 400 mit Vorbau-Kehrmaschine von Drücker, Typ FKM 2100 mit Wasserfass.

Saubere Start- und Landebahnen auf dem Flughafen Gatwick: Mercedes-Benz Unimog U 500 mit Anhängekehrmaschine.

te und Bedienelemente für Fahr- und Gerätebetrieb sowohl von der Links- als auch von der Rechtslenkerposition aus überzeugte. Alle wichtigen Bedienungseinrichtungen für die Unimog der neuen Generation, die elektronisch gesteuerte Telligent-Schaltung mit bis zu 24 Gangstufen und die Joystick-Bedieneinheit für die Arbeits- und Leistungshydraulik waren zentral auf einer Mittelkonsole zusammengefasst.

Bedarfs- und praxisgerechter serienmäßiger Standard waren komfortable Sitze mit integrierten 3-Punkt-Sicherheitsgurten für Fahrer- und Beifahrersitze, eine große Zahl von Staufächern und Ablagemöglichkeiten und nicht zuletzt eine serienmäßige und in das leistungsfähige Heizungs- und Lüftungssystem integrierte Klimaanlage.

Unter der Motorhaube befanden sich als Neuheit umweltfreundliche Euro-3-Turbodiesel-Motoren mit zwei Grundtypen in vier Leistungsklassen. Als Entwicklung der DaimlerChrysler AG war der komplette Antriebsstrang ausgelegt zur Weiterentwicklung in Richtung Euro 4. Mit einer Leistung von 150 PS (110 kW) war der U 300 das kleinste Modell der neuen Unimog-Generation, deren Typen- und Verkaufsbezeichnungen sich nicht mehr an dem aufgewerteten verzehnfachten PS-Wert orientierten, wie es seit Mitte der 70er-Jahre beim Unimog üblich gewesen war. Im Gegensatz zu den »kleineren« Varianten U 300 und U 400, bei denen der Vierzylinder-Diesel-Direkteinspritzer mit Abgasturbolader und Ladeluftkühlung OM 904 LA eingebaut war, erhielt das neue Flaggschiff U 500 als leistungsstärkster Vertreter der neuen Geräteträger-Baureihen den Sechszylinder OM 906 LA mit 6374 ccm und einer Leistung von 231 PS (170 kW), der auf

Rettungseinheit bestehend aus zwei Unimog: So sieht es aus, wenn die beiden U 400 als »Master« und »Slave« eine Zugeinheit der Métro Lousanne-Ouchy schleppen.

Wunsch sogar mit 279 PS (205 kW) zu haben war. Je nach Einsatzzweck und Anforderungsprofil konnte das neu entwickelte Unimog-Getriebe UG 100 mit acht Gängen, geschaltet über das vom Lkw bekannte elektronisch-pneumatische Telligent-Antriebsmanagement mit Tempomat, EPS und EAS zusätzlich mit Kriech- und Arbeitsgängen, mit einem Drehmomentwandler für hohe Zugkräfte und einem hydrostatischen Fahrantrieb für stufenlose Geschwindigkeitsregulierung von 0 bis 25 km/h ausgerüstet werden.

Da 75 Prozent aller Unimog ganzjährig mit wechselnden An- und Aufbaugeräten eingesetzt werden, spielte die Möglichkeit zur Einmann-Bedienung von Fahrzeug und Geräten, die von beiden Fahrpositionen aus bedient werden müssen, eine immer größere Rolle.

Viele Arbeitsgänge lassen sich heute nur noch so wirtschaftlich erledigen, zumal in Zeiten knapper Budgets in kommunalen Haushalten. DaimlerChrysler reagierte darauf und bot auf Wunsch den U 300, U 400 und U 500 mit der völlig neuen Wechsellenkung VarioPilot an. Damit ließ sich die komplette Lenksäule mit einem Handgriff zusammen mit der Instrumententafel und Pedalanlage von der Fahrer- zur Beifahrerseite verschieben. So konnte der Fahrer für jeden Einsatzzweck die für ihn zur bestmöglichen Steuerung der Arbeitsgeräte günstigste Sitz- und Sichtposition wählen, beispielsweise für das sichere Reinigen von Fahrbahnen, Leitplanken, Kanalschächten, Gebäudefassaden, Zäunen etc. auf der dem Verkehr abgewandten linken beziehungsweise rechten Straßenseite.

Als eine Weltneuheit präsentierte sich mit der als Modul konzipierten und mit den Unimog-Geräte-System-Partnern abgestimmten Leistungshydraulik VarioPower® eine weitaus bessere Antriebslösung, die nach 50 Jahren die mechanische Heckzapfwelle zum Antrieb und zur Steuerung von Geräten ablöste. Die über Joystick gesteuerten Hydraulikanlagen für die Geräte-Stellbewegungen boten größtmögliche Flexibilität beim Antreiben und Steuern von Geräten und trugen zudem wesentlich zur Kostenoptimierung von bestimmten Fahrzeug-Gerätekombinationen wie beispielsweise Mähwerken und Aufbaukehrmaschinen bei. Der in der Mittelkonsole der Fahrerkabine nicht fest eingebaute Joystick konnte zur flexiblen Verwendung herausgenommen und zur Gerätefernsteuerung eingesetzt werden.

Neu waren die Aufhängung der Achsen und Längslenker mit Spiralfedern sowie der permanente Allradantrieb mit Längsdifferenzial und Differenzialsperren an Vorder- und Hinterachse. Ebenfalls neu war die mechanische Frontzapfwelle mit variabler Drehzahl, die für höchste Leistungen im Gerätebetrieb bis 150 kW konzipiert und ausgelegt war. Weiterentwickelt und den höheren Leistungen und Lasten angepasst waren die bewährten Portalachsen.

Vier Anbauräume (beziehungsweise Aufbauräume) standen wie bisher für Geräte bereit – vorn mit der höhenverstellbaren Frontanbauplatte, hinten und in der Mitte zwischen den Achsen mit erweiterten Nutzungsmöglichkeiten und auf der Pritsche oder dem Aufbaurahmen. Definierte Freiräume für Stützfüße, Kehrsaugschächte von Aufbaukehrmaschinen etc. befanden

Unimog U 400 im Winter-Einsatz mit Schneepflug und Silo-Feuchtsalzstreuer.

sich hinter der Fahrerkabine. Die neue Geräteträger-Baureihe 405 zeichnete sich durch kompakte Abmessungen besonders aus. Mit den lieferbaren Radständen von 3080 mm und 3900 mm und der Breite zwischen 2150 mm und 2300 mm war der Unimog durchaus auch bei beengten Platzverhältnissen einsetzbar. Die Nutzlast bewegte sich zwischen vier und neun Tonnen, das zulässige Gesamtgewicht zwischen 7,5 und 16 Tonnen.

Die neuartige System-Geräte-Partnerschaft beinhaltete Entwicklung, Verkauf und weitgehend auch Service für Fahrzeug und Gerät aus einer Hand. Schon in der Entwicklung konnte daher auf eine rationale Fertigung von Fahrzeug und Aufbau Rücksicht genommen werden. Beispielsweise musste bei der Montage der Aufbauten nicht mehr nachträglich ins Fahrzeug eingegriffen werden. 15 namhafte Gerätehersteller im deutschsprachigen Raum aus allen Branchen (unter anderem Drücker, Gmeiner, Leistikow, Mulag und Schmidt) waren (und sind) Geräte-System-Partner von DaimlerChrysler.

Wie schon ihre Vorgänger eigneten sich auch die Fahrzeuge der neuen Unimog-Generation für den traditionellen Zweigeeinsatz auf Schiene und Straße, für die es nach wie vor keine Alternative gab. Als Rangierlok mit einer Schienenführungs-Einrichtung und mit einer Wandler-Schaltkupplung ausgerüstet, waren der U 400 wie auch der U 300 für Lasten bis zu 1000 Tonnen ausgelegt. Die Wandler-Schaltkupplung erleichterte das Ziehen von und Anfahren mit schwersten Lasten, ruckfrei, mit weniger Schaltvorgängen und ohne Kupplungsverschleiß, denn mit dem Drehmomentwandler wurde das Motor-Drehmoment bis zum 2 1/2-fachen überhöht. Die integrierte Überbrückungskupplung schloss beim Erreichen einer bestimmten Drehzahldifferenz automatisch (»Lock-Up«). Wurde die Schienenführungs-Einrichtung an Front und Heck hochgeklappt, konnte der Unimog die Schienen verlassen und – ausgestattet mit den entsprechenden Geräten – für andere Zwecke, beispielsweise zum Mähen, Reinigen oder Instandhalten der Bahnanlagen genutzt werden. Und für die Betankung reichte eine ganz normale Tankstelle.

In einem Zeitraum von nur zwölf Monaten wurde der Unimog-Typ U 500 auf die Erfordernisse des nordamerikanischen Marktes abgestimmt und adaptiert. So »amerikanisiert«, war der unter der eigenständigen Marke »Unimog« angebotene Geräteträger für den kommunalen Einsatz im Winter- und Sommerdienst und für die Waldbrand-Bekämpfung mit Feuerwehr-Aufbauten vorgesehen. Weitere Aufgabenfelder waren die Bau- und Energiewirtschaft sowie der Zweiwege-Einsatz (Schiene/Straße).

Ab September 2003 stand für die geländegängigen Unimog-Geräteträger U 400 und U 500 sowie für alle hochgeländegängigen Fahrgestelle aus der Modellfamilie U 3000 bis U 5000 das Elektronisch Automatisierte Schaltgetriebe »AutomaticShift®« zur Verfügung. Das über CAN-BUS gesteuerte »AutomaticShift®«-System funktionierte ähnlich wie die aus dem »Actros« her bekannte Elektronisch Automatisierte Schaltung (EAS): Es

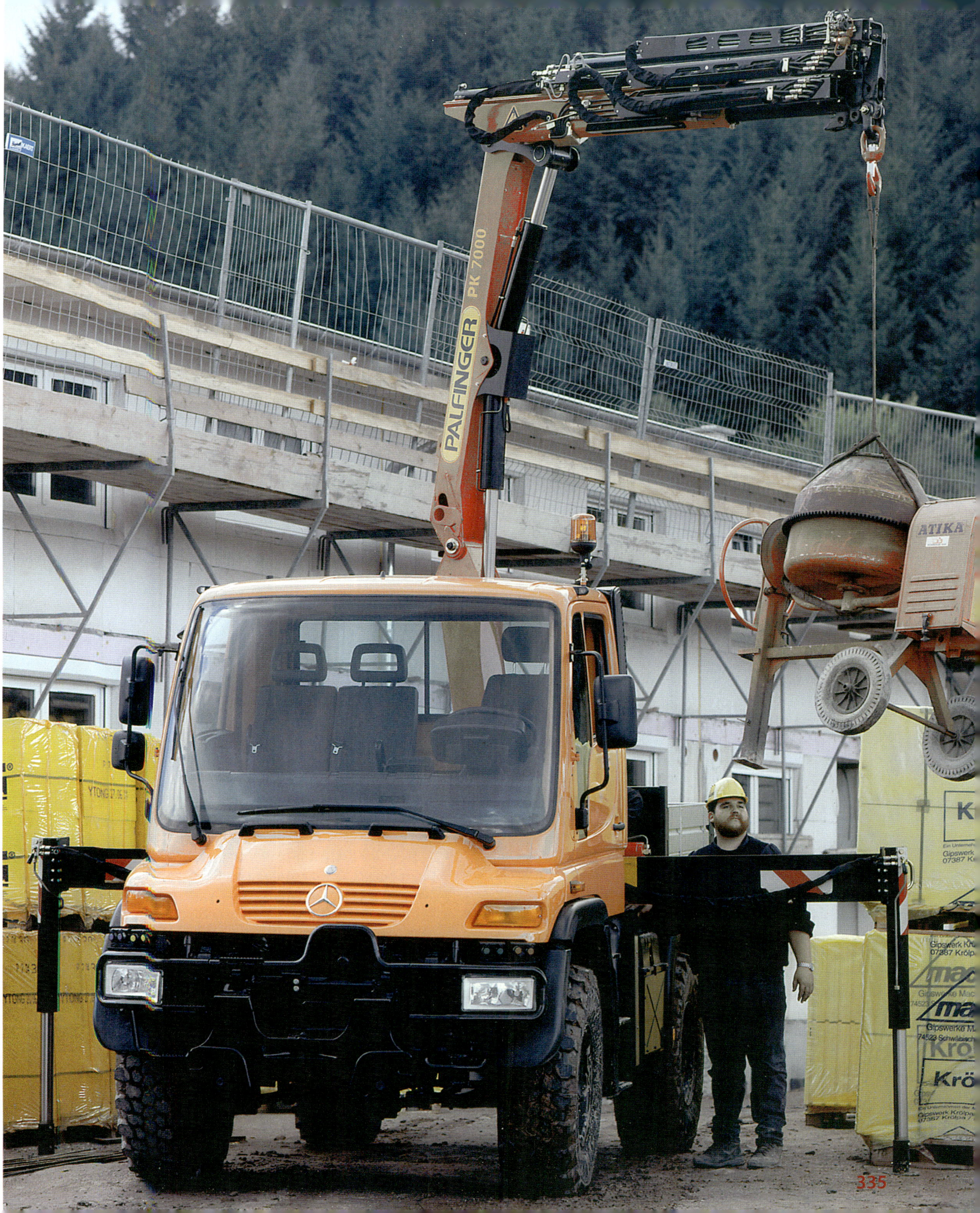
PALFINGER
PK 7000
ATIKA

VarioPilot: Die Wechsellenkung ließ sich ganz einfach verschieben. So konnte der Unimog im Straßenverkehr als Linkslenker gefahren werden und im Arbeitseinsatz als Rechtslenker bedient werden.

automatisierte alle Kupplungsvorgänge und steuerte so selbsttätig das Einkuppeln beim Anfahren, das Auskuppeln beim Anhalten sowie das Auskuppeln, Schalten und Einkuppeln beim Gangwechsel. Zweifellos bewirkte dieses Stück Automatisierung im Fahrzeug für den Unimog-Chauffeur eine erhebliche Entlastung, denn er konnte sich so voll und ganz auf seine fahrerische Arbeit konzentrieren und seine Hände am Lenkrad lassen.

Trotz aller Annehmlichkeiten, die dieses System mit sich brachte, konnte der Fahrer übrigens jederzeit zwischen automatisierten und manuellen Schaltvorgängen wählen.

Mit dem »AutomaticShift®« brauchte der Unimog-Fahrer indes nur noch zwei Pedale – das Fahr- und das Bremspedal – zu betätigen. Am Gebergerät unterhalb des EPS-Schalthebels konnte er mittels eines Kippschalters zwischen den Einstellungen »A« (automatisiert) und »M« (manuell) wählen. Diese Wahlmöglichkeit zahlte sich besonders bei Einsätzen unter schwierigen topographischen Bedingungen aus, denn mit dem »AutomaticShift®« war das im Gelände oftmals unabdingbare »Freischaukeln« des Fahrzeuges weiterhin uneingeschränkt möglich. Die Motordrehzahl wurde beim Anfahren elektronisch im Leerlauf bei zirka 700 U/min gehalten, erst nach erfolgtem Kraftschluss wurden Drehmoment und Drehzahl automatisch der Stellung des Fahrpedals angepasst.

War Höchstleistung in Sachen Motordrehzahl gefragt, stand die Kick-Down-Funktion zur Verfügung. Im Automatik-Modus wurde in Abhängigkeit vom jeweiligen Lastzustand, dem Betriebszustand des Motors, der Fahrpedal-Stellung sowie den ermittelten Daten zu »Steigung/Gefälle« und »Motorbremse ein-/ausgeschaltet« automatisch die Wahl des richtigen Ganges getroffen. Danach wurden die entsprechenden Schaltvorgänge eingeleitet und ohne Zutun des Fahrers durchgeführt.

In Verbindung mit der serienmäßigen Wendeschaltung »EQR« (»Electronic Quick Reverse«) war zudem ein schnelles und bequemes Vorwärts-Rückwärts-Rangieren möglich, da zum Umschalten nicht angehalten werden musste. Nach Aktivierung von »EQR« und der Richtungsvorwahl über eine Schaltwippe erfolgte die Umschaltung automatisch bei Fahrgeschwindigkeit unter 6 km/h. Im Gerätebetrieb konnte bei konstanter Motor-

ALLE MODELLE SEIT 1946

Neu auf der Dubai Motor Show im Dezember 2005: Der Unimog U 500 Black Edition als neuer exklusiver Off-Roader für Alltag, Freizeit und Sport.

drehzahl mit »AutomaticShift®« dennoch jederzeit geschaltet werden. Als zusätzliche Möglichkeit bot sich dem Fahrer auch bei eingebautem »AutomaticShift®« die konventionelle Lösung, mit »EPS« und Kupplungspedal zu fahren. Hierfür befand sich im Fußraum ein klapp- und entriegelbares Kupplungspedal. Es war jedoch nur für Einsatzfälle vorgesehen, in denen der Fahrer die Kupplung bewusst trennen oder schließen wollte – zum Beispiel bei steilen Bergauffahrten oder beim Ankuppeln von Geräten am Hang.

Als zuverlässiger Helfer mit Rallye-Erfahrung bewies der Unimog seine Geländefähigkeit auch bei der Rallye Dakar 2007. Als Begleitfahrzeug zum Transport von Ersatzteilen für Ellen Lohr in der Wertungsklasse T4 eingesetzt, konnte der U 400 der Baureihe 405 auf der Strecke der M-Klasse von Ellen Lohr Unterstützung leisten und wurde selbst in der Wertung geführt. Angetrieben wurde er von dem Sechszylinder-Diesel OM 906 LA mit 280 PS (205 kW). Mit langem Radstand (3.900 mm) und lang übersetzter Achse erreichte das Fahrzeug Spitzengeschwindigkeiten bis 115 km/h. Das zulässige Gesamtgewicht beträgt 15,5 Tonnen, das »Marschgewicht« lag bei acht bis neun Tonnen. Das in der Rallye-Version eingebaute 8-Gang-Getriebe (mit Arbeitsgängen sind es ansonsten 16 bzw. mit Kriechgängen 24) wählt die passende Gangstufe über das elektropneumatische Schaltsystem an, das sich seit Jahren auch im Actros bewährt. Hinzu kommen sperrbare Mitten-, Hinterachs- und Vorderachs-Differenziale. Das Fahrzeug mit Kofferaufbau ist durch einen Überrollkäfig geschützt. Für Fahrer und Beifahrer stehen drei Sport-Einzelsitze zur Verfügung.

Der auf der Dubai Motor Show Ende 2006 vorgestellte und vom Fahrzeugtuner Brabus zusätzlich veredelte Unimog U 500 Black Edition entspricht den Kundenwünschen in der Golfregion für höchste Geländegängigkeit gepaart mit gediegener Eleganz im Exterieur und besonders im Interieur. Der Mercedes-Benz Unimog Black Edition ist eine Kombination aus Stadt-, Freizeit- Gelände- und Nutzfahrzeug, die auf dem Unimog U 500 basiert. Die elegante Silhouette des exklusiven Unimog Black Edition wird sowohl durch eine Pritsche mit integrierten Seitenverkleidungen, wie auch durch den neu gestalteten Stoßfänger ge-

U 400 in Zweiwege-Ausführung: Als Rangierlok konnte der Unimog 800 Tonnen bewegen.

prägt. Der robuste Überrollbügel aus poliertem Edelstahl und die noch oben gezogenen Chrom-Auspuffrohre unterstreichen die sportliche Note. Die technischen Highlights beim Fahrzeuginterieur sind u.a. das Command System aus der S-Klasse mit 6,5"-Bildschirm, DVD-Navigation, CD-Wechsler und einer speziell entwickelten Kompassfunktion.

Zum ersten Mal präsentierte sich im September 2006 der Unimog U 400 als 2-Wege Fahrzeug auf der »Innotrans«, der weltweit größten und wichtigsten Fachmesse für Schienenverkehrstechnik in Berlin. Ausgerüstet mit Bahntechnik der Fa. Zwiehoff/Zagro, ist der 2-Wege-Unimog gut für das wirtschaftliche Rangieren von Anhängelasten bis zu 800 t, als Fahrzeug mit Hubarbeitsbühne für Wartungsarbeiten an der Oberleitung und als Hilfszug mit Mannschaftsraum und hydraulischen Werkzeugen zum Aufgleisen entgleister Waggons. Die Fahrzeuge sind mit einer hydraulisch absenkbaren Schienenführungseinrichtung ausgestattet, der Antrieb auf der Schiene erfolgt über die Fahrzeugräder. Auf Wunsch kann der 2-Wege-Unimog mit allen notwendigen bahnspezifischen Sonderausstattungen, wie z.B. induktiver Zugsicherung (Indusi), ausgerüstet werden. Eine Besonderheit an diesem 2-Wege Unimog ist die verstellbare Schienenführung, mit der sowohl die »Normalspur« (Spurweite 1435) als auch die »russische Spur« (Spurweite 1524 mm) realisiert werden kann. Ausgestattet mit Wandlerschaltkupplung, Waggonbremsanlage, Kuppelstange und Ballastgewichten handelt es sich um ein professionelles Rangierfahrzeug für Lasten bis zu 1000 t. Eine weitere Variante der 2-Wege Unimog ist mit einer Hubarbeitsbühne ausgestattet, die eine Ausladung von 6,5m und eine Arbeitshöhe von bis zu zehn Meter erreicht und ohne zusätzliche Abstützungen auf der Schiene eingesetzt werden kann. Über den hydrostatischen Fahrantrieb des Unimog kann das Fahrzeug auch von der Bühne aus verfahren werden. Als Besonderheit an diesem Fahrzeug ist die Hebe- und Drehvorrichtung zu erwähnen. Damit ist ein Aufgleisen auf freier Strecke möglich. Das Fahrzeug fährt quer auf die Schienen, hebt sich über den mittig angebrachten Stempel aus, wird um 90° gedreht und mit ausgefahrener Schienenführung auf die Gleise abgesenkt. Ausgestattet mit einer Drehschemelführung – einer in Achsmitte drehbar gelagerten Schienenführung mit je einem Laufrad vor und hinter dem Unimog-Rad – macht den 2-Wege-Unimog U 400 zum idealen Kurvenläufer. Der Unimog verfügt über Indusi (Induktive Zug Sicherung), Sifa (Sicherheits-Fahrschaltung), und Mesa (Mobile Eisenbahn Streckenfunkanlage) und hat eine Abnahme gemäß EBO (Eisenbahn Bau- und Betriebsordnung) sowie gemäß BOStrab (Betriebsordnung Straßenbahn). Mit Kranaufbau, Kuppelstange und Waggonbremsanlage ist das Fahrzeug daher universell einsetzbar.

Der Pufferrahmen des Unimog U 400 Rangierers nimmt Stöße von Waggons mit einer Geschwindigkeit von bis zu fünf km/h und einem Gewicht von bis zu 300 t vollständig auf. Dadurch

U 400 mit 280 PS starkem Sechszylinder-Diesel OM 906 LA und mit langem Radstand (3.900 mm) als Begleitfahrzeug bei der Rallye Dakar 2007. Spitzengeschwindigkeiten bis 115 km/h.

Unimog U 500 Feuerwehr mit langem Radstand (3.900 mm), Bereifung 395/85 R 20, Reifendruck-Regelanlage, EAS-Getriebe, hydraulische Seilwinde und mit schnell drehendem Nebenabtrieb zum Antrieb der Pumpe.

eignet er sich auch zum Rangieren von Waggons mit flüssigen Stoffen, da die Kräfte des Schwappens halbleerer Tanks optimal absorbiert werden können. Mit seinem Pufferrahmen darf der 2-Wege Unimog in einen Zugverband eingestellt werden. Die Straßenzulassung sowie die Straßentauglichkeit bleiben trotz der Anbauten voll erhalten.

Der Unimog U 400 mit starrer Nachlaufachse hat ein erhöhtes zulässiges Gesamtgewicht von 16,5 t. Zur Erhöhung der Standsicherheit lässt sich die zweite Hinterachse hydraulisch blockieren. Dieser Unimog verfügt über eine Eisenbahnwagenbremsanlage für 24 Achsen in DB-Ausführung. Ein aufgebauter Ladekran (PK 16502) besitzt eine Reichweite von 6,1 – 12,6 m, vierfache Abstützung mit Stützbeinüberwachung, Schwenkbereichsbegrenzung und Funkfernsteuerung. Der Arbeitskorb ist für zwei Personen und Werkzeug bis 300 kg ausgelegt.

Mit seinem geringen Kraftstoffverbrauch im Rangiereinsatz von nur ca. 5,5 Liter Diesel pro Arbeitsstunde ist der 2-Wege-Unimog heute eine umweltfreundliche und wirtschaftliche Alternative zu einer Rangierlokomotive. Ausgestattet mit einem umweltfreundlichen Euro-5-Motor mit SCR-Technologie fährt der Unimog mit grüner Feinstaubplakette und ist damit für den Einsatz in den innerstädtischen Umweltzonen bestens gerüstet.

Um Arbeiten auf der rechten Fahrzeugseite zu erleichtern, baut Mercedes bei den Typen U 300, U 400 und U 500 auf Wunsch eine verschiebbare Lenksäule ein. Diese lässt sich dann mit wenigen Handgriffen samt Instrumententafel und Pedalen von der Fahrer- auf die Beifahrerseite verschieben. Mit dieser Option, der Wechsellenkung VarioPilot, hat der Fahrer immer die richtige Sitzposition, arbeitet im Verkehrsfluss, sieht alle Arbeitsbereiche bestens und kann immer auf der verkehrsabgewandten Seite ein- und aussteigen.

Für die Feuerwehr in Leusderheide (NL) entstand dieser Unimog U 500 mit langem Radstand von 3900 mm und mit der Bereifung 395/85 R 20, denn hier sind die guten Geländeeigenschaften, vor allem beim Befahren sandiger Strandabschnitte von großer Wichtigkeit. Das Fahrzeug verfügt über eine so genannte Reifendruck-Regelanlage, mit der man vom Fahrersitz aus den Reifeninnendruck verändern kann (Luft ablassen sowie Luft aufpumpen). Auch ist in diesem U 500 das EAS-Getriebe eingebaut, mit dem auf Wunsch automatisiert geschaltet werden kann. Dabei betätigt der Fahrer nur Gas und Bremse. Die Gänge werden elektronisch gewählt und automatisch geschaltet. Auf manuell umgeschaltet, wird das Getriebe wie gewohnt manuell bedient. Eine Hydraulikanlage ermöglicht den Anschluss von Anbaugeräten (hydr. Seilwinde) oder sonstige Werkzeuge. Vom Getriebe wird ein schnell drehender Nebenabtrieb zum Antrieb der Feuerwehrpumpe genutzt. Dafür kann man über ein Bedienpult an der Feuerwehrpumpe den Motor starten oder stoppen und die Drehzahl verändern.

Mit 170 kW (230 PS) Motorleistung, 40 kN Hubkraft in den Unterlenker-Koppelpunkten, 120 kW Dauerleistung an der Heck-

ALLE MODELLE SEIT 1946

zapfwelle sowie austauschbaren und höhenverstellbaren Anhängekupplungen wird der neue Unimog U 400 A (Agrar) zum vielseitigen »Kraftpaket« für den überbetrieblichen Einsatz. Alle in der Landwirtschaft gebräuchlichen Dreipunkt-Geräte sowie Anhänger können problemlos aufgenommen und mit der für den Unimog charakteristischen hohen Transportgeschwindigkeit zum Einsatzort gebracht bzw. dort eingesetzt werden. Unimog U 300, U 400 und U 500 werden unter anderem in der Bodenbearbeitung und beim Pflanzenschutz eingesetzt. Der auf Wunsch lieferbare hydrostatische Fahrantrieb ermöglicht die stufenlose Anpassung der Fahrgeschwindigkeit bei der Feldarbeit wie Mähen, Wenden und Schwaden oder der Saatbettbereitung. Diese Unimog können mit einer Reifendruckregelanlage ausgerüstet werden. Sie hilft den Boden zu schonen und sorgt außerdem auf losem Grund für Kraftstoffeinsparung. Der Reifendruck lässt sich pro Achse oder an allen vier Rädern während der Fahrt regulieren. Heckkraftheber der Kategorie 3 mit bis zu fünf Tonnen Hubkraft, leistungsstarke Front- und Heckzapfwellen und die Fahrzeughydraulik spielen die Stärken des Unimog aus, der ja als Geräteträger konzipiert wurde. In der Ausrüstungsvariante Unimog U 500 Agrar sind alle für den landwirtschaftlichen Betrieb wichtigen Elemente einschließlich Front- und Heckkraftheber und höhenverstellbare Anhängerkupplung zusammengefasst. Im Bereich des Pflanzenschutzes kommen dem Unimog seine Nutzlast und seine hohe Transportgeschwindigkeit für die Strecken zwischen den Einsatzstellen zugute, gerade auch wegen der großen Bodenfreiheit dank der Portalachsen und großvolumigen Traktionsbereifung 495/70 R 24. Dies ist besonders für den Unimog U 500 ein ideales Einsatzfeld.

Ein unabhängiger Test der Deutschen Landwirtschafts-Gesellschaft (DLG) ergab sehr gute Verbrauchswerte für den Unimog. Die DLG ermittelte für einen Unimog U 400 als Zugmaschine vor einem 21 Tonnen schweren Tandemanhänger den Spitzenwert von knapp 19 Litern pro Betriebsstunde. Das relativ geringe Eigengewicht der Unimog U 300, U 400 und U 500 ermöglicht hohe Nutzlasten bei einem zulässigen Gesamtgewicht von bis zu 15 Tonnen. Auch mit zwei zweiachsigen Anhängern wird die gesetzlich zugelassene Transportlänge eingehalten. Bei einem Gesamtzuggewicht von 40 Tonnen kann so eine Nutzlast von über 25 Tonnen erreicht werden. Front- oder heckseitig angebaute Geräte sind zudem besonders schnell an- oder wieder angebaut.

Eine Spezialität der Profi-Geräteträger U 300 bis U 500 ist das Bedienpult Isobus. Nach umfangreichen Praxiserprobungen ist dieses universelle System für die Gerätebedienung 2008 freigegeben worden. Es ermöglicht eine einheitliche Bedienung völlig verschiedener An- und Aufbaugeräte über Drehknöpfe und Drucktasten. Über eine genormte (ISO) Schnittstelle erfolgt die Datenübertragung zwischen Isobus-Terminal im Fahrerhaus und dem Geräte-Controler am Anbaugerät. Die Daten werden gespeichert und stehen jederzeit zum Abruf bereit. Verschiedene Anbaugeräte lassen sich so ohne Vorprogrammierung und ohne Umstellung der Software mit einem Bedienterminal steuern. Das hohe Maß an Kompatibilität wurde noch erweitert durch die eine GPS- gestützte Einsatzdatenerfassung, als Grundlage für Leistungsnachweise, zum Beispiel im Winterdienst oder für die Abrechnung privater Dienstleister.

Zum 1. Oktober 2009 wurde in Europa der gesetzliche Grenzwert zu Abgasemission verschärft. Doch auch in Zeiten strenger wirtschaftlicher Vorgaben, teurer Rohstoffe und der Forderung nach umweltfreundlichen Fahrzeugen zeigte sich der Unimog hinsichtlich seiner führenden Motorentechnologie und den universellen Anwendungsmöglichkeiten geradezu top im Vergleich zu Schleppern und Lkw mit Motoren, die auf Abgasrückführung und Dieselpartikel ausgelegt sind. Die Reduzierung der Abgasemissionen wurde bei Daimler mit der sogenannten BlueTec-Dieseltechnologie, beginnend mit Euro 4, erreicht. Mit Hilfe des Abgasnachbehandlungssystems SDR, unter Verwendung des zusätzlichen Betriebsstoffes AdBlue, werden die Sickoxide (NOx) zu den unschädlichen Bestandteilen Stickstoff und Wasser umgewandelt. Mit Euro 5 wurde die Weiterentwicklung auf Basis dieser Technologie fortgesetzt; Ziel war es, noch emissionsärmer zu werden. Für den Unimog hatte dies zum Vorteil, dass mit dieser technischen Kontinuität keine Bauräume mehr verändert werden müssen. Zwischen Euro 4 und Euro 5 Fahrzeugen blieb das äußere Erscheinungsbild nahezu gleich (optisch und geometrisch identisch). Wie für alle anderen Unimog-Typen, begann auch für den U 300, U 400 und U 500 die Euro 5-Produktion ab 1. Juli 2009. Damit endete auch die Lieferung der Euro 4 Fahrzeuge. Einzige Ausnahme: Die Unimog U 400 Baumuster 405.102 und 405.122 wurden mit dem Verbindungs-Code M 09 als Euro 3-Baumuster für Länder außerhalb der EU angeboten.

Eine weitere Neuerung bei der UHN-Unimog-Baureihe war Anfang 2010 die Umstellung des Anti-Blockiersystems (ABS), denn aus gesetzlichen Gründen musste man beim U 300, U 400, U 500 die Funktionsweise des Antiblockiersystem umstellen. Nun ist es nicht mehr abschaltbar, sondern wie bei U 20 umschaltbar für Geländebetrieb. Ende 2009 gab es den U 400 auch mit einer Hinterachs-Zusatzlenkung (HZL). Die Sonderausstattung konnte mit dem Code A54 seit September 2009 für den kurzen (3.080 mm) und seit November 2009 für den langen (3.600 mm) Radstand zu dem Mehrpreis von 14.400,-- EUR. geordert werden. Die auch All-

U 300 als Flugzeugschlepper auf einem Fliegerhorst der Luftwaffe.
(Foto: Ralf Weinreich)

radlenkung genannte HZL macht den U 400 extrem wendig bei kommunalen Aufgaben in engen Ortslagen, engen Kurven und Hindernissen und wird als vorgerüstete Hinterachse zur externen Komplettierung vom Werk angeboten. Weitere technische Details: Der Lenkeinschlagwinkel beträgt maximal 14 Grad, das Gesamtgewicht erhöht sich um ca. 200 kg, der HA-Lenkbetrieb ist bis max. 30 km/h möglich; ab 30 km/h schaltet die Anlage automatisch auf Geradeauslauf der Achsen. Während der U 400 ohne Hinterachs-Zusatzlenkung einen Wendekreis von 14 m bei kurzem und 15,7 m bei langem Radstand aufweist, verringert sich der Wendekreis des U 400 mit HZL auf 11-12 m bzw. 13-14 m.

Diverse Neuerungen ergänzten ab Mitte 2010 das Angebot bei der Baureihe 405: Als Neuheit erhielt der U 400 einen speziell für den 2-Wege-Einsatz entwickelten Reifen. Der Mitas SRT 275/90 R 22.5 glänzte mit verbesserten Verschleißeigenschaften, optimiertem Laufstreifenprofil und höheren Lastwerten. Eine weitere Neuerung brachte dem U 400 eine höhere Motorleistung und höheres Drehmoment. Jetzt war der Unimog U 400 in der Motorenversion 210 kW (286 PS) auf Wunsch unter dem Ausstattungscode (MQ 8) lieferbar. Allerdings ohne Wandlerschaltkupplung (G 31). Für die 6-Zylinder-Motoren (Euro 5) wurden generelle Maßnahmen zur Verbesserung der Kühlleistung durch optimierte Lamellen Anordnung durchgeführt. Weiterhin erhielten U 300, U 400 und U 500 neue Kotflügel mit verbesserter Luftführung. Ende 2010, am 31. 12. 2010, endete die Abgasstufe Euromot III A und wurde durch Euromot III B verschärft. Damit endete auch der Verbindungs-Code M 09 für den Unimog U 400 (405.102 / 122).

Ab 1. Okt. 2010 wurden folgende Codes beim U 300, U 400 und U 500 als Serie gesteuert: Verstärkte Batterie mit 135 Ah (E 20) und Ansaugluftvorwärmung (Grid-Heater) (M 89). Mit der Serienübernahme wurde eine höhere Kaltstartsicherheit im praktischen Einsatz erreicht. Hintergrund: Wie bekannt, werden die Grenztemperaturen für den Motorstart im Kälteversuch ermittelt, beim U 300, U 400, U 500 sind es 16°. In der Praxis kommen aber sehr unterschiedliche Betriebszustände zum Tragen, die den Kaltstart noch beeinflussen. Zusätzliche Schleppmomente durch Hydraulikpumpen, Zapfwelle und elektrische Verbraucher verändern den Startvorgang bei niedrigen Temperaturen erheblich. Fazit: Die verstärkte Batterie, bereits im U 400 und U

ALLE MODELLE SEIT 1946

Unimog U 500 mit Böschungsmähwerk.

500 mit 6-Zylinder-Motoren, bietet eine höhere Stromkapazität und der »Drid-Heater« erwärmt die vorbeiströmende Ansaugluft im Startvorgang. Der Kaltstart wird optimiert, reduziert den Motorverschleiß und entlastet die Umwelt durch geringere Abgasemissionen.

Am 21. 12. 2010 feierten die Mercedes-Benz Unimog Geräteträger U 300/U 400/U 500 ihren 10. Geburtstag. Bis heute wurden sie rund 10.000 Mal in über 20 Ländern verkauft. Das einstige »Universale Motorgerät (Unimog) für die Landwirtschaft« hat sich zum geländegängigen Alleskönner in der Kommune und in vielen weiteren Segmenten entwickelt. Heute präsentieren sich die Unimog U 300/U 400/U 500 wahlweise mit zwei Radständen und modernen, umweltfreundlichen Euro-5-Blue-Tec-Motoren mit SCR-Technologie von 110 kW (150 PS) bis 210 kW (286 PS) Leistung und finden im Winterdienst, Straßenunterhalt und -Betriebs Dienst, in der Bau- und Energiewirtschaft sowie in der Industrie und im 2-Wege-Einsatz (Straße/Schiene) rege Nachfrage. Aufgrund des hohen Anteils an Kommunalfahrzeugen war vom weltweiten Nachfrageeinbruch für Lkw in der Krise 2009 verhältnismäßig wenig zu spüren. Die Baureihe 405 mit den Typen U 300, U 400 und U 500 ist und bleibt eine tragende Säule für Mercedes-Benz Special Trucks. Das Fahrzeugkonzept überzeugte von Anfang an mit seinen kompakten Abmessungen, dem Freisicht-Konzept mit einer hervorragenden Sicht auf den Arbeitsbereich. Neuartig waren bei der Markteinführung auch das Design der Fahrerkabine und die Bauart aus Faserverbund-Werkstoff sowie der hohe Komfortstandard. Höhere Nutzlasten der Fahrzeuge entsprechen ebenso den Anforderungen in der Praxis wie die vier An- und Aufbauräume für unterschiedlichste Geräte. Der Antriebsstrang mit sauberen Euro-5-Blue-Tec-Motoren mit SCR-Technik, die »Telligent«-Schaltung, die Leistungshydraulik VarioPower und die Wechsellenkung »VarioPilot« in Kombination mit der unkomplizierten Gerätebedienung sind weitere technische Details. Hinzu kommen Besonderheiten wie beispielsweise die Wandler-Schaltkupplung und die Schneepflugentlastung. Dies alles hat dazu geführt, dass die Unimog Baureihe U 300/U 400/U 500 mittlerweile zu einem gern gesehenen Allrounder mit Einmann-Bedienung bei kommunalen Bauhöfen, Lohnunternehmen, Straßenmeistereien und Energieversorgern geworden ist.

Typenübersicht Unimog Geräteträger Baureihe 405 (LUG / UGN / UGE)								
Typ-Bezeichnung	**Baumuster**	**Motor**					**Radstand**	**Bauzeit**
		Typ	**BM**	**Zylinder**	**PS (kW)**	**Abgasnorm**		
U 300	405.100	OM 904 LA	904.927	4	150 (110)	Euro III	3.080	2000 - 06
U 300	405.100	OM 904 LA	904.928	4	177 (130)	Euro III	3.080	2000 - 06
U 300	405.101	OM 904 LA	900.915	4	150/177 (110/130)	Euro 5	3.080	2006 - 13
U 300	405.120	OM 904 LA	904.927	4	150 (110)	Euro III	3.600	2000 - 06
U 300	405.120	OM 904 LA	904.928	4	177 (130)	Euro III	3.600	2000 - 06
U 300	405.121	OM 904 LA	900.915	4	150/177 (110/130)	Euro 5	3.600	2006 - 13
U 400	405.102	OM 904 LA	904.928	4	177 (130)	Euro III	3.080	2000 - 09
U 400	405.102	OM 906 LA	906.935	6	231 (170)	Euro 3	3.080	2001 - 10
U 400	405.103	OM 904 LA	900.916	4	177 (130)	Euro 5	3.080	2006 - 13
U 400	405.123	OM 904 LA	900.916	4	177 (130)	Euro 5	3.600	2006 - 13
U 400	405.122	OM 904 LA	904.928	4	177 (130)	Euro III	3.600	2000 - 09
U 400	405.122	OM 906 LA	906.935	6	231 (170)	Euro 3	3.600	2001 - 10
U 400	405.100	OM 906 LA	904.935	6	231 (170)	Euro 3 /	3.080	2002 - 06
U 400	405.120	OM 906 LA	904.935	6	231 (170)	Euro mot 3	3.600	2002 - 06
U 500	405.200	OM 906 LA	904.935	6	231 (170)	Euro III	3.350	2001 - 06
U 500	405.200	OM 906 LA	904.955	6	279 (205)	Euro III	3.350	2001 - 06
U 500	405.201	OM 906 LA	902.923	6	238 (175)	Euro 5	3.350	2006 - 13
U 500	405.221	OM 906 LA	902.923	6	238 (175)	Euro 5	3.900	2006 - 13
U 500	405.220	OM 906 LA	904.935	6	231 (170)	Euro III	3.900	2001 - 09
U 500	405.220	OM 906 LA	904.955	6	279 (205)	Euro III	3.900	2001 -09
U 500	405.210	OM 906 LA	904.955	6	231 (170)	Euro III	3.350	2002 - 06
U 500	405.201	OM 906 LA	902.923	6	286 (210)	Euro 5	3.350	2006 - 13
U 500	405.221	OM 906 LA	902.923	6	286 (210)	Euro 5	3.900	2006 - 13
U 500	405.230	OM 906 LA	904.955	6	260 (158)	EPA 04	3.900	2002 - 06
U 20	405.050	OM 904 LA	900.915	4	150 (110)	Euro 5	2.700	2007 - 13

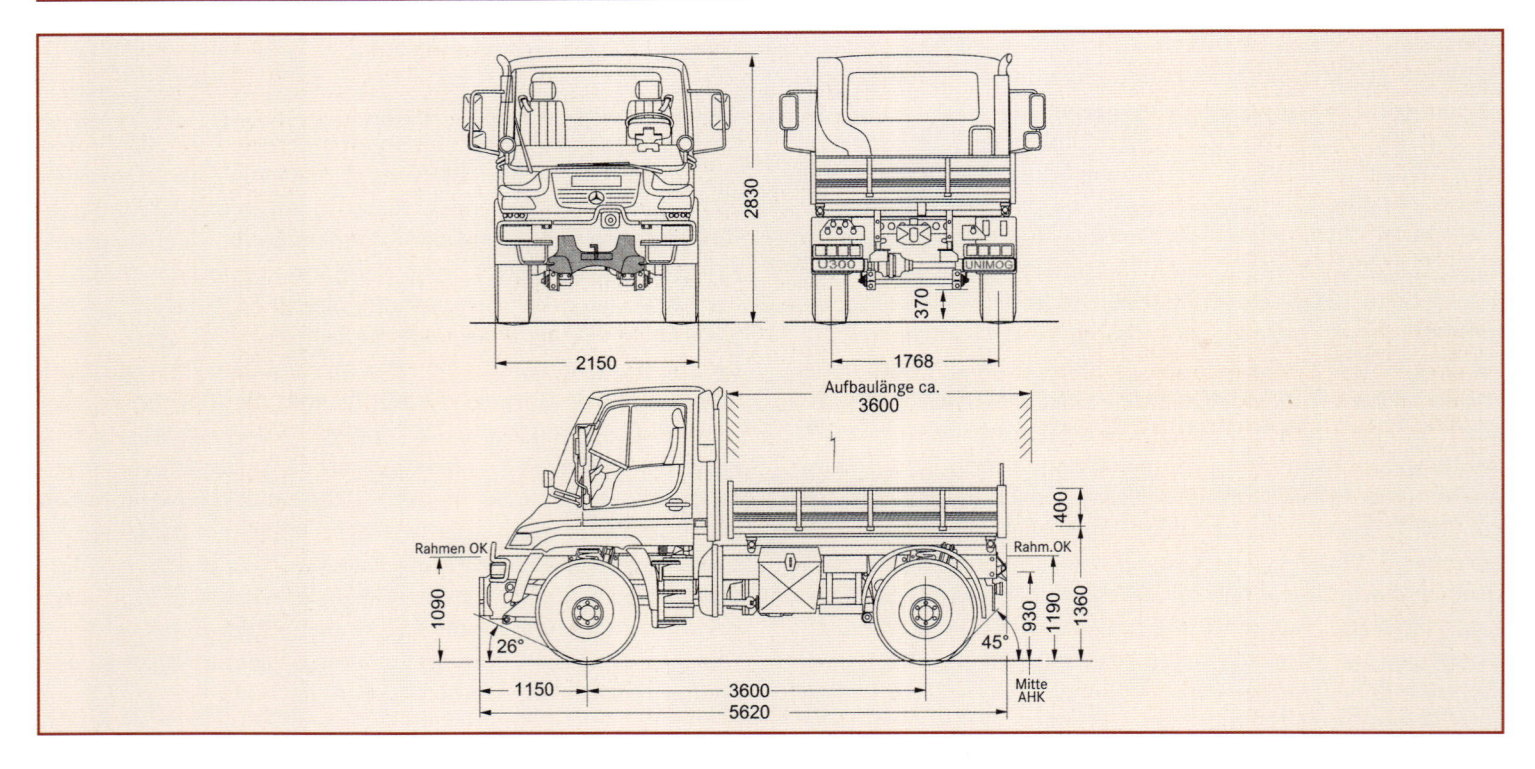

ALLE MODELLE SEIT 1946

	Unimog U 300 Baureihe 405 2000-2006 405.100 / 405.120 (Euro 3) 2006-2013 405.101 / 405.121 (Euro 4/5)	Unimog U 400 Baureihe 405 2000-2010 405.102 / 405.122 (Euro 3) 2006-2013 405.103 / 405.123 (Euro 4/5)
	Geländegängiger Geräteträger UGN	
Motor		
Baumuster (BM)	904.927 (Serie) / 904.928 (M 03)	904.928 (Serie) / 904.935 (M 03)
Bauart	DC 4-Takt-Diesel-Direkteinspritzung mit Turbolader und Ladeluftkühlung (Euro 3)	
	4-Zylinder in Reihe (OM 904 LA)	4- / 6-Zylinder in Reihe (OM 904/906LA)
Bohrung x Hub	102 x 130 mm	102 x 130 mm
Hubraum	4.249 ccm	4.249 / 6.374 ccm
Leistung	150/177 PS (110/130 kW) bei 2.200/min	177/231 PS (130/170 kW) bei 2.200/min
Drehzahlregler	Elektronisch »EDR«	
Drehmoment	580 / 675 Nm bei 1.200-1.600/min	675 / 810 Nm bei 1.200-1.600/min
Verdichtung	18 : 1	18 : 1
Gemischbereitung	Bosch -Einspritzpumpe, 6-Loch-Einspritzdüsen	
Kühlung	Wasserkühlung mit Thermostat und hydrostatischem Lüfterantrieb (26 / 36 Liter)	
Elektrik	24 Volt, Drehstromlichtmaschine 2240 W, 28 V, 80 A, Batterie 2x12 V / je 115 Ah	
Kraftübertragung		
Kupplung	Selbstnachst. Einscheiben-Trockenkupplung, Druckplatte 362 mm, Anpr.fläche 592 m²	
Getriebe	Vollsynchr. DC 8-Gang-EPS-Schaltgetriebe mit intergr. perm. Vorderradantrieb (Allrad)	
	Achsmomentenverteilung 50:50, die ersten 6 Gänge rückwärts fahrbar (BM: G718.840)	
	Typ UG 100 - 8 / 9,57 - 0,74 GPA, EPS	
Getriebeübersetzung	9,570	9,570
Übersetzg. vorwärts	9,57 / 6,635 / 4,375 / 3,219 / 2,188 / 1,517 / 1,000 / 0,736	
Übersetzg. rückwärts	14,569 / 10,101 / 6,660 / 4,900 / 3,330 / 2,309 / 1,522 / 1,120	
Fahrgeschw. vorw.	6,6 / 9,5 / 14,4 / 19,6 / 28,8 / 41,6 / 63,2 / 85,0 km/h	
Fahrgeschw. rüchw.	4,4 / 6,3 / 9,5 / 12,9 / 19,1 / 27,5 km/h	
Achsübersetzung	i = 6,53	i = 6,53
Fahrwerk		
Rahmen	Gerader, durchgehender Leiterrahmen mit geschraubten Querträgern und Querrohren	
Fahrerhaus	Mehrschalige Kabine aus Faserverbundwerkstoff auf Stahlrohrtragrahmen, schwingungsgedämpft	
Achsen v/h	Portalachsen an Längslenkern und Querträgern, Längsdifferenzialsperre, Radvorgelege,	
	während der Fahrt ohne Zugkraftunterbrechung elektro-pneum. zu- und abschaltbar	
Federung v/h	Schraubenfedern und Teleskopstoßdämpfer, Stabilisatoren in Längslenker integriert	
Bremsen v/h	Pneum.-hydr. Zweikreis-Scheibenbremse, autom. lastabhängige Bremse (ABL), ABS	
	druckluftbet. Federspeicher-Handbremse auf Hinterräder, elekt./pneum. Motorbremse	
Zapfwellen vorn	Elektr. Betätigte, lastschaltbare Motorzapfwelle mit Ölkühler, 540/1000/min	
Nebenabtrieb	Motorabhängiger Nebenabtrieb (i = 0,933) für Leistungshydraulik	
Hydraulik	Einkreis- und Zweikreis-Hydraulik, mit Proportionalsteuerung, mit VarioPower®	
	Fördermenge: 1-Kreis 50 l/min, 2-Kreis 25 / 50 l/min, Arbeitsdruck 200 bar	
Lenkung	hydraulische Servolenkung Typ LS 6 (auf Wunsch: VarioPilot® C50)	
Räder	11 x 20	22,5 x 9.00
Bereifung	12,5 R 20	305 / 70 R 22,5
Allgemeine Daten		
Radstand	3.080 / 3.600 mm	3.080 / 3.600 mm
Spurweite v/h	1.768 mm	1.734 mm
Gesamtmaße	5.100 / 5.620 x 2.150 x 2.830 mm	5.100 / 5.620 x 2.200 x 2.860 mm
Vorbaumaß	1.150 mm	1.150 mm
Bodenfreiheit/Diff.	370 mm	370 mm
Böschungswinkel v/h	26° / 45°	26° / 47°
Pritsche	2.400/2.900x2.050x400 / Aufbaul. 3.600	2.400/2.900x2.050x400 / Aufbaul. 3.600
Höchstgeschw.	85 km/h	85 km/h
kl. Wendekreis	13,7 / 15,4 Meter	14,0 / 15,7 Meter
Leergewicht	5.380 - 6.240 kg	5.480 - 6.660 kg
zul. Gesamtgewicht	7.500 - 10.200 kg	11.990 - 12.500 kg
zul. Achslast v/h	4.200 / 4.600 kg	6.700 / 6.800 kg
zul. Anh.Last gebr.	3.500 kg	3.500 kg
Füllmenge Motor	15,8 Liter	15,8 Liter
Kraftstofftank	145 Liter	200 Liter

	Unimog U 500 Baureihe 405 2001-2006 405.200 / 405.220 / 405.210 / 405.230 (Euro 3) 2006-2013 405.201 / 405.221 (Euro 4/5) Unimog Geräteträger UGN
Motor	
Baumuster (BM)	904.935 (Serie) / 904.955 (M 03)
Bauart	DC 4-Takt-Diesel-Direkteinspritzung mit Turbolader und Ladeluftkühlung (Euro 3) 6-Zylinder in Reihe (OM 906 LA)
Bohrung x Hub	102 x 130 mm
Hubraum	6.374 ccm
Leistung	231 / 279 PS (170 / 205 kW) bei 2.200/min
Drehzahlregler	elektronischer Drehzahlregler "EDR"
Drehmoment	810 / 1.100 Nm bei 1.200-1.600/min
Verdichtung	18 : 1
Gemischbereitung	Bosch -Einspritzpumpe, 6-Loch-Einspritzdüsen
Kühlung	Wasserkühlung mit Thermostat und hydrostatischem Lüfterantrieb (36 Liter)
Elektrik	24 Volt, Drehstromlichtmaschine 2240 W, 28 V, 80 A, Batterie 2x12 V / je 135 Ah
Kraftübertragung	
Kupplung	Selbstnachst. Einscheiben-Trockenkupplung, Druckplatte 395 mm, Anpr.fläche 773 m²
Getriebe	Vollsynchr. DC 8-Gang-EPS-Schaltgetriebe mit intergr. perm. Vorderradantrieb (Allrad) Achsmomentenverteilung 50:50, die ersten 6 Gänge rückwärts fahrbar (BM: G718.840) Typ UG 100 - 8 / 9,57 - 0,74 GPA, EPS
Getriebeübersetzung	9,570
Übersetzg. vorwärts	9,57 6,635 4,375 3,219 2,188 1,517 1,000 0,736
Übersetzg. rückwärts	14,569 10,101 6,660 4,900 3,330 2,309 1,522 1,120
Fahrgeschw. vorw.	7,1 9,5 14,4 21,1 31,1 44,8 67,9 85,0 km/h
Fahrgeschw. rüchw.	4,7 6,3 9,6 13,9 20,5 29,6 km/h
Achsübersetzung	i = 6,38
Fahrwerk	
Rahmen	Gerader, durchgehender Leiterrahmen mit geschraubten Querträgern und Querrohren
Fahrerhaus	Mehrschalige Kabine aus Faserverbundwerkstoff auf Stahlrohrtragrahmen, schwingungsged.
Achsen v/h	Portalachsen an Längslenkern und Querträgern, Längsdifferenzialsperre, Radvorgelege, während der Fahrt ohne Zugkraftunterbrechung elektro-pneum. zu- und abschaltbar
Federung v/h	Schraubenfedern und Teleskopstoßdämpfer, Stabilisatoren in Längslenker integriert
Bremsen v/h	Pneum.-hydr. Zweikreis-Scheibenbremse, autom. lastabhängige Bremse (ALB), ABS Handbremse: druckluftbet. Kombizylinder auf Hinterräder, elekt./pneum. Motorbremse
Zapfwellen vorn	Elektr. betätigte, lastschaltbare Motorzapfwelle mit Ölkühler, 540/1000/min
Nebenabtrieb	Motorabhängiger Nebenabtrieb (i = 0,933) für Leistungshydraulik
Hydraulik	Einkreis- und Zweikreis-Hydraulik, mit Proportionalsteuerung, mit VarioPower® Fördermenge: 1-Kreis 50 l/min, 2-Kreis 25 / 50 l/min, Arbeitsdruck 200 bar
Lenkung	hydraulische Servolenkung Typ LS 6 (auf Wunsch: VarioPilot® C50)
Räder	22,5 x 9.00
Bereifung	315 / 80 R 22,5
Allgemeine Daten	
Radstand	3.350 / 3.900 mm
Spurweite v/h	1.828 mm
Gesamtmaße	5.380 / 6.120 x 2.300 x 2.950 mm
Vorbaumaß	1.150 mm
Bodenfreiheit/Diff.	420 mm
Böschungswinkel v/h	29° / 52°
Pritsche	2.670 / 3.450 x 2.200 x 400 mm / Aufbaulänge 3.900 mm
Höchstgeschw.	85 km/h
kl. Wendekreis	15,1 / 16,9 Meter
Leergewicht	6.920 - 7.820 kg
zul. Gesamtgewicht	11.990 - 16.000 kg
zul. Achslast v/h	4.200 / 4.600 kg
zul. Anh.Last gebr.	3.500 kg
Füllmenge Motor	28,8 Liter
Kraftstofftank	200 Liter

ALLE MODELLE SEIT 1946

Preise / Lieferausführung U 300 / U 400 / / 500 Baureihe 405 Stand 1/2002					
Baumuster		405.100	405.120	**Baumuster**	405.102	405.122
Radstand		3.080 mm	3.600 mm	**Radstand**	3.080 mm	3.600 mm
Listenpreis U 300		**73.250,--**	**75.370,--**	**Listenpreis U 400**	**84.700,--**	**86.820,--**
			(in € ohne MWST)	**Baumuster**	405.200	405.220
				Listenpreis U 500	**96.510,--**	**99.110,--**
Vorgeschr. Lieferumfang		1.447,--	453,--	**Vorgeschr. Lieferumfang**	1.583,--	589,--
B42	Anhängerbremsanlage			U 500	589,--	589,--
S50	Verbandstasche			B42 Anhängerbremsanlage		
Y46	Warndreieck und Warnleuchte			S50 Verbandstasche		
Z96	Bereitstellungspauschale (Inland)			Y46 Warndreieck und Warnleuchte		
wahlweise:				Z96 Bereitstellungspauschale (Inland)		
J24	Tachograph EC, 2 Fahrer		572,--	**wahlweise:**		
J27	Tachograph EC, 2 Fahrer + SIM		593,--	J24 Tachograph EC, 2 Fahrer		572,--
wahlweise				J27 Tachograph EC, 2 Fahrer + SIM		593,--
Q26	Anhängekupplung Bolzen 38,5 mm		573,--	**wahlweise**		
Q28	Anhängekupplung Bolzen 48,7 mm		935,--	Q26 Anhängekupplung Bolzen 38,5 mm		573,--
Q29	Anhängekupplung Bolzen 38,5 mm		611,--	Q28 Anhängekupplung Bolzen 48,7 mm		935,--
				Q29 Anhängekupplung Bolzen 38,5 mm		611,--

Serienausstattung	
Motor	**U 300** MB-4-Zylinder-Diesel-Direkteinspritzer, Typ OM 904 LA, 150 PS (110 kW) 2.200/min **U 400** MB-4-Zylinder-Diesel-Direkteinspritzer, Typ OM 904 LA, 177 PS (130 kW) 2.200/min **U 500** MB-6-Zylinder-Diesel-Direkteinspritzer, Typ OM 906 LA, 231 PS (170 kW) 2.200/min Ausführung EURO 3, Abgasturboaufladung mit Ladeluftkühlung, wassergekühlt, elektronische Einspritzregelung (MR), Außengeäuschdämmung, Geschwindigkeitsbegrenzung 85 km/h elektronisch, Motorbremse 2stufig mit Auspuffklappe und Konstantdrossel, Anlasssperre, Thermostat-geregelter Wasserkühler mit hydrostatischem Lüfterantrieb, Luftansaugkamin mit Vorabscheidung, wartungsfreier Luftpresser, stirnradgetrieben, wassergekühlt 300 L/min (18 bar)
Getriebe	MB-Vollsynchron-Wendegetriebe mit 8 Vorwärts- und 6 Rückwärtsgängen, alle Gänge durchschaltbar, Einscheiben-Trockenkupplung, Permanent-Allrad mit sperrbarem Längsdifferenzial, Tempomat/Temposet für elastische Geschwindigkeitsregelung und Aktivierung der Motorbremse Telligent-Schaltung (EPS), Gaspedal und Handgas elektronisch
Achsen	Portalachsen mit Radvorgelegen, i=6,38, Schraubenfedern und Stabilisatoren an Vorder- und Hinterachse, Allradantrieb mit Differenzialsperren in beiden Achsen, während der Fahrt elektro-pneumatisch zu- und abschaltbar, Schraubenfedern mit progressiver Kennung, Hydraulische Servolenkung LS 6
Bremsen	Hochdruck-Zweikreisbremsanlage (18 bar), pneum.-hydr. Übertragung, Scheibenbremsen, Federspeicher-Feststellbremse auf Hinterräder, 4-Kanal-Antiblockiersystem (ABS), abschaltbar, Bremsanlage automatisch lastabhängig (ALB-Regelung), Druckluftanschluss für Nebenverbraucher, Lufttrockner, Reifenfüllanschluss
Fahrgestell	Motor, Getriebe, Fahrerhaus und Aufbau dreipunktgelagert, Alu-Kraftstoffbehälter 200 Liter, mit Füllrohr mit Siebkorb, Anhängemaul mit Steckbolzen vorn, Unterbodenschutz Dinol, Auftritte rutschfest mit Haltegriff, korrosionsfreie Kunststoff-Kotflügel, Integralträger vorn zur einfachen und höheneinstellbaren Aufnahme der Frontanbauplatte
Elektrik	Bordnetz 24 Volt, Generator 28 V / 80 A (2.240 Watt), Anhängersteckdose hinten 24 V (15-polig), Batterien 2x12 /115 Ah, wartungsarm, Dauerstromsteckdose 24V in Mittelkonsole Elektrik und Elektronik funkentstört, Elektron. Fahrzeugmanagement-System mit Onboard-Diagnose und Diagnoseschnittstelle, Elektronikbox zentral, geschützt im Fhs.(Armat.brett)
Zubehör	Bordwerkzeug, Unterlegkeile
Bereifung	**U 300:** 4fach, 12,5R20, Li 132 J, Straße/Gelände, Scheibenrad 11 x 20, **U 400:** 305/70R22,5, Li 152 L, Str./Gel., Scheibenrad 9.00x22,5, **U 500:** 315/80R22,5, Li 156 L, Str. 22,5x9.00
Lackierung	Fahrerhaus: ambragelb/MB 1624, tieforange/MB 2603, feuerrot/MB 3534, enzianblau/MB 5361, Lkw-grün/MB 6277, saftgrün/MB 6821, Lkw-grau/MB 7187, grauweiß/MB 9136, reinweiß/MB 9678 Fahrgestell, Stoßfänger, Kotflügel, Felgen: schwarz/MB 9124

Empfohlene Lieferausführungen Unimog U 300 Baureihe 405 — Stand 2/2001

Ausführung Kommunal	3.080 mm	3.600 mm
Leergewicht	6.180 kg	6.240 kg
tatsächliche Vorderachslast	3.620 kg	3.760 kg
tatsächliche Hinterachslast	2.560 kg	2.480 kg

3.080	3.600	
A52	A52	Differenzialsperre vorn
B29	B29	Notlöseeinrichtung Federspeicherzylinder
B42	B42	Anhängerbremsanlage Zweileitung (EG)
C50	C50	VarioPilot® Wechsellenkung
C67	C67	Vergrößerter Kraftstoffbehälter
C87	C87	Auspuff nach oben
D11	D11	Frontplatte Größe 3
D50	D50	Anbaubeschläge hinten
D60	D60	Anbaubeschläge mitten
E37	E37	Dauerstromsteckdose 12 Volt
E40	E40	ABS-Anhängersteckdose
E42	E42	Anhängersteckdose 12 V, 13-polig
E45	E45	Steckdose vorn, 7-polig
	E47	Gerätesteckdose 24 V / 40 A
	E53	Antennenkabel u. Stromvers. F. Funkger.
E62	E62	Radio-Casettengerät, Antenne, 2 Lautsprecher
F60	F60	Fahrerhaushochstellvorrichtung
G21	G21	Arbeits- und Kriechganggruppe
H08	H08	Zweikreis-Hydraulikanlage proportional
H14	H14	Hydraulikanlage 4-zellig
H43	H43	Kippzylinder mit Absperrhahn
H55	H55	Hydr. Steckeranschluss hinten 4fach, 1+2
H58		Zusätzliche Druckleitung hinten
	H59	Separate Rücklaufleitung hinten
H61	H61	Schneepflugentlastung
H65	H65	VarioPower® Kreis III + IV (Leistungshydr.)
H68	H68	Druckleitung 2.Kreis u. sep. Rücklaufleitung
H75	H75	Hydr. Steckeranschluss vorn, Zelle 1+2
H76	H76	Hydr. Steckeranschluss vorn, Zelle 3+4
H79	H79	Separate Rücklaufleitung vorn
H94		Zusätzl. Druckleitung offener kreis, vorn
J08	J08	Bordsteckdose 24 V mit C3-Signal
J24	J24	Tachograf EC, 2 Fahrer mit C4-Ausgang
	J48	Warnleuchte für Teleskopzylinder
L45	L45	Beleuchtung für Arbeitsgeräte hinten
L47	L47	Zusatzscheinwerfer für Frontanbaugeräte
L50	L50	Rundumkennleuchte links, gelb, Stativ
M37	M37	Lichtmaschine verstärkt
N05	N05	Motornebenabtrieb schaltbar
N08	N08	Motorzapfwelle vorn, 1.000/min
	N09	Zapfwellendrehzahlbegrenzer 540/min
N16		Schneller Nebenabtrieb, i = 1
	N18	Nachrüstmöglichkeit N16 / N19
P25		Pritsche 2.400x2.050x400 mm, Hilfrahmen
	P33	Pritsche 2.900 x 2.050 x 400 mm
Q29	Q29	Anhängerkuppl. Maulgr. 360 x 200 mm
Q36	Q36	Schlussquerträger verstärkt (bis 13 to)
R27	R27	Scheibenrad 11 x 20 mm Super
S02	S02	Komfortschwingsitz, luftgefedert, Kopfst.
S10	S10	Beifahrerkomfortsitz
S26	S26	Windschutzscheibe Verbundglas, heizbar
S49	S49	Rückwandfenster schiebbar
S50		Verbandstasche
	S81	Spiegelhalter verbreitert
S82	S82	Weitwinkelspiegel
S83	S83	Rampenspiegel
X20	X20	Lastwerte Stufe 3 (Auslastung 10,2 to)
	X70	Warnstreifen rot/weiß retroreflektierend
	Y31	Reifenfüllschlauch mit Manometer
Y42	Y42	Wagenheber hydraulisch 10 to
Y46	Y46	Warndreieck mit Warnleuchte

Ausführung Fahrgestell	3.600 mm
Leergewicht	5.380 kg
tatsächliche Vorderachslast	3.560 kg
tatsächliche Hinterachslast	1.820 kg

A52	Differenzialsperre vorn
B29	Notlöseeinrichtung
B42	Anhängerbremsanlage Zweileitung (EG)
C50	VarioPilot® Wechsellenkung
C50	VarioPilot® Wechsellenkung
C67	Vergrößerter Kraftstoffbehälter
C87	Auspuff nach oben
D11	Frontplatte Größe 3
D50	Anbaubeschläge hinten
D60	Anbaubeschläge mitten
E37	Dauerstromsteckdose 12 Volt
E40	ABS-Anhängersteckdose
E42	Anhängersteckdose 12 V, 13-polig
E45	Steckdose vorn, 7-polig
E47	Gerätesteckdose 24 V / 40 A
E53	Antennenkabel u. Stromvers. F. Funkger.
E62	Radio-Casettengerät, Antenne, 2 Lautsprecher
F60	Fahrerhaushochstellvorrichtung
G21	Arbeits- und Kriechganggruppe
H02	Einkreis-Hydraulikanlage
H12	Hydraulikanlage 2-zellig
H75	Hydr. Steckeranschluss vorn, Zelle 1+2
H79	Separate Rücklaufleitung vorn
J08	Bordsteckdose 24 V mit C3-Signal
J24	Tachograf EC, 2 Fahrer mit C4-Ausgang
L45	Beleuchtung für Arbeitsgeräte hinten
L47	Zusatzscheinwerfer für Frontanbaugeräte
L50	Rundumkennleuchte links, gelb, Stativ
M37	Lichtmaschine verstärkt
N05	Motornebenabtrieb schaltbar
N08	Motorzapfwelle vorn, 1.000/min
N09	Zapfwellendrehzahlbegrenzer 540/min
N16	Schneller Nebenabtrieb, i = 1
Q29	Anhängerkuppl. Maulgr. 360 x 200 mm
Q36	Schlussquerträger verstärkt (bis 13 to)
R27	Scheibenrad 11 x 20 mm Super
S02	Komfortschwingsitz, luftgefedert, Kopfst.
S10	Beifahrerkomfortsitz
S26	Windschutzscheibe Verbundglas, heizbar
S50	Verbandstasche
S81	Spiegelhalter verbreitert
S82	Weitwinkelspiegel
S83	Rampenspiegel

ALLE MODELLE SEIT 1946

Empfohlene Lieferausführungen Unimog U 400 Baureihe 405 Stand 2/2001

Ausführung Kommunal			3.080 mm	3.600 mm
Leergewicht			6.360 kg	6.660 kg
tatsächliche Vorderachslast			3.670 kg	3.920 kg
tatsächliche Hinterachslast			2.690 kg	2.740 kg

3.080	3.600	
A52	A52	Differenzialsperre vorn
B42	B42	Anhängerbremsanlage Zweileitung (EG)
	C50	VarioPilot® Wechsellenkung
C87	C87	Auspuff nach oben
D11	D11	Frontplatte Größe 3
D50	D50	Anbaubeschläge hinten
	D60	Anbaubeschläge mitten
E37	E37	Dauerstromsteckdose 12 Volt
E40	E40	ABS-Anhängersteckdose
E42	E42	Anhängersteckdose 12 V, 13-polig
E45	E45	Steckdose vorn, 7-polig
E62	E62	Radio-Cassettengerät, Antenne, 2 Lautsprecher
F60	F60	Fahrerhaushochstellvorrichtung
G21	G21	Arbeits- und Kriechganggruppe
H08	H08	Zweikreis-Hydraulikanlage proportional
H14	H14	Hydraulikanlage 4-zellig
H20		Hydraulik m. erhöh. Systemdruck 240 bar
H43	H43	Kippzylinder mit Absperrhahn
H55	H55	Hydr. Steckeranschluss hinten 4fach, 1+2
H59	H59	Separate Rücklaufleitung hinten
	H61	Schneepflugentlastung
H65	H65	VarioPower® Kreis III + IV (Leistungshydr.)
H68	H68	Druckleitung 2.Kreis u. sep. Rücklaufleitung
H75	H75	Hydr. Steckeranschluss vorn, Zelle 1+2
H76	H76	Hydr. Steckeranschluss vorn, Zelle 3+4
H79	H79	Separate Rücklaufleitung vorn
H94	G94	Zusätzl. Druckleitung offener kreis, vorn
J08	J08	Bordsteckdose 24 V mit C3-Signal
J24	J24	Tachograf EC, 2 Fahrer mit C4-Ausgang
	L45	Beleuchtung für Arbeitsgeräte hinten
L47	L47	Zusatzscheinwerfer für Frontanbaugeräte
L50	L50	Rundumkennleuchte links, gelb, Stativ
	M37	Lichtmaschine verstärkt
N05	N05	Motornebenabtrieb schaltbar
N08	N08	Motorzapfwelle vorn, 1.000/min
	N09	Zapfwellendrehzahlbegrenzer 540/min
N16		Schneller Nebenabtrieb, i = 1
	N18	Nachrüstmöglichkeit N16 / N19
P25		Pritsche 2.400x2.050x400 mm, Hilfsrahmen
	P33	Pritsche 2.900 x 2.050 x 400 mm
Q29	Q29	Anhängerkuppl. Maulgr. 360 x 200 mm
	Q36	Schlussquerträger verstärkt (bis 13 to)
	R30	Scheibenrad 11 x 20 DSC
R40		Scheibenrad 22,5 x 9.00
S02	S02	Komfortschwingsitz, luftgefedert, Kopfst.
	S10	Beifahrerkomfortsitz
S12		Beifahrersitzbank, 2-Sitzer, Einzelkopfst.
S26	S26	Windschutzscheibe Verbundglas, heizbar
S48		Rückwandfenster schiebbar
	S49	Rückwandfenster schiebbar
	S82	Weitwinkelspiegel
	S83	Rampenspiegel
Y42	Y42	Wagenheber hydraulisch 10 to
Y46	Y46	Warndreieck mit Warnleuchte

Ausführung Fahrgestell		3.600 mm
Leergewicht		5.480 kg
tatsächliche Vorderachslast		3.480 kg
tatsächliche Hinterachslast		2.000 kg

A52		Differenzialsperre vorn
B29		Notlöseeinrichtung
B42		Anhängerbremsanlage Zweileitung (EG)
C87		Auspuff nach oben
D50		Anbaubeschläge hinten
D60		Anbaubeschläge mitten
E37		Dauerstromsteckdose 12 Volt
E40		ABS-Anhängersteckdose
E42		Anhängersteckdose 12 V, 13-polig
E47		Gerätesteckdose 24 V / 40 A
E53		Antennenkabel u. Stromvers. F. Funkger.
E62		Radio-Cassettengerät, Antenne, 2 Lautsprecher
F60		Fahrerhaushochstellvorrichtung
G20		Nebenschaltgetriebe mit Arbeitsgruppe
J08		Bordsteckdose 24 V mit C3-Signal
J24		Tachograf EC, 2 Fahrer mit C4-Ausgang
L45		Beleuchtung für Arbeitsgeräte hinten
L47		Zusatzscheinwerfer für Frontanbaugeräte
L51		Rundumkennleuchte links und rechts
M37		Lichtmaschine verstärkt
N08		Motorzapfwelle vorn, 1.000/min
N16		Schneller Nebenabtrieb, i = 1
Q29		Anhängerkuppl. Maulgr. 360 x 200 mm, 38 mm
Q36		Schlussquerträger verstärkt (bis 13 to)
R30		Scheibenrad 11 x 20 SDC
S02		Komfortschwingsitz, luftgefedert, Kopfst.
S12		Beifahrersitz Zweisitzer
S26		Windschutzscheibe Verbundglas, heizbar
S49		Rückwandfenster schiebbar
S50		Verbandstasche
S81		Spiegelhalter verbreitert
S82		Weitwinkelspiegel
S83		Rampenspiegel
W05		Var. Drehzahlvorgabe, Motor Start-Stop-Funkt.
X18		Lastwerte Stufe 1
X70		Warnstreifen rot/weiß
Y31		Reifenfüllschlauch mit Manometer
Y42		Wagenheber hydraulisch 10 to
Y46		Warndreieck mit Warnleuchte

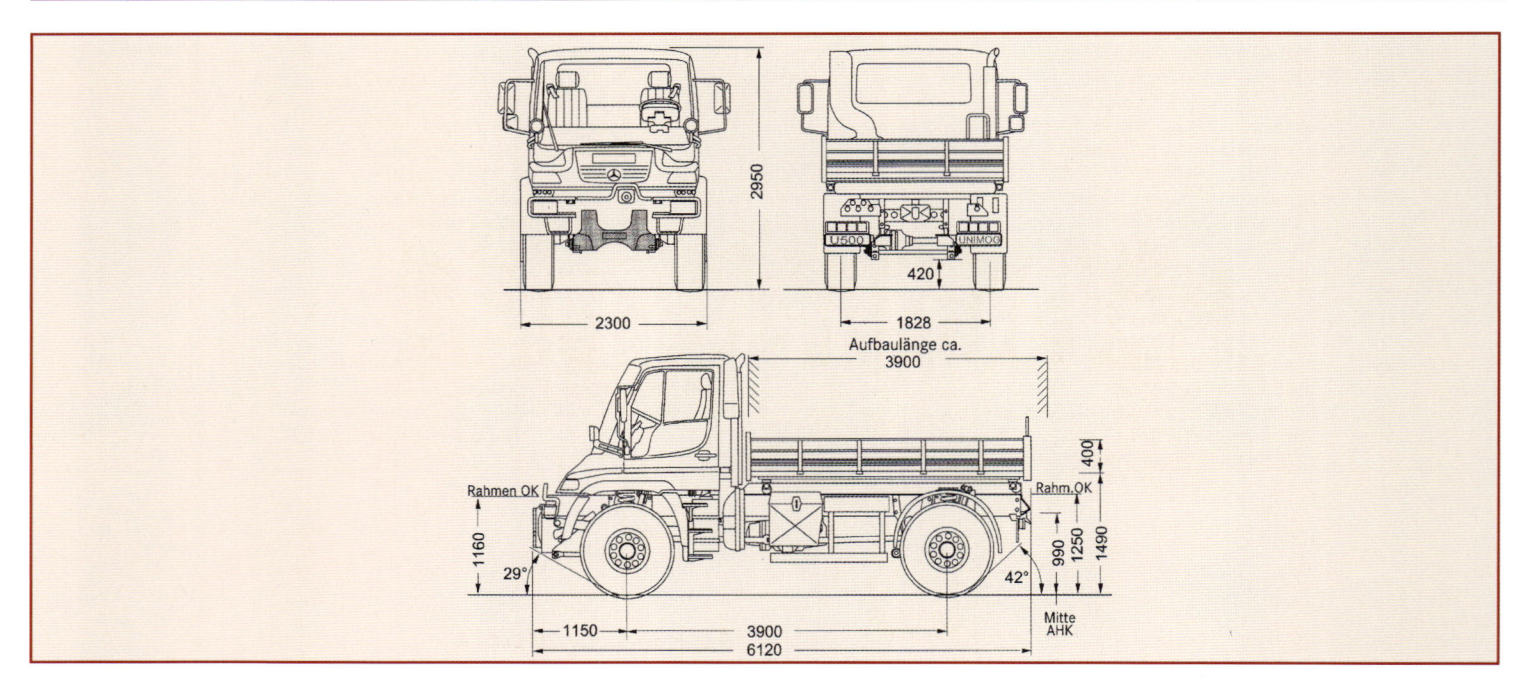

Empfohlene Lieferausführungen Unimog U 500 Baureihe 405 — Stand 2/2001

Ausführung Kommunal			3.350 mm	3.900 mm
Leergewicht			7.660 kg	7.820 kg
tatsächliche Vorderachslast			4.290 kg	4.430 kg
tatsächliche Hinterachslast			3.370 kg	3.390 kg

3.350	3.900				
A52	A52	Differenzialsperre vorn	H61	H61	Schneepflugentlastung
B42	B42	Anhängerbremsanlage Zweileitung (EG)	H65	H65	VarioPower® Kreis III + IV (Leistungshydr.)
C50	C50	VarioPilot® Wechsellenkung	H75	H75	Hydr. Steckeranschluss vorn, Zelle 1+2
C87	C87	Auspuff nach oben	H76	H76	Hydr. Steckeranschluss vorn, Zelle 3+4
D11		Frontplatte Größe 3	H79	H79	Separate Rücklaufleitung vorn
	D12	Frontanbauplatte Größe 5	H94	H94	Zusätzl. Druckleitung offener kreis, vorn
D50	D50	Anbaubeschläge hinten	J08	J08	Bordsteckdose 24 V mit C3-Signal
D60	D60	Anbaubeschläge mittig	J24	J24	Tachograf EC, 2 Fahrer
E37	E37	Dauerstromsteckdose 12 Volt		J35	Steckdose für Fernbed. Hydraulik
E40	E40	ABS-Anhängersteckdose	J48	J48	Warnleuchte für Teleskopzylinder
E42	E42	Anhängersteckdose 12 V, 13-polig	L47	L47	Zusatzscheinwerfer für Frontanbaugeräte
E45	E45	Steckdose vorn, 7-polig	L51	L51	Rundumkennleuchte links u. rechts, gelb
E47	E47	Gerätesteckdose 24 V / 40 A	N05	N05	Motornebenabtrieb schaltbar
E53	E53	Vorbereitung Mobilfunk	N08	N08	Motorzapfwelle vorn, 1.000/min
	E54	Vorbereitung Bündelfunk	N09	N09	Zapfwellendrehzahlbegrenzer 540/min
E62	E62	Radio-Casettengerät, Antenne, 2 Lautsprecher	P27		Pritsche 2.670x2.200x400, Zwischenra.
F16		Fahrerhausvorbereitung für Mähtür		P40	Pritsche 3.400x2.240x400, Zwischenra.
F60	F60	Fahrerhaushochstellvorrichtung	Q29	Q29	Anhängerkuppl. Maulgr. 360 x 200 mm
G20	G20	Nachschaltgetriebe mit Arbeitsgruppe	R32	R32	Scheibenräder 10.00 V - 20
G32	G32	Zweikreis-Hydraulikanlage	S02		Komfortschwingsitz, luftgefedert, Kopfst.
H08	H08	Zweikreis-Hydraulikanlage proportional	S04		Drehbarer Sitz in Verbindung mit Mähtür
H14	H14	Hydraulikanlage 4-zellig		S10	Beifahrerkomfortsitz
H20	H20	Hydraulikanlage mit 240 bar (2.Kreis)	S26	S26	Windschutzscheibe Verbundglas, heizbar
H43	H43	Kippzylinder mit Absperrhahn	S49	S49	Rückwandfenster schiebbar
H55	H55	Hydr. Steckeranschluss hinten 4fach, 1+2	S50	S50	Verbandstasche
H58	H58	Zusätzliche Druckleitung hinten	S82	S82	Weitwinkelspiegel
H59	H59	Separate Rücklaufleitung hinten	S83	S83	Rampenspiegel
			W03	W03	Variable Drehzahlbegrenzung
			X18	X18	Lastwerte Stufe für 16 to
			X70		Warnstreifen rot/weiß retroreflektierend
			Y42	Y42	Wagenheber hydraulisch 10 to
			Y46	Y46	Warndreieck mit Warnleuchte

ALLE MODELLE SEIT 1946

Lieferausführungen Unimog U 500 Baureihe 405 Stand 2/2001	
Fahrerhaus	
Ausführung	Mehrschalige Kabine aus Faserverbundwerkstoff, aufgebaut auf einem Stahlrohrtragrahmen der schwingungsgedämpft mit dem Fahrgestellrahmen verbunden ist. Wunsch: hochstellbar
Türen	Türen aus faserverbundwerkstoff mit Armlehnen, Ablageschalen und Flaschenhaltern. 2 Tiefsichtfenster und Kurbelfenster (auf Wunsch elektrisch, S 39). Wahlweise kann rechts eine Mähtür (F12) eingebaut werden; Vorbereitung für Mähtür (F16)
Fenster	tiefgezogene Frontscheibe, Kurbelfenster seitlich, große Heckscheibe (schiebbar S48), in den Türen tiefgezogene Seitenscheiben, Glashubdach (F24)
Verglasung	Frontscheibe aus Verbundglas, tief heruntergezogen für optimale Sicht auf Frontgeräte. Auf Wunsch elektrisch heizbar (S26), großes Rückwandfenster für gute Sicht auf Anbauräume hinten; auf Wunsch schiebbar (49)
Fahrersitz	Gepolsterter Sitz mit Kopfstütze, höhen-, längs-, neigungs- und rückenlehnenverstellbar. Auf Wunsch luftgefedert (S20), luftgefedert mit Sitzheizung, Armlehne und Lendenwirbelstütze (S07). 3-Punkt-Sicherheitsgurt integriert. Individuell nutzbarer Freiraum hinter Fahrersitz
Beifahrersitz	Ausführungen wie Fahrersitz, auf Wunsch Zweisitzer (S12) mit 2 integrierten 3-Punkt-Sicherheitsgurten und Kopfstützen
Rückspiegel	2 klappbare, elektrisch verstellbare und heizbare Rückspiegel, Rampen- und Weitwinkelspiegel
weitere Ausstattung	3 Sonnenblenden, E-Box mit Sicherungskasten sowie Diagnosesteckdose hinter dem Beifahrersitz. Ablagebox an der Fahrerhausrückwand und unter der Brüstung rechts
Kombihebel	Lage links vom Lenkrad: Fahrtrichtungsanzeiger, Fern-Abblendlicht, Lichthupe, Scheibenwischer und Scheibenwaschanlage.
Klimatisierung	3-stufiges Gebläse, Warmwasserheizung mit Restwärmenutzung, staubfreie Belüftung, Umluftschalter, Klimaanlage serienmäßig integriert, Zusatzheizung mit Motorvorwärmung
Fronthaube	Hochstellbar, für Zugang zu Servicearbeiten
Sicherheitseinrichtungen	Sicherheitsschlösser in den Türen, kombiniertes Lenk- und Anlassschloss seitlich an der Lenksäule
Armaturen	Analog-Anzeige für Geschwindigkeit, Motordrehzahl, Vorrats- und Betriebsdrücke der Bremsanlage, Motortemperatur, Tankfüllstand, LCD-Multifunktionsanzeigen für km-Stand, Betriebsstunden, Uhrzeit, Gangwahl, Längs- und Differenzialsperren, Außentemperaturanzeige, Nebenabtrieb, Arbeits- und Kriechgänge, ABS, Zapfwelle, optische und akustische Warnanzeige, prioritätsgesteuert über Display. Anzeige zur Fehlerdiagnose, EG-Kontrollgerät (Fahrtschreiber) Zwangs-SA, wird für elektronische Motorsteuerung benötigt (J24/J27)
Beleuchtung	2 Freisicht-Halogenscheinwerfer mit asymmetrischem Abblendlicht (H1/H7), Leuchtweitenregelung, Standlicht, 2 Fahrtrichtungsanzeiger vorn und hinten, Zusatzblinkleuchten seitlich, Umrissleuchten, Schlussleuchten, Bremsleuchten, Kennzeichenbeleuchtung, Rückfahrscheinwerfer, Nebelschlussleuchte, Warnblinkanlage, Arbeitsscheinwerfer hinten (L45), Zusatzscheinwerfer und Zusatzblinker (L47), Rundumkennleuchte gelb (L50/L51), Einstiegsleuchten (L60), Blitzleuchten statt Rundumkennleuchten (L65/L66)

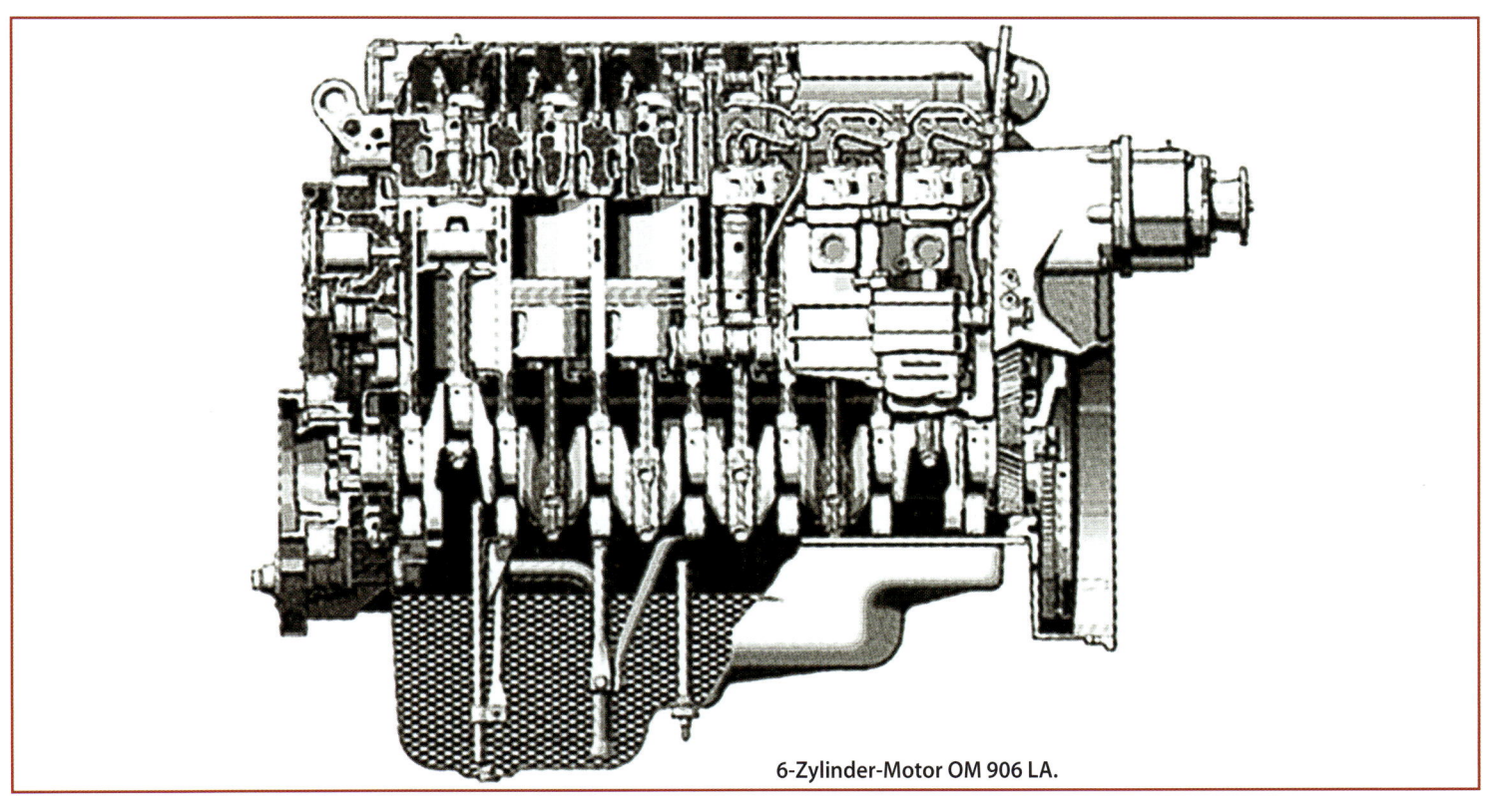

6-Zylinder-Motor OM 906 LA.

Geräte-Programm U 300 / U 400 / U 500 Baureihe 405 — Stand 2004

Gerätehersteller	Gerätebezeichnung	Geräte-Typ	Fahrzeug-Typ
Bucher-Schörling GmbH, Hannover	Kehrmaschine-Wechselaufbau	Unifant 50	U 300, U 400
	Kehrmaschine-Wechselaufbau	Unifant 60	U 500
Gerhard Drücker GmbH, Stadtlohn	Randstreifenmäher	RSM 13 / RSM 13 H	U 300 - U 500
	Universalausleger	UNA 500 / UNA 500 H	U 300 - U 500
	Universalausleger	UNA 600 / UNA 600 H	U 300 - U 500
	Seitenmäher	SMT 15	U 300 - U 500
	Frontkehrmaschine	FKM 2100	U 300 - U 500
	Buschholzhacker	HF 960	U 300 - U 500
Faun Expotec GmbH	Kehrmaschine	AK 451	U 300, U 400
W. Gmeiner GmbH, Kümmersbruck/Amberg	Feuchtsalzstreuer	STA 2000	U 300, U 400
	Feuchtsalzstreuer	STA 4000	U 500
	Schneepflug Ice Breaker	GLS 270	U 300 - U 500
	Schneepflug Snow Star	GVS 270	U 300 - U 500
Joachim Leistikow GmbH, Niederdorfelden	Wasserfass	W 2500	U 300, U 400
	Hochdruck-Frontanbaugerät	ABG 601	U 300 - U 500
	Flächenreinigungsgerät	ABG 503	U 300 - U 500
	Hochdruck-Frontanbaugerät	ABG 501	U 300 - U 500
	Flächenreinigungsgerät	ABG 303	U 300 - U 500
	Hochdruck-Frontanbaugerät	ABG 301	U 300 - U 500
MULAG-Schmidt GmbH, Oppenau-Löcherberg	Böschungsmähgerät	SB 500 D	U 400
	Böschungsmähgerät	SB 500 F	U 300, U 400
	Böschungsmähgerät, selbstauf.	SB 500 D	U 500
	Bankettmulchgerät	SBM. 1	U 300, U 400
	Frontausleger Mähgerät	FME 600	U 300, U 400
	Böschungsmähgerät	MHU 800	U 300, U 400
	Selbstaufnehmendes Mähgerät	SB 600 D	U 500
	Frontausleger Mähgerät	FMK 500	U 300, U 400
Partek Cargotec GmbH, Langenhagen	Kran	Hiab 085	U 400
	Kran	Hiab 035	U 300 - U 500
	Kran	Hiab 060	U 300, U 400
Schmidt-Winterdienst GmbH, St. Blasien	Feuchtsalzstreuer (Silo)	Stratos B 27-24 VALN	U 400
	Feuchtsalzstreuer (Silo)	Stratos B 27-21 VALN	U 400
	Feuchtsalzstreuer (Silo)	Stratos 40	U 500
	Feuchtsalzstreuer (Silo)	Stratos S 20-21 VALN	U 300, U 400
	Feuchtsalzstreuer (Silo)	Stratos S 25-21 VALN	U 400
	Feuchtsalzstreuer (Flach-Silo)	BST 3000	U 300, U 400
	Schneefräse	VF 26 Z	U 400, U 500
	Räumkehr-Kombination	MPS 26-Z / MPS 26-H	U 300 - U 500
	Feuchtsalzstreuer	Mitos SST 42	U 500
	Feuchtsalzstreuer (Silo)	Stratos S 17-21 VALN	U 300, U 400
	Schneepflug	MF 3.3, CP 3	U 300 - U 500
	Schneepflug Vector	MSL 30, ML 30, MLL 30	U 300 - U 500
	Schneepflug Vector	MS 30	U 400, U 500
	Variopflug	KLV 32	U 300 - U 500
	Keilpflug	K 3	U 300 - U 500
	Seitenschleuder	S 3.1	U 300 - U 500
	Seitenschneefräse	SF 3 - Z.1	U 300 - U 500
	Schneefräs Schleuder	SFS 250 / 95	U 300 - U 500
	Vorbaukehrmaschine	VKS 24 - Z	U 300 - U 500
	Wasserfass	WF 2000	U 300 - U 500
	Leitpfostenwaschgerät	RPS-H	U 300 - U 500
	Streuer	Mitos SST 30	U 400
	Kehrmaschine	SK 350, SK 370	U 300 - U 500
Werner GmbH, Trier-Ehrang	Kran	PK 21 000	U 400
	Kran	PK 27 000	U 500
	Schwenkbarer Kran	Flector PK 7 000	U 300, U 400
	Frontaufbaukran	PK 7 000	U 300, U 400
	Frontseilwinde	F64M1SE, F64M1SW	U 300 - U 500
	Vorbaukompressor	F 2200	U 300 - U 500
	Rahmenseilwinde	Werner 50 S	U 300, U 400
Zagro Bahn- und Baumasch.GmbH, Bad Rappenau	Schienenfahreinrichtung		U 300, U 400
Zweiweg-Schneider GmbH, Leichlingen	Schienenfahreinrichtung		U 300, U 400
EMATEC, Benningen	Aufbaubagger	M 215	U 300, U 400
Hauer Frontlader GmbH	Frontlader	FL 300	U 300
Stahlbau Heimann, Olbernhau	Frontanbaugewicht	G 1	U 300 - U 500
	und Zwischenrahmen		U 300, U 400
Kurt Ries GmbH, Bruchsal	Blinkpfeil Warnanlage		U 300 - U 500
Danlift A/S, Farso, Dänemark	Hubarbeitsbühne	VST 240 I	U 400

ALLE MODELLE SEIT 1946

Produktion Unimog Geräteträger Baureihe 405 (LUG / UGN / UGE)															
Baumuster	2000	2001	2002	2003	2004	2005	2006	2007	2008	2009	2010	2011	2012	2013	Gesamt
405.100	256	225	223	183	222	218	266								1.593
405.101							114	186	209	156	166				831
405.102	148	247	288	343	334	368	241	80	86	102	84				2.321
405.103							193	263	285	277	269				1.287
405.120	49	48	67	39	26	33	32								294
405.121							9	32	26	24	9				100
405.122	123	183	155	138	138	153	119	33	28	8	57				1.135
405.123							45	117	85	105	56				408
alle UGN												1.228	1.028	1.146	3.402
405.200	5	49	53	108	96	82	62	2							457
405.201							52	112	86	98	72				420
405.210		1	11	5	5	5	2								29
405.220	8	42	61	71	147	66	73								468
405.221							22	70	80	98	84				354
405.230			19	49	23	45	18								154
405.050							18	185	154	201	280	149	130		1.117
Gesamt	589	795	877	936	991	970	1.248	913	1.070	1.022	998	1.508	1.177	1.276	14.370

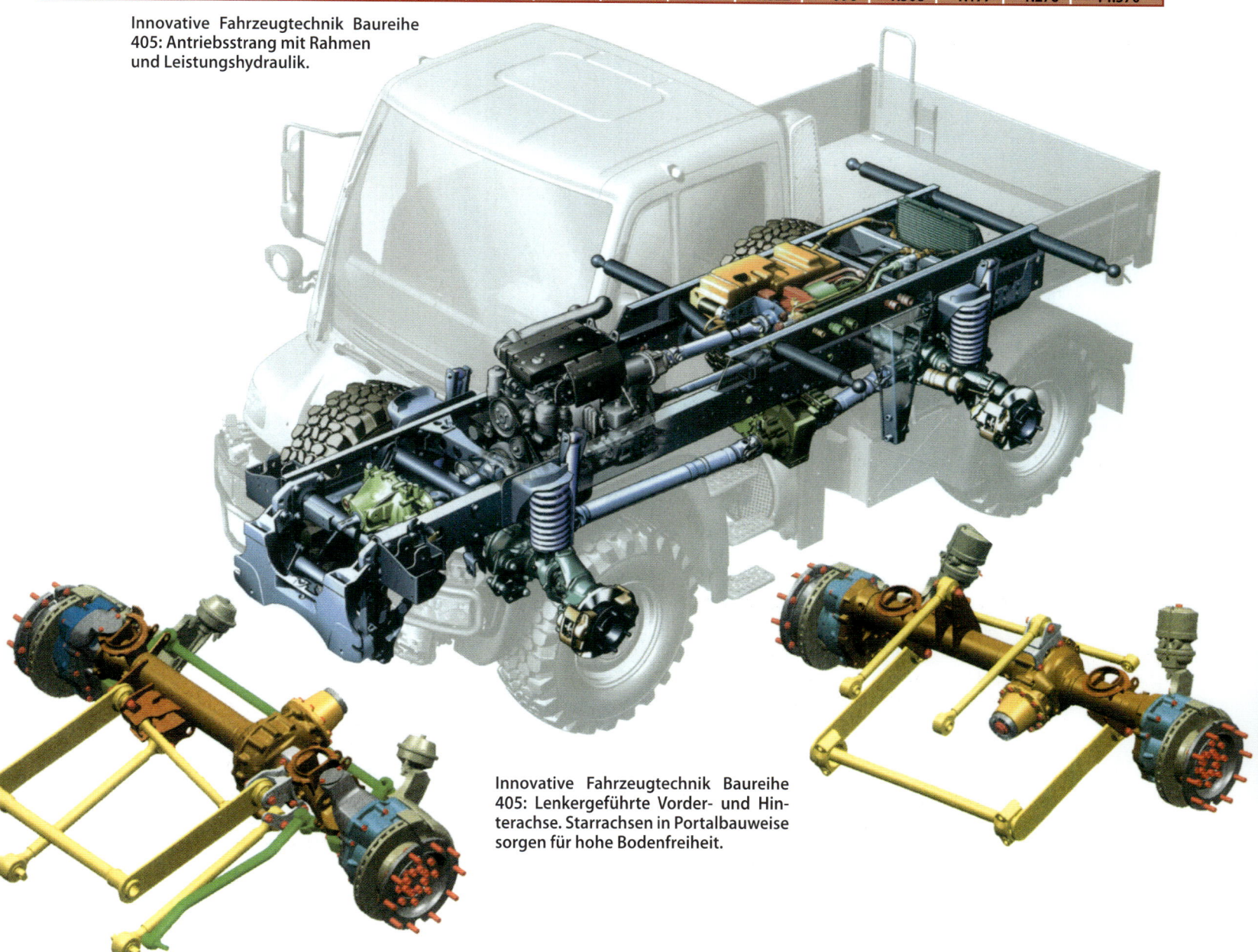

Innovative Fahrzeugtechnik Baureihe 405: Antriebsstrang mit Rahmen und Leistungshydraulik.

Innovative Fahrzeugtechnik Baureihe 405: Lenkergeführte Vorder- und Hinterachse. Starrachsen in Portalbauweise sorgen für hohe Bodenfreiheit.

Unimog U 20 Baureihe 405 (2007–2013)

Mit dem neuen kompakten Unimog schlug Mercedes-Benz auf der Internationalen Automobilausstellung IAA 2006 in Hannover ein neues Kapitel in der Geschichte des legendären Unimog auf: Der leichte Unimog-Geräteträger erweitert nun die aktuelle Palette des Unimog um einen neuen Typ. Mit 7,5 t bis 8,5 t Gesamtgewicht verfügt er über ein neues, eigenständiges Fahrerhauskonzept. Enorme Wendigkeit sowie permanenter Allradantrieb und zahlreiche Anbaumöglichkeiten für Arbeitsgeräte stellen eine hohe Leistungsfähigkeit sicher.

Der neue kompakte Unimog bietet die herausragende Technik des Unimog in Verbindung mit einem niedrigen Fahrzeuggewicht und ausgeprägter Wendigkeit zu einem günstigen Preis. So nutzt der neue kompakte Unimog Fahrgestell und Antriebstechnik des klassischen Unimog, jedoch mit einem auf 2700 mm verkürzten Radstand. Dies verringert den Wendekreis-Durchmesser auf weniger als 12,8 m. Dadurch entpuppt sich der neue Unimog als wendige und kompakte Arbeitsmaschine. Auch die Höhe ist auf rund 2700 mm reduziert worden – dies ist besonders wichtig bei niedrigen Durchfahrten.

Das Leergewicht beläuft sich auf 5,1 t einschließlich einer 2,25 m langen Kipp-Pritsche (Winterdienst-Ausrüstung). Bei einem maximal zulässigen Gesamtgewicht von 8,5 t verbleiben an Nutzlast für Anbaugeräte und/oder Ladung 3,4 t. Wer die volle Nutzlast nicht ausnutzen muss, kann den neuen »Kompakten« deshalb auch mit 7,5 t zulässigem Gesamtgewicht erwerben.

Gleichzeitig verfügt der neue kompakte Unimog über eine enorme Leistungsfähigkeit. Die zulässigen Achslasten von 4,5 t (vorn) und 4,6 t (hinten) ermöglichen den frontseitigen Anbau von Arbeitsgeräten. Daraus resultiert eine hohe Flexibilität und die Möglichkeit des wirtschaftlichen Ganzjahres-Einsatzes: So können mit dem Kompakten problemlos Frontausleger-Mähgeräte oder 3,4 m breite Schneepflüge in Verbindung mit 1,5 m³ fassenden Feuchtsalz-Streuautomaten betrieben werden. Der

Lief erstmals am 23. Oktober 2007 im Mercedes Benz Werk in Wörth vom Band: Unimog U 20 als »Leichter Unimog Geräteträger LUG«. 2010 betrug der Grundpreis in der Basisversion mit Euro-5-Motor 64.300-- Euro.

ALLE MODELLE SEIT 1946

neue leichte Unimog-Geräteträger verfügt über Anbaupunkte, die identisch mit denen seiner »großen Brüder« sind.

Der neue kompakte Unimog verfügt zudem über eine Kipper-Hydraulik, optional auch über eine genormte Zweikreis-Winterdienst-Hydraulik, ein Zapfwellen-Getriebe vorn sowie einen Nebenabtrieb vom Getriebe und eine Frontanbauplatte. Damit lassen sich zahlreiche unterschiedliche Geräte betreiben.

Gleichzeitig ist der neue Unimog als echtes Profigerät entwickelt worden: Ein permanenter Allradantrieb mit drei Differen-

U 20 Fahrzeugtechnik: robuster, durchgehender Leiterrahmen mit geschraubten Querträgern und geschweißten Querrohren sowie Portalachsen für gute Geländegängigkeit in Kombination mit einer speziellen Kabinenlagerung.

Fahrwerk und Antrieb der U 20-Baureihe: Motor, Getriebe, Achsen und die Einzelbereifung stammen aus dem Unimog-Baukasten.

Für Mäharbeiten im kommunalen Bereich wie auch bei Garten- und Landschaftsbaubetrieben: Der U 20 mit Kipp-Pritsche und reichlich Platz für Anbaugeräte.

zialsperren ist ebenso selbstverständlich wie die Portalachsen mit hoher Bodenfreiheit und einer Einzelbereifung in der Größe 315/60 R 22,5, alternativ 335/80 R 20 MPT.

Den Antrieb übernimmt der Vierzylinder-Turbodiesel Mercedes-Benz OM 904 LA, der, wie die gesamte Nutzfahrzeugpalette von Mercedes-Benz, einen sehr hohen Stand der Abgastechnik widerspiegelt. Die Unimog verfügen über Blue-Tec-Technologie (Stickoxide werden durch Zuführung von Harnstoff eliminiert), erfüllen die Abgasregelung Euro 4 (ab Mitte 2009 Euro 5) und garantieren außerdem einen sehr niedrigen Feinstaubausstoß. Er leistet aus 4,25 l Hubraum 115 kW (156 PS). Die Kraftübertragung übernimmt das mechanisch betätigte Achtgang-Schaltgetriebe UG 100/8, welches um acht Arbeitsgänge erweitert werden kann. Mit einer Geschwindigkeit von ca. 1,5 km/h bei Nenndrehzahl im kleinen Gang verfügt der kompakte Unimog auch über Langsamfahr-Eigenschaften. Gleichzeitig reicht die Übersetzung im höchsten Gang für eine Geschwindigkeit von 90 km/h. Im Unterschied zu anderen Arbeitsmaschinen besitzt der neue kompakte Unimog ausgezeichnete Schnellfahr-Eigenschaften und kann Verbindungsstrecken problemlos auf der Autobahn zurücklegen.

Die Nummer drei im Unimog-Programm, der leichte Geräteträger U 20, zeichnet sich durch hohe Flexibilität im wirtschaftlichen Ganzjahres-Einsatz aus. So wird er auch dank einer Vielzahl von Anwendungen mit neuen Geräten und Geräte-Systemen für wechselnde Einsätze, hier mit Citylift-System (Ahlborn/Minufa/KomTec), zum echten Profigerät.

Im Unterschied zum U 300 verfügt der neue kompakte Unimog über ein neues Frontlenker-Ganzstahlfahrerhaus. Der Kühlergrill mit dem mittig angeordneten Stern zeigt ebenso eine optische Verwandtschaft zum U 300 wie die Hauptscheinwerfer im Stoßfänger. Die Frontlenker-Kabine ermöglicht eine gute Rundumsicht. Sie ist durch weit öffnende Türen gut zugänglich und bieten innen Raum für drei Personen. Der Fahrer nimmt hinter einem elegant gewölbten und gleichzeitig funktionellen Armaturenträger Platz. Das Lenkrad ist in Höhe und Neigung verstellbar. Analog zum U 300 erfolgt die Bedienung der optionalen Hydraulik über einen Joy-stick in der Mittelkonsole.

Für den Service an den Antriebsaggregaten ist die Kabine bereits in der Serienausführung werkzeuglos kippbar, ein Novum in der Geschichte des Unimog. Zwischen Kabine und Pritsche ist ausreichend Platz für Anbauten und Geräte, etwa für einen Ladekran oder für Staukästen mit Werkzeug und Arbeitsmaterial, das gut zugänglich außerhalb der Kipp-Pritsche untergebracht wird.

Das erste Fahrzeug der neuen kompakten Unimog-Baureihe U 20 ist am 23. Oktober 2007 im Mercedes-Benz Werk Wörth vom Band gelaufen. Mit der neuen Baureihe, welche das bestehende Unimog-Produktangebot nach unten hin ergänzt, verfügt Mercedes-Benz nunmehr über das ideale Trägerfahrzeug für kleine, mittlere Kommunen sowie Garten- und Landschaftsbaubetriebe, so unter anderem als effiziente Arbeitseinheit für den bevorstehenden Winterdienst.

Was kann der U 20, vor allem im Vergleich zu seinen großen Brüdern aus der Geräteträger-Baureihe (U 300, U 400, U 500) oder gar der hochgeländegängigen Unimog-Baureihe U 3000, U 4000 und U 5000? Die Antwort lässt sich einem kurzen Satz zusammenfassen und bedarf dennoch einer Erläuterung. Der U 20 ist zu 100 Prozent Unimog, das ist die Quintessenz aus Kon-

ALLE MODELLE SEIT 1946

Ganz im Stil der beiden größeren Unimog-Baureihen: Der U 20 als flexibel einsetzbarer Geräteträger für kleinere und mittlere Kommunen.

zept, Entwicklung und Erprobung des auf der IAA Nutzfahrzeuge 2006 erstmals vorgestellten »kleinen« Unimog. Allradantrieb, Singlebereifung auch hinten, zuschaltbare Differenzialsperren, Portalachsen, Schraubenfedern, reichlich Leistungsreserven, Zapfwellen, Nebenabtriebe und eine leistungsstarke Hydraulik, komplettiert um den topaktuellen Stand der Lkw-Technik bei Sicherheit, Bedienung und Umweltverträglichkeit, das macht den U 20 zum flexibel einsetzbaren Geräteträger ganz im Stil der beiden größeren Baureihen.

Von den Profi-Geräteträgern U 300 – U 500 unterscheidet sich der U 20 in seiner enormen Wendigkeit (der Wendekreis von 12,80 Metern hat Pkw-Format), im geringeren Fahrzeuggewicht, im niedrigeren Preis und schließlich in seiner Ausrichtung auf die Einsatzbedingungen. Für gelegentliche Mäharbeiten im kommunalen Bereich haben die U 20 beste Voraussetzungen. Steht dies aber, wie bei Straßenmeistereien, über einen langen Zeitraum permanent auf dem Dienstplan, würde der Anwender möglicherweise Kraft und Mähbreite eines U 400 vermissen und nicht zuletzt die Option einer Mähtür mit bester Sicht auf die seitlich liegenden Mähflächen.

Räumen und Streuen im Winter sind dem U 20 wie auf den Leib geschnitten. Wird aber ein größerer Streugutbehälter als rund 2 Kubikmeter Trockenstoff benötigt oder fallen schwere Fräsarbeiten an, rückt eher der Einsatz eines größeren Unimog ins Blickfeld. Gedacht ist der U 20 für wechselnde Anforderungen in den Kommunen, weniger für Arbeiten in dauernder Höchstleistung. Dafür sind die Geräteträger der Baureihe U 300 bis U 500 wie geschaffen.

Beim zulässigen Gesamtgewicht liegt der U 20 zwischen 7,5 und 8,5 Tonnen, die Achslasten sind mit 4,8 Tonnen vorn und hinten zur Aufnahme von Anbaugeräten großzügig bemessen. Die hohe Wendigkeit hat ihre Ursache im um 380 auf 2700 Millimeter verkürzten Radstand. Der U 20 verfügt im Gegensatz zum U 300/U 400/U 500 über ein Ganzstahlfahrerhaus aus der Großserie im Hause Mercedes-Benz. Zum Raumkonzept des U 20 gehört auch eine formschön angepasste Stau Box hinter dem Fahrerhaus. Zweikreis-Kommunalhydraulik, Zapfwellen-Getriebe vorn, Nebenabtrieb vom Getriebe und die Frontanbauplatte vervollständigen optional die Ausrüstung und erlauben die Nutzung einer Vielzahl von Geräten. Motor, Getriebe, Achsen und die Einzelbereifung stammen aus dem Unimog-Baukasten. Das Achtgang-Getriebe ermöglicht Geschwindigkeiten zwischen 1,1 und 90 km/h bei Nenndrehzahl. Übrigens ist der U 20 der erste Frontlenker von Unimog, sämtliche bisherigen sowie die aktuellen Fahrzeuge dieser Größe gehören zur Kategorie der Kurzhauber bzw. Freisichtkabinen. Er kann neben dem Geräteeinsatz ein weiteres Plus für sich verbuchen: Als PS-starke und relativ leichte Zugmaschine hat er keine Mühe, bei voller Auslastung mit einer Anhängelast von bis zu 18 Tonnen hohe Durchschnittsgeschwindigkeiten zu fahren, das bedeutet Autobahneignung ohne jede Einschränkung.

Diverse Neuerungen ergänzten das Angebot beim Unimog

UNIMOG

U 20: Als Reaktion auf Kundenwünsche gab es den Unimog U 20 seit Frühjahr 2009 in einer zusätzlichen Variante (Code X 19) mit 9,3 t zulässigem Gesamtgewicht (neben 7,7 t und 8,5 t zGG). Die entsprechenden zulässigen Achslasten von 4,8 t vorne und hinten werden um je 200 kg auf 5,0 t erhöht. Für die Anwender liegt der Vorteil auf der Hand: Die 200 kg Mehrlast pro Achse wirken sich für den Gerätebau positiv aus, denn sie erweitern das Einsatzspektrum des U 20 beträchtlich. Dies gilt vor allem beim Winterdienst, aber auch in den Einsatzfeldern Bau-, Garten- und Landschaftsbau. Mit der Erhöhung des Gesamtgewichts und der Nutzlast wird der U 20 zudem für die Feuerwehren interessant. Eine weitere Neuerung betrifft den Fahrkomfort des U 20. Vom zweiten Quartal 2009 an ist ein luftgefederter Fahrersitz mit pneumatischer Lendenwirbelstütze, verstellbarer Rückenlehne und Einstellmöglichkeiten für die Kopfstützen als Sonderausstattung (Code S 03) aus dem Programm der Firma Grammer erhältlich. Auch die große und auch praktische Ablage-Box zwischen Fahrerhaus und Ladefläche ist man seitens Unimog besonders stolz. An leicht zugänglichen Anschlüssen für Arbeitsgeräte mangelt es dem kleinsten Unimog nicht. So eine neue Frontanbauplatte (Code D 08) nach neuer europäischer Norm DIN EN, oder neue Ringfeder-Anhängerkupplung (Code Q 94) mit drehbarem Kugelbolzen.

Rechtzeitig zur Einführung der neuen Euro 5-Abgasnorm am 1. Oktober 2009, die den gesetzlichen Grenzwert für Stickoxide gegenüber Euro 4 nochmals um 40 Prozent abgesenkt, wurde auch der U 20 ab 1. Juli 2009, wie alle anderen Unimog-Baureihen, mit dem umweltfreundlichen Euro-5-Motor mit SCR-Technologie ausgerüstet. Nun fuhr auch der U 20 mit grüner Feinstaubplakette und war damit für den Einsatz in innerstädtischen Umweltzonen bestens gerüstet. Mit der Serienübernahme einer auf 135 Ah verstärkten Batterie ab Oktober 2010 wurde auch beim U 20 die Kaltstartsicherheit optimiert.

Die Nummer drei im Unimog-Programm trat in große Fußstapfen, die ihn Ende 2009 auch in das Feuerwehrsegment führten. Wer als Unimog zur Welt kommt, ist zwangsläufig hochgeländegängig, vielseitig nutzbar und natürlich auch belastbar. Da machte auch die 2007 eingeführte U 20-Baureihe keine Ausnahme, die sich größenmäßig am unteren Ende der Baureihen ansiedelt und damit neue Bereiche für den Unimog erschließt. Schon die Baureihe U 300 bis U 500 zeichnet sich durch ihre sehr kompakte Bauweise und eine gute Rundumsicht aus. Dennoch schafft es die im Prinzip auf einem gekürzten U 300 aufbauende U 20-Baureihe mit ihrem klassischen Lkw-Fahrerhaus, hier neue

Räumen und Streuen im Winter sind dem U 20 wie auf den Leib geschnitten. Optional mit genormter Zweikreis-Winterdienst-Hydraulik. Ab 2009 mit umweltfreundlichen Euro 5-Motor und mit SCR-Technologie.

ALLE MODELLE SEIT 1946

Maßstäbe zu setzen. Gefragt ist das in engen Gassen ebenso wie im Gelände und damit in Bereichen, die bisher klassischen Geländewagen vorbehalten waren. Durch die bauartbedingte schwächere Dimensionierung von Geländewagen bietet der U 20 eine wesentlich höhere Tragfähigkeit, die für den Einbau von Tanks und anderem Equipment notwendig ist. Aufgrund der Frontlenkerbauweise ist der U 20 zusätzlich auch noch wendiger, und so überraschte es Fachleute gar nicht, dass die ersten U20-Feuerwehrmodelle Ende 2009 auf den Markt kamen. Spezielle Auflastungen für den Feuerwehreinsatz sowie leichte Adaptionen am Radstand, die für eine optimierte Gewichtsverteilung und zusätzliche Fahrsicherheit sorgen, verraten, dass Mercedes auch beim Einstiegs-Unimog keine Kosten und Mühen scheut, um den Kundenanforderungen gerecht zu werden. Auch der Preis macht den U 20 für viele Feuerwehren interessant: Die Basiskosten liegen nur knapp oberhalb des hochgeländetauglichen Mitbewerbs, der jedoch spätestens bei 6,5 Tonnen höchst zulässigem Gesamtgewicht sein Limit erreicht. Der U 20 wird hingegen für den Feuerwehreinsatz auch als 9,3 Tonner angeboten und besitzt so zusätzliche Reserven, die nicht nur die Dauerhaltbarkeit, sondern auch die Geländetauglichkeit positiv beeinflussen, da nicht bis an die technischen Limits belastete Fahrzeuge leichter zu fahren sind – bei Stress ein wichtiger Faktor.

Der erste Unimog der kompakten Baureihe wurde Ende 2009 als TLF 10/25 an die Stadt Šibenik in Kroatien ausgeliefert. Die besondere Eignung des U 20 liegt in seiner enormen Wendigkeit und seinen Fahreigenschaften auf schwierigem Terrain. Typisches Merkmal sämtlicher Unimog-Baureihen: Große Böschungswinkel von 30 Grad hinten und 27 Grad vorn sowie die Portalachsen. Der neue Feuerwehr-Unimog verfügt über Differenzialsperren vorn und hinten, verstärkter Batterie (E 20), Batterietrennschalter (E 33), schneller Getriebe-Nebenabtrieb (N 16/ N 13) sowie permanenten Allradantrieb. Eigenschaften, die den U 20 mit einem zulässigen Gesamtgewicht von 9,3 t (X 19) auch für den Waldbrandeinsatz bestens eignen. Der Aufbau stammt von der Albert Ziegler GmbH. Unmittelbar hinter dem serienmäßigen Fahrerhaus ist der 2200 Liter fassende Wassertank, dahinter der Gerätekoffer mit der feuerwehrtechnischen Beladung platziert. Die vom Fahrzeugmotor angetriebene Feuerlöschkreiselpumpe (Nennleistung 1000 l/min bei 10 bar, maximal 1800 l/min bei 8 bar), Schnellangriffseinrichtung sowie die Schaumzumischung bilden die wesentlichen Elemente der Löscheinrichtung der U 20-Feuerwehr.

Seit Frühjahr 2009 wird der U 20 zusätzlich auch als 9,3 Tonner angeboten. So kann die PS-starke Zugmaschine Anhängelasten von bis zu 18 Tonnen mit hohen Durchschnittsgeschwindigkeiten bewältigen.

	Unimog U 20 Baureihe 405 2007-2013 405.050 Leichter Unimog Geräteträger (LUG)
Motor	
Baumuster (BM)	900.915
Bauart	DC 4-Takt-Diesel-Direkteinspritzung mit Turbolader und Ladeluftkühlung 4-Zylinder in Reihe (OM 904 LA) Euro 4 ab 2009 Euro 5
Bohrung x Hub	102 x 130 mm
Hubraum	4.250 ccm
Leistung	150 PS (110 kW) bei 2.200 U/min
Drehzahlregler	elektronisch umschaltbare Drehzahlregelung
Drehmoment	610 Nm bei 1.200-1.600 U/min
Verdichtung	17,4 : 1
Gemischbereitung	Bosch -Einspritzpumpe, 9-Loch-Einspritzdüsen
Kühlung	Wasserkühlung mit Thermostat und hydrostatischem Lüfterantrieb (26 Liter)
Elektrik	24 Volt, Drehstromlichtmaschine 2800 W, 28 V, 100 A, Batterie 2x12 V / je 115 Ah elektronisches Fahrzeugmanagementsystem mit Diagnoseschnittstelle, Onboard-Diagnose
Kraftübertragung	
Kupplung	Selbstnachst. Einscheiben-Trockenkupplung, Druckplatte 362 mm, Anpr.fläche 592 m²
Getriebe	vollsynchronisiertes MB 8-Gang-Schaltgetriebe mit 8 Vorwärts- und 6 Rückwärtsgängen, permanenter Allradantrieb mit sperrbarem Längsdifferenzial, Achsmomentenverteilung 50:50, Reversierbarkeit durch Electronic Quick Reverse Typ UG 100 - 8 / 9,57 - 0,74 GPA, BM: G718.840
Telligent-Schaltung	Elektro-Pneumatische Schaltung / EPS
Getriebeübersetzung	bei Motornenndrehzahl 2.200 min
Übersetzg. vorwärts	9,57 6,635 4,375 3,219 2,188 1,517 1,000 0,736
Übersetzg. rückwärts	14,569 10,101 6,660 4,900 3,330 2,309 1,522 1,120
Fahrgeschw. vorw.	6,6 9,5 14,4 19,6 28,8 41,6 63,1 85,7 km/h (Begrenzer bei 90 km/h)
Fahrgeschw. rückw.	4,3 6,2 9,5 12,9 19,8 27,3 km/h
Achsübersetzung	i = 6,53
Fahrwerk	
Rahmen	Gerader, durchgehender Leiterrahmen mit geschraubten Querträgern und Querrohren
Fahrerhaus	kippbares Frontlenker-Fahrerhaus aus verzinktem Stahl, 4-Punkt gelagert, Dachluke
Achsen v/h	Portalachsen v/hi an Längs- und Querlenkern, Radvorgelege, permanenter Allradantrieb Differenzialsperren ohne Zugkraftunterbrechung elektro-pneum. zu- und abschaltbar
Federung v/h	Schraubenfedern und Teleskopstoßdämpfer, Stabilisatoren in Längslenker integriert
Bremsen v/h	pneum.-hydr. Zweikreis-Scheibenbremse, 3-Kanal-ABS, autom. lastab. Bremse (ALB) Federspeicherbremse auf Hinterräder, Motorbremse: Konstantdrossel, Auspuffklappe
Zapfwellen vorn	elektr. betätigte, lastschaltbare Motorzapfwelle mit Ölkühler, 540/1000/min
Nebenabtrieb	mech. Nebenabtrieb (i = 1,0) für Hydraulikpumpen-Antrieb
Hydraulik	Zweikreis-Hydraulik für Arbeits- bzw. Kommunalhydraulik Fördermenge: 1-Kreis 24 l/min, 2-Kreis 48 l/min, Arbeitsdruck 240 bar
Lenkung	hydraulische Servolenkung Typ LS 6
Räder	6-Loch-Flansch Scheibenrad 11 x 20
Bereifung	4fach, 335 / 80 R 20 315/60 R 22,5
Allgemeine Daten	
Radstand	2.700 mm
Spurweite v/h	1.778 mm
Gesamtmaße	4.970 x 2.060 x 2.720 mm
Vorbaumaß	1.350 mm
Bodenfreiheit/Diff.	304 mm
Böschungswinkel v/h	20° / 40°
Pritsche	2.200 x 2.050 x 400 mm / Aufbaulänge 3.600 mm
Höchstgeschwindigkeit	90 km/h
kl. Wendekreis	12,6 Meter
Leergewicht	4.650 kg (Vorderachse 3.110 Kg Hinterachse 1.540 kg)
zul. Gesamtgewicht	7.500 kg, 8.500 kg, 9.300 kg
zul. Achslast v/h	4.800 / 5.000 kg
zul. Anh.Last gebr.	11.200 kg, 12.700 kg
Füllmenge Motor	15,8 Liter
Kraftstofftank	135 Liter (AdBlue-Tank 25 Liter)

ALLE MODELLE SEIT 1946

Preise / Lieferausführung U 20 Baureihe 405 (LUG) Stand 01/2010					
Baumuster		405.050			
Radstand		2.700 mm			
Grundpreis U 20			64.300,--		
V 56 Vorgeschriebener Lieferumfang			1.590,--	wahlweise:	
B42	Anhängerbremsanlage		1.088,--	J28 Tachograph digital	732,--
S50	Verbandstasche		40,--	Q95 Anhängekupplung Bolzen Ø 48,7 mm	1.024,--
Y46	Warndreieck und Warnleuchte		83,--	Q94 Anhängekupplung Bolzen Ø 38 mm	670,--
Z96	Bereitstellungspauschale Deutschland		379,--		
		(in € ohne MWST)			
Serienausstattung					
Motor	MB-4-Zylinder-Diesel-Direkteinspritzer, Typ OM 904 LA, 150 PS (110 kW) 2.200/min Ausführung EURO 5, Abgasturboaufladung mit Ladeluftkühlung, wassergekühlt, elektronische Einspritzregelung (MR), Außengeäuschdämmung, Geschwindigkeitsbegrenzung 90 km/h elektronisch, Motorbremse 2stufig mit Auspuffklappe und Konstantdrossel, Anlasssperre, Wegfahrsperre elektronisch, Thermostat-geregelter Wasserkühler mit hydrostatischem Lüfterantrieb, Luftfilter mit Vorabscheidung, wartungsfreier Luftpresser, stirnradgetrieben, wassergekühlt 310 L/min (18 bar), lange Wartungsintervalle (Motor nach 1200 Bh)				
Getriebe	MB-Vollsynchrongetriebe mit 8 Vorwärts- und 6 Rückwärtsgängen und Wendeschaltung selbstnachstellende, hydraulisch betätigte Einscheiben-Trockenkupplung, wartungsfrei Permanent-Allrad mit sperrbarem Längsdifferenzial, elektronisch-pneumatische Reversierschaltung (EQR - Electronis Quick Reverse)				
Telligent-Antriebs-management	Telligent-Schaltung (EPS), elektronisch gesteuerte Motorreglercharakteristik, umschaltbar von Fahr- und Transportbetrieb auf Arbeitsdrehzahlregelung (ADR) für Geräteeinsatz Gaspedal und Handgas elektronisch				
Achsen	Portalachsen, i=6,53, mit hoher Bodenfreiheit, Differenzialsperre an Hinterachse, durch Klauenkupplung während der Fahrt ohne Zugkraftunterbrechung elektro-pneumatisch zuschaltbar, spurstabiles Fahrverhalten durch 3fach lenkergeführte Achsen mit integrieten Stabilisatoren, Schraubenfedern mit progressiver Kennung, Teleskopstoßdämpfer Hydraulische Servolenkung LS 6				
Bremsen	Hochdruck-Zweikreisbremsanlage (18 bar), pneum.-hyd. Übertragung, Scheibenbremsen, Federspeicher-Feststellbremse auf Hinterräder, 3-Kanal-Antiblockiersystem (ABS), umschaltbar auf Offroad-ABS, Bremsanlage automatisch lastabhängig (ALB-Regelung), Druckluftanschluss für Nebenverbraucher, Drucklufttrockner				
Fahrerhaus	Verzinktes Ganzstahl-Fahrerhaus in Frontlenkerausführung, 4-Punkt Kabinenlagerung, Hochstellvorrichtung, Dachluke dreifach ausstellbar, Windschutzscheibe in Verbundglas-Ausführung, mehrstufig regulierbares Heizungs- und Belüftungssystem mit Staubfilter und Umluftschalter, Fahrersitz gepolstert, höhen-, längs-, und neigungsverstellbar, 3-Punkt-Sicherheitsgurt und Kopfstütze, Rückenlehne verstellbar, Beifahrersitzbank, höhen- und neigungsverstellbar Lenksäule, Rückwandfenster, elektr. Fensterheber, umfangreiche Spiegelanlage, Armauflagen in Türverkleidung integriert, ergonomischer Türeinstieg, Ablagemöglichkeiten an Fahrerhausrückwand, in Türverkleidung, an umgelegter Rückenlehne des Mittelsitzes, Brüstung mit zwei genormten Einbauschächten für Radio und Tachograph-Schreibgerät, Scheibenwischer 2stufig mit Intervallschaltung und Scheibenwaschanlage, Innenbeleuchtung, 2 Sonnenblenden				
Rahmen und Rahmenan-bauteile	Gerader, durchgehender, formstabiler Leiterrahmen mit geschraubten Querträgern und Querrohren standardisierte Geräteanbaupunkte im Rahmen integriert, Integralträger vorn zur einfachen Aufnahme der Frontanbauplatte, Auftritte rutschfest mit Haltegriff, Anhängemaul vorn mit Steckbolzen, korrosionsfreie Kunststoff-Kotflügel, Aluminium-Kraftstoffbehälter 135 l, Unterbodenschutz				
Elektrik	Bordnetz 24 Volt, Generator 28 V / 100 A (2.800 Watt), Anhängersteckdose hi. 24 V (15-polig), Batterien 115 Ah, 2x12 V, Elektronikbox als Sicherungskasten aller elektron. Verbraucher, Dauerstromsteckdose 24V in Mittelkonsole, Diagnosesteckdose in der Elektronikbox zum Anschluss an das MB-Stardiagnose-System (Onboard-Diagnose OBD II)				
Leuchten	Freiformflächen-Scheinwerfer (H1 / H7), geschützt durch Stoßfänger, Leuchtweitenregulierung, 6-Kammerschlussleuchte (Umriss, Blink-, Schluss-, Nebelschlussleuchte, Rückstrahler und Rückfahrscheinwerfer, Umrissleuchten am Dach				
Zubehör	Bordwerkzeug, 2 Unterlegkeile				
Bereifung	4fach, 335 / 80 R 20, LI 141 K, Str / Gel, Scheibenrad 11 x 20				
Lackierung	Fahrerhaus: tieforange / MB 2603, arktikweiß / MB 9147; Fahrgestell, Stoßfänger, Kotflügel, Felgen: chassis-schwarz / MB 9124				

Preise Sonderausstattung U 20 Baureihe 405 (LUG)   Stand 01/2010

Code	Beschreibung	Preis
A =	**ACHSEN**	
A52	Differenzialsperre an der Vorderachse	525,--
B =	**BREMSE**	
B01	Bremsanlage Frankreich	57,--
B42	Anhängerbremsanlage Zweileitung	1.088,--
B76	Lufttrockner beheizt	328,--
C =	**CHASSIS**	
C71	Kraftstoffbehälter abschließbar	30,--
C77	Seitenunterfahrschutz	
C87	Auspuffrohr nach oben	461,--
D =	**ANBAU / BEFESTIGUNGSTEILE**	
D08	Frontanbauplatte EN15432, Typ F2	894,--
D11	Frontanbauplatte DIN 76060, Typ B	894,--
D22	Multifunktionsbox	1.545,--
D50	Anbaubeschläge hinten	166,--
D52	Befestigungsteile für Streumasch.	328,--
D60	Anbaubeschläge mitten	166,--
D62	Anbaubeschläge für schwere Geräte	327,--
D69	Befestigungsteile zwischen Achsen	263,--
E =	**ELEKTRIK / RADIO**	
E20	Batterien verstärkt 2x12V / 135 Ah	236,--
E33	Batteriehauptschalter a. Batterieka.	298,--
E37	Dauerstromsteckdose 12V/15 A	444,--
E40	ABS-Anhängersteckdose 24V zus.	391,--
E42	ABS-Anhängersteckdose 12V zus.	642,--
E45	Steckdose vorn 24V, 7-polig	135,--
E53	Vorbereitung Mobilfunk/Handy 12V	205,--
E54	Vorbereitung Bündelfunk 12V	205,--
E87	Gerätesteckdose 32polig	274,--
EG8	Radio-CD-Gerät, Antenne, 2 Lautspr.	683,--
F =	**FAHRERHAUS**	
F56	Klimaanlage integriert	2.942,--
F63	Universalhalterung für Bedienpult	186,--
G =	**GETRIEBE**	
G20	Nachschaltgetriebe mit Arbeitsgruppe	2.669,--
G28	Nachrüstmöglichkeit Arbeitsgruppe	216,--
H =	**HYDRAULIK**	
H46	Kippzylinder incl. Steckeranschl.	1.844,--
H47	Kippzylinder, lose, ohne Leitungen	1.597,--
H86	Hydr. Steckerkupplungen	280,--
H97	Carbonsäure-Ester für Hydraulikanl.	285,--
HP6	2-Kreis-Hydraulikanlage, 3zeilig	9.430,--
J =	**INSTRUMENTE, KONTROLLGERÄTE**	
J08	Bordsteckdose 24V/25A	282,--
J28	Tachograph EG, digital	732,--
J48	Warnleuchte für Teleskopzylinder	80,--
L =	**LEUCHTEN**	
L47	Zusatzscheinwerfer f. Frontanbauger.	521,--
L50	Rundumkennleuchte	496,--
M =	**MOTOR**	
M54	Motorvorwärmung über Stromnetz	175,--
M89	Ansaugluft-Vorwärmung f. Kaltstart	641,--
N =	**NEBENANTRIEBE / SONDERABTRIEBE**	
N00	Vorber. f. Nachrüstung Frontzapfwelle	231,--
N08	Motorzapfwellenantrieb	4.033,--
N09	Zapfwellendrehzahlbegrenzung	61,--
N13	Schneller Getriebe-Nebenabtr. 6Loch	1.556,--
N16	Schneller Getriebe-Nebenabtr. 4Loch	1.073,--
N18	Nachrüstmöglichk. f. Getr.-Nebenabtr.	236,--
P =	**PRITSCHE**	
P55	Pritsche 2200 x 2050 x 400 mm	4.394,--
	bei P90	3.251,--
P60	Pritschenzwischenrahmen	1.563,--
P90	Wegfall Pritschenzwischenrahmen	
Q =	**ANHÄNGEVORRICHTUNGEN**	
Q06	Anhängekupplung mit großem Maul	644,--
Q36	Schlußquerträger f. erh. Anhängelast	348,--
Q94	Anhängekupplung mit großem Maul	670,--
R =	**RÄDER-ERSTAUSSTATTUNG**	
R60	Scheibenräder 11x20 super	263,--
RR5	Scheibenräder 22.5x9.00	472,--
S =	**FAHRERHAUSINNENAUSSTATTUNG**	
S03	Schwingsitz luftgefedert	1.339,--
S50	Verbandtasche	40,--
T =	**RESERVE-RÄDER**	
T60	1 Ersatzscheibenrad 11x20 super	318,--
TR4	1 Ersatzscheibenrad 11x20	220,--
TR5	1 Ersatzscheibenrad 22,5 x 9.00	338,--
V =	**GESCHWINDIGKEIT**	
V45	Geschwindigkeitsbegrenzung 45 km/h	226,--
V60	Geschwindigkeitsbegrenzung 60 km/h	226,--
X =	**SONSTIGES**	
X18	Lastwertstufe erhöht, zGG 8,5 t	617,--
X19	Lastwertstufe erhöht, zGG 9,3 t	1.236,--
X70	Warnstreifen rot/weiß, retroreflekt.	272,--
Y =	**ZUBEHÖR**	
Y18	Feuerlöscher mit Halter	128,--
Y31	Reifenfüllschlauch mit Manometer	202,--
Y42	Wagenheber hydraulisch 10 t	83,--
Y46	Warndreieck und Warnleuchte	83,--

Im Feuerwehreinsatz zeichnet sich der U 20, hier mit Ziegler-Aufbau, 2.200 Liter-Wassertank, und Feuerlöschkreiselpumpe, besonders durch seine enorme Wendigkeit und hervorragende Fahreigenschaften auch auf schwierigen Terrain aus.

Unimog U 3000 Baureihe 437.4 (2002–2009)
Unimog U 4000 Baureihe 437.4 (2002–2014)
Unimog U 5000 Baureihe 437.4 (2002–2014)

Wie viel sich beim Unimog in den vorangegangenen Jahren getan hatte, zeigte auch der Wechsel des Produktionsstandortes: Nicht mehr das altehrwürdige Werk im nordbadischen Gaggenau, sondern das junge Montagewerk im rheinland-pfälzischen Wörth (bei Karlsruhe) ist seit dem 26. August 2002 der Unimog-Standort innerhalb des Konzerns DaimlerChrysler. Nahezu zeitgleich präsentierte sich im September auf der IAA in Hannover die neu entwickelte hochgeländegängige Unimog-Baureihe 437.4 mit den Baumustern U 3000, U 4000 und U 5000 für schwierige Einsätze im Gelände abseits aller Straßen und Wege.

Diese hochgeländegängigen Fahrzeuge liefen ab Herbst 2002 am neuen Unimog-Produktionsstandort in Wörth vom Band und waren die Nachfolger der bis Mitte 2002 in Gaggenau hergestellten Schweren Unimog-Baureihen 427 und 437. Ihre Haupt-Einsatzgebiete fanden sich bei der Feuerwehr – insbesondere bei der Waldbrandbekämpfung –, im Katastrophenschutz, als Basis-Fahrgestell für Expeditionsfahrzeuge sowie bei Service- und Wartungsarbeiten an schwer zugänglichen Orten. Damit waren die Unimog-Typen U 3000, U 4000 und U 5000 die ideale Ergänzung zu der im Frühjahr 2000 vorgestellten Unimog-Produktlinie U 300, U 400 und U 500, die als geländegängige Geräteträger hauptsächlich im Arbeitseinsatz bei Einrichtungen des Öffentlichen Dienstes, bei kommunalen Lohnunternehmen, in der Bau- und Energiewirtschaft sowie im innerbetrieblichen Transport anzutreffen waren. Mit der Vorstellung der Baureihe 437.4 wurde die komplette Erneuerung abgeschlossen.

Das Unimog-Programm gliederte sich nun in geländegängige Geräteträger der Baureihe 405 und hochgeländegängige Fahr-

Mercedes-Benz Unimog U 4000 im Gelände. Das kippbare Fahrerhaus in Ganzstahlbauweise als Doppelkabine mit Klimaanlage der Firma Sütrak ist dreipunktgelagert.

ALLE MODELLE SEIT 1946

zeuge der Baureihe 437.4. Damit gab es in der Unimog-Produktstrategie erstmals zwei anwendungsspezifische Produktlinien: die geländegängigen Geräteträger U 300 / U 400 / U 500 (Baureihe 405) und die hochgeländegängigen Transportfahrzeuge U 3000 / U 4000 / U 5000 (Baureihe 437.4). Ziel der zweiten Produktlinie U 3000, U 4000 und U 5000 war es, bei klarer Differenzierung im Sinne der Zielmärkte so viele Gleichteile wie möglich aus der Produktlinie Geräteträger zu übernehmen. In beiden Produktlinien gleich war der Euro-3-Motor OM 904 LA und neu beim 437.4, der 924 LA mit einem Leistungsspektrum von 150 PS (110 kW) bis 218 PS (160 kW), das Getriebe UG 100-8, die Telligent-Schaltung EPS mit Wendeschaltung für schnelles Reversieren (EQR) und seit Herbst 2003 die automatische Schaltung EAS als Sonderausstattung. Gleich waren auch Instrumente, Lenkung und Radbremse mit ABS. Deutliche Unterscheidungsmerkmale gab es dagegen beim Fahrerhaus, dem Rahmen, den Achsen, der Achsanbindung, der Hydraulik und – die hochgeländegängigen Transportfahrzeuge betreffend – auch bei der Tragstruktur für Aufbauten. Unterschiedlich waren ferner die beiden lieferbaren Radstände von 3250 mm und 3850 mm. Ihre hohe Verwindungsfähigkeit verdankten die neuen hochgeländegängigen Unimog-Typen einem flexiblen Leiterrahmen aus zwei U-Längsträgern mit geschweißten Rohrquerträgern. Portalachsen vorn und hinten mit Differenzialsperren, Querlenker, Schubrohr, Schraubenfedern, Teleskop-Stoßdämpfer sowie Stabilisatoren vorn und hinten waren Serienstandard dieser großen Unimogs. Die Portalachsen mit Stirnradvorgelegen in den Rädern garantierten hohe Bodenfreiheit. Lange Federwege und Achsverschränkungen erlaubte die Achsführung mittels Schubrohr und Querlenker in Verbindung mit Schraubenfedern. Ein weiterer Vorzug dieser Achsführung war die zentrale Einleitung der Vortriebskräfte über das Getriebegehäuse in den Rahmen. Die Antriebswellen lagen innerhalb des Schubrohrs und waren

Überragende Geländegängigkeit für Einsätze in schwerstem Terrain: Die neu entwickelte Unimog-Baureihe 437.4.

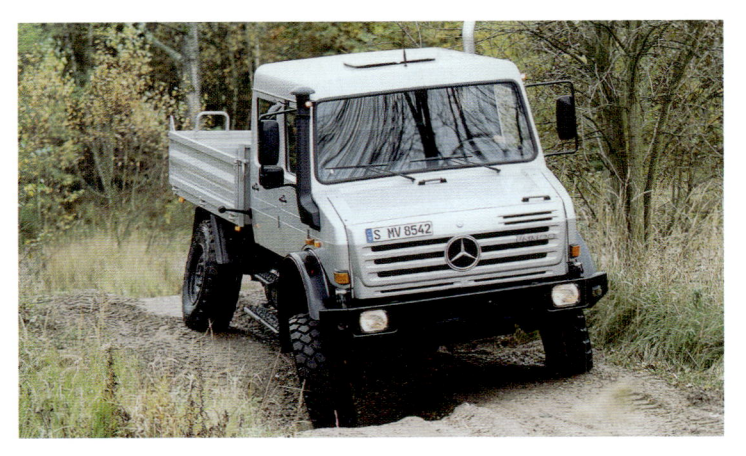

U 5000: Das kippbare Fahrehaus in Ganzstahlbauweise mit Dachluke ist auch als Doppelkabine erhältlich und ist – wie Motor, Pritsche und Aufbau auch – dreipunktgelagert. ↑

Eine große Verwindungsfähigkeit beim Überfahren von Bodenwellen zeichnet den U 4000 aus. ←

Seine hohe Geländegängig- und Watfähigkeit demonstriert der U 4000 bei Wasserdurchfahrten. ↙

damit bestmöglich vor Beschädigungen im harten Gelände geschützt – ein klares Plus im Off-Road-Einsatz gegenüber frei laufenden Kardanwellen. Die kompromisslose Allrad-Antriebstechnik war während der Fahrt pneumatisch zuschaltbar. Für Wasser- und Schlammdurchfahrten war schon in der Serienausführung eine Watfähigkeit von 800 mm vorgesehen. Mit einer Watfähigkeitsanlage als Sonderausstattung, die das Eindringen von Wasser, Schmutz und feinstem Sand verhinderte, waren maximale Wattiefen von 1200 mm möglich.

Das kippbare Fahrerhaus in Ganzstahlbauweise mit Dachluke war auch als Doppelkabine erhältlich und– wie Motor, Pritsche und Aufbau auch – dreipunktgelagert. In den Mercedes-Benz-Lkw bestens bewährt, bot das Unimog- Fahrerhaus dem Fahrer einen neu konzipierten Arbeitsplatz mit einem funktionalen Kombi-Instrument und Schaltern für die Motorbremse, den Tempomat und Geschwindigkeitsbegrenzer. Ebenfalls im Fahrerhaus untergebracht war das staub- und feuchtigkeitsgeschützte Fach für Elektrik und Elektronik. Überhaupt war das Angebot an Stauraum gegenüber der Vorgängerbaureihe um 80 Prozent größer

ALLE MODELLE SEIT 1946

geworden. Eine Besonderheit war das Fahrer-Informations-System (FIS), das jederzeit über alle relevanten Daten zum aktuellen Betriebszustand des Unimog informierte. Die große Unimog-Baureihe 437.4 war für ein zulässiges Gesamtgewicht von bis zu 12,5 Tonnen ausgelegt, für Feuerwehr-Einsätze waren Gesamtgewichte bis 14,1 Tonnen möglich.

Die drei Fahrzeuge verfügten über schadstoffarme Euro-3-Motoren, die einen Leistungsbereich von 150 bis 218 PS abdeckten. Dabei war die leistungsstärkste Version ein speziell für den Produktbereich Unimog entwickeltes Aggregat aus der Motorbaureihe 900 von Mercedes-Benz. Dank Hubraum-Vergrößerung entstand aus dem Vierzylinder-Turbodiesel OM 904 LA der OM 924 LA mit einem Hubraum von 4,8 Litern. Das mit der elektronisch-pneumatischen Telligent-Schaltung bestückte Getriebe erlaubte pneumatisch zuschaltbaren Allradantrieb, bot acht Vorwärts- sowie sechs Rückwärtsgänge und ließ auf Wunsch auch den Einbau einer zusätzlichen Geländegruppe zu. Die vorwählbare synchronisierte Wende-Schaltung EQR (Electronic Quick Reverse) erleichterte den schnellen Richtungswechsel und das »Freischaukeln« im Gelände. Ebenfalls auf Wunsch erhältlich war eine Einkreis-Hydraulikanlage für den Gerätebetrieb. Die neuen großen Unimog hatten serienmäßig pneumatisch-hydraulisch operierende Zweikreis-Scheibenbremsen an allen vier Rädern und ein abschaltbares 4-Kanal-ABS.

Ab September 2003 wurde auch für die hochgeländegängigen Unimog-Fahrgestelle U 3000, U 4000 und U 5000 der Baureihe 437.4 das Elektronisch Automatisierte Schaltgetriebe »AutomaticShift®« angeboten. Der Preis für diese Sonderausstattung, die sichere und bequeme Schaltvorgänge ohne Kupplungsbetätigung ähnlich einem Automatikgetriebe ermöglichte, lag mit 2.850,– Euro weit unter dem Preis eines Nutzfahrzeug-Automatikgetriebes. Zudem wirkte sich AutomaticShift® günstig auf die Belastung des Triebstrangs, die Lebensdauer der Kupplung sowie die Betriebskosten bei Wartung und Kraftstoff-Verbrauch aus, da der Kupplungsverschleiß auf das absolute Minimum reduziert wurde und die Elektronik in den jeweils günstigsten Drehzahlbereich schaltete.

Nicht sonderlich erfolgreich verlief die Karriere des kleinsten unter den Unimog Hochgeländegängig-Modellen (UHN), dem U 3000. Hauptsächlich in den Segmenten Energie und Tagebau verwendet, brachte er es, vor allem in den Jahren 2007 und 2008, nur auf bescheidene Stückzahlen. Die besseren Karten besaß dagegen der erfolgreiche Typ U 4000, mit dem sich der »Kleine« ohnehin von Anfang an das gemeinsame Baumuster (437.420 und 437.425) teilen musste. So kam was kommen musste: Am 17. 02. 2009 lief die Serienfertigung des U 3000 aus.

Ergonomisch gestalteter Arbietsplatz des Fahrers im U 4000.

U 5000 im Wüsteneinsatz mit Doppelkabinem Klimaanlage der Fa. Sütrak, mit spezieller Sandbereifung (Conti E7 Rib, 22-20) und Dank der Reifendruckregelanlage »tirecontrol« mit einem auf 1 bar abgesenkten Reifendruck zur Verdoppelung der Bodenaufstandsfläche.

Mercedes-Benz Unimog U 5000 Feuerwehr im Gelände.

Zum 1. Oktober 2009 wurde in Europa der gesetzliche Grenzwert zur Abgasemission verschärft. Im Vorfeld dieser neuen Bestimmung ging die wohl markanteste Neuerung der letzten Jahre am 1. Juli 2009 in Serie: Unter dem Motto »Mit Euro 5 weiter in Richtung Zukunft« wurden, wie alle anderen Unimog-Typen, auch die Unimog Hochgeländegängig-Modelle (UHN) U 4000 und U 5000 auf die neue Euro 5 Motorentechnologie umgestellt. Gleichzeitig wurden die bisherigen Euro 3-Baumuster gelöscht (437.420 / 425 / 430 / 435). Die Motorausführung Euro 3 gab es nun nur über bisherige Euro 5-Baumuster 437.421 / 426 / 431 / 436. Bei diesen Baumustern wurde der Code »MS3 Motorausführung Euro 3« eingeführt, Minderpreis für MS3: 6.200,-- Euro. Mit Euro 5 wurde der Grenzwert für Stickoxide verschärft. Er beträgt nun 2,00 g/kWh und wird damit gegenüber Euro 4 nochmals um 40 Prozent abgesenkt. Erreicht wird dies durch eine Optimierung der AdBlue-Eindüsung in den Abgasstrom. Die Reduzierung der Abgasemissionen wurde bei Daimler mit der sogenannten Blue-Tec-Dieseltechnologie, beginnend mit Euro 4, erreicht. Mit Hilfe des Abgasnachbehandlungssystems SCR, unter Verwendung des zusätzlichen Betriebsstoffes AdBlue, werden die Stickoxide (NOx) zu den unschädlichen Bestandteilen Stickstoff und Wasser umgewandelt. Mit Euro 5 wurde die Weiterentwicklung auf Basis dieser Technologie fortgesetzt; Ziel war es, noch emissionsärmer zu werden. Für den Unimog hatte dies zum Vorteil, dass mit dieser technischen Kontinuität keine Bauräume mehr verändert werden mussten. So ausgerüstet, betrug im Jahre 2010 der Grundpreis des U 4000 mit kurzem Radstand (3250 mm) 94.900,-- Euro, mit langem Radstand (3850 mm) kam er auf 95.500,--. Der U 5000 mit kurzem Radstand stand mit 110.900,-- Euro in den Preislisten und gar 112.700,-- Euro musste man für den Typ U 5000 in der Radstand-Variante 3850 mm bezahlen.

Zur besseren technischen Angleichung der Bauteile und der Vereinfachung wurden ab Mitte 2010 die Euro 3-Versionen der Typen U 4000 und U 5000 über ein Package der Euro 5 Grund-

ALLE MODELLE SEIT 1946

Garantierte Mobilität auch unter extremen Bedingungen: Unimog U 4000 mit Fronseilwinde, schwenkbarer Fahrerhausdachluke und geschlossenem Pritschenaufbau für den Einsatz beim türkischen Militär.

variante dargestellt. Damit entfielen die bisherigen Euro 3 Baumuster 437.420, 437.425, 437.430 und 437.435, die nun über die Euro 5 Baumuster unter dem Code (MS 3) gesteuert werden. Neu bei den bisherigen Euro 3-Fahrgestellen der kurzen und langen Radstände ist auch jetzt die Verlegung der Abgasanlage mit Auspuff wie beim Euro 5 auf die rechte Fahrzeugseite.

Neben weiteren Neuerungen, wie die Vorbereitung für die Montage schwerer Aufbauten durch einheitliche Schnittstellen zwischen Unimog-Fahrgestell und schweren Aufbauten, waren auch seit Mitte 2009 der U 4000 und U 5000 der UHN-Baureihe mit einem vergrößerten Fahrerhaus lieferbar. Das vergrößerte Fahrerhaus besitzt einen ebenen Kabinenboden (ohne Tunnel) und zeichnet sich durch mehr Kopffreiheit aus, das auch ein bequemes Fahren mit Arbeitshelm ermöglicht. Größere Sitz-Längsverstellung, mehr Beinfreiheit, vergrößerter Stauraum neben der Mittelkonsole und hinter den Sitzen sind weitere Vorteile dieser Sonderausstattung. Das Fahrerhaus wurde um 120 mm erhöht und um 120 mm verlängert. Das vergrößerte Fahrerhaus ist mit Euro 3 und Euro 5 Fahrzeugen lieferbar. Neben dem Beifahrersitz befindet sich zur Mitte hin eine Stau Box: Länge ca. 40 cm, Breite ca. 38 cm, Tiefe ca. 37 cm. Die Stau Box hat neben der üblichen Funktion einer Ablage für Gebrauchsgegenstände auch die Funktion eines Auftrittes für die Dachluke (F 21). Mehrgewicht: ca. 150 kg. Bei runder Dachluke (F 21) ist es möglich, im Stehen ein Gerät oberhalb des Fahrerhauses zu betätigen (z.B. ein Monitor). Zwei feste Stehflächen stehen zur Verfügung: auf der Beifahrersitzfläche und auf der Oberfläche der Stau Box. Das vergrößerte Fahrerhaus bietet: mehr Kopffreiheit; damit ist auch ein bequemes Fahren mit Arbeitshelm möglich, größere Sitz-Längsverstellung und mehr Beinfreiheit, vergrößerter Stauraum neben der Mittelkonsole und hinter den Sitzen für Ausstattung, Werkzeuge, Kleidung etc. sowie ebener Fahrerhausboden.

Neu war auch ab August 2010 der geschlossene Rahmen für das U 5000 Fahrgestell mit kurzem Radstand. Im U-Profil befinden sich in verschiedenen Abschnitten Steg- und Verstärkungsbleche. Dies ist bereits beim langen Radstand und den Lastwertstufen (X 19 / X 20) der Fall gewesen. In diesem Zusammenhang werden die Anbaupunkte (D 60) am 3. Querträger durch eingeschweißte Buchsen serienmäßig ersetzt. Das Leergewicht des Serien-Fahrzeuges, kurzer Radstand erhöht sich um ca. 70 kg (für den langen Radstand waren es 110 kg).

Es ist der Traum jedes echten Globetrotters: Ein Fernreise-Mobil auf der Basis des Mercedes-Benz Unimog. Mit einem Bocklet-Aufbau ausgerüstet, sieht der markante Unimog U 4000 nicht nur aus wie das leibhaftige Abenteuer; man kann es auch mit ihm wagen. Denn für Fernreisen ist man mit dem U 4000 bestens gerüstet. Dafür sorgt sein absolut einzigartiges Fahrwerkskonzept. Portalachsen schaffen eine exzellente Bodenfreiheit und ständigen Bodenkontakt aller vier Räder. Die Achsaufhängung mit Schubrohr, Querlenker und Schraubenfedern bringt lange Federwege und eine große Achsverschränkung - eine diagonale Achsverschränkung bis zu 30 Grad ist möglich. In Verbindung mit den kurzen Rahmenüberhängen überwindet der Unimog so mühelos auch schwere Hindernisse, Kuppen, Hanglagen oder Böschungen. Wassergeschützte Aggregate und ein Ansaugkamin in Höhe des Kabinendachs sorgen für eine Watfähigkeit von 1,20 m. Der Unimog hat Single-Bereifung (statt wie ein Allrad-Lkw Zwillingsbereifung), damit bietet er hohe Traktion bei geringem Rollwiderstand. Bequem vom Fahrersitz aus kann während der Fahrt über die Reifendruck-Regelanlage Tirecontrol der Luftdruck abgesenkt werden. So vergrößert sich die Reifenaufstandsfläche und die Räder sinken auf weichem Boden nicht ein. Verbesserte Traktion und damit mehr Vortrieb sind das Resultat dieser technischen Maßnahme.

Der Vierzylinder-Diesel schöpft aus 4800 cm3 Hubraum 160 kW (218 PS). Das zulässige Gesamtgewicht des Allradlers (Radstand 3850 mm) liegt bei 7490 bzw. 8500 Kilogramm. In Verbindung mit dem Allradantrieb und Differenzialsperren an Vorder- und Hinterachse bietet der Unimog beste Voraussetzungen

U 5000 für den Polizeieinsatz mit langem Radstand (3.850 mm), Doppelkabine mit breiten Einstiegsbereich und Platz für 6 Personen, Klimaanlage der Fa. Sütrak, Frontlader, Seilwinde und schwenkbarem Ladekran.

ALLE MODELLE SEIT 1946

Überragender Unimog U 4000 mit Bocklet-Aufbau für Fernreisen. Um die Geländeeigenschaften im Gelände nicht einzuschränken, ist die Wohnkabine am Heck abgeschrägt.

für ein hoch-geländegängiges Reise-Fahrzeug der Extraklasse. Wenn es – was ziemlich unwahrscheinlich ist – mal nicht weiter gehen sollte, kann sich der Unimog mit einer hydraulischen Sieben-Tonnen-Frontseilwinde wie Münchhausen am »eigenen Schopf« aus dem Schlamassel ziehen. Ein Dieselvorrat von 290 Litern (plus zwei mal 20 Liter in Reservekanistern) nimmt auch längeren Strecken ohne Tankmöglichkeit ihre Schrecken. Die Komfortsitze im Fahrerhaus bieten beste Voraussetzungen, diese Etappen auch ermüdungsfrei zurückzulegen.

Um die Geländeeigenschaften des Unimog nicht einzuschränken, ist die Wohnkabine von Bocklet im Heck abgeschrägt. Sie bietet innen eine Länge von 4,35 m und eine Breite von 2,20 m (Stehhöhe 1,95 m). Der Drei-Punkt-gelagerte, kältebrückenfreie GfK-Koffer hat Dach- und Wandstärken von 50 mm, der Boden ist 60 mm dick ausgeführt. Alle Wände sind mit je zwei mm starker und gewebeverstärkter Deckschicht versehen. Alle Klappen und Türen sind mit Hohlgummidichtungen und Mehrfachverriegelung ausgeführt, die Stauräume damit gegen eindringenden Staub oder Wasser geschützt. Hinter dem Fahrersitz liegt das Sanitärabteil der Wohnkabine, ausgestattet mit Kassetten-WC, Waschbecken und Dusche. Für warmes Wasser sorgt ein kombinierter Truma Gas-/Elektroboiler mit zehn Litern Inhalt. Zum Heck hin schließt sich die Winkelküche an, ausgestattet mit Zweiflammen-Gaskocher, Spüle und Abtropfbecken. Zum Fahrerhaus hin bleibt ein (verschließbarer) Durchgang frei, der Kleiderschrank ist rechts davon hinter dem Beifahrersitz untergebracht. Den Raum bis zur Einstiegstür nimmt der 110 Liter fassende Kompressor-Kühlschrank ein.

Für warme Nächte in kälteren Regionen oder während der dunklen Jahreszeit sorgt eine Diesel-betriebene Eberspächer Warmluftheizung. Damit ihr nicht so schnell der »Saft« ausgeht, hat Bocklet 220 Ah Batteriekapazität verbaut, unterstützt durch eine 260-Watt-Solaranlage, ein Automatik-Ladegerät (24 V / 50 A) und einen 1,2-kW-Wechselrichter. Zur Überwachung gibt es ein Kontrollpanel mit Amperestunden-Zähler, für niedrigen Energieverbrauch sorgen Energiesparleuchten und LED-Spots. Für Unterhaltung und Information während der Reise sorgen, selbst

Hochgeländegängiger Unimog U 5000 für den Bundeswehr-Fuhrpark-Service (BwFPS) mit langem Radstand (3.850 mm). 4-Zylinder-Dieselmotor OM 924 LA mit 160 kw (218 PS) Leistung in Euro-3-Ausführung. Ausgerüstet mit schwenkbarem, niedrigbauendem Hiab-Kran für den Luft-Transport.

fern der Heimat, ein TFT-Fernseher plus SAT-Antenne und ein DVD-Player. Der Preis des 6,85 Meter langen, 2,35 m breiten und 3,50 m hohen Fernreisemobils auf Basis des Mercedes-Benz Unimog U 4000 beträgt 248.300 Euro.

Pünktlich zum Jahresende 2010 erhielt der Bundeswehr Fuhrpark Service (BwFPS) den 650sten Unimog U 5000. Der Unimog hat eine lange Tradition in der Bundeswehr, die 1956 mit dem Unimog S begann und sich bis zum heutigen Tage mit mehreren 10.000 ausgelieferten Fahrzeugen erfolgreich fortsetzt. Legendär und in seinen Einsatzmöglichkeiten unerreicht ist der Unimog U 5000 als Vertreter der hochgeländegängigen Unimog-Baureihe für schwierige Einsätze abseits aller Straßen und Wege. Der Unimog ist das geländegängigste Fahrzeug in der Gewichtsklasse zwischen 7,5 t und 12,5 t zulässigem Gesamtgewicht. Dank seinen überragenden Fahrwerkseigenschaften ist der Unimog für Einsätze schwerster Geländeanforderungen und verschiedene Militäreinsätze prädestiniert.

Der Unimog U 5000 wird für den Bundeswehr Fuhrparkservice in der Ausführung mit dem langen Radstand von 3850 mm geliefert. Als Antrieb dient der Mercedes-Benz Dieselmotor OM 924 LA mit 160 kW (218 PS) Leistung in Euro-5-Ausführung. Seine hohe Verwindungsfähigkeit verdankt der hochgeländegängige Unimog U 5000 einem flexiblen Rahmenkonzept aus zwei U-Längsträgern mit geschweißten Rohrquerträgern. Portalachsen vorn und hinten mit Differentialsperren, Radvorgelege, Querlenker, Schubrohr, Schraubenfedern, Teleskop-Stoßdämpfern sowie Stabilisatoren vorn und hinten sind Serienstandard. Die Portalachsen und der gekröpfte Rahmen mit einer diagonalen Verwindungsfähigkeit von bis zu 600 mm sorgen stets für hohe Bodenfreiheit bei niedrigem Schwerpunkt und gleichzeitigem Bodenkontakt aller Räder. Lange Federwege durch Schraubenfedern lassen den sicheren und beschädigungsfreien Transport auch gefährlicher Güter selbst in schwerstem Gelände zu. Mit einer Kraftverteilung von 50/50 zwischen Vorder- und Hinterachse kann das Fahrzeug Steigungen oder Gefälle bis 100 % und Schräglagen bis 38° bewältigen.

ALLE MODELLE SEIT 1946

Das hochgeländegängige Unimog-Fahrgestell des U 5000 verbindet die traditionellen Unimog-Eigenschaften wie Solidität, Robustheit, Langlebigkeit, Zuverlässigkeit und das fast schon legendäre Allradkonzept mit modernster Motoren- und Getriebetechnologie sowie Ergonomie auf höchstem Niveau. Das modernisierte Ganzstahl-Fahrerhaus mit Dachluke ist auch als Doppelkabine erhältlich. Es ist – wie auch Motor, Getriebe, Pritsche und Aufbau – dreipunktgelagert und gleicht so jede Fahrzeugbewegung aus. Als langjähriger Partner von Mercedes-Benz Special Trucks und gleichzeitig Entwicklungspartner für Aufbauten und Hersteller der BwFPS-Standardpritsche, zeichnet sich die Firma Sonntag in Lennestadt verantwortlich. Die Aufbauten sind nicht starr verschraubt, sondern mit einer doppelten Dreipunktlagerung verwindungsfrei mit dem Rahmen verbunden. Das BwFPS-Fahrzeug verfügt über ein 4-Punkt-Twistlock-Wechselsystem, das Aufbautenwechsel in kürzester Zeit möglich macht.

Mit dem Unimog U 5000 6x6 und U 5000 L mit Doppelkabine erhielt die hochgeländegängige Unimog-Baureihe Mitte 2012 eine letzte Modifikation, denn in den Startlöchern wartete bereits die neue Unimog-Generation, die ein Jahr später, 2013, die seit über zehn Jahren überaus verlässlichen Profifahrzeugen ablöste.

Der neue Unimog U 5000 6x6 mit drei Achsen hat das Einsatzspektrum des Mercedes-Benz Allradspezialisten jetzt noch weiter ausgedehnt. Fit für zusätzliche Aufgabenfelder wird er durch 17 Tonnen zul. Gesamtgewicht und eine Nutzlast von rund 10 Tonnen. Dies macht ihn zum flexiblen Allrounder für Spezialeinsätze in besonders schwierigem Terrain, bei denen schwere Lasten oder Aufbauten zu transportieren sind und zugleich höchste Anforderungen an die Geländegängigkeit gestellt werden. Von der Energiewirtschaft bis zur Feuerwehr, aber auch im Katastrophenschutz transportiert der neue Dreiachser schwere Einsatzgeräte, Kran- und Tanklöschaufbauten ebenso zuverlässig an Ziele auf und abseits der Straße wie Arbeitstrupps und Wartungsmannschaften.

Der Unimog U 5000 6x6 vereint die Qualitäten des U 5000 4x4 mit einer erhöhten Nutzlast bis zu 10 Tonnen. Die Ausstattung mit einer dritten Antriebsachse macht ihn zum Spezialisten für schwergewichtige Arbeits- und Transportaufgaben in schwierigem Terrain.

Im Leerzustand wiegt das Fahrgestell des U 5000 6x6 exakt 7,24 Tonnen. Der gekröpfte Rahmen mit eingeschweißten Rohrquerträgern hat beim Dreiachser eine Gesamtlänge von 7400 mm. Der Radstand beträgt 3900 + 1400 mm, ergänzt durch die Überhänge vorn und hinten mit jeweils 1050 mm. Der Einbau der dritten Antriebsachse erfolgt durch den Unimog-Umbaupartner Paul in Passau. Das Schubrohrkonzept, die große Bodenfreiheit von 480 mm sowie der günstige Böschungswinkel mit bis zu 50 Grad sind 1:1 vom U 5000 übernommen worden. Dadurch bleibt die Geländegängigkeit ebenso in vollem Umfang erhalten wie die hohe Wirtschaftlichkeit durch lange Wartungsintervalle von 1200 Betriebsstunden und den sparsamen Kraftstoffverbrauch.

Bei der Waldbrandbekämpfung kann das mitgeführte Löschmittel-Tankvolumen auf bis zu 7000 Liter vergrößert werden. Die oft widrigen Bedingungen auf dem Weg zum Brandherd können der Ganzstahlkabine so gut wie nichts anhaben. Im Katastrophenschutz lassen sich große Wasserpumpen und andere schwere Geräte durch die optional erhältliche Watfähigkeit von bis zu 1,2 m selbst durch überflutete Regionen sicher und schnell in Notgebiete transportieren.

Die ergonomische Auslegung, die Sitzposition im schwingungsarmen Bereich hinter der Vorderachse, die 3-Punkt-Lagerung der Ganzstahl-Fahrerkabine sowie die Schraubenfedern an allen Achsen ermöglichen ermüdungsfreies Fahren und Arbeiten über lange Zeiträume hinweg. Alternativ stehen darüber hinaus spezielle Busaufbauten zur Verfügung, in denen bis zu 30

ALLE MODELLE SEIT 1946

Personen komfortabel und sicher untergebracht sind. Umweltverträglich ist der dreiachsige Allroundprofi sogar in sensiblen Landschafts-, Wasser- und Naturschutzgebieten unterwegs. Der serienmäßige Reihen-Dieselmotor OM 924 LA mit 160 kW (218 PS) Leistung und einem maximalen Drehmoment von 810 Nm erfüllt dank BlueTec-Technologie die Euro-5-Norm. Für spezielle Einsätze und Exportmärkte steht der Motor alternativ auch in einer Euro-3-Ausführung zur Verfügung.

Die spezielle Ausrüstung des Unimog U 5000 L mit Palfinger-Kran, Pritsche für den material- und Werkzeugtransport, Seilwinde für Selbstbergung oder Kabelzug sowie einem umfangreichen Tagebaupaket hat das Einsatzspektrum des Mercedes-Benz Allradspezialisten jetzt noch weiter ausgedehnt. Mit Doppelkabine, 13,8 t zulässigem Gesamtgewicht und langen Radstand von 3850 mm übernimmt er leistungsintensive Aufgabenfelder im Tage-, Erdkabel-, Rohr- und Freileitungsbau, indem er – zusätzlich zu seinem Job als Trägerfahrzeug und Transporteur von Material, Werkzeug sowie schwersten An- und Aufbaugeräten – auch noch die Möglichkeit bietet, Arbeitstrupps in der geräumigen Doppelkabine zu Baustellen und Arbeitseinsätzen in schwer zugänglichem Gelände zu transportieren. Zur Verfügung steht der U 5000 L in bewährter Euro V-Motorisierung mit 160 kW (220 PS) Leistung. Für spezielle Exporteinsätze ist er auch in der Euro III-Ausführung erhältlich.

Aber bereits im kommenden Jahr (2013) durfte man auf die neue Unimog-Generation, des Geräteträgers BlueTec 6 und des hochgeländegängigen Unimog BlueTec 6, gespannt sein, die im Rahmen der Einführung der Abgasnorm Euro IV vorgestellt werden sollten.

Typenübersicht Hochgeländegängiger Unimog Baureihe 437.4 (UHN/UHE)									
Typ/Bezeichnung	Baumuster	Motor				Radstand	zulässiges Gesamtgewicht	Bauzeit
		Typ	BM	Zylinder	PS (kW)	Abgasnorm			
U 3000	437.420	OM 904 LA	904.953	4	150 (110)	Euro III	3.250	7,5 oder 8,5 t	2002 - 09
U 3000	437.425	OM 904 LA	904.953	4	150 (110)	Euro III	3.850	7,5 oder 8,5 t	2002 - 09
U 4000	437.420	OM 904 LA	904.952	4	177 (130)	Euro III	3.250	8,5 oder 9,5 t	2002 - 09
U 4000	437.420	OM 924 LA	924.916	4	218 (160)	Euro III	3.250	8,5 oder 9,5 t	2002 - 09
U 4000	437.425	OM 904 LA	904.952	4	177 (130)	Euro III	3.850	8,5 oder 9,5 t	2002 - 10
U 4000	437.425	OM 924 LA	924.916	4	218 (160)	Euro III	3.850	8,5 oder 9,5 t	2002 - 10
U 4000	437.421	OM 904 LA	900.921	4	177 (130)	Euro 3/5	3.250	8,5 oder 9,5 t	2006 - 14
U 4000	437.426	+ M03	900.921	4	177 (130)	Euro 3/5	3.850	8,5 oder 9,5 t	2006 - 14
U 5000	437.430	OM 924 LA	924.916	4	218 (160)	Euro III	3.250	11,99 - 13,8/14,1 t	2003 - 10
U 5000	437.435	OM 924 LA	924.916	4	218 (160)	Euro III	3.850	11,99 - 13,8/14,1 t	2002 - 10
U 5000	437.431	OM 924 LA	924.931	4	218 (160)	Euro 3/5	3.250	11,99 - 13,8/14,1 t	2006 - 14
U 5000	437.436	OM 924 LA	924.931	4	218 (160)	Euro 3/5	3.850	11,99 - 13,8/14,1 t	2006 - 14
U 5000 6x6	437.436	OM 924 LA	924.931	4	218 (160)	Euro 3/5	3.900 + 1.400	16,50 - 17,00 t	2012 - 14

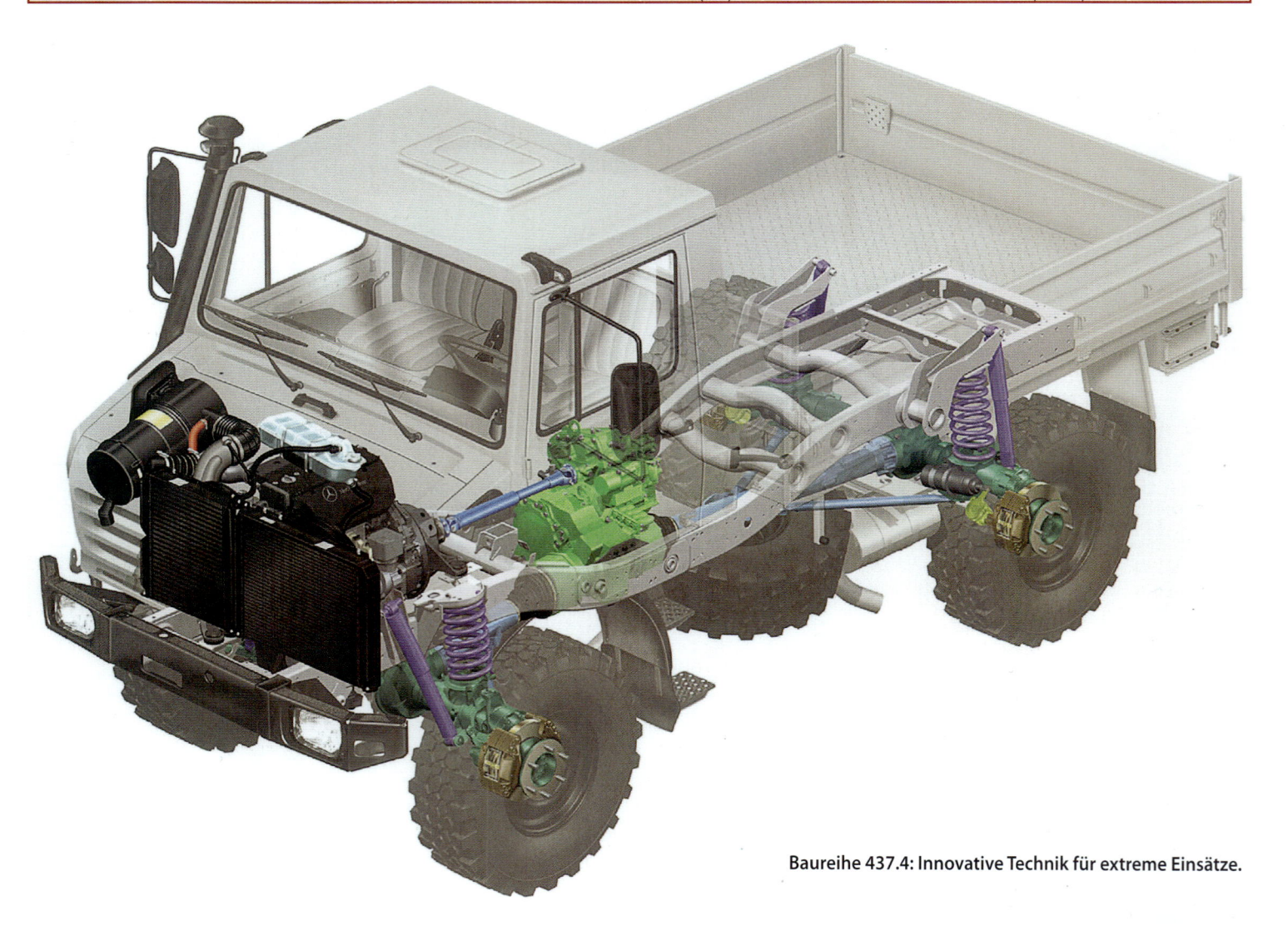

Baureihe 437.4: Innovative Technik für extreme Einsätze.

ALLE MODELLE SEIT 1946

	Unimog U 3000 Baureihe 437.4 2002-2009 437.420 / 437.425 (Euro 3/4)	Unimog U 4000 Baureihe 437.4 2002-2010 437.420 / 437.425 (Euro 3) 2006-2014 437.421 / 437.426 (Euro 4/5)
	Unimog Hochgeländegängig UHN	
Motor		
Baumuster (BM)	904.953	904.952 (MO3) / 924.916 (MO4) 900.921 (MO3)
Bauart	4-Takt-Diesel-Direkteinspritzung mit Turbolader und Ladeluftkühlung	
	4-Zylinder in Reihe (OM 904 LA)	4-Zylinder in Reihe (OM 904 LA / 924 LA)
Bohrung x Hub	102 x 130 mm	102 x 130 mm / 106 x 136 mm
Hubraum	4.249 ccm	4.249 ccm / 4.801 ccm
Leistung	150 PS (110 kW) bei 2.200/min	177/218 PS (130/160 kW) bei 2.200/min
Drehzahlregler	Elektronische Drehzahlregelung »EDR«	
Drehmoment	580 Nm bei 1.200-1.600/min	675 / 810 Nm bei 1.200-1.600/min
Verdichtung	18 : 1	18 : 1 / 17,4 : 1
Gemischbereitung	Bosch-Einspritzpumpe, 6-Loch-Einspritzdüsen	
Kühlung	Wasserkühlung mit Thermostat und Visco-Lüfter mit Keilriemenantrieb (26 Liter)	
Elektrik	24 Volt, Drehstromlichtmaschine 2240 W, 28 V, 80 A, Batterie 2x12 V in Reihe 66 Ah	
Kraftübertragung		
Kupplung	Selbstnachst. Einscheiben-Trockenkupplung, Druckplatte 362 mm, Anpr.fläche 592 m²	
Getriebe	Vollsynchr. 8-Gang-EPS-Schaltgetriebe mit pneum. zuschaltb. Vorderradantrieb (Allrad) Verteilergetriebe mit Schubkugelanschluss, 8 Vor- und 6 Rückwärtsgänge Typ UG 100 - 8 / 9,57 - 0,74 GPA, (BM: G 718.841)	
Getriebeübersetzung	9,570	9,570
Übersetzg. vorwärts	9,57 / 6,635 / 4,375 / 3,219 / 2,188 / 1,517 / 1,000 / 0,736	
Übersetzg. rückwärts	14,569 / 10,101 / 6,660 / 4,900 / 3,330 / 2,309 / 1,522 / 1,120	
Fahrgeschw. vorw.	6,6 / 9,5 / 14,4 / 19,6 / 28,8 / 41,6 / 63,2 / 85,0 km/h	
Fahrgeschw. rüchw.	4,4 / 6,3 / 9,5 / 12,9 / 19,1 / 27,5 km/h	
Achsübersetzung	i = 6,53	i = 6,53
Fahrwerk		
Rahmen	Leiterrahmen aus 2 U-Längsträgern (185 mm Profilhöhe) mit eingeschw. Rohrquerträgern	
Fahrerhaus	Ganzstahlfahrerhaus mit Dachentlüftungsklappe, dreipunktgelagert, 2-türig, ECE-R 29	
Achsen v/h	Portalachsen mit Radvorgelege, Querlenker, Schubrohr, Differenzialsperren	
Differenzialsperren	v/h, ohne Zugkraftunterbrechung elektro-pneum. ü. Klauenkupplg. zu- und abschaltbar	
Federung v/h	Schraubenfedern und Teleskopstoßdämpfer, Stabilisatoren an Vorder- u. Hinterachse	
Betriebsbremse v/h	Pneum.-hydr. Zweikreis-Scheibenbremse mit 4-Kanal-ABS, autom. lastabh. Bremse (ALB) Federspeicherbremsanlage auf Hinterräder, Motorbremse zweistufig	
Zapfwellen vorn	Elektr. betätigte, lastschaltbare Motorzapfwelle mit Ölkühler, 540/1000/min	
Nebenabtrieb	Motorabhängiger Nebenabtrieb (i = 1,0 / i = 0,61) für Leistungshydraulik	
Hydraulik	Einkreis-Hydraulikanlage, riemengetriebene Zahnradpumpe für Dauerverbraucher Pumpenvol.: 22,5 cm³, Fördervol.: 60 l/min bei 2.200/min, Arbeitsdruck 240 bar	
Lenkung	hydraulische Servolenkung Typ LS 6 E	
Räder	11 x 20	
Bereifung	335 / 80 R 20	
Allgemeine Daten		
Radstand	3.250 / 3.850 mm	3.250 / 3.850 mm
Spurweite v/h	1.927 mm	1.927 mm
Gesamtmaße	5.410 / 6.010 x 2.300 x 2.650 mm	5.410 / 6.010 x 2.300 x 2.650 mm
Vorbaumaß	1.050 mm	1.050 mm
Bodenfreiheit/Diff.	434 mm	434 mm
Böschungswinkel v/h	41° / 44°	41° / 44°
Pritsche	Aufbaulänge 3.250 / 4.100 mm	Aufbaulänge 3.250 / 4.100 mm
Höchstgeschw.	85 km/h	85 km/h
kl. Wendekreis	14,5 / 16,3 Meter	14,5 / 16,3 Meter
Leergewicht	4.130 / 4.280 kg	4.130 / 4.280 kg
zul. Gesamtgewicht	7.500 oder 8.500 kg	8.500 oder 9.500 kg
zul. Achslast v/h	4.000 kg	4.000 kg
zul. Anh.Last gebr.	3.500 kg	3.500 kg
Füllmenge Motor	15,8 Liter	15,8 Liter
Kraftstofftank	145 Liter	145 Liter

	Unimog U 5000 – Baureihe 437.4 2002-2010	Unimog U 5000 6x6 – Baureihe 437.4 2012-2014
	437.430 / 437.435 (Euro 3)	
	2006-2014	
	437.431 / 437.436 (Euro 4/5) Unimog Hochgeländegängig UHN	
Motor		
Baumuster (BM)	924.916 (Euro 3/4) / 924.931 (Euro 5)	
Bauart	4-Takt-Diesel-Direkteinspritzung mit Turbolader und Ladeluftkühlung, 4-Zylinder in Reihe (OM 924 LA)	
Bohrung x Hub	106 x 136 mm	
Hubraum	4.801 ccm	
Leistung	218 PS (160 kW) bei 2.200/min	
Drehzahlregler	elektronische Drehzahlregelung "EDR"	
Drehmoment	810 Nm bei 1.200-1.600/min	
Verdichtung	17,4 : 1	
Gemischbereitung	Bosch -Einspritzpumpe, 6-Loch-Einspritzdüsen	
Kühlung	Wasserkühlung mit Thermostat und Visco-Lüfter mit Keilriemenantrieb (26 Liter)	
Elektrik	24 Volt, Drehstromlichtmaschine 2240 W, 28 V, 80 A, Batterie 2x12 V in Reihe 66 Ah	
Kraftübertragung		
Kupplung	Selbstnachst. Einscheiben-Trockenkupplung, Druckplatte 362 mm, Anpr. fläche 592 m²	
Getriebe	Vollsynchr. 8-Gang-EPS-Schaltgetriebe mit pneum. zuschaltb. Vorderradantrieb (Allrad) Verteilergetriebe mit Schubkugelanschluss, 8 Vor- und 6 Rückwärtsgänge Typ UG 100 - 8 / 9,57 - 0,74 GPA, (BM: G 718.841)	
Getriebeübersetzung	9,570	
Übersetzg. vorwärts	9,57 / 6,635 / 4,375 / 3,219 / 2,188 / 1,517 / 1,000 / 0,736	
Übersetzg. rückwärts	14,569 / 10,101 / 6,660 / 4,900 / 3,330 / 2,309 / 1,522 / 1,120	
Fahrgeschw. vorwärts	6,5 / 9,4 / 14,2 / 19,4 / 28,5 / 41,1 / 62,3 / 84,6 km/h	
Fahrgeschw. rückwärts.	4,3 / 6,2 / 9,4 / 12,7 / 18,7 / 27,0 km/h	
Achsübersetzung	i = 6,94	
Fahrwerk		
Rahmen	Leiterrahmen aus 2 U-Längsträgern (185 mm Profilhöhe) mit eingeschw. Rohrquerträgern	
Fahrerhaus	Ganzstahlfahrerhaus mit Dachentlüftungsklappe, dreipunktgelagert, 2-türig, ECE-R 29	
Achsen vorn/hinten	Portalachsen mit Radvorgelege, Querlenker, Schubrohr, Differenzialsperren v/h, ohne Zugkraftunterbrechung elektro-pneum. ü. Klauenkupplg. zu- und abschaltbar	
Federung vorn/hinten	Schraubenfedern und Teleskopstoßdämpfer, Stabilisatoren an Vorder- u. Hinterachse	
Bremsen vorn/hinten	Pneum.-hyd. Zweikreis-Scheibenbremse mit 4-Kanal-ABS, autom. lastabh. Bremse (ALB) Federspeicherbremsanlage auf Hinterräder, Motorbremse zweistufig	
Zapfwellen vorn	Elektr. betätigte, lastschaltbare Motorzapfwelle mit Ölkühler, 540/1000/min	
Nebenabtrieb	Motorabhängiger Nebenabtrieb (i = 1,0 / i = 0,61) für Leistungshydraulik	
Hydraulik	Einkreis-Hydraulikanlage, riemengetriebene Zahnradpumpe für Dauerverbraucher Pumpenvol.: 22,5 cm³, Fördervol.: 60 l/min bei 2.200/min, Arbeitsdruck 240 bar	
Lenkung	hydraulische Servolenkung Typ LS 6 E	
Räder	11 x 20 SDC	
Bereifung	365 / 80 R 20	
Allgemeine Daten		
Radstand	3.250 / 3.850 mm	3.900 + 1.400 mm
Spurweite vorn/hinten	1.920 mm	1.920 mm
Gesamtmaße	5.410 / 6.010 x 2.368 x 2.740 mm	7400 x 2.368 x 2.740 mm
Vorbaumaß	1.050 mm	1.050 mm
Bodenfreiheit/Diff.	476 mm	480 mm
Böschungswinkel vorn/hinten	44° / 53°	53°
Pritsche	Aufbaulänge 3.250 / 4.100 mm	
Höchstgeschw.	85 km/h	90 km/h
kl. Wendekreis	14,5 / 16,3 Meter	19,5 Meter
Leergewicht	5.150 / 5.300 kg	7.240 kg
zul. Gesamtgewicht	11.990 oder 13.500 kg	16.500 oder 17.000 kg
zul. Achslast vorn/hinten	5.500 / 6.900-8.500 kg	4.500-5.300 / 6.000 kg
zul. Anh.Last gebr.	3.500 kg	
Füllmenge Motor	15,8 Liter	15,8 Liter
Kraftstofftank	145 Liter	145 Liter

ALLE MODELLE SEIT 1946

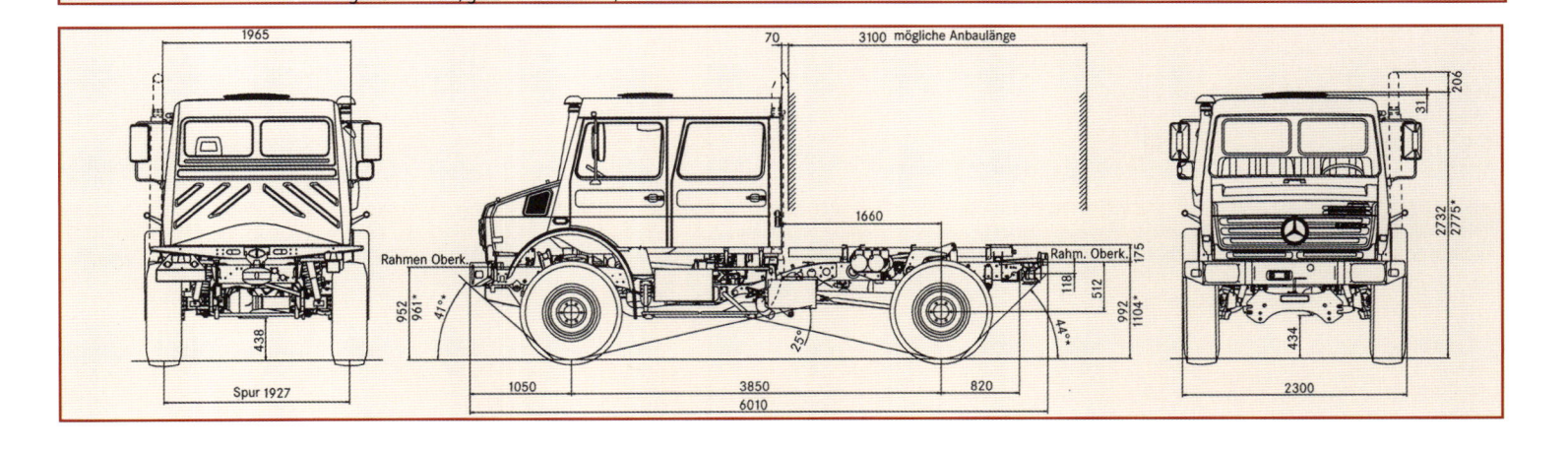

Preise / Lieferausführung U 3000 / U 4000 / U 5000 BR 437.4   3/2002

		437.420	437.425
Baumuster		437.420	437.425
Radstand		3.250 mm	3.850 mm
Listenpreis U 3000		75.854,--	76.354,--
		(in € ohne MWST)	

		437.420	437.425
Baumuster		437.420	437.425
Radstand		3.250 mm	3.850 mm
Listenpreis U 4000		77.626,--	78.126,--
Baumuster		437.430	437.435
Listenpreis U 5000		93.130,--	94.710,--

Vorgeschriebener Lieferumfang (U 3000)

Code	Beschreibung	Preis
L04/5	Umrißleuchten	270,--
L25	Nebelschlußleuchte	129,--
L35	Leuchtweitenregelung	189,--
L71	Seitenmarkierungsleuchten mit integr. Rückstrahlern	85,--
S21	Dreipunkt-Autom.-Sicherheitsgurt	327,--
S50	Verbandstasche	35,--
Y46	Warndreieck und Warnleuchte	74,--
Z96	Bereitstellungspauschale (Inland)	344,--

wahlweise:

Code	Beschreibung	Preis
J24	Tachograph EC, 2 Fahrer	593,--
J27	Tachograph EC, 2 Fahrer + SIM	593,--

Vorgeschriebener Lieferumfang (U 4000 / U 5000)

Code	Beschreibung	Preis
L04/5	Umrißleuchten	270,--
L25	Nebelschlußleuchte	129,--
L35	Leuchtweitenregelung	189,--
L71	Seitenmarkierungsleuchten mit integr. Rückstrahlern	85,--
S21	Dreipunkt-Autom.-Sicherheitsgurt	327,--
S50	Verbandstasche	35,--
S82	Weitwinkelspiegel	35,--
S83	Rampenspiegel/Weitwinkelspiegel	75,--
Y46	Warndreieck und Warnleuchte	74,--
Z96	Bereitstellungspauschale (Inland)	344,--

wahlweise:

Code	Beschreibung	Preis
J24	Tachograph EC, 2 Fahrer	593,--
J27	Tachograph EC, 2 Fahrer + SIM	593,--

Serienausstattung

Motor
U 3000 MB-4-Zylinder-Diesel-Direkteinspritzer, Typ OM 904 LA, 150 PS (110 kW) 2.200/min
U 4000 MB-4-Zylinder-Diesel-Direkteinspritzer, Typ OM 904 LA, 177 PS (130 kW) 2.200/min
U 5000 MB-4-Zylinder-Diesel-Direkteinspritzer, Typ OM 924 LA, 218 PS (160 kW) 2.200/min
Ausführung EURO 3, Abgasturboaufladung mit Ladeluftkühlung, wassergekühlt, elektron. Einspritzregelung (MR), Außengeäuschdämmung, Gaspedal elektronisch, Geschwindigkeitsbegrenzung 85 km/h elektronisch, Handgas elektronisch, Lüfter für Kühlung mit Viscokupplung mech. angetrieben, Luftfilter mit Vorabscheidung, Luftpresser stirnradgetr. wassergekühlt, 300 L/min bei 18 bar, Motorbremse 2stufig mit Auspuffklappe und Konstantdrossel, Reglercharakteristik für Fahr- und Geländebetrieb (RQ, RSV)

Getriebe
MB-Vollsynchron-Wendegetriebe mit 8 Vorwärts- und 6 Rückwärtsgängen, alle Gänge durchschaltbar, Einscheiben-Trockenkupplung, Telligent®-Schaltung (EPS), Tempomat, VA-Antrieb zuschaltbar, V/R-Schaltung synchronisiert (schnelle Reverierschaltung)

Achsen
Portalachsen mit Radvorgelegen, i=6,53, Schraubenfedern und Stabilisatoren an Vorder- und Hinterachse, Allradantrieb mit Differenzialsperren in beiden Achsen, während der Fahrt elektro-pneumatisch zu- und abschaltbar, Schraubenfedern mit progressiver Kennung, Hydraulische Servolenkung LS 6 E

Bremsen
Hochdruck-Zweikreisbremsanlage (18 bar), pneum.-hyd. Übertragung, Scheibenbremsen, Federspeicher-Feststellbremse auf Hinterräder, 4-Kanal-Antiblockiersystem (ABS), abschaltbar, Bremsanlage automatisch lastabhängig (ALB-Regelung), Druckluftanschluss für Nebenverbraucher, Lufttrockner, Reifenfüllanschluss

Fahrgestell
Radstand bei Baumuster 437.420: 3.250 mm / bei BM 437.425: 3.850 mm, gebogener verwindungsfähiger, biegesteifer Leiterrahmen mit geschweissten Rohrquerträgern, Motor, Getriebe, Fahrerhaus und Aufbau dreipunktgelagert, Kraftstoffbehälter 160 Liter, mit Füllrohr mit Siebkorb, Anhängemaul mit Steckbolzen vorn, Unterbodenschutz Dinol

Elektrik
Bordnetz 24 Volt, Generator 28 V / 80 A (2.240 Watt), Anhängersteckdose hinten 24 V (15-polig), Batterien 2x12 /66 Ah, wartungsarm, Dauerstromsteckdose 24V in Mittelkonsole, Elektrik und Elektronik funkentstört, Elektron. Fahrzeugmanagement-System mit Onboard- Diagnose und Diagnoseschnittstelle, Elektronikbox zentral, geschützt im Fhs.(Armat.brett)

Zubehör
Bordwerkzeug, Unterlegkeile, Wagenheber

Bereifung
4fach, 335 / 80 R 20, Li 139 J, Straße/Gelände, Scheibenrad 11 x 20

Lackierung / Fahrerhaus
ambragelb/MB 1624, tieforange/MB 2603, feuerrot/MB 3534, enzianblau/MB 5361, Lkw-grün/MB 6277, saftgrün/MB 6821, Lkw-grau/MB 7187, grauweiß/MB 9136, reinweiß/MB 9678

Empfohlene Lieferausführungen Unimog U 5000 Baureihe 437.4 9/2003

Ausführung Fahrgestell	Radstand 3.250 mm
Leergewicht	5.350 kg
Gewicht Vorderachse	3.550 kg
Gewicht Hinterachse	1.800 kg

B42	Anhängerbremsanlage Zweileitung
C48	Schlussleuchtenhalter verbreitert
D11	Frontanbauplatte Größe 3
E47	Gerätesteckdose am Batteriekasten
F43	Zusatzheizung mit Motorvorwärmung
F57	Klimaanlage
G20	Arbeits- und Geländegruppe
H10	Hydraulikanlage
H50	Steckanschlüsse hinten
J08	Bordsteckdose
J24	Tachograf
L05	Umrissleuchten
L25	Nebelschlussleuchte
L35	Leuchtweitenregelung
N16	Schneller Nebenabtrieb, i = 1
Q89	Anhängerkupplung
R42	Scheibenräder 22,5 x 14,00
S05	Hydraulischer Fahrersitz
S13	Hydraulischer Beifahrersitz
S21	Dreipunkt-Automatik-Sicherheitsgurte
S50	Verbandstasche
S82	Weitwinkelspiegel
S83	Rampenspiegel
Y20	Kundendienst-Sortiment als Beipack, lose

Ausführung Fahrgestell	Radstand 3.850 mm
Leergewicht	5.350 kg
Gewicht Vorderachse	3.570 kg
Gewicht Hinterachse	1.780 kg

A30	Reifendruckregelanlage
A31	Radseitige Teile für tirecontrol®
B42	Anhängerbremsanlage Zweileitung
C48	Schlussleuchtenhalter verbreitert
D60	Anbaubeschläge Mitte
D65	Befestigungsteile für Fremdaufbauten
E11	Tarnlichtanlage
E44	Steckdose für Fremdstart
E47	Gerätesteckdose am Batteriekasten
E55	Antenne und 2 Lautsprecher und Radiokonsole
E75	2 Natobatterien
F43	Zusatzheizung mit Motorvorwärmung
F60	Hochstellvorrichtung für Fahrerhaus
F64	Kippbeschläge für Fahrerhaus
H10	Hydraulikanlage
H50	Hydr. Steckeranschluss hinten, 2fach
J08	Bordsteckdose 24 V / 25 A
J24	Tachograf
L05	Umrissleuchten
L19	Verkabelung für Nebelscheinwerfer
L25	Nebelschlussleuchte
L30	Steinschlagschutzgitter für Scheinwerfer
L35	Leuchtweitenregelung
L71	Seitenmarkierungsleuchten
M61	Wasserabscheider im Kraftstoffsystem
M89	Ansaugluft-Vorwärmung für Kaltstart
Q32	Verstärkter Schlussquerträger
R30	Scheibenräder 11 x 20 SDC
S05	Hydraulischer Fahrersitz
S14	Beifahrersitz Zweisitzer, Rückenlehne kippb.
S21	Dreipunkt-Automatik-Sicherheitsgurte
S46	2 Rückspiegel außen, heizb. elektr. verstellbar
S65	Kopfstütze für Fahrer
S81	Spiegelhalter verbreitert
S82	Weitwinkelspiegel
S83	Rampenspiegel
Z39	Verzurr- und Verladeösen

Ausführung Fahrgestell	Radstand 3.850 mm
Leergewicht	5.440 kg
Gewicht Vorderachse	3.630 kg
Gewicht Hinterachse	1.810 kg

B28	mech. Schnelllöseeinrichtg. Federspeicherzyl.
B42	Anhängerbremsanlage Zweileitung
C34	Antirutschbelag auf Stoßfänger
D10	Anbaubeschläge vorne
D35	Frontseilwindenhalter vorne
E33	Batteriehauptschalter am Batteriekasten
E62	Radio-Casettengerät, Antenne, 2 Lautsprecher
F64	Kippbeschläge für Fahrerhaus
G20	Arbeits- und Geländegruppe
H10	Hydraulikanlage
J24	Tachograf EC, 2 Fahrer
L04	Umrissleuchten
L19	Verkabelung für Nebelscheinwerfer
L25	Nebelschlussleuchte
L35	Leuchtweitenregelung
L71	Seitenmarkierungsleuchten
N16	Schneller Nebenabtrieb, i = 1
Q35	Anhängemaul vorne zusätzlich
S05	Hydraulischer Fahrersitz
S21	Dreipunkt-Automatik-Sicherheitsgurte
S46	2 Rückspiegel außen, heizb. elektr. verstellbar
S47	Rückwandfenster rechts verschiebbar
S50	Verbandstasche
S65	Kopfstütze für Fahrer
S66	Kopfstütze für Beifahrer
S82	Weitwinkelspiegel
S83	Rampenspiegel
Y31	Reifenfüllschlauch mit Manometer
Y46	Warndreieck und Warnleuchte

Produktion Hochgeländegängiger Unimog Baureihe 437.4 (UHN / UHE)

Baumuster	2002	2003	2004	2005	2006	2007	2008	2009	2010	2011	2012	2013	2014	2015	Gesamt
437.420	26	59	176	115	39	30	17	45	2						509
437.421					8	34	49	29	19						139
437.425	33	69	102	235	236	108	199	161	40						1.183
437.426					6	56	68	61	105						296
437.430		23	31	32	47	2	9	61	11						216
alle UHN / UHE										580	441	573	373	619	2.586
437.431					6	24	27	13	17						87
437.435	1	78	288	210	164	118	82	112	62						1.115
437.436					22	125	127	263	606						1.143
437.465			26	51	41	166	168	180	156						788
Gesamt	60	229	623	643	569	663	746	925	1018	580	441	573	373	619	8.062

ALLE MODELLE SEIT 1946

Unimog U 216 Baureihe 405 (2013-2020)
Unimog U 218 Baureihe 405 (2013-2020)
Unimog U 318 Baureihe 405 (2013-2020)
Unimog U 423 Baureihe 405 (2013-)
Unimog U 427 Baureihe 405 (2013-)
Unimog U 430 Baureihe 405 (2013-)
Unimog U 527 Baureihe 405 (2013-)
Unimog U 530 Baureihe 405 (2013-)
Unimog U 323 Baureihe 405 (2016-)
Unimog U 429 Baureihe 405 (2016-)
Unimog U 529 Baureihe 405 (2016-)
Unimog U 219 Baureihe 405 (2020-)
Unimog U 319 Baureihe 405 (2020-)

Feierstunde im Werk Wörth: Mit dem Serienstart der neuen Unimog-Generation am 22.8.2013 zieht die Euro VI Technologie jetzt bei den Special Trucks ein. Mercedes-Benz hat die Umstellung auf die Abgasnorm Euro VI zum Anlass für die größte Produktoffensive in seiner Geschichte genommen und das Lkw-Portfolio komplett erneuert. Beim neuen Unimog hat man alles darangesetzt, um an dem Erfolg der bewährten Baureihen anzuknöpfen und die Vorreiterrolle bei umweltfreundlichen Lkw weiter auszubauen.

Zwei von Grund auf neu konstruierte BlueEfficiency Power-Motorenbaureihen bringen den Unimog auf die Euro VI-Abgasnorm und sorgen für erhöhte Effizienz, vor allem im Geräteeinsatz, für den jetzt noch mehr Leistung bereit steht. Es sind drei Vier- und zwei Sechszylinder im Leistungsbereich von 156 PS (115 kW) bis 299 PS (220 kW) der Motorenbaureihe OM 934 und OM 936 in Hubräumen von 5,1 Litern und 7,7 Litern. Die hochmodernen Triebwerke kombinieren niedrigen Kraftstoffverbrauch (bis zu 3% weniger) mit höchster Abgasreinheit und erreichen, dass auch der Unimog trotz des hohen konstruktiven Aufwands zur Einhaltung von Euro VI insgesamt effizienter unterwegs ist. U 216 und U 218 sowie der U 318 und U 423 haben dabei Vierzylindermotoren, U 427, U 430 und U 527 und U 530 die Sechszylinderaggregate.

Yaris Pürsün, Leiter Mercedes-Benz Special Trucks und Leiter Mercedes-Benz Werk Wörth beim Bandanlauf: »*Dem Serienstart*

Unimog Geräteträger U 218 mit Freisichtfahrerhaus und Pritsche.

Unimog Geräteträger U 218 in Agrarausführung beim Winterdienst mit Keil-Vario-Schneepflug und Streuautomat Gmeiner Yeti 1600 W.

Ob Wartung oder Reparatur. Der Unimog Geräteträger U 218 hilft dem Energieversorger Enel, das italienische Stromnetz störungsfrei zu halten.

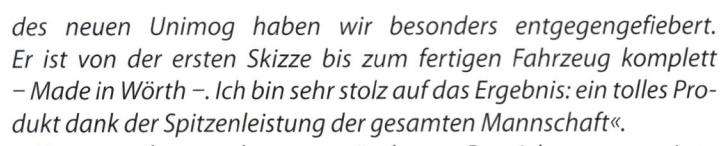

Schnelles Handeln ist gefordert: Der Geräteträger U 218 beseitigt Sturmschäden.

des neuen Unimog haben wir besonders entgegengefiebert. Er ist von der ersten Skizze bis zum fertigen Fahrzeug komplett – Made in Wörth –. Ich bin sehr stolz auf das Ergebnis: ein tolles Produkt dank der Spitzenleistung der gesamten Mannschaft«.

Neu geordnet und unter geänderten Bezeichnungen zeigte sich die im Jahr 2000 eingeführte Baureihe 405 der Unimog-Geräteträger nun in der zweiten Generation. Sie haben die Typenbezeichnung U 216, U 218, U 318, U 423, U 427, U 430, U 527 und U 530. Komplett neu sind die beiden Einstiegsmodelle U 216 und U 218. Sie ersetzen den bisherigen Unimog U 20 und rücken näher an die Reihe der stärker motorisierten Versionen heran, die nun mit U 318, U 423, U 430, U 527 und U 530 bezeichnet werden. Dabei gibt die erste Ziffer die Größenordnung an (beispielsweise 4 entsprechend dem früheren Unimog U 400), die folgenden zwei Ziffern stehen für die ersten Stellen der PS-Leistung, so 23 für 230 PS.

Die Typen U 216 und U 218 treten unter anderem mit einer komplett überarbeiteten Freisichtkabine an, einschließlich der verstellbaren Lenksäule und die schon bekannte einzigartige Vario-Lenkung: Lenkrad und Pedale lassen sich vom Fahrerplatz für den Einsatz auf den Beifahrerplatz verschieben. Außerdem mit den neuen Systemen für Arbeits- und für Leistungshydrau-

ALLE MODELLE SEIT 1946

lik sowie dem synergetischen Fahrantrieb – dem Wechsel von Schaltgetriebe zu Hydrostat während der Fahrt und erhöhen damit in starkem Maße die Einsatzeffizienz des Unimog. Der große Vorzug der neuen Unimog besteht in den besonders kompakten Abmessungen. Der Radstand liegt bei nur 2800 Millimetern und fällt damit um 200 Millimeter niedriger aus als beim U 318, außerdem sind sie um 50 Millimeter schmaler. So erreichen sie einen Wendekreis von 12,6 Meter gegenüber 13,7 Metern – beides übrigens absolute Pkw-Werte. Zur Verfügung stehen die Vierzylindermotoren mit 115 kW (156 PS) und 130 kW (177 PS). Mit drei verschiedenen Lastwerten von 7,5 bis 10 Tonnen erfüllen der U 216 und U 218 auch bei der Nutzlast vielfältige Aufgaben und Anwendungen.

Noch leistungsfähiger, noch wendiger, versehen mit erweiterten Einsatzmöglichkeiten – derart rundum gesteigerte Effizienz kennzeichnet die Unimog U 318 bis U 530. Die Motoren bringen einen neuen Spitzenwert, denn die 220 kW (299 PS) im U 430 und U 530 sind die höchste je für einen Unimog verwirklichte PS-Leistung. Die weiter entwickelten Systeme der Arbeitshydraulik und der Leistungshydraulik profitieren von den Motoren. Mehr Effizienz ergibt sich auch durch die größere Nutzlast. Hier gelang eine Gewichtsreduzierung durch Aussparungen am Rahmen und durch den Einsatz von Aluminiumrädern. Eine echte Meisterleistung gelang den Entwicklern dabei, den Radstand trotz der aufwendigen Komponenten für Euro VI gegenüber dem früheren U 300 um 80 Millimeter zu verkürzen (U 318 und U 423). Dadurch und mit Hilfe größerer Lenk-Einschlagwinkel liegt der Wendkreis dieser nochmal deutlich unter dem der Vorgänger.

Als Weltneuheit bringt der Unimog-Geräteträger den hydraulischen Fahrantrieb in höchst innovativer Form auf die Straße und eröffnet damit ganz neue Möglichkeiten des Geräteeinsatzes. Die Kombination von Hydrostat und Schaltgetriebe ermöglicht nun den fliegenden Wechsel während der Fahrt. Bisher war beim Wechsel der Systeme ein kurzer Stopp nötig. Der neue komfortable Drive-Work-Modus wirkt sich beispielsweise dann positiv aus, wenn beim Mähen des Straßenbegleitgrüns für eine längere Strecke eine Lärmschutzwand die Arbeiten erübrigt. Unabhängig davon erlaubt der neue Hydrostat im Unimog jetzt Geschwindigkeiten von bis zu 50 km/h – Die hydrostatische Leistung wurde um 20 Prozent erhöht. Während das stufenlose Fahren und Arbeiten insbesondere den Kupplungsverschleiß reduziert und die Arbeitsleistung erhöht, spart das Fahren mit dem Schaltgetriebe aufgrund optimaler Wirkungsgrade Kraftstoff. Beim per EPS geschalteten Getriebe nimmt der Fahrer durch Betätigen der Kupplung den Wechsel vor, in Verbindung mit der optional erhältlichen automatisierten Schaltung EAS wird der Wechsel voll automatisch durchgeführt. Bedient wird das neue synergetische System bequem über Lenkstockschalter, Hydraulik-Joystick oder wahlweise das Fahrpedal.

Unimog Geräteträger U 423 mit Freisichtfahrerhaus und Pritsche.

Unimog Geräteträger U 423 mit Pritsche in Agrarausführung.

383

UNIMOG

Unimog Geräteträger U 423 mit Pritsche.

Die Einsatzvielfalt der Unimog-Geräteträger ist Legende. Mehr als 1000 Möglichkeiten kennen die für den Unimog verantwortlichen Produktplaner. Gerätehersteller auf der ganzen Welt arbeiten zusammen mit Mercedes-Benz Special Trucks im Werk Wörth, wo der Unimog beheimatet ist. Alle Beteiligten erweitern in intensiver Kooperation ständig das Einsatzspektrum. Das große Plus der Unimog von U 216 bis zum U 530 ist die vierfache Gerätenutzung. Es gibt drei Anbauräume – vorn, hinten und zwischen den Achsen – sowie den Aufbauraum auf dem Chassis. Die Geräte können hydraulisch, mechanisch und elektrisch mit Energie versorgt werden. Der kommunale Einsatz, Energie-, Forstwirtschaft, Agrologistik, Bau oder Straßen-Schiene Einsatz stehen neben vielen anderen auf der Liste. Ob Flughafendienst, Reinigung von Solarparks oder beim Schneeräumen auf Passstraßen – dem Unimog ist so gut wie gar nichts fremd und gerade das macht ihn in der Welt der Nutzfahrzeuge einmalig – als vielseitiger Geräteträger mit den Fahreigenschaften eines Lkw. Auch als Zugmaschine eines 40-Tonnen Zuges bewährt er sich, die technische Höchstgeschwindigkeit von bis zu 90 km/h ist absolut autobahntauglich.

Unimog U 423 mit Schneeschleuder beim Winterdienst.

ALLE MODELLE SEIT 1946

Unimog Geräteträger U 527 in Agrarausführung mit spezieller Pritsche, Agrarbereifung und neu konzipierte mechanische Heckzapfwelle sowie Front- und Heckkraftheber sowohl für den Transport wie auch für die Feldarbeit.

Die Freisichtkabine zeigt sich in neuem Design. Dabei ist die optische und funktionelle Wirkung der Kurzhaube noch mehr betont, in die neuen Stoßfänger sind LED-Leuchten mit Tagfahrlicht integriert. Der besseren Sicht wegen sind die Scheibenwischer jetzt über der Windschutzscheibe angebracht. Die Sicht auf die Fahrbahn und die Geräte ist optimal, zusätzlich noch verbessert und durch das jetzt neue Frontkamera-Monitorsystem. Typisch Unimog: Die Frontzapfwelle weißt auf seine kraftvolle Technik und leistungsintensive Anwendungsmöglichkeiten hin.

Multifunktionslenkrad, verstellbare Lenksäule, verstärktes Heizungs- und Kühlsystem mit verbesserter Luftverteilung erfreuen Fahrer und Mitfahrer. Optimiert wurden die Bedienelemente, so gibt es jetzt Lenkstockhebel zum Bedienen der Funktionen wie Getriebeschaltung oder Motorbremse. Das Kombiinstrument zur Fahrerinformation ist neu und hat ein großes, helles Display. Der Joystick zur Bedienung von Geräten lässt sich entnehmen. Eine ungehinderte Sicht auf die Frontgeräte – wichtig auch beim An- und Abkoppeln – sichert das Monitorsystem mit Frontkamera – das alles ergibt eine spürbare Erleichterung für den Fahrer. Die Bedienung der optional lieferbaren Reifendruckregelanlage (Tirecontrol plus) geschieht jetzt stark vereinfacht über das Display und bietet dem Anwender die Wahl zwischen den vorparametrierten Modi »Straße«, »Sand« und »Schlechtweg«.

Die Vielfalt der Einsatzmöglichkeiten des Unimog immer wei-

Sicheres Bremsen bei voller Beladung.

ter zu steigern, ist eines der Erfolgsgeheimnisse des legendären Spezialfahrzeugs. Dazu gehören neben Anwendungen durch neue Geräte seitens der darauf spezialisierten Aufbauhersteller auch die technischen Voraussetzungen am Fahrzeug selbst.

Modifiziert und weiterentwickelt präsentiert Mercedes-Benz im September 2014 den neuen Unimog als 2-Wege-Ausführung mit Motoren nach der europäischen Lkw-Abgasnorm Euro VI und setzt damit einen neuen Standard an Umweltverträglichkeit und Effizienz. Die erhöhte Nutzlast des neuen Unimog ermöglicht für Rangierarbeiten eine noch bessere Traktion, für Arbeiten an der Schieneninfrastruktur wirkt sie sich bei der Ausstattung mit Anbaugeräten positiv aus.

Unimog Geräteträger U 423 in 2-Wegeausführung im Road-Railer-Einsatz.

ALLE MODELLE SEIT 1946

Schmale Spurweite für 2-Wege-Einsatz: Unimog Geräteträger U 423 im Rangier-Betrieb.

Unimog Geräteträger U 423 in 2-Wegeausführung mit Hubarbeitsbühne und Drehschemel-Schienenführung.

Unimog U 427 Geräteträger mit absaugendem Mähgerät SB 500 von Mulag

Die Unimog U 423 bis U 530 erhielten jetzt die Allradlenkung ab Werk. Sie erlaubt vier verschiedene Lenkungsarten: Normallenkung über die Vorderräder, Allradlenkung mit allen Rädern im selben Winkel, „Hundeganglenkung" für die Diagonalfahrt sowie die manuelle Lenkung der Hinterräder. Dadurch wird der Wendekreis um bis zu 20 Prozent reduziert und die Manövrierfähigkeit des Fahrzeugs in allen Einsatzsituationen gesteigert. Die Hydraulikanlage des Unimog arbeitet künftig bedarfsorientiert mit einer Load-Sensing-Hydraulik, damit beim Antrieb der Geräte nur so viel Energie verbraucht wird wie im Augenblick nötig ist. Ein neues Lichtpaket als Zusatzausstattung verbessert die Lichtverhältnisse für die Fahrt und für den Geräteeinsatz. Es handelt sich um höhenverstellbare Zusatzscheinwerfer an der A-Säule, um Fernscheinwerfer auf dem Dach und um Bi-Xenon-Scheinwerfer für das Fahrlicht im Stoßfänger. Letztere sind gekoppelt mit einer Scheinwerferreinigungsanlage.

Eine eindrucksvolle Steigerung bisheriger Höchstleistung und Vielfalt im Unimog-Einsatz stellt der Mähzug für absaugendes Mähen dar, den Mercedes-Benz zusammen mit dem Aufbauhersteller Mulag präsentiert. Der Unimog hat hier – das ist eine Premiere – eine Mähtür auch auf der linken Seite, gedacht zum Mähen der Mittelstreifen. Die Mähtür ermöglicht es dem Beifahrer, quer zur Fahrtrichtung sitzend das Mähgerät zu steuern. Beim Einsatz mit linker Mähtür wird das Lenkrad mittels VarioPilot-System auf die rechte Seite verschoben. Zum Mähzug gehört auch der Anhänger, in den das Mähgut abgesaugt wird.

ALLE MODELLE SEIT 1946

Der Ganzjahres-Allrounder mit Ausleger-Mähkombination im Straßenbetriebsdienst.

Der Unimog Geräteträger U 430 mit Mulag Frontausleger, Tastmähkopf und flexiblem Heckausleger zum Umfahren von Hindernissen.

UNIMOG

Unimog Geräteträger U 430 Kommunalausführung .

Unimog U 423 mit Radstand 3150 mm mit speziellem Fahrgestell für die Sonderanwendung als Kehrmaschine.

ALLE MODELLE SEIT 1946

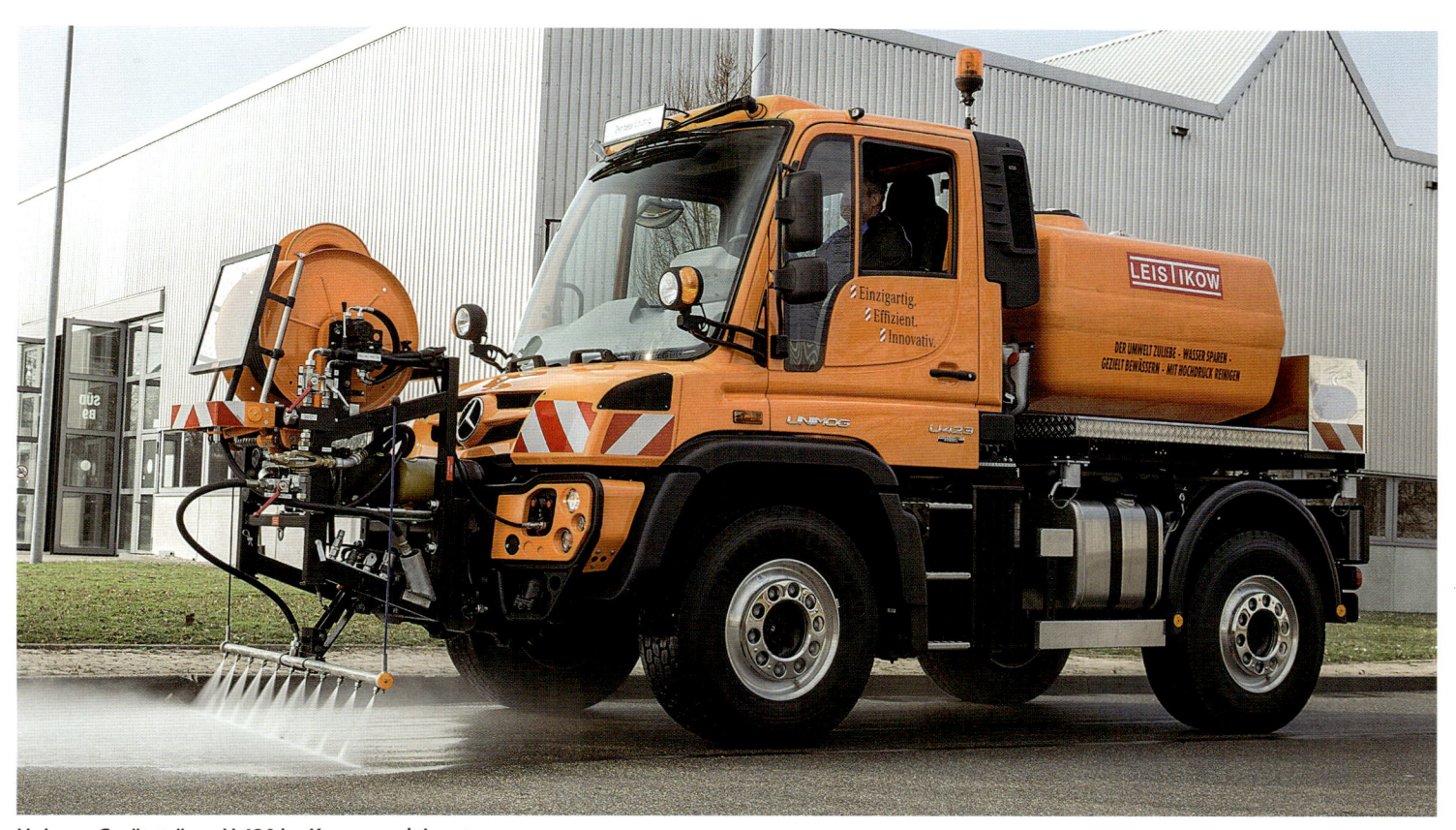

Unimog Geräteträger U 430 im Kommunaleinsatz.

Ab 2015 ist ab Werk eine Vorrüstung für Aufbaukehrmaschinen lieferbar. Das vereinfacht die Arbeiten, die bisher beim Aufbauhersteller erledigt wurden. Die passenden Aufbaukehrmaschinen liefern die Firmen Aebi-Schmidt und Trilety. Dass es nun den Unimog ebenfalls ab Werk mit Heckzapfwelle gibt, wird alle Anwender unter den Lohnunternehmern freuen, die Großhacker zum Häckseln von Holz nutzen. Hier steht jetzt die volle Motorleistung zur Verfügung, was das Spektrum der Anwendungen erhöht. Auch für die neue Unimog-Generation steht wieder ein Frontlader zur Verfügung, eine Neuentwicklung der Firma Hauer.

Vielfältige Einsatzzwecke mit nur einem Geräteträger zu bewältigen macht die Stärke des Unimog aus. Vier Anbauräume stehen zur Verfügung, außen an Front und Heck zwischen den Achsen und auf dem Chassis. Wie gut der Geräteträger und die von einer darauf spezialisierten Industrie abgestimmten An- und Aufbaugeräte harmonieren zeigt die Verwendungs-Vielfalt. So sind Geräte für den Sommerdienst möglich: Bankettfräse und Verdichter, Mähwerke, auch mit Absauger und Mähanhänger, Aufbaukehrmaschine, Wassertank mit Sprühanlage. Für den Winterdienst: Fräse, Schneepflug, Solesprüher, Streuautomat. Für kommunale Logistik: Absetzkipper, Anbaukrane, Frontlader und für unterjährige Aufgaben: Holzhacker.

Dank Heckzapfwelle ausgerüstet mit Großhacker zum Holz-Häckseln.

Das Unimog-Hacker-Gespann verwandelt Stammholz in Hackschnitzel.

Unimog Geräteträger U 530 mit 300 PS in der Silomais-Logistik im Einsatz.

Unimog Geräteträger U 527 in Agrarausstattung.

Lohnunternehmer mit eigenem Fahrzeug- und Maschinenpark spielen in der Landwirtschaft neben dem klassischen Landwirt eine immer größere Rolle. Das ist einer der aktuellen Trends auf den Landtechnik-Messen der Welt.

Für den landwirtschaftlichen Einsatz gibt es beim Unimog-Geräteträger die Agrarausführung: Frontzapfwelle und Frontkraftheber, Heckzapfwelle und Heckkraftheber, die höhenverstellbare Scharmüller-Anhängekupplung auch in Kombination mit der „Untenanhängung" für eine Kugelkopfkupplung, Agrarbereifung und eine Pritsche mit Einlegeboden, die ein Sichtdreieck auf den hinteren Anbauraum frei lässt. Die Heckzapfwelle kam 2016 erstmals als Ausrüstung ab Werk für U 427 bis U 530 hinzu. Die Breitreifen der Größe 495/70/R24 für den U 530 erlauben bei variablem Reifendruck eine besonders schonende Fahrt auf weichen Ackerböden.

Eine typische Kombination für schneeärmere Regionen, in denen in der Übergangszeit Mäh- bzw. Gehölzpflegearbeiten durchgeführt werden aber auch die schelle Glättebekämpfung gewährleistet sein muss, ist die Kommunalausstattung mit einem Frontauslegermähgerät der Firma Mulag und mit einem Streuautomaten für die Glättebekämpfung.

ALLE MODELLE SEIT 1946

Breite Spurweite für Unimog Geräteträger U 430 im Agrar-Einsatz.

Die Kehrmaschine von Maschinenfabrik Ducker zeichnet sich durch die optimale Bodenanpassung aus.

Unimog Geräteträger U 323 in Kommunalausstattung: Wirtschaftliches transportieren.

Um die Produktlücke zwischen U 318 und U 423 zu schließen, bot Mercedes-Benz ab dem 1.2.2016 den U 323 mit 170 kW (231 PS) als neues Top-Modell der Mercedes-Benz Unimog-Mittelklasse (300er Baureihe) an. Basis für den neuen Unimog Typ U 323 ist der bisherige U 423 mit dem neuen Typschild „U 323". Das Ausstattungsangebot ist jedoch reduziert. Es handelt sich nicht um ein neues Baumuster, der U 323 trägt das Baumuster des U 423 (405 105 bzw. 405 125).

Das neue Mitglied in der Unimog Geräteträger-Familie überzeugt mit nicht nur mehr Leistung als der U 318, er wird auch in den beiden Radständen 3000 und jetzt auch 3600 Millimeter und mit einem maximalen zulässigen Gesamtgewicht von 13,8 bzw. 14,0 Tonnen angeboten. Entsprechend hat der Unimog U 323 auch höhere Achslasten (Vorderachse bis zu sieben Tonnen / Hinterachse bis zu acht Tonnen). Das macht ihn zur effizienten Fahrzeuglösung – vom Schneeräumen, Streuen oder Reinigen über Transporte bis zu Kranarbeiten.

Der neue Unimog U 323 ist vielseitig, geländefähig und sparsam. Mit dem langen Radstand und größerer Pritsche kann er hohe Nutzlast aufnehmen. Der U 323 verfügt neben mehr Leistung auch über viele Sonderausstattungen, die Kunden bereits am U 423 schätzen, wie beispielsweise AutomaticShift, den Getriebe-Nebenabtrieb, mit dem Kranaufbauten oder Hochdruckpumpen angetrieben werden können, oder mehrere Hydraulikoptionen, wie zum Beispiel die vollproportionale 2-Kreis-Hydraulik mit Schneepflugentlastung.

Ausgestattet mit Kipppritsche, Frontlader oder Wechselaufbauten wie beispielsweise einem Wasserfass beweist der U 323 seine Talente als Arbeits- und Transportfahrzeug. Seine standardisierten Schnittstellen für den schnellen Geräteanbau und -abbau und die dank kompakter Abmessungen hohe Wendigkeit verleihen ihm die Flexibilität, unterjährige Aufgaben professionell zu erledigen.

Für optimale Arbeitsbedingungen sorgen neben der ergonomischen Freisichtkabine mit ungehindertem Blick auf die Frontanbaugeräte auch ABS, Allradantrieb und Differenzialsperren. Mit dem Multifunktionsjoystick lassen sich Geräte, Hydraulik- und Fahrfunktionen komfortabel steuern. Damit ist der neue Unimog U 323 für Aufgaben in Kommunen, der Land- oder auch Bauwirtschaft, beispielsweise als Kranfahrzeug, bestens ausgerüstet.

ALLE MODELLE SEIT 1946

Unimog Geräteträger U 323: Komfortabel Schneeräumen und Streuen.

Unimog Geräteträger U 323: Unterjährige Aufgaben flexibel erledigen.

Für den landwirtschaftlichen Einsatz bringt der Unimog alles mit: sowohl leistungsstarke Motoren, ausgeklügelte Kraftübertragung für die Straße und den Geräteeinsatz, als auch hervorragende Eigenschaften für die Fahrt abseits fester Straßen. Daneben hilft die Autobahntauglichkeit des Unimog, auch längere Wegstrecken zwischen den Einsatzorten mühelos und komfortabel zu bewältigen.

Zur Abgasstufe Euromot 4 (Tier4f) passen außerdem die neuen Unimog-Typen U 423, U 429 und U 529, die die für Traktoren verbindliche europäische Abgasnorm Euromot 4 erfüllen. Sie können vom Landwirt beziehungsweise Lohnunternehmer als »Zugmaschine/Ackerschlepper« oder als »Zugmaschine/Geräteträger« – so die amtliche Bezeichnung – zugelassen werden. So sind alle entsprechenden Vorteile nutzbar. Die Abgasnorm für Traktoren erlaubt es unter anderem, auf die für die europäische Lkw-Norm Euro VI notwendigen Dieselpartikelfilter zu verzichten, was dem Nutzer Kosten spart. Bei allen anderen Unimog-Typen sind Motoren nach Euro VI Serie. Damit profitiert man nicht nur von Steuer- und Mautbefreiungen, sondern kann den Unimog auch an Sonn- und Feiertagen einsetzen.

Der Unimog setzt mit zahlreichen technischen Lösungen Maßstäbe in der Branche. So mit dem optional erhältlichen stufenlosen Fahrantrieb EasyDrive. Die Synergie von Hydrostat und mechanischem Schaltgetriebe ermöglicht den fliegenden Wechsel zwischen beiden Antriebsarten während der Fahrt. Der Hydrostat im Unimog erlaubt Geschwindigkeiten bis zu 50 km/h, darüber hinaus fährt man bis 89 km/h effizient und kraftstoffsparend im mechanischen Achtgang-Schaltgetriebe.

Präzise und fein dosierbar geht außerdem die Load-Sensing-Hydraulik für den geräteantrieb ans Werk. Abgerufen wird nur die tatsächlich benötigte Leistung. Ein weiteres bei Landwirten und Bauhöfen begehrtes Feature ist die Ausstattung des Unimog mit Frontlader.

Für die Unimog Geräteträger U 423 bis U 530 ist auch eine Allradlenkung lieferbar. Sie macht drei verschiedene Lenkungsarten möglich: Normallenkung über die Vorderräder, Allradlenkung mit allen Rädern in entgegengesetzten Einschlagwinkeln, »Hundeganglenkung« für die Diagonalfahrt mit parallel gestellten Rädern. Dadurch wird der ohnehin kleine Wendekreis um bis zu weitere 20 Prozent reduziert und die Manövertähigkeit des Fahrzeugs in allen Einsatzsituationen gesteigert.

Ab 2017 umfasst das Unimog-Programm der Geräteträger die Einstiegsmodelle Unimog U 216 und U 218 sowie U 318, den neuen U 323 und den U 423, denen die Vierzylindermotoren mit Leis-

Kommunale Aufgaben wie Grünpflege, Winterdienst und Straßenunterhaltung werden immer häufiger nicht mehr nur durch die Kommunen selbst, sondern auch von landwirtschaftlichen Dienstleistern und Lohnunternehmen ausgeführt.

ALLE MODELLE SEIT 1946

Ab 2019 ist der Unimog erstmals jetzt auch mit Abbiegekamerasystem und Ultraschall-Seitensensorsystem zum Schutz von schwächeren Verkehrsteilnehmern wie zum Beispiel Fahrradfahrern verfügbar. Die an den Seitenspiegeln angebrachten Kameras übertragen die Bereiche rechts beziehungsweise links des Fahrzeugs auf einen Bildschirm, der oberhalb der Windschutzscheibe mittig montiert ist. Zusätzlich zu dem Kamerasystem warnen Ultraschall-Seitensensoren beim Abbiegen vor Objekten im Überwachungsraum.

tungen zwischen 156 PS und 231 PS gemein sind. Die Unimog U 427 und U 527 sowie U 430 und U 530 haben Sechszylindermotoren und verfügen über 272 PS beziehungsweise 299 PS. Dazu kommen die neuen Typen U 423, U 429 und U 529 mit Motoren in der Traktor-Abgasnorm Tier4 (Euromot 4).

Exakt auf die Bedürfnisse kleinerer Kommunen zugeschnitten ist der Unimog U 218. Er ist der ideale Nachfolger der heute noch weit verbreiteten Unimog u 1200, U 1400 und U 1600 aus der zeit zwischen 1988 und 2002. Typisch für die Einsatzdauer des Unimog: Von den 16401 produzierten Fahrzeugen dieser Baureihe 427 sind allein in Deutschland noch 10420 Exemplare zugelassen. Der Unimog U 218 bietet in Kompaktheit, Nutzlast, Kraft, Robustheit und Zuverlässigkeit ähnliche Werte wie die früheren Unimog, kann aber den aktuellen Stand an Komfort, Sicherheit und Effizienz für sich verbuchen.

Aus der Idee, ein Nutzfahrzeug für möglichst viele Aufgabenbereiche zu konzipieren, entstand der Unimog. Seit nunmehr bald 75 Jahren erfüllt der Allrounder-Profi von Mercedes-Benz diesen Anspruch und wurde dabei ständig verbessert. Heute meistert er Herausforderungen in der Grünpflege, der Landwirtschaft, dem Winterdienst und der Straßenunterhaltung. Souverän im Arbeitseinsatz, effektiv im Transport und effizient im Unterhalt – diese Mischung macht den Unimog attraktiv für viele, besonders für kommunale Dienstleister und Lohnunternehmer. Längst überschneiden sich die Einsatzgebiete »grün« und »orange«. Praktische Lösungen für komplexe Einsätze in Städten und auf dem Land stehen hoch im Kurs.

Ab 2019 ist der Unimog erstmals jetzt auch mit Abbiegekamerasystem und Ultraschall-Seitensensorsystem zum Schutz von schwächeren Verkehrsteilnehmern wie zum Beispiel Fahrradfahrern verfügbar. Die an den Seitenspiegeln angebrachten Kameras übertragen die Bereiche rechts beziehungsweise links des Fahrzeugs auf einen Bildschirm, der oberhalb der Windschutzscheibe mittig montiert ist. Bei aktiviertem Blinker rechts wird der Bereich rechts des Fahrzeugs übertragen, bei aktiviertem Blinker links die linke Seite. Ohne Blinkerbetätigung werden beide Bereiche im »Splitscreenmodus« angezeigt, das heißt, zwei Bilder erscheinen auf dem Bildschirm. Voraussetzung ist, dass die Zündung aktiviert ist und dass die Geschwindigkeit – in allen vorgenannten Fällen – weniger als 30 km/h beträgt. Bei aktivem Warnblinker hingegen zeigt das Kamerabild beide Seiten auch ohne aktivierte Zündung. Über einen Taster in der Mittelkonsole können beide Kameras hochdruckgereinigt werden.

Zusätzlich zu dem Kamerasystem warnen Ultraschall-Seitensensoren beim Abbiegen vor Objekten im Überwachungsraum. Dazu sind auf der rechten und linken Seite je vier Sensoren an-

Tanklöschfahrzeug Unimog U 218 TFL 2000 von der Fa. Schlingmann.

gebracht. Voraussetzung ist ein aktivierter Blinker und eine Geschwindigkeit unter 30 km/h. Bei Gefahr blinkt eine rote LED an der linken beziehungsweise rechten oberen Ecke der Frontscheibe. Hinzu kommt eine akustische Warnung: ein Piepton, von Intervall- bis Dauerton, je nach Nähe des Fremdkörpers am Fahrzeug. Das System ist per Schalter in der Mittelkonsole – zum Beispiel beim Mäheinsatz – deaktivierbar, wird bei Neustart aber automatisch wieder aktiviert.

Das »Universal-Motor-Gerät«, der Mercedes-Benz Unimog, macht seinem Namen alle Ehre. Auch nach fast 75 Jahren Geschichte und stetiger Weiterentwicklung überzeugt der Unimog mit innovativen Features. Dabei bietet er maximale Flexibilität und besticht durch seine robuste Bauweise. Doch ab 2020 gibt es noch ein besonderes Plus in Sachen Wirtschaftlichkeit: das Ganzjahrestalent gibt es nun als Einstiegsmodell Unimog U 219 oder Unimog U 319. Die wendigen Modelle der Unimog-Geräteträger Baureihe überzeugen nicht nur in beengtem Raum, sondern auch als kraftvolle Arbeitsmaschine im Gelände oder als Schnellläufer mit einer Höchstgeschwindigkeit von 89 km/h auf der Straße.

Ein Modell für zwölf Monate – Winterdienst, Straßenunterhaltung, Grünarbeiten. Viele Unternehmer im Garten- und Landschaftsbau sowie der Land- und Forstwirtschaft benötigen ein universell einsetzbares Fahrzeug mit Geräteträgereigenschaften. Mercedes-Benz bietet mit dem Unimog ein solches Fahrzeug an. Neu, 2020, ist das Einstiegsmodell U 219, das die schwächer motorisierten Modelle U 216 und U 218 ersetzt. Der neue 190 PS starke Unimog U 219 ist in zwei Radständen (2800 mm und 3600 mm) und mit 7,49 bis 10,5 Tonnen zulässigem Gesamtgewicht lieferbar.

ALLE MODELLE SEIT 1946

Mit dem Unimog als Geräteträger steht ein Fahrzeug zur Verfügung, das über das ganze Jahr Einsatzbereitschaft und Einsatzstärke verbindet. Zwölf Monate mit dem Unimog: vom Winterdienst rund um die Uhr über Grünflächenpflege bis zum Gewässerbau im Sommer und herbstlichem Ernteeinsatz – der Unimog überzeugt vor allem Lohnunternehmer, die ihre Betriebe ganzjährig auslasten wollen. Dazu besitzt der Unimog die wesentlichen Ausstattungsmerkmale: komfortables Fahrerhaus, leistungsstarke Motoren und bis 89 km/h Höchstgeschwindigkeit, vier An- und Aufbauräume, standardisierte hydraulische, mechanische und elektrische Schnittstellen, permanenten Allradantrieb und innovativen stufenlosen Fahrantrieb Easy Drive.

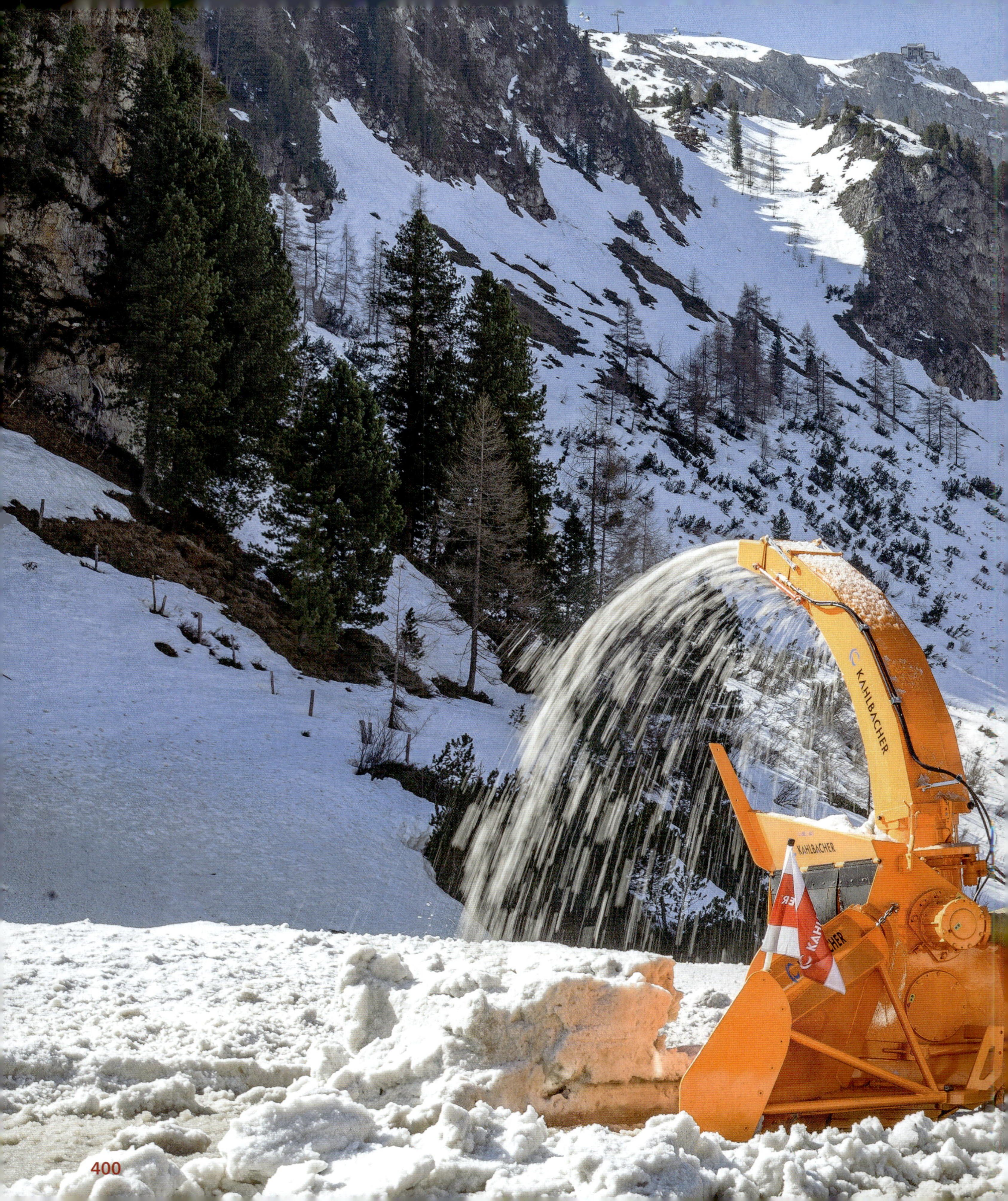
KAHLBACHER
KAHLBACHER

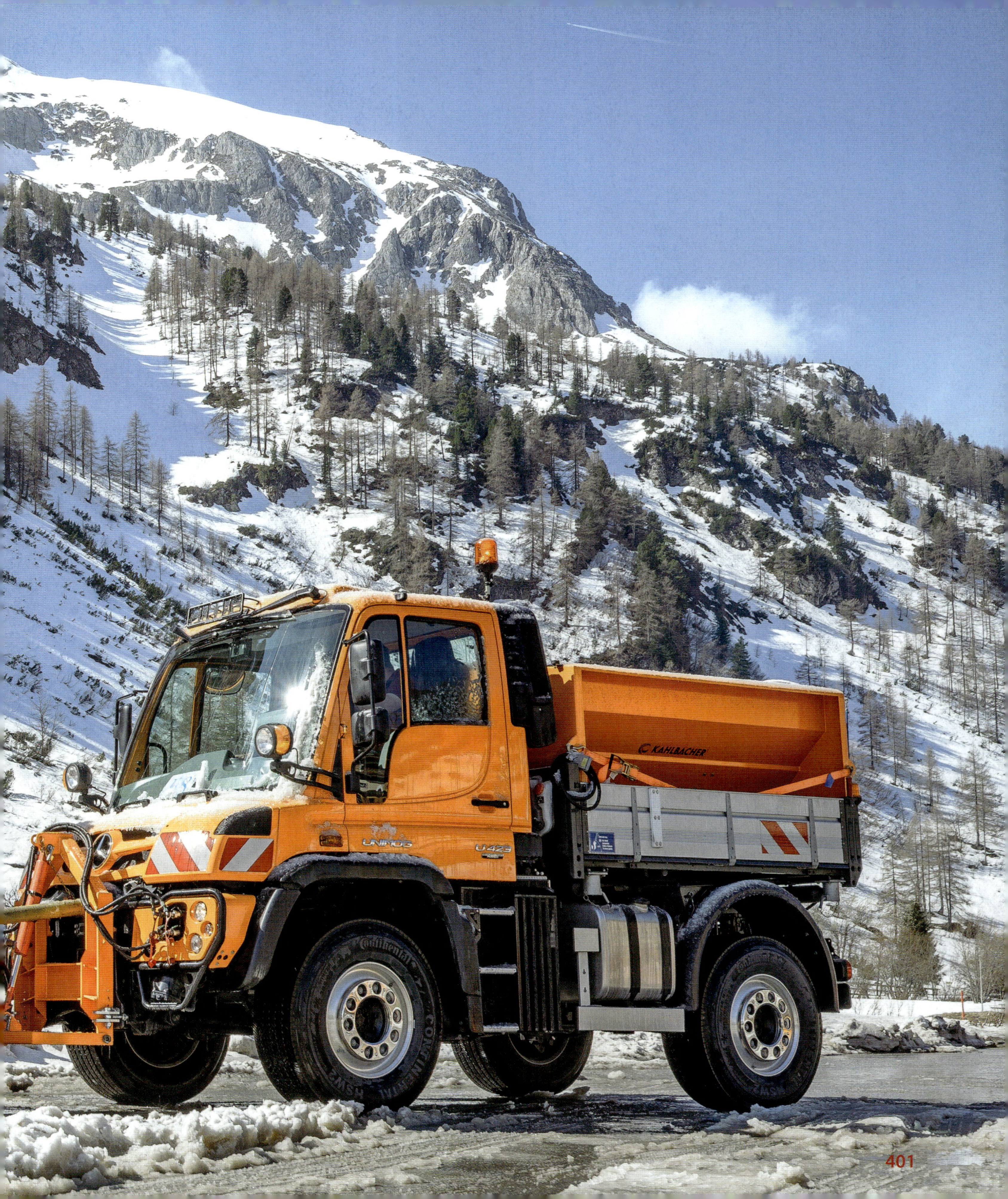
KAHLBACHER
UNIMOG
U 423

Damit umfasst das Produktprogramm nun die Einstiegsmodelle U 219 und U 319 sowie die Allrounder U 323 und U 423, denen die Vierzylindermotoren mit Leistungen zwischen 190 P und 231 PS gemein sind. Die Unimog U 427 und U 527 sowie U 430 und U 530 haben Sechszylindermotoren und verfügen über 272 PS beziehungsweise 299 PS.

Den Einsatzbereich für den U 219 sieht Daimler im Garten- und Landschaftsbau. Mit seinem hervorragenden Preis-/Leistungsverhältnis ist dieser U 219 neben dem Bereich Garten- und Landschaftsbau auch auf die Bedürfnisse von Kommunen und kleineren Unternehmen zugeschnitten. Er ist der ideale Nachfolger der heute noch verbreiteten Unimog u 1200, U 1400 und U 1600, die bis 202 hergestellt wurden. Typisch für die Einsatzdauer des Unimog: Von den über 16.000 produzierten Fahrzeugen dieser älteren Baureihe sind allein in Deutschland noch rund 10.000 Exemplare zugelassen. Der Unimog U 219 bietet in Kompaktheit, Nutzlast, Kraft, Robustheit und Zuverlässigkeit ähnliche Werte wie die früheren Unimog, kann aber den aktuellen Stand an Komfort, Sicherheit und Effizienz für sich verbuchen.

Zur Abgasstufe Euromot 4 (Tier4f) passen außerdem die neuen Unimog-Typen U 423, U 429 und U 529, die die für Traktoren verbindliche europäische Abgasnorm Euromot 4 erfüllen. Sie können vom Landwirt beziehungsweise Lohnunternehmer als »Zugmaschine/Ackerschlepper« oder als »Zugmaschine/Geräteträger« – so die amtliche Bezeichnung – zugelassen werden. So sind alle entsprechenden Vorteile nutzbar. Die Abgasnorm für Traktoren erlaubt es unter anderem, auf die für die europäische Lkw-Norm Euro VI notwendigen Dieselpartikelfilter zu verzichten, was dem Nutzer Kosten spart. Bei allen anderen Unimog-Typen sind Motoren nach Euro VI Serie.

ALLE MODELLE SEIT 1946

Unimog U 527 im Kommunaleinsatz mit Mulag Triomäher MKM 700 und MHU 800. Das Fahrzeug ist mit Mähtür ausgestattet.

Auch 2018 ist der Unimog als universeller Profi-Geräteträger mit hoher Nutz- und Anhängelast 365 Tage im Jahr einsatzbereit und erledigt zuverlässig die vielfältigsten Einsätze im und rund um den Wald. Um den ohnehin kleinen Wendekreis um weitere rund 20 Prozent zu reduzieren und damit die Manövrierfähigkeit noch mehr zu verbessern, steht auf Wunsch eine Hinterachs-Zusatzlenkung zur Verfügung.

ALLE MODELLE SEIT 1946

UNIMOG

ALLE MODELLE SEIT 1946

Das neue Unimog-Einstiegsmodell trägt die Typenbezeichnung U 219. Die 19 steht für 190 PS und ersetzt die bisherigen Typen U 216 und U 218. Den Einsatzbereich für den U 219 sieht Daimler im Garten- und Landschaftsbau.

Der Unimog U 219 mit seinen kompakten Abmessungen erfüllt genau die Bedürfnisse des Bauhofs. Das wendige Einstiegsmodell der Geräteträger Baureihe überzeugt natürlich nicht nur in beengtem Raum, sondern auch als kraftvolle Arbeitsmaschine im Gelände oder als Schnellläufer mit einer Höchstgeschwindigkeit von 89 km/h auf der Straße.

ALLE MODELLE SEIT 1946

Der neue Unimog U 219 mit Schneepflug kommt im Winterdienst auf engen Gemeindestraßen zum Einsatz. Die kompakten Abmessungen des Geräteträgers werden mit einem Keil-Schneepflug der Firma Aebi Schmidt optimal ergänzt. Im Sommer übernimmt der Unimog Transportaufgaben und erleichtert den Bauhofmitarbeitern die tägliche Arbeit.

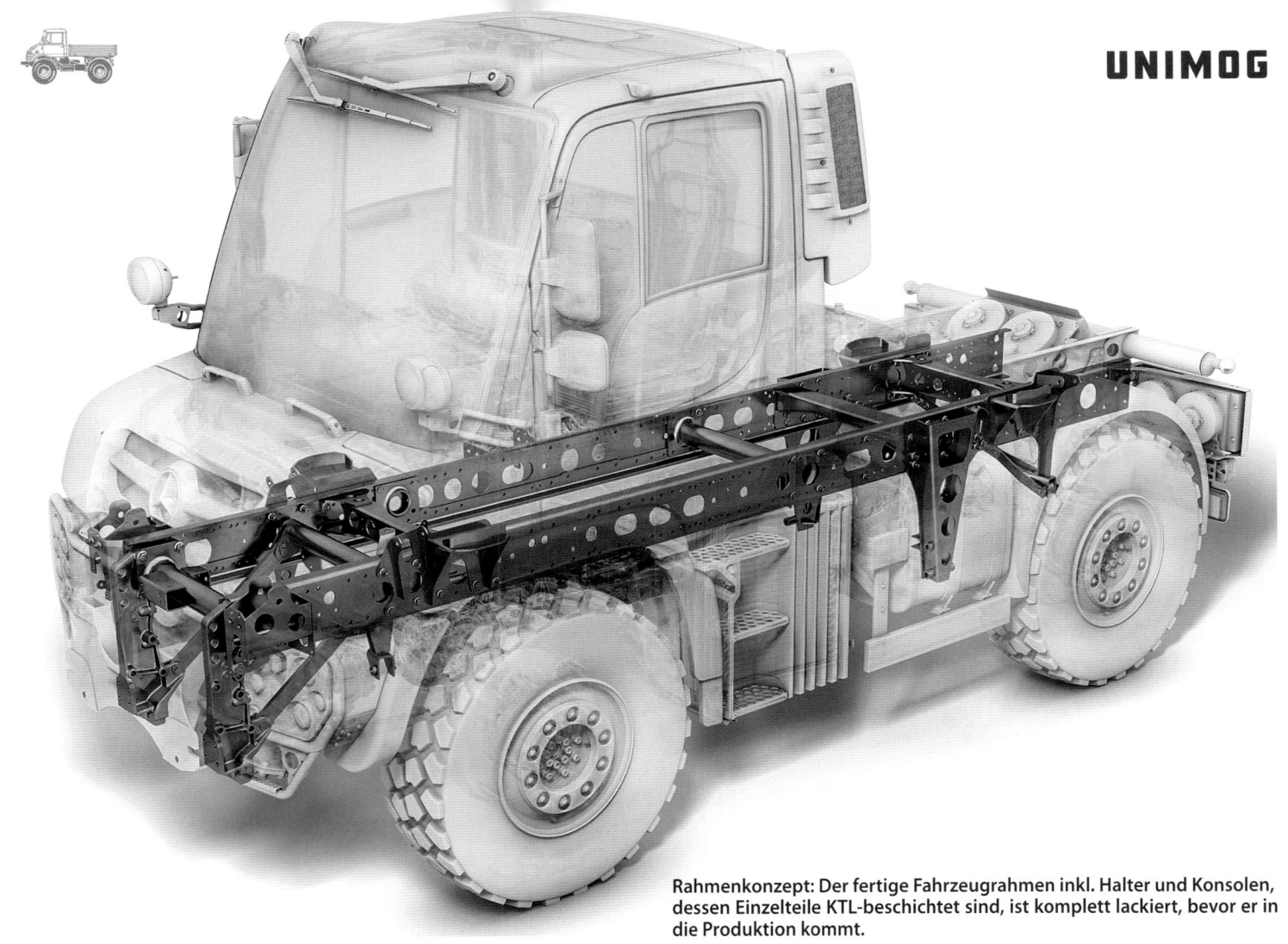

UNIMOG

Rahmenkonzept: Der fertige Fahrzeugrahmen inkl. Halter und Konsolen, dessen Einzelteile KTL-beschichtet sind, ist komplett lackiert, bevor er in die Produktion kommt.

Vierzylinder OM 934 (li) sowie Sechszylinder OM 936 (re) mit Abgasanlage.

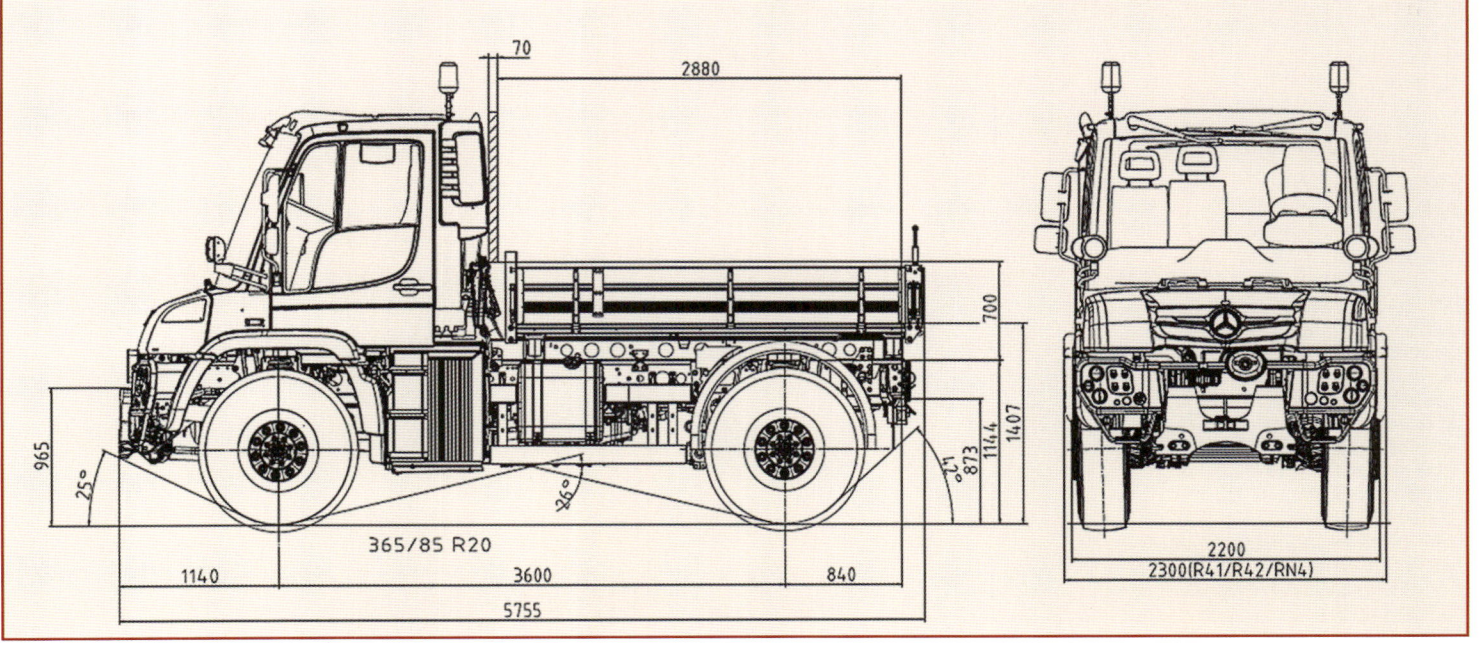

Unimog Technik: lenkergeführte Vorder- und Hinterachse, Schraubenfedern.

	Unimog U 216	Unimog U 218
	Baureihe 405 **2013 - 2020**	
	405.090 (Euro 6)	
	Unimog Gerätetäger BlueTec 6 (UGE)	
Motor		
Baumuster (BM)		
Bauart	MB-4-Zyl.-Dieselmotor, Baureihe 93X, Turboaufladung (2-stufig), MB-BlueTec6-Technologie Euro-VI-Norm, komb. SCR-Technik Partikelfilter, gekü. Abgasrückführung	
Bohrung x Hub	110 x 135 mm	
Hubraum	5.132 ccm	
Leistung	156 PS (115 kW) bei 2.200/min	177 PS (130 kW) bei 2.200/min
Drehzahlregler	2-Regel-Charakteristiken (Fahr- / Gerätebetrieb)	
Drehmoment	650 Nm bei 1.200-1.600/min	750 Nm bei 1.200-1.600/min
Verdichtung	17,6 : 1	
Gemischbereitung	Common-Rail-Direkteinspritzung, 10-Loch-Einspritzdüsen, Einspritzdruck bis 2.400 bar	
Kühlung	Ladeluftkühler mit Thermostat und hydrostatischem Lüfterantrieb (32 Liter)	
Elektrik	24 Volt, Generator 28 V/100 A, Batterie 140 Ah, CAN-Bus-Vernetzung	
Kraftübertragung		
Kupplung	Selbstnachst. Einscheiben-Trockenkupplung, Kupplungsdurchmesser 395 mm	
Getriebe	Vollsynchr. 8-Gang-EPS-Wendegetriebe, perm. Allradantrieb, sperrb. Längsdifferent. Achsmomentenverteilung 50:50, die ersten 6 Gänge rückwärts fahrbar Typ UG 100-8 / 9,57-0,74GPA, BM: G 7 18.840	
Grundgänge / 5,76		
Geschw. vorw. (km/h)	5,9 / 8,6 / 13,0 / 17,7 / 26,0 / 37,5 / 56,8 / 77,3	
Geschw. Rüchw (km/h)		
Kriechgänge/55,87	3,9 / 5,6 / 8,5 / 11,6 / 17,1 / 24,6	
Geschw. vorw. (km/h)	0,11 / 0,15 / 0,23 / 0,32 / 0,47 / 0,67 / 1,02 / 1,38	
Geschw. Rüchw (km/h)	0,07 / 0,1 / 0,15 / 0,21 / 0,31 / 0,44 / 0,67 / 0,91	
Achsübersetzung	6,53	6,53
Fahrwerk		
Rahmen	Gerader, durchgehender Leiterrahmen mit geschraubten Querträgern und Querrohren	
Fahrerhaus	Freisichtfahrerhaus aus Faserverbundwerkstoff, korrosionsfrei, kippbar	
Achsen v/h	Portalachsen, 3-fach lenkergeführt, Differenzialsperre an der Hinterachse, Radvorgelege, während der Fahrt ohne Zugkraftunterbrechung zu- und abschaltbar	
Aufhängung v/h	Längs- und Querlenker mit Schraubenfedern und Stoßdämpfer, Stabilisatoren v/hi	
Bremsen v/h	Pneum.Scheibenbremsen , autom. lastabhängige Bremse (ALB), 4-Kanal-ABS Federspeicher-Handbremse auf Hinterräder, 2-stufige Dekompressions- Motorbremse	
Nebenabtriebe	Motor-Zapfwellenantrieb mit Frontzapfwelle (160 kW), Motor-Nebenabtrieb hinten (i=0,933) mit 6-Loch-Flansch, Getriebe-Nebenabtrieb schnell/sehr schnell	
Hydraulik	Einkreis- und Zweikreis-Hydraulik mit Proportionalsteuerung, Loadsensing-Hydraulik Fördermenge: 1-Kreis 55 l/min, 2-Kreis 32/55 l/min, Arbeitsdruck 200/240 bar	
Lenkung	hydraulische Servolenkung (mech. Kugelumlauflenkung)	
Bereifung	295 / 60 R22,5 bis 425 / 75 R20	
Allgemeine Daten		
Radstand	2.800 mm	
Spurbreite	1.794 mm	
Gesamtmaße	4.980 x 2.200 x 2.855 mm	
Vorbaumaß	1.145 mm	
Bodenfreiheit/Diff.	335 mm	
Böschungswinkel v/h	25° / 37°	
Pritsche	2.200 x 2.075 x 400 mm	
Höchstgeschw.	77 km/h	
kl. Wendekreis	12,6 Meter	
Gewicht VA / HA	3.500 / 5.500 kg	
zul. Gesamtgewicht	7,5 - 10,0 t	
zul. Anhängelast	11,2 - 13,0 t	
zul. Anh.Last gebr.	3.500 kg (Hänger mit Auflaufbremse)	
Füllmenge Motor	17,5 Liter	
Füllmenge Kühlanlage	32 Liter	
Kraftstofftank	145 Liter	

ALLE MODELLE SEIT 1946

	Unimog U 318	Unimog U 423
	Baureihe 405	
	2013 - 2020	2013 -
	405.104 (Euro 6)	405.105 (Euro 6) kurz
		405.125 (Euro 6) lang
	Unimog Geräteträger BlueTec 6 (UGE)	
Motor		
Baumuster (BM)	934.971 (Serie) / OM 934 LA	934.972 (Serie) / OM 934 LA
Bauart	MB-4-Zyl.-Dieselmotor, Baureihe 93X, Turboaufladung (2-stufig), MB-BlueTec6-Technologie Euro-VI-Norm, komb. SCR-Technik Partikelfilter, gekü. Abgasrückführung	
Bohrung x Hub	110 x 135 mm	
Hubraum	5.132 ccm	
Leistung	177 PS (130 kW) bei 2.200/min	231 PS (170 kW) bei 2.200/min
Drehzahlregler	2-Regel-Charakteristiken (Fahr- / Gerätebetrieb)	
Drehmoment	750 Nm bei 1.200-1.600/min	900 Nm bei 1.200-1.600/min
Verdichtung	17,6 : 1	
Gemischbereitung	Common-Rail-Direkteinspritzung, 10-Loch-Einspritzdüsen, Einspritzdruck bis 2.400 bar	
Kühlung	Ladeluftkühler mit Thermostat und hydrostatischem Lüfterantrieb (32 Liter)	
Elektrik	24 Volt, Generator 28 V/150 A, Batterie 140 Ah, CAN-Bus-Vernetzung	
Kraftübertragung		
Kupplung	Selbstnachst. Einscheiben-Trockenkupplung, Kupplungsdurchmesser 395 mm	
Getriebe	Vollsynchr. 8-Gang-EPS-Wendegetriebe, perm. Allradantrieb, sperrb. Längsdifferent. Achsmomentenverteilung 50:50, die ersten 6 Gänge rückwärts fahrbar Typ UG 100-8 / 9,57-0,74GPA, BM: G 7 18.840	
Grundgänge / 5,76		
Geschw. vorw. (km/h)	7,1/10,2/15,5/21,1/31,0/44,7/67,8/92,1	7,2/10,5/15,9/21,6/31,7/45,7/69,4/94,3
Geschw. Rückw (km/h)		
Kriechgänge/55,87	4,7/6,7/10,2/13,8/20,4/29,4	4,8/6,9/10,4/14,2/20,8/30,0
Geschw. vorw. (km/h)	0,13/0,18/0,28/0,38/0,55/0,8/1,21/1,65	0,13/0,19/0,28/0,39/0,57/0,82/1,24/1,69
Geschw. Rückw (km/h)	0,08/0,12/0,18/0,25/0,36/0,53/0,80/1,08	0,09/0,12/0,19/0,25/0,37/0,54/0,82/1,11
Achsübersetzung	6,53	6,38
Fahrwerk		
Rahmen	Gerader, durchgehender Leiterrahmen mit geschraubten Querträgern und Querrohren	
Fahrerhaus	Freisichtfahrerhaus aus Faserverbundwerkstoff, korrosionsfrei, kippbar	
Achsen v/h	Portalachsen, 3-fach lenkergeführt, Differenzialsperre an der Hinterachse, Radvorgelege, während der Fahrt ohne Zugkraftunterbrechung zu- und abschaltbar	
Aufhängung v/h	Längs- und Querlenker mit Schraubenfedern und Stoßdämpfer, Stabilisatoren v/hi	
Bremsen v/h	Pneum.Scheibenbremsen , autom. lastabhängige Bremse (ALB), 4-Kanal-ABS Federspeicher-Handbremse auf Hinterräder, 2-stufige Dekompressions- Motorbremse	
Nebenabtriebe	Motor-Zapfwellenantrieb mit Frontzapfwelle (160 kW), Motor-Nebenabtrieb hinten (i=0,933) mit 6-Loch-Flansch, Getriebe-Nebenabtrieb schnell/sehr schnell	
Hydraulik	Einkreis- und Zweikreis-Hydraulik mit Proportionalsteuerung, Loadsensing-Hydraulik Fördermenge: 1-Kreis 55 l/min, 2-Kreis 32/55 l/min, Arbeitsdruck 240 bar	
Lenkung	hydr. Servolenkung (mech. Kugelumlauflenkung), auf Wunsch: Allradlenkung (U 423)	
Bereifung	295 / 60 R22,5 bis 425 / 75 R20	315 / 80 R22,5 bis 445 / 70 R24
Allgemeine Daten		kurz / lang
Radstand	3.000 mm	3.000 / 3.600 mm
Spurbreite	1.794 mm	1.734 mm
Gesamtmaße	5.155 x 2.200 x 2.845 mm	5.150 / 5.755 x 2.200 x 2.900 mm
Vorbaumaß	1.145 mm	1.142 mm
Bodenfreiheit/Diff.	325 mm	383 mm
Böschungswinkel v/h	27° / 37°	33° / 42°
Pritsche	2.385 x 2.075 x 400 mm	2.385 / 2.900 x 2.075 x 400 mm
Höchstgeschw.	90 km/h (Begrenzer)	90 km/h (Begrenzer)
kl. Wendekreis	13,7 Meter	13,7 / 16,5 Meter
Gewicht VA / HA	3.790 / 6.000 kg	4.170 / 7.800 kg
zul. Gesamtgewicht	7,5 - 11,0 t	11,99 - 13,8/14,0 t
zul. Anhängelast	11,2 - 13,0 t	13,0 t
zul. Anh.Last gebr.	3.500 kg	3.500 kg
Füllmenge Motor	17,5 Liter	17,5 Liter
Füllmenge Kühlanlage	32 Liter	32 Liter
Kraftstofftank	145 / 200 Liter	145 / 200 Liter

	Unimog U 427	Unimog U 430	Unimog U 429
		Baureihe 405	
	2013		2016
	405.110 (Euro 6) kurz 405.125 (Euro 6) lang Unimog Geräteträger BlueTec 6 (UGE)		
Motor			
Baumuster (BM)	936.971 (Serie) / OM 936 LA	936.972 (Serie) / OM 936 LA	936.972 (Serie) / OM 936 LA
Bauart	MB-6-Zyl.-Dieselmotor, Baureihe 93X, Turboaufladung (2-stufig), MB-BlueTec6-Technologie Euro-VI-Norm, komb. SCR-Technik Partikelfilter, gekü. Abgasrückführung		
Bohrung x Hub	110 x 135 mm	110 x 135 mm	110 x 135 mm
Hubraum	7.698 ccm	7.698 ccm	7.698 ccm
Leistung	272 PS (200 kW) bei 2.200/min	299 PS (220 kW) bei 2.200/min	285 PS (210 kW) bei 2.200/min
Drehzahlregler	2-Regel-Charakteristiken (Fahr- / Gerätebetrieb)		
Drehmoment	1.100 Nm bei 1.200-1.600/min	1.200 Nm bei 1.200-1.600/min	1.150 Nm bei 1.200-1.600/min
Verdichtung	17,6 : 1	17,6 : 1	17,6 : 1
Gemischbereitung	Common-Rail-Direkteinspritzung, 10-Loch-Einspritzdüsen, Einspritzdruck bis 2.400 bar		
Kühlung	Ladeluftkühler mit Thermostat und hydrostatischem Lüfterantrieb (32 Liter)		
Elektrik	24 Volt, Generator 28 V/150 A, Batterie 140 Ah, CAN-Bus-Vernetzung		
Kraftübertragung			
Kupplung	Selbstnachst. Einscheiben-Trockenkupplung, Kupplungsdurchmesser 395 mm		
Getriebe	Vollsynchr. 8-Gang-EPS-Wendegetriebe, perm. Allradantrieb, sperrb. Längsdifferent. Achsmomentenverteilung 50:50, die ersten 6 Gänge rückwärts fahrbar Typ UG 100-8 / 9,57-0,74 GPA, BM: G 7 18.840		
Grundgänge / 5,76			
Geschw. vorw. (km/h)	7,2 / 10,5 / 15,9 / 21,6 / 31,7 / 45,7 / 69,4 / 94,3		
Geschw. Rüchw (km/h)	4,8 / 6,9 / 10,4 / 14,2 / 20,8 / 30,0		
Kriechgänge/55,87			
Geschw. vorw. (km/h)	0,13 / 0,19 / 0,28 / 0,39 / 0,57 / 0,82 / 1,24 / 1,69		
Geschw. Rüchw (km/h)	0,09 / 0,12 / 0,19 / 0,25 / 0,37 / 0,54 / 0,82 / 1,11		
Achsübersetzung	6,38	6,38	6,38
Fahrwerk			
Rahmen	Gerader, durchgehender Leiterrahmen mit geschraubten Querträgern und Querrohren		
Fahrerhaus	Freisichtfahrerhaus aus Faserverbundwerkstoff, korrosionsfrei, kippbar		
Achsen v/h	Portalachsen, 3-fach lenkergeführt, Differenzialsperre an der Hinterachse, Radvorgelege, während der Fahrt ohne Zugkraftunterbrechung zu- und abschaltbar		
Aufhängung v/h	Längs- und Querlenker mit Schraubenfedern und Stoßdämpfer, Stabilisatoren v/hi		
Bremsen v/h	Pneum.Scheibenbremsen , autom. lastabhängige Bremse (ALB), 4-Kanal-ABS Federspeicher-Handbremse auf Hinterräder, 2-stufige Dekompressions- Motorbremse		
Nebenabtriebe	Motor-Zapfwellenantrieb mit Frontzapfwelle (160 kW), Motor-Nebenabtrieb hinten (i=0,933) mit 6-Loch-Flansch, Getriebe-Nebenabtrieb schnell/sehr schnell		
Hydraulik	Einkreis- und Zweikreis-Hydraulik mit Proportionalsteuerung, Loadsensing-Hydraulik Fördermenge: 1-Kreis 55 l/min, 2-Kreis 32/55 l/min, Arbeitsdruck 240 bar		
Lenkung	hydraulische Servolenkung (mech. Kugelumlauf- lenkung), auf Wunsch: Allradlenkung		
Bereifung	315 / 80 R22,5 bis 445 / 70 R24		
Allgemeine Daten	kurz / lang		
Radstand	3.150 / 3.600 mm		
Spurbreite	1.734 mm		
Gesamtmaße	5.300 / 5.755 x 2.200 x 2.900 mm		
Vorbaumaß	1.142 mm		
Bodenfreiheit/Diff.	383 mm		
Böschungswinkel v/h	33° / 42°		
Pritsche	2.385 / 2.900 x 2.075 x 400 mm		
Höchstgeschw.	90 km/h (Begrenzer)		
kl. Wendekreis	14,3 / 16,5 Meter		
Gewicht VA / HA	4.170 / 7.800 kg		
zul. Gesamtgewicht	11,99 - 13,8/14,0 t		
zul. Anhängelast	13,0 t		
zul. Anh.Last gebr.	3.500 kg (Hänger mit Auflaufbremse)		
Füllmenge Motor	27 Liter		
Füllmenge Kühlanlage	35 Liter		
Kraftstofftank	200/250 Liter		

ALLE MODELLE SEIT 1946

	Unimog U 527	Unimog U 530	Unimog U 529
	Baureihe 405		
	2013		2016
	405.202 (Euro 6) kurz 405.222 (Euro 6) lang Unimog Geräteträger BlueTec 6 (UGE)		
Motor			
Baumuster (BM)	936.971 (Serie) / OM 936 LA	936.972 (Serie) / OM 936 LA	936.972 (Serie) / OM 936 LA
Bauart	MB-6-Zyl.-Dieselmotor, Baureihe 93X, Turboaufladung (2-stufig), MB-BlueTec6-Technologie Euro-VI-Norm, komb. SCR-Technik Partikelfilter, gekü. Abgasrückführung		
Bohrung x Hub	110 x 135 mm	110 x 135 mm	110 x 135 mm
Hubraum	7.698 ccm	7.698 ccm	7.698 ccm
Leistung	272 PS (200 kW) bei 2.200/min	299 PS (220 kW) bei 2.200/min	285 PS (210 kW) bei 2.200/min
Drehzahlregler	2-Regel-Charakteristiken (Fahr- / Gerätebetrieb)		
Drehmoment	1.100 Nm bei 1.200-1.600/min	1.200 Nm bei 1.200-1.600/min	1.150 Nm bei 1.200-1.600/min
Verdichtung	17,6 : 1	17,6 : 1	17,6 : 1
Gemischbereitung	Common-Rail-Direkteinspritzung, 10-Loch-Einspritzdüsen, Einspritzdruck bis 2.400 bar		
Kühlung	Ladeluftkühler mit Thermostat und hydrostatischem Lüfterantrieb (32 Liter)		
Elektrik	24 Volt, Generator 28 V/150 A, Batterie 140 Ah, CAN-Bus-Vernetzung		
Kraftübertragung			
Kupplung	Selbstnachst. Einscheiben-Trockenkupplung, Kupplungsdurchmesser 395 mm		
Getriebe	Vollsynchr. 8-Gang-EPS-Wendegetriebe, perm. Allradantrieb, sperrb. Längsdifferential. Achsmomentenverteilung 50:50, die ersten 6 Gänge rückwärts fahrbar Typ UG 100-8 / 9,57-0,74 GPA, BM: G 7 18.840		
Grundgänge / 5,76			
Geschw. vorw. (km/h)	7,1 / 10,2/ 15,4 / 21,0 / 30,9 / 44,6 / 67,6 / 91,9		
Geschw. Rüchw (km/h)			
Kriechgänge/55,87	4,6 / 6,7 / 10,1 / 13,8 / 20,3 / 29,03		
Geschw. vorw. (km/h)	0,13 / 0,18 / 0,28 / 0,38 / 0,55 / 0,8 / 1,21 / 1,64		
Geschw. Rüchw (km/h)	0,08 / 0,12 / 0,18 / 0,25 / 0,36 / 0,52 / 0,79 / 1,08		
Achsübersetzung	6,38	6,38	6,38
Fahrwerk			
Rahmen	Gerader, durchgehender Leiterrahmen mit geschraubten Querträgern und Querrohren		
Fahrerhaus	Freisichtfahrerhaus aus Faserverbundwerkstoff, korrosionsfrei, kippbar		
Achsen v/h	Portalachsen, 3-fach lenkergeführt, Differenzialsperre an der Hinterachse, Radvorgelege, während der Fahrt ohne Zugkraftunterbrechung zu- und abschaltbar		
Aufhängung v/h	Längs- und Querlenker mit Schraubenfedern und Stoßdämpfer, Stabilisatoren v/hi		
Bremsen v/h	Pneum.Scheibenbremsen , autom. lastabhängige Bremse (ALB), 4-Kanal-ABS Federspeicher-Handbremse auf Hinterräder, 2-stufige Dekompressions- Motorbremse		
Nebenabtriebe	Motor-Zapfwellenantrieb mit Frontzapfwelle (160 kW), Motor-Nebenabtrieb hinten (i=0,933) mit 6-Loch-Flansch, Getriebe-Nebenabtrieb schnell/sehr schnell		
Hydraulik	Einkreis- und Zweikreis-Hydraulik mit Proportionalsteuerung, Loadsensing-Hydraulik Fördermenge: 1-Kreis 55 l/min, 2-Kreis 32/55 l/min, Arbeitsdruck 240 bar		
Lenkung	hydraulische Servolenkung (mech. Kugelumlauflenkung), auf Wunsch: Allradlenkung		
Bereifung	365 / 85 R20 bis 495 / 70 R24		
Allgemeine Daten	**kurz / lang**		
Radstand	3.350 / 3.900 mm		
Spurbreite	1.828 mm		
Gesamtmaße	5.440 / 6.215 x 2.300 x 2.900 mm		
Vorbaumaß	1.142 mm		
Bodenfreiheit/Diff.	379 mm		
Böschungswinkel v/h	kurz: 35° / 41°, lang: 35° / 35°		
Pritsche	2.650 / 3.430 x 2.200 x 400 mm		
Höchstgeschw.	90 km/h (Begrenzer)		
kl. Wendekreis	15,1 / 16,9 Meter		
Gewicht VA / HA	4.170 / 7.800 kg		
zul. Gesamtgewicht	11,99 - 16,5 t		
zul. Anhängelast	13,0 t		
zul. Anh.Last gebr.	3.500 kg (Hänger mit Auflaufbremse)		
Füllmenge Motor	27 Liter		
Füllmenge Kühlanlage	35 Liter		
Kraftstofftank	200/250 Liter		

	Unimog U 219	Unimog U 319
	Baureihe 405 2020 -	
	C 405.090	C 405.104
	Unimog Geräteträger BlueTec 6 (UGE)	
Motor		
Baumuster (BM)	934.971	934.972
Bauart	MB-4-Zyl.-Dieselmotor, Baureihe 93X, Turboaufladung (2-stufig), MB-BlueTec6- Technologie Euro-VI-Norm, komb. SCR-Technik Partikelfilter, gekü. Abgasrückführung	
Bohrung x Hub	110 x 135 mm	
Hubraum	5.132 ccm	
Leistung	190 PS (140 kW) bei 2.200/min	
Drehzahlregler	2-Regel-Charakteristiken (Fahr- / Gerätebetrieb)	
Drehmoment	750 Nm bei 1.200-1.600/min	
Verdichtung	17,6 : 1	
Gemischbereitung	Common-Rail-Direkteinspritzung, 10-Loch-Einspritzdüsen, Einspritzdruck bis 2.400 bar	
Kühlung	Ladeluftkühler mit Thermostat und hydrostatischem Lüfterantrieb (32 Liter)	
Elektrik	24 Volt, Generator 28 V/100 A, Batterie 140 Ah, CAN-Bus-Vernetzung	
Kraftübertragung		
Kupplung	Selbstnachst. Einscheiben-Trockenkupplung, SAE-2 Ø, Kupplungsdurchmesser 395 mm	
Getriebe	Vollsynchr. 8-Gang-EPS-Wendegetriebe, perm. Allradantrieb, sperrb. Längsdifferent. Achsmomentenverteilung 50:50, die ersten 6 Gänge rückwärts fahrbar Typ UG 100-8 / 9,57-0,74GPA, BM: G 7 18.840	
Grundgänge / 5,76		
Geschw. vorw. (km/h)	5,9 / 8,6 / 13,0 / 17,7 / 26,0 / 37,5 / 56,8 / 77,3	
Geschw. Rüchw (km/h)		
Kriechgänge/55,87	3,9 / 5,6 / 8,5 / 11,6 / 17,1 / 24,6	
Geschw. vorw. (km/h)	0,11 / 0,15 / 0,23 / 0,32 / 0,47 / 0,67 / 1,02 / 1,38	
Geschw. Rüchw (km/h)	0,07 / 0,1 / 0,15 / 0,21 / 0,31 / 0,44 / 0,67 / 0,91	
Achsübersetzung	6,53	6,53
Fahrwerk		
Rahmen	Gerader, durchgehender Leiterrahmen mit geschraubten Querträgern und Querrohren	
Fahrerhaus	Freisichtfahrerhaus aus Faserverbundwerkstoff, korrosionsfrei, kippbar	
Achsen v/h	Portalachsen, 3-fach lenkergeführt, Differenzialsperre an der Hinterachse, Radvorgelege, während der Fahrt ohne Zugkraftunterbrechung zu- und abschaltbar	
Aufhängung v/h	Längs- und Querlenker mit Schraubenfedern und Stoßdämpfer, Stabilisatoren v/hi	
Bremsen v/h	Pneum.Scheibenbremsen , autom. lastabhängige Bremse (ALB), 4-Kanal-ABS Federspeicher-Handbremse auf Hinterräder, 2-stufige Dekompressions- Motorbremse	
Nebenabtriebe	Motor-Zapfwellenantrieb mit Frontzapfwelle (160 kW), Motor-Nebenabtrieb hinten (i=0,933) mit 6-Loch-Flansch, Getriebe-Nebenabtrieb schnell/sehr schnell	
Hydraulik	Einkreis- und Zweikreis-Hydraulik mit Proportionalsteuerung, Loadsensing-Hydraulik Fördermenge: 1-Kreis 55 l/min, 2-Kreis 32/55 l/min, Arbeitsdruck 200/240 bar	
Lenkung	hydraulische Servolenkung ZF 8095 / 170 bar	
Bereifung	295 / 60 R22,5 bis 425 / 75 R20	
Allgemeine Daten		
Radstand	2.800 mm	3.000 mm
Spurbreite	1.794 mm	
Gesamtmaße	4.900 x 2.150 x 2.820 mm	5.100 x 2.150 x 2.870 mm
Vorbaumaß	1.145 mm	
Bodenfreiheit/Diff.	335 mm	
Böschungswinkel v/h	25°	27°
Pritsche	2.200 x 2.075 x 400 mm	2.385 x 2.075 x 400 mm
Höchstgeschw.	89 km/h	89 km/h
kl. Wendekreis	12,6 Meter	13,7 Meter
Gewicht VA / HA	5.200 / 5.500 kg	5.500 / 6.000 kg
zul. Gesamtgewicht	10,0 t	11,0 t
zul. Anhängelast	11,2 - 13,0 t	
zul. Anh.Last gebr.	3.500 kg (Hänger mit Auflaufbremse)	
Füllmenge Motor	17,5 Liter	
Füllmenge Kühlanlage	32 Liter	
Kraftstofftank	145 Liter	

ALLE MODELLE SEIT 1946

Typ-Bezeich.	Baumuster	Typ	BM	Motor-Zyl.	PS (kW)	Abgasnorm	Radstand	Bauzeit
	**Typenübersicht Unimog Geräteträger Baureihe 405 (UGE)** Stand 2020								
U 216	405.090	OM 934 LA	934.971	4	156 (115)	Euro 6	2.800	2013 -
U 218	405.090	OM 934 LA	934.971	4	177 (130)	Euro 6	2.800	2013 -
U 219	405.090	OM 934 LA	934.971	4	190 (140)	Euro 6	2.800	2020 -
U 318	405.104	OM 934 LA	934.971	4	177 (130)	Euro 6	3.000	2013 -
U 319	405.104	OM 934 LA	934.972	4	190 (140)	Euro 6	3.000	2020 -
U 323	405.105	OM 934 LA	934.972	4	231 (170)	Euro 6	3.000	2016 -
U 323	405.125	OM 934 LA	934.972	4	231 (170)	Euro 6	3.600	2016 -
U 423	405.105	OM 934 LA	934.972	4	231 (170)	Euro 6	3.000	2013 -
U 423	405.125	OM 934 LA	934.972	4	231 (170)	Euro 6	3.600	2013 -
U 427	405.110	OM 934 LA	934.971	6	272 (200)	Euro 6	3.150	2013 -
U 427	405.125	OM 934 LA	934.971	6	272 (200)	Euro 6	3.600	2013 -
U 429	405.110	OM 934 LA	934.972	6	285 (210)	Euro 6	3.150	2016 -
U 429	405.125	OM 934 LA	934.972	6	285 (210)	Euro 6	3.600	2016 -
U 430	405.110	OM 934 LA	934.972	6	299 (220)	Euro 6	3.150	2013 -
U 430	405.125	OM 934 LA	934.972	6	299 (220)	Euro 6	3.600	2013 -
U 527	405.202	OM 936 LA	934.971	6	272 (200)	Euro 6	3.350	2013 -
U 527	405.222	OM 936 LA	934.971	6	272 (200)	Euro 6	3.900	2013 -
U 529	405.202	OM 936 LA	934.972	6	285 (210)	Euro 6	3.350	2016 -
U 529	405.222	OM 936 LA	934.972	6	285 (210)	Euro 6	3.900	2016 -
U 530	405.202	OM 936 LA	934.972	6	299 (220)	Euro 6	3.350	2013 -
U 530	405.222	OM 936 LA	934.972	6	299 (220)	Euro 6	3.900	2013 -

Unimog U 4023 Baureihe 437.427 ab 2014
Unimog U 5023 Baureihe 437.437 ab 2014

Bei den hochgeländegängigen Unimog BlueTec 6 sind die Typen U 4023 und U 5023, als Nachfolger der U 4000 und U 5000, die Vertreter der neuen Generation. Wie die Geräteträger-Typen sind auch die beiden hochgeländegängigen Unimog im Zuge der Einführung der Euro-VI-Motorengeneration grundlegend weiter entwickelt worden. Der Vierzylinder aus der Motorenbaureihe OM 934 leistet 230 PS (170 kW) und bringt neben hervorragenden Abgaswerten auch eine exzellente Kraftstoffeffizienz mit, die schon bei niedrigen Drehzahlen hohe Leistung zur Verfügung stellt. Außerdem wurde der Motor um rund einen Meter nach hinten verlagert. Dieses neue Mittelmotorkonzept half nicht nur, für Euro VI erforderliche Zusatzaggregate unterzubringen, sofern auch einen direkten Nebenabtrieb vom Motor für den Aufbauraum hinter dem Fahrerhaus verfügbar zu machen. Damit können Geräte unabhängig von der Fahrt angetrieben werden. Beispielsweise sind Feuerlöschfahrzeuge so in der Lage, gleichzeitig zu fahren und zu löschen.

Das Unimog Getriebe wurde optimiert und leistungsgesteigert so dass die Schaltzeiten jetzt bei gleichzeitiger Erhöhung der Lebensdauer kürzer sind. Die Getriebebedienung erfolgt zukünftig über den Lenkstockhebel an der Lenksäule, welcher auch die Schnellreversierfunktion EQR (electronic quick reverse) beinhaltet. Wie bisher stehen acht Vorwärts- und sechs Rückwärtsgänge zur Verfügung, optional auch eine Geländegruppe für Offroadeinsätze im Geschwindigkeitsbereich zwischen 2,5-35 km/h. Der wesentliche Unterschied zwischen den beiden Typen liegt in den Achsen und im Rahmen und damit den Achslasten und dem Gesamtgewicht, beim U 4023 beträgt es maximal

Mercedes-Benz hochgeländegängiger Unimog U 4023/U 5023.

ALLE MODELLE SEIT 1946

Unimog U 4023/U 5023 mit Kurzhauber-Fahrerhaus und Mittelmotorkonzept.

U 4023/U 5023 Doppelkabine mit Platz für bis zu 7 Sitzplätze.

Fahrgestell für Sonderaufbauten.

10,3 Tonnen, beim U 5023 sind es maximal 14,5 Tonnen.

Die Reifendruckregelanlage »Tirecontrol Plus« wurde neu konzipiert, damit kann nun der für den jeweiligen Einsatz passende vorkonfigurierte Reifendruck einfach und komfortabel im Display über die Auswahl der Programme eingestellt werden. Vorgegeben sind die Modi »Straße«, »Sand« und »Schlechtweg«. Außen zeigen der dynamisch gestaltete Kühlergrill und die neuen Stoßfänger mit modernen Leuchten auf den ersten Blick, dass hier eine neue Unimog-Generation im Einsatz ist. Völlig neu gestaltet wurde auch das Aufstiegskonzept zum Fahrerhaus mit einem komfortablen und sicheren, je nach Kundenwunsch zwei- oder dreistufigem Aufstieg.

Das Fahrerhaus ist ein Klassiger – es prägt das Erscheinungsbild des Unimog, heute als Baureihe der hochgeländegängigen Unimog – seit dem Jahre 1974. Für die Entwicklungsingenieure hieß es, unter dieser Kabine die Euro VI-Technik unterzubringen. Es gelang, indem der Motor um einen Meter nach hinten unter das Fahrerhaus versetzt wurde und nun das Herzstück des neuen Konzeptes bildet. Das neue Fahrerhaus wurde im Vergleich zum Vorgänger um 120 Millimeter verlängert und geringfügig erhöht, und mit der Verlagerung der Getriebebedienung von der Mittelkonsole zum Lenkstockhebel sind auch die Platzverhältnisse im Fahrerhaus Innenraum wesentlich verbessert. Im Interieur profitiert auch diese Baureihe von der neuen Ausstattung – Multifunktionslenkrad, verstellbare Lenksäule, Lenkstockhebel, Multifunktionstasten, Kombiinstrument mit großem Display sowie neuem verstärkten Heizungs- und Lüftungssystem und sorgt für optimale Bedienung für den Fahrer.

Hochgeländegängiger Unimog U 4023/U 5023 Feuerwehr im Waldbrandeinsatz mit schwenkbarer Fahrerhausdachluke.

Unimog U 4023/U 5023 Feuerwehr mit Doppelkabine im extremen Gelände.   U 4023/U 5023 als Einsatzfahrzeug des THW.

Das große Plus des hochgeländegängigen Unimog, seine optimalen Fahreigenschaften in schwerem Gelände, blieb unangetastet, in einzelnen Punkten wurden die Stärken weiter ausgebaut. Auf Grund der neuen Mittelmotorlage liegt die Rahmenkröpfung nun weiter hinten, insgesamt ist damit ein niedrigerer Fahrzeugschwerpunkt bei gleichzeitig hoher Bodenfreiheit erreicht, was unter anderem die Fahreigenschaften im Offroadeinsatz verbessert. Dass der Rahmen dieser Unimog geschweißt ist, einschließlich der Rohrquerträger, garantiert die extrem gute Verwindung von bis zu 600 Millimetern bei der Fahrt im Gelände. Die Achsverschränkung von bis zu 30 Grad macht die Schubrohrtechnik in Verbindung mit den Schraubenfedern möglich, indem sie die Achsen über Schubrohr und Schubkugel am Getriebe anbindet. Portalachsen, der niedrige Fahrzeugschwerpunkt und extrem günstige Werte bei Böschungswinkel (vorn 44 Grad, hinten 51 Grad), Rampenwinkel (34 Grad) und der Steigfähigkeit (45 Grad) – das macht den hochgeländegängigen Unimog komplett, dazu kommt die Watfähigkeit von maximal 1,20 Metern und ein seitlicher Neigungswinkel von 38 Grad. Die Fahrt in Extremsituationen mit zugeschaltetem Allradantrieb wird unterstützt von den zuschaltbaren Differenzialsperren und der Reifendruckregelanlage.

Unimog-Fahrzeuge haben ein langes Leben, sie sind robust und zuverlässig. Der komplett geschweißte Rahmen oder die gekapselten Fahrwerksteile stehen für den Anspruch, höchste Belastungen aufzunehmen. Die Achsen sind verstärkt, alle wichtigen Aggregate sind geschützt oder liegen im geschützten Bereich – das gilt selbstverständlich auch für Wasserdurchfahrten innerhalb der garantierten Watfähigkeit von 1,20 Metern.

All das macht deutlich, warum der hochgeländegängige Unimog einen solch hervorragenden Ruf auf der ganzen Welt genießt. Extremeinsätze im Gelände im Arbeitseinsatz sind an der

Mercedes-Benz Unimog U 4023/U 5023 mit Aufbauten für Landwirtschaft und Lohnunternehmen.

ALLE MODELLE SEIT 1946

U 4023/U 5023 für den Winterdienst mit Streuaufbau und Atlas-Ladekran.

Tagesordnung, bei der Walbrandbekämpfung, im Katstrophenschutz, bei Kraneinsätzen, im Pipelinebau bei Expeditionen, der Bergung von Menschen und Maschinen und nicht zuletzt auch im Personentransport – überall, wo die Straßen in schlechte Wege und freies Gelände übergehen, haben die Unimog U 4023 und U 5023 ihr angestammtes Terrain.

Die Geräteträger der Baureihe U 216 bis U 530, wie auch die hochgeländegängigen Unimog Typen U 4023 und U 5023 wurden gemeinsam am 25.4.2013 in Wörth vorgestellt. Der Baubeginn der Baureihe 405 war am 22.8.2013. Erst am 15.7.2014, mit dem Baubeginn der Baureihe 437.427 und 437.437, vollzog sich der Generationswechsel in der Unimog-Familie von Mercedes-Benz komplett.

Für Kommunen und den Katastrophenschutz präsentierte sich Mitte 2015 der Unimog U 5023 als erstes Modell der Baureihe der hochgeländegängigen Unimog mit einer Kommunalausstattung. Die neue Kombination mit Kommunalhydraulik wird zum Antrieb von wechselnden Anbau- und Aufbaugeräten wie zum Beispiel Streuautomaten und Schneepflug gebraucht. Damit eignet sich dieses Fahrzeug besonders für den Einsatz bei Bauhöfen in hochwassergefährdeten Städten und Gemeinden,

UNIMOG

Harte Testfahrten in extremen Gelände schenken dem Unimog nichts.

Unimog bei Hochwasser, serienmäßige Watfähigkeit bis zu 80 cm.

Überfahren von Kuppen möglich durch große Rampen- und Böschungswinkel.

ALLE MODELLE SEIT 1946

Diagonale Verwindung durch Schubrohrtechnik.

denn der Unimog kann für klassische Aufgaben im Straßenbetriebsdienst auch für die technische Hilfe sowie Rettung oder Bergung im Hochwassergebiet genutzt werden – dank seiner Watfähigkeit von bis zu 1,2 Meter.

Unverändert kennzeichnen die Baureihe Unimog U 4023 und U 5023 ihre überragenden Fahreigenschaften im Gelände. Portalachsen, ein niedriger Fahrzeugschwerpunkt, Achsverschränkung bis zu 30 Grad und extrem geringe Werte bei Böschungswinkeln bilden ein seit Jahrzehnten bewährtes Gesamtkonzept, das immer wieder durch die Bewältigung von Extremeinsätzen in aller Welt auf sich aufmerksam macht.

Modifiziert und weiter entwickelt gibt es ab Frühjahr 2016 die hochgeländegängigen Unimog U 4023 und U 5023 nun auch mit Doppelkabine. Das verlängerte Fahrerhaus bietet Platz für bis zu 7 Sitzplätze. Der viertürige Unimog ist serienmäßig mit einer Rückbank für vier Personen ausgestattet. Es können auf Wunsch auch zwei luftgefederte Einzelsitze verbaut werden. In dieser Konfiguration finden insgesamt fünf Personen inklusive Fahrer Platz.

Für das bequeme Erreichen der hinteren Sitzplätze sorgt auf jeder Fahrzeugseite eine weit öffnende Tür hinter der Vorderachse, zu der ein dreistufiger Einstieg mit flexibler Trittstufe führt. Werkzeug und Arbeitsmaterial können in den drei großzügigen Flächen unter der aufklappbaren Rücksitzbank sicher verwahrt werden. Die persönliche Ausrüstung der Insassen ist so jederzeit griffbereit. Eine perfekte Klimatisierung in der Kabine stellt auch bei einer siebenköpfigen Bestatzung die jetzt integrierte, leistungsfähige Klimaanlage sicher. Sie ersetzt das Aufdachsystem früherer Modelle.

Weiteren Komfort, insbesondere bei Fahrten im Gelände, bieten die schwingungsarme Dreipunktlagerung des Fahrerhauses sowie die große Kopffreiheit, die auch Helmträgern genug Raum lässt. Die Doppelkabinenvariante der geländegängigen Unimog Baureihe wird vielfach von Feuerwehren oder auch von Energieversorger, Tagebaubetriebe und Fernreisende eingesetzt. Durch das innovative Aufbaukonzept wiegt die Doppelkabine nur 120 kg mehr als die Standartkabine, wodurch in dieser Variante kaum Nutzlastnachteile entstehen. Bis auf den Motor-Nebenabtrieb bleiben alle Vorteile des neuen hochgeländegängigen Unimog auch in der Doppelkabinenversion erhalten.

UNIMOG

Im unwirtlichen Einsatz im Tagebau-Gelände kann der U 4023/U 5023 zeigen wo seine wirklichen Stärken liegen.

ALLE MODELLE SEIT 1946

Der hochgeländegängige Unimog U 5023 mit komplexer und maßgeschneideter technischer Lösung für den Maschineneinsatz in der Kommunaltechnik. Die im Vergleich zu Schleppern hohe Fahrgeschwindigkeit prädestiniert auch den Unimog der hochgeländegängigen Baureihe für Transportaufgaben und das schnelle Umsetzen zwischen den Flächen.

Der Unimog ist dort zu Hause, wo sonst keiner hinkommt. Das sahen offenbar auch die Leser der Fachzeitschrift »Off Road« wieder so und wählten ihn zum 15. Mal in Folge zum Besten Geländewagen des Jahres.

Der Unimog ist schon bald seit 75 Jahren legendär, wenn es um wissenschaftliche Expeditionen in alle Erdteile und Klimazonen geht. 2019 wagte es ein zehnköpfiges Expeditionsteam unter der Führung von Matthias Jeschke, den höchsten Vulkan der Welt, den Ojos del Saldo in Chile mit zwei Unimog u 5023 zu erklimmen.

Das Team sollte auf verschiedenen Höhenlagern auf dem Vulkanberg ein System von vier Notfunkeinheiten installieren. Im Notfall kann später über jede der vier Einheiten eine Funkverbindung zu den drei weiteren Basislagern des Ojos del Saldo hergestellt werden. Mit diesem System soll die Sicherheit sowohl für Bergsteiger als auch Wissenschaftler verbessert werden. Der Ojos del Saldo ist mit einer Höhe von 6.893 m der höchste aktive Vulkan der Erde. Der Vulkan ist Teil der Atacama-Wüste, die zu den trockensten Wüsten der Erde zählt, sowie Teil des berüchtigten Pazifischen Feuerrings.

Nachdem das Expeditionsteam das Höhenlager Amistad auf 6.100 m mit beiden Unimog U 5023 erreichte und dort die vierte Notfunkeinheit eingerichtet hat, wandte sich das Team einem weiteren Meilenstein zu – den Höhenweltrekord für Radfahrzeuge. Dieser wurde mit einem der beiden Unimog auf einer Höhe von 6.694 m erreicht. Noch nie zuvor hatten Fahrzeuge weltweit einen Aufstieg in so große Höhen geschafft.

Der Unimog ist überall dort, wo sonst keiner hinkommt. Immer wieder sehen das auch die Leser der Fachzeitschrift »Off Road«und wählten ihn zum 16. Mal in Folge auch im Jahr 2020 zum besten Geländewagen des Jahres – und zwar in der Kategorie »Sonderfahrzeuge«. Mit 54,7 Prozent der Leserstimmen belegte der Unimog mit großem Abstand den 1. Platz. Bei Globetrottern erfreut sich der hochgeländegängige Unimog als Basisfahrzeug für Reisen auch abseits asphaltierter Straßen und kann in abgelasteter Version mit nur 7,49 Tonnen zulässigem Gesamtgewicht auch mit dem Pkw-Führerschein Klasse 3 gefahren werden.

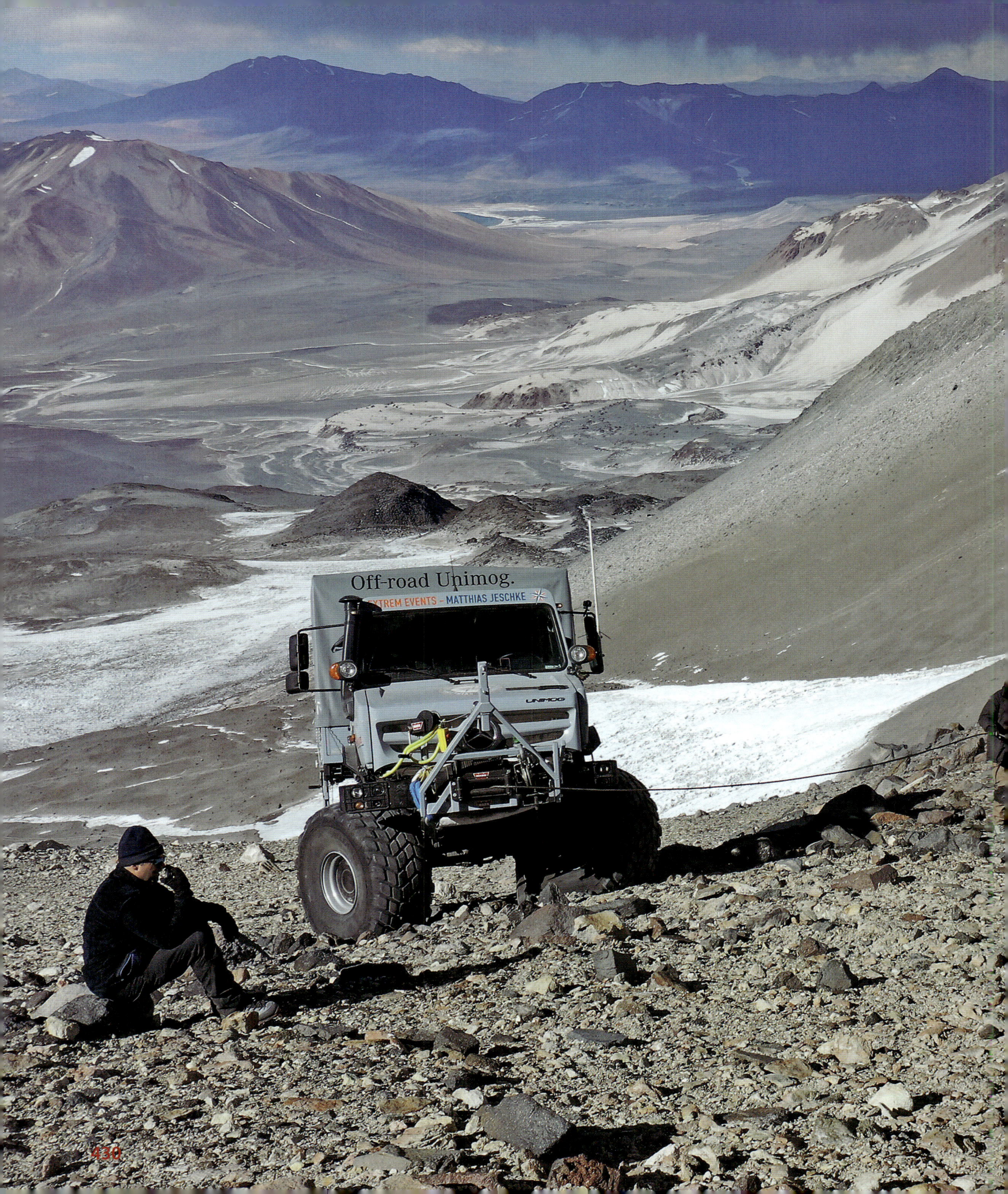
Off-road Unimog.
EXTREM EVENTS - MATTHIAS JESCHKE
UNIMOG

Der hochgeländegängige Unimog U 5023 musste beim Höhenweltrekord in Chile 2019 extreme Steigungen bewältigen, und er musste mit scharfkantigem Gestein fertig werden. Da halfen nur Spezialballonreifen mit abgesenktem Luftdruck. (siehe auch die folgende Seite)

EXTREM EVENTS – MATTHIAS JESCHKE
Off-road Unimog.
Built for extremes.
unimog museum
ZAGRO
Group
Panasonic
WARN
ALLIANCE
Q-JEANS

ALLE MODELLE SEIT 1946

Beim Unimog U 4023, mit dem klassischen eckigen Fahrerhaus – auch als Doppelkabine lieferbar – handelt es sich um den »hochgeländegängigen Unimog«. Er ist der fast unschlagbare Spezialist für alle Terrains und kommt auch dort noch durch, wo andere erst gar nicht hinkommen.

	Unimog U 4023 Baureihe 437.427	Unimog U 5023 Baureihe 437.437
	2014 -	
	437.427 (Euro 6)	437.437 (Euro 6)
	Hochgeländegängiger Unimog BlueTec 6 (UHE)	
Motor		
Typ / Baumuster	OM 934 / BM 934.974	
Bauart	MB-4-Zyl.-Dieselmotor, Baureihe 93X, Turboaufladung 2-stufig, MB-BlueTec6-Technologie Euro-VI-Norm, komb. SCR-Technik Partikelfilter, gekü. Abgasrückführung	
Bohrung x Hub	110 x 135 mm	
Hubraum	5.132 ccm	
Leistung	231 PS (170 kW) bei 2.200/min	
Drehzahlregler	2-Regel-Charakteristiken (Fahr- / Gerätebetrieb)	
Drehmoment	900 Nm bei 1.200-1.600/min	
Verdichtung	17,6 : 1	
Gemischbereitung	Common-Rail-Direkteinspritzung, 10-Loch-Einspritzdüsen, Einspritzdruck bis 2.400 bar	
Kühlung	Ladeluftkühler mit Thermostat, mech. Lüfterantrieb, elekt.ger. Viscokupplung (36 Liter)	
Elektrik	24 Volt, Generator 28 V/150 A, Batterie2 x 12 V / 100 Ah, CAN-Bus-Vernetzung	
Kraftübertragung		
Kupplung	Selbstnachst. Einscheiben-Trockenkupplung, Kupplungsdurchmesser 395 mm	
Getriebe	Vollsynchr. 8-Gang-EPS-Wendegetriebe, 8 V,6 R, Allradantrieb, sperrb. Längsdifferent. Achsmomentenverteilung 50:50, die ersten 6 Gänge rückwärts fahrbar Typ UG 100-8 / 9,57-0,74GPA, BM: G 7 18.840	
Getriebeübersetzung		
Vorwärts	9,570 / 6,635 / 4,375 / 3,219 / 2,188 / 1,517 / 1,000 / 0,736	
Rückwärts	14,569 / 10,101 / 6,660 / 4,900 / 3,330 / 2,309 / 1,522 / 1,120	
Grundgänge (km/h)		
Geschw. Vorwärts	6,6/9,6/14,5/19,7/29,0/41,9/63,5/86,3	6,9/9,9/15,0/20,4/30,1/43,4/65,8/89,4
Geschw. Rückwärts	4,4 / 6,3 / 9,5 / 13,0 / 19,1 / 27,5	4,5/6,5/9,9/13,4/19,8/28,5/43,2/58,8
Achsübersetzung	6,53	6,94
Fahrwerk		
Rahmen	gekröpfter 2 U-Profil-Rahmenlängsträger mit eingeschw. Rohrquerträgern	
Fahrerhaus	Ganzstahl-Kurzhaubenfahrerhaus, 3-Punkt-Lagerung, kippbar, kurzes Vorbaumaß	
Achsen/Aufhängung	Portalachsen an Schubrohr und Querlenkern Radvorgelege Differenzialsperre v/hi Sperren während der Fahrt elektr.pneum. zu- und abschaltbar, Watfähigkeit 800 mm progressiv wirk. Schraubenfedern, Teleskopstoßdämpfer, Stabilisatoren v/hi	
Bremsen vorn/hinten	pneum.Zweikreis-Scheibenbremsen , autom. lastabhängige Bremse (ALB), 4-Kanal-ABS Federspeicher-Handbremse auf Hinterräder, 2-stufige Dekompressions- Motorbremse	
Nebenabtriebe	Motor-Nebenabtrieb nach hinten mit Flansch, 138 kW / 600 Nm, i = 0,933, Getriebe-Nebenabtriebe mit 6-Loch, mit 4-Loch, schnell mit 6-Loch	
Hydraulik	Hydraulikanlage mit Einschaltventil, Loadsensing-Hydraulik Fördermenge: 57 l/min, Systemdruck 240 bar, Füllmenge 45 Liter	
Lenkung	hydr. Servolenkung (Kugelumlauflenkung), Sicherheitslenkrad mit abgew. Lenksäule	
Bereifung	335 / 80 R 20	365 / 85 R 20
Allgemeine Daten		
Radstand	3.850 mm	3.850 mm
Spurbreite	1.953 mm	1.920 mm
Gesamtmaße	6.000 x 2.480 x 2.760 mm	6.000 x 2.480 x 2.810 mm
Vorbaumaß	1.050 mm	1.050 mm
Bodenfreiheit/Diff.	410 mm	460 mm
Böschungswinkel vorn/hinten	42° / 46°	46° / 50°
Pritsche	Aufbaulänge max. 4.100 mm	Aufbaulänge max. 4.100 mm
Höchstgeschw.	90 km/h (Begrenzer)	90 km/h (Begrenzer)
kl. Wendekreis	16,3 Meter	16,3 Meter
Gewicht VA / HA	4.100 / 4.600 kg	5.000 / 7.500 kg
zul. Gesamtgewicht	7,5 - 10,3 t	12.5 - 14.5 t
zul. Anhängelast	11,2 - 15,4 t	18,7 - 19,5 t
zul. Anh.Last gebr.	3.500 kg	3.500 kg
Füllmenge Motor	17,5 Liter	17,5 Liter
Füllmenge Kühlanl.	36 Liter	36 Liter
Kraftstofftank	160 / 235 Liter	160 / 235 Liter

ALLE MODELLE SEIT 1946

Typenübersicht Hochgeländegängiger Unimog Baureihe 437.427/437 (UHE) Stand 2016									
Typ-Bezeich.	Baumuster	Typ	BM	Motor-Zyl.	PS (kW)	Abgasnorm	Radstand	zul. Gesamtgewicht	Bauzeit
U 4023	437.427	OM 934 LA	934.974	4	231 (170)	Euro 6	3.850	7,5 - 10,3 t	2014 -
U 5023	437.437	OM 934 LA	934.974	4	231 (170)	Euro 6	3.850	12,5 - 14,5 t	2014 -

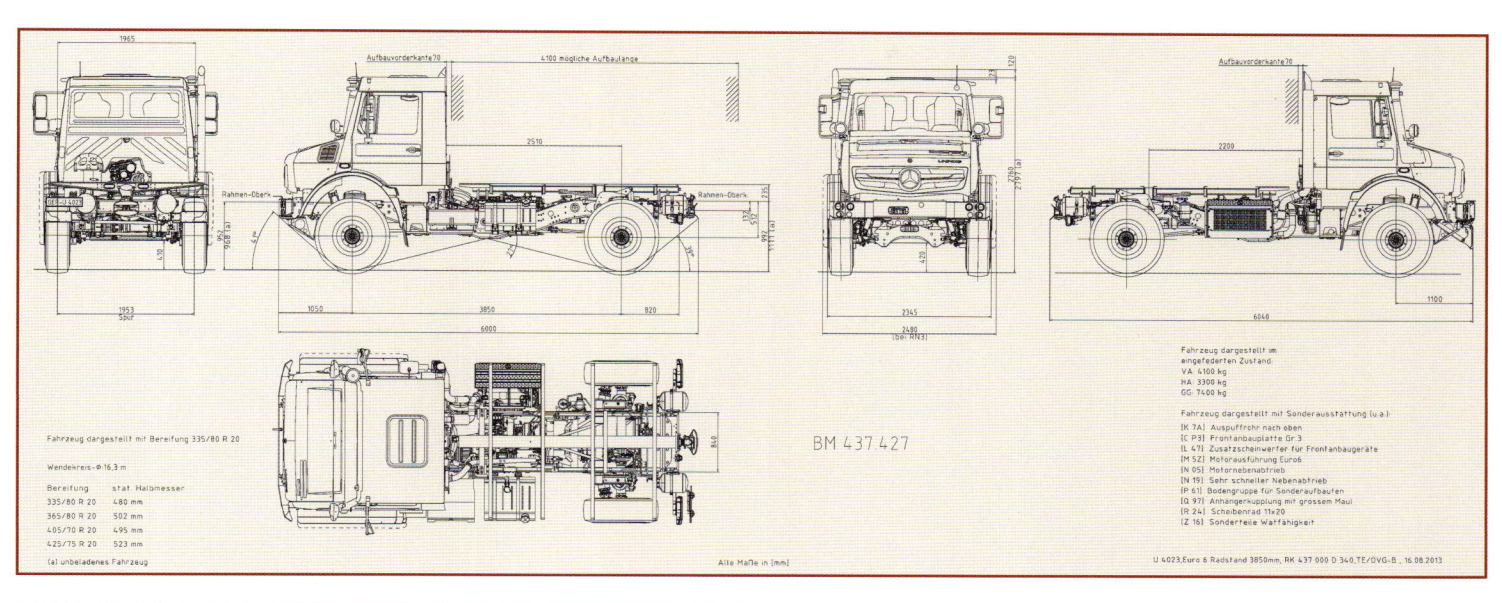

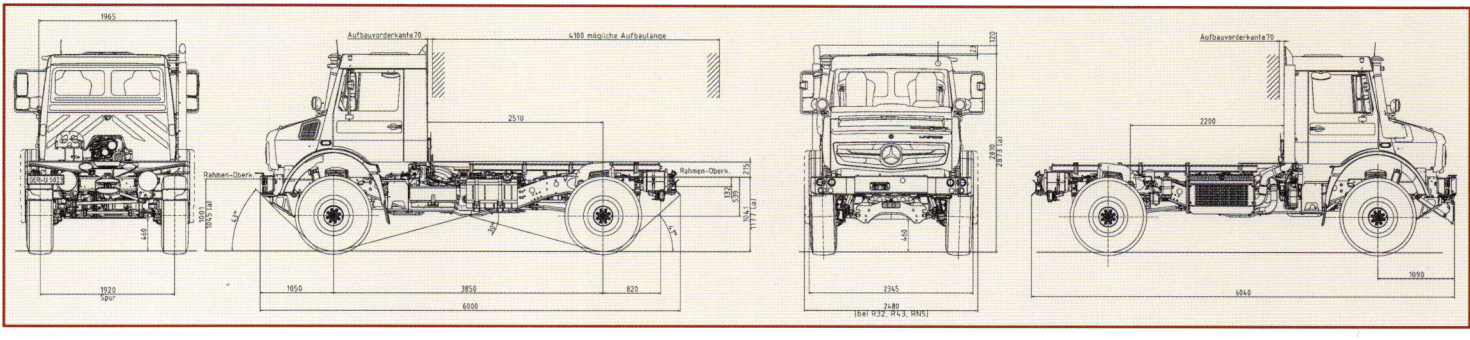

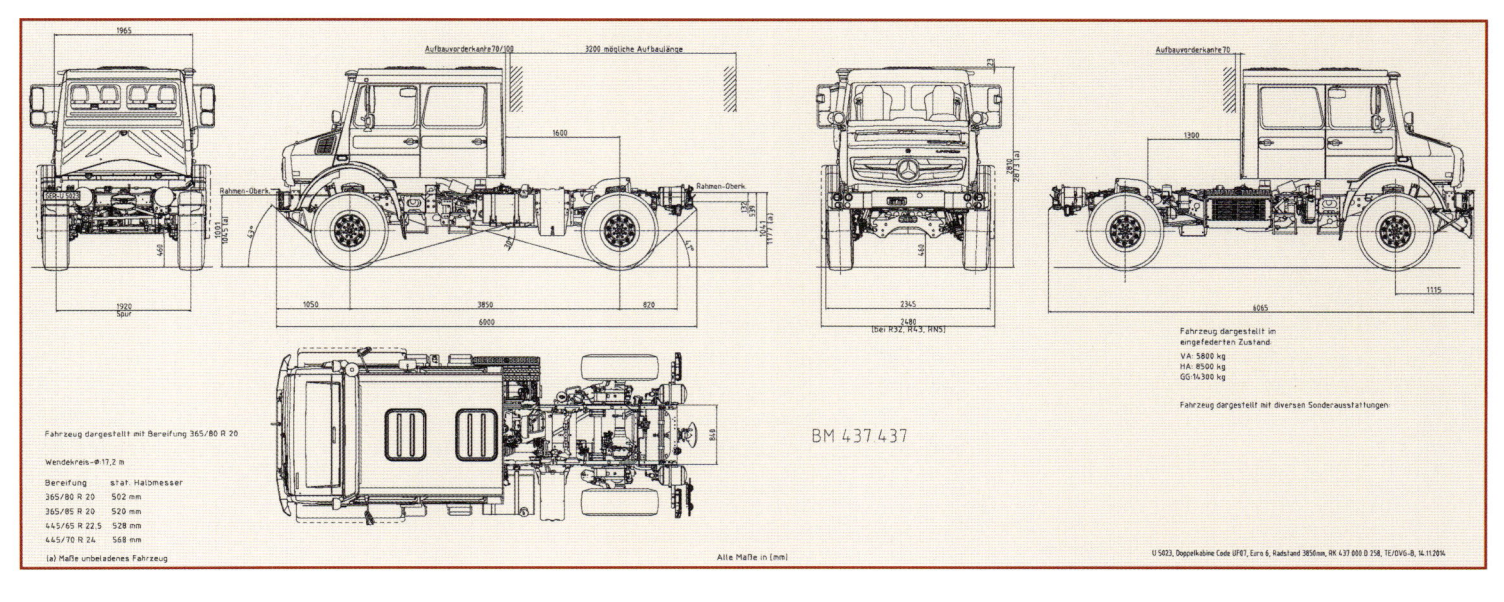

UNIMOG

Die Produktion im Werk Wörth im Jahr 2010

Auf einer eigenen Produktionslinie entstehen in Wörth die Fahrerkabinen für Unimog, Ecotec und Zetros. Hier die Fahrerkabine eines U 400.

Der Einbau von Motor und Getriebe, hier das Triebwerk für die UHN-Baureihe, ist Montagearbeit mit höchsten Ansprüchen. ↗

Erst mit der »Hochzeit« vereinigen sich Rahmen und Chassis aus der einen Produktionslinie mit dem zugehörigen Fahrerhaus aus einer zweiten Linie. Hier ein U 400 für den Export nach Ägypten. →

ALLE MODELLE SEIT 1946

UNIMOG

Fleißige Hände fertigen die Verbindung dutzender Steckverbindungen, Elektrokabeln und Druckluft- und Hydraulikanlagen zwischen der Fahrerkabine und dem Chassis.

Nicht nur zahlreiche Komponenten, sondern auch die Fertigung auf zwei Produktionslinien teilt sich der Unimog mit seinen Lkw-Brüdern Econic und Zetros.

75

Ein Mythos feiert Jubiläum.
1946 rollte der erste Unimog vom Band.

Danke, Albert, Heinrich, Christian und Hans. Dass ihr „Allzweck-Traktor" einmal zu einem Mythos mit Fanclubs auf der ganzen Welt avancieren würde, hätten Albert Friedrich (geistiger Vater des Unimog), Heinrich Rößler (Chefkonstrukteur), Christian Dietrich (Versuchsleiter) und Hans Zabel (Namensgeber des Unimog – Universal Motor Gerät) sich nicht träumen lassen. Die vier Männer haben es geschafft, 1946 den ersten Unimog vom Band laufen zu lassen. 1951 übernahm die Daimler-Benz AG ihre Entwicklung. Seither ist der Erfolg dieses universell einsetzbaren Nutzfahrzeugs nicht mehr zu bremsen. 30 Baureihen und über 400.000 Fahrzeuge haben die Werke bis heute verlassen. Der Unimog dient in vielen Branchen, auch im Katastrophenschutz, als unentbehrliches Fahrzeug, weil er wandelbar und hoch flexibel ist. Wir feiern 75 Jahre Unimog.

Mercedes-Benz
Trucks you can trust

MEHR INFOS FÜR TRUCK-FANS!

JEDEN MONAT GIBT ES DIE MAGAZINE FERNFAHRER UND LASTAUTO OMNIBUS MIT TESTS, TECHNIK, AKTUELLEN INFOS UND REPORTAGEN.

ALS HEFT ODER E-PAPER IM WEBSHOP ERHÄLTLICH!

IM ABO BESONDERS GÜNSTIG UND MIT WUNSCHPRÄMIE!

eurotransport.de
Der XXL-Shop!

Neben den Magazinen finden Sie hier Bücher, Truckmodelle und Merchandise-Artikel – ideal als Geschenk, auch für sich selbst!

DER KLASSIKER:
Michelin-Mann
mit Echtheitszertifikat in Groß (ca. 40 cm) und klein

TRUCK-MODELLE
der führenden Modellbau-Hersteller in den Maßstäben 1:87, 1:50, 1:25

Jetzt bestellen: shop.eurotransport.de
Telefon: +49 (0) 711 72 52 266 · E-Mail: fernfahrer@zenit-presse.de